宋史研究论丛

教育部省属高校人文社会科学重点研究基地

河北大学宋史研究中心——主办

中文社会科学引文索引（CSSCI）来源集刊

主　编　姜锡东

执行主编　王晓薇

【第二十一辑】

2017年下半年刊

科学出版社

北京

内 容 简 介

《宋史研究论丛》是已故著名历史学家漆侠先生创办的教育部省属高校人文社会科学重点研究基地——河北大学宋史研究中心主办的一份学术论文集刊。本集刊注重学术研究中的"新材料、新方法、新观点",主要刊发宋史领域学术论文,兼及辽夏金元史。此为第21辑,收录30篇学术专论,分为宋代政治史、经济史、思想史、文献与考证、史学与地方社会、金元史、综述等专栏。本辑所刊论文,或研究考证提出新见,或发掘墓志等新史料,为学界相关问题的最新研究成果,可供宋辽夏金元史研究者和爱好者参阅。

图书在版编目(CIP)数据

宋史研究论丛. 第21辑 / 姜锡东主编. —北京:科学出版社,2017.12
ISBN 978-7-03-056232-6

Ⅰ.①宋… Ⅱ.①姜… Ⅲ.①中国历史-宋代-文集 Ⅳ.①K244.07-53

中国版本图书馆 CIP 数据核字(2017)第 323875 号

责任编辑:范鹏伟 / 责任校对:韩 杨
责任印制:张克忠 / 封面设计:黄华斌
联系电话:010-64011837
电子邮箱:yangjing@mail.sciencep.com

科学出版社 出版
北京东黄城根北街 16 号
邮政编码:100717
http://www.sciencep.com
中国科学院印刷厂 印刷
科学出版社发行 各地新华书店经销
*
2017 年 12 月第 一 版 开本:787×1092 1/16
2017 年 12 月第一次印刷 印张:30 3/4
字数:490 000
定价:127.00 元

(如有印装质量问题,我社负责调换)

宋史研究论丛

目 录

宋代政治史研究

宋夏经济史研究

宋代思想史研究

宋代文献与考证

宋代史学与地方社会

金元史研究

综述

Contents

Studies of Political History in the Song Dynasty

Studies of Economic History in the Song and Xia Dynasties

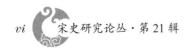

Studies of Thought History in the Song Dynasty

Literature of Song Dynasty and Textual Research

Historiography and Local Society of Song Dynasty

Studies on the History of Jin and Yuan Dynasties

Review

宋代政治史研究

吕公著与元祐政局*

王化雨

（四川师范大学 历史文化与旅游学院，四川 成都，610068）

摘　要：吕公著是元祐时期（1086—1094 年）的重要宰辅。他对政局的复杂性有较为清醒的认识，主张以相对温和的方式处理各种矛盾，以维持稳定。然而，一方面由于自身才识操守的不足，另一方面由于高氏以及其他旧法派士大夫的掣肘，吕公著未能做到消弭矛盾，保证政局平稳，反而令自己身陷政争的漩涡之中。通过吕公著，我们可以对旧法派的内部争斗以及元祐政局的发展演进形成更为透彻的认识。

关键词：吕公著；元祐时期；政局；政争；高氏

北宋元祐时期（1086—1094 年），太皇太后高氏垂帘听政，推行所谓"更化"政策，尽废神宗新法。随着"更化"的实施，新法派与旧法派之间以及旧法派不同派系之间的诸多矛盾日渐显现，令局势日渐复杂。相关问题已经得到了不少学者的讨论[①]，但对该

---

*　本文是国家社科基金项目"两宋宰辅的信息收集与信息处理研究"（17BZS043）的研究成果。

① 罗家祥：《朋党之争与北宋政治》，武汉：华中师范大学出版社，2002 年；沈松勤：《北宋文人与党争》，北京：人民出版社，1998 年；王曾瑜：《洛蜀朔党争辨》，吴荣曾主编：《尽心集——张政烺先生八十寿庆论文集》，北京：人民出版社，1996 年；方诚峰：《北宋晚期的政治体制与政治文化》，北京：北京大学出版社，2015 年；梁思乐：《朔党与北宋元祐朋党政治新论》，"10 至 13 世纪中国国家与社会"国际学术研讨会暨中国宋史学会第 16 届年会论文，杭州，2014 年 8 月。

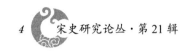

时期某些重要人物的论述尚比较单薄，吕公著即是其一①。

吕公著通常被视为旧法派官僚中地位仅次于司马光的二号人物，在元祐时期（1086—1094 年）长期担任宰辅。他的言行与朝中各势力的消长以及政局的整体走势存在相互影响，值得细致讨论。笔者特撰此文，以求能对元祐政治的研究有所推动。

一、从返京到独相

吕公著字晦叔，仁宗朝名相吕夷简之子。熙宁年间（1068—1077 年），他曾出任御史中丞等职，后因在新法问题上与神宗、王安石有歧见，被贬出外。元丰元年（1078 年），吕公著被任命为同知枢密院事，元丰五年（1082 年）因反对进攻西夏，自请罢西府补外②。

元丰八年（1085 年），神宗去世，哲宗即位，太皇太后高氏垂帘听政。对新法素有不满的高氏上台伊始便着手准备对政策进行大调整，属于旧法派的吕公著得到了重用。四月，他被授以侍读之职，乘传赴京。抵京之后，吕公著向高氏进奏青苗、保甲、免役诸法之弊，得到高氏的赞赏。七月，吕公著被任命为尚书左丞③，与司马光一起成为高氏推行"更化"政策的左膀右臂。

重归二府后，吕公著在反新法方面的表现却似乎不甚积极。结合《续资治通鉴长编》等文献记载来看，"更化"政策多由司马光推动制定，吕公著则基本扮演执行人的角色，以致元祐元年（1086 年）正月，司马光在给吕公著的信中称："比日以来，物论颇讥晦叔谨默太过，此际复不廷争，事有蹉跌，则入彼朋矣。愿勉旃勉旃。"④吕公著性格比较温和，虽反对新法，但态度不如司马光那样极端⑤。此外，在帝制时代，大幅度改动先帝之法具有极高风险，吕公著之"谨默"也应含有明哲保身的考虑。当然，吕公著绝非在"更化"中全无作为，只不过举动较为隐蔽，役法之争就是显例。

元祐元年（1086 年）二月，两府合议司马光乞复行差役法札子。知枢密院事章惇

---

① 罗莹《宋代东莱吕氏家族研究》（北京：人民出版社，2011 年）涉及吕公著的政治生涯，但比较简略。方亚兰《吕公著研究》（上海：上海师范大学硕士学位论文，2011 年）对吕公著的为政活动进行了较详细的探讨，但在深度上尚有欠缺。

② 《宋史》卷 336《吕公著传》，北京：中华书局，1977 年，第 10776 页。

③ （宋）徐自明撰，王瑞来校补：《宋宰辅编年录校补》卷 9，元丰八年（1085 年）七月戊戌，北京：中华书局，1986 年，第 525 页。

④ （宋）李焘：《续资治通鉴长编》卷 364，元祐元年（1086 年）正月丁巳，北京：中华书局，2004 年，第 8737 页。

⑤ 方诚峰：《北宋晚期的政治体制与政治文化》，北京：北京大学出版社，2015 年，第 4 页。

对司马光的意见提出了强烈批评，在朝堂内外引起轩然大波。吕公著上奏，首先称"司马光近建明役法札子，大意已善，其间不无疏略未完备处"，章惇"其言亦有可取，然大率出于不平之气，专务求胜"，用看似中立的语言肯定了司马光而否定了章惇。继而称："役法元不属枢密院，若如此议论不一，必是难得平允。望宸衷详酌，或选差近臣三数人，专且详定闻奏。"并列出他认为可供"选差"的韩维、吕大防、孙觉、范纯仁等姓名①。这看似是强调"平允"，实质则是要强化旧法派对役法事务的掌控，而将枢密院的新法派士大夫章惇、安焘排除在讨论之外。其奏甫上，便得到了高氏的采纳。吕公著之有心机，可见一斑。

元祐元年（1086 年）闰二月，吕公著升门下侍郎，成为执政之首②。四月，右仆射韩缜罢相。在时人看来"范纯仁、吕公著、韩维皆可为右相"，高氏一时举棋不定，求教于司马光。司马光奏称："范纯仁、韩维各有才德，而进用日近，履历未深，恐升迁太骤，众情未服。惟吕公著旧历两府，今位次最高，若用为右相，韩维为门下侍郎，范纯仁依旧，最为允当，克厌众心。"③五月，高氏依司马光所言，任命吕公著为右仆射兼中书侍郎，吕公著成为继吕蒙正、吕夷简后，东莱吕氏家族的第三位宰相④。

从表面上看，司马光之所以推荐吕公著，高氏之所以接受推荐，是因为吕公著的资历深于其余执政。然结合当时的背景，这并非最主要原因。在司马光等旧法派的襄赞下，高氏的"更化"政策推行得十分顺利，至元祐元年（1086 年）四月，绝大部分新法遭到了废罢或更改。对于高氏和司马光而言，此时要考虑的主要问题无疑是如何保住"更化"成果，吕公著的价值恰在于此。

首先，旧法派包含若干派系，彼此在观点、利益上存在不少分歧，要维系"更化"，需有人居间协调，以防矛盾激化。本来司马光可当此重任，但元祐元年（1086 年）他已病入膏肓，撒手人寰只在早晚之间。余下诸人中，最有优势者首推吕公著。吕公著不仅素有人望，而且返京后曾向高氏推荐范纯仁、刘挚、孙觉、苏辙、王岩叟、李常等人，后上述诸人皆得高氏任用⑤。作为旧法派各势力代表人物的"举主"，吕公著是协调者的不二人选。

① （宋）李焘：《续资治通鉴长编》卷 367，元祐元年（1086 年）二月丁亥，北京：中华书局，2004 年，第 8837 页。

② （宋）徐自明撰，王端来校补：《宋宰辅编年录校补》卷 9，元祐元年（1086 年）闰二月壬辰，北京：中华书局，1986 年，第 546 页。

③ （宋）李焘：《续资治通鉴长编》卷 376，元祐元年（1086 年）四月，北京：中华书局，2004 年，第 9141 页。

④ （宋）李焘：《续资治通鉴长编》卷 377，元祐元年（1086 年）五月丁巳，北京：中华书局，2004 年，第 9147 页。

⑤ （宋）李焘：《续资治通鉴长编》卷 357，元丰八年（1085 年）五月戊子，北京：中华书局，2004 年，第 8551—8552 页。

其次，元祐初年主政者虽全盘否定了神宗朝政策，却不愿被指为擅改先帝之法。当时流传于朝堂内外的神宗"晚年自有改悔意"之说，即反映出不少旧法派试图证明元丰与元祐之间存在某种延续性。吕公著曾在元丰时期（1078—1085 年）被神宗拔擢为宰辅，由他担任宰相恰有助于旧法派为"更化"涂抹上更多的正当色彩。

最后，高氏垂帘之后虽对新法派予以了打压，但不可能将之彻底消灭。这批异议者心怀怨气，为"更化"埋下了巨大隐患。元祐元年（1086 年）闰二月，高氏擢升安焘为知枢密院事①，此后又欲下诏"慰反侧"②，表明她有意在完成对蔡确等新法派核心的贬责后，用怀柔手段减轻余下者的不满。吕公著对此持赞同态度，这从他在安焘一事上的表现上可以看出。

按制度，升安焘为知枢密院事的录黄，须先由门下省复审才可付外施行，然录黄过门下却遭给事中封驳。为尽快完成任命，高氏特命"更不书读"。对于这一有违制之嫌的指令，时任门下侍郎的吕公著"并不执奏，付尚书省吏部出告"③。任命公布后，刘挚、吕陶等旧法派官员纷纷抨击，安焘在重压之下，奏称："岂唯新命不敢辄当，至于旧职，亦难安处，望收还成命，俾领近州。"④吕公著遂向高氏献策，一方面建议恢复安焘同知枢密院事之旧职以平息风波，另一方面则指出"同知院有位左右丞上者"⑤，暗示可以用提升班次的方法来显示对安焘的礼遇。最终高氏依吕公著所言，解决了此事。吕公著既在怀柔新法派上与高氏有共识，又有能以谋略对高氏加以襄赞，得到高氏倚重，实良有以也。

吕公著任相不久，便协助高氏对怀柔政策予以了宣示。六月，言官弹劾驾部员外郎贾种民"为蔡确鹰犬，专中伤善良。诏黜为通判"。吕公著以贾曾攻讦过自己，若在自己任相时对其降黜，有公报私仇之嫌为由，要求对贾宽大处理⑥。这其实是反对扩大对新法派的打击。高氏借此机会，下诏称"罪显者已正，恶巨者已斥，则宜荡涤隐疵，阔略细故，不复究治，以累太和"，并承诺"日前有涉此事状（即参与推行新法）者，一切不问"⑦。这一诏书，宣布此后宋廷最高决策集团在对待新法派时，将秉持相对温和

---

① （宋）徐自明撰，王端来校补：《宋宰辅编年录校补》卷 9，元祐元年（1086 年）闰二月乙卯，北京：中华书局，1986 年，第 551 页。

② （宋）李焘：《续资治通鉴长编》卷 375，元祐元年（1086 年）四月乙巳，北京：中华书局，2004 年，第 9103 页。

③ （宋）李焘：《续资治通鉴长编》卷 371，元祐元年（1086 年）三月甲子，北京：中华书局，2004 年，第 8982 页。

④ （宋）李焘：《续资治通鉴长编》卷 371，元祐元年（1086 年）三月辛未，北京：中华书局，2004 年，第 8998 页。

⑤ （宋）李焘：《续资治通鉴长编》卷 371，元祐元年（1086 年）三月辛未，北京：中华书局，2004 年，第 8998 页。

⑥ （宋）李焘：《续资治通鉴长编》卷 380，元祐元年（1086 年）六月壬子，北京：中华书局，2004 年，第 9244 页。

⑦ （宋）李焘：《续资治通鉴长编》卷 381，元祐元年（1086 年）六月甲寅，北京：中华书局，2004 年，第 9249 页。

的基调①。

关于上述诏书，《续资治通鉴长编》载：

> 始，邓绾责滁州，言者未已，范纯仁劝太皇太后勿行。太皇太后因欲下诏，以慰反侧，既而中辍。及吕公著救贾种民，太皇太后复欲下诏，公著以为当然，遂从之。②

有了范纯仁的支持，高氏尚比较犹豫，而获得吕公著首肯后，她便立即颁诏，原因何在？笔者认为，关键在于当时刘挚等言官一直主张彻底清算新法派，如果贸然推行怀柔之策，难免不会引起他们的强烈反对。对于"言者"的影响力，范纯仁远不及吕公著。只有得到吕公著的协助，高氏方有可能克服言者所构成的阻碍。事实上，在"慰反侧"之诏颁行前，刘挚等曾"交章论其不可"③，但诏书正式颁行后，这批人却大多保持沉默。这固然是因为高氏删去了原本诏书中的"言者勿复弹劾"④六字，对言路作了让步。然吕公著的个人威望也不可忽视，他既支持此诏，言路便不能不有所假借。

吕公著任相之后的另一重要举措是完善了三省聚议机制。神宗改制，强行将宰相机构一分为三，结果造成了事权不均、效率低下等弊病。神宗去世后，不少士大夫希望整合三省，吕公著即是其一。元丰八年（1085 年）他担任尚书左丞时，即呼吁改三省分班奏事为合班奏事⑤。元祐元年（1086 年），三省合班奏事已部分实现，但三省内部的交流仍不顺畅"先是，执政官每三五日一聚都堂，堂吏日抱文书历诸厅白之，故为长者得以专决，同列难尽争也"。吕公著任相后，这一问题得到了解决。"公著既秉政，乃日聚都堂，遂为故事"⑥。聚议方式的变改有助于发挥三省长贰的集体智慧，进而提升决策质量。

吕公著力促三省制度改革，既是着眼于宋廷的长远利益，又含有自己的现实考量。以奏事制度而言，行分班奏事，尚书左、右丞的进奏机会十分有限，元丰八年（1085

---

① "慰反侧之诏"的颁行涉及不少复杂内情，笔者拟他文详述，在此不赘。
② （宋）李焘：《续资治通鉴长编》卷 381，元祐元年（1086 年）六月甲寅，北京：中华书局，2004 年，第 9249 页。
③ （宋）李焘：《续资治通鉴长编》卷 381，元祐元年（1086 年）六月甲寅，北京：中华书局，2004 年，第 9249 页。
④ （宋）李焘：《续资治通鉴长编》卷 382，元祐元年（1086 年）七月丙寅，北京：中华书局，2004 年，第 9316 页。
⑤ （清）徐松辑：《宋会要辑稿》职官 1 之 23，北京：中华书局，1957 年，第 2341 页。
⑥ （宋）李焘：《续资治通鉴长编》卷 377，元祐元年（1086 年）五月丁巳，北京：中华书局，2004 年，第 9147 页。

年）吕为尚书左丞，他呼吁合班奏事，明显是想以此来提升自己的决策权。元祐元年（1086年）任右仆射后，吕公著名义上只是次相，但首相司马光身体极差，长时间无法真正履行职权，故吕公著事实上是三省的领袖。在这样的情况下，为何他不沿用"为长者得以专决"的旧聚议方式？这主要是为了避免高氏侧目。

高氏少鞠宫中，对军国事务并不熟悉，主政之后势必较多仰赖宰辅。若某个宰辅权力过重，将对高氏构成极大的潜在威胁。因此，垂帘之后，高氏力图通过合并三省班次等方法，使三省事权变得更加均衡。吕公著对此十分明了，他完善聚议机制，看似弱化了自身权力，其实可免专擅之嫌。又，高、吕虽在怀柔政策上有共识，但高氏的态度却不如吕公著坚决，两人在诸如对新法派应宽大到何种程度等具体问题上存在分歧。不仅如此，言路诸人虽对吕公著有所假借，但对其怀柔政策并不心服，吕公著始终面临遭受攻讦的风险。"日聚都堂"后，若遇敏感问题，吕公著可借三省"众议"之名作自我保护，如章惇被贬后，

> 吕公著等以惇父老，且自政府罢，既经赦宥，故迁之便郡。又欲以次甄叙诸放逐者，使各不至失所。既而言者交章谓惇不宜遽迁，语侵执政。太皇太后怒问："主惇者谁耶？"公著帘前对曰："众议也。"①

从促成三省"日聚都堂"一事来看，吕公著对于元祐初年的微妙形势以及自己在这种形势下的处境，有着较为清醒的认知。

元祐元年（1086年）秋冬，两府宰辅多有变更。九月丙辰，司马光去世②，乙卯，中书侍郎张璪被罢③。十一月戊午，刘挚由御史中丞迁尚书右丞，吕大防由尚书右丞迁中书侍郎④。这番变动之后，吕公著成了唯一的宰相。此时除李清臣、安焘两名主要起点缀作用的神宗旧臣以及名位尊崇但实际权力有限的平章军国重事文彦博外，其余宰辅吕大防、范纯仁、韩维、刘挚，或为吕公著之好友，或曾得到过吕公著的推荐。吕大防、

---

① （宋）李焘：《续资治通鉴长编》卷390，元祐元年（1086年）十月壬寅，北京：中华书局，2004年，第9478页。
② （宋）徐自明撰，王瑞来校补：《宋宰辅编年录校补》卷9，元祐元年（1086年）九月丙辰，北京：中华书局，1986年，第563页。
③ （宋）徐自明撰，王瑞来校补：《宋宰辅编年录校补》卷9，元祐元年（1086年）九月乙卯，北京：中华书局，1986年，第565页。
④ （宋）徐自明撰，王瑞来校补：《宋宰辅编年录校补》卷9，元祐元年（1086年）十一月戊午，北京：中华书局，1986年，第567页。

刘挚之所以能升任执政，吕公著更是起了决定作用①。一个以吕公著为核心的宰辅班子悄然形成。不难看出，吕公著通过自己返京后的表现赢得了高氏的信任。然权力也意味着责任，接下来，他能否协调朝中诸人关系，稳定政局？

二、元祐二年（1087年）政争风潮中的吕公著

元祐元年（1086 年）十二月，翰林学士苏轼所拟策题言及仁宗、神宗，被右司谏朱光庭指为贬损祖宗，朝廷诏特放罪，但言路不依不饶。傅尧俞、王岩叟、王觌等言官先后上章抨击苏轼。元祐二年（1087 年）正月，高氏先令三省宣谕，继而亲自面见诸台谏，希望他们不要再纠缠此事，遭到拒绝。双方关系变得十分紧张，傅尧俞等居家待罪。正月乙亥，三省奏事，执政"有欲降旨明言轼非者，太皇太后以为不可"，宣谕"轼与尧俞、岩叟、光庭皆逐"②，执政均不同意。丙子，

> 诏："苏轼所撰策题，本无讥讽祖宗之意，又缘自来官司试人，亦无将祖宗治体评议者，盖学士院失于检会。札子与学士院共知，令苏轼、傅尧俞、王岩叟、朱光庭各疾速依旧供职。"盖从右仆射吕公著议也。③

诏书颁下，傅尧俞等复出供职，此次政争大体告一段落。在苏轼与言官以及言官与君主的矛盾十分尖锐的情况下，吕公著息事宁人，较成功地发挥了协调之效。

此次政争并未直接冲击到吕公著，却对吕公著与朝中诸人的关系有所波及。从最后诏书"失于检会"之语来看，吕公著对苏轼"评议祖宗"的做法颇有微词。言官在吕公著出面后虽选择了让步，但对吕公著"两平之"的做法很不以为然④。而执政"有欲降旨明言轼非者"，说明宰辅内部也出现了与吕公著相左的意见。这些因素，预示后续的政局将不会平稳。

四月，风波再起。监察御史张舜民指斥文彦博"优假"刘奉世，被罢言职⑤。王岩

---

① （宋）徐自明撰，王瑞来校补：《宋宰辅编年录校补》卷 9，元祐元年（1086 年）十一月戊午，北京：中华书局，1986 年，第 567 页。

② （宋）李焘：《续资治通鉴长编》卷 394，元祐二年（1087 年）正月乙亥，北京：中华书局，2004 年，第 9607 页。

③ （宋）李焘：《续资治通鉴长编》卷 394，元祐二年（1087 年）正月丙子，北京：中华书局，2004 年，第 9607 页。

④ （宋）李焘：《续资治通鉴长编》卷 394，元祐二年（1087 年）正月乙丑，北京：中华书局，2004 年，第 9592 页。

⑤ （宋）李焘：《续资治通鉴长编》卷 399，元祐二年（1087 年）四月甲辰，北京：中华书局，2004 年，第 9722 页。

叟、傅尧俞、朱光庭、韩川、王觌、孙升、梁焘等言官纷纷上奏，请求恢复张舜民的职务。五月，高氏令两府宣谕言路停止进言此事，没有成功①。君主与言路的关系再度变得异常紧张。吕公著上奏，称"欲乞稍与优迁，令解言职，更择有名望学识臣僚，使备谏净。如此，则陛下于言事之臣可以全其恩意，不至骇动物听"，得到高氏采信。高氏要求吕公著"先具可罢言职之人，各开坐欲除拟次第，密具实封进入"，吕公著"依旨条上"。次日，高氏"复降手诏数条，付公著问可否，且言不须别作文字，只于逐条下贴出"。数日后，王岩叟、傅尧俞、朱光庭、王觌、孙升、梁焘"皆递迁，盖用公著之言也"②。在吕公著的襄赞下，高氏对台谏进行了一次大清洗，吕公著所扮演的角色已不像策题事件时那么超然了。

《续资治通鉴长编》称，吕公著之所以力主以"优迁"的方式罢免王岩叟等人的言职，是"虑言者将激怒上意，致朝廷有罪言者之失"③。从吕公著元祐时期（1086—1094年）的言行看，他的确有意营造相对宽松的政治氛围。但是，避免"朝廷有罪言者之失"，并不意味着一定要罢免言路诸人，如策题事件中，吕公著便在高氏十分愤怒的情况下保住了傅尧俞等人的言职，为何数月之后，他不这样做？王曾瑜、平田茂树认为此事是宰执与言官的对立趋于表面化的结果，这一看法颇有见地④。文彦博资深望重，言路若能将其搬倒，定然声势大盛，对于宰辅群体而言，这绝非好事。张舜民事件爆发前，王岩叟就曾指责文彦博徇私推荐"是见任执政之亲"⑤的杨国宝、吕大临，隐隐透露出言路极有可能继续对其余宰辅发难。张舜民事件爆发后，韩维、范纯仁等都对言官的做法予以了抨击，说明宰辅群体已从言路对文彦博的攻击中感受到了威胁⑥。吕公著也不会意识不到这点，势必采取预防之策。

吕公著力主罢免言官亦含有维护怀柔政策的目的。宋廷颁下"慰反侧之诏"后，言路对新法派的攻击一度稍有减弱，元祐二年（1087年）二月后却有变本加厉之势。二月，梁焘、王觌、傅尧俞揭发蔡硕贪污受贿，进而指责其兄蔡确有包庇之罪，导致蔡确被处以落职、改知亳州之罚⑦。梁、王又要求加重处分，朝廷遂将蔡确改为

① （宋）李焘：《续资治通鉴长编》卷400，元祐二年（1087年）五月庚申，北京：中华书局，2004年，第9749页。
② （宋）李焘：《续资治通鉴长编》卷400，元祐二年（1087年）五月癸亥，北京：中华书局，2004年，第9785页。
③ （宋）李焘：《续资治通鉴长编》卷400，元祐二年（1087年）五月癸亥，北京：中华书局，2004年，第9785页。
④ 王曾瑜：《洛蜀朔党争辩》，吴荣曾主编：《尽心集——张政烺先生八十寿庆论文集》，北京：中国社会科学出版社，1996年；〔日〕平田茂树：《宋代的言路》，《宋代政治结构研究》，上海：上海古籍出版社，2010年。
⑤ （宋）李焘：《续资治通鉴长编》卷396，元祐二年（1087年）三月乙丑，北京：中华书局，2004年，第9649页。
⑥ （宋）李焘：《续资治通鉴长编》卷400，元祐二年（1087年）五月庚申，北京：中华书局，2004年，第9749页。
⑦ （宋）李焘：《续资治通鉴长编》卷395，元祐二年（1087年）二月己亥，北京：中华书局，2004年，第9636页。

知安州①。三月，梁焘弹劾黄履依附蔡确扰乱法度，使得黄履由龙图阁学士、知越州被降为天章阁待制、知舒州，梁焘等犹攻讦不已②。四月，张舜民事件爆发前，傅尧俞、王岩叟面见高氏，要求罢免李清臣③。言官在二月后突然加大对新法派的攻击力度，应与他们对怀柔政策倡导者吕公著在策题事件中"两平之"的做法不满有关。该政策若遭否定，吕公著本人的地位不免受到影响，他对于言官自难再加包容。

还应看到，张舜民事件不仅是宰执、台谏矛盾的表现，更涉及宰辅内部的暗斗。时任尚书右丞的刘挚与梁焘等言官属同一政治集团，是言路攻击文彦博的幕后推手④。若言路在政争中占得上风，刘挚的影响力也会随之上升，进而有可能打破三省既有的权力格局。吕公著与刘挚在怀柔政策上有歧见，他此前荐引刘挚入三省，主要目的之一，应是想借此对刘挚集团加以笼络。但从张舜民事件及之前的各种迹象看，刘挚未必甘心雌伏于吕公著之下。吕公著力主罢免诸言官，实则也是要抑制刘挚。五月戊辰，刘挚上奏称诸言官不当罢，要求恢复梁焘、孙升的职务⑤。他虽未直接指斥吕公著，但心中不满不问可知。

张舜民事件终结后，胡宗愈、孔文仲等被陆续任命为言官，加上留任的吕陶、上官均、韩川，一个新的台谏组合在七月前后形成。方诚峰指出，这一组合的特点是背景多元，吕公著、韩维、范纯仁、刘挚等宰执均与其中某些人物存在关联。其中，有过半言官或受过吕公著推荐，或曾得吕公著褒奖，说明在宰辅群体中吕公著最得高氏信任⑥。这可谓确论。经过两次风波，高氏肯定不愿再与台谏发生激烈碰撞，故适度增强吕公著对台谏的影响力，以便令吕公著更好地充当她与台谏间的缓冲器。

另一方面，除宰辅外，苏轼与调整后的言官群体的关系也比较密切。胡宗愈、赵峏、吕陶、孔文仲等台谏均为苏轼之友⑦。七月，张商英移书苏轼欲作言官，结果被吕公著外放。

---

① （宋）李焘：《续资治通鉴长编》卷395，元祐二年（1087年）二月辛亥，北京：中华书局，2004年，第9643页。

② （宋）李焘：《续资治通鉴长编》卷396，元祐二年（1087年）三月丙寅，北京：中华书局，2004年，第9650页。

③ （宋）李焘：《续资治通鉴长编》卷398，元祐二年（1087年）四月己亥，北京：中华书局，2004年，第9717页。

④ 梁思乐：《朔党与北宋元祐朋党政治新论》，"10至13世纪中国国家与社会"国际学术研讨会暨中国宋史研究会第16届年会论文，杭州，2014年8月；〔日〕平田茂树：《宋代的言路》，《宋代政治结构研究》，上海：上海古籍出版社，2010年。

⑤ （宋）李焘：《续资治通鉴长编》卷401，元祐二年（1087年）五月戊辰，北京：中华书局，2004年，第9766页。

⑥ 方诚峰：《北宋晚期的政治体制与政治文化》，北京：北京大学出版社，2015年，第71—73页。

⑦ 方诚峰：《北宋晚期的政治体制与政治文化》，北京：北京大学出版社，2015年，第73页。

（张商英）简苏内翰子瞻云："老僧欲住乌寺，呵佛骂祖一巡，如何？"偶馆职孙朴过子瞻，窃得其简，示吕申公之子希纯，希纯白申公，申公不悦，出商英为河东路提刑。①

张商英向苏轼请托，说明在时人看来，苏轼已有能力影响言官的任用。在策题事件中，吕公著对苏轼已有负面看法。苏轼与程颐素有矛盾，而程颐则与吕公著交厚。因此，苏轼政治影响力增强难免引发吕公著的不满。此外，吕公著虽主张怀柔新法派，但基本立场始终在旧法派一侧，而张商英倾向新法，之前曾公开指出不应变更神宗之政，他与苏轼相过从，也必定增加吕公著对苏轼的戒惕②。吕公著将张商英外放，固然是由于厌恶张，然也不无防范苏轼之意。此后发生的韩维事件则令吕、苏矛盾趋于尖锐。

七月壬戌，高氏忽降御札，以韩维面奏范百禄所为不正，此后却不续进章奏为由，将之"罢门下侍郎，守本官分司南京"③。吕公著连上两奏，指出韩维罪名不显，不当责降。经吕公著劝说，高氏怒火稍息，免除了韩维的分司处分，但仍不愿保留其执政职位。最终，韩维被任为"资政殿大学士，知邓州"④，成为元祐以降第一位遭罢黜的旧法派宰辅⑤。

此前，苏轼密友吕陶曾攻击韩维"阴窃威柄"⑥，范百禄又是苏轼的四川同乡，这使得不少士大夫认定苏轼是韩维被罢的主谋，苏轼即自云："韩氏之党，一例疾臣。"⑦吕公著与韩维素来友善，韩维被罢，令吕公著对苏轼之厌恶达到了极点。此后，为抑制苏轼，他采取了若干措施。韩维罢后，三省执政出现空缺。时任执政"四入头"之翰林学士的苏轼素得高氏青睐，其自身的才干、资历也有过人之处，然七月壬申，吕公著向高氏进言：

今三省职事，与旧日中书一般。中书宰相、参政本以四员为额，若未得人，三

---

① （宋）李焘：《续资治通鉴长编》卷 403，元祐二年（1087 年）七月乙卯条小注，北京：中华书局，2004 年，第 9803 页。

② （宋）李焘：《续资治通鉴长编》卷 403，元祐二年（1087 年）七月乙卯，北京：中华书局，2004 年，第 9803 页。

③ （宋）李焘：《续资治通鉴长编》卷 403，元祐二年（1087 年）七月壬戌，北京：中华书局，2004 年，第 9808 页。

④ （宋）李焘：《续资治通鉴长编》卷 403，元祐二年（1087 年）七月辛未，北京：中华书局，2004 年，第 9820 页。

⑤ 关于韩维事件，可参见方诚峰：《北宋晚期的政治体制与政治文化》，北京：北京大学出版社，2015 年，第 73—75 页。

⑥ （宋）李焘：《续资治通鉴长编》卷 403，元祐二年（1087 年）七月甲子，北京：中华书局，2004 年，第 9813 页。

⑦ （宋）李焘：《续资治通鉴长编》卷 415，元祐三年（1088 年）十月己丑，北京：中华书局，2004 年，第 10078 页。

省权不添人。及枢密院且令安焘、范纯仁久任。①

所谓"中书宰相、参政本以四员为额",不过是托词而已。吕公著之所以要求两府"不添人",既有借此消弭中书、门下两省可能出现的抵牾的用意,更有阻止苏轼成为宰辅的意图②。在吕公著的要求下,高氏暂时没有任用新的执政。

对于与苏轼关系比较密切的士大夫,吕公著屡屡予以批评贬斥,如胡宗愈在七月曾弹击韩维之友、吕陶的政敌杜纯,被不少人认为是苏轼同党。吕公著曾推荐过胡宗愈,但韩维被罢后,他上奏高氏,指出胡宗愈不堪大用"前日弹杜纯一事,颇为乖缪,疑为小人所误,乞更观察"③。又如孔文仲,曾攻击过苏轼的政敌程颐,后在叶祖洽事件中亦力赞苏轼之议。吕公著遂指责孔文仲"为苏轼所诱胁,论事皆用轼意"④。十一月,孔文仲弹奏曾在策题事件中攻击过苏轼的朱光庭,反对任命其为太常少卿,吕公著立即率多名宰辅上疏,驳斥孔文仲"其言殊为乖谬"⑤,令朱光庭得以就职。

与苏轼不协之人则多得吕公著支持庇护。杜纯、朱光庭已如前述,此外尚有贾易。"(苏)轼、(程)颐既交恶,其党迭相攻,易独建言请并逐二人。又言:'吕陶党助苏轼兄弟,而文彦博实主之。'语侵彦博及范纯仁。太皇太后怒,欲峻责易,吕公著言:'易所言颇切直,惟诋大臣为太甚,第不可复处谏列耳。'太皇太后曰:'不责易,此亦难作,公等自与皇帝议之。'公著曰:'不先责臣,易责命亦不可行。'争久之,乃止罢谏职"⑥。贾易与吕公著渊源不深,其言所"侵"之程颐、范纯仁则与吕公著友善。在这样的情况下,吕公著仍不惜与高氏争执以维护贾易,无疑是因为赞赏贾易对苏轼的攻讦。可以说,韩维事件之后,吕公著已经较深地参与到政争之中了。

结合当时形势,吕公著一再打压苏轼,不仅是缘于对苏轼的恶感,也是缘于对文彦博的忌惮。文彦博资历胜过其余宰辅,但在元祐时期(1086—1094 年)的中枢运作中却处于相对边缘的位置⑦。这一方面是因为他所任之平章军国重事的制度性权力有限,另一方面也是因为他在两府中缺少同盟。而文、苏两人关系近密,苏轼若能成为宰辅,

---

① (宋)李焘:《续资治通鉴长编》卷 403,元祐二年(1087 年)七月壬申,北京:中华书局,2004 年,第 9821 页。
② 王化雨:《北宋后期三省奏事班次考》,《北京大学学报》(哲学社会科学版)2013 年第 2 期。
③ (宋)李焘:《续资治通鉴长编》卷 403,元祐二年(1087 年)七月壬申,北京:中华书局,2004 年,第 9821 页。
④ (宋)李焘:《续资治通鉴长编》卷 407,元祐二年(1087 年)十一月乙卯,北京:中华书局,2004 年,第 9896 页。
⑤ (宋)李焘:《续资治通鉴长编》卷 407,元祐二年(1087 年)十一月乙卯,北京:中华书局,2004 年,第 9896 页。
⑥ (宋)李焘:《续资治通鉴长编》卷 404,元祐二年(1087 年)八月辛巳,北京:中华书局,2004 年,第 9828 页。
⑦ 方诚峰:《北宋晚期的政治体制与政治文化》,北京:北京大学出版社,2015 年,第 53 页。

很有可能与文彦博互为奥援，从而改变两府的权力版图①。从张舜民事件看，吕、文并无太大矛盾，但文彦博影响力一旦增强，势必削弱吕公著在朝廷的核心地位，这绝不是吕公著希望看到的。

策题事件平息后，朝中抨击苏轼之声有所减弱。但元祐二年（1087 年）七月之后，对于苏轼的弹击骤然增多，以致元祐二年（1087 年）底、元祐三年（1088 年）初，苏轼"屡入文字乞郡"②。以往研究者多认为苏轼所承受的压力主要来自洛党，其实攻击苏轼的声浪之所以再度高涨，与在朝中极具影响力的吕公著敌视苏轼有着直接关联。然吕公著既介入政争，亦不免遭人攻击。韩维事件后，朝野上下开始流传所谓"五鬼"之说，如元祐二年（1087 年）八月，孔文仲弹劾程颐：

> 程颐乃五鬼之魁，都下指为"老鬼头"，孙朴为"小鬼尾"。吕公著诸子与事，而小子希纯尤甚；其婿范祖禹、外甥杨国宝，引黄庭坚、毕仲游辈日夕聚论，进退人物，一言之出，朝暮即应。识者比之八关五鬼。③

所谓"五鬼"，均受过吕公著的援引④。攻诘"五鬼"，实则是变相弹劾吕公著结党营私，表明一批与苏轼友善的士大夫对吕公著深感不满。

值得注意的是高氏的举动。接受吕公著"三省权不添人"的要求，说明她对吕公著本人以及以吕公著为核心的宰辅群体仍比较倚重。但另两方面情况也不容忽视。

首先，虽然吕公著多次或直接、或间接地对苏轼、胡宗愈、孔文仲等人加以责难，高氏却始终没有罢免上述诸人，而是依然将之放在翰林学士、御史中丞、中书舍人等重要职位上。其次，韩维事件后，一些与吕公著交厚，或者受到吕公著庇护之人，陆续被高氏责降，如七月，由韩维嘱托吕公著进用的侍御史杜纯，被罢为右司郎中⑤；又如八月，名列"吕门五鬼"之首的程颐被罢经筵；再如十月，曾因吕公著力争而免于重责的知怀州贾易，也在苏辙等的攻击下，被高氏降为知广德军⑥。以上事例的具体缘由十分

---

① 方诚峰：《走出新旧：北宋哲宗朝政治史研究》，北京：北京大学博士学位论文，2009 年，第 66 页。

② （宋）李焘：《续资治通鉴长编》卷 409，元祐三年（1088 年）三月，北京：中华书局，2004 年，第 9961 页。

③ （宋）陈均编，许沛藻、金圆、顾吉辰等点校：《皇朝编年纲目备要》卷 22，元祐二年（1087 年）八月"程颐罢"条，北京：中华书局，2006 年，第 544 页。

④ 李全德：《北宋元祐初期之"五鬼"与政争》，首都师范大学"宋代社会中的权力网络"学术研讨会论文，北京，2013 年 6 月。

⑤ （宋）李焘：《续资治通鉴长编》卷 403，元祐二年（1087 年）七月辛未，北京：中华书局，2004 年，第 9820 页。

⑥ （宋）李焘：《续资治通鉴长编》卷 406，元祐二年（1087 年）十月甲申，北京：中华书局，2004 年，第 9887 页。

复杂，然统而观之，可以看出高氏在有意识地对吕公著加以制约。

司马光死后，吕公著是两府中最具影响力之人。吕公著比较谨慎，"每议政事，博取众善以为善……尤能避远声迹"①，一直尽力避免专擅之讥，但不可能令高氏对他绝对放心。张舜民事件发生前，王岩叟等言官在怀柔政策等重大问题上与吕公著意见相左，可以起到一定的制衡作用。张舜民事件后，言路遭受了大调整，言官与君权激烈对抗的风险有所降低，吕公著所受的掣肘也有所弱化，这不会不增加高氏的戒惕。又，吕公著执政期间确实任用了不少亲党，韩维事件发生前，高氏已多少了解到此类情况。韩维被罢时，高氏曾对吕公著说："今日观维族人、知识布在津要，与卿孰多？"②这句话主要是在抨击韩维，但也暗指吕公著亦有相同行径。此后，"五鬼"之说的传布更是将吕公著援引亲党的行为做了进一步曝光。在这样的情况下，高氏必然要采取措施，预防吕公著之相权过度膨胀，吕公著与苏轼等人的矛盾，恰可资利用。

总之，元祐二年（1087年），旧法派内部爆发了连番争斗，吕公著也采取了种种因应举措。这些举措对于维护吕公著的个人权位有一定作用，但对消除政争隐患、保证政局稳定效果并不显著，有的举动甚至对政争推波助澜。不仅如此，在政争风潮中，吕公著逐渐由一个超然的协调者变为了直接的参与者。随之而来的，是他与旧法派部分士大夫以及高氏的关系出现了不同程度的恶化。此后，吕公著将有怎样的举动？政局又会怎样演进？

三、吕公著与元祐三、四年间（1088—1089年）的政局嬗变

元祐三年（1088年）初，吕公著"以年老坚乞休退"③。从此后不到一年他即去世来看，这时他的健康的确出了问题。然而，吕公著之所以坚请辞职，原因应不仅仅是健康问题。元祐二年（1087年）的政争风潮，尤其高氏对他的戒惕，给吕公著的政治前景抹上了阴影。在新的风暴到来之前抽身而退，未尝不是已经老病的吕公著的自全之道。

接到辞呈后，高氏同意吕公著辞去尚书右仆射兼中书侍郎，同时为吕公著特设了"同平章军国事"。此职的权力范围，并非如此前宋廷为文彦博所设的"平章军国重事"那样有限，而是相当广，包括：

---

① 《宋史》卷336《吕公著传》，北京：中华书局，1977年，第10777页。
② （宋）李焘：《续资治通鉴长编》卷403，元祐二年（1087年）七月壬戌，北京：中华书局，2004年，第9809页。
③ （宋）李焘：《续资治通鉴长编》卷409，元祐三年（1088年）四月辛巳，北京：中华书局，2004年，第9964页。

凡与三省同施行者：一曰应差除并责降叙复、二曰应三省并三省枢密院取旨、三曰边防体大公案并体量取勘事、四曰支移钱粮数多、五曰诸军班特支、六曰差官按察、七曰馆伴入国，接伴送伴、八曰朝会、九曰国书、十曰近上蕃夷若李乾德、阿里骨等受官袭封、十一曰废置州县、十二曰特立捕盗赏格。

其与逐省同施行者：一曰省曹寺监所上事、二曰体量赈济、三曰应缘大礼事、四曰应科场事、五曰非泛祠祷、六曰应干陵庙事、七曰诸蕃国进奉差押伴官并进奉回赐、八曰修书、九曰创立改更法令、十曰应缘河防事、十一曰铸造钱宝、十二曰典礼仪制、十三曰捉杀十人以上贼。①

用宋人的话说，同平章军国事实"兼三省侍中、中书令、尚书令之职"②。吕公著时已年老体衰，高氏却为他设置事务繁重程度较中书相不遑多让的职位，颇有悖于情理。结合具体形势看，高氏此举有两方面原因。

首先，元祐二年（1087 年）的连场争斗，令韩维等一大批曾参与"更化"的士大夫遭到了责降，大大削弱了旧法派的力量。在这样的背景下，若放走吕公著这位旧法派元老，很可能会对"更化"产生不小的负面影响。这不是高氏所愿见到的。

其次，当时两府之中的其余旧法派宰辅，无论是吕大防、刘挚、王存抑或范纯仁，在声望、资历以及与高氏关系等方面，都不及吕公著。元祐四年（1089 年），范祖禹说："今日大臣，未有可副陛下任使，倚信而不疑，如司马光、吕公著者也。"③高氏对吕公著绝非不疑，然称她对吕公著的信任程度超过其余宰辅，却属事实。因此，吕公著虽已老病，高氏仍不能不继续对其委以重任。

必须指出，同平章军国事职权范围虽广，但吕公著任此职后，实际权力却有所弱化。元丰后三省分班奏事，负责取旨的中书省，决策权超过其余两省。哲宗即位后，三省虽得到一定程度的整合，但截至元祐三年（1088 年），合班奏事并未完全实现。吕公著入相后，一直担任右仆射兼中书侍郎，作为中书之首，他参与决策的机会多于其余宰辅。而吕公著被改任同平章军国事后，高氏通过一些隐而不显的调整，以合班奏事彻底取代了分班奏事，宰辅的决策权变得比较均衡，吕公著的优势也不复存在④。可以说，高氏

---

① （宋）李焘：《续资治通鉴长编》卷 410，元祐三年（1088 年）五月己酉，北京：中华书局，2004 年，第 9989 页。
② （宋）杨仲良：《长编纪事本末》卷 101《逐元祐党上》，北京：北京图书馆出版社，2003 年，第 3230 页。
③ （宋）李焘：《续资治通鉴长编》卷 430，元祐四年（1089 年）七月庚辰，北京：中华书局，2004 年，第 10390 页。
④ 王化雨：《北宋后期三省奏事班次考》，《北京大学学报》（哲学社会科学版）2013 年第 2 期。

对吕公著的改任，含有明扬暗抑之意。

吕公著的职位变动，给本就不足员的三省长贰造成了更大缺口。又，高氏对吕公著虽倚重，但吕公著毕竟已老病，高氏不能不为吕公著身殁后的宰辅班子预作考虑。因此，在将吕公著改任为同平章军国事后，高氏也对三省长贰作了调整。四月辛巳，中书侍郎吕大防升任左仆射，同知枢密院事范纯仁升右仆射①；壬午，侍读孙固出任门下侍郎，尚书左丞刘挚升中书侍郎，尚书右丞王存升尚书左丞，御史中丞胡宗愈出任尚书右丞②。上述任命中，有两处值得注意。

一是范纯仁升右相。范纯仁在西府只是副职，亦无非常突出的政绩，为何却能越次升为宰相？范纯仁与高氏无渊源，与其余宰辅亦无太密切关系，却与吕公著有颇多共同之处。两人皆出身勋臣子弟；皆主张以怀柔之策对待新法派；元祐二年（1087 年）的几次政争，范纯仁也与吕公著持相同立场。例如，策题事件中，范纯仁要求对苏轼与言官均不作重责，以便息事宁人③；张舜民事件中，范纯仁对言官的言论做了猛烈抨击④；韩维被罢，范纯仁则要求高氏收回成命⑤。不难看出，范纯仁是吕公著在两府中最坚定的盟友，他被越次擢升，折射出吕公著的影响力。

二是胡宗愈成为执政。胡宗愈与吕公著有亲缘关系，但韩维事件后，吕公著对胡宗愈变得十分敌视。高氏将胡宗愈擢为尚书右丞，不仅是出于对胡宗愈本人的欣赏，也明显含有用胡宗愈以制吕公著之意。

一直以来，高氏对吕公著既有倚信，亦有防范。范、胡两人的升迁，正是这种微妙关系的体现。然元祐三年（1088 年）前，高氏主要是借助言路、侍从官来制衡吕公著，并未刻意在宰辅中营造"异论相搅"。元祐三年（1088 年），高氏却径直将吕公著之政敌安排进了三省，表明经过元祐二年（1087 年）的几次风波后，她虽继续倚重吕公著，但对吕公著的戒惕却有所增加。

胡宗愈除命发表后，部分士大夫深感不满，上言批评，其中以四月刚出任谏议大夫的王觌所言最为尖锐。他称："宗愈自为御史中丞，论事建言多出私意，与苏轼、孔文

---

① （宋）徐自明撰，王瑞来校补：《宋宰辅编年录校补》卷 9，元祐三年（1088 年）四月辛巳，北京：中华书局，1986 年，第 573 页。

② （宋）徐自明撰，王瑞来校补：《宋宰辅编年录校补》卷 9，元祐三年（1088 年）四月壬午，北京：中华书局，1986 年，第 579 页。

③ （宋）李焘：《续资治通鉴长编》卷 394，元祐二年（1087 年）正月丙子，北京：中华书局，2004 年，第 9607 页。

④ （宋）李焘：《续资治通鉴长编》卷 400，元祐二年（1087 年）五月庚申，北京：中华书局，2004 年，第 9757 页。

⑤ （宋）李焘：《续资治通鉴长编》卷 403，元祐二年（1087 年）七月甲子，北京：中华书局，2004 年，第 9810—9811 页。

仲各以亲旧相为比周,力排不附己者,而深结同与己者。操心颇僻如此,岂可以执政?"高氏大怒,内批"王觌论列不当,落谏议大夫,与外任差遣,仍不得带职"①。吕公著亲率吕大防、范纯仁等人赴帘前开陈,希望高氏不罢王觌之言职②。但最终高氏仍将王觌外放为知润州③。

王觌与吕公著并无交结,张舜民事件中,更曾与梁焘等因吕公著之建议而被罢言职④。吕公著声援王觌,主要是出于对苏轼、胡宗愈的恶感。但王觌为"韩氏所引"④,而韩维、吕公著素来友善,故吕公著对王觌的声援很容易被视为对韩维之党的袒护。又,吕大防、范纯仁本为吕公著所荐引,此时与吕公著一起进言,也很难不让人认为是党附吕公著。吕公著等人帘前开陈王觌事时,高氏宣谕:"朋党甚多,宜早施行,恐于卿等不便。"⑤此语表面上是指责王觌为韩维党羽,范纯仁却异常紧张,力辩"公著等皆是累朝旧人,陛下留在左右,已二三年,辅翼皇猷,未尝有阙,今日岂有雷同罔上,庇护党人"⑥。时人已听出,高氏的言外之意是怀疑吕公著等宰辅结党。可以说,胡宗愈入三省,既是高、吕之间裂痕的表现,又进一步恶化了两人的关系。

除遭高氏侧目外,吕公著在元祐三年(1088 年)还遭到了言官刘安世的攻击。具有讽刺意味的是,刘安世正是被吕公著推荐入言路的。二月乙未,"宣德郎、正字刘安世为右正言。司马光既没,太皇太后问吕公著:'光门下士素所厚善,可任台谏者,孰当先用?'公著以安世对,遂擢任之"⑦。刘安世担任右正言后,屡上弹章,其中一些文字针对吕公著。

五月,欧阳棐被擢升为著作郎、实录院检讨官,刘安世上章反对。宋廷将欧阳棐改命为集贤校理、权判登闻鼓院,刘安世仍不罢休,上奏称"欧阳棐朋党奸邪","自来与程颐、毕仲游、杨国宝、孙朴交结执政吕公著、范纯仁子弟,荐绅之间,号为五鬼"⑧。其言已有影射吕公著勾结奸党之意。八月,刘安世向高氏开具宰执所用亲党名单,其中所列吕公著任用之人数量最多⑨。此后,刘安世更将胡宗愈与吕公著"捆绑"在一起加

① (宋)李焘:《续资治通鉴长编》卷 410,元祐三年(1088 年)五月癸亥,北京:中华书局,2004 年,第 10003 页。
② (宋)李焘:《续资治通鉴长编》卷 410,元祐三年(1088 年)五月癸亥,北京:中华书局,2004 年,第 10003 页。
③ (宋)李焘:《续资治通鉴长编》卷 410,元祐三年(1088 年)五月庚午,北京:中华书局,2004 年,第 10007 页。
④ (宋)李焘:《续资治通鉴长编》卷 410,元祐三年(1088 年)五月庚午,北京:中华书局,2004 年,第 10007 页。
⑤ (宋)李焘:《续资治通鉴长编》卷 410,元祐三年(1088 年)五月癸亥,北京:中华书局,2004 年,第 10003 页。
⑥ (宋)李焘:《续资治通鉴长编》卷 410,元祐三年(1088 年)五月癸亥,北京:中华书局,2004 年,第 10004 页。
⑦ (宋)李焘:《续资治通鉴长编》卷 408,元祐三年(1088 年)二月乙未,北京:中华书局,2004 年,第 9940 页。
⑧ (宋)李焘:《续资治通鉴长编》卷 411,元祐三年(1088 年)五月丁巳,北京:中华书局,2004 年,第 9998 页。
⑨ (宋)李焘:《续资治通鉴长编》卷 413,元祐三年(1088 年)八月辛丑,北京:中华书局,2004 年,第 10045 页。

以弹劾。十月，他奏称："宗愈之侄女适吕公著之亲孙，昨宗愈除御史中丞，乃是公著秉政之日，自合援据故事以引避，而宗愈苟悦权势，初无一语自陈。"①这也是在弹劾吕公著蒙蔽君主。十二月，他对吕公著的指责愈发尖锐。

> 臣伏见宗愈之除中丞，在吕公著秉政之日，虽是姻亲，隐而不言。外托用才之名，中为立党之实。使宗愈贪权怀惠，不复纠谬绳愆，以此营私，何所不可？蒙蔽人主之聪，隳废祖宗之法，人臣之罪莫大于此。今公卿士民尽知二人之欺罔，而台谏官多出公著之门，终无一语敢及此事……伏惟陛下审察众情，详观事理。若原心定罪，则公著、宗愈均是欺君，宜正典刑，以示中外。②

这是吕公著为相以来所遭到得最为猛烈的抨击。刘安世为何恩将仇报，攻击自己的推荐人？原因比较复杂，如论者所言，吕公著执政之后，的确非常喜欢援引亲旧，不少士大夫对此愤愤不平，刘安世对吕公著的弹劾，在一定程度上与此有关③。又，刘、吕两人在政见上也有分歧。吕公著主张怀柔新法派，而刘安世则主张对新法派穷追猛打④。因此，刘安世虽被吕公著荐引，但心中定然对吕公著怀有不满。十月，刘安世在弹章中先指责吕公著徇私拔擢胡宗愈为台长，继而立即称胡宗愈曾被蔡确援引，为言官后对蔡确、章惇之罪行"了无一言"，是"阴结奸豪，侥幸异日"⑤，玩其语意，他的潜台词是吕公著也不无"阴结奸豪，侥幸异日"之意。

此外，刘安世弹击吕公著，也是派系矛盾的反映。元祐四年（1089 年）七月，范祖禹称：

> （刘挚）自居中书，人多言其有窥伺相位之心。与同列议论，多泄其语，与言事官相表里。范纯仁好用亲戚，挚不与之争，泄其语于言事官，使攻之。吕公著尝与臣言："挚若进德修业，何患不为宰相，何须如此？"⑥

---

① （宋）李焘：《续资治通鉴长编》卷 415，元祐三年（1088 年）十月甲申，北京：中华书局，2004 年，第 10072 页。
② （宋）李焘：《续资治通鉴长编》卷 417，元祐三年（1088 年）十二月，北京：中华书局，2004 年，第 10134 页。
③ 李全德：《北宋元祐初期之"五鬼"与政争》，首都师范大学"宋代社会中的权力网络"学术研讨会论文，北京，2013 年 6 月。
④ 方诚峰：《北宋晚期的政治体制与政治文化》，北京：北京大学出版社，2015 年，第 77—78 页。
⑤ （宋）李焘：《续资治通鉴长编》卷 415，元祐三年（1088 年）十月甲申，北京：中华书局，2004 年，第 10072 页。
⑥ （宋）李焘：《续资治通鉴长编》卷 430，元祐四年（1089 年）七月庚辰，北京：中华书局，2004 年，第 10390 页。

范祖禹为吕公著之婿，他所引述的吕公著之语应当可信。从范祖禹所言，可以看出：一，刘挚升任中书侍郎后开始攻击范纯仁，以求取其相位而代之；二，在刘、范之争中，吕公著偏向其盟友范纯仁，而不齿于刘挚。对于刘挚而言，要想击垮范纯仁，就不能不对抗吕公著。刘安世是刘挚集团骨干，他频频对吕公著"开火"，无疑是对刘挚的援助①。从时间上看，刘挚入中书前，刘安世便已为言官，却并未弹击吕公著。四月刘挚入中书，五月刘安世便开始攻吕公著，这绝非巧合，而是与政争形势直接相关。

还应看到，刘安世攻吕公著，与高、吕矛盾也有关系。高氏一直忌惮台谏势力的膨胀，此前几次旧法派内部台谏与宰辅的正面冲突，如张舜民等攻文彦博、吕陶攻韩维、王觌攻胡宗愈，不论最终宰辅是否被罢，言官均以去职收场。刘安世攻讦宰辅中影响力最大的吕公著，无疑冒了很大的风险。为何他敢于这样做？元祐三年（1088 年）中高氏对吕公著的戒惕，在逐渐增加，这为刘安世提供了机会。刘安世对吕公著的多次弹击，均围绕着高氏最反感的"结党"问题做文章，即是希望利用高氏对吕公著业已形成的怀疑。而从结果上看，高氏固然没有罢黜吕公著，但也没有给予刘安世任何处分或责难，这说明刘安世的弹击还是起到了一定效果，加重了高氏对吕公著的不信任。高氏对刘安世的一再包容，也是对吕公著的钳制。

综上所述，元祐三年（1088 年）宋廷的政局依然不平静。宰辅与言官、宰辅与宰辅、君主与宰辅之间的多重矛盾不断出现，大有山雨欲来之势。其中高氏和吕公著的矛盾，可谓漩涡的中心，它伴随着吕公著请辞、胡宗愈入三省、王觌被罢、刘安世攻吕公著等事件，与其余矛盾互相激荡，一步步推动着旧法派的内部冲突。旧法派的内斗对于新法派无疑是利好消息，《续资治通鉴长编》载：

> （邢）恕自襄州移河阳，专抵邓州见蔡确，相与谋日者所造定策事。及司马康始除丧赴阙，恕特招康道河阳，因言确有大功不可掩，劝康作书称确，为他日全身保家之计。康与恕同年登科，又以恕出其父光门下，信之不疑，作书如恕言，留恕所。恕本意必得康书者，盖以谓司马光之子云尔，则确定策事，可取信于世不疑。②

以后见之明看，邢恕宣扬蔡确的"定策功"，并未给蔡确带来利益，反而坚定了高氏贬

---

① 梁思乐：《朔党与北宋元祐朋党政治新论》，"10 至 13 世纪中国国家与社会"国际学术研讨会暨中国宋史研究会第 16 届年会论文，杭州，2014 年 8 月；〔日〕平田茂树：《宋代的言路》，《宋代政治结构研究》，上海：上海古籍出版社，2010 年。

② （宋）李焘：《续资治通鉴长编》卷 428，元祐二年（1087 年）五月丁酉，北京：中华书局，2004 年，第 10344 页。

谪蔡确的决心。但当时邢、蔡两人有此举动，必然是因为他们认定新法派有卷土重来的机会。又，定策之事无比敏感，司马康不可能仅仅因为邢恕与之为故旧，便"作书如恕言"。他之作书，表明他当时也担忧政局会有剧变，故必须作"全身保家之计"。李焘考证，邢恕自襄移河阳，在元祐三年（1088 年）九月①。以此推之，上引文中所述之事，发生在元祐三年（1088 年）秋冬，此时以高、吕矛盾为核心的一系列旧法派内部裂痕已经显现得比较清晰。在这样的情况下，邢、蔡、司马等有上述举动，并不为怪。

进入元祐四年（1089 年）后，旧法派的内斗仍无停息的迹象。正月，刘安世借谢景温差除事，抨击范纯仁"结党""逼胁同列""事上不忠"②，刘挚集团与范、吕的争斗趋于白热化。然而，此时的吕公著已经病入膏肓，无力应对。二月甲辰，"司空、同平章军国事吕公著卒"③，继司马光后，另一名"更化"重臣也离开了人世。

吕公著离世后的数月之中，宋廷接连发生了若干变动。三月，尚书右丞胡宗愈在刘安世的猛攻下，被罢为知陈州④；四月，吴处厚奏称蔡确作诗讪谤，拉开了车盖亭诗案序幕⑤；五月，在刘挚、刘安世、吴安诗等人的推动下，蔡确被责授英州别驾、新州安置⑥；六月，范纯仁因为蔡确辩解，被刘安世等攻击而罢相⑦。

细细推敲，上述事件均有耐人寻味之处：胡宗愈入三省后，一直遭刘安世等人攻讦，但此前近一年的时间中，高氏对他庇护有加，为何到了元祐四年（1089 年）三月，高氏不再继续庇护胡？蔡确作诗在元祐二年（1087 年），吴处厚为何要等到元祐四年（1089 年）四月才上奏⑧？以文字之罪，将前宰相置于必死之地，必然在政治上造成恶劣影响，高氏为何不顾后患，一定要穷治蔡确？打击新法派之余，为何又要对范纯仁也加以清算？

胡宗愈一事，学界关注不多，车盖亭诗案的前因后果则得到过深入讨论。吴处厚于元祐四年（1089 年）四月上奏，被认为是想借力于元祐四年（1089 年）三月出任右司谏，且与蔡确有深仇的吴安诗⑨。高氏在诗案中的举动，则被认为既与神宗建储、新旧

① （宋）李焘：《续资治通鉴长编》卷 428，元祐二年（1087 年）五月丁酉条小注，北京：中华书局，2004 年，第 10344 页。
② （宋）李焘：《续资治通鉴长编》卷 421，元祐二年（1087 年）正月癸未，北京：中华书局，2004 年，第 10186—10187 页。
③ （宋）李焘：《续资治通鉴长编》卷 422，元祐四年（1089 年）二月甲辰，北京：中华书局，2004 年，第 10210 页。
④ （宋）李焘：《续资治通鉴长编》卷 423，元祐四年（1089 年）三月己卯，北京：中华书局，2004 年，第 10238 页。
⑤ （宋）李焘：《续资治通鉴长编》卷 425，元祐四年（1089 年）四月壬子，北京：中华书局，2004 年，第 10270 页。
⑥ （宋）李焘：《续资治通鉴长编》卷 427，元祐四年（1089 年）五月丁亥，北京：中华书局，2004 年，第 10326 页。
⑦ （宋）李焘：《续资治通鉴长编》卷 428，元祐四年（1089 年）六月甲辰，北京：中华书局，2004 年，第 10357 页。
⑧ 方诚峰：《北宋晚期的政治体制与政治文化》，北京：北京大学出版社，2015 年，第 77 页。
⑨ 方诚峰：《北宋晚期的政治体制与政治文化》，北京：北京大学出版社，2015 年，第 77 页。

党争有关，又是受了刘安世等激进之人的影响①。这些观点都很有见地，但尚不能彻底解答种种相关疑问：旧法派中仇视蔡确者比比皆是，吴处厚若只是想借力于言官，何必等到元祐四年（1089 年）四月？朝中主张彻底整肃新法派的声音一直存在，高氏对新法派也始终存有忌惮，但元祐四年（1089 年）前她没有采取极端手段，为何车盖亭诗案时会改弦更张？

结合当时的形势，上述事件与吕公著之死有一定关联。

首先，吕公著素来主张怀柔新法派，他若在世，定然不会同意用文字狱对蔡确加以打击。吴处厚迟迟不上奏，很大程度上是缘于对吕公著的忌惮。元祐四年（1089 年）二月吕公著去世，则令吴处厚得到了良机，四月他便奏进蔡确之诗。

其次，元祐元年（1086 年），高氏虽在吕公著的襄赞下颁行了"慰反侧之诏"，但在怀柔新法派方面，她的立场不如吕公著坚决。前引吕公著欲迁章惇于便郡，结果引起高氏不满，即为明证。吕公著生前，高、吕矛盾日渐尖锐，难免会影响到高氏对怀柔政策的看法。又，元祐二、三年间（1087—1088 年），一方面旧法派内斗不断，趋于分裂；另一方面新法派不甘失败，谋划东山再起，"更化"已然出现了危机。吕公著在世时，与高氏和部分旧法派士大夫有矛盾，但他毕竟是旧法派元老、"更化"的象征，他的离世，进一步加剧了"更化"的危机。在这样的情况下，高氏要想维护"更化"路线，势必要采用非常之策。

再次，吕公著之死令朝中的力量格局出现了变化。范纯仁与刘挚、刘安世两派，前者失去了强援而后者失去了劲敌，加之刘安世等的激进主张更符合高氏当时的需求，故两方的影响力必然出现消长，这是诗案中刘胜范败的重要原因。胡宗愈在三省并无太多政绩，高氏一再庇护他，是要以他来制衡吕公著。吕公著死后，他对高氏的利用价值随之大减，加之与刘安世等有隙，自然会被高氏放弃。

总之，吕公著去世，在不同程度上刺激了宋廷的多种矛盾，而这些矛盾的演进，又推动了包括车盖亭诗案在内的一系列政治风波。当元祐四年（1089 年）六月风波大体平息后，宋廷的人事架构和政治气氛都出现了相当大的变化，但吕公著的影响并未彻底消失。元祐晚期，高氏重新起用范纯仁，并尝试"调停"新旧冲突，即多少含有回归吕公著路线的意味。相关问题非本文能详述，只能另文讨论。

---

① 金中枢：《车盖亭诗案研究》，宋史座谈会编：《宋史研究集》第 20 辑，台北：文献馆中华丛书编审委员会，1989 年，第 183—256 页；方诚峰：《北宋晚期的政治体制与政治文化》，北京：北京大学出版社，2015 年，第 76—80 页。

四、余 论

《续资治通鉴长编》对吕公著有极高评价："公著自少讲学，以治心养性为本，识虑深敏，量闳而学粹，苟便于国，不以私利害动其心。与人至诚，不事表暴。"[①]吕公著对元祐政局的复杂性有较为清醒的认识，在应对新法派与旧法派以及旧法派内部冲突时，主张运用相对温和的手段，亦值得称道。但其才识操守，绝非如《续资治通鉴长编》所言那样完美。尤其是在很多事宜上，他无法摆脱一己私心的困扰，致使其举措既开罪了他人，又给了政敌攻讦自己的把柄，为政争埋下了隐患。整体而言，元祐时期（1086—1094 年）宋廷的政治环境在不断趋于恶化，对此，吕公著负有一定责任。

其实不独吕公著，被宋人誉为"元祐诸贤"的旧法派士大夫群体均有可非议之处。这批人遇事大多首先考虑个人或小集团得失，而较少顾及宋廷的长远利益。为了实现自身诉求，他们常使用过激手段，甚至不顾道德规范。刘安世频频攻击于自己有荐引之恩的吕公著，即是显例。在这批所谓"正人端士"的参与下，元祐政治很难沿着良性轨道运行。

士大夫如此，执掌皇权的高氏又如何？从吕公著死前的政治进程来看，高氏长于小伎俩，但缺乏大局观。当问题浮现时，她多采取治标不治本的手段，结果不免引出更多的问题。此外，在不少重要事务，如对宰辅的任用、对言路的操控、对新法派的处置上，高氏亦缺乏成熟稳健的策略。这位被捧为"女中尧舜"的女主，并不具备因应复杂形势的能力，她的临朝称制，实为宋廷之不幸。

可以说，元祐时期（1086—1094 年）的特殊背景，令吕公著等政治人物骤然置身于与其才德不相匹配的位置，结果对政局发展造成了负面影响。关于元祐时期（1086—1094 年）人物与政局之间的关系，还有不少可以探究的问题，笔者拟以本文为出发点，作进一步的讨论，以期能有更多创获。

---

① （宋）李焘：《续资治通鉴长编》卷 422，元祐四年（1089 年）二月甲辰，北京：中华书局，2004 年，第 10357 页。

"懋功疏赏"与"用劳次迁"

——宋代转员制度的再认识

吴淑敏

（北京大学 历史学系，北京，100871）

  摘　要：宋朝的转员制度实现了禁军将校在军职序列内的迁转，是和平时期，宋朝职业军人由行伍起家后向上升进的主要路径。三年一迁的频率和皇帝亲阅是转员制度的两大特点。三年一次的集体转员实则是以年劳为基础，参考功过，又要经过一定检阅遴选的将校迁转制度。从制度的设计来看，转员既能使将校看到升迁的希望，激励军心，并通过皇帝临轩亲阅的仪式，宣示皇权；同时，三年一迁的时间限制对将领私意提拔的行为有一定约束作用。转员制度也有其局限，此制度更适用于和平时期或者无仗可打的宿卫军队，在战争状态下则会因缺乏灵活性而显得问题重重。转员制度在北宋推行较为普遍，讫至南宋，为了能使负责宿卫的三衙军队得到及时的升迁，南宋朝廷部分地恢复了转员之法，但地方军队将校的提拔权则很大程度上被统领将帅所掌握。对此，宋廷采用限制升迁时间等方式来对将领的权力进行限制。我们也看到，战功和年劳是影响宋代军人升迁的两个重要因素，但在不同的情况下则有着轻重的不同。宋人"战多则懋功疏赏，平居则用劳次迁"之语，正反映了在将校升迁过程中，功和劳在不同背景下的侧重和组合。

  关键词：转员；禁军；将校；军功；年劳；皇帝亲阅

  宋朝禁兵、厢兵等各类军队，自军兵到军官，常有三级通称。一是将校，也叫军校、列校、军员、人员，其范围包括从厢的都指挥使到都的副兵马使、副都头；二是节级，其范围包括都的军头、十将、将虞候、承局和押官；三是长行，即军兵①。北宋禁军自士兵到将校的军职迁补主要是通过排连和转员等制度来实现的。转员即"转补军员"②，既包括将校内部各层级的迁转，也包括节级迁将校和将校"出职"转出将校系列的过程。将校属于宋朝中下级的军事指挥人员，换言之，转员制度处理的是禁军中下级军官的迁转问题。

关于转员制度，学界已有不少讨论。王曾瑜对"转员"的概念进行了解释，并钩沉了转员制度的具体内容，用力最深③。陈峰从武将培养选拔的角度出发，认为荫补和军员转补是宋代最重要的两项武将培养和选拔制度④。赵冬梅从军职换授武选官的角度，讨论了转员制度中将校"换前班"的环节，在其书末一章，赵氏还通过一个简易的"禁军迁转示意图"，从理论上呈现出了普通军职"折尺形"的上升轨迹，并指出从士兵到普通军职（包括军职内部）的升迁是梯级林立，险阻漫长的⑤。范学辉则从三衙管军的视角出发，认为三衙各司主帅行使所部各级军职迁补的提名权，上报枢密院和皇帝批准后才正式任命⑥。总体来看，学者们或综合概述或聚焦于一角，对转员制度的认知都有所推进，但转员皆非以上学者相关研究的集中关注所在，在该议题上的探讨仍留有余地。一个重要问题是，决定将校是否能够升迁的标准或原则是什么？

宋人张方平曾对宋神宗说："伏承顾问选补军职旧事。臣窃观国朝故事，所除军职，或以边功，或以劳旧，或以肺腑。"⑦张方平的观察显示了宋代在军职迁补时对战功、劳资、亲疏等因素有着多重考虑。关于文官选任中的课绩（功）和年资（劳）的问题学界已有探讨⑧。那么宋代在武官迁补时是如何处理"功"与"劳"的关系呢？本文拟以宋代的军员转补（即转员）制度为例，来探讨宋代军职迁补的原则问题。

一、转员制度的特点

欲了解宋代军职迁补的原则，我们必须对转员制度的特点有所把握。《宋史·兵志》

---

① 王曾瑜：《宋朝军制初探》（增订本），北京：中华书局，2011年，第319页。

② 《宋史》卷196《兵十》，北京：中华书局，1985年，第4880页。

③ 王曾瑜：《宋朝军制初探》，北京：中华书局，2011年，第330—331页。

④ 陈峰：《简论宋朝武将培养选拔体制的缺陷及影响》，《宋代军政研究》，北京：中国社会科学出版社，2010年，第257—258页。

⑤ 赵冬梅：《文武之间：北宋武选官研究》，北京：北京大学出版社，2010年，第305—312、380—382页。

⑥ 范学辉：《宋代三衙管军制度研究》，北京：中华书局，2015年，第324页。

⑦ （宋）张方平著，郑涵点校：《张方平集》卷24《论除兵官事》，郑州：中州古籍出版社，1992年，第372页。

⑧ 如邓小南在讨论文官磨勘法时，指出其实质是课绩与年资的结合、岁月对功效的凌驾。邓小南：《宋代文官选任制度诸层面》，石家庄：河北教育出版社，1993年，第170页。

"迁补之制"条谓:

> 自殿前、侍卫马步军校,每遇大礼后,各以次迁,谓之"转员"。转员至军都
> 指挥使,又迁则遥领刺史,又迁为厢都指挥使,遥领团练使。员溢,即从上罢军职,
> 为正团练使、刺史之本任,或有(按:《续资治通鉴长编》作"为")他州总管、钤
> 辖。其老疾若过失者,为御前忠佐马军都军头、副都军头,隶军头司。其黜,则为
> 外州马步军都指挥使。①

相似的记载又见于《续资治通鉴长编》乾兴元年(1022 年)七月癸巳条李焘对宋朝转
员制度的回顾,同条还载真宗"御崇政殿,阅诸军转员,凡三日而毕。枢密副使一员宿
本院三日,进宣而给之"。如此看来,转员制度在真宗乾兴之前已为定制。

转员的一个特点是频率为三年一次,北宋时就有"旧例三年转员"②的说法。南宋
洪迈《容斋三笔》也称转员的时间在"在大礼后次年"③。大礼通常指宋朝三年一次的
郊祀大礼(南郊或明堂礼)。例外的是,宋真宗在大中祥符四年(1011 年)西祀汾阴后
也进行过一次转员。笔者将《续资治通鉴长编》对转员的记录和北宋举行大礼的时间进
行对照后得知,在仁宗天圣之后,转员时间基本都在郊祀大礼之后的第二年。而仁宗朝
以前,北宋的转员制度和郊祀制度都尚在完善的过程中,看不到清晰的对应关系。

宋代转员的另一个特点是需要皇帝"亲阅"。像"〔上〕御崇正殿,阅诸军转员"这
样的记述在《续资治通鉴长编》中多有所见。皇帝亲自参与将校升迁似始于太宗朝,《续
资治通鉴长编》卷二五雍熙元年(984 年)二月壬午条载:

> 上御崇政殿,亲阅诸军将校,自都指挥使已下至百夫长,皆按名籍参考劳绩而
> 升黜之,凡踰月而毕。自是,率循其制。④

皇帝亲自阅视转员将校,在宋人看来有着重要意义。曾布就曾说:"国初以来,皆面问

① 《宋史》卷 196《兵十》,北京:中华书局,1985 年,第 4877 页;(宋)李焘:《续资治通鉴长编》卷 99,乾兴元年(1022 年)七月癸巳条,北京:中华书局,2004 年,第 2295 页。

② (宋)李焘:《续资治通鉴长编》卷 138,庆历二年(1042 年)十月戊辰条,御史中丞贾昌朝上疏言,北京:中华书局,2004 年,第 3318 页。

③ (宋)洪迈著,孔凡礼点校:《容斋三笔》卷 15"禁旅迁补"条,北京:中华书局,2005 年,第 610 页。

④ (宋)李焘:《续资治通鉴长编》卷 25,雍熙元年(984 年)二月壬午条,北京:中华书局,2004 年,第 573 页。《宋史》《玉海》作太平兴国九年(984 年)。

其所欲，察相人才，或换官，或迁将校，或再任，此则威福在人主。以至唐突，或放罪，或行法，亦视其情状而操纵之。"①皇帝亲阅，如同科举中的殿试，体现的是"恩威皆自人主出"的皇权。同时，亲阅也使得选拔标准受到皇帝个人意志的影响，具有灵活性，也体现出制度之外的"人治"倾向。在这次转员中，太宗曾说："朕选擢将校，先取其循谨能御下者，武勇次之。"把"循谨"②守法、统御能力作为选拔将校的首要标准，恐怕来源于这位君主戎马半生的血泪经验。

不过，像太宗这样亲自参与、"踰月而毕"的将校升迁制度并没有维持多久。在大中祥符四年（1011年）真宗西祀汾阴后，对转员的制度做了一系列的调整，并以这次转员"立定久远规制"。该年七月的诏书称：

> 自来转补军员，皆是议定降宣命讫，方引见转补。其间有老病不任职者，临时易之，无由整齐。经汾阴大礼，应殿前马步军诸班诸军员，并分作甲次于崇政殿逐人唱名引见，朕自视之。有不任职者，当于不系禁军处优与安排，免转员之际，旋议改易。③

由此，我们知道到真宗时，皇帝亲阅已不是像太宗那样"皆按名籍参考劳绩而升黜之"了，决定军员转补的枢密院"宣命"在引见皇帝之前已经议定了。皇帝亲阅除象征性展示恩威在人主外，实际功效仅在于发现其间的"老病不任职者"，并"临时易之"。而汾阴转员时，这些老病不任职者在对御引呈之前就被从转员的将校中裁汰，安排于禁军之外。这样，皇帝在转员中的作用就更加流于形式了。太宗亲阅将校迁补"踰月而毕"，真宗咸平三年（1000年）迁补军职，"凡十一日而毕"。大中祥符四年（1011年）以后，转员所需时间就固定为三天了。最高统治者在转员中作用的形式化也降低了将校升迁标准的灵活性，转员的标准便主要寓于程式化的制度中。

二、转员制度的流程

前文已述，转员时皇帝亲阅的制度，在真宗朝已近乎一种仪式了。范学辉认为"事

---

① 《宋史》卷191《兵十》曾布语，北京：中华书局，1985年，第4886—4887页。

② "循谨"成为要求武臣的重要条件，在陈峰看来，与宋朝"崇文抑武"的治国思想与方略有关。陈峰：《试论宋朝"崇文抑武"治国思想与方略的形成》，《宋代军政研究》，北京：中国社会科学出版社，2010年，第7页。

③ 《宋史》卷191《兵十》，北京：中华书局，1985年，第4880—4881页。

实上，三衙转员尽管由皇帝亲自主持，然宋太祖、太宗两朝之后，皇帝真正临时当场升迁的情况尽管还存在，但并非特别多见。更主要地，其实是由三衙事先拟定好具体的名单，申报枢密院，皇帝届时只是当众宣布而已。"①范氏强调了三衙的提名权，对枢密院的作用则缺乏论述，对一次转员是如何进行的，目前学界尚没有清楚的认识，转员的各个环节，仍有必要进行梳理。

首先，凡是参与转补的将校，在转员之前都要参加一次各军的演练遴选，宋廷对此有着明确的规定。宋朝《军防令》载：

> 诸禁军将校、军头、十将应转补者：当职官体量，依拣禁军法，无病却（按："却"为"切"）乃试弓弩，内枪刀、标牌手各粗习为应法，入得转补。即有病悴、或年六十上、或转补后犯赃枉法，踰滥情重以上，虽该恩，并隔下。其差出者，勾抽（按："抽"或为"拘"）体量，在别州者，随所在州体量讫，报住营处。②

《续资治通鉴长编》卷五〇〇哲宗元符元年（1098 年）七月庚申的记载则更为详细：

> 枢密院言："将校、军头、十将令转补者，委本将体量，不掩眼试五次，二十步见，若一次不同，减五步，掩一眼再试。但两眼共见二十步，或一眼全不见二十步，仍试上下马。如无病切，弓射五斗，弩踏一石五斗，枪刀、标牌手各不至生疏，并与转补。即有病切，精神尪悴，或将校年六十九，或经转补后犯奸盗，枉法率敛、减刻恐喝、强乞取赃，或再犯余赃放债与本辖人及贷本辖人财物，或踰滥情重以上，虽该降，并隔下，奏听旨。如差出者，勾赴本将体量，在别州者，报所在州体量。"③

通过上述材料，我们知道，转员前的遴选由各军的"当职官"负责，具体在神宗实行将兵法以后则是以将为单位，由将一级的军官主持实行。一方面参与转员的将校的武艺水平必须合乎要求，不至生疏；另一方面那些老病的将校则被剥夺了转员的资格，另行安置。将校如若在转补后有犯法行为，就会被取消之前的晋升，另行处置。此外，还要考

---

① 范学辉：《宋代三衙管军制度研究》，北京：中华书局，2015 年，第 327 页。
② （元）马端临著，上海师范大学古籍研究所、华东师范大学古籍研究所点校：《文献通考》卷 154《兵考六》，北京：中华书局，2011 年，第 4615 页。
③ （宋）李焘：《续资治通鉴长编》卷 500，元符元年（1098 年）七月庚申条，北京：中华书局，2004 年，第 11910 页。

虑将校以往的功过情况，仁宗嘉祐六年（1061 年）就曾下诏"诸军各置随军功过簿，以备迁补"①。这一环节是控制将校升迁的第一道闸门，也是最为务实的一道闸门，对保证迁转将校的质量有重要意义。

各军初步遴选的结果会汇总到三衙。嘉祐五年（1060 年）二月戊辰的诏书就要求："殿前、马、步军司，每三岁将校转员，其病老不任事者，先密具名以闻。"②除"病老不任事者"之外，枢密院还曾要求三衙暗中排查参加转员将校中"因循不能禁戢军士"缺乏领导能力的将校，具名以闻③。可见，转员中，三衙的重要意义在于对将转员将校的信息进行摸底排查，之后，全部呈交到枢密院。

最终将校的升黜由枢密院来决定。宋制，"兵马名（藉）〔籍〕及卒校迁补"具体由枢密院的兵房分管④。诸军、班直都指挥使以下至副都头等将校，也都要在枢密院承旨司注籍，"遇非次迁补及事故，令殿前马、步、军司关承旨司，与转员对注销，以备转员照用"⑤。经引呈皇帝后，枢密院长官宿院拟宣，并以赐宣的形式把将校迁转的命令传达下去。

由此我们看到，除引呈皇帝的仪式外，将校的迁补要经过各军队遴选、三衙汇总提名、枢密院宿院拟宣三个环节。在现存的《曾公遗录》中，时任知枢密院事的曾布以日记形式对元符二年（1099 年）的转员有一次记录，详细地展示了转员的流程和细节，兹将相关内容节录如下：

（三月初一）再对：拟转员，旦进呈。依所定旧例，以三月二十一、二十二、二十三日引呈，今以泛使到，改二十日大宴，二十一日歇泊，故改用二十五、二十六、二十七三日。以四月二、三、四日宿院，五日赐宣，九日换官。

（十七日）再对，定日拣行门，差换官拍试取人近珰四员。（原注：将校转员赐宣日，取问愿换前班人，四珰同军头司拍试。）

（二十五）是日，引呈转员第一番诸军指挥使以上，至午初罢。

---

① （宋）李焘：《续资治通鉴长编》卷 195，嘉祐六年（1061 年）十二月庚寅条，北京：中华书局，2004 年，第 4732 页。

② （宋）李焘：《续资治通鉴长编》卷 191，嘉祐五年（1060 年）二月戊辰条，北京：中华书局，2004 年，第 4613 页。

③ （宋）李焘：《续资治通鉴长编》卷 106，天圣六年（1028 年）八月丁亥条载："枢密院言诸军将校中，颇有因循不能禁戢军士者，欲召殿前马步军副指挥使杨崇勋、夏守赟等，密令体量，具名以闻，别取进止。时将转员故也。"北京：中华书局，2004 年，第 2481 页。

④ （清）徐松辑，刘琳、刁忠民、舒大刚等校点：《宋会要辑稿》职官 6 之 1，上海：上海古籍出版社，2014 年，第 3155 页。

⑤ （宋）李焘：《续资治通鉴长编》卷 245，熙宁六年（1073 年）六月己亥条，北京：中华书局，2004 年，第 5972 页。

（二十六）是日，引呈第二番将校诸直十将以上，至午正罢。

（二十七）是日，引呈副都头以上第三番将校毕。入引呈新行门射弓。又得旨再试准备两人，便令祗应。又引呈旧行门射，出等弓各等第。唤副使、承制、崇班与驻泊及都监，赐枪、袍、束带、公服、靴、笏等，自辰至午（原无"午"字，点校者据上文增之）后侍立，至未初罢。

（四月初二）再对，呈转员都目及递迁班直·诸军姓名、资级，凡五大轴。又以马军置下名一百三十人。步军一百人。

（初五）再对，呈赐宣人数。又得旨，张宗高依副都承旨例支赐。退。赴延和。诸军班赐宣、告谢毕，传宣副都承旨以下支赐，谢恩，宣坐，赐茶，退。

初，以九日引换前班人，以驾出歇泊，改用十四日。

（十四）延和引呈诸军班人七十七人，射不中者一人而已，余等第除官，未及七刻退。①

就曾布的角度来说，一次完整的转员枢密院要经历引呈、宿院（拟宣）、赐宣、换官四个环节。枢密院提前确定各个环节的日期，进呈皇帝。转员的三天，诸军、诸班直的将校分三批呈见皇帝。接着知枢密院事曾布要在枢密院留宿三天，草拟转员的宣命（这与真宗朝"议定降宣命讫，方引见转补"也有所差异）。递迁班直、诸军将校的姓名、资级也都要进呈皇帝阅视。宣命拟定后第二天，知枢密院事赴延和殿赐宣并询问愿意换官（"换前班"）的将校。想要换官的将校还需要择日在殿庭进行"拍试"。《朝野类要》载："武臣奏补人铨试弓马者，谓之拍试。"②转员换官日，皇帝临轩亲阅，"拍试"则由宦官和军头司监督执行，武艺合格者才能换官。宋朝对转员换官的人数有着严格的控制。元祐二年（1087年）曾下诏，"枢密院将来转员换前班，共不得过七十人"③。绍圣二年（1095年）的一条诏令也规定转员换前班人，"不得过一百二十人"④。

值得指出的是，据《曾公遗录》，在引呈转员结束后，还有一个"拣行门"或"行门试武艺"⑤的内容。《续资治通鉴长编》中记载"自来转员引呈军员绝，旧行门对御

---

① （宋）曾布著，程郁整理：《曾公遗录》卷7，朱易安、傅璇琮、周常林等主编：《全宋笔记》第1编第8册，郑州：大象出版社，2003年，第70—87页。

② （宋）赵升著，王瑞来点校：《朝野类要》卷2，北京：中华书局，2007年，第59页。

③ （宋）李焘：《续资治通鉴长编》卷396，元祐二年（1087年）三月丙寅条，北京：中华书局，2004年，第9653页。

④ 《宋史》卷196《兵十》，北京：中华书局，1985年，第4886页。

⑤ 《宋史》卷196《兵十》，北京：中华书局，1985年，第4886页。

试武艺,并临时特旨推恩"①。此处的"行门"指隶属于殿前指挥使左右班的行门,是诸班中的一种②。一方面,要拣选出新行门的人员,以备殿庭祗应;另一方面,那些有一定年劳的旧行门则可以通过呈试武艺换官出职。做到侍卫亲军马军都虞候的林广就出身于行门,"治平三年,英宗临轩阅试武士,以挽强授内殿崇班、充秦凤路教押军队,徙环庆路"③。哲宗时曾任神龙卫四厢都指挥使的贾喦也是在迁行门之后,神宗皇帝临轩选才武,换内殿承制,成为庆州荔源堡兵马都监④。行门试武艺换官,对于这些出身行伍的军人意义重大,但严格地讲并不属于转员的范畴,只算是皇帝对近前有年劳、有材勇诸班直的一种优待,也是国家选拔将才的常用方法。南宋在转员后也要引呈诸班直的年代上名,殿庭试艺,出职换官,性质大概类同⑤。

将校转员的结果有三,"或换官、或迁将校、或再任"⑥。而老病不任事者早在引呈之前就被裁汰,另行安置。转员制度实现了宋朝禁军将校的新陈代谢。我们也看到,将校转员的过程中,既要参考以往功过,也要对将校的军事素质进行把关。

三、转员制度中的"功"与"劳"

三年一次的统一迁补是转员制度的重要特点,换个角度看,将校客观上积累了三年的劳资才能有进迁的机会。可以说,转员是以年劳作为迁补的基本标准。这一点,在一些文书中的制词中也有体现⑦。例如,王安石在一道《转员制》中就称"忠劳武力,皆

---

① (宋)李焘:《续资治通鉴长编》卷396,元祐二年(1087年)三月戊辰条,北京:中华书局,2004年,第9657页。

② 杨倩描:《两宋诸班直番号及沿革考》,《浙江学刊》2002年第4期,第147—148页。

③ (宋)范纯仁:《范忠宣公文集》卷13《侍卫亲军马军都虞候林侯墓志铭》,舒大刚主编、四川大学古籍整理研究所编:《宋集珍本丛刊》第15册,北京:线装书局,2004年,第470页。

④ (宋)邹浩:《道乡先生邹忠公文集》卷34《神龙卫四厢都指挥使宁州刺史贾公墓志铭》,舒大刚主编、四川大学古籍整理研究所编:《宋集珍本丛刊》第31册,北京:线装书局,2004年,第258页。

⑤ 《宋会要辑稿》载,(绍兴)三年四月十七日诏:"转员后取诸班直及诸军上名年岁出职人,令殿前马步军司、军头司并检详元丰年例施行。将来诸班直出职人,令枢密院以熙宁、元丰年取拣安排条与元祐定格参详立法。"职官36之91,第3936页;(隆兴元年)四月十七日,军头引见司言:"检会绍兴八年转员后,引呈诸班直年代上名,合出职长行共七十九人,奉旨作两日引呈,续奉旨作一日引呈。勘会今来殿前司开到诸班直年代上名,合出职长行共一百一人,欲乞依逐次体例作一日引呈。"从之。(清)徐松辑,刘琳、刁忠民、舒大刚等校点:《宋会要辑稿》刑法1之17,上海:上海古籍出版社,2014年,第8230页。

⑥ 《宋史》卷196《兵十》,北京:中华书局,1985年,第4886页。

⑦ 按:前文谈到校迁补的任命,文书用枢密院的"宣",我们看到的一些关于转员的外制,通常是将校"出职"就任差遣时所用。

有可称，各以序迁"①，吴泳在《李实授同州团练使庆元府兵马总管制》中也说"三岁转员，尚其制也……比及三年，厥有劳效"②。因此，转员从制度上体现了一定的重劳倾向。

与宋代文官的选任相比，禁军将校集体三年一迁的制度会产生很多新的问题。将校是军队中下层的领导力量，在军队中扮演着不可或缺的角色，庆历年间经略西北的韩琦、范仲淹就曾说"军气强弱，系于将校"，"若人员不甚得力，则向下兵士例各骄惰，不受指纵，多致退败"③。这就要求将校的调整需要具有时效性，特别是在战争时期或者边防重地，有战功、能力强的将校需要及时升进，老弱过失、指挥不力的将校需要及时裁汰，种种原因所造成的将校阙额也需要得到及时填补，而这都与三岁一迁的制度相冲突，基于此，宋朝也常常在转员制度之外寻求变通之法。

咸平五年（1002年），真宗曾对知枢密院周莹说："国朝之制，军员有阙，但权领之，三岁一迁补。未及期以功而授，止奉朝请而已。今阙员处则乏人部辖，须当例与转补。"④当军队出现员阙，宋朝往往采用的是"权领"的方法。庆历三年（1043年）时任枢密副使的范仲淹就曾建议，发往边疆的"在京及畿内诸军"要由三衙认真拣选，"其逐指挥人员年老疾患不得力者，亦便拣下，别与安排。却于本指挥向下人员、十将内，拣选得功并武艺高强人，升一两资，权管勾当。候转员日，依本资施行"⑤。这些临时代职的将校，在下一次转员中才能转正。北宋《军防令》曾规定："诸军转补将校者，指挥使阙，以副指挥使充；副指挥使阙，以都头充；都头阙，以副都头充；副都头阙，以军（分）〔头〕、十将、诸禁军将转补：满三年者，十人阙三人，七人至五人阙二人，三人阙一人；虽未满三年者，八人阙五人，七人阙四人，五人阙三人，三人阙二人者，并行转补。"⑥可知，在将校阙额严重的情况下就不会循三年之制，而是直接迁补。

为了及时提拔立功的将校，又不破坏三年转员之制，宋廷也会采用一些权宜之法，如前文提到的"未及期以功而授，止奉朝请而已"。又如景德二年（1005年）四月，宋真宗曾下令："近岁累有诸处立功指挥使，未可别加迁擢，皆特补本军都虞候。旧无此

① （宋）王安石：《临川先生文集》卷52，上海：中华书局，1959年，第562页。

② （宋）吴泳：《鹤林集》卷9《李实授同州团练使庆元府兵马总管制》，舒大刚主编、四川大学古籍整理研究所编：《宋集珍本丛刊》第74册，北京：线装书局，2004年，第356页。

③ （宋）李焘：《续资治通鉴长编》卷142，庆历三年（1043年）七月戊寅条，北京：中华书局，2004年，第3399页。

④ （宋）李焘：《续资治通鉴长编》卷51，咸平五年（1002年）四月庚午条，北京：中华书局，2004年，第1123页。

⑤ （宋）李焘：《续资治通鉴长编》卷142，庆历三年（1043年）七月戊寅条，北京：中华书局，2004年，第3400页。

⑥ （元）马端临著，上海师范大学古籍研究所、华东师范大学古籍研究所点校：《文献通考》卷154《兵考六》，北京：中华书局，2011年，第4615页。

职名,盖权宜加置,若后有阙,不须复补。"①用"止奉朝请"和特补都虞候的方式来奖励有功将校,表面上看是制度上调整和补充,背后反映的是升迁标准功与劳的冲突和调和。

此外,将校的员额自低级到高级呈金字塔形,如果裁汰不严,三年一迁的制度实行一段时间后难免会导致冗员,出现"人数溢额,转迁不行"②的情况。每逢迁转沉滞,宋朝采取方法是"于转迁不行处,置下名军员"③。例如,上文所引元符二年(1099年)的转员就曾"马军置下名一百三十人。步军一百人"。据王曾瑜判断,这些超编的下名军员可能是有职而无权的④。

三岁一迁之制不仅在制度设计上存在漏洞,在选拔人才的效果上也会出现问题。张方平就曾批评道:"近日所补军职,人材器略,多无素望,至于累劳,亦无显效,短中取长,苟备员而已。又递迁迅速,曾微事功。"⑤既然通过转员升进的将校多是累劳微功之人,那么转员的意义又在哪里?要回答这个问题,不妨先看看南宋转员之制不振的情况下出现的变化。

两宋之交,战乱频繁,转员制度一度未曾实行,直到绍兴五年(1135年)才得以恢复。《建炎以来系年要录》卷八七,绍兴五年(1135年)三月癸未条载:

> 癸未,诏殿前、马、步军司各据见管兵数,权行排置指挥。初,禁卫诸军遇赦转员,其法甚备。自中原俶扰,军营纷乱,排转不行。时诸将所总,岁岁奏功,而天子亲兵,久无升迁之望。左仆射赵鼎请据三衙见管人数,彷佛旧例,立为转员之法。⑥

"遇赦转员",即指三年一次郊祀大赦之后的转员。时移则事异,曾经问题重重的三年一迁之制,这时却被认为是"其法甚备"。南宋初面临的问题是:处于战争前线的军队,可以因军功得到迅速升迁;而宋高宗身边的三衙军队则因无仗可打、无功可立而停滞不前。转员

---

① 《宋史》卷196《兵十》,北京:中华书局,1985年,第4879页。

② (宋)李焘:《续资治通鉴长编》卷441,元祐五年(1090年)四月丁酉条,北京:中华书局,2004年,第10610页。

③ (宋)李焘:《续资治通鉴长编》卷398,元祐二年(1087年)四月甲午条,北京:中华书局,2004年,第9708页。

④ 王曾瑜:《宋朝军制初探》,北京:中华书局,2011年,第334页。

⑤ (宋)张方平著,郑涵点校:《张方平集》卷24《论除兵官事》,郑州:中州古籍出版社,第372页。

⑥ (宋)李心传著,胡坤点校:《建炎以来系年要录》卷87,绍兴五年(1135年)三月癸未条,北京:中华书局,2013年,第1664页。

正是为解决这些并不直接参与战争的将校的升迁问题而重新恢复的。换言之，转员制度的意义在于解决了两宋和平时期的将校升迁问题。在无战功可觅的情况下，以三年的劳资作为升迁的基础自然也无可厚非。反之，到了战争时期，转员制度的种种局限就显现出来了。

转员制度虽在南宋得到重建，但在整个南宋军队将校迁补中并不占重要位置。范学辉认为："南宋并未真正地推行与北宋相类似的转员之制，起码其分量应该难以与北宋相提并论。""宋高宗绍兴八年之《诸班直诸军转员敕格式》和《亲从亲事官转员敕令格》、宋宁宗嘉定年间所定之《诸军转员迁补例格》，皆主要地面向皇城司与殿前诸班直，其实际适用范围至多也就是再扩至三衙旧司指挥，根本未在三衙诸军当中真正地推行"[1]。据范学辉的研究："按照南宋军中的惯例，三衙、江上、四川诸军都统司各军准备将暨以上的副将、正将、统领、统制等将官，皆由主帅直接提名。准备将以下的训练官和部将、队将，其提名权则归统制，由统制官向主帅'保举'。"[2]

尽管地方军队将校的任命最终需要得到中央的认可，拥有提名举荐权的地方统帅无疑实际控制着地方军队的将校选拔和升降。将校的任免率出统帅己意，也就削弱了中央对地方军队的控制，对于奉行"事为之防，曲为之制"家法的赵宋王朝，这是无论如何不能接受的。为此，宋廷对将校的升迁设置了年限的要求。乾道元年（1165 年）诏："三衙及江上诸军，今后升差，须候年限及日，方许申请。"[3]绍熙四年（1193 年）殿前司言：

> 本司契勘诸军入额管事兵将官升差格法，如准备将及二年升副将，又二年升正将，正将三年升统领，统领三年升统制。虽有立定年限，系有窠阙，本司先以究心职事、管干廉勤、弓马精熟、众所推服之人，然后再选择履历月日深浅，保明申乞差填阙额。[4]

设置年限，既能延缓一些将校过快升迁，又能对地方统帅任免将校形成一定限制，孝宗就曾说过："立定年限，方可杜其私意。"[5]在实际的操作过程中，孝宗也力求严格执行

---

① 范学辉：《宋代三衙管军制度研究》，北京：中华书局，2015 年，第 333 页。
② 范学辉：《宋代三衙管军制度研究》，北京：中华书局，2015 年，第 330 页。
③ （元）马端临著，上海师范大学古籍研究所、华东师范大学古籍研究所点校：《文献通考》卷 154《兵考六》，北京：中华书局，2011 年，第 4614 页。
④ （清）徐松辑，刘琳、刁忠民、舒大刚等校点：《宋会要辑稿》选举 18 之 9，上海：上海古籍出版社，2014 年，第 5609 页。
⑤ （宋）佚名著，汪圣铎点校：《宋史全文》卷 24 下《宋孝宗二》乾道二年（1166 年）正月丙辰条，北京：中华书局，2016 年，第 2028 页。

年限的要求：

> （乾道二年）二月二十二日，宰执进呈戚方申审升差统领官孟俊充统制，副将董苑充统领。洪适等奏曰："孟俊今年九月方及三年，董苑充统领系升二等。"上曰："孟俊可（衣）〔依〕差。董苑升二等，恐后求援例，且已之。"上〔又〕曰："立定年限，省多少事，亦是良法。"①

对于戚方的申请，孟俊距三年之限仅差半年，孝宗姑且能应允，而董苑骤升二等，必然大大超越了年限的规定，孝宗断然不愿开此先河，因此予以否决。"省多少事，亦是良法"这句话颇值得玩味。立定年限，给将校的升迁确立了一个客观明晰的标准，在制度施行的过程中有很强的可操作性，又为南宋中央否决地方统帅的不次举荐提供了坚实的依据，在处理中央和地方微妙的分歧时，往往能起到决定性作用，从这一角度来看，的确是省事的良法。

若从南宋的立定年限来反思北宋的转员制度，那么三年一迁之制实则也有限制臣僚任意提拔之功效，当然，这是以牺牲将校迁转的灵活性为代价的。无论是北宋转员制度的三年一迁，还是南宋的立定年限，制度设计的出发点可能并非仅在于奖励年劳，尊崇年资，但从实行的效果来看，年劳或年资事实上成为决定将校升迁的基础性因素。

四、余　　论

总的来看，三年一次的转员实则是以年劳为基础，参考功过，又要经过一定检阅遴选的将校迁转制度，从制度设计来看，转员既能使将校看到升迁的希望，激励军心，并通过皇帝临轩亲阅的仪式，显示皇权，宣示恩威出自人主，同时对将领的私意提拔有一定限制作用。从转员的制度缺陷来看，此制度更适用于和平时期或者无仗可打的宿卫军队，在战争状态下则会因缺乏灵活性而显得问题重重。

本文开篇曾提到，影响官僚等级升迁的因素有多种，这里单独抽出劳和功两个因素来考察。年劳、年资具有易于衡量、普遍适用、客观、稳定的特点。功或者功效，不仅

---

① （清）徐松辑，刘琳、刁忠民、舒大刚等校点：《宋会要辑稿》职官32之39，上海：上海古籍出版社，2014年，第3832页。

仅代表者官员突出的贡献，也暗含着官员做出贡献的能力和效率，具有难于衡量、着重个体、主观、不稳定的特点。作为官僚升迁的两个基本性的因素，前者寄托着所有官僚的利益，体现着某种公平；后者则体现着制度运行的效率。二者相伴相生，很难直接说孰轻孰重，但在不同的历史环境下却有着轻重的不同。

北宋刘攽《行门崔琪等七名授官制》曰："国家开设勇爵，养育戎昭，壁垒星陈，偏两鳞次，战多则懋功疏赏，平居则用劳次迁。所以一内外之志，齐上下之分。"① "战多则懋功疏赏，平居则用劳次迁"恐怕最能代表着宋朝管理军队、凝聚军心的核心精神。在战乱时期，无论是战事对将校能力的客观需要，还是出于鼓励军功的考虑，将校的升迁必然要有重战功的倾向。在和平年代或地区，一方面战功难觅，另一方面没有提高将校素质的急迫需求，将校的升迁也就倾向于依资序迁。功和劳在不同背景下的侧重和组合，也充分展示了制度的张力。

---

① （宋）刘攽：《彭城集》卷 23《行门崔琪等七名授官制》，（清）永瑢、纪昀等：《景印文渊阁四库全书》第 1096 册，台北：台湾商务印书馆，1986 年，第 240 页。

宋代宗室居住问题述论

晁根池

（新乡学院 历史与社会发展学院，河南 新乡，453000）

摘　要：宋代宗室居住经历了由分散到集中、再到集中与分散居住相结合、最后到以分散居住为主的演变，其住房的建造和修缮也经历了由官方出资修建到个人筹资建造与官方出资修建相结合的发展过程。两宋宗室居住模式与房屋建造的发展演变有着深刻的时代背景，宗室成员与最高统治者的亲疏关系、当时的政治形势与政府财政状况等都是影响其居住模式与房屋建造的重要因素。宋代宗室居住的利弊得失，给后世留下了深远的经验教训。

关键词：宋代；宗室；居住模式；住房建造；房屋修缮

中国古代宗室政策自宋代开始发生重大变革。宋代在削去宗室部分政治特权的同时，提升了其皇族身份，承担了他们全部或部分生活费用。两宋时期宗室居住问题的产生是诸多因素共同作用的结果。具体而言，北宋时期宗室人口的急剧膨胀与日益拮据的国家财政及都城有限的居住空间产生了深刻矛盾，南宋时期居住在敦宗院和散居各地的赵宋宗室同样给地方治理和地方财政造成巨大压力。这些因素不仅使宗室居养问题进一步凸现，而且促使统治者不断探索新的宗室居住模式，以适应因时代变迁而出现的新形势。目前，学界涉及宋代宗室居住的研究成果较少，其中汪圣铎先生的《宋代宗室制度考略》为宗室研究方面的扛鼎之作，文中虽涉及宗室居住，但未作深入探究①；贾志扬先生的《天潢贵胄：宋代宗室史》是研究宋代宗室方面的一部力作，书中虽论及宗室居住，未作系统讨论②；何兆泉先生的《宋代宗室研究——以制度考察为中心》对宗室的管理机构、宗室成员名字命名及谱牒修撰、宗室教育、科举与任官、文化成就等作了专题考察，但对宗室居住及相关问题没有集中系统讨论，只是在论述大宗正司、外宗正司等宗室管理机构时时有所涉及③；笔者曾从宗室管理的视角出发，宏观论及宗室居住情况④；也有学者从微观视角出发，具体考察了北宋秦王廷美一脉所居住的广亲宅位置、建宅经过及管理⑤。关于宋代宗室居住模式、居住房屋的建造和修缮、居住模式的利弊得失，学界关注较少，笔者不揣浅陋，就上述问题作较为全面深入的探究。不当之处，敬请方家指正。

一、宗室居住模式的演变

（一）宋初两朝：分散居住

北宋建国伊始，宗室人口寥寥数十人，居住尚无定式，主要是建府第以处之，府第分散在京城各处；太宗时期宗室居住则掺杂着皇权斗争因素。该期宗室居住主要有以下几种模式：

1. 在京城赐府第居住

北宋建立后，赵氏一族摇身一变成了天潢贵胄，登上皇位的赵匡胤专门在京城为兄弟赵光义及赵廷美（原名匡美，后避太祖讳改为光美，又避太宗讳更名为廷美）赏赐府邸且屡屡驾临，以示荣宠。例如，开宝九年（976 年）六月庚子，"步至晋王邸"；七月戊辰，"幸晋王第观新池。丙子，幸京兆尹光美第视疾。戊寅，再幸光美第"⑥。在太宗长子赵元佐成年后，也单独居住，"太平兴国中，出居内东门别居"⑦。

① 汪圣铎：《宋代宗室制度考略》，《文史》1990 年第 33 辑，第 171—199 页。
② 〔美〕贾志扬著，赵冬梅译：《天潢贵胄：宋代宗室史》，南京：江苏人民出版社，2005 年。
③ 何兆泉：《两宋宗室研究——以制度考察为中心》，上海：上海古籍出版社，2016 年。
④ 晁根池：《宋代宗室管理制度探析》，开封：河南大学硕士学位论文，2005 年，第 34—36 页。
⑤ 屈斌：《北宋广亲建宅考》，《濮阳职业技术学院学报》2013 年第 1 期，第 59—61 页。
⑥ 《宋史》卷 3《太祖本纪三》，北京：中华书局，1985 年，第 47 页。
⑦ 《宋史》卷 245《宗室二》，北京：中华书局，1985 年，第 8694 页。

2. 出镇地方随所镇府州居住

太宗前期，因皇位问题产生的皇室内部矛盾和出于对弟弟赵廷美的戒备，再加上有人告发赵廷美"将有阴谋窃发"，太平兴国七年（982 年）三月，太宗罢免赵廷美开封尹之职，将他调任西京留守，并于洛阳居住，"赐……西京甲第一区"①。在赵廷美房州自杀后，太宗曾将其子女召回京城，但仍心有疑虑，不久又将年长的两个侄子打发到地方任职，让其幼弟随之赴治所居住。雍熙元年（984 年）十二月，"诏以德恭为左武卫大将军，封安定郡侯，判济州；德隆为右武卫大将军，封长宁郡侯，判沂州。诸弟皆随赴治所"②。

3. 居住于贬所

典型例子为赵廷美。因对皇权存在潜在威胁，在赵廷美贬居洛阳期间，赵普仍认为他"谪居西洛非便"，指使知开封府李符上言，"廷美不悔过，怨望，乞徙远郡，以防它变"③。于是太宗下诏将赵廷美贬为涪陵县公，安置在房州，监视居住。

宋初两朝，皇室人数较少，宗室居住管理尚未制度化。太祖时期较宽松，没有明确的制度规定，对宗室居住管理加强始于太宗时期，太宗初设王府都监，后设置亲王诸宫司，负责亲王出纳之事，选派内侍负责管理④。亲王诸宫司明为管理王府日常事务，实负有监督诸王举动之职责，诸王居止均受其制约。南宋史家李焘在追述宋初的宗室居住状况及其管理时称："初，诸王邸散居都城，过从有禁，非朝谒从祠不得会见。"⑤

（二）真宗、仁宗朝：集中居住

1. 真宗朝：走向集中的宗室居住

真宗时期，宗室居住转向集中，"南宫""北宅"是当时宗室的集中居住地。太祖、太宗之后所居地史书称为"南宫"；赵廷美子孙集中所居住地，史书称之为"北宅"，又称"北宫"，它是在赵廷美旧府邸基础上加以扩建增修而成。上述宫宅基础上，后来发展成睦亲宅、广亲宅："咸平初，遂命诸王府官分兼南、北宅教授。南宫者，太祖、太宗诸王之子孙处之，所谓睦亲宅也。北宫者，魏悼王子孙处之，所谓广亲宅也。"⑥南

① 《宋史》卷 244《宗室一》，北京：中华书局，1985 年，第 8666 页。
② 《宋史》卷 244《宗室一》，北京：中华书局，1985 年，第 8671 页。
③ 《宋史》卷 244《宗室一》，北京：中华书局，1985 年，第 8668 页。
④ （清）徐松辑：《宋会要辑稿》职官 7 之 37，北京：中华书局，2006 年。
⑤ （宋）李焘：《续资治通鉴长编》卷 117，景祐二年（1035 年）九月戊申，北京：中华书局，2004 年，第 2757 页。
⑥ 《宋史》卷 165《职官五·宗学》，北京：中华书局，1985 年，第 3916 页。

宫、北宅为宗室集中居住地，还可从《宋史》《宋会要辑稿》等文献中得到证实。咸平六年（1003 年）二月，真宗幸北宅视德润疾①；景德元年（1004 年）六月己未，真宗"幸北宅视德钦疾"②；景德三年（1006 年）二月甲戌，真宗"幸北宅省德恭疾"③；景德三年（1006 年）十二月壬辰，真宗"又幸北宅视德钧疾"④。据《宋史》载，德润、德钦、德恭、德钧均是赵廷美之子⑤。大中祥符三年（1010 年）七月，勾当南宫诸院内侍高班陈文懿、勾当北宅内侍高班赵知昇等各奏："南宫有将军惟忠、惟叙、惟和、惟献，北宅有大将军德雍以下，各赴书院讲读经史。"⑥其中惟忠、惟和系太祖长子赵德昭之子⑦，惟叙、惟宪系太祖次子赵德芳之子⑧。上述材料表明，南宫、北宅当为宗室在真宗朝宗室集中居住之所在。

2. 仁宗朝：完全集中的居住模式

到仁宗时，原有宫宅满足不了宗室居住需要，加之"诸王邸散居都城，过从有禁，非朝谒从祠不得会见"，不利于宗室成员内部的正常沟通交流，于是北宋政府大规模修建新的宗室宅院以安置宗室。景祐二年（1035 年）仁宗下诏，在玉清昭应宫旧地建新宫院，"合十位聚居，赐名睦亲宅"⑨。庆历年间，仁宗"以秦王宗子蕃多，所居狭隘"，下令扩建故相王钦若旧第供其子孙居住，赐名"广亲宅"⑩。北宋著名史学家司马光称，"作睦亲宅以聚皇族"⑪，"作广亲宅以处秦王子孙"⑫，至此睦亲宅、广亲宅成为赵宋宗室的两大集中居住地。

仁宗末年在原来皇家练习骑射的芳林园开始大规模修建宗室居住的宅院。嘉祐七年（1062 年），政府下令修建睦亲、广亲北宅于芳林苑。原因是上清宫旧地地势狭隘，"无复余地"，若在此扩建，多为不便，于是"命别择地，遂作宅于此苑，徙宗旦等七位"⑬。此后每当宗室家庭居住紧张，则向皇帝奏请，由政府在此处建造新宅院供他们居住。芳

---

① 《宋史》卷 7《真宗本纪二》，北京：中华书局，1985 年，第 121 页。
② 《宋史》卷 7《真宗本纪二》，北京：中华书局，1985 年，第 124 页。
③ 《宋史》卷 7《真宗本纪二》，北京：中华书局，1985 年，第 130 页。
④ 《宋史》卷 7《真宗本纪二》，北京：中华书局，1985 年，第 132 页。
⑤ 《宋史》卷 244《宗室一》，北京：中华书局，1985 年，第 8670 页。
⑥ （清）徐松辑：《宋会要辑稿》帝系 4 之 2，北京：中华书局，2006 年。
⑦ 《宋史》卷 244《宗室一》，北京：中华书局，1985 年，第 8676 页。
⑧ 《宋史》卷 244《宗室一》，北京：中华书局，1985 年，第 8685 页。
⑨ （宋）李焘：《续资治通鉴长编》卷 117，景祐二年（1035 年）九月戊申，北京：中华书局，2004 年，第 2757—2758 页。
⑩ （宋）李焘：《续资治通鉴长编》卷 161，庆历七年（1047 年）九月癸巳，北京：中华书局，2004 年，第 3887 页。
⑪ （宋）司马光撰，〔美〕王亦令点校：《稽古录》卷 19，北京：中国友谊出版公司，1987 年，第 729 页。
⑫ （宋）司马光撰，〔美〕王亦令点校：《稽古录》卷 20，北京：中国友谊出版公司，1987 年，第 741 页。
⑬ （清）徐松辑：《宋会要辑稿》帝系 4 之 15，北京：中华书局，2006 年。

林苑遂成为仁宗朝以后宗室在京师的最大集中居住地。在芳林苑宗室聚居地投入使用后，旧的睦亲宅、广亲宅更名为睦亲、广亲东宅，芳林苑宗室居住区被命名为睦亲、广亲北宅①。

为适应宗室居住由分散转向集中的转变，宗室管理机构也发生相应变化。宋初两朝的宗室管理机构有勾当南宫诸院公事、勾当北宅诸院公事、勾当睦亲西宅诸院公事等，由宦官分别负责管理宗室各宫院日常事务。真宗大中祥符七年（1014年），在上述管理机构的基础上，合并设立管勾睦亲宅、广亲宅所，对二宅宗室及其日常生活加以集中管理，仍由皇帝派遣的宦官负责②。熙宁年间（1068—1077年）宗室改革，宗室居住管理再次发生变化，宗室在诸宫院居住管理权转归大宗正司统一管理，大宗正司派遣知大宗正丞事二员驻睦亲宅、广亲宅置局具体管理日常事务，勾当睦亲、广亲宅并提举郡县主宅所被废止，由此改变了"宗室举动皆为管勾内侍所拘制"③的局面。这是宗室管理制度方面的重大变革，由此摆脱了宗室居止由内侍监管的非常态，宗室居住管理真正走向了规范化、制度化。

（三）神宗、徽宗时期宗室居住模式的变革

1. 神宗朝的宗室居住改革：集中与分散相结合

神宗时期，宗室给政府财政造成很大压力，"时京师百官月俸四万余缗，诸军十一万缗，而宗室七万余缗，其生日、嫁娶、丧葬及岁时补洗杂赐与四季衣不在焉"④。宗室对国家财政造成的负担日益沉重，要求改革宗室政策的呼声不断高涨。例如，苏辙曾言，"（宗室）禄廪之费多于百官，而子孙之众宫室不能受"，他提出缓解京师宗室住房紧张的初步方案，即对宗室居住进行分流，"而其不任为吏者则出之近郡，官为庐舍而廪给之，使得占田治生，与士庶比"⑤。即将才能平庸的宗室移居京师附近州郡居住。神宗在征求大臣意见的基础上对宗室事务进行了改革，其中居住方面的改革为：大部分

———

① （宋）王应麟：《玉海》卷130《治平睦亲、广亲北宅》，（清）永瑢、纪昀等：《文渊阁四库全书》第946册，上海：上海古籍出版社，1987年，第456页。

② （宋）王应麟：《玉海》卷130《景祐睦亲宅》，（清）永瑢、纪昀等：《文渊阁四库全书》第946册，上海：上海古籍出版社，1987年，第453页。

③ （清）徐松辑：《宋会要辑稿》职官20之17—18，北京：中华书局，2006年。

④ （清）黄以周等辑注，顾吉辰点校：《续资治通鉴长编拾补》卷3下，熙宁元年（1068年）九月丁酉，北京：中华书局，2004年，第132页。

⑤ （宋）苏辙撰，曾枣庄、马德富点校：《栾城集》卷21《上皇帝书》，上海：上海古籍出版社，1987年，第471—472页。

宗室成员仍居住于广亲宅、睦亲宅；允许祖免外两世亲宗室在京师租赁房屋居住[①]；部分宗室可随直系任官亲属于任职地居住，以减缓京师宗室住房压力。宗室居住遂转变为集中与分散居住相结合的模式。神宗虽然未采纳苏辙建议，但后来蔡京当政时期的宗室居住改革则沿其思路进行。

至于宗室近属居住，熙宁改革未涉及，从北宋后期皇子居住的相关记载看，仍是建造宫宅集中居住。英宗二子、神宗诸弟及其后代居住之府第名亲贤宅[②]，神宗诸子、哲宗诸昆弟所居宫院初名懿亲宅[③]，徽宗朝改名棣华宅[④]，徽宗诸子所居名蕃衍宅[⑤]。宗室近属集中居住于宫宅成为北宋后期宗室近属比较固定的居住模式。

2. 徽宗朝宗室居住的新变化：敦宗院的建立

徽宗时期，宗室居住问题再次被朝臣提上议事日程。其原因有三：一是宗室人口日益膨胀，京师宗室宅院容纳不下，"今属外居，仅遍都下，积日滋久，殆不能容"；二是散居京师的宗室，脱离了大宗正司和本院尊长的直接管束，"出入无禁，交游不节，往往冒法犯禁"，违法犯罪事件日益增多，影响京城治安；三是宗室中贫困者，生活困难，"无资产以仰事俯育，无室庐以庇风雨"[⑥]。于是宰相蔡京建议在京师附近州郡建敦宗院，由政府出资建造房屋，拨给官田，以解决宗室疏属的居住和生活问题。在敦宗院居住的宗室，主要是那些"服属既远，禄爵有所不及，而贫乏至或不能自存"的宗室疏属，包括"应无父母兄弟，见任将军、副使以上官者，许令前去"；后来增加孤遗宗室、夫亡无子孙、本官无期亲以上食禄者和离婚归宗的宗女[⑦]。陆续建成了西京、南京、保州三处敦宗院，以处太祖、魏王及宣祖原籍宗族中"贫乏不能自存者"。徽宗后来虽有短暂罢废，旋而又建，政府建敦宗院以安置宗室的政策得到了长期执行。

敦宗院居住的宗室疏属人口不会太多。美国汉学家贾志扬认为，北宋末年宗室疏属应当包括"太祖、太宗两系的第六、第七代，魏王一系的第五、第六代"[⑧]，何兆泉先

① （宋）徐松辑：《宋会要辑稿》帝系 4 之 33，北京：中华书局，2006 年。

② （宋）王应麟：《玉海》卷 130《元祐亲贤宅》，（清）永瑢、纪昀等：《文渊阁四库全书》第 946 册，上海：上海古籍出版社，1987 年，第 457—458 页。

③ （宋）李焘：《续资治通鉴长编》卷 495，元符元年（1098 年）三月丁巳，北京：中华书局，2004 年，第 11771 页。

④ （宋）徐松辑：《宋会要辑稿》帝系 2 之 17，北京：中华书局，2006 年。

⑤ （宋）王应麟：《玉海》卷 130《政和蕃衍宅》，（清）永瑢、纪昀等：《文渊阁四库全书》第 946 册，上海：上海古籍出版社，1987 年，第 458 页。

⑥ （清）徐松辑：《宋会要辑稿》职官 20 之 34，北京：中华书局，2006 年。

⑦ （清）徐松辑：《宋会要辑稿》职官 20 之 36，北京：中华书局，2006 年。

⑧ 〔美〕贾志扬著，赵冬梅译：《天潢贵胄：宋代宗室史》，南京：江苏人民出版社，2005 年，第 100 页。

生依据有关文献对三祖下每代宗室男性人口的统计数据，太祖下第六、七代总数为 2896（3256）人，魏王一系下第五、六代总数为 3199（3731），太宗下第五、六代总数为 4561（5576）①，大致符合三祖下 28%：32%：40% 的比例②；太祖、魏王系下宗室疏属总人口为 6095（6987）。按男女 1：1 人口算，则当时太祖、魏王系下宗室疏属总人口为 12 190（13 974）。上述数字仅为静态数字，实际上人口统计是一动态过程，北宋末宗室人口应低于上述理论数值。贾志扬先生推测北宋敦宗院居住的宗室人口有万人，值得商榷③。第一，敦宗院居住的主要是生活困难的宗室疏属，该范围内人口总量有限。第二，宗室疏属到敦宗院居住采取自愿原则，"若有父母兄弟而愿去，或无而不愿者，听从便"④。即中央政府并未采取强制手段将他们强行搬离京师。根据中国传统社会汉族安土重迁的习俗，在京居住且生活安定的部分宗室疏属肯定不愿意搬到较偏远的敦宗院居住。徽宗崇宁三年（1104 年）南京留守司官员向朝廷请示南京敦宗院允许在公使库寄造酒的宗室年龄时，提到当时在该敦宗院居住的人口共 325 人，说明敦宗院建立之初，宗室疏属对搬迁到敦宗院居住的态度并不积极⑤。第三，太宗一系不在搬迁到敦宗院居住之列。据《朱子语类》记载："徽宗以宗室众多，京师不能容，故令秦王位下子孙出居西京，谓之'西外'；太祖位下子孙出居南京，谓之'南外'。"⑥这说明太宗一系宗室并不在搬迁之列，而太宗系宗室人口众多是当时实情。第四，在熙宁变法以后，允许宗室疏属可以随出任地方官的直系亲属在其任职地居住，北宋末年，宗室任职地方日益增多，肯定分流一部分在京居住的宗室疏属的总数量。第五，根据前面统计数字，在敦宗院居住的太祖、魏王系宗室成员比例高达 80% 以上；另外贾志扬先生认为"许多第七代宗室直到南宋才出世"⑦，再考虑当时死亡率等因素，如果敦宗院居住万人，等于将几乎所有的太祖、魏王系在京宗室全部搬迁到敦宗院居住，显然可能性不大。

那么，在两京敦宗居住的宗室人口有多少呢？有关敦宗院的文献记载为我们考察该问题提供了有益佐证。徽宗政和四年（1114 年），南外宗正司在关于复置敦宗院的奏章中提及修缮完成的敦宗院房屋共一千四百二十七间，准备辟为十六个宫院，并准备再修

---

① 数据根据何兆泉《两宋宗室研究——以制度考查为中心》（上海：上海古籍出版社，2016 年）第 112—113 页的统计表，括号内数据据第 115 页的统计表。

② 何兆泉《两宋宗室研究——以制度考查为中心》，上海：上海古籍出版社，2016 年，第 117 页。

③ 〔美〕贾志扬著，赵冬梅译：《天潢贵胄：宋代宗室史》，南京：江苏人民出版社，2005 年，第 101 页。

④ （清）徐松辑：《宋会要辑稿》职官 20 之 34，北京：中华书局，2006 年。

⑤ （清）徐松辑：《宋会要辑稿》职官 20 之 34—35，北京：中华书局，2006 年。

⑥ （宋）黎靖德编，王星贤点校：《朱子语类》卷 111《论财》，北京：中华书局，1986 年，第 2721 页。

⑦ 〔美〕贾志扬著，赵冬梅译：《天潢贵胄：宋代宗室史》，南京：江苏人民出版社，2005 年，第 100 页。

建四十八位①。需要说明的是，上述敦宗院房屋中，应包含南外宗正司管理办公用房和敦宗院用储放粮食和堆放杂物的仓库，还应包含用于宗子教育的宗学用房及役使人员的居住用房，这些毫无疑问会占去相当一部分屋舍。那么，南京敦宗院居住宗室人数有多少？我们以下面材料为标准大致推算：其一，元祐八年（1093 年），礼部向皇帝建议，对"宗室袒免外两世（即宗室疏属）父母俱亡而无官、虽有官而未釐务各贫乏者"，由大宗正司负责核实，根据家庭规模拟定了相应的居住标准，即宗室个体家庭十口以下给房屋五间，七口以下四间，五口以下三间，三口以下两间②。需要说明的是，此标准应是京师宗室疏属的住房居住标准，在京师住房紧张的情况下显得比较拥挤，搬到敦宗院居住的宗室，应该比在京师居住紧张状况有所减缓。其二，政和三年（1113 年）西外宗正司在向皇帝请示的材料中提到，"（孤遗宗女）如在院无服期以上亲可以同居，即令于在院服属稍近宗室位次临近别给屋两间居住"③。参照上述住房标准，按照人均计算，加上计划修建的四十八位（注：不一定能完全建成），再扣除共公用房推算，因此粗略估计，当时南外敦宗院所居住宗室不超过三千人。如以此标准推测西外宗正司下属的敦宗院居住宗室人口，则两外司敦宗院所居住的宗室人口不超过六千人。

伴随居住模式变化，北宋末年宗室居住管理体制再次发生变革，形成大宗正司—外宗正司二元管理体系。大宗正司是两外宗正司的上级管理机关；太宗一脉和在京师居住的其他支系宗室由大宗正司直接管理；太祖、秦王支系下部分在敦宗院居住的宗室，由相应的西、南两外宗正司负责管理。外宗司下辖的敦宗院设有管勾敦宗院二人，文武各一员，掌宗室出入之限、外交之禁及本敦宗院应施行之职事④，监门官二人，具体负责管理宗室出入，掌稽查出入敦宗院宗室事务⑤。

（四）南宋时期：以分散居住为主、集中与分散居住并存

1. 宗室近属：集中居住

南宋政权在临安稳定以后，宗室近属集中居住在行在。绍兴三年（1133 年），高宗"诏筑第百间，以居南班宗室，仍以'睦亲宅'为名"⑥；在绍兴二十八年（1158 年），

---

① （清）徐松辑：《宋会要辑稿》职官 20 之 36，北京：中华书局，2006 年。
② （清）徐松辑：《宋会要辑稿》帝系 5 之 9，北京：中华书局，2006 年。
③ （清）徐松辑：《宋会要辑稿》职官 20 之 36，北京：中华书局，2006 年。
④ （清）徐松辑：《宋会要辑稿》职官 20 之 34，北京：中华书局，2006 年。
⑤ （清）徐松辑：《宋会要辑稿》职官 20 之 40，北京：中华书局，2006 年。
⑥ （宋）李心传撰，胡坤点校：《建炎以来系年要录》卷 65，绍兴三年（1133 年）五月辛酉，北京：中华书局，2013 年，第 1276 页。

对原睦亲宅进行修缮和扩建,连同宫学在一起共一百七十一区①。绍兴年间(1131—1162年)另有部分宗室近属集中居住于行在近旁的绍兴府。由于北宋末宗室直系近属大部分被掳掠到北国,而南宋诸帝子嗣普遍不旺,皇子们居住的王府失去了北宋连片成区的气势,也因此避免了之前因宗室人口膨胀造成的都城居住空间紧张的尴尬局面。

2. 宗室疏属:集中与分散相结合

(1)小部分宗室疏属在睦宗院(南宋时为避光宗讳改称睦宗院)集中居住。两宋之交,在两外宗正司官员的带领下,原居住于西京洛阳、南京应天敦宗院的宗室们,几经辗转,最终在泉州、福州安顿下来,在政府支持下,重建敦宗院以安顿宗室疏属。从现有材料看,居住于敦宗院中的宗室仍然是少数,南宋初仅仅五百余名而已,至南宋末也不过几千人而已②。

(2)大量宗室疏属散居于地方各州军县。在两宋之交的战乱流亡中,大量宗室疏属涌向南方,分散到帝国南部各州军县。绍兴九年(1139年)臣僚在关于地方宗室居住的奏章中提到,"渡江以来,未及定居,除南班在宫随司居住外,其余在外宗室随所在州军居住"③;"比年宗子有官无官人,初缘兵革,避地遐方,无资而不能归;间有因循安土,流滞而不肯归;甚者逐什百之利,为懋迁之计,与商贾皂隶为伍,故多有未隶宗司者"④。在赵宋王朝重建后,出于敦宗睦族的政治标榜需要,一些官员不断提出收拢散居宗室集中居住或在各州建立新敦宗院以供其居住的建议,但仅停留在讨论层面。经过两宋之交的流亡与战乱,赵宋宗室遍布南方州郡,尤以福建、两浙、四川为多。

关于宗室居住模式,南宋史家李心传有一段精辟描述:"东都故事,宗室子皆筑大室聚居之。太祖、太宗九王后曰睦亲,秦王后曰广亲,英宗二王曰亲贤,神宗五王曰棣华,徽宗诸王曰蕃衍。渡江后,宗子始散居邵邑,惟亲贤子孙为近属,则聚居之。……盖自绍兴以来,天属鲜少,故不复赐宅名云。"⑤这段记载清楚地勾勒出了北宋及南宋前期宗室居住模式发展变迁的主要脉络。

伴随北宋亡国、宗室南迁,宗室居住日益分散化,给其管理带来极大挑战。宗室居

① (宋)李心传撰,胡坤点校:《建炎以来系年要录》卷180,绍兴二十八年(1158年)七月辛丑,北京:中华书局,2013年,第3467页。

② (宋)李心传撰,徐规点校:《建炎以来朝野杂记》(上)卷1《大宗正司两外宗废置》,北京:中华书局,2000年,第58页。

③ (清)徐松辑:《宋会要辑稿》帝系6之12,北京:中华书局,2006年。

④ (清)徐松辑:《宋会要辑稿》帝系6之13,北京:中华书局,2006年。

⑤ (清)李心传撰,徐规点校:《建炎以来朝野杂记》(下)卷2《睦亲宅》,北京:中华书局,2000年,第78—79页。

住管理也随之变化：在行在睦亲宅居住的宗室近属和在福州、泉州两外宗正司下辖的敦宗院的宗室疏属，由大宗司及两外宗正司负责管理；分散居住各地的宗室情况较为复杂，按照宗室管理制度规定，各州设都尊长、尊长负责管理日常事务，但实际运作中各尊长仅仅负责散居宗室的户籍申报、协助宗司核实米钱发放等，对其居住管理形同虚设。

要而言之，宋代宗室居住经历了由分散到集中、再到集中与分散相结合、最后以分散为主的演变，其居住模式的变革受当时宗室人口总数量、与当朝皇帝的服属关系、朝廷财政状况、政治形势等要素的影响。总的来说，宗室居住模式的变革，适应了宋代不同时期社会经济政治形势发展的变化。

二、宗室居住房屋的建造及修缮

（一）宗室居住房屋修建

1. 由国家出资建造

宋初宗室居住的府邸可谓是京城中豪华居所。据曾巩记载："开宝中，太祖令有司造宅赐（郭）进，悉用筒瓦。有司言，旧制非亲王公主之第不可用。帝怒曰：'进控扼西山十余年，使我无北顾忧。我视进岂减儿女耶？'"[①]该材料从侧面反映了当时宗室居住府邸由国家出资建造且相当豪华。

北宋前期，太祖、太宗子孙居住的南宫和赵廷美子孙居住的北宅，仁宗时期的睦亲宅、广亲宅等都是由国家建造。景祐二年（1035 年）在玉清昭应宫旧地上新建睦亲宅，"命三司使程琳总其事，入内都知阎文应等典领工作"[②]。此后凡因宗室家庭人口增加而导致居住空间紧张，朝廷均会出资建造新的宅院屋舍，以皇帝赐予的形式供宗室家庭居住。熙宁元年（1068 年）十二月，"诏赐泽州防御使宗愈睦亲北宅地居止，仍官为计口修盖"[③]。熙宁四年（1071 年）九月，"诏赐濮王子通州防御使宗隐芳林园宅一区，仍计口计屋"[④]。后来宗博、宗瑗、宗荩等家庭都得到神宗特批由朝廷在芳林园建造房屋供他们居住。熙宁六年（1073 年）十月，"赐彰武军留后承选芳林园宅地一区，官为

---

① 《宋史》卷 273《郭进传》，北京：中华书局，1985 年，第 9336 页。

② （宋）李焘：《续资治通鉴长编》卷 117，景祐二年（1035 年）九月戊申，北京：中华书局，2004 年，第 2757—2758 页。

③ （清）徐松辑：《宋会要辑稿》帝系 4 之 19，北京：中华书局，2006 年。

④ （宋）李焘：《续资治通鉴长编》卷 226，熙宁四年（1071 年）九月癸卯，北京：中华书局，2004 年，第 5516 页。

营造"①。

哲宗以后，由国家出资兴建宗室近属所居住的宫宅，规模宏大，耗费巨资。例如，宣和六年（1124 年）将作少监孟忠厚向宋徽宗奏请修建蕃衍北宅第二位的建材供应："修盖蕃衍北宅第二位，所用材植物料万数浩瀚，欲望将本监年计并抽税到材木竹箔物料颜色，外路应副起到数目并拟入本位，不许官司栏截取拨抽分和买，及诸路不得改易兑借。若已团纲起拨，不得中路改拨应副它处。"得到徽宗批准。在修建十王位以后，由于耗资巨大，政府无力续建，徽宗被迫下诏停修蕃衍北宅，"已修者逐局拘收，未修者近已迁移民舍依旧给还。将来皇子出阁日，可于十位内居止，不须创建府第"②。

南宋时期，宗室近属所居宅院屋宇，仍由政府修造。高宗绍兴五年（1135 年）闰二月四日，"诏南班宗室现居屋宇窄隘，令临安府相度检计，申尚书省"③。绍兴十四年（1144 年）九月二十三日，高宗"诏（皇子）璩宅令临安府张叔献相视普安郡王宅屋宇，一体修造"④。光宗绍熙元年（1190 年），赐嗣秀王赵伯圭甲第于安僖王祠侧⑤。

从徽宗时开始，宗室疏属居住的敦宗院屋舍，也由国家提供或出资修建。蔡京在向徽宗建敦宗院的建议中，提到了西京敦宗院宗室居住的房屋来源，根据大宗正司上报的宗室人口，"行下西京并本路转运司，踏逐系官屋舍。如无官舍，即择宽广、去市井稍远去处，相度修盖，约人数计口给屋，量数先次盖造"⑥。南宋时期在泉州、福州南、西外宗正司管辖下的睦宗院亦是如此。据清道光《晋江县志》载，"建炎中，南外宗正司徙泉，因建于此。……嘉泰二年，郡守倪思以其狭隘，别创于府治西北居贤坊，是谓新睦宗院"⑦。

2. 政府提供建材，个人雇工建造

北宋中期宗室人口急速膨胀，当时宗室家庭规模扩大，居住拥挤，而政府修建屋舍往往滞后，解决不了一些宗室家庭的居住紧迫需求。于是政府放宽了宗室住房建造的制度规定，由原来的政府统一建造改为宗室可利用政府建材物料雇请工匠自行建造。熙宁

---

① （宋）李焘：《续资治通鉴长编》卷247，熙宁六年（1073 年）十月甲午，北京：中华书局，2004 年，第 6030 页。
② （清）徐松辑：《宋会要辑稿》帝系 2 之 22，北京：中华书局，2006 年。
③ （清）徐松辑：《宋会要辑稿》帝系 6 之 8，北京：中华书局，2006 年。
④ （清）徐松辑：《宋会要辑稿》帝系 6—9，北京：中华书局，2006 年。
⑤ 《宋史》卷 244《宗室一》，北京：中华书局，1985 年，第 8688 页。
⑥ （清）徐松辑：《宋会要辑稿》职官 20 之 34，北京：中华书局，2006 年。
⑦ （清）胡之鋘：《道光晋江县志》卷 13《公署志·南外宗正司》，清抄本。

元年（1068 年），"三司请许皇亲舍屋如愿自备人匠，请官物料修盖者"①，得到神宗皇帝批准。该政策有利于缓解宗室家庭住房紧张的压力。

3. 宗室个体家庭出资建造

这在南宋时期散居各州郡的宗室疏属中最为普遍。从现存关于南宋宗室的文献分析可以发现，宗室几乎遍及南方各州县。这些宗室往往是在北宋灭亡后逃亡到南方，辗转各地后，在当地停留下来，修房盖屋融入了当地士绅社会生活。他们或与宗司管理机构失去联系，或在州县居住日久不愿归宗司管理，他们居住房屋的修建费用由宗室个体家庭负担。例如，洪迈在《夷坚志》中记载余干宗室赵邦材建造宅第，对所需木材，"恃其属籍，凡所需林木，不复谁何，肆意芟伐。自僧宇神祠，民间墓树，无得免焉"②。由于抢夺公共资源，以致神鬼公愤，房屋建成，怪事连连，终遭报应，其中蕴含寓居地方宗室房屋修造自我筹措修建的信息。

（二）宗室房屋修缮

宗室居住房屋的修缮，主要体现在宗室近属和集中居住的宗室疏属方面。他们的府第或居住房屋破损，由国家相关部门进行修缮。例如，崇宁三年（1104 年）二月，燕王赵俣向朝廷报告府第损漏，徽宗命令提点御前生活所给他翻修③；政和二年(1112 年)，北宋政府重建敦宗院，对于原来废置的敦宗院屋舍，徽宗诏"速令缮葺"④。政和三年（1113 年）八月，徽宗下诏"令榷货务支钱一万贯，应付修盖越王偲府第，以偲自奏所居府第损漏故也"⑤。南宋时期行在临安的宗室居住区睦亲宅的修缮也是由国家出资。绍兴二十八年（1158 年），高宗下诏出御前钱修葺睦亲宅⑥。

宋代宗室居住房屋的建造和修缮，受到其与当朝皇帝血亲关系的影响。当朝皇帝的近属，其居住宅院由官方修建且得到很好的修缮；集中居住的宗室疏属，居住条件受中央和地方财政经济状况的制约；南宋时期分散居住的宗室疏属，房屋建造和修缮由个体家庭承担。上述状况明显体现出亲疏有别的特点。

---

① （清）徐松辑：《宋会要辑稿》帝系 4 之 18，北京：中华书局，2006 年。
② （宋）洪迈撰，何卓点校：《夷坚志》支癸卷 5《赵邦材造宅》，北京：中华书局，1981 年，第 1258 页。
③ （清）徐松辑：《宋会要辑稿》帝系 2 之 20，北京：中华书局，2006 年。
④ （清）徐松辑：《宋会要辑稿》职官 20 之 35，北京：中华书局，2006 年。
⑤ （清）徐松辑：《宋会要辑稿》帝系 2 之 18，北京：中华书局，2006 年。
⑥ （宋）李心传撰，胡坤点校：《建炎以来系年要录》卷 180，绍兴二十八年（1158 年）七月辛丑，北京：中华书局，2013 年，第 3467 页。

三、两宋宗室居住问题的利与弊

宋代宗室居住模式的不断变革，适应了两宋政治经济形势发展需要，在部分解决旧难题的同时，也带来了新挑战。

宋代宗室居住模式的变化，与专制主义皇权巩固及稳定这一既定目标密切相关。通过对宗室居住的有效掌控，将宗室活动置于皇帝监督之下，有效地消除了来自于皇帝宗族内部的潜在危险因素，保障了皇权的安全。因此，宗室居住模式与其他措施相配合，解决了以前王朝存在的宗室内乱这一政治难题，宋人曾经自豪地宣称"百年无腹心患"，"百年无内乱"，其中就包括无宗室内乱。对此，张邦炜先生有详细论及，不再赘述①。另外，宋代对宗室居住状况的掌控，还为特殊时期皇位继承人的选择提供了广阔空间，在皇位嫡系继承人出现空缺时，可以从宗室中挑选俊彦之士加以培养，以化解皇权传承危机，如英宗、孝宗、理宗都以宗室身份入继大统。

宋代在解决上述政治难题的同时，在经济上给中央和地方造成巨大财政压力。北宋时期，宗室住房由国家出资建造和修缮，随着宗室人口规模的膨胀，住房需求总量日益增加，国家财政的支出日益增多，包括宗室住房、禄米、婚嫁、丧葬等在内的一系列费用的持续增加，耗去国家大量财赋，遭到宋代士大夫的广泛批评。例如，苏辙认为"今聚而养之，厚之以不訾之禄，尊之以莫贵之爵，使其贤者老死，郁郁而无所施；不贤者居处隘陋，戚戚而无以为乐，甚非计之得也"②。神宗问宰相陈升之、王安石如何节约财用，"皆言兵及宗室之费"③，当神宗征求司马光宗室改革意见时，他毫不犹豫说"此诚当变更"④，熙宁变法伊始，以王安石、司马光为代表的不同政治力量冲突加剧，却在宗室改革问题上罕见的意见统一，说明了包括居住在内的宗室问题的严重性，究其原因，宗室费用支出总额巨大给政府造成沉重财政压力是其根源。

南宋时期尤其是南宋后期，散居各州和在两外宗正司敦（睦）宗院的宗室居养，给

---

① 张邦炜：《论宋代"无内乱"》，《四川师范大学学报》（社会科学版）1988 年第 1 期，第 53—60 页。

② （宋）苏辙撰，曾枣庄、马德官点校：《栾城集》卷 21《上皇帝书》，上海：上海古籍出版社，1987 年，第 472 页。

③ （清）黄以周等辑注，顾吉辰点校：《续资治通鉴长编拾补》卷 5，熙宁二年（1069 年）九月乙亥，北京：中华书局，2004 年，第 238 页。

④ （清）黄以周等辑注，顾吉辰点校：《续资治通鉴长编拾补》卷 6，熙宁二年（1069 年）十一月庚午，北京：中华书局，2004 年，第 256 页。

地方州军的财政压力也相当大，是地方财政危机的重要根源。以泉州为例，真德秀在 13 世纪初知泉州时《申尚书省乞拨降度牒添助宗室请给》的奏章，给我们提供了观察宗室对地方财政影响的珍贵材料①。真德秀指出，建炎至淳熙间，"则朝廷运司应赡之数多而本州出备者少"，淳熙以后，"则朝廷运司应赡之数少而本州出备者多"。尤其是淳熙十二年（1185 年）漕臣林枅以定额每年向泉州提供四万八千三百余贯以应付宗子之俸，其他开支由地方负担，泉州由此财政压力陡增，"比年以来，属籍日增，以俸禄言之，每岁支一十四万五千余贯，而漕、舶两司所给之钱仅五万四千四百贯，而本州出备者九万六百贯也"，另外还需支付宗室米两万二百余石。上述两项钱米合计，则泉州"凡出备者一十四万三千七百余贯"，真氏由此感慨，"以区区一州之力，独当其费，日深日重至于如此"。由于财政困难，"宗室请给实无从出，内外三千余口，嗷嗷待哺"，"（宗室）哀诉于厅者几无日不有，其间褴褛憔悴之状有令人恻然者"，每月支发宗室钱米之时，"尽空诸库鬭凑不上"，"官吏惶惶相见无策"。最后作者请求朝廷拨付一定数量的度牒以解燃眉之急，提议将宗室总费用一分为三，由朝廷、漕司和泉州地方政府各承担一部分。即使这样，泉州仍然还要额外担负宗司宗属养廉养士之钱米不在少数，"但比前日粗获稍宽，譬若羸弱之夫身负百钧，减省一份亦受一分之赐"。宗室给泉州造成的财政压力可见一斑。

南宋时期，大量宗室疏属分散居住于各地，给地方治理带来难题。一些宗室"出入市井，混杂细民，所为自如，殊无检约"，扰乱了地方治安秩序。绍兴三年（1133 年），江阴军进士李韬、苏白上书："宗室分居郡县，扰动民庶。或暴人以威，而强取具物；或攘人之物，而不偿具值；或挟以雠而肆欺；或指他事而见虐。稍涉触忤，则动以尺铁箠之，至死而弗之恤。或挟弓带矢，飞鹰走犬，骤骏马，驱小人，驰骋田野，踏践谷麦，曾不顾藉；或酿造酒货，兴贩私物。百姓无所申述，郡县不敢谁何。"②《名清书判清明集》则提供了另一例典型的宗子扰乱地方治理的案件：宗子赵若陋，横行州郡，"专置讹局，把持饶州一州公事，与胥吏为党伍，以恶少为爪牙，以至开柜坊，霸娼妓，骗胁欺诈，无所不有"③，且犯有命案，殴打士子，引起公愤。因地方政府无权直接处理关涉宗子案件，只能查明情况上报；对那些违法冒禁的散居地方宗室的处分，大宗正司

① （宋）真德秀：《西山文集》卷 15《申尚书省乞拨降度牒添助宗室请给》，《文渊阁四库全书》第 1174 册，上海：上海古籍出版社，1987 年，第 231—235 页。

② （清）徐松辑：《宋会要辑稿》帝系 6 之 5，北京：中华书局，2006 年。

③ 佚名撰，中国社科院历史所宋辽金进院研究室点校：《名公书判清明集》卷 11《宗室作过押送外司拘管爪牙并从编配》，北京：中华书局，2002 年，第 398—399 页。

及两外宗正司往往鞭长莫及，处理滞后，因而严重影响地方司法和治安。

四、结　语

传统时代的特权阶层既是王朝赖以存在的重要力量，也是最高统治者重点防范的对象。对特权阶层的利用与防范做得最好的当属赵宋王朝，这其中就包括宗室。宗室作为传统皇权政治的产物，对皇权的稳定与国家的统治有重要的影响，相对于汉唐明清等王朝因为对宗室控御失策而导致皇位不稳或政权动荡相比，宋代对宗室这一特殊政治集团的管理模式足以垂范后世。宋朝最高统治者将对付武将、外戚等特权集团的手段同样用在了赵氏宗室身上，即尽可能的赋予其物质利益的同时最大化地限制其政治权力，由朝廷统一解决宗室的住房问题，正是厚其待遇、夺其权势策略的重要内容。而宗室居住模式的不断调整与演变，虽然是国家财政状况影响的结果，其中也贯穿着朝廷控制宗亲势力的意图，将直系或近属宗亲集中安置在京城或近畿地区，表面上以示荣宠，实际上是为了更好地控制那些最有机会染指朝政的皇帝直属亲属；而将数量众多的疏属宗室分散于各地安置，既有分解朝廷财政压力与管理难度的目的，更是为了防止体量庞大的疏属宗室集团形成威胁中央集权的反叛势力。因此，宋朝宗室居住问题不单纯是一个财政或经济史的命题，也是一个反映宋朝国家统治理念与管理智慧的政治命题，其成功经验为后世提供了重要的借鉴。

南宋四川类省试类元考论

游君彦

（四川大学 历史文化学院，四川 成都，610064）

摘　要： 南宋时期，四川地区曾举行过有别于礼部省试之外的类省试，其目的和效力与礼部省试相同，相继持续了一个多世纪。类省试制度是宋代科举史的重要内容，本文就前人的研究情况，对南宋四川类省试历榜类元进行查漏补缺、校正纠误。这有助于进一步深入研究南宋时期类省试制度的发展情况。

关键词： 南宋；四川地区；类省试；类元

宋承唐制，宋代科举在解试之上设有省试。到南宋时期，除了在行在举行由礼部主持的省试外，在四川诸地也曾举行过由转运司、宣抚司或者制置司主持的相当于省试的科举考试，史称"类省试"，简称"类试"[①]。类省试制度从建炎二年（1128 年）开始，直到南宋被蒙古灭亡才结束，在四川地区持续了一百多年，对四川地区有着重要的意义。目前中外关于南宋四川类省试制度的论述已有一些，但是还很不深入，有些内容如类元究竟有哪些，尚未见有系统的梳理[②]。而弄清历榜类省试类元，对理解南宋政府与四川

---

① 为官员子弟和门客举行的别头试，也简称类试，本文所讨论的类试，指类省试，有别于别头试之类试。

② 林天蔚：《南宋时四川"类省试"的分析》，《书目季刊》1980 年第 3 期；穆朝庆：《论南宋科举中的"类省试"》，《中州学刊》1987 年第 6 期；张希清：《南宋科举类省试论述》，邓广铭、王云海等主编《宋史研究论文集》（1992 年年会编刊），开封：河南大学出版社，1993 年，第 301—319 页；祝尚书：《论南宋的"四川类省试"》，《四川师范大学学报》（社会科学版）2003 年第 5 期，第 128—135 页；何忠礼：《南宋科举制度史》第 3 章第 1 节《类省试》，北京：人民出版社，2009 年，第 90—99 页；〔日〕近藤一成：《从南宋四川的类省试来探讨地域问题》，《史观》2004 年卷，后收入其论著：《宋代科举社会の研究》第 5 章《南宋四川の类省试かうみた地域の问题》，东京：汲古书院，2009 年；〔韩〕裴淑姬：《南宋四川的类省试及其授官、考官的特点》，何忠礼主编：《南宋史及南宋都城临安研究》，北京：人民出版社，2009 年，第 932—951 页。

地方关系、全面掌握四川类省试制度关系重大。

类元，即类省试第一名，相对于省试第一名省元的称谓。今仅见张希清《南宋科举类省试论述》一文中附有南宋高宗朝四川类省试榜首情况，但仍缺失绍兴四年（1134年）、绍兴二十三年（1153年）、绍兴二十六年（1156年）、绍兴二十九年（1159年）、绍兴三十二年（1162年）五榜类元信息。此外，龚延明、祖慧等编著的《宋代登科总录》有不少四川类省试类元的记载，但其记载仍不够完整并存在一些错误。故笔者不揣浅陋，在先贤研究的基础之上，对他们已探讨到的四川类元就不再做考察，他们没有提到或者论述有误的类元做重点考证。

一、南宋初年诸路类省试中川、陕类元

靖康二年（1127年）四月一日，金军南下，徽宗、钦宗二帝北掳而去，宣告北宋灭亡。随后，康王赵构于南京应天府即位，改元建炎，后以临安为临时都城，史称南宋。南宋初年，由于其特殊的战争环境，刚刚建立的宋政府为了选拔人才，笼络士心，于建炎元年（1127年）十月一日下诏施行诸路类省试①。随后，分别于建炎二年（1128年）、绍兴元年（1131年）在全国举行了两次诸路类省试。

一般所谓南宋四川类省试实包括陕西未沦陷的部分，而南宋初年诸路类省试时的四川类省试却有不同，南宋初年诸路类省试是按路进行的，四川与陕西分开举行②。以往学者们在考察四川类省试时只是注意到了南宋初年成都等路类省试的情况，忽略了陕西

---

① （宋）徐松辑，刘琳、刁忠民、舒大刚等校点：《宋会要辑稿》选举4《贡举杂录》，上海：上海古籍出版社，2014年，第5325页。

② （宋）李焘《贡院记》云："建炎初，始有诏即成都类试一路十五州进士之当试于礼部者。"［（宋）袁说友等编，赵晓兰整理：《成都文类》卷46《贡院记》，北京：中华书局，2011年，第888—891页］可知建炎二年（1128年）四川类省试试于成都。绍兴元年（1131年），按规定"川陕宣抚处置使张浚始以便宜合川、陕人即制司州类省试"［（宋）李心传撰，胡坤点校：《建炎以来系年要录》卷42，绍兴元年（1131年）二月丙申，北京：中华书局，2013年，第262—263页］，当时张浚置幕府于秦州（治今甘肃天水），"即秦为类省试"［（宋）魏了翁：《鹤山先生大全集》卷44《资州省元楼记》，曾枣庄、刘琳主编：《全宋文》第310册，上海：上海辞书出版社，2006年，第353页］。但事实上，川、陕省试是分开举行的，《宋会要辑稿》选举2载："绍兴二年十二月十七日，知枢密院事、宣抚处置使张浚言：'遵依诏旨，选官就成州锁院类试陕西路发解举人，考问合格周模等一十三人，已恭依宜圣训，第一名赐进士出身，于并特赐同进士出身讫。'诏依。"由于川陕省试是在绍兴元年（1131年），由此可知张浚曾在成州（治今甘肃成县）举行过陕西发解举人的类省试。又（宋）李焘《贡院记》云："绍兴二年，宣抚司承制，并三路四十三州，当试日皆集成都试焉。"［（宋）袁说友等编，赵晓兰整理：《成都文类》卷46《贡院记》，北京：中华书局，2011年，第888—891页］即绍兴元年（1131年）张浚又在成都"承制"举行了成都等三路的类省试，材料中"绍兴二年"（1132年）应为"绍兴元年"（1131年），因为类省试考试在绍兴元年（1131年），赐第是在次年。

未沦陷区的类省试①。由于本文的目的是考证南宋时期四川类省试的历榜类元，因此亦包括陕西的类省试，故需对南宋初年诸路类省试中川、陕类元进行单独考察。

1. 建炎二年（1128 年），四川类省试正奏名进士 83 人，陕西类省试正奏名进士 16 人，川、陕类元分别是李棠、周忠厚

据《宋会要辑稿》卷八载："（建炎二年八月二十三）四川类试正奏名进士八十三人，陕西类试正奏名周忠厚等十六人，赐同进士出身。"②可知陕西类省试第一名为周忠厚。又《皇宋十朝纲要》卷二〇《高宗朝·进士》云："建炎二年，取进士李易等四百五十一人。是举以军兴，展殿试一年，分路类省试。陕西、四川类试正奏名李棠等九十九人，以道梗不赴殿试。"③可知四川类省试类元是李棠。由此可以看出，建炎二年（1128 年），四川类省试正奏名进士有 83 人，类元李棠；陕西类省试正奏名进士有 16 人，类元周忠厚，皆即家赐第。

2. 绍兴元年（1131 年），四川类省试正奏名 120 人，陕西类省试正奏名 13 人，川、陕类元分别是杨希仲、周模

杨希仲，字季达，成都新津人，绍兴元年（1131 年）四川类省试第一名④。又《宋会要辑稿》卷八载："绍兴二年三月二十三日，上御集英殿试礼部奏名进士……是岁，四川类试正奏名杨希仲一百二十人，第一人依殿试第五人恩例，余并赐同进士出身。"⑤可知杨希仲为绍兴元年（1131 年）四川类省试类元，依殿试第五名恩例，赐进士出身⑥。周模，陕西路人，绍兴元年（1131 年）陕西路类省试第一名。绍兴二年（1132 年）十二月十七日，知枢密院事、宣抚处置使张浚言："遵依诏旨，选官就成州锁院类试陕西路发解举人，考到合格周模等一十三人，已恭依便宜圣训，（等）[第]一名特赐进士出

① 张希清先生在研究南宋高宗朝四川类省试榜首时，只提到了建炎二年（1128 年）、绍兴元年（1131 年）四川类省试类元，而忽视了建炎二年（1128 年）、绍兴元年（1131 年）陕西类省试类元。张希清：《南宋科举类省试论述》，邓广铭、王云海等主编：《宋史研究文集》（1992 年年会编刊），开封：河南大学出版社，1993 年，第 319 页。

② （宋）徐松辑，刘琳、刁忠民、舒大刚等校点：《宋会要辑稿》卷 8《亲试》，上海：上海古籍出版社，2014 年，第 5409 页。

③ （宋）李埴撰，燕永城校正：《皇宋十朝纲要》卷 20《高宗朝·进士》，北京：中华书局，2013 年，第 599 页。

④ （宋）洪迈撰，何卓校点：《夷坚志》丙志卷 3《杨希仲》，北京：中华书局，2013 年，第 384 页。

⑤ （宋）徐松辑，刘琳、刁忠民、舒大刚等校点：《宋会要辑稿》选举 8《亲试》，上海：上海古籍出版社，2014 年，第 5410 页。相似材料同见于（宋）李心传撰，胡坤点校：《建炎以来系年要录》卷 52，建炎二年（1128 年）三月甲寅，北京：中华书局，2013 年，第 1079 页。

⑥ 由于殿试是在类省试的次年，即绍兴二年（1132 年）举行的，材料中是绍兴二年（1132 年）殿试后给合格举人赐第，也包括诸路类省试不赴殿试的正奏名举人。也就是说诸路类省试考试是在绍兴元年（1131 年），而正式赐第是在次年殿试后。以下皆同。

身，余并特赐同进士出身讫。"诏依，令尚书省给降敕牒①。故绍兴元年（1131 年）四川类省试合格举人 120 人，类元杨希仲；陕西类省试合格举人 13 人，类元周模。绍兴二年（1132 年）川、陕类省试合格者皆即家赐第。类元视殿试第五名恩例，赐进士出身，余者赐同进士出身至助教，凡七等。按：龚延明、祖慧编著的《宋代登科总录》中"杨希仲"词条，"绍兴二年，以四川类省试第一名，依殿试第五人恩例，赐进士及第"②。"赐进士及第"有误，应是"赐进士出身"。

诸路类省试，行之才两举，已暴露出了许多弊病，士人多诉其不公。臣僚们也认为诸路类省试不如礼部省试公正，加之今盗贼屏息，道路已通③。罢黜诸路类省试，权归礼部的时机已经成熟。朝廷遂于绍兴三年（1133 年）十月戊申，诏："今后省试并赴行在。"于是"遂罢诸路类试"④。全国性的类省试至此结束。绍兴四年（1134 年）六月十二日，礼部侍郎兼侍讲陈与义奏川、陕道远，恐举人不能如期，请求复令类试，宋高宗从之⑤。于是，诸路类省试皆罢，四川类省试独存。即所谓"四川类试院始于此"⑥。绍兴四年（1134 年）以后的四川类省试实为川、陕类省试。因为陕西各路大部分已经丧失，故合川、陕举人一起类试，四川单独类省试自绍兴四年（1134 年）直到南宋灭亡。

二、记载失误的四川类省试类元

以下考察了两位史料记载有争议、学人论述失误的四川类元情况。

1. 绍兴四年（1134 年），四川类省试正奏名进士 137 人，类元黄贡

黄贡，四川仁寿县人。张希清认为其为绍兴七年（1137 年）四川类省试第一名⑦，恐怕是受《建炎以来系年要录》卷一二〇、《宋史全文》卷二〇上两则材料的影响，其云："（绍兴八年六月）壬申，上特御射殿，引见礼部合格举人黄公度以下，遂以南省及

① （宋）徐松辑，刘琳、刁忠民、舒大刚等校点：《宋会要辑稿》选举 2，北京：中华书局，2013 年，第 5273 页。
② 龚延明、祖慧编著：《宋代登科总录》卷 10，桂林：广西师范大学出版社，2014 年，第 2473 页。
③ （宋）李心传撰，胡坤点校：《建炎以来系年要录》卷 69，绍兴三年（1133 年）冬十月戊申，北京：中华书局，2013 年，第 1357 页。
④ （宋）李心传撰，胡坤点校：《建炎以来系年要录》卷 69，绍兴三年（1133 年）冬十月戊申，北京：中华书局，2013 年，第 1357 页。
⑤ （宋）李心传撰，胡坤点校：《建炎以来系年要录》卷 77，绍兴四年（1134 年）六月，北京：中华书局，2013 年，第 1457—1458 页。
⑥ （宋）李埴撰，燕永城校正：《皇宋十朝纲要》卷 22，北京：中华书局，2013 年，第 648 页。
⑦ 张希清：《南宋科举类省试述论》，邓广铭、王云海等主编：《宋史研究论文集》（1992 年年会编刊），开封：河南大学出版社，1993 年，第 317 页。

四川类试合格举人黄贡等三百九十五人，参定为五等，赐及第、出身、同出身。（特）奏名林恪以下，出身至助教……贡，仁寿人也。"①《宋史全文》的说法应是照搬《建炎以来系年要录》的记载，故如出一辙，然而，此载并非属实。一方面，绍兴七年（1137年），四川类省试第一名乃成都府犀浦县人邵允蹈，故不可能再有类元黄贡②。另一方面，有多种史料皆云黄贡于绍兴四年（1134年）登四川类省试榜首，且较为可信。《皇宋十朝纲要》卷二〇《进士》云："绍兴五年，四川类试正奏名黄贡等一百三十七人。"③黄贡于绍兴五年（1135年）赐第，绍兴四年（1134年）登类省试第一名。洪迈《夷坚志》乙志卷八《歌汉宫春》载："绍兴四年，蜀道类试进士。成都使臣某人祷于梓潼神，愿知今岁类元姓字。夜梦至庙中，见二士人握手出，共歌《汉宫春词》：'问玉堂何似茅舍疏篱'之句……仙井（笔者按：仙井盐，今四川阆中一带）黄贡也。"④也言绍兴四年（1134年），四川仁寿县人黄贡登类省试榜首。此外，李心传《建炎以来系年要录》卷一七一："（绍兴二十六年正月甲子）右承议郎、新通判嘉州黄贡改知绵州。贡举进士，为四川类省试榜首，用鼎甲恩授职官终更……从宦二十年，始得郡倅……贡，仁寿人，初见绍兴五年。"⑤卷九四："（绍兴五年十月戊午）诏川陕类省试合格第一名，依殿试第三名例推恩，余并赐同进士出身。"⑥结合几则材料可知，仁寿县人黄贡系绍兴四年（1134年）四川类省试类元，绍兴五年（1135年）依殿试第三名推恩，赐进士及第。《宋代登科总录》云黄贡绍兴五年（1135年）四川类省试第一，表述并不准确⑦。

故而绍兴四年（1134年）四川类省试合格人数 137 人，皆即家赐第，类元黄贡，依殿试第三人例，赐进士及第，余赐进士出身。

---

① （宋）李心传撰，胡坤点校：《建炎以来系年要录》卷 120，绍兴八年（1138年）六月壬申，北京：中华书局，2013年，第 2241 页；佚名撰，汪圣铎点校：《宋史全文》卷 20 中，绍兴八年（1138年）六月壬申，北京：中华书局，2016年，第 1543 页。

② （宋）洪迈撰，何卓点校：《夷坚志》卷 5《梓潼梦》载："犀浦人邵允蹈，绍兴七年被乡荐……及类试，果为第一……后罢眉州幕官赴调临安。"（北京：中华书局，2013年）四川地区的解试一般在三月，类省试在同年八月或者九月，所以邵允蹈登四川类省试类元也是在绍兴七年（1137年）。又万历《四川总志》卷 7 云："邵允蹈，类试第一，张敦仁，俱绍兴进士。"

③ （宋）李埴撰，燕永城校正：《皇宋十朝纲要》卷 20，北京：中华书局，2013年，第 599 页。

④ （宋）洪迈撰，何卓点校：《夷坚志》乙志卷 8《歌汉宫春》，北京：中华书局，2013年，第 247 页。

⑤ （宋）李心传撰，胡坤点校：《建炎以来系年要录》卷 171，绍兴二十六年（1156年）正月甲子，北京：中华书局，2013年，第 3260 页。

⑥ （宋）李心传撰，胡坤点校：《建炎以来系年要录》卷 94，绍兴五年（1135年）十月戊午，北京：中华书局，2013年，第 1803 页。

⑦ 龚延明、祖慧编著：《宋代登科总录》，桂林：广西师范大学出版社，2014年，第 2574 页。《宋代登科总录》中将许多四川类省试类元赐第时间说成其登类试时，并不准确，因为四川类试在殿试赐第的前一年，限于篇幅，笔者不再一一列举。

2. 宝庆元年（1225 年），四川类省试类元文复之

《宋登科总录》中"文复之"词条云，文复之为绍定二年（1229 年）四川类省试第一名①。龚先生此载实误也。原因如下：

据《至正金陵新志》卷一四言：文复之，合州人，字廷实，治《易》，王会龙榜第三名及第，授阆州掌书记，累官至湖北提刑②。按：王会龙榜是在宝庆二年（1226 年）③，明人陈舜仁的《万历应天府志》卷二七也谈到文复之是王会龙榜第三名及第④。然而魏了翁在《荐三省元奏》中云："今伏见宣教郎、前利州路转运司干办公事文复之，始以明经为四川类试第一。会绍定二年诏免策士，复之遂以前例置之进士第五，而视恩鼎甲，实与赵雄、宋德之、何应龙事体一同。"⑤魏了翁言文复之于绍定二年（1229 年）以四川类省试第一名置于进士第五名，且与类元赵雄、宋德之以及何应龙三人"事体一同"，此三人都是四川类元，皆未赴殿试而授第，即文复之亦未参加殿试而直接赐第。但是文复之的登第时间绍定二年（1229 年）与《至正金陵新志》《万历应天府志》中所述的宝庆二年（1226 年）有出入。《宋代登科总录》中将文复之纳入绍定二年（1229 年）进士榜，但其引用史料却是《至正金陵新志》卷一四"王会龙榜第三名及第"⑥等语，乃疏忽王会龙是在宝庆二年（1226 年）榜状元，而绍定二年（1229 年）榜榜首是黄朴⑦。从史料的可信程度上看，魏了翁《荐三省元奏》比《至正金陵新志》等史料可信程度大，然而绍定二年（1229 年）四川类省试类元是潘允恭，因此，文复之就不可能是绍定二年（1229 年）四川类省试类元⑧。魏了翁与文复之虽生活于同一时代，但对文复之登第时间记忆有误也存可能性，故笔者采用文复之宝庆二年（1226 年）登第说。魏了翁所

---

① 龚延明、祖慧编著：《宋代登科总录》卷 14，桂林：广西师范大学出版社，2014 年，第 5258 页。

② （元）张铉：《至正金陵新志》卷 14《摭遗》，中华书局编辑部编：《宋元方志丛刊》第 6 册，北京：中华书局，1990 年，第 5913 页。

③ 《宋史》卷 41《理宗纪一》："（宝庆二年）六月丙申，御后殿，赐进士王会龙以下九百八十九人及第、出身有差。"（北京：中华书局，1985 年，第 788 页）（元）马端临《文献通考》卷 32《选举考五·宋登科记总目》："理宗宝庆二年，进士九百八十七人，省元王会龙，状元同。"北京：中华书局，2015 年，第 984 页。

④ （明）陈舜仁：万历《应天府志》卷 27，明万历刻增修本。

⑤ （宋）魏了翁：《鹤山先生大全集》卷 24《荐三省元奏》，曾枣庄、刘琳主编：《全宋文》第 309 册，上海：上海辞书出版社，2006 年，第 180—181 页。

⑥ 龚延明、祖慧编著：《宋代登科总录》卷 14，桂林：广西师范大学出版社，2014 年，第 5258 页。

⑦ 《宋史》卷 41《理宗纪一》："（绍定二年五月）辛巳，赐进士黄朴以下五百五十七人及第、出身有差。"北京：中华书局，1985 年，第 791 页。

⑧ 潘永恭，字文叔，眉州青神人，绍定二年（1229 年）黄朴榜进士出身，治《诗》[佚名]《南宋馆阁录续录》卷 9《官联三》，（清）永瑢、纪昀等：《景印文渊阁四库全书》第 595 册，台北：台湾商务印书馆，1986 年，第 531 页]。再结合魏了翁《荐三省元奏·小帖子》中言未蒙召用的四川类省试元有"文复之、王辰应、潘允恭三人"，并积极向朝廷推荐他们[（宋）魏了翁：《鹤山先生大全集》卷 24《荐三省元奏》，曾枣庄、刘琳主编：《全宋文》第 309 册，上海：上海辞书出版社，2006 年，第 180—181 页]。可推知，潘允恭登绍定元年（1228 年）四川类省试第一名，绍定二年（1229 年）赐进士第。

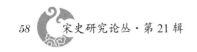

言文复之未赴殿试，而是以四川类省试第一名赐第是可信的①。

三、记载缺失的部分四川类省试类元

下面考察了十一位学者至今尚未提及的四川类省试类元，以弥其缺。

1. 淳熙元年（1174年），四川类省试类元费士寅

费士寅，字戒父，成都府广都县人，淳熙二年（1175年）与其兄费士戣同登进士第，嘉泰四年（1177年）五月以参知政事兼知枢密院事兼权，卒谥庄简②。陆心源《宋诗纪事补遗》卷六六《费士戣》："字达可，广都人……与弟士寅同登第。嘉定中，知夔州。"按：费士戣与其弟费士寅同登淳熙二年（1175年）第。又据嘉庆《四川通志》卷一二三《选举志二·进士》载："宋附进士朝代年号无考者：费士寅，广都人，类省试第一。"综合这几则材料可推知，费士寅登淳熙元年（1174年）四川类省试第一名。

按：嘉庆《四川通志》又言彭州人赵彦呐登淳熙二年（1175年）第，类省试第一，"宋淳熙二年乙未科詹骙榜，赵彦呐，彭州人，类省试第一"③。此说乃误，赵彦呐登第应该在庆元五年（1199年）。魏了翁在《鹤山先生大全集》卷八二《恭人杨氏墓志铭》中曾言赵彦呐是其同年进士④。魏了翁登第在庆元五年（1199年），自己的同年进士魏了翁是不会记错的⑤。又赵彦呐夫人杨氏去世后，魏了翁受赵氏委托，为杨氏撰写墓志铭，可见二人关系很好⑥。《宋史》卷四一三《赵彦呐传》称："赵彦呐字敏若，彭州人。登四川类试第，少以其材称。"⑦龚延明、祖慧编著的《宋代登科总录》中既言赵彦呐是淳熙二年（1175年）四川类省试登进士第⑧，又言其登庆元五年（1199年）进士，

---

① 从文复之的授官情况来看，符合四川类省元未赴殿试者的规定，且魏了翁强调文复之，与赵雄、宋德之、何应龙"事体一同"，此三人都未赴殿试，以类试元身份赐第，故文复之亦未赴殿试。

② （宋）陈骙：《南宋馆阁录续录》卷7《官联一》，（清）永瑢、纪昀等：《景印文渊阁四库全书》第595册，台北：台湾商务印书馆，1986年，第499页。

③ （清）常明、杨芳灿纂修：嘉庆《四川通志》卷124《选举·进士》，成都：巴蜀书社，1984年，第3727页。

④ （宋）魏了翁：《鹤山先生大全集》卷82《恭人杨氏墓志铭》，曾枣庄、刘琳主编：《全宋文》第311册，上海：上海辞书出版社，2006年，第296页。

⑤ 魏了翁登庆元五年（1199年）进士第三名，见（宋）徐松辑，刘琳、刁忠民、舒大刚等校点：《宋会要辑稿》选举2，上海：上海古籍出版社，2014年，第5282页；《宋史》卷437《魏了翁传》，北京：中华书局，1985年，第12965页。

⑥ （宋）魏了翁：《鹤山先生大全集》卷82《恭人杨氏墓志铭》，曾枣庄、刘琳主编：《全宋文》第311册，上海：上海辞书出版社，2006年，第296页。

⑦ 《宋史》卷413《赵彦呐传》，北京：中华书局，1985年，第12401页。

⑧ 龚延明、祖慧编著：《宋代登科总录》卷11，桂林：广西师范大学出版社，2014年，第3638页。

实相抵牾①。综上分析，赵彦呐登淳熙二年（1175 年）进士第，淳熙元年（1174 年）四川类省试第一的说法是错误的。赵氏实系庆元四年（1198 年）四川类省试正奏名，庆元五年（1199 年）以类省试赐进士第。淳熙元年（1174 年）四川类省试类元实乃费士寅。

2. 淳熙四年（1177 年），四川类省试类元王叔简

王叔简，字敬父，广安军渠江县人，登淳熙五年（1178 年）进士第，治《礼记》，历秘书省著作佐郎，出知洋州②。在王叔简去世后，杨万里为其撰写的神道碑中云："有王叔简者，蜀类试第一人也，赵公荐之得召，既至而赵去。"③由此可推知，渠江县人王叔简，淳熙四年（1177 年）参加了四川类省试，并取得了类试第一名的好成绩，淳熙五年（1178 年）登进士第。

3. 淳熙十三年（1186 年），四川类省试类元赵大全

赵大全，潼川府人，四川类省试第一名，淳熙十四年（1187 年）登进士第，历简州州学教授，枢密院编修官，终太常丞④。魏了翁在上奏给皇帝的札子《荐三省元奏》中，提到了近几十年来共十几位类元，其中之首就是赵大全⑤。故淳熙十三年（1186 年）四川类省试第一名是潼川人赵大全。

4. 绍熙三年（1192 年），四川类省试类元赵载

据嘉庆《四川通志》卷一二三载，赵载，隆庆府梓潼县人，登宋绍熙四年（1193 年）癸丑科陈亮榜进士第⑥。结合魏了翁《荐三省元奏》中所述类元赵载、唐季乙、唐应龙三人，不幸早卒⑦。或许正是因为赵载"不幸早卒"，所以有关他的相关史料很少，目前，就只能找到这两则材料，但这足以证明赵载是绍熙三年（1192 年）四川类省试类元。

---

① 龚延明、祖慧编著：《宋代登科总录》卷 13，桂林：广西师范大学出版社，2014 年，第 4342 页。

② （宋）陈骙：《南宋馆阁录续录》卷 8《官联二》，（清）永瑢、纪昀等：《景印文渊阁四库全书》第 595 册，台北：台湾商务印书馆，1986 年，第 516、522 页。

③ （宋）杨万里：《诚斋集》卷 120 "宋故少师大观文左丞相鲁国王公（叔简）神道碑"，曾枣庄、刘琳主编：《全宋文》第 240 册，上海：上海辞书出版社，2006 年，第 112 页。

④ 佚名：《两朝纲目备要》卷 7，（清）永瑢、纪昀等：《景印文渊阁四库全书》第 329 册，台北：台湾商务印书馆，1986 年，第 797 页。按：原文中"大全，潼川人，淳熙十三年举进士，为四川类省试第一"。"淳熙十三年举进士"应是"淳熙十四年举进士"，因进士赐是在淳熙十四年（1187 年）。

⑤ （宋）魏了翁：《鹤山先生大全集》卷 24《荐三省元奏》，曾枣庄、刘琳主编：《全宋文》第 309 册，上海：上海辞书出版社，2006 年，第 180—181 页。

⑥ （清）常明、杨芳灿纂修：嘉庆《四川通志》卷 123《选举·进士》，成都：巴蜀书社，1984 年，第 3733 页。

⑦ （宋）魏了翁：《鹤山先生大全集》卷 24《荐三省元奏》，曾枣庄、刘琳主编：《全宋文》第 309 册，上海：上海辞书出版社，2006 年，第 180—181 页。

5. 庆元四年（1198 年），四川类省试不赴者殿试者 4 人，类元张方

张方，字义立①，资阳人，"庆元己未进士……进刑部郎官、直秘阁……号亨泉子"②。按：庆元己未年正是庆元五年（1199 年），魏了翁亦是庆元五年（1199 年）登第，与张方乃同年好友，故在《大理少卿宝谟阁杨公墓志铭》中言道："（果州）民歌曰：'前张后杨，惠我无疆。'盖吾同年友张义立方，实发其端，而公踵行之。"③魏了翁在《荐三省元奏》中又言，四川类元张方等人，悉蒙招用④。由此可见，张方乃庆元四年（1198 年）四川类省试类元，庆元五年（1199 年）赐进士第。又据彭遵泗《蜀故》卷八《选举》云："宁宗庆元五年，四川进士四人。"⑤这里的"四川进士四人"指未赴殿试的四名类省试正奏名人，类元张方是其一也。

6. 开禧三年（1207 年），四川类省试正奏名人不赴殿四人，类元张巳之

张巳之，字甫益，遂宁府小溪人（一作遂宁县人），登嘉定元年（1208 年）进士第，历秘书郎，出知普州⑥。乾隆《遂宁县志》卷四载有嘉定元年（1208 年）进士榜，"张己之"⑦。疑"张己之"为"张巳之"⑧。可知张巳之登嘉定元年（1208 年）进士第。结合魏了翁《荐三省元奏》中提到的四川类元张巳之，可确认遂宁府人张巳之于开禧三年（1207 年）登四川类省试第一名，嘉定元年（1208 年）赐进士出身⑨。另据彭遵泗

---

① 按：（清）陆心源辑：《宋史翼》卷 22《张方传》："张方，字立义。"（北京：中华书局，1991 年，第 233 页）《鹤山先生大全集》《建炎以来朝野杂记》等皆作"义立"，以后者为准。

② （清）陆心源辑：《宋史翼》卷 22《张方传》，北京：中华书局，1991 年，第 233 页。相似材料见于（清）陆心源：《宋诗纪事补遗》卷 61《张方》，续修四库全书编委会编：《续修四库全书》第 1709 册，上海：上海古籍出版社，2002 年，第 251—252 页。

③ （宋）魏了翁：《鹤山先生大全集》卷 81《大理少卿宝谟阁杨公墓志铭》，曾枣庄、刘琳主编：《全宋文》第 311 册，上海：上海辞书出版社，2006 年，第 283 页。

④ （宋）魏了翁：《鹤山先生大全集》卷 24《荐三省元奏》，曾枣庄、刘琳主编：《全宋文》第 309 册，上海：上海辞书出版社，2006 年，第 180—181 页。

⑤ （清）彭遵泗辑：《蜀故》卷 8《选举》，四库未收书辑刊编纂委员会：《四库未收书辑刊》第 1 辑第 27 册，北京：北京出版社，2000 年，第 598 页。

⑥ （宋）陈骙：《南宋馆阁续录》卷 8《官联二》，（清）永瑢、纪昀等：《景印文渊阁四库全书本》第 595 册，台北：台湾商务印书馆，1986 年，第 518 页。雍正《四川通志》中言张巳之为遂宁县人。雍正《四川通志》卷 33，（清）永瑢、纪昀等：《景印文渊阁四库全书》第 561 册，台北：台湾商务印书馆，1986 年，第 41 页。

⑦ 乾隆《遂宁县志》卷 4《科目表·宋·进士》，清乾隆十二年（1747 年）刻本。

⑧ （宋）陈骙：《南宋馆阁录续录》卷 8《官联二》中言：张巳之嘉定十年（1217 年）八月知普州，而《两朝纲目备要》卷 16 载，嘉定十二年（1219 年）五月戊午"张福以普州，守臣张巳之弃城去"（佚名：《两朝纲目备要》卷 16），这两则材料中的"张巳之"应为同一人。龚延明、祖慧编著的《宋代登科总录》卷 13，"张己之"词条恐误，应为"张巳之"。因为所引史料《鹤山先生大全集》卷 24《荐三省元奏》及《南宋馆阁录续录》卷 8《官联二》中都是"张巳之"，唯乾隆《遂宁县志》中是"张己之"，今采《鹤山大全集》及《南宋馆阁录续录》之说。

⑨ （宋）魏了翁：《鹤山先生大全集》卷 24《荐三省元奏·小贴子》，曾枣庄、刘琳主编：《全宋文》第 309 册，上海：上海辞书出版社，2006 年，第 180—181 页。

《蜀故》卷八《选举》载："嘉定元年，四川进士四人。"①即开禧三年（1207年），四川类省试正奏名人不赴殿试者有四人。

7. 嘉定十二年（1219年），四川类省试类元王辰应

王辰应，字子震，潼川府人，嘉定十三年（1220年）刘渭榜进士出身，治《易》。历宗正臣兼权考功郎官兼吴王、益王府府学教授②。魏了翁《荐三省元奏》中荐举的三位四川类元之一就有王辰应③。于是可知王辰应乃嘉定十二年（1219年）四川类省试类元，嘉定十三年（1220年）登进士第。

8. 绍定四年（1231年），四川类省试类元唐应龙

《荐三省元奏》是魏了翁端平元年（1234年）写给朝廷的一个奏章④。魏了翁时知泸州、潼川路安抚使任中，有向朝廷荐举当地人才的权力，根据《荐三省元奏·小帖子》中的叙述，介绍了近几十年的四川类省试的十六位类元。

> 今姑以十数年言之，如赵大全（1186，笔者按：数字表示类省试年份，下同）、冯履（1189）、宋德之（1195）、张方（1198）、何应龙（1201）、李鸣凤（1204）、张巳之（1207）、王万（1210）、刘炳（1216）、家撰（1222），悉蒙召用。赵载（1192）、唐季乙（1213）、唐应龙（？），不幸早卒。其未蒙召用者，今惟文复之（1225）、王辰应（1219）、潘允恭（1228）三人。如蒙圣慈特垂访问，并赐收用，不胜幸甚。⑤

材料中从淳熙十三年（1186年）类元赵大全开始有顺序地介绍，除绍熙三年（1192年）类元的赵载，嘉定六年（1213年）类元唐季乙不幸早卒，放在了一组，还有未蒙召用的文复之、王辰应、潘永恭放在了另一组，剩下的基本都是按登第的先后顺序介绍的。截至魏了翁写作《荐三省元奏》的端平元年（1234年），四川类省试共举行了十六举，

---

① （清）彭遵泗辑：《蜀故》卷8《选举》，四库未收书辑刊编纂委员会编：《四库未收辑刊》第1辑第27册，北京：北京出版社，2000年，第598页。

② 佚名：《南宋馆阁录续录》卷7《官联一》，（清）永瑢、纪昀等：《景印文渊阁四库全书》第595册，台北：台湾商务印书馆，1986年，第510页。

③ 其他两位分别是文复之和潘允恭。（宋）魏了翁：《鹤山先生大全集》卷24《荐三省元奏》，曾枣庄、刘琳主编：《全宋文》第309册，上海：上海辞书出版社，2006年，第180—181页。

④ 彭东焕编：《魏了翁年谱》，成都：四川人民出版社，2003年，第385页。

⑤ （宋）魏了翁：《鹤山先生大全集》卷24《荐三省元奏》，曾枣庄、刘琳主编：《全宋文》第309册，上海：上海辞书出版社，2006年，第180—181页。另外，冯履、宋德之、何应龙、李鸣凤、王万、刘炳、家撰、唐季乙分别是淳熙十六年（1189年）、庆元元年（1195年）、嘉泰元年（1201年）、嘉泰三年（1204年）、嘉定九年（1216年）、嘉定十五年（1222年）、嘉定六年（1213年）四川类省试元，《宋代登科总录》中已有记载，但却都将这些类元的赐第时间作为其登类省试时间，特此说明。

产生了十六位类元,从目前对四川类元的考证来看,有十五人基本能够确定其登第年份,唯独不幸早卒之一的类元唐应龙没有其他相关的文献记载,所以无法考证其确切的登第时间,而正好绍定四年(1231 年)还差一位类元,按照魏了翁的写作顺序,可以推知唐应龙应该是绍定四年(1231 年)的类元①。可能是因为他登第后,不久就去世,所以其他文献没有其相关地记载。

9. 嘉定十二年(1219 年),四川类省试类元王辰应

王辰应,字子震,潼川府人,嘉定十三年(1220 年)刘渭榜进士出身,治《易》。历宗正臣兼权考功郎官兼吴王、益王府府学教授②。魏了翁《荐三省元奏》中荐举的三位四川类元之一就有王辰应③。于是可知王辰应乃嘉定十二年(1219 年)四川类省试类元,嘉定十三年(1220 年)登进士第。

10. 端平元年(1234 年),四川类省试类元谢昌元

元人马泽修,袁桷纂延祐《四明志》卷第五载:

> 谢昌元,字叔敬,西蜀资州人。幼岁见刘文节公光祖,于简州应对,敏解为题,扇赠之,且勉以学见,魏文靖公了翁复奇之,类试四川第一,调绍庆府教授,守施州,筑城以备御。开庆元年除太学博士,迁太常博士,知封州新学校,提举广东常平茶盐,奏蠲盐银以宽民力,疏入,不报。卒,捐俸代偿之,为沿海参议官,因家于鄞。德祐元年(笔者按:应淳祐元年)以著作郎迁秘书少监当。开庆初,长子大椿挈其家属来东南,舟由鄂渚,世祖皇帝时为大王驻兵,江浒获其舟载以归,问大椿,知为蜀士子甚爱之,俾给事殿中。(至元)十四年世祖平宋,遒命子召昌元入朝。上深器之,呼为南儒,预议中书省事,时南士为上所推重者,曰:"青阳、梦炎、王虎,臣暨昌元,皆为尚书。"上既厌代,是后南士郎署官亦不复用矣。为礼部尚书,上疏言增军饷,结民心,除旧吏,戢新军。上允其议,又乞行,选举收遗书,择按察官,严赃吏法,置登闻鼓院。至元浑一之际,几所朝议昌元诸人皆得预

---

① 彭东焕先生认为《荐三省元奏·小帖子》中的"唐应龙"可能是指"何应龙",(彭东焕编:《魏了翁年谱》,成都:四川人民出版社,2003 年,第 385 页)有误。嘉泰元年(1201 年)四川类省试类元何应龙,在上文中已有提及,与赵大全等人"悉蒙召用",不可能又出现在"不幸早卒"一组人中,并且文中提到的另外十五位类元,文中并没有重复过,所以唐应龙不可能是何应龙,因另有他人。

② 佚名:《南宋馆阁录续录》卷 7《官联一》,(清)永瑢、纪昀等:《景印文渊阁四库全书》第 595 册,台北:台湾商务印书馆,1986 年,第 510 页。

③ 其他两位分别是文复之和潘允恭。(宋)魏了翁:《鹤山先生大全集》卷 24《荐三省元奏》,曾枣庄、刘琳主编:《全宋文》第 309 册,上海:上海辞书出版社,2006 年,第 180—181 页。

闻。后以老归，卒，葬于鄞。①

分析材料可以了解到，资州人谢昌元，幼时曾见过刘光祖（1142—1222 年），在魏了翁（1178—1237 年）时期，登四川类省试第一名，南宋灭亡后，谢昌元曾积极活动于元世祖至元十四年（1277 年）之后。由这些信息可以推知，谢昌元出身在宋宁宗嘉泰元年（1201 年）以后。而淳熙十三年（1186 年）至绍定五年（1232 年），四川类省试历榜类元已经确定，又魏了翁在理宗嘉熙元年（1237 年）三月去世②。这期间，端平元年（1234 年）曾举行过一次四川类省试，遂可确认谢昌元是端平元年（1234 年）四川类省试类元。

11. 淳祐九年（1249 年），四川类省试类元杨乔年

杨乔年，字寿之，江西瑞州人，四川类试第一名③。同治《瑞州府志》卷九《选举志·进士》云："淳祐十年庚戌方逢辰榜，杨乔年，高安（笔者按：高安是瑞州下的一个县）人，应巳之子，四川类试第一。"④又光绪《江西通志》卷二三《选举表·宋进士》："淳祐十年庚戌方逢辰榜，杨乔年，瑞州人。"⑤杨乔年是江西瑞州人，可能是寓居在四川，参加了四川类省试考试。故江西瑞州人杨乔年，登淳祐九年（1249 年）四川类省试第一名，次年赐进士第。

经由上述考证，再结合《宋代登科总录》中所载有的四川类省试类元情况，可知南宋时期，四川类省试共举行了 49 次（包括南宋初期诸路类省试的两举），从建炎元年（1127 年）至咸淳九年（1273 年），其中每榜类元明确可考者30 人［包括建炎二年（1128 年）、绍兴元年（1131 年）两榜四川类元］，不可考者19 人，登第时间不详者6 人⑥。详细见表1。

---

① （元）马泽修、袁桷纂：延祐《四明志》卷 5《谢昌元》，中华书局编辑部编：《宋元方志丛刊》第 6 册，北京：中华书局，1990 年，第 6215 页。相似材料同见于（明）周希哲修，张时彻纂：嘉靖《宁波府志》卷 39，明嘉靖三十九年（1560 年）刊本，第 328 页；（清）常明、杨芳灿纂修：嘉庆《四川通志》卷 151，成都：巴蜀书社，1984 年，第 4577 页；（清）李卫修、沈翼机纂：雍正《浙江通志》卷 194，（清）永瑢、纪昀等：《景印文渊阁四库全书》第 524 册，台北：台湾商务印书馆，1986 年，第 318 页。

② 《宋史》卷 437《魏了翁传》，北京：中华书局，1985 年，第 12970 页；《魏文靖公年谱》，北京图书馆编：《北京图书馆藏珍本年谱丛刊》第 33 册，北京：北京图书馆出版社，第 359 页。

③ （明）熊相：正德《瑞州府志》卷 8《选举志·科第》，明正德刻本。

④ （清）黄廷金修，（清）萧浚兰等纂：同治《瑞州府志》卷 9《选举志·进士》，成文出版社编：《中国方志丛书》，台北：成文出版社，1970 年，第 179 页。

⑤ 光绪《江西通志》卷 23《选举表·宋进士》，续修四库全书编委会编：《续修四库全书》第 656 册，上海：上海古籍出版社，2002 年，第 507 页。

⑥ 勾辅、勾昌泰、费太川、彭杰、勾赏、刘光远等 6 人，有文献记载皆为四川类省试类元，但登第时间皆不详。

表 1   南宋四川类省试表

年代	类元	正奏名人数 （赴殿试者+不赴殿试者）	全国登科总数	所占比例
建炎二年（1128 年）	四川：李棠* 陕西：周忠厚	99（0+99）	554	18%
绍兴元年（1131 年）	四川：杨仲希* 陕西：周模	133（0+133）	379	35%
绍兴四年（1134 年）	黄贲*	137（0+137）	357	38%
绍兴七年（1137 年）	邵允蹈*	183（0+183）	395	46%
绍兴十一年（1141 年）	史尧俊*	144（0+144）	397	36%
绍兴十四年（1144 年）	任渊*	109（36+73）	373	29%
绍兴十七年（1147 年）	何耕*	98（75+23）	353	28%
绍兴二十年（1150 年）	张震*	142（124+18）	422	34%
绍兴二十三年（1153 年）	—	138（75+63）	419	33%
绍兴二十六年（1156 年）	—	148（129+19）	445	33%
绍兴二十九年（1159 年）	—	128（112+16）	428	30%
绍兴三十二年（1162 年）	赵雄*	—	538	—
乾道元年（1165 年）	吕商隐*	—	494	—
乾道四年（1168 年）、乾道七年（1171 年）	—	—	391、389	—
淳熙元年（1174 年）	费士寅	—	462	—
淳熙四年（1177 年）	王叔简	—	417	—
淳熙七年（1180 年）、淳熙十年（1183 年）	—	—	380、394	—
淳熙十三年（1186 年）	赵大全	—	435	—
淳熙十六年（1189 年）	冯履*	—	558	—
绍熙三年（1192 年）	赵载	—	396	—
庆元元年（1195 年）	宋德之*	—	506	—
庆元四年（1198 年）	张方	?（?+4）	412	—
嘉泰元年（1201 年）	何应龙*	—	439	—
嘉泰三年（1203 年）	李鸣凤*	—	433	—
开禧三年（1207 年）	张巳之	?（?+4）	430	—
嘉定三年（1210 年）	王万*	—	465	—
嘉定六年（1213 年）	唐季乙*	—	504	—
嘉定九年（1216 年）	刘炳*	—	523	—
嘉定十二年（1219 年）	王辰应	—	475	—
嘉定十五年（1222 年）	家摭*	—	549	—
宝庆元年（1225 年）	文复之	—	989	—
绍定元年（1228 年）	潘允恭*	—	557	—
绍定四年（1231 年）	唐应龙	—	493	—
端平元年（1234 年）	谢昌元	—	460	—

续表

年代	类元	正奏名人数 （赴殿试者+不赴殿试者）	全国登科总数	所占比例
嘉熙元年（1237年）至淳 祐六年（1246年）	—	—	423、367、424、527	—
淳祐九年（1249年）	杨乔年	—	513	—
淳祐十二年（1252年）至 咸淳九年（1273年）	—	—	360、601、442、637、 635、664、502、506	—

注：*表示《宋代登科总录》中有明确记载的省试类元，但都把其登科省试时间向后推了一年，实则是其殿试赐第时间；表格中历年全国登科总数采用的是《宋代登科录》中的数字

四、余　　论

南宋四川类省试历榜合格人数很难统计，除了现存史料中有明确记载的人数外（但具体人名亦难考证），其他榜人数基本不可知。因为，南宋历榜进士基本不包括四川类省试正奏名不赴殿试者，以现今保存较完整的两举进士名单《绍兴十八年同年小录》和《宝祐四年登科录》为例，都没有当举四川类省试不赴殿试者。又如记录较多、保存较完整的嘉庆《四川通志》中同样缺少很多类省试不赴殿试者的名单。通过表1可知，记录较完整的宋高宗朝四川进士人数，其中11举中就有8举四川进士占全国进士总人数的30%以上，甚至绍兴七年（1137年）达到46%的高比例。日本学者近藤一成先生曾通过对魏了翁《鹤山先生大全集》中的四川进士墓志铭的分析，得出"四川的进士学位获得者的数量可能比现存史料的统计数字多两倍以上"[①]的结论。不论近藤一成的结论是否准确，但是可以确定的是南宋四川进士的人数比现存史料统计数字要多很多，这是研究南宋四川科举史时必须注意的一点。

本文在张希清、龚延明、祖慧等先生的研究基础之上，对南宋四川类省试历榜类元进行了较为系统的考察，虽然仍有19榜类元不可考，6名类元登第时间不详，但却为四川类省试的研究尽了一份绵薄之力，有助于类省试制度的进一步深入研究和发掘，并且透过四川类元的研究可以折射出南宋时期，中央政府与四川地方关系的微妙变化，此点笔者将会在他文中再做论述。

---

① 〔日〕近藤一成：《从南宋四川的类省试来探讨地域问题》，《史观》2004年卷。

宋代"罚金刑"考论[*]

杨竹旺

（浙江大学 古籍研究所，浙江 杭州，310028）

摘 要："罚金刑"作为历代沿用的处罚方式，在宋代产生新的发展趋势。由于"金"一词在不同历史环境下的语义变迁与封建时代经济与货币制度的发展，"铜"成为"罚金"标的物，"罚铜"成为宋代"罚金刑"最主要的表现形式。在"赎刑"适用扩大化的趋势下，"罚金刑"与"赎刑"在混同中日趋分化，表现为"罚铜"制度在宋代已成为专门的系统，开始由零散的运用向独立的刑种转化。得益于经济的高度发展及货币的大量使用，宋代罚金的缴纳方式也愈加成熟，实践中铜钱占据主流。在金额的规定上沿袭了唐五代以来的每斤 120 文，并未考虑到物价变动因素，而《朝野类要》所记载的每斤 200 文可能是针对"罚铜"缴纳时官方定价远低于其实际价值所进行的调整。

关键词：宋代；罚金刑；考论

作为一种古老的刑种，宋代"罚金刑"除了在继承前代的基础上得到了普遍运用外，还具有自身鲜明的特点，表现为以下三个方面："罚铜"成为宋代"罚金刑"的主要表现形式，"罚金刑"与"赎刑"制度混同中日趋分化，罚金的缴纳方式日益成熟[1]。但

---

* 本文为浙江省哲学社会科学重点研究基地浙江宋学研究中心课题"宋代文官罢黜制度研究"（项目批准号：16JDGH094）阶段性研究成果。

[1] 关于罚金刑的起源问题，目前学界仍有争议。传统观点均将罚金刑的起源上溯至《周礼》与《尚书》，如沈家本《历代刑法考》在论述罚金刑的起源时，即引《周礼·秋官·职金》"掌受士之金罚、货罚，入于司兵"与《尚书·吕刑》"两造具备，师听五辞。五辞简孚，正于五刑，五刑不简，正于五罚。五罚不服，正于五过"之语为证。但所引《尚书》同《周礼》之语相比，两者之间并不完全相同，前者更像是关于赎刑的规定，沈家本自己也表示质疑，可见罚金刑与赎刑制度从起源时起就有着交叉与混同。北京：中华书局，1985 年，第 328 页。

是，由于"金"这一概念在历史上其语义过于广泛并且在不同语境下不断变动，加上罚金刑与赎刑制度历来有着深度交叉、混同，导致目前学界在该问题上的认识尚有不少模糊不清之处乃至误区。例如，罚（赎）金与罚（赎）铜、罚金（铜）与赎金（铜）这几组概念在宋代文献中频繁出现而又往往交织在一起，某些时候多有混用，极易引起混淆，却未能得到仔细辨正。还有学者因为古代"金"与"铜"在语义上相混同，而将宋代"罚金刑"所要缴纳的对象误认为是"金"。至于罚金缴纳对象，是"金"、实物铜抑或铜钱，也存在疑问。此外，宋代法令通常规定罚铜每斤折合铜钱 120 文，大致同时期却有每斤 200 文的歧互记载，亦有学者认为每斤 120 文是针对官僚的优惠价。上述问题尚未得到很好的解决，笔者力图在总结前人成果的基础上来廓清这些问题。

一、"罚铜"是宋代"罚金刑"的主要表现形式

当前的论著在论述罚金的起源时均追溯至《尚书》与《周礼》，足见罚金行用历史之久。就宋代"罚金刑"而言，沈家本《历代刑法考》认为"宋无罚金之刑，此所谓罚金，即恐后来之罚俸也"①。高叶青《"宋无罚金之刑"质疑》一文对沈家本的观点予以批驳，认为罚金与罚铜是两种"分别以独立的名称并行于同一朝代"的处罚方式，且"由于黄金难得而铜易得，罚金刑在宋代所最终征收的实物绝大多数是铜，所以在许多情况下，罚金径直被具体化为罚铜"②。上述二人的解读可能均存在一定偏差。

首先，"金"一词古时本来含义广泛，"古之金、银、铜、铁总号为金，别之四名耳"③。因此，对"罚金"既可以有狭义的理解，单指罚黄金；亦可以作广义的理解，除罚金外，也包括其衍生出的其他一系列表现形式，诸如罚铜、罚俸、罚直、罚钱、罚食直钱等④。沈家本所谓"宋无罚金之刑"的说法是有特殊语境的，其采取的即是狭义的理解，认为严格意义上的罚金刑在宋代已不存在。但沈氏说法亦有不严谨之处，就宋代而言，罚金并不等同于罚俸。

---

① （清）沈家本：《历代刑法考》，北京：中华书局，1985 年，第 331 页。
② 高叶青：《"宋无罚金之刑"质疑》，《陕西师范大学学报》（哲学社会科学版）2008 年第 5 期。
③ （唐）孔颖达撰，黄怀信整理：《尚书正义》，上海：上海古籍出版社，2007 年，第 91 页。
④ 宋代官员俸禄的构成虽然兼有实物与现钱，但罚俸的缴纳最终是折合一定量的现钱，（宋）谢深甫等编，戴建国点校《庆元条法事类》卷 76《当赎门·罚赎》："诸罚俸者，以半月。"每月：一品，八贯；二品，六贯；三品，五贯；四品，三贯五百文；五品，三贯；六品，二贯；七品，一贯七百文；八品，一贯三百文；九品，一贯五十文。罚直亦如之，"罚直，每直二百文足"。哈尔滨：黑龙江人民出版社，2002 年，第 817、819 页。

其次，宋代并不存在高氏所谓的"罚金径直被具体化为罚铜"的过程。正是由于金、银、铜、铁皆可用金来指称，且在最常见的意义上指金、铜二者，故经常会出现金、铜二词同用而所指实为一事的情形。具体到宋代文献的语境，此处"罚金"之"金"即指铜，狭义上的"罚金"与"罚铜"意义相同，与诸如黄金、白金之类无涉。在这一点上，也有宋史学界的其他学者持此种看法，但缺乏进一步的论证①。

事实上，宋代文献中"罚金"和"罚铜"均可以对举的形式出现，且例子甚夥，恰恰证明二者完全可以替换使用。以《续资治通鉴长编》卷五〇〇所载为例：

> 曾布言："惇昨日门谢，中外颇嗤笑之。祖宗以来，宰辅未有放罪者。"上曰："元丰中曾罚铜。"布曰："唯元丰曾罚金。闻是时执政曾开陈，竟不曾罚。"②

而且文献中既有"罚金××斤"，也有"罚铜××斤"的用法，某些时候亦可省称"罚金"。此外，宋代文献中有些情况下不用"罚铜"而代之以"罚金"，往往是出于对传统用法的沿袭或考虑到修辞的需要。但高文却引《续资治通鉴长编》卷一〇二"（天圣二年三月）壬辰，判刑部石宗道罚金八斤，详覆官梁如圭罚铜十斤"③一事为例，认为其中的"罚金八斤"即是交纳真正的"金"，显系误解。在宋代，"罚金"不仅等同于"罚铜"，上文"罚金八斤"中之"金"也不可能是真正的金，而只是铜。以下举出几条反证加以辨正：

（1）就金的使用单位而言，宋代多用"两"而不用"斤"。金的使用单位，历史上有个逐渐变迁的过程，清人赵翼《陔余丛考》卷三〇"金银以两计"条认为，"汉以来金、银皆以斤计"，至南北朝时犹然。梁、隋以后金开始以两计，且以两计是出于后世金银日贵的原因④。日本学者加藤繁在赵翼的启发下，经过考证进一步得出结论，即以两表示金的重量自南北朝始发达，隋朝亦依此用法，作为计算的主要单位，到了唐代则专用两而极少用斤。但加藤繁总结出用两计的两条原因同赵翼异趣，他认为，一是源于

---

① 戴建国《宋代刑法史研究》："在宋文献中，罚金可换称'罚铜'……罚金即罚铜，两者同义。"上海：上海人民出版社，2008年，第324页。

② （宋）李焘：《续资治通鉴长编》卷500，元符元年（1098年）秋七月庚午，北京：中华书局，1992年，第11923页。

③ （宋）李焘：《续资治通鉴长编》卷102，天圣二年（1024年）三月己丑，北京：中华书局，1992年，第2353页。虽然本文认为"罚金"与"罚铜"二者意义相同，但却为何在同一句中前后交替使用，而不是统一称罚金或罚铜。这一问题目前尚未得到精确的解释，笔者推测，可能是在著者李焘当时的意识中二者并无区别，以致随手使用；或者如上文所说，正是考虑到修辞的需要。

④ （清）赵翼著，栾保群、吕宗力校点：《陔余丛考》，石家庄：河北人民出版社，1990年，第513、514页。

金使用兴起之后对精密计算的需求，二是金使用程度的高度发达①。宋代对唐代的用法加以继承，大多用两来表示。除两之外，见于宋代文献的其他用法还有镒、星、定（锭）、铤等。但就笔者涉猎所及，并未发现使用"斤"的情形。因此，若《续资治通鉴长编》此段材料所指为真正的"金"，用"斤"首先就不符合宋代的历史事实。

（2）就宋代金与铜钱的比价、用量、产量而言，高文所引《续资治通鉴长编》中的"罚金"也不可能是"金"。金与铜钱的比价一直处于波动之中，据加藤繁的研究，宋初每两金八千文，到真宗大中祥符年间（1008—1016 年）增至每两万文，又引神宗时孔平仲的观点，认为当时金价亦在万钱以上②。笔者取最接近仁宗时代的万钱为标准，八斤金折合一百二十八两一百二十八万文。至于铜跟铜钱的比价，据程民生的研究，太宗时期每斤合一百二十文，元丰年间（1078—1085 年）每斤一百五十文，元祐年间（1086—1093 年）官价二百文③。亦取时代接近的元丰年间（1078—1085 年）的每斤一百五十文计，则十斤铜折合一千五百文。前者约是后者的八百五十三倍，仅仅因为举任官员不当，长官和僚属同责而异罚，并且数额如此悬殊，显然不可能。

从产量来说，北宋的黄金年产量在五千至一万两之间，维持在一万两应该是常态④。从用量来说，据《建炎以来朝野杂记》卷一七"渡江后郊赏数"条载："渡江后郊赏，建炎二年，用钱二十万缗，金三百七十两，银十九万两，帛六十万匹，丝绵八十万两，皆有奇。"⑤

北宋金年产量不过万两，一次郊祀大礼赏赐也不过用金三百七十两、钱二十万缗，而官员因为一次失误就要被罚一百二十八两金折合十二万八千缗？显然不可思议。此外，《续资治通鉴长编》有数十例罚金若干斤的记载，从一斤至数十斤不等，笔者粗略估计，总数达数千斤之巨。若按高文的观点皆为"金"的话，也是不现实的。因此，从宋代金的用量和产量上来说，高文的判断也是站不住脚的。

（3）宋代金银的用途，日本学者加藤繁在所著《唐宋时代金银之研究——以金银之货币机能为中心》中总结了十余项，国内学者汪圣铎《两宋货币史》也讨论了金银在宋代社会中的用途，但无一涉及用金来缴纳罚金或赎罪的情形。

以上三条例证足以说明，宋代的"罚金"不是罚黄金而是罚铜，至于赎金与赎铜，

---

① 〔日〕加藤繁：《唐宋时代金银之研究——以金银之货币机能为中心》，北京：中华书局，2006 年，第 551 页。
② 〔日〕加藤繁：《唐宋时代金银之研究——以金银之货币机能为中心》，北京：中华书局，2006 年，第 367 页。
③ 程民生：《宋代物价研究》，北京：人民出版社，2008 年，第 287 页。
④ 汪圣铎：《两宋货币史》，北京：社会科学文献出版社，2003 年，第 94 页。
⑤ （宋）李心传著，徐规点校：《建炎以来朝野杂记》，北京：中华书局，2000 年，第 379 页。

二者同理。高文中"罚金八斤"即是交纳真正的"金"的观点是站不住脚的。

在宋代，"罚金"狭义的理解可以认为就是"罚铜"，"罚铜"是宋代"罚金刑"最主要的表现形式。但该情形的形成经历了一定的过程，并且受到两个因素的影响：一是"金"在不同历史环境下的不同语义变化，二是封建时代经济与货币制度的发展。

《尚书》所涉及"罚金"和"赎金"之语，其中之"金"，"孔安国《传》于《舜典》谓为黄金，于《吕刑》谓为黄铁"①，孔颖达《尚书正义》则认为都是铜②。至于到底为何，难以遽定。一般认为，两汉时期"金"主要指黄金。"汉律中有大量以黄金计赃计罪、定罚定赎的条款"③，《晋书》引汉《金布律》曰："罚、赎、入责（债），呈黄金为价。"④降及南北朝，梁代仍袭用罚金刑，不过由于实际上民间并无大量黄金储备且非法定货币，只是作为价值尺度，所谓的"罚金"在法律规定中均是折合一定量的绢帛来执行⑤。这一政策也基本为隋以前的朝代所继承。

"赎铜"一词出现于隋初，《隋书·刑法志》曾提及开皇元年（581 年）下令制定以铜代绢的官员赎铜之法，自笞至死罪凡十九等⑥。唐高宗时，长孙无忌等编《唐律疏议》，则基本沿袭开皇之法。卷首《名例律》清晰载明了以五刑赎铜的规定，金额从一斤至一百二十斤不等，并为后世的《宋刑统》等律文继承⑦。至于"罚铜"，则要到唐初才出现，《贞观政要》载有贞观元年（627 年）长孙无忌因误带刀入阁门而被处以徒二年、罚铜二十斤之事，这是笔者目前所涉猎到得最早的记载⑧。唐以来的"赎铜"制度是在沿袭隋朝的基础上建立起来的，故"赎罪旧以金，北齐代以中绢，隋《开皇律》以铜代绢……《唐律》之用铜，因于隋也"⑨。宋代又继承并加以发展。

综上所述，在"罚金刑"的发展过程中，先秦时期或罚黄金、或罚铜，难有定论；至秦汉时专指罚黄金；中古则主要以绢帛折合。从隋唐至宋，"罚铜"开始大行其道。由于"金"一词本来语义广泛，"罚金"一词则日益显得名不副实，开始有泛化成为这一类型化处罚方式总称的趋势，如沈家本就认为自南北朝以后即已不存在严格意义上的

---

① （清）嵇璜、刘墉等：《续通典》卷 116《刑》10，上海：商务印书馆，1935 年，第 1841 页。

② （唐）孔颖达撰，黄怀信整理：《尚书正义》，上海：上海古籍出版社，2007 年，第 91 页。

③ 秦晖：《汉"金"新论》，《历史研究》1993 年第 5 期。

④ 《晋书》卷 30《刑法志》，北京：中华书局，1974 年，第 925 页。

⑤ 《隋书》卷 25《刑法志》："罚金一两已上为赎罪。赎死者金二斤，男子十六疋。赎髡钳五岁刑笞二百者，金一斤十二两……罚金一两者，男子二丈。女子各半之。"北京：中华书局，1973 年，第 698 页。

⑥ 《隋书》卷 25《刑法志》，北京：中华书局，1973 年，第 711 页。

⑦ （唐）长孙无忌等撰，刘俊文点校：《唐律疏议》卷 1《名例律》，北京：中华书局，1983 年，第 3—5 页。

⑧ （唐）吴兢：《贞观政要》卷 5，济南：齐鲁书社，2000 年，第 174 页。

⑨ （清）嵇璜、刘墉等：《续通典》卷 116《刑》10，上海：商务印书馆，1935 年，第 1842 页。

罚金刑，因此也不承认宋代的罚金刑。

从经济货币发展的角度而言，秦汉时期，黄金为法定货币，并且在交换中大量使用[1]。东汉末期，国家分裂，币制也开始发生大混乱，魏黄初二年（221 年）甚至一度罢五铢钱，命百姓以谷帛相交易[2]。晋安帝元兴年间（402—404 年），又有人议废钱用谷帛[3]。而且魏晋南北朝时期，大庄园经济盛行，也在一定程度上抑制了货币交换的进行。因此，李剑农先生认为这一时期"绢帛取得货币之地位"[4]，成为主要的价值尺度。司法实践中采用绢帛定罪罚赎也就不足为奇了。唐宋已降，"金"不再是法定货币，且已退出流通领域，退化成为储藏手段。实际上，随着铜冶炼技术的进步、经济的发展，铜与铜钱在经济社会生活中的比重愈加上升，宋代定赃估与罚赎都开始以铜或铜钱为标准[5]。虽然宋初在某些地区也有以绢计赃的情况，但在两宋以铜计赃已成主流。"罚铜"也是在这一趋势中产生的，后来径称"罚钱"亦是罚铜折钱的延伸。不过"罚金"作为刑种，这一名目并未消失，与"罚铜"一词并存，而且偶尔混用。之所以说"罚铜"是宋代"罚金刑"的主要表现形式，亦可从罚金刑后续的发展中得到验证，纸币在两宋得到长足的发展后，至元代出现了"罚钞"[6]一词。显然，"罚金刑"的标的物是随着货币制度的发展而变动的。在"罚金"已泛化成为类型化处罚方式总称的背景下，无论在从实际运用还是法律规定上，"罚铜"都已成为宋代"罚金刑"最具代表性的表现形式[7]。"赎铜"之于"赎刑"制度，亦是如此。

二、"罚金刑"与"赎刑"制度混同中日趋分化

宋代"罚铜"与"赎铜"分别是"罚金刑"与"赎刑"制度的代表形式。但罚金制度与赎刑制度的纠缠一直存在，可以说，二者从产生之初就极其相似、高度混同，并且

---

① 《史记》卷 30《平准书》："及至秦，中一国之币为二等，黄金以溢名，为上币；铜钱识曰半两，重如其文，为下币。"北京：中华书局，1959 年，第 1442 页。

② 李剑农：《中国古代经济史稿》第 2 卷《魏晋南北朝隋唐部分》，武汉：武汉大学出版社，2005 年，第 65 页。

③ 李剑农：《中国古代经济史稿》第 2 卷《魏晋南北朝隋唐部分》，武汉：武汉大学出版社，2005 年，第 66 页。

④ 李剑农：《中国古代经济史稿》第 2 卷《魏晋南北朝隋唐部分》，武汉：武汉大学出版社，2005 年，第 73 页。

⑤ （宋）李焘：《续资治通鉴长编》卷 2，建隆二年（961 年）二月己卯："窃盗赃满绢三匹者，弃市。己丑，改为钱三千，其陌八十。"卷 3，建隆三年（962 年）十二月丁亥："旧制，强盗赃满十匹者绞。庚寅，诏改为钱三千足陌者处死。"北京：中华书局，1992 年，第 40、76 页。

⑥ 《元史》卷 104《刑法志》三："诸犯界酒，十瓶以下，罚中统钞一十两，笞二十，七十瓶以上，罚钞四十两，笞四十七，酒给元主。"北京：中华书局，1973 年，第 2649 页。

⑦ 高文认为"罚铜是罚金在宋代这个特定历史时期的一种表现形式"，与笔者表达的意思类似。

相互影响。这种混同现象在宋代也有鲜明的体现，首先仍是语义上，除了"罚金"与"罚铜"意义相同可以换称外，"罚铜"与"赎铜"亦可换称，"罚金"与"赎金"同理①。宋代文献中有大量此类例证，如《续资治通鉴长编》所载：

> 后军统制韩世忠以不能戢所部，坐赎金。康言："世忠无赫赫功，祗缘捕盗微劳，遂亚节钺。今其所部卒伍至夺御器，逼谏臣于死地，乃止罚金，何以惩后？"诏降世忠一官。②

南宋官员汤允恭曾有一段话被反复引用："古有金作罚刑，盖先王不忍之心，民知有误，俾出金以当其罪。后世著在律文，有罚铜之条，自一斤至百有二十斤而止。"③其实，这里的"罚铜"更接近于"赎铜"的概念。

但两者毕竟是有区别的，正所谓"浑言之则义本相通，析言之则名自有别"④。关于"罚刑"与"赎刑"二者的区别，沈家本总结为："凡言罚金者，不别立罪名，而罚金即其名在五刑之外自为一等。凡言赎者，皆有本刑，而以财易其刑，故曰赎。"⑤赎重而罚金轻，严格意义上的罚金自南北朝即已不再行用。

所谓"本刑"，可能是笞、杖、徒、流、死"五刑"之中的任何一种。日本学者梅原郁曾言："宋在某种条件下，除了把赎铜作为换刑使用的理由外，或许还开始使用被分为一定级差的罚铜处分。"⑥所谓"把赎铜作为换刑使用"，即指赎铜作为代用刑，是有其本刑的；罚金（铜）则不必有本刑，是可以独立使用的处罚方式。

赎刑作为"五刑"的换用刑，适用于罪行严重的情形，而罚金刑适用于罪行轻微的情形，如天圣四年（1026年）三月二十七日，因改更茶法、计置粮草前后异同，枢密直学士刘筠已下各被罚铜三十斤⑦。如果用现代法律体系理论来解释，即罚（金）铜多为触犯行政法规，一般是比较小的过错；而赎（金）铜则是违反了刑事法规，所以情形

---

① 戴建国：《宋代刑法史研究》，上海：上海人民出版社，2008年，第330页。
② 《宋史》卷375《滕康传》，北京：中华书局，1985年，第11610页。
③ （宋）李心传：《建炎以来系年要录》卷161，绍兴二十年（1150年）正月癸卯，北京：中华书局，2013年，第3040页。
④ （清）沈家本：《历代刑法考》，北京：中华书局，1985年，第330页。
⑤ （清）沈家本：《历代刑法考》，北京：中华书局，1985年，第330页。
⑥ 戴建国：《宋代刑法史研究》，上海：上海人民出版社，2008年，第330、331页。
⑦ （清）徐松辑，刘琳、刁忠民、舒大刚等校点：《宋会要辑稿》职官64之28，上海：上海古籍出版社，2014年，第4780页。

更为严重。

作为"罚金刑"发展的重要时期，宋代"罚金"制度与"赎金"制度在混同中日趋分化，其突出表现是"罚铜"的独立性日益增强，开始由零散的运用逐渐向专门的刑种转化。主要体现在以下两个方面：

第一，"罚铜"制度在宋代已成为独立的系统。已经有学者注意到了这一点，戴建国先生在分析了真宗时的《罚铜诏》后说："从这一诏书来看，对官员的罚铜处分是直接指定的，并没有经过五刑再转为以铜赎罪。换言之，这一诏书所言'罚铜'，与五刑之赎刑制度无关，其本身就是一种独立的刑罚。"[①]《续资治通鉴长编》记载，太平兴国五年（980年）太宗曾命有司定品官罚赎之令，此处的"罚赎之令"显然与《宋刑统》中相关的赎刑规定是不同的法令[②]。这是宋廷顺应现实情况的变化，针对官员单独设计的一套罚赎制度。其中罚与赎并立，似乎也可以视为"罚铜"作为独立刑种的开端。

关于这点，还可以通过罚金制度中有别于《宋刑统》的赎刑级差得到印证。梅原郁认为宋代"或许还开始使用被分为一定级差的罚铜处分"，那么这里的"级差"到底是怎样一种情形呢？梅原郁并未明言，我们可以从分析《宋刑统》对赎铜等级的规定入手一探究竟。据《宋刑统·名例律》：

> 笞刑五，一十赎铜一斤，二十赎铜二斤，三十赎铜三斤，四十赎铜四斤，五十赎铜五斤。
>
> 杖刑五，六十赎铜六斤，七十赎铜七斤，八十赎铜八斤，九十赎铜九斤，一百赎铜十斤。
>
> 徒刑五，一年赎铜二十斤，一年半赎铜三十斤，二年赎铜四十斤，二年半赎铜五十斤，三年赎铜六十斤。
>
> 流刑三，二千里赎铜八十斤，二千五百里赎铜九十斤，三千里赎铜一百斤。
>
> 死刑二，绞、斩赎铜一百二十斤。[③]

笞刑五等，从1斤到5斤，以1斤为差；杖刑五等，从6斤到10斤，以1斤为差；徒刑五等，从20斤到60斤，以10斤为差；流刑三等，从80斤到100斤，以10斤为差；

① 戴建国：《宋代刑法史研究》，上海：上海人民出版社，2008年，第324页。
② 戴建国：《宋代刑法史研究》，上海：上海人民出版社，2008年，第331页。
③ （宋）窦仪撰，薛梅卿点校：《宋刑统》卷1《名例律》，北京：法律出版社，1999年，第1—5页。

死刑二等，皆是 120 斤，总计 20 等 19 级。通过对宋代文献记载的罚金实例加以统计发现，适用于官员罚铜的情形只有从 1 斤到 60 斤，尚未发现超过 60 斤的例子，也就是说罚金只有 15 等 15 级①。这说明，罪行严重程度超过徒刑就不再适用罚铜，改用赎铜之法。通过对罚金制度级差进行分析，基本可以判定，所谓太宗"命有司定品官罚赎之令"，应当是要求官员在参照《宋刑统》赎刑规定的基础上，重新定立品官罚刑、赎刑的法律条文。虽然这项法令并未保存下来，其实际情形如何已无法得知，不过两者级差的不同已经足以证明两种系统的独立存在。

第二，无论从适用范围还是对象上看，罚刑与赎刑二者的分野也日渐清晰。这个转变的内在原因在于赎刑的扩大化。宋以前赎刑的对象基本上是官僚贵族，到了宋代，赎刑的适用范围逐步扩大。不仅有传统的针对官僚贵族的"议""请""减"等，官员可以"官当"，而且官僚的子孙也可以"荫赎"，最后发展到平民百姓也可以赎罪。"对于有荫赎权的官僚子孙，赎刑通常称'赎'而不称'罚'"②，就是上述情况的反映。赎刑的扩大化，不仅导致罚金刑与赎刑在概念上偶尔混同，而且在适用对象上，官员与平民百姓也浑然无别。这一情形反过来促使宋代在太宗时制定出专门适用于官员的罚赎法令。所以，随着宋代赎刑适用的扩大化，其范围和对象也从官僚贵族扩展至底层的平民百姓；而罚金（铜）呈现的趋势则相反，开始由朝廷制定单独适用于官员的罚金制度。

从法律规定上讲，宋以前的罚金刑与赎刑之间并没有明确界限。宋代由于赎刑适用的扩大，无论就适用范围还是对象而言，罚刑与赎刑二者的界限也更加清晰。同时，宋代制定了专门针对官员的"罚铜"系统。总之，"罚铜"的独立性日益增强，"罚铜"也开始向独立的刑种转化。

三、"罚金"的缴纳方式日益成熟

得益于经济的高度发展及货币的大量使用，宋代罚金的缴纳方式较之宋以前愈加成熟。中古时期，具有不完全货币属性的谷帛一度取得了货币地位，直到唐朝仍然兼用缣帛，罚赎亦以缣帛支付。从隋唐开始，这种局面开始慢慢逆转，到两宋则主要以铸币缴纳，日趋便捷、灵活。广义"罚金刑"所包含的罚俸、罚直、罚钱、罚食直钱均是直接

---

① 前引高叶青《"宋无罚金之刑"质疑》[《陕西师范大学学报》(哲学社会科学版) 2008 年第 5 期] 认为有 18 级，目前看来无论是罚铜还是赎铜的等级都是不正确的。

② 戴建国：《宋代刑法史研究》，上海：上海人民出版社，2008 年，第 326 页。

纳钱，规定和过程也并不复杂。因此，本文讨论的重点是以"罚铜"为核心的"罚金刑"的缴纳，包括缴纳对象及金额等。由于"罚金刑"与"赎刑"制度的高度混同，导致罚赎二者的缴纳也往往混同，所以下文中将对二者合并论述。

由于对"金"在历史上的语义产生误解，前述高文认为"罚金"所要缴纳就是真正的"金"。上文中，笔者业已论证宋代"罚金"就是"罚铜"，并且"罚金"并不缴纳"金"。该文又说"由于黄金难得而铜易得，罚金刑在宋代所最终征收的实物绝大多数是铜""罚铜不等同于罚铜钱"，即高氏认为，"罚铜"所要缴纳的大多数是实物铜，或者说原料铜、铜器之类。事实上，宋代不仅黄金难得，由于有严厉的铜禁，铜的获取亦颇为不易，认为"罚铜"缴纳实物铜的观点亦与宋代的现实背道而驰，以下逐一加以申说。

宋代法律制度上承唐五代而极少变化，罚赎制度也不例外。上文所引《宋刑统·名例律》所规定的某罪赎铜若干斤的规定，同《唐律疏议》相比几无增损。因此，宋代实际上是沿袭了隋唐以来的罚金纳铜的规定[①]。对于历代罚赎所要缴纳的对象，清《续通典》在参酌孔颖达等人的观点后亦曾有过一番总结：

> 至于输纳之品，孔安国《传》于《舜典》谓为黄金，于《吕刑》谓为黄铁，虞不言成数而周制有等差。古者，金、银、铜、铁总号为金，孔颖达《正义》谓其实皆铜也。汉及后魏皆用黄金，汉纳金特少其觔两，今与铜相埒。……其后，纳粟纳缣亦不一。后魏以金难得，合金一两收绢十四。唐时复古，死罪赎铜一百二十斤，于古称为三百六十斤，然较汉已为轻减。玄宗诏许准折纳钱，而犯者益便。逮至金元，或以牛马杂物。明初专用钞，弘治中钞法既坏，乃许折银钱准算。……至明洪武六年，工部尚书王肃坐法当笞，太祖谓六卿贵重，不宜以细故辱，命以俸赎。后群臣罣误，准以俸赎始此。此历代输赎之大略也。[②]

从以上可以看出，罚赎所包含的内容也一直处于不断变动之中，不同时期既有货币，也有实物。从唐玄宗时开始，罚赎纳钱开始出现，但法律上仍然存在纳铜的规定。唐玄宗此举顺应了历史发展潮流，也是货币经济发展的必然结果。

宋代继承了唐玄宗以来罚赎纳钱的做法。至于金额的规定，《唐会要》引唐玄宗天

---

① 两宋的这种规定不是直接继承自唐代，下文所涉及《宋刑统》有相关残缺的条文，《宋刑统》是在后周《显德刑统》的基础上修成的，因此是五代继承唐代的规定后又为宋代所沿袭。

② （清）嵇璜、刘墉等：《续通典》卷116《刑》10，上海：商务印书馆，1935年，第1841页。

宝六载（747 年）四月八日敕道："其赎铜，如情愿纳钱，每斤一百二十文。"①魏殿金认为，该规定此后编入格而为五代所沿用②，并引五代后唐康澄《详断杨汉宾奏》为证："其杨汉宾所犯罪杖九十，准律赎铜九斤，准格，每斤纳钱一百二十文。"③太宗太平兴国三年（978 年），北宋政府"令川、峡诸州犯罪当赎者，每铜一斤输铁钱四百八十"④。川、峡诸州当时是铁钱行用区，故令输铁钱。但在宋初法令的记载中，却未曾发现北宋政府对除川峡以外地区是否可以折纳现钱做出规定。实际上，《宋刑统》仍然继承了天宝年间（742—756 年）罚赎每斤一百二十文的规定，只不过这一条文在现存《宋刑统》的文本中出现残缺。据魏殿金所说，"现存《宋刑统》条目有残失，其《名例律·五刑门》所附入的一敕，今只存'月八日敕节文，其赎铜每'十字"。魏殿金认为，残存的十字"应是唐天宝六载四月八日敕节文"⑤。因此，此种规定不见于正式法令的记载，乃是《宋刑统》文本出现残缺的缘故。

　　同时，也可以从实践操作中推断得出，北宋仍然沿袭了唐五代以来的这一政策。因为太平兴国三年（978 年）所规定的"每铜一斤输铁钱四百八十"，按照当时铁钱与铜钱 4∶1 的兑换比率，每铜一斤正好输铜钱一百二十。庆历三年（1043 年）九月，范仲淹奏请"但旧条合赎者，并依旧法，每斤纳钱一百二十文足"，"旧条不该赎而今得赎者，并取情愿之人，其铜每斤纳钱一贯二百文足"⑥。这一政策一直行用到南宋，绍兴二十年（1150 年），监察御史汤允恭言："罚铜之条，自一斤以至百有二十斤，计其直，自百有二十金以至万有二千而止，此律之大法也。"⑦南宋宁宗时，谢深甫等编纂《庆元条法事类》，重新将罚赎纳铜编入正式的法律条文之中："赎铜，每斤一百二十文足。"⑧对于条文中每斤一百二十文的规定，程民生认为这是针对官僚的优惠价⑨。这种观点是站不住脚的，每斤一百二十文是从唐到宋一直相承的法律规定，并无考虑到物价因素。

　　值得注意的是，包括《庆元条法事类》在内的法律条文对罚铜具体数额做出规定时

---

① （宋）王溥：《唐会要》卷 40《定赃估》，北京：中华书局，1955 年，第 727 页。
② 魏殿金：《宋代刑罚制度研究》，济南：齐鲁书社，2009 年，第 193 页。
③ （清）董诰等：《全唐文》卷 847，北京：中华书局，1983 年，第 8896 页。
④ （宋）李焘：《续资治通鉴长编》卷 19，太平兴国三年（978 年）正月癸丑，北京：中华书局，1992 年，第 422 页。
⑤ 魏殿金：《宋代刑罚制度研究》，济南：齐鲁书社，2009 年，第 194 页。
⑥ （宋）李焘：《续资治通鉴长编》卷 143，庆历三年（1043 年）九月壬辰条，北京：中华书局，1992 年，第 3460 页。
⑦ （清）徐松辑，刘琳、刁忠民、舒大刚等校点：《宋会要辑稿》职官 3 之 77，上海：上海古籍出版社，2014 年，第 3093 页。
⑧ （宋）谢深甫等编，戴建国点校：《庆元条法事类》卷 76《当赎门·总法》，哈尔滨：黑龙江人民出版社，2002 年，第 812 页；《罚赎》，第 819 页。
⑨ 程民生：《宋代物价研究》，北京：人民出版社，2008 年，第 288 页。

都强调"每斤一百二十文足",这与货币制度中的钱陌制度相关①。通俗来讲,在实际社会生活中每百文的支付并不是足额的,总有一定的短缺,称为"短陌""省陌""省钱"等;如果足额,则称"足陌",简称"足"。洪迈《容斋三笔》卷四"省钱百陌"条载:

> 用钱为币,本皆足陌。……皇朝因汉制,其输官者,亦用八十,或八十五,然诸州私用,犹有随俗至于四十八钱。太平兴国二年,始诏民间缗钱,定以七十七为百。自是以来,天下承用,公私出纳皆然,故名省钱。②

宋代官方规定公私出纳皆以七十七钱为一百,也就是说如果没有特别指出,一百钱实际只支付七十七文,所以《庆元条法事类》等才特意指出每斤一百二十文足。

此外,南宋赵昇《朝野类要》的记载却跟《庆元条法事类》有出入:"内外百司吏属,有公罪之轻者,皆罚直入官。每一直即二百文足,如赎铜之例。"③即赵昇认为"赎铜"是每斤二百文。《庆元条法事类》于嘉泰二年(1202年)八月完成,并由时任宰相谢深甫领衔奏上④。据王瑞来先生考证,《朝野类要》所记多为宁宗时事,赵昇本人也主要活动于宁宗时期⑤。为何大致同一时期的文献记载却相歧互呢?就实物铜与铜钱的兑换比例来说,官方规定的每斤折合一百二十文其实是大大低估了每斤铜的价值。由于南宋缺铜严重,据程民生书中所推断,庆元三年(1197年)朝廷强制民间将铜低价卖给官府时的价格尚且已暴涨至每斤四百八十文⑥。因此,笔者推测,可能《朝野类要》所说的每斤二百文是司法实践中针对"罚铜"缴纳时官方定价远低于其实际价值所进行的调整。当然这只是笔者的一番推测,究竟事实如何,仍待进一步研究。

关于"罚铜"是否可以缴纳实物铜,笔者尚未发现法律对此做出禁止性规定。可见"罚铜"也可以实物铜的形式缴纳,但是,这种情况在当时的司法实践中是比较少见的。

首先,铜作为贵金属的稀缺性,两宋一直实行非常严厉的铜禁,严禁私藏,政府还

---

① 有关宋代的钱陌制度可以参考汪圣铎《两宋货币史料汇编》第6章第1节《钱陌》,北京:中华书局,2004年。

② (宋)洪迈著,孔凡礼点校:《容斋三笔》卷4"省钱百陌",北京:中华书局,2005年,第469、470页。欧阳修《归田录》卷2亦言:"用钱之法,自五代以来,以七十七为百,谓之'省陌。'"北京:中华书局,1981年,第36页。

③ (宋)赵昇著,王瑞来点校:《朝野类要》卷4《法令》,北京:中华书局,2007年,第82页。

④ 《宋史》卷38《宁宗纪》,北京:中华书局,1985年,第732页。

⑤ (宋)赵昇著,王端来点校:《朝野类要》,北京:中华书局,2007年,"前言",第3页。

⑥ 程民生:《宋代物价研究》,北京:人民出版社,2008年,第288页。

屡次下令收购民间的铜，因此民间所藏之铜已经很稀少①。太平兴国七年（982 年）曾一度下诏令川民纳租赋及榷利输铜钱，但民间铜钱已竭，"民萧然，益苦之"，以至于川民"或剜剔佛像，毁器用，盗发古冢，才得铜钱四五，坐罪者甚众"②。真宗景德年间（1004—1007 年）的一件事亦能说明这一点：

> 神骑卒赵荣伐登闻鼓，言能以药点铜为鍮石。上曰："民间无铜，皆熔钱为之，此术甚无谓也。乃下诏禁止，其来自外蕃者不在此限。"③

南宋因为丢失了半壁江山，也随之丧失了相应的铜产地，铜的缺乏更加严重，随之而来的是频频出现"钱荒"。政府又急需大量铜原料来铸币，因此屡次申严铜禁，严禁民间私藏，违者从重处断。因此即使官员愿意缴纳实物铜，也面临着无铜可纳的窘境。

其次，无论是《庆元条法事类》规定的 120 文还是《朝野类要》所说的 200 文，原本就远远低于同时期铜器和原料铜的价格，因此当时民间就有大量非法销熔铜钱制成铜器出售的情况。若再考虑到通货膨胀的因素，所输之铜的价值就被大大低估了，因此不大可能会有人愿意缴纳实物铜或者铜器。

再次，缴纳实物铜可能也面临着技术上的困难，铜有青铜、紫铜、黄铜等，还有原料铜与铜器的区别，质量、纯度都难以划一。

上文曾提到，罚赎所包含的内容一直处于不断变动之中，不同时期既有货币，也有实物。两宋也曾因特殊情势屡次有罚赎缴纳实物之议，宝元年间（1038—1039 年），陕西经略安抚使夏竦曾建议："欲望朝廷诏关中诸县，有犯过误连累之罪情愿收赎者，许令召保于沿边诸郡入粟赎罪，每铜一斤，准粟五斗。"④但因为杨偕等人的反对，夏竦的建议未能得到实行⑤。夏竦此番罚铜折粟的提议只是出于充实军需、抵御西夏的需要，是针对边防前线一时一地的措施，而非常态化的行为。至庆历三年（1043 年），时任参知政事的范仲淹为了解决陕西、河东两地民众盗铸铁钱的问题，又提出令赎罪之人"旧

---

① 关于宋代的铜禁可以参考汪圣铎《两宋货币史料汇编》第 1 编《铸币管理》第 3 章《铜禁、铅锡铁禁》，北京：中华书局，2004 年。

② （宋）李焘：《续资治通鉴长编》卷 23，太平兴国七年（982 年）八月戊寅，北京：中华书局，1992 年，第 526 页。

③ （宋）李焘：《续资治通鉴长编》卷 67，景德四年（1007 年）十二月癸丑，北京：中华书局，1992 年，第 1513 页。

④ （宋）夏竦：《文庄集》卷 14《陈边事十策》，（清）永瑢、纪昀等：《景印文渊阁四库全书》第 1087 册，台北：商务印书馆，第 176 页。

⑤ 《宋史》卷 283《夏竦传》，北京：中华书局，1985 年，第 9574、9575 页。

条不该赎而今得赎者，并取情愿之人……亦许以粟帛依时价折纳其钱"①，但这一方案亦招致谏官余靖等人的反对而罢②。因此，此时以实物代输的方式未能在实际中得到执行。

直到北宋中后期，以实物代输的方式才在少数民族地区的司法实践中首次得到运用。熙宁八年（1075 年），知黔州张克明在有关本州少数民族犯罪问题时曾上书建议朝廷：

> （少数民族）与汉人相犯，论如常法。同类相犯，杀人者，罚钱自五十千至九十千，伤人折二肢巳下，罚自二十千至六十千。窃盗视所盗数罚三倍。其罚钱听以畜产、器甲等物计价准当。③

元祐五年（1090 年），张克明又在奏请处理泸州少数民族犯罪时建言：

> 以五刑立定钱数，量减数目断罚入官。应笞罪三贯，杖罪五贯，徒罪十贯，流罪二十贯，死罪三十贯。如无现钱送纳，即乞以器甲或畜产，并土产物竹木之类估价折纳入官。④

总的来说，两宋由于货币经济远较唐朝发达，虽然纳铜的规定在理论上依旧存在，但在实践中以缴纳铜钱为主，铁钱行用区则纳铁钱；少数民族聚居区域由于商品经济不发达，货币流通少，故采取以实物代替方式，但这同上述夏竦、范仲淹的建议一样都是针对特殊情势下的权宜之计。

四、结　语

宋代"罚金刑"在继承前代的基础上形成了上述三大时代特征，其中最主要的原因是宋代国家统一、政治稳定与经济文化的高度发达。"罚铜"成为宋代"罚金刑"主要

---

① （宋）李焘：《续资治通鉴长编》卷 143，庆历三年（1043 年）九月壬辰，北京：中华书局，1992 年，第 3460 页。
② （宋）李焘：《续资治通鉴长编》卷 143，庆历三年（1043 年）九月癸巳，北京：中华书局，1992 年，第 3462 页。
③ （宋）李焘：《续资治通鉴长编》卷 263，熙宁八年（1075 年）闰四月乙巳，北京：中华书局，1992 年，第 6437 页。
④ （宋）李焘：《续资治通鉴长编》卷 453，元祐五年（1090 年）十二月乙卯，北京：中华书局，1992 年，第 10872 页。

表现形式,其中很重要的因素是宋代结束了五代以来的混乱局面,币制稳定,铜钱作为法定货币有效发挥了其充当一般等价物的作用;经济的繁荣则带来了货币广泛流通与存量增加,并大量运用于罚赎之中,方式日益便捷、灵活;刑罚清省,赎刑的适用范围扩大,导致别立适用于官员的罚铜系统。至于有学者认为罚铜每斤120文是针对官僚的优惠价的观点并不能成立,不过是法律规定从唐到宋一直沿袭的结果,并无考虑到物价因素,而《朝野类要》所载之每斤200文可能是司法实践中针对罚铜缴纳时官方定价远低于其实际价值所进行的调整。

宋夏经济史研究

论唐宋国家土地产权管理职能之转变[*]

薛政超

（云南大学 中国经济史研究所，云南 昆明，650091）

摘　要： 据唐《田令》规定，国家通过强制口分田的还授，尤其是规定永业田与口分田不得自由买卖，即限制以土地买卖为核心的处置权与转让权，确实赋予了均田制下的土地产权一定程度的国有性质，而国家视“税”为“租”的赋役理念对之亦有反映。在社会经济的实际运行过程中，均田制下无论是来自祖业的私田，还是受自国家的土地，其中所包含的地权国有性质在土地买卖中被逐步剥夺，而土地产权中的私有部分则在土地买卖中不断扩张，并最终得以完整确立。与此相对应的是，国家在逐渐放弃以政治强力维持国有地权职能的同时，其重心逐步转向允许和规范土地自由买卖，维护土地私有产权，并建立起一套完整的制度。

关键词： 土地产权；国家职能；土地买卖；唐宋

关于唐宋时期土地产权制度的变化，学界已有非常深入的研究，但因所持理论与观察角度的差异而仍存在不少争论，如关于均田制下土地产权的性质问题，如何看待唐宋以来土地私有产权的确立与发展的问题等，因而仍受到学者们的关注[①]。我们认为，对土地产权的管理，是唐宋国家职能的重要方面，土地产权制度的变化在国家职能上应亦

* 本为文2017年度“云南大学青年英才培育计划资助项目”阶段性成果。

① 学界对“产权”有多种定义，并有广、狭之分，本文所谓“土地产权”，是指对一定土地的所有权、占有权、使用权、收益权、继承权、处置权、转让权等。

有所反映。因此，本文结合相关研究成果，从国家职能的角度对唐宋土地产权制度变化的问题作一新的探讨，不妥之处，敬祈方家批评指正。

一、均田制下国家维护土地产权国有的职能及其逐渐丧失

在唐代前期，国家颁布均田令，推行均田制。对均田制下土地产权的性质，学界历来有不少争论，大致有国有说、私有说及国有与私有二者并存说①。一般来讲，土地产权包括所有权、占有权、使用权、收益权、继承权、处置权、转让权等基本权利束。国有说是指上述权利束中的所有权、继承权、处置权和转让权等主要权利项归国家，私有说则指主要权利项归个人，国有与私有并存说则认为上述权利项为国家与私人所共有或分割。自 20 世纪 80 年代以来，不少学者以实证研究为基础，主张国有与私有并存说，笔者认为这是有一定道理的，且在国家的土地产权管理职能上有充分反映。

（一）国家通过法令确立土地产权一定程度的国有性质

按照唐《田令》的规定，均田制实施的原则主要是"计口授田"，而所计之"口"则有政治等级与劳动能力的区分，多者一百顷，少者二十亩②。要达到这一目的，国家需要确立土地的国有性质。均田制下所授之田主要分为永业与口分两种类型，这两种类型的田地都包含了程度不等的国有性质。

就口分田而言，均田令规定普通百姓所占一般为其应授田土的 80%，这部分田土并没有规定如永业田一样"皆传子孙，不在收授之限"，而是被纳入应还授田地之内："诸以身死应退……口分地者，若户头限二年追，户内口限一年追。如死在春季者，即以死年统入限内，死在夏季以后者，听计后年为始。其绝后无人供祭及女户死者，皆当年追。"同时，还规定了严格的还授程序："诸应收授之田，每年起十月一日，里正豫校勘造簿。至十一月一日，县令总集应退应授之人，对共给授。十二月三十日内使讫，符

---

① 相关学者之观点可参考有关均田制研究的综述：鸟廷玉、张占斌：《六十年来日本学者均田制研究综述》，《中国史研究动态》1985 年第 6 期；张国刚：《二十世纪隋唐五代史研究的回顾与展望》，《历史研究》2001 年第 2 期，及《改革开放以来唐史研究若干热点问题述评》，《史学月刊》2009 年第 1 期；耿元骊：《唐宋土地制度研究》，长春：东北师范大学博士学位论文，2007 年，"绪论"，及《十年来唐宋土地制度史研究综述》，《中国史研究动态》2008 年第 1 期。其具体论著及其余综述不具引。

② 天一阁博物馆、中国社会科学院历史所天圣令整理课题组：《天一阁藏明钞本天圣令校证（附唐令复原研究）》下册，北京：中华书局，2006 年，第 449—453 页；宋家钰：《明抄本天圣〈田令〉及后附开元〈田令〉的校录与复原》，《中国史研究》2006 年第 3 期。

下按记，不得辄自请射。其退田户内，有合进受者，虽不课役，先听自取，有余收授。乡有余，授比乡，县有余，申州给比县；州有余，附帐申省，量给比近之州。"武建国先生总结均田制下土地授受有两种类型、四种方式，簿籍授受、户内通分是以现有土地为主，不实际授地；官田授受、对共给授则实际给予国有土地，簿籍授受也体现了国家对于土地的某种所有制关系①。由于永业田一般"不在收授之限"，均田制下的土地还授应主要指口分田之还授。此外，均田令对口分田的买卖、贴赁及质也有严格的限制，规定只有"乐迁就宽乡者"、"卖充住宅邸店碾硙者"和"从远役外任，无人守业者"三类人可以将土地出让。

就永业田而言，据均田令普通百姓所占一般为其应授田土的20%。唐《田令》规定："诸永业田，皆传子孙，不在收授之限。即子孙犯除名者，所承之地亦不追。"有学者据此认定永业田完全属于私有性质的，如柴荣博士认为，"永业田的私有特点表现在受田者去世后由子孙继承，国家不再收回"，"分配到百姓手中的土地至少有20%是属于私有性质的"②。实际上，这只是永业田产权性质的一个方面而已。永业田的买卖、贴赁及质也受到某些限制，《田令》规定："诸田不得贴赁及质，违者财没不追，地还本主。"其中当然包括永业田，只有"诸庶人有身死家贫无以供葬者""流移者""乐迁就宽乡者""卖充住宅邸店碾硙者""从远役外任，无人守业者"等五类人可以将永业田出让。虽然与口分田相比，增加了前二种可出卖的条件，限制要宽松一些，但毕竟还是没有完全自由的买卖之权。

唐《田令》又规定，"其卖者不得更请"，"诸官人、百姓，并不得将田宅舍施及卖易与寺、观。违者，钱（财）物及田宅并没官"。这就进一步限制了口分田与永业田的出卖。田令不仅对田土占有者出让土地的权利作了种种限制，对土地购入者也作了限定："诸买地者，不得过本制。"

均田制下唐廷确定田土国有性质的意图还体现在其赋役政策上。唐前中期《赋役令》规定："诸课户每丁租粟二石。"③唐人陆贽（754—805年）就此分析说："言以公田假人，而收其租入，故谓之租。"④也就是说，国家将百姓所交赋税称之为"租"，是视百

---

① 武建国：《论均田制土地授受方式——兼论均田制实施范围》，《历史研究》1987年第5期；《均田制研究》，昆明：云南人民出版社，1992年。

② 柴荣、柴英：《唐代土地私有权问题研究》，《史学月刊》2007年第8期。

③ 〔日〕仁井田陞原著，栗劲、霍存福、王占通等编译：《唐令拾遗》赋役令第23，长春：长春出版社，1989年，第588页。

④ （唐）陆贽：《陆贽集》卷22《均节赋税恤百姓六条：其一论两税之弊须有厘革》，北京：中华书局，2006年，第717页。

姓所占田土为国家所有的结果。

武建国先生指出，均田制是一种全国土地的最高所有权属于国家，官僚、地主、百姓等臣民依照一定的标准和条件"均平"占有土地的制度。在均田制下的永业田和口分田具有国有和私有两重性质①。这在前举均田令的各项规定中已有充分的体现。国家通过强制口分田的还授，尤其是规定永业田与口分田不得自由买卖，即限制以土地买卖为核心的处置权与转让权，确实赋予了均田制下的土地产权一定程度的国有性质。国家视"税"为"租"的赋役理念对之亦有反映。

（二）国家维护土地产权国有性质的努力及其失败

唐《田令》规定均田制下的土地产权具有一定程度的国有性质，但此时的均田制度又是建立在中国古代土地私有制盛行了近千年的现实社会经济条件之上的。在开始实行均田制之时，唐政府不可能没收已经存在的私有土地来进行重新分配，所谓均田制只能是将大动乱之后的无主荒地拿来分配。实施均田之后，百姓登记在户籍上的土地主要有两类：一类是承继祖业和通过购买获得的私田，通过簿籍授受、户内通分的方式授受②；另一类是无主荒地、逃绝田土等国有土地，通过官田授受、对共给授等方式授受。关于第一类土地，唐政府虽然通过登记在册并限制自由买卖而获得了名义上的所有权、处分权等部分产权权利，但其土地产权私有性质并没有完全改变，至于第二类土地，其国有性质也逐步被剥夺。

张金光先生指出："在土地国有制下，国家通过授田制将土地分散于民间。国家授田制一开始，便包含有个人对国有地权分割的因素和倾向。依分割先后时序而论，大致是按照使用权、收益权、占有权、处分权、转让权的顺序依次出现的。"③唐代均田制下的个人对国有地权的分割也经历了相同的过程，其中前三种权利在均田之初就已分割，后两种权利的分割则在土地买卖的不断发展过程中得以实现。如前所述，唐均田制主要通过限制以土地买卖为核心的处置权与转让权，以体现其某种国有性质。但《田令》规定"乐迁就宽乡者"、"卖充住宅邸店碾硙者"和"从远役外任，无人守业者"三类人可以将口分田出让。若是永业田，还增加了"诸庶人有身死家贫无以供葬者"和"流移

---

① 武建国：《论均田制土地授受方式——兼论均田制实施范围》，《历史研究》1987 年第 5 期；《均田制研究》，昆明：云南人民出版社，1992 年，第 150、205 页。

② 宋家钰：《唐代户籍上的田籍与均田制——唐代均田制的性质与施行问题研究》，《中国史研究》1983 年第 4 期。

③ 张金光：《普遍授田制的终结与私有地权的形成——张家山汉简与秦简比较研究之一》，《历史研究》2007 年第 5 期。

者"两类人，计五种情况下可以出让。这主要是对普通百姓田地而言，若是官人田地，则买卖的限制更少，其"永业田及赐田欲卖及贴赁、质者，不在禁限"。正因为均田令为土地买卖打开了一道合法之门，土地买卖自唐初开始就存在①。唐政府认可合法的土地买卖，对非法的土地买卖也积极加以干预，但其力度与效果则与《田令》要求越来越远。

早在贞观年间（627—649 年），泽州"前刺史张长贵、赵士达并占境内膏腴之田数十顷"，被继任者长孙顺德"并劾而追夺，分给贫户"②。泽州为上州，州刺史为从三品，据均田令所占地不能超过二十顷，张、赵二人所占者达"数十顷"，为长孙氏劾追，应是超过二十顷之数，且其所占为"膏腴"，并非荒闲田土，应有不少为购买所得③。永徽时（650—655 年），"豪富之室，皆籍外占田"，洛州刺史贾敦颐"都括获三千余顷，以给贫乏"④。豪富所占籍外之田，应有不少是通过非法买卖而超过应占之数，因而没能登入户籍以获得官方认可，地方官员自然可根据均田令将其没收。总章元年（668 年）三月，吐鲁番有张善熹者借左憧熹二十文银钱，月付二文利息；两年之后左憧熹租张善熹田，付予田租。他们不直接买卖土地而代以借钱付息与租田偿租的方式，说明此时均田令不许自由买卖田地的规定在社会经济生活中仍发挥着实效⑤。此外，强买强卖的行为也被禁止。永徽元年（650 年），中书令褚遂良（596—658 年）因"贱市中书译语人地"⑥而遭贬。长安四年（704 年），权倖"张昌宗强市人田"⑦也被人告发。

武周天册、神功（695—697 年）之后，由于军兴调发、水旱灾害等原因，国家赋

---

① 唐初文僧王梵志（? —670 年? ）诗云，"多置庄田广修宅，四邻买尽犹嫌窄"，"良田收百顷，兄弟犹工商"，形象地描绘了当时土地买卖的情形。贞观（627—649 年）初年，高士廉（576—647 年）出任益州大都督府长吏，因"秦时李冰守蜀，导引汶江，创浸灌之利"，当时"地居水侧者，顷直千金，富强之家，多相侵夺"。土地"顷直千金"，也有人购买，说明即使在均田制实行之初，部分区域市场对土地的需求也相当旺盛。所引见孙望辑录：《全唐诗补逸》卷 2《王梵志》，童养年辑录：《全唐诗续补遗》卷 2《初唐二·王梵志》，均收入陈尚君辑校：《全唐诗补编》，北京：中华书局，1992 年，第 111、337 页；《旧唐书》卷 65《高士廉传》，北京：中华书局，1975 年，第 2442 页。

② 《旧唐书》卷 58《长孙顺德传》，北京：中华书局，1975 年，第 2309 页。

③ （唐）李吉甫：《元和郡县图志》卷 15《河东道四·泽州》，北京：中华书局，1983 年，第 422 页；《旧唐书》卷 42《职官志一》，北京：中华书局，1975 年，第 1792 页。

④ 《旧唐书》卷 185 上《贾敦颐传》，北京：中华书局，1975 年，第 4788 页。

⑤ 国家文物局古文献研究室等编：《吐鲁番出土文书·六》载阿斯塔那 4 号墓文书之 12《唐乾封三年（公元六六八年）张善熹举钱契》，及之 16《唐总章三年（公元六七〇年）左憧熹夏菜园契》，北京：文物出版社，1985 年，第 422—423、428—429 页。案：乾封三年（668 年）二月丙寅已改元总章元年（668 年），文书所载时间有延误，故改之。

⑥ 《旧唐书》卷 88《韦思谦传》，北京：中华书局，1975 年，第 2861 页；卷 4《高宗纪上》，第 68 页。

⑦ （宋）司马光：《资治通鉴》卷 207《唐纪二十三》，长安四年（704 年）七月，北京：中华书局，1956 年，第 6572 页。

役特别沉重①，均田户往往要"卖舍贴田"②以供之，因此其"亡逃""流离"的现象日渐严重③，即使逃移之前没有将土地出卖，也会被亲邻"贼卖"④。唐政府试图全面禁止土地交易来加以纠正，包括《田令》所规定的有限合法权利都一度被取消。长安三年（703年），朝廷在全国范围内遣使"括户"⑤，不仅令将"逃户括还"，归还"逃户所有田业"，而且还规定"苗稼见在，课役俱免"⑥。从令文来看，此次括户除要纠正豪富过度兼并之弊，同时还取消了贫民逃户以"流移者"等合法身份出售土地之权，以维护均田户对土地的占有权⑦。虽然这次括户"没有取得成功"⑧，唐廷仍于神龙二年（706年）二月诏"选左、右台及内外五品以上官二十人为十道巡察使，委之察吏抚人，荐贤直狱"，其中一个主要内容就是括户，而充使的有"易州刺史魏人姜师度、礼部员外郎马怀素、殿中侍御史临漳源乾曜、监察御史灵昌卢怀慎、卫尉少卿滏阳李杰"⑨等。这次括户的效果似乎较长安三年（703年）为佳，以李杰（？—718年）为例，他"以采访使行山南，时户口逋荡，细弱下户为豪力所兼，杰为设科条区处，检防亡匿，复业者十七八"⑩。此次奉使，李杰被"奏课为诸使之最"⑪，应是体现了朝廷保护均田户对

---

　　① （清）董诰等编：《全唐文》卷29《玄宗：置劝农使诏》，北京：中华书局，1983年，第328页。

　　② （宋）王溥：《唐会要》卷49《像》，北京：中华书局，1955年，第857页。另见《旧唐书》卷94《李峤传》，北京：中华书局，1975年，第2994页，系于长安（701—704年）末时。

　　③ 《旧唐书》卷88《韦思谦传附韦嗣立传》，北京：中华书局，1975年，第2867页；（宋）王溥：《唐会要》卷85《逃户》，北京：中华书局，1955年，第1561页。

　　④ （清）董诰等编：《全唐文》卷19《睿宗：申劝礼俗敕》，北京：中华书局，1983年，第223页。另见（宋）宋敏求编：《唐大诏令集》卷110《诫励风俗敕（之二）》，北京：商务印书馆，1959年，第571页；（宋）李昉等编：《文苑英华》卷465《诫励风俗敕四首（之二）》，北京：中华书局，1966年，第2374页。

　　⑤ 唐长孺：《关于武则天统治末年的浮逃户》，《历史研究》1961年第6期；孟宪实：《中央、地方的矛盾与长安三年括户》，《历史研究》2001年第4期。

　　⑥ 〔日〕池田温著，龚泽铣译：《中国古代籍帐研究·录文与插图·周长安三年（703）三月括逃使牒并敦煌县牒》，北京：中华书局，2007年，第198页。

　　⑦ 这一做法似乎可在前举长孙顺德和贾敦颐例中寻找到某些影子，由于史载不详，无法将二者作精确比较，而从已列记载来看，二者是有明显不同的，如前者主要将权贵豪富逾制田土分给贫户，这些贫户不一定就是卖地之人，后者则是恢复买卖之前的原状，不论买者逾制与否；前者符合田令规定，后者则已超出田令的限制；前者所在之唐前期出卖土地者尚不为多，应不具有普遍性，而后者所在之8世纪初已截然不同，逃户出卖田土者已相当普遍。

　　⑧ 孟宪实：《中央、地方的矛盾与长安三年括户》，《历史研究》2001年第4期。

　　⑨ （宋）司马光：《资治通鉴》卷208《唐纪二十四》，神龙二年（706年）二月，北京：中华书局，1956年，第6598页。另参考《旧唐书》卷100《李杰传》，北京：中华书局，1975年，第3111页；卷102《马怀素》，第3164页；卷185下《姜师度传》，第4816页；卷187上《安金藏传》，第4885页；（宋）欧阳修等：《新唐书》卷127《源乾曜传》，北京：中华书局，1975年，第4450页。

　　⑩ 《新唐书》卷128《李杰传》，北京：中华书局，1975年，第4461页。前引《资治通鉴》不载其往何道。《旧唐书》卷100《李杰传》则载："神龙初，累迁卫尉少卿，为河东道巡察黜陟使。"又考同书同卷《卢从愿传》，往山南道者应为卢从愿（北京：中华书局，1975年，第3123页）。如此则《新传》"山南"应为"河东"之误。

　　⑪ 《旧唐书》卷100《李杰传》，北京：中华书局，1975年，第3111页。

土地占有权等基本精神的缘故。约同时出使的卢从愿（668？—737 年），亦"奉使称旨"①，也应是实现了同样的目标。由于均田逃户出卖土地的现象已相当普遍，唐隆元年（710 年）七月，朝廷便将长安之法再次重申，规定"其逃人田宅，不得辄容卖买"，同时令州县将逃户"招携复业"②。

上述事例表明 7 至 8 世纪初唐各级政府对违法交易占有土地现象的纠正是认真执行的，从初期纠正超过应占之数，到后来包括合法出卖之权也被取消，有愈加严厉之势，国家维护地权国有性质的努力也取得了一定效果。而此后，具有实质性影响的措施被逐渐放弃。开元九年（721 年）前后，宇文融等行"括户""括田"之举，"得客户凡八十余万，田亦称是"③，其所括之田相当可观。由于客户大多"佣假取给，浮窳求生"④，并不占有土地，则这些数量可观的"检括"之地也应有不少来自通过非法买卖逃户田产等方式而占有"籍外田"的豪富之家。又开元十二年（724 年）敕云："浮逃客户，所在安辑。"⑤这是将检括出来的客户就地安置，安置之土地则以"所在闲田，劝其开辟"而来，且要"逐土任宜收税"⑥。另外对所括"籍外田"也要征税⑦。可见宇文融等的这次检括之举，并没有按照均田令没收括出之田并退还给逃户，而代之以征税的方式承认非法买入籍外之田的合法性；自长安以来保障逃户产业的做法也不再实施，而代之以"开辟""闲田"的方式就地安置，实际上基本放任不管⑧。唐政府的这些措施不但没能禁止土地买卖与豪富兼并，以维护土地国有性质，反而以征科纳税的方式赋予其合法性，使个人与社会通过土地买卖剥夺土地国有性质的企图得到了国家的认可。

土地买卖是以产权明晰为前提条件的，部分土地买卖及其产权的明晰反过来又会促

---

① 《旧唐书》卷 100《卢从愿传》，北京：中华书局，1975 年，第 3123 页。

② （清）董诰等编：《全唐文》卷 19《睿宗：申劝礼俗敕》，北京：中华书局，1983 年，第 223 页。另见（宋）宋敏求编：《唐大诏令集》卷 110《诫励风俗敕（之二）》，北京：商务印书馆，1959 年，第 571 页；（宋）李昉等编：《文苑英华》卷 465《诫励风俗敕四首（之二）》，北京：中华书局，1966 年，第 2374 页。

③ 《旧唐书》卷 105《宇文融传》，北京：中华书局，1975 年，第 3218 页。

④ （清）董诰等编：《全唐文》卷 35《玄宗：听逃户归首敕》，北京：中华书局，1983 年，第 388 页。

⑤ （唐）张九龄撰，（清）温汝适编：《唐丞相曲江张文献公集》卷 4《敕处分十道朝集使》，新文丰出版公司编：《丛书集成续编》第 112 册，台北：新文丰出版公司，1988 年，第 565 页。

⑥ （清）董诰等编：《全唐文》卷 29《玄宗：置劝农使诏》，北京：中华书局，1983 年，第 328 页。亦见（宋）宋敏求编：《唐大诏令集》卷 111《置劝农使安抚户口诏》，北京：商务印书馆，1959 年，第 576 页，其"逐土任宜"作"任逐土宜"。

⑦ 《旧唐书》卷 105《宇文融传》，北京：中华书局，1975 年，第 3219 页。

⑧ 南宋前期程迥（？）言："开元中，豪弱相并，宇文融修旧法，收羡田，以招徕浮户，而分业之。"程氏所言"羡田"，应指"所在闲田"，其说"分业之"，则应据"劝其开辟"而来。唐廷诏令之本意，大概是有闲荒田地者国家允许开垦，并非由国家组织分配，无此类地者则是一纸空头优惠，无"分业之"之可能，程氏所说应误。其言见（元）马端临：《文献通考》卷 3《田赋考三·历代田赋之制》引"沙随程氏曰"，北京：中华书局，1986 年，第 46 考。

进所有土地产权的进一步明晰。唐政府不仅允许合法的土地买卖，还默认非法的土地交易，标志着唐廷在国有地权上的全面让步自此开始。天宝十一载（752 年）十一月诏书云："其口分永业地先合买卖，若有主来理者……审勘责其有契验可凭，特宜官为出钱，还其买人。"①表明此时国家实际上已开始放弃凭借政治强力维护国有地权的努力，转而想利用经济手段来维护国有地权，在唐政府财力有限的背景下，这也不过是一种空想而已。开元、天宝年间（713—755 年），唐廷虽然多次颁布措辞严厉禁止土地买卖的诏令，但其不得不放弃所拥有地权的趋势未能有任何改变，所以在开元二十三年（735 年）时，非法土地"买卖典帖""尚未能断"②。到天宝十一载（752 年）时，更有"王公百官，及富豪之家，比置庄田，恣行吞并，莫惧章程……远近皆然，因循亦久，不有厘革"③。至宝应元年（762 年），"百姓田地，比者多被殷富之家官吏吞并，所以逃散，莫不繇兹"④。杜佑（735—812 年）指出："虽有此〔均田〕制，开元之际，天宝以来，法令弛宽，兼并之弊，有逾于汉成哀之间。"⑤建中元年（780 年），杨炎（727—781 年）亦言："开元中，玄宗修道德，以宽仁为理本，故不为版籍之书，人户寝溢，隄防不禁。丁口转死，非旧名矣；田亩移换，非旧额矣；贫富升降，非旧第矣。户部徒以空文总其故书，盖得非当时之实。……是以天下残瘁，荡为浮人，乡居地著者百不四五，如是者殆三十年。"⑥国有地权在土地买卖的冲击下丧失殆尽。

二、唐宋国家维护土地产权私有职能的形成及其发展

在均田制下，无论是来自祖业的私田，还是受自国家的土地，其中所包含的地权国有性质在土地买卖中被逐步剥夺，而土地产权中的私有部分则在土地买卖中不断扩张，并最终得以完整确立。与此相对应的是，国家在逐渐放弃以政治强力维持国有地权职能

① （清）董诰等编：《全唐文》卷 33《玄宗：禁官夺百姓口分永业田诏》，北京：中华书局，1983 年，第 366 页。亦见（宋）王钦若等编纂，周勋初等校订：《册府元龟》卷 495《邦计部·田制》，南京：凤凰出版社，2006 年，第 5623 页。
② （清）董诰等编：《全唐文》卷 30《玄宗：禁卖口分永业田诏》，北京：中华书局，1983 年，第 343 页。亦见（宋）王钦若等编纂，周勋初等校订：《册府元龟》卷 495《邦计部·田制》，南京：凤凰出版社，2006 年，第 5622 页。
③ （清）董诰等编：《全唐文》卷 33《玄宗：禁官夺百姓口分永业田诏》，北京：中华书局，1983 年，第 365 页。亦见（宋）王钦若等编纂，周勋初等校订：《册府元龟》卷 495《邦计部·田制》，南京：凤凰出版社，2006 年，第 5623 页。
④ （清）董诰等编：《全唐文》卷 48《代宗：禁富户吞并敕》，北京：中华书局，1983 年，第 528 页。亦见（宋）王溥：《唐会要》卷 85《逃户》，北京：中华书局，1955 年，第 1565 页，其文稍异。
⑤ （唐）杜佑：《通典》卷 2《食货二·田制》，北京：中华书局，1988 年，第 32 页。
⑥ 《旧唐书》卷 118《杨炎传》，北京：中华书局，1975 年，第 3420—3421 页。

的同时，其重心逐步转向允许和规范土地自由买卖，维护土地私有产权，并建立起一套完整的制度。

（一）均田制下承认土地产权的部分私有

在唐行均田制之前，中国古代已实行近千年的土地私有制。这一现实社会经济条件，决定了国家虽可通过均田令的形式确立起土地产权的部分国有，但仍不得不允许部分私有土地产权的存在。

首先，注重保护官民对土地的占有权与继承权。武德元年（618 年）七月，唐政府就颁布诏令保护隋朝公卿与民庶的田宅①。此诏令所保护的无疑是包括对私田占有权与继承权在内的产权权利。这一做法在武德九年（626 年）实行均田制后，便正式以法令的形式延续和推广开来。在均田制下，民户登记在户籍上的已受田包括承继祖业和通过购买获得的私田②。国家对这部分私田虽然还要进行簿籍授受、户内通分的方式进行还授，从而体现某种程度的国有性质，但官民对土地的占有权与继承权无疑仍受到国家法令保护③。而具有完全国有地权的土地一旦授予给个人，便成了人户新祖业的开始，其占有权与继承权同样会受到国家法令保护。即便是逃户的占有权也是如此。长安三年（703 年）括户敕中，就明确规定逃户返籍，要归还"逃户所有田业"④。唐隆元年（710年）七月敕："诸州百姓，多有逃亡……逃人田宅，因被贼卖。宜令州县，招携复业，其逃人田宅，不得辄容卖买。"⑤天宝十四载（755 年）八月制："天下诸郡逃户，有田宅产业，妄被人破除，并缘欠负租庸，先已亲邻买卖，及其归复，无所依投。永言此流，须加安辑，应有复业者，宜并却还，纵已代出租税，亦不在征赔之限。"⑥诸道诏令申明逃移者可归籍占有其原业，即使原业已被买卖，用于代交租税，也有此权利。

① （清）董诰等编：《全唐文》卷 1《高祖：加恩隋公卿民庶诏》，北京：中华书局，1983 年，第 21 页；（宋）宋敏求编：《唐大诏令集》卷 114《隋代公卿不预义军者田宅并勿追收诏》，北京：商务印书馆，1959 年，第 598 页。

② 宋家钰：《唐代户籍上的田籍与均田制——唐代均田制的性质与施行问题研究》，《中国史研究》1983 年第 4 期。

③ 武建国：《论均田制土地授受方式——兼论均田制实施范围》，《历史研究》1987 年第 5 期；《均田制研究》，昆明：云南人民出版社，1992 年，第 150—152 页。

④ 〔日〕池田温著，龚泽铣译：《中国古代籍帐研究·录文与插图·周长安三年（703）三月括逃使牒并敦煌县牒》，北京：中华书局，2007 年，第 198 页。

⑤ （清）董诰等编：《全唐文》卷 19《睿宗：申劝礼俗敕》，北京：中华书局，1983 年，第 223 页。另见（宋）宋敏求编：《唐大诏令集》卷 110《诫励风俗敕（之二）》，北京：商务印书馆，1959 年，第 571 页；（宋）李昉等编：《文苑英华》卷 465《诫励风俗敕四首（之二）》，北京：中华书局，1966 年，第 2374 页。

⑥ （宋）王溥：《唐会要》卷 85《逃户》，北京：中华书局，1955 年，第 1564 页。

其次，保护官民对土地的使用权（经营权）、收益权①。均田令规定："诸永业田，每户课种桑五十根以上，榆、枣各十根以上，三年种毕。乡土不宜者，任以所宜树充。"表面上这是国家对田地占有者生产活动的干预，实际上这也是保护土地占有者对土地的使用权，以保障国家赋役与个体家庭生活的基本需要，所以时人称"百姓所有私田，皆力自耕垦，不可取也"②。对作为土地产权核心的收益权，唐政府也是严加保护的。唐律规定，那些非法耕种私田者，除了要接受刑罚之外，耕地上的收获物也要判归田主③。即便是逃户，只要他在规定时间内归业，"苗稼见在，课役俱免，复得田苗"④。

再次，保护官民对土地的有限处置权与转让权。根据均田令的规定，占田者虽不能自由处置与转让田地，包括不得随意买卖、贴赁及质，"不得将田宅舍施及卖易与寺、观"，买入者不得超过其身份等级的最高限额等，但仍允许"乐迁就宽乡者"、"卖充住宅邸店碾硙者"和"从远役外任，无人守业者"三类特殊占田者出让口分田以及"诸庶人有身死家贫无以供葬者""流移者""乐迁就宽乡者""卖充住宅邸店碾硙者""从远役外任，无人守业者"五类特殊占田者出让永业田。唐令还允许将"私田宅""令人佃作"，即私人可将所占有之田地转租获取利益⑤。这些规定主要是针对普通百姓田地而言，若是官员占田者，则买卖限制更少，其"永业田及赐田欲卖及贴赁、质者，不在禁限"。如前所论，正因为均田令为土地买卖打开了一道合法之门，土地买卖自均田制实行之初就存在。此时唐政府对非法的土地交易加以纠正和禁止，而对合法的土地买卖一般不予干涉。8世纪初，面对逐渐兴盛的土地买卖局面，唐廷试图将《田令》规定的百姓可合法出让土地之权也取消，以全面禁止土地买卖，但此法却难以实行。到了开元、天宝年间（713—755年），唐政府对违法的土地买卖虽行括田之举加以纠正，又颁严厉之诏切行禁止，实际对各种土地买卖采取默认的态度。尤其是安史乱后的一段时间，唐廷就连诏令上的重申也逐渐完全取消了，形成了对土地买卖虽仍有田令禁止之名，而行完全放任之实的局面。

总之，在唐代均田制下，国家只确立起部分私有土地产权。其中土地占有权、继承权、使用权与收益权是相对比较完整的，而处置权与转让权在早期非常有限。到唐中叶，

---

① 刘云：《论唐代前期的土地产权制度》，《厦门大学学报》（哲学社会科学版）2006年第1期。

② 《旧唐书》卷98《李元纮传》，北京：中华书局，1975年，第3074页。

③ （唐）长孙无忌等：《唐律疏议》卷13《户婚·盗耕种公私田》，北京：中华书局，1983年，第244页。

④ 〔日〕池田温著，龚泽铣译：《中国古代籍帐研究·录文与插图·周长安三年（703）三月括逃使牒并敦煌县牒》，北京：中华书局，2007年，第198页。

⑤ （唐）长孙无忌等：《唐律疏议》卷27《杂律·得宿藏物隐而不送》，北京：中华书局，1983年，第521页。

这两方面的权利以土地买卖为标志逐渐得到比较充分的扩展,唐廷也逐渐放弃重申禁令的做法,采取事实上的默认与放任态度。但均田令中的相关禁止条规还并没完全取消。

(二)"两税法"后对土地私有产权的完全承认与维护

在均田制下,国家对土地私有产权的干预是多方面的,其中主要是对以土地买卖为核心内容的土地处置权与转让权的限制,即便是这方面的限制到唐中叶之际国家也已基本放弃。自唐后期至宋代,随着对土地自由买卖在法律上障碍的最后清除,土地买卖日益兴盛,地权转移频繁,土地交易数量大。国家不仅放任土地买卖,"不抑兼并",确立起完整的土地私有产权,而且也转向对土地买卖进行规范,以维护土地私有产权。在这一过程中,富民阶层也以相应经济利益为代价逐渐获得了合法的地位。

1. 土地自由买卖的合法化与完整土地私有产权的确立

国家正式承认自由土地买卖的合法化是以建中元年(780年)开始实行"两税法"为标志的。"两税法"的基本精神是:"户无主客,以见居为簿;人无丁中,以贫富为差。"①这是通过让豪富之家兼并得来的土地交税,而使他们买卖土地的行为合法化。换言之,按贫富资产征税,隐含着对自由土地买卖行为合法性承认的前提。南宋前期程迥(?)将之概括为:"兼并者不复追正,贫弱者不复田业,姑定额取税而已。"②这是说"两税法"既承认买地者得业的合法性,也承认卖地者离业的合法性,其前提条件则是按田亩纳税。宋代,"两税法"被继续推行,并得到进一步的完善③,国家赋役主要由"有常产"的主户承担④,不仅购买而来的土地要"推割税赋"⑤,承担起向国家纳充相应份额赋役的职责,而且土地交易之时也要纳税,不上税的民田一律没官⑥。自唐后期以来通过赋税制度承认土地买卖合法性的做法也得以延续和发展,官府则"使民得以田租[地?]私相贸易"⑦,甚至官府也参与土地买卖,"虽官有者亦效民卖之"⑧。

---

① 《旧唐书》卷48《食货志上》,北京:中华书局,1975年,第2093页;卷118《杨炎传》,第3421页。

② (元)马端临:《文献通考》卷3《田赋考三·历代田赋之制》引"沙随程氏曰",北京:中华书局,1986年,第46考。

③ 漆侠:《中国经济通史·宋代经济卷》(上),北京:经济日报出版社,1999年,第443—448页。

④ (清)徐松辑:《宋会要辑稿》食货12之19,北京:中华书局,1957年,第5017页。

⑤ (清)徐松辑:《宋会要辑稿》食货61之66,北京:中华书局,1957年,第5906页;食货70之51,第6396页。

⑥ (清)徐松辑:《宋会要辑稿》食货17之13,北京:中华书局,1957年,第5090页;食货35之13,第5414页。

⑦ (清)徐松辑:《宋会要辑稿》食货4之9,北京:中华书局,1957年,第4850页;食货70之116,第6428页。

⑧ (宋)叶适:《习学记言序目》卷36《隋书一·志》,北京:中华书局,1977年,第543页。关于宋代"系官田产"买卖,梁太济、张泽咸、杨康荪等前辈学者曾作开创性研究,姜密博士有系统总结,见其《宋代"系官田产"研究》,北京:中国社会科学出版社,2006年,第126—144页。

北宋元丰（1078—1085 年）年间，官有土地只占 1.37%，私有土地达到 98.63%[①]。

国家承认土地自由买卖，甚或官田都出卖，其实质就是承认完整的土地私有产权。土地自由买卖与私有产权不仅获得官方认可，也获得社会的广泛认同。这充分反映在时人相关诸多议论之中。一曰唐"中叶以后，法制隳弛，田亩之在人者，不能禁其卖易"[②]，认为土地私有，官方无法禁止其买卖。二曰"民买田以耕，而后得食"[③]，指出平民百姓获得土地的最重要途径只有通过买卖。三曰"田得买卖"[④]，"卖易之柄归之于民"[⑤]，强调平民有自主买卖土地的权利。四曰自实行"两税法"后，"田之在民，其渐由此，贸易之际，不可复知"[⑥]；"民自以［田］私相贸易"，且"必以民自买为正"[⑦]；"但契成，则视田宅已为己物"[⑧]。即民众交易土地时甚至无须取得官方认可，民间只承认通过自主买卖所获得土地产权的正当性[⑨]。五曰"百姓既得［公田］为己业，比户欣然，于是葺屋植树，敢致功力"[⑩]，注意到土地产权私有化有利于提高劳动者的积极性和促进社会生产的发展。六曰"自己之田谓之税，请佃田土谓之租"[⑪]，对"租"和"税"作了明确区分。如前所论，唐代前期的赋税被称之为"租"，是力图将田土规定为国有性质的体现，而宋代明确区分"租"和"税"之间的关系，是以对土地明确的所有关系为前提的[⑫]。七曰公然称田主。明末清初人顾炎武（1613—1682 年）发现汉唐的大土地所有者尚被称为"豪民"或"兼并之徒"，到宋代时，"则公然号为田主矣"[⑬]。据敦煌出土文献所载，"田主"一词已普遍出现在唐中叶以来的各种民间契书中，宋代

① 梁方仲：《中国历代户口、田地、田赋统计》乙表 10，上海：上海人民出版社，1980 年，第 290 页。

② （元）马端临：《文献通考》卷 3《田赋考三·历代田赋之制》，北京：中华书局，1986 年，第 48 考。

③ （宋）苏辙：《苏辙集·栾城集》卷 35《画一状》，北京：中华书局，1990 年，第 620 页。

④ （元）方回：《续古今考》卷 18《附论班固计井田百亩岁入岁出》，文渊阁四库藏本。

⑤ （宋）吕祖谦：《历代制度详说》卷 9《田制·详说》，新文丰出版公司编：《丛书集成续编》第 53 册，台北，新文丰出版公司，1988 年，第 165 页。

⑥ （宋）苏辙：《苏辙集·栾城后集》卷 15《民赋叙》，北京：中华书局，1990 年，第 1054 页。

⑦ （宋）叶适：《叶适集·水心别集》卷 2《民事上》，北京：中华书局，1961 年，第 652 页；（宋）叶适：《习学记言序目》卷 36《隋书一·志》，北京：中华书局，1977 年，第 543 页。

⑧ （宋）郑刚中：《北山文集》卷 1《论白契疏》，新文丰出版公司编：《丛书集成新编》第 63 册，台北：新文丰出版公司，1985 年，第 138 页。亦见（明）黄淮等编：《历代名臣奏议》卷 213，宋高宗时殿中侍御史郑刚中上奏，上海：上海古籍出版社，1989 年，第 2796 页。

⑨ 关于唐宋以来的这一趋势，另可参考武建国：《五代十国土地所有制研究》，北京：中国社会科学出版社，2002 年，第 14—17、90—93 页。

⑩ 《旧五代史》卷 112《周太祖纪三》，北京：中华书局，1976 年，第 1488 页。

⑪ （宋）李心传：《建炎以来系年要录》卷 130，绍兴九年（1139 年）七月壬辰，北京：中华书局，1956 年，第 2100 页。

⑫ 林文勋、谷更有：《唐宋乡村社会力量与基层控制》，昆明：云南大学出版社，2005 年，第 14 页。

⑬ （清）顾炎武著，（清）黄汝成集释：《日知录集释》卷 10《苏松二府田赋之重》，上海：上海古籍出版社，1985 年，第 813 页。

"田主"一词则频频出现在各种官方文献中，表明"田主"由民间称谓逐渐获得法律认可，其本质是由社会认同上升为国家共识。"豪民"或"兼并之徒"称谓无疑带有巧取豪夺、非法取得等贬抑意味，"田主"则强调对土地持有的正当性和合法性。其中社会称"田主"是认可其正当性，国家称"田主"是承认其合法性，有前者之认可，才有后者之承认。八曰"今百姓占田，或连阡陌，顾不可夺之"①，"今田不在官久矣。……遂以为皆不当在官"，国家若"强夺民之田亩"以行授受之法，会"召怨讟"，"所以不可行也"②。换言之，不可再恢复国家授受民田之制，否则会引起民怨，只能听任其向社会少数人集中。总之，时人观念中的土地私有产权，官府不能干涉，亦不可动摇，人人都可通过买卖获得，且为唯一正当途径，甚或不必获得官方认可；其拥有者应称为"田主"，以示正当性，国家将其上升为法律称谓，表明社会共识之不可忽视；是社会经济发展的积极因素，也决定了社会财富的分配。正因为如此，他们认为不应取消土地私有产权以恢复国有授受田制。

以上所述，无论是官方立场的改变，还是社会民众所形成的共识，都反映出均田制下国家对以土地自由买卖为核心的土地处置权与转让权的限制已被完全消除，而土地私有产权得到扩充并确立起了神圣权威。关于唐宋以来田制的这种变法，时人以"田制不立"③"田制不定"④"民田既已无制"⑤"不抑兼并"⑥，甚至直接用"兼并之法行"⑦等加以概括。研习唐宋经济史的学者也习惯沿用"田制不立""不抑兼并"之语来表述唐宋以来土地制度的主要特点。葛金芳先生通过研究得出结论说："不抑兼并政策至少包蕴如下三层内容：①取消原来对于私家地主占田限额的一切限制，其原则是只要按地纳税，便可听任广占。这表明封建国家自晚唐以来基本上放弃了对于土地所有制关系进行干预这一传统职能。②这一政策发展到北宋前期，甚至表现出鼓励、纵容土地

---

① （宋）李焘：《续资治通鉴长编》卷 223，熙宁四年（1071 年）五月癸巳，王安石言，北京：中华书局，1986 年，第 5419 页。

② （宋）叶适：《习学记言序目》卷 36《隋书一·志》，北京：中华书局，1977 年，第 543 页；（元）马端临：《文献通考·自序》，北京：中华书局，1986 年，第 4 考。

③ （宋）王应麟：《玉海》卷 176《至道开公田·三品田·劝农使》引宋修《国史·食货志》，南京、上海：江苏古籍出版社、上海书店，1987 年，第 3237 页。

④ （宋）吕祖谦：《历代制度详说》卷 3《赋役·详说》，新文丰出版社公司编：《丛书集成续编》第 53 册，台北：新文丰出版公司，1988 年，第 141—142 页。

⑤ （宋）陈亮：《陈亮集》卷 13《问汉豪民商贾之积蓄》，北京：中华书局，1987 年，第 153 页。

⑥ （宋）王明清：《挥尘后录余话》卷 1 之 17 引王铚建炎庚戌（1130 年）修《祖宗兵制》（赐名《枢廷备检》），上海古籍出版社：《宋元笔记小说大观》第 4 册，上海：上海古籍出版社，2001 年，第 3810 页。

⑦ （宋）董煟：《救荒活民书》卷 1，新文丰出版公司编：《丛书集成新编》第 32 册，台北：新文丰出版公司，1985 年，第 735 页。

兼并的倾向，这只能被认为是大土地所有制的合法地位确获国家正式承认的必然反映。③土地兼并取得合法承认后，其势头越发不可遏止，很快殃及陂塘湖泊，连农业社会命脉所系的公共水利设施亦不能幸免，这就进一步破坏了生态平衡，大大加剧了后期封建社会的农业生产危机。这是为该政策的制定者们始料所不及的必然趋势①。漆侠先生在论述"宋封建国家的土地政策"时说："在宋代，所谓'田制不立'，指的是封建国家土地所有制建立不起来，而所谓'不抑兼并'，又是在承认土地私有前提下对土地兼并不加干预。"②唐兆梅先生通过对北宋土地政策实施的情况分析指出："在当时的历史条件下，允许土地自由买卖和自由兼并就是宋代的田制，就是新时期的田制，就是'不立田制'的田制，是顺应历史发展趋势的产物。"③这应可理解为"不抑兼并"就是允许土地自由买卖和自由兼并。武建国先生认为，唐朝土地政策是由"抑制兼并、均平占田"向"不抑兼并"的转变，对土地关系产生的重大的影响，就是土地的迅速私有化，地主大土地所有制占主导地位已成不易之势④。刘复生先生指出，"'不抑兼并'也不是无条件的，它主要指土地可以'私相贸易'而言"，具体来说是指宋朝政府鼓励"自由垦辟土地"、"放任对土地的买卖"和"国家维护土地私有权，制定了详尽的交易法律"⑤。林文勋先生则进一步指出："应该可以肯定，所谓'不抑兼并'，本质上来说，就是承认并保护土地私有产权的合法性，允许其按经济规律进行流转配置，国家不再加以干预。如果站在产权制度发展变化的角度来看，'不抑兼并'无疑适应了当时土地所有制关系的变革，具有重要的进步意义，值得充分肯定。"⑥综合诸家之言，我们认为所谓"田制不立""不抑兼并""兼并之法行"等在本质上所反映的，恰恰是唐宋以来允许土地自由买卖和承认完整的土地私有产权这一国家职能的重大变化，而占有大量土地的豪富之家，尤其是作为平民阶层的富民，也在国家扩展土地私有产权的过程中，获得了完全合法化的地位。

2. 规范土地交易以维护土地私有产权

前述所谓的土地买卖自由，并非是绝对的自由。社会经济生活中日益兴盛的自由土地买卖本身并不能完全获得自主有序的管理，社会约定俗成的交易条规需要上升为国家

---

①　葛金芳：《试论"不抑兼并"——北宋土地政策研究之二》，《武汉师范学院学报》(哲学社会科学版) 1984 年第 2 期。
②　漆侠：《中国经济通史·宋代经济卷》(上)，北京：经济日报出版社，1999，第 264 页。
③　唐兆梅：《析北宋的"不抑兼并"》，《中国史研究》1988 年第 1 期。
④　武建国：《论唐朝土地政策的变化及其影响》，《社会科学战线》1992 年第 1 期。
⑤　刘复生：《从土地制度的变化看宋代社会》，《西华大学学报》(哲学社会科学版) 2004 年第 1 期。
⑥　林文勋、谷更有：《唐宋乡村社会力量与基层控制》，昆明：云南大学出版社，2005 年，第 19 页。

法令以确保与土地私有产权有涉的各方面的利益。经过唐中叶以来土地买卖机制的发展与土地私有产权的扩展，国家不仅放任土地买卖与兼并，还要以强制力的形式对土地交易各方的正当权益进行有效维护，以弥补地权转移中社会对土地私有产权保护的不足。

为此，国家对土地买卖中所要区分的权益做出了非常明确的规定。例如，从唐后期开始，以土地和房宅等为主的不动产可以进行自由买卖和质典，在质典后原主人可以在相当长的时间内保持收回的权利，由此可见国家对于产权中的物权与债权已经有较为明确的规定①。宋代土地产权被区分为"田骨"、"田根"和"田皮"②。土地交易双方各有特定称谓，卖出或典出者称为"业主"或"典卖人"等，而买进与典进者则称为"钱主""典买人""典主""见典人"等③。并根据地权转移的不同程度，将土地买卖分为典田、买田，典田又有典质与倚当之别，买田则有"已典就买"与直接买田之分④。"田主"与"地主"一词也频频出现在各种官方文献中，专指私有土地产权的拥有者。

在土地买卖中，国家对土地私有产权所区分出来的各项权益，是通过严格的交易程序而落到实处并加以保护的。唐后期开始规定土地交易要有"订立书面契约""官司申牒"等法律要件，以加强土地交易的安全性，为土地买卖的正常进行提供了法律保障⑤。宋代的土地交易程序包括"定帖"、"正契"、"验明"和"输钱印契"等⑥。具体而言，即在典卖土地之前，必须询问亲邻，订有"问亲邻法"；然后订立契约，契约按照土地转移让渡的不同方式，订立不同的契约，即"绝卖契""典契""贴买契"等。契纸都由官府雕版印造，典卖的契约上写明号数、亩步、田色、四邻界至、典卖原因、原业税钱、色役、回赎期限（宋初始立典卖田宅收赎法）、交易钱数、买卖双方姓名等。交易的双方各执一份，又称"合同契"。订契后，必须携带双方砧基籍、上手干照（老契或旧契）到官府交契税钱，地方官当面核验，过割物力和税钱，然后盖印，并"批凿"（宋制，田宅交易必须立文字契约，立约时，出典人或卖主须在砧基籍上记载更改物权关系的事

① 〔日〕加藤繁著，吴杰译：《中国经济史考证》第 1 卷《唐代不动产的"质"》，北京：商务印书馆，1959 年，第 230—232 页。

② 朱瑞熙：《宋代社会研究》，郑州：中州书画社，1983 年，第 55、57 页。

③ （清）徐松辑：《宋会要辑稿》刑法 1 之 27，北京：中华书局，1957 年，第 6475 页；瑞异 2 之 25，第 2094 页；食货 61 之 56，第 5901 页。

④ 王曾瑜：《宋朝阶级结构》，石家庄：河北教育出版社，1996 年，第 175—181 页。

⑤ 柴荣等：《唐代土地私有权问题研究》，《史学月刊》2007 年第 8 期。

⑥ 董家骏：《试论宋代的诉讼法与土地所有制形式的关系——兼与侯外庐先生商榷》，邓广铭、程应镠主编：《宋史研究论文集》（《中华文史论丛》增刊），上海：上海古籍出版社，1982 年，第 120—138 页。

项，谓之批凿），上手干照，交由典主保存。加盖了官府印章的契约称为"红契"，否则就是不合法的"白契"①。

在唐宋以来的所有土地交易程序中，关于买卖双方必须订立契约的规定无疑是最重要的一环。据南宋《名公书判清明集·户婚门》载，凡"交易有争，官司定夺，止凭契约"，"交争田地、官凭契书"，"理诉田产，公私惟凭干照"，"凡人论诉田业，只凭契照为之定夺"②。契约成了土地所有者维护其产权最可靠的法律依据。

国家在土地买卖中所体现出来的对土地私有产权的保护并不是无偿的，其中还包含了经济利益的直接驱动。以"税契"环节为例，要将买卖双方私下签订的"白契"变成官府承认、具有法律效力的"红契"，就必须交纳相应税钱。早在唐德宗（779—805 年）时，曾"总京师豪人田宅、奴婢之估，裁得八十万缗"③，从中"可以看出唐代亦行土地买卖契税"，④但是不是经常性、制度化的征收，尚难确定。五代时，土地买卖须"税契"则已成常制。例如，长兴二年（931 年）六月，左右军巡使建议在特殊情况下"其所买卖田地，仍令御史台委本处巡按御史，旋旋给与公凭，仍免税契"。可见平日之土地买卖要通过"税契"，才能获得国家承认其合法性之"公凭"⑤。宋代，"税契"也成为官方认可土地买卖不可或缺的重要环节。开宝二年（969 年）九月，"初收印契钱。令民典卖田宅，限两月输钱印契"⑥。乾道七年（1171 年）十一月，臣僚建议"应民间交易，并先次令过割［赋税］，而后税契"⑦，得到朝廷批准，不仅要交纳土地交易税，就连契书本身也要从官府中购得。例如，崇宁三年（1104 年）六月敕："诸县……卖田宅契书，并从官司印卖。"⑧民田交易要"印契"交税，官府于是形成了专门的"司契"职能。熙宁五年（1072 年）八月，宋廷行方田法时规定："其分烟析生，典卖割移，官给契，县置簿。"⑨南宋叶适（1150—1223 年）说："盖至于今，授田之制亡矣。民自以

---

① 郑定等：《两宋土地交易中的若干法律问题》，《江海学刊》2002 年第 6 期。

② 中国社会科学院历史研究所宋辽金元史研究室点校：《名公书判清明集》卷 5《人境：物业垂尽卖人故作交加》、卷 6《吴恕斋：王直之朱氏争地》、卷 9《吴恕斋：过二十年业主死者不得受理》及《拟笔：伪作坟墓取赎》，北京：中华书局，1987 年，第 153、185、313、318 页。

③ 《新唐书》卷 52《食货志二》，北京：中华书局，1975 年，第 1352 页。

④ 徐达：《土地典卖税契制度考略》，平准学刊编辑委员会编：《平准学刊》第 4 辑上册，北京：光明日报出版社，1989 年，第 491 页。

⑤ （宋）王溥：《五代会要》卷 26《街巷》，上海：上海古籍出版社，1978 年，第 413 页。

⑥ （宋）陈均：《九朝编年备要》卷 2，开宝二年（969 年）九月，文渊阁四库藏本。

⑦ （清）徐松辑：《宋会要辑稿》食货 35 之 16，北京：中华书局，1957 年，第 5416 页。

⑧ （清）徐松辑：《宋会要辑稿》食货 35 之 1，北京：中华书局，1957 年，第 5408 页；食货 70 之 135，第 6438 页。另可参考戴建国：《宋代的田宅交易投税凭由和官印田宅契书》，《中国史研究》2001 年第 3 期。

⑨ （清）徐松辑：《续资治通鉴长编》卷 237，熙宁五年（1072 年）八月，北京：中华书局，1986 年，第 5783 页。

私相卖易，而官反为之司契券而取其直。"①在这种情况下，若不"税契"，交易之土地就要没收。淳化五年（994年）五月诏："国朝之制……民间典卖庄田店宅……皆算。有敢藏匿物货，为官司所捕获，没其三分之一，仍以其半与捕者。"②乾道五年（1169年）十二月前后，臣僚言："人户典卖田宅，自有投税印契日限，违限许人告，依匿税法断罪，追没给赏。"③值得注意的是，官府"司契"时征税的对象是购买土地的富有之家，而非贫民下户。建炎中（1127—1130年）就有臣僚言，"典卖税钱，出于有力之家，则不害下户"，"印契钱出于兼并之家，无伤于下户"④。孝宗（1162—1189年）时大臣说："民间典卖田产，必使之请官契输税钱，其意不徒利也，虑高赀之家兼并日增，下户日益胲削，是亦抑之之微意。"⑤其所谓抑兼并之"微意"，正是通过征收税契钱舍贫而就富的原则来实现的。

宋代契税率前后有一些变化，"旧民间典买田宅则输之，为州用。嘉祐末，始定令每千输四十钱。宣和经制，增为六十。靖康初罢，建炎三年复之。绍兴总制遂增为百钱"。"先已诏牙税外，每千收勘合钱十文，后又增三文，并充总制窠名。而牙税、勘合之外。每千又收五十六文，分隶诸司。大率民间市田百千，则输于官者十千七百有奇，而请买契纸、贿赂胥吏之费不与"⑥。可见契税率最低时为4%，最高要超过17%，呈逐渐增长之势。而宋代地权转移频繁，交易量大，官府印契收税，数量巨大⑦。例如，大中祥符九年（1016年），秦州一地税历来之置地白契就达一千七百道，且"他郡有如此类"⑧者。绍兴三十一年（1161年），宋廷立限纳田宅典卖契税，在四川除威、茂、珍州、长宁军以及关外四州外的三十三郡，一次征收到四百六十八万贯，而两浙路之婺州一地得钱就达三十余万贯⑨。

① （宋）叶适：《叶适集·水心别集》卷2《民事上》，北京：中华书局，1961年，第652页。

② （清）徐松辑：《宋会要辑稿》食货17之13，北京：中华书局：1957年，第5090页。

③ （清）徐松辑：《宋会要辑稿》食货35之13，北京：中华书局，1957年，第5414页。

④ （清）徐松辑：《宋会要辑稿》食货35之19，北京：中华书局，1957年，第5417页；食货64之84，第6141页；食货35之20，第5418页；食货64之85，第6142页。

⑤ （元）马端临：《文献通考》卷19《征榷考六·杂征敛》，北京：中华书局，1986年，第187考。

⑥ （宋）李心传：《建炎以来朝野杂记·甲集》卷15《田契钱（王瞻叔括契本末）》，北京：中华书局，2000年，第320页。

⑦ 据葛金芳先生估计，宋代每年进入流通领域的土地占耕地面积的20%上下；周龙华先生则认为地权转移率在8.5%—10%。葛金芳：《对宋代超经济强制变动趋势的经济考察》，《江汉论坛》1983年第1期；周龙华：《从两则土地税税额材料看宋代的土地买卖》，《贵州社会科学》1992年第1期。

⑧ （清）徐松辑：《宋会要辑稿》食货61之57，北京：中华书局，1957年，第5902页。

⑨ （宋）李心传：《建炎以来朝野杂记·甲集》卷15《田契钱（王瞻叔括契本末）》，北京：中华书局，2000年，第320—321页；（清）徐松辑：《宋会要辑稿》食货35之13，北京：中华书局，1957年，第5414页。

宋政府通过有偿服务的方式来维护土地私有产权,一方面为社会地权的流转提供了强有力的法律保障,减少了交易"争端",另一方面也满足了自身增加赋税收入的需要;一方面维护了土地自由买卖和土地私有产权,另一方面也实现了通过税赋手段来抑制兼并的目的。可谓一举多得。正因为如此,南宋袁采(1140—1195年)才有反映说:"官中条令,惟[土地]交易一事,最为详备。"①这也是唐宋国家土地产权职能转变的一个重要方面。同时说明通过买卖占有大量土地的富民,除要按地承担正常的税役,还须交纳土地交易税,其私有产权和合法地位要获得国家承认与法律保护,也是以经济利益为代价的。

---

① (宋)袁采:《袁氏世范》卷3《田产宜早印契割产》,新文丰出版公司编:《丛书集成新编》第32册,台北:新文丰出版公司,1985年,第159页。

白鹿洞书院学田沿革考*

刘 静 王红梅 李 昱

（江西科技师范大学 数字化社会与地方文化发展研究中心，江西 南昌，330000；
河北大学出版社，河北 保定，071002；江西科技师范大学 数字化社会与地方文化发展
研究中心，江西 南昌，330000）

摘 要：学田为白鹿洞书院几百年正常运转提供了重要的经济支撑，政府、官僚、士绅的广泛参与是白鹿洞书院拥有一定数量学田的重要保障，也最大限度地保证了书院的日常开支，达到了很好的收支平衡。

关键词：白鹿洞书院；学田；沿革

白鹿洞书院与嵩阳、岳麓、睢阳并称中国"四大书院"①，作为敦化育才之所，在中国教育史上具有重要地位。它不仅成立时间早，而且存续时间长达七八百年之久。书院能够长期维持正常运转，需要稳定的经费保障。学田则是白鹿洞书院主要的经济来源，因时局变动与白鹿洞书院的兴衰历程，学田也处于不断的变化中。

一、白鹿洞书院学田的主要来源

白鹿洞洞长娄性曾说："院有田则士集，而讲道者千载一时。院无田则士难久集，

---

* 本文为江西省高校人文社会科研究项目"江西书院文化传播研究"（XW1402）阶段性成果。

① 光绪《江西通志》卷82，《续修四库全书》第658册，上海：上海古籍出版社，2002年，第29页。

院随以废，如讲道何哉！"①程拱宸《议建昌洞田帖》亦称："白鹿洞书院乃历代造士之区，而洞学田租又盛世养士之典，自唐宋迄今未之有改。"②"鹿洞廪田租，肇于宋宁理间，而极盛于熙朝弘正之际，几百千年，真道脉延续之一机哉！"③可见，学田是白鹿洞书院赖以生存的重要的经济来源，它在白鹿洞书院长期发展历史过程中起着重要的作用。

学田，亦称洞田，是古代书院占有的田地，往往通过租佃经营获取田赋来满足书院运转资本的需要，是书院重要的经济支撑。总体来看，白鹿洞书院学田的来源呈多样化态势。

1. 由中央或地方政府直接划拨或购置学田

白鹿洞始于唐宝历年间（825—826 年），李渤时为江州刺史，在庐山退隐读书，以白鹿名洞，白鹿洞由此得名。当时白鹿洞仅为李渤读书之所，并非育才之所。南唐昇元年间（937—942 年），在白鹿洞建学馆，国子监李善道出任白鹿洞洞主，"建学置田"，号"庐山国学"，白鹿洞书院作为教育场所开始承担教化功能，学田也在书院运营中发挥作用。

白鹿洞在庐山之阳，常聚生徒数百人，李后主曾"割善田数十顷，岁取其租廪给之"。太宗太平兴国五年（980 年），白鹿洞主明起为蔡州褒信县主簿，"建议以其田入官，故爵命之"④，这导致失去部分学田的白鹿洞几近废弛。北宋皇祐末年，白鹿洞毁于兵火。宋淳熙六年（1179 年），朱熹主政南康，访白鹿洞遗址，随后致书尚书省提出重修白鹿洞书院的要求，并申报朝廷请求支持，此后白鹿洞书院逐渐走向鼎盛。淳熙七年（1180 年）书院建成，来学者日众，"乃置建昌东源庄田以给学者"⑤，"有谷源、卧龙等庄共田八百七十亩"⑥。淳熙八年（1181 年）三月，朱熹任满，他上书高宗请赐匾额，皇上发钱四百千送库寄收买田⑦。淳熙十年（1183 年），南康军朱端章"拨浮屠没入田七百亩"给白鹿洞书院。嘉定十四年（1221 年），郡守黄桂增置定

---

① （明）娄性：《白鹿洞学田记》，李才栋、熊庆年编撰：《白鹿洞书院碑记集》，南昌：江西教育出版社，1995 年，第 63 页。

② （明）程拱宸：《恭政程拱宸议建昌洞田帖》，《白鹿书院志》卷 10，《续修四库全书》第 720 册，上海：上海古籍出版社，2002 年，第 469 页。

③ （明）但启元：《推官舒九思清复山田记》，李才栋、熊庆年编撰：《白鹿洞书院碑记集》，南昌：江西教育出版社，1995 年，第 130 页。

④ （宋）李焘：《续资治通鉴长编》卷 21，北京：中华书局，1979 年，第 476 页。

⑤ 光绪《江西通志》卷 82，《续修四库全书》第 658 册，上海：上海古籍出版社，2002 年，第 30 页。

⑥ 《白鹿洞书院志》卷 17，赵所生、薛正兴主编：《中国历代书院志》，南京：江苏教育出版社，1995 年，第 497 页。

⑦ （清）毛德琦：《白鹿书院志》卷 3，《续修四库全书》第 720 册，上海：上海古籍出版社，2002 年，第 384 页。

西源庄田三百亩；咸淳年间（1265—1274 年），军守刘传汉增置贡士庄①。在经历北宋皇祐废弛后，朱熹倡导兴复白鹿洞书院，并着手申请政府拨款购置学田，延请陆九渊、刘子澄到白鹿洞书院讲习，生徒日众，书院开支不断增加，政府与地方官员屡次增置学田给白鹿洞书院。元代大德年间（1297—1307 年），郡守崔翼之又增置上田百亩②。虞集《白鹿洞书院新田记》中这样记载："昔者斯洞在南唐时，学者之盛犹至数百人。宋初固不待言矣。及朱文公作而兴之，以讲道其间。其规约之要被乎天下，学者响往，以为宗焉。此其所建立又非昔人所能及者。翼之不敏，假守兹郡，诚不敢以学校为缓，于圣人之道诚亦知所尊信，而未之能学也。思行其所以为教者，而未之能为也。然而缮其廪饩，使其师弟子得安于治其业，顾力虽不足，犹庶几可能乎！乃视学田之入而节缩其冗泛，计其资之积可易民田百亩。"可见，为满足书院生徒生活需要，地方官对增置学田非常重视。书院教授王肖翁还"亲行田间，视其肥硗去取之，故所得皆上壤"③。

元季兵毁，书院遂废，学田毁亡。成化元年（1465 年），提学李龄访白鹿洞旧址，命知府何濬重修书院，置学田、祠器、书籍。成化二年（1466 年），提学李龄增扩学田，置星子县田地塘共四百一十五亩有奇，田四百零八亩九分，地一亩四分五厘，塘四亩七分，在杨树垅等处，又得废寺田八十余亩，以养学者④。成化七年（1471 年）提学徐怀置星子县楼贤桥田八百七十亩。弘治八年（1495 年），提学苏葵属南康知府刘定昌大力翻修白鹿洞书院，两年后竣工。弘治十年（1497 年），白鹿洞书院延请兵部郎中上饶娄性主洞事，江西各地义士"慕风云集，求学者多达五百余人"，院田不敷养士，苏葵乃与巡抚陈銓共谋增田以给，二人共购得开先、泗洲诸寺僧田等约 1446.92 亩、塘 123.2 亩，合原有田亩计数十顷，白鹿洞书院呈发愤振奋之气象⑤。正德十四年（1519 年），提学唐锦置都昌田地，塘共五十余亩，田四十七亩三分，基地三分，塘四分⑥。嘉靖年间（1522—1566 年），分五次购置学田约四百五十六亩，至此白鹿洞书院共有田地山塘

① （清）毛德琦：《白鹿书院志》卷 3，《续修四库全书》第 720 册，上海：上海古籍出版社，2002 年，第 384 页。

② （清）毛德琦：《白鹿书院志》卷 3，《续修四库全书》第 720 册，上海：上海古籍出版社，2002 年，第 384 页。

③ （元）虞集：《白鹿洞书院新田记》，李才栋、熊庆年编撰：《白鹿洞书院碑记集》，南昌：江西教育出版社，1995 年，第 22—23 页。

④ 《白鹿洞书院志》卷 10，赵所生、薛正兴主编：《中国历代书院志》，南京：江苏教育出版社，1995 年，第 414 页。

⑤ （明）娄性：《白鹿洞学田记》，李才栋、熊庆年编撰：《白鹿洞书院碑记集》，南昌：江西教育出版社，1995 年，第 61 页；毛德琦：《白鹿书院志》卷 3，《续修四库全书》第 720 册，上海：上海古籍出版社，2002 年，第 385 页；《白鹿洞书院志》卷 17，赵所生、薛正兴主编：《中国历代书院志》，南京：江苏教育出版社，1995 年，第 497—498 页整理所得。

⑥ （清）毛德琦：《白鹿书院志》卷 3，《续修四库全书》第 720 册，上海：上海古籍出版社，2002 年，第 385 页。

二千三百九十八亩九分七厘五毫，其中田地为二千零八亩八分二厘九毫，分布于星子、都昌、建昌、新建四县①。万历三年（1575 年）原白鹿洞书院新建县学田四百七十九亩划归正学书院。张居正请禁伪学诏，毁天下书院，鬻学田以克边需，白鹿书院学田仅余千亩左右。万历十三年（1585 年）恭政程拱辰请复原田，以"给买者价"的方式收回原田，至崇祯年间（1628—1644 年）又陆续购置洞田百余亩。清顺治、康熙年间（1644—1735 年）由政府划拨或购置学宙五十余亩②。

可见，中央或地方政府购置土地是白鹿洞洞田的主要来源。

2. 清理洞田、收没荒地

元末以来，白鹿洞书院学田被佛寺等大量侵隐，私自开垦土地现象严重。嘉靖二十六年（1547 年），冯元主持白鹿洞洞事，清查书院洞田时感叹道："近迺有田三顷九十六亩六分，塘七十二亩，寄庄新建县伍谏乡等处，被勒侵买者甚为紊乱。"③李梦阳也称："惟田种等虽数尝勘报，而其数犹混也。"④地方政府与书院几次清查洞田，将所清田地纳入学田。

正德六年（1511 年），提学李梦阳清出星子县水磨场等处田陆亩四分，楼贤桥废寺地十五亩一分五厘；正德十三年（1518 年），知府陈霖清出星子县查岳开垦荒洲田一亩三分⑤。万历十五年（1587 年），推官舒九思清出卧龙冈田七亩，邵家坂萧成二姓侵隐合垎田二亩三分，又升废寺场田一亩三分五厘五毫⑥。顺治十二年（1655 年），蔡士英倡复书院，巡抚郎廷佐令南康府县清洞田、修堂庑、议增租。并咨按察使李长春共图兴复，置田九百一十九亩有奇，清出本洞原田及新田，分上中下三则，派定支销款目⑦。康熙九年（1670 年），知府廖文英兼理洞事，开垦石山圩田一百五亩三分，清出荒田六十八亩有奇，荒地三十八亩有奇，荒山一百七十一亩有奇，荒塘七亩有奇⑧。康熙五十五年（1716 年），知县毛德琦清出隐田共四十六亩有奇，山共一百七十九亩有奇⑨。乾

① （清）毛德琦：《白鹿书院志》卷 3，《续修四库全书》第 720 册，上海：上海古籍出版社，2002 年，第 386 页；《白鹿洞书院志》卷 17，赵所生、薛正兴主编：《中国历代书院志》，南京：江苏教育出版社，1995 年，第 499—500 页。

② （清）毛德琦：《白鹿书院志》卷 3，《续修四库全书》第 720 册，上海：上海古籍出版社，2002 年，第 386—389 页整理而来。

③ 《白鹿洞书院志》卷 10，赵所生、薛正兴主编：《中国历代书院志》，南京：江苏教育出版社，1995 年，第 423 页。

④ 《白鹿洞书院志》卷 11，赵所生、薛正兴主编：《中国历代书院志》，南京：江苏教育出版社，1995 年，第 427 页。

⑤ （清）毛德琦：《白鹿书院志》卷 3，《续修四库全书》第 720 册，上海：上海古籍出版社，2002 年，第 385 页；卷 19，第 579 页。

⑥ （清）毛德琦：《白鹿书院志》卷 19，《续修四库全书》第 720 册，上海：上海古籍出版社，2002 年，第 580 页。

⑦ （清）毛德琦：《白鹿书院志》卷 3，《续修四库全书》第 720 册，上海：上海古籍出版社，2002 年，第 388 页。

⑧ （清）毛德琦：《白鹿书院志》卷 3，《续修四库全书》第 720 册，上海：上海古籍出版社，2002 年，第 388 页。

⑨ （清）毛德琦：《白鹿书院志》卷 3，《续修四库全书》第 720 册，上海：上海古籍出版社，2002 年，第 389 页；卷 19，第 582 页。

隆十年（1745 年），参政李根云清洞田①。

此外，政府还将寺田、无主土地和罪犯的田地收纳为洞田。淳熙十年（1183 年），朱端章没入寺田七百亩；嘉靖六年（1527 年）清出建昌县余地四十亩四分九厘，地二亩，山八亩，塘六分；隆庆元年（1567 年），知县谢存恕收入军犯钱昌裔告入洞田一亩二分；万历四十八年（1620 年），推官李应升没入犯人萧伟赃田康王坂等处上中田三十亩②。

综上所述，清田主要集中在明代以后，清田对象多限于所侵占的原有学田和新开垦的田地。学田的流失与消减多与动荡的时局相关联，如元末兵灾导致学田被侵，明代多次进行清田。无主及不正当来源的土地也是没入洞田的对象。

3. 官绅捐资购置学田

白鹿洞书院自紫阳兴复以来，置有学田以资生徒，然四方来学者日众，先置洞田租谷未足需给，部分官绅开始捐资购置学田，以资洞学。正德十六年（1521 年），王守仁兼江西巡抚，离江西而去时，"遗银五十两于主洞蔡宗衮，转属郡增置学田"③。嘉靖三十二年（1553 年），御史萧端蒙到白鹿洞，因念书院学徒既广，已有学田租谷不能满足需求，于是"取赎金二百两，檄南康府同知汪君伊增置肥腴田亩以赡士，使得终业……汪君伊敬承雅志，竭心计勘，买得元辰和瑶陇田六十六亩八分一厘七毫，以白鹿书院立户……其一应差徭，如例蠲免"④。顺治九年（1652 年），江西提学道赵函乙欲捐百金以修白鹿洞书院，后听从星子知县薛胤隆意见，将金用于置田五十亩，而岁赋其入以资洞学，为久远之计。对此众人称赞"金之为修也有尽，田之为修也无穷"⑤。康熙十六年（1677 年）知府伦品卓详请督抚藩臬捐资，大修祠宇，布政使姚启盛倡捐二百金，提学邵连平倡捐五百金⑥。康熙五十一年（1712 年），提学冀霖重建殿庑，增学田⑦。官绅通过直接购买田地用作洞田的做法，带来的直接后果是"假之岁月，而岁有所蓄，月有所给，可以优游涵泳，而无裹粮告乏辞而去者矣"⑧。可见，这种做法，不仅利于生

① 光绪《江西通志》卷 82，《续修四库全书》第 658 册，上海：上海古籍出版社，2002 年，第 37 页。

② （清）毛德琦：《白鹿书院志》卷 19，《续修四库全书》第 720 册，上海：上海古籍出版社，2002 年，第 579—580 页。

③ 陈东原：《庐山白鹿洞书院沿革考》，《民铎杂志》1936 年第 7 卷第 1 号，第 28 页。

④ （明）郑廷鹄：《新置都昌洞田记》，李才栋、熊庆年编撰：《白鹿洞书院碑记集》，南昌：江西教育出版社，1995 年，第 91 页；《白鹿洞书院志》卷 9，赵所生、薛正兴主编：《中国历代书院志》，南京：江苏教育出版社，1995 年，第 407 页。

⑤ （清）熊维典：《纪提学赵函乙增置洞田记》，李才栋、熊庆年编撰：《白鹿洞书院碑记集》，南昌：江西教育出版社，1995 年，第 165 页。

⑥ （清）毛德琦：《白鹿书院志》卷 3，《续修四库全书》第 720 册，上海：上海古籍出版社，2002 年，第 388 页。

⑦ 光绪《江西通志》卷 82，《续修四库全书》第 658 册，上海：上海古籍出版社，2002 年，第 36 页。

⑧ 《白鹿洞书院志》卷 9，赵所生、薛正兴主编：《中国历代书院志》，南京：江苏教育出版社，1995 年，第 408 页。

徒完成学业，也为书院提供了活水之源，保证了书院有经久不断的经济来源，正好诠释了中国传统文化中"授人以鱼，不如授人以渔"的哲理，为当今教育经费筹措提供了宝贵的借鉴经验。

4. 宗藩输官田入白鹿洞洞田

宗室藩王贤达之士将自己官田赠予白鹿洞为洞田，以租谷养天下之士，以达到为国家储备人才的目的。明嘉靖三十四年（1555 年），饶藩永丰王府辅国将军朱厚爐以所置都昌柳氏之田聚讼租额，愿输田于白鹿洞，凡二百九十二亩，岁入紫阳仓租谷计四百三十二石，以养俊髦；同时，江藩瑞昌王府奉国将军朱拱摇以禄余所易寺田七十八亩六分移于洞中，以赡诸生①。万历十五年（1587 年），安义县宗室多炫等输入官田一百九十五亩有奇②。

5. 划拨盐务充公银补贴白鹿洞书院

白鹿洞书院岁久不修，房垣多圮，膏火亦不敷出。道光三年（1823 年），知府狄尚絧详请丁盐道每岁拨盐务充公银一千两，将生监膏火之旧仅六十分者增为一百分，生童膏火之旧止给银五个月者增为八个月，从而使白鹿洞书院生徒由九十名增至一百三十人③。此外，康熙五十二年（1713 年），知府叶谦详委府县教官四员，按季分司督课给与马银十二两④。

政府直接划拨盐务充公银等公银作为书院的经费补贴，这表明白鹿洞书院由私学向官学化道路的发展。

6. 香资置田

白鹿洞书院除具有讲学的功能外，也是藏书和供祀的场所，香资亦成为购置书院学田资本之一。万历十九年（1591 年），田琯出任江西南康知府，兴修白鹿洞书院，主张清复洞山，以盈余香资增置洞田，白鹿洞书院以北帝宫香资增置田七百余亩⑤。

7. 官绅捐资助力

书院的修缮也是书院一大日常开支。官绅通过捐地、捐资助力，在一定程度上减轻

---

① （明）邹守益《饶宗藩白鹿洞义田记》、（明）敖铣《宗至养士田记》，均收入李才栋、熊庆年编撰：《白鹿洞书院碑记集》，南昌：江西教育出版社，1995 年，第 98—99、102 页；邹守益《宗藩义田记》，（清）毛德琦：《白鹿书院志》卷 14，《续修四库全书》第 720 册，上海：上海古籍出版社，2002 年，第 520 页；卷 3，第 386 页。

② （清）毛德琦：《白鹿书院志》卷 3，《续修四库全书》第 720 册，上海：上海古籍出版社，2002 年，第 387 页。

③ （清）程含章：《重修白鹿洞书院添膏火碑记》，李才栋、熊庆年编撰：《白鹿洞书院碑记集》，南昌：江西教育出版社，1995 年，第 280 页；（清）毛德琦：《白鹿书院志》卷 3，《续修四库全书》第 720 册，上海：上海古籍出版社，2002 年，第 389 页。

④ （清）毛德琦：《白鹿书院志》卷 3，《续修四库全书》第 720 册，上海：上海古籍出版社，2002 年，第 389 页。

⑤ （清）田琯：《知府田琯清复洞山增置洞田议》，（清）毛德琦：《白鹿书院志》卷 3，《续修四库全书》第 720 册，上海：上海古籍出版社，2002 年，第 387 页；卷 10，第 470 页。

了书院经济上的压力。

宋淳熙八年（1075 年），朱熹迁浙东提举，遗钱三十万，属军守钱闻诗建庑并塑像①。正统元年（1436 年），翟溥福任南康太守，看到白鹿洞书院废弛日久，决定重修，于是"率僚属捐俸，入以为之倡，而三邑义士叶刚、梁冲、杨振德等闻风而兴，或出资费，或助力役，划秽除荒，取材就工"②，修缮工作进展顺利。成化元年（1465 年），李龄奉命到南康督学，欲修缮白鹿洞书院，推官沈英等人"募义民，广延贤，得谷五百斛，鸠工聚材。……邑人闻风慕义，捐资财，施砖瓦，助力役者比比"③。得到乡绅助力，工程进展迅速，仅半年时间就修缮完毕。弘治十六年（1503 年），邵宝置建昌新建田二十六亩作独对亭④。康熙十六年（1677 年），知府伦品卓详请督抚藩臬捐资，大修白鹿洞书院祠宇，添设号舍，布政使姚启盛倡捐二百金，提学邵连平倡捐五百金，一倡一和，事机有构，督抚各宪无不克襄厥美⑤。道光十一年（1831 年），都昌候选布政司陈尚忠捐建枕流石桥；道光十三年（1833 年）都昌贡生吴应祥、监生吴峻捐建鸿胪石桥；道光十八年（1838 年），都昌贡生余泰捐修书院；咸丰七年（1857 年），星子举人潘先珍、郑奠邦修春风楼、独对亭⑥。正统元年（1436 年），翟溥福守南康，率僚属"捐俸作礼圣殿"⑦，始复兴白鹿洞书院，并谕士民之尚义者佐之。

政府亦通过拨款助力白鹿洞书院的修缮费用，咸平五年（1002 年），敕有司修缮白鹿洞书院⑧。

二、白鹿洞书院学田的收支平衡

学田田赋是白鹿洞书院日常开支的主要来源，综观白鹿洞书院的整个发展历程，其洞田田赋的收入基本可以满足养士之需，保证书院的正常运转，甚至略用盈余。

① 光绪《江西通志》卷82，《续修四库全书》第658册，上海：上海古籍出版社，2002年，第31页。
② 《白鹿洞书院志》卷9，赵所生、薛正兴主编：《中国历代书院志》，南京：江苏教育出版社，1995年，第401页。
③ （明）李龄：《重修书院记》，（清）毛德琦：《白鹿书院志》卷12，《续修四库全书》第720册，上海：上海古籍出版社，2002年，第491页。
④ （清）毛德琦：《白鹿书院志》卷3，《续修四库全书》第720册，上海：上海古籍出版社，2002年，第385页。
⑤ （清）伦品卓：《重修白鹿书院碑记》，（清）毛德琦：《白鹿书院志》卷3，《续修四库全书》第720册，上海：上海古籍出版社，2002年，第388页；卷12，第503页。
⑥ 光绪《江西通志》卷82，《续修四库全书》第658册，上海：上海古籍出版社，2002年，第37页。
⑦ （清）毛德琦：《白鹿书院志》卷3，《续修四库全书》第720册，上海：上海古籍出版社，2002年，第384页；光绪《江西通志》卷82，《续修四库全书》第658册，上海：上海古籍出版社，2002年，第31页。
⑧ 《白鹿洞书院志》卷7，赵所生、薛正兴主编：《中国历代书院志》，南京：江苏教育出版社，1995年，第388页。

据冯元《白鹿洞书院清田记》记载，嘉靖二十六年（1547 年），他负责清查白鹿洞书院田亩，得田、地、塘共计一千八百三十八亩余，岁入租一千七百三十三石余，仅足为一年供赡修葺之需①。另据统计，截至嘉靖三十四年（1555 年），白鹿洞书院拥有学田数量"计星子、都昌、建田、新建四邑，凡二千三百余亩矣"。岁得租谷二千九十一斗六升三合②。这个数目远远超过冯元所记，满足书院日常支出应绰绰有余。

再以万历年间（1573—1619 年）为例，《白鹿洞志》有记载："先贤买田积租专以养士，近因生徒不至，将累年储积发修府县两学，甚至他郡，亦或请租修学。""清田赋查得洞田旧有新增近一千七百余亩，岁租所入若不负欠，计有一千八百余石，从此量入为出，可无不足之虞"③。另有统计，万历四十四年（1616 年）白鹿洞洞田租银每年四县额该解银三百五十四两三钱六分，除去各种费用，余银三十九两七钱有奇④。

清朝初年，洞租因洞田减少一度告急，经新置学田得以解决。顺治十二年（1655 年），巡抚蔡士英倡复书院，重定洞规，认为原为讲学之资的洞田租银因兵火之余尽行废弛，洞租银两俱为无名费用支销，每年书院运行费用不足，于是由前任臬司李长春暨学道馆县捐资六百二十二两一钱八分，复买吴苏子田七百余亩入洞，合原田及新置田，除完粮外每年共收洞租银九百三十八两，内除洞中一切支销款目七百八十六两，其剩余之银，以为修先贤祠宇及书廨等需⑤。

由此可见，白鹿洞学田田赋基本可以保证书院运营的收支平衡，它不仅是书院日常运行经费的主要来源，而且是书院修缮费用的来源之一。

然而，因时局变动和对洞田的管理差异，洞田数量的增减和洞田租谷拖欠直接影响着田赋收入，危及书院的正常运转。万历年间，洞田租谷拖欠现象严重，"各县顽民不听督促负欠大多……南昌府新建县者，累年田租不纳"，鹿洞被迫改由地方政府代为催

① （清）冯元：《白鹿洞书院清田记》，李才栋、熊庆年编撰：《白鹿洞书院碑记集》，南昌：江西教育出版社，1995 年，第 86 页。
② 《白鹿洞书院志》卷 9、卷 17，赵所生、薛正兴主编：《中国历代书院志》，南京：江苏教育出版社，1995 年，第 410、500 页。
③ 《白鹿洞书院志》卷 12，赵所生、薛正兴主编：《中国历代书院志》，南京：江苏教育出版社，1995 年，第 441、444 页。
④ （明）袁懋贞：《申聘南昌乡绅舒日敬主洞并议款》，（清）毛德琦：《白鹿书院志》卷 10，《续修四库全书》第 720 册，上海：上海古籍出版社，2002 年，第 472 页。
⑤ （清）蔡士英：《巡抚蔡士英示定洞规》，（清）毛德琦：《白鹿书院志》卷 10，《续修四库全书》第 720 册，上海：上海古籍出版社，2002 年，第 474 页。

缴租谷。针对侵隐学田行为，多次组织清田运动，将被侵占土地或新垦土地收纳为洞田，从而解决洞租入不敷出的现象①。

　　白鹿洞书院能够保存几百年正常运转，离不开白鹿洞学田给予的强大的经济支撑。政府、官僚、士绅，各方面力量的参与，给白鹿洞书院积蓄了一定数量的洞田，由洞田派生出的年复一年的租赋，为白鹿洞书院输送充足的经济血液提供了活水之源。白鹿洞学田在其经营中的模式与作用，为当今教育事业资金的筹措，特别是在社会办学过程中，如何利用社会资源、广开财源提供了一定的借鉴。

---

① 《白鹿洞书院志》卷12，赵所生、薛正兴主编：《中国历代书院志》，南京：江苏教育出版社，1995年，第441、444页。

论吴越、宋对日贸易

闫华芳

（洛阳师范学院 历史文化学院、河洛文化国际研究中心，河南 洛阳，471934）

摘　要：日本于895年废除遣唐使，与大陆之间断绝了官方往来，开始进入一个封闭的时代。10世纪初，日本制定了禁止私自购买官物的禁购令和限制宋商来日的"年纪制"，进入了比较封闭的时期。宋商进入日本要经过存问、朝廷阵定决定去留。大宰府等沿岸政府机构在对宋贸易上有较大的自主权。宋商的对日贸易早期控制在朝廷与大宰府手里，后来由于允许宋商以较高的代价在日本拥有土地，促进了宋商与日本民间贸易的繁荣。吴越在对日贸易上采取实用的积极态度，降至宋朝，她在对日交往中采取了居高临下的态度，使日本在对宋外交上有时陷于困境。日本的对宋外交表面上是被动的，但是，正是由于日本公卿贵族对唐物的渴求，才导致宋商不断蹈海东渡。

关键词：吴越；宋；对日贸易；唐物

894年（日宽平六年），宇多天皇任命菅原道真为遣唐大使、纪长谷雄为副使，翌年废止。其上一次是838年（日承和五年）以藤原常嗣为大使的遣唐使，因此，自此次遣唐使之后，唐日之间就断绝了官方往来，但民间尚有往来。

日本废止遣唐使之后，采取了几近锁国的政策，并且在延喜年间（901—923年）制定了禁止私自购买唐物的禁购令，后来又制定了限制宋商过于频繁来日的"年纪制"。这是由于外国商人的到来，日本官府往往要接待，耗费甚巨，不堪其苦，所以规定其来日的年限，一般认为，其相隔年限最低为两年。

唐朝灭亡后，北方进入五代兴替时期，而南方分裂为吴越、南汉等割据势力，此期与日本交通的主要割据势力就是吴越国。降至宋朝，虽然宋日之间没有官方往来，但是贸易和文化的交流极盛。中日学者对吴越、宋与日本贸易问题已有不少的成果①，但仍有不少问题有再探讨的必要，因此笔者草就此文，以求教于方家。

一、入　　境

关于客使来到日本时官方接待的程序，《延喜式》云："凡客人入朝，任存问使、掌客使、领归乡客使各二人，随使一人，通事一人。又预差定郊劳使、慰劳使、劳问使、赐衣使各一人，宣命使、供食使各二人，赐敕书使、太政官牒各二人。"此中所谓客人乃官方使节也。宋商（含吴越，下同）渡日，往往属私人性质，但也间或有携官府牒状而至者。对于官方使节，自当以式待之，对于私人来日，也往往比照官使对待。《本朝世纪》天庆八年（945年）七月条云：

> 廿六日庚申，今日，唐人来着肥前国松浦郡柏岛。仍大宰府言上解文在左，其文多不载，只取其大纲。
>
> 大宰府解　申请官裁事
>
> 言上　大唐吴越船来着肥前国松浦郡柏岛状
>
> 舶一艘，胜载三十斛，乘人壹佰人，交名在别。
>
> 一船头蒋衮，二船头俞仁秀，三船头张文过。
>
> 右得管肥前国今月十一日解同日到来，称，管高来郡肥最崎警固所，今月五日解状。同月十日亥刻到来，云：今月四日□三克，件船飞帆，自南海俄走来。警调兵士等，以十三艘追船，留肥最崎港岛浦。爰五日寅一刻，所司差使者问。所送牒状云：大唐吴越船今月四日到岸，状请准例速差人船引路至鸿胪所牒者。慅加实检，所申有实，仍副彼牒状，言上如件者云云。蒋衮申送云。以去三月五日始离本土之

---

① 日本方面的研究有：〔日〕森克己：《日宋贸易的研究》，东京：勉诚出版社，2008年；〔日〕木宫泰彦著，胡锡进译：《日中文化交流史》，北京：商务印书馆，1980年；〔日〕西村真次：《日本古代经济·贸易》，东京：东京堂，1939年；〔日〕辻善之助：《海外交通史话》，东京：内外书籍株式会社，1942年；〔日〕服部英雄《日宋贸易的实态——诸国来的异客们和唐人街"唐房"》，《东亚与日本——交流与变化》，福冈：九州大学，2005年。中国学者的研究主要有：赵莹波：《唐宋元东亚关系研究》，上海：上海社会科学院出版社，2016年。

岸，久□沧海云云。（□为脱字）

天庆八年六月廿五日

唐人百人交名书在辨官①

警固所即边防哨所，九州岛地处交通要冲，时或有海盗袭扰地方，却盗攘患乃警固所之责。因兹六月四日吴越船来，兵士以船十三艘追之，追上商船并把他们留置于港岛浦之后，即递解状给上级政府肥前国（在今佐贺、长崎县）。翌日，肥前国"所司差使者问"，之后于六月十一日上报到大宰府，并请安置于鸿胪馆，大宰府又"愊加实检"，此处的"实检"，应即是存问。经存问可知：三船头分别为蒋衮、俞仁秀、张文过；水手有一百人，均具名以上；船的载量为三十斛（疑为三百斛之误）；该船三月五日自吴越启帆（此处三月亦疑为五月之误，因彼时中日间航行快者十余日，慢者一月左右即可）。大宰府于六月廿五日向朝廷发出解状，解状于七月到达朝廷。

又，《朝野群载》卷二〇大宋国商客事条记载了 1105 年存问宋商李充的细节，云：

警固所解　申请申文事

言上　新来唐船壹只子细状

右　件唐船，今日酉时，筑前国那珂郡博德津志贺岛前海到来者，任先例，子细言上如件，以解。

长治二年八月廿日 镒取田口言任　本司监代百济惟助

同存问记

长治二年八月廿二日存问大宋国客记

问客云，警固所去廿日解状称：今日酉时，大宋国船壹艘，到来筑前国那珂郡博德津志驾岛前海，仍言上如件，者依例为令存问，所遣府使也，纲首姓名，参来由绪，愊以注申。

客申云，先来大宋国，泉州人李充也，充去康和四年（一一〇二）为庄严之人徒，参来贵朝，庄严去年蒙回却官符，充相共归乡先了。彼时李充随身货物等少少，当朝人人虽借，诸负名等遁隐不辨返，仍诉申此由于公家，为征取，构别船，语人徒，所参来也止申。

---

① 〔日〕藤原通宪：《本朝世纪》，东京：经济杂志社，1899 年，第 124—125 页。

复问云：李充先度参来之日，有不辨返借物之辈，者须言上此由也。而彼时不言上，今为取返借物，构参来由之条，虽取信，来享之礼，前迹已明，早随身货物，本乡之公凭，人徒交名，乘船胜载，依例注申。

客申云：本乡公凭、人徒交名进上之，乘船胜载百余石也。当朝人借物之条，全非虚妄，负名注文进之，被召问真伪，可显露商客野心，不得返欠物者为大愁，仍为奏达公家，所参来也。如勘问，先度归乡之日，可言上也，然而纲首庄严蒙宫使之谴责，俄飞帆之间，不能言上，依悉绪不尽，今度为官奏所参来也，早言上可被随裁下也止申。

复问云，于所进负名注文者，所备府览也，但今度随身货物，可注申色目。

李充申云，色目载在所进之本乡公凭，别不可注申，随身货物者最少也，交易粮料欲皈乡，麁恶之物，何备进官，但先被言上可被随裁下也者。

宋人　李充在判

府使　府宰直为末　　　　　通事巨势友高　　　文殿宗形成弘

　　　厅头大中臣朝臣佐良　贯首高桥致定　　　府老纪朝臣知实

与上例一样，此例中亦由警固所向上级政府报告，但不同的是，此例中的筑前国（今福冈县西部）那珂郡博德津即大宰府府治所在地，因而直接向大宰府报告。接着，大宰府派出府使，对宋商进行存问，存问的内容包括：参来理由、本乡公凭、纲首和人徒之名、乘船的载量、货物品类数量等，之后上报给朝廷。由此例可知，泉州人李充于1102年追随纲首庄严来到日本，他将货物借诸"负名"。"负名"一般指土地承包者，即地主。李充说借货物给"负名"可能是委婉的说法，实际应是李充卖东西给"负名"，但"负名"没返还其值，即"赖账"。1104年，庄严被回却，李充没有收到货钱就随庄严回去了。翌年，李充又自为纲首，乘帆东渡，来收去年的货钱。实际上李充违反了"年纪制"，但他借口与"负名"有商业纠纷，所以再次来日本。大宰府府使让李充提供卖给"负名"的货单，以备处置。

外国商船若在大宰府管内（九州岛）靠岸，由大宰府进行存问；若在日本海沿岸靠岸，则朝廷另外派遣存问使。例如，1044年（日长久五年）7月，宋商张守隆到达但马国（今兵库县北部）。8月6日，"以散位中原长国、民部丞藤原行任等任但马介、掾，为存问宋客也"[1]。宋船越过对马海峡而进入日本海沿岸，这由于就陆路而言，日本海

---

① 〔日〕佚名：《百炼抄》，东京：经济杂志社，1901年，第30页。

沿岸比九州岛更接近首都。日本海沿岸的越前国（在今福井县、岐阜县）敦贺设有接待外国人的松原客馆。

由上可见，在入境时，存问是重要的一环，其作用主要有三点：其一，对商客来日的情况作详细的了解，如是否违反"年纪制"等，为朝廷公卿阵定决定安置还是回却提供依据；其二，对商船的载量和携来的货物进行详细的了解；其三，对宋商及其货物进行保护，以便政府对交易进行控制。

二、阵　定

朝廷在接到大宰府（或其他地方政府）宋（包括吴越）商到来的解状之后，由让公卿阵定（开会决定）宋商或安置或回却。《权记》长保五年（1003 年）七月廿日条云：

> 左大臣于阵被定申□（脱字，当为"大宰"）府言上大宋福州商客上官用铦来朝事，定申云：同人有年纪，而前般商客曾令文未归去之间，用铦去年间却之后，不经几程重以参来，虽陈归化之由，于安置可无据，任旧制符之旨，可回却之由，可给超符。诸卿同之，左右内府、右大将、左右金吾、权□（脱字）、勘解中将等也。①

此例中的上官用铦 1002 年被回却，翌年又参来，违反了"年纪制"，依法当在回却之列，但上官用铦提出归化日本，究其缘由有二：其一，或许他真心想归化日本；其二，或许他以归化为名逗留于日本。笔者以为第二个原因更有道理，即上官用铦并无归化之意，而是以归化之名行逗留之实。但日本朝廷似也看透他的用意，所以将其回却。

当然也有违反"年纪制"，但没被回却的事例，《朝野群载》卷五阵定云：

> 大宰府言上大宋国福州商客潘怀清参来可安置否事
> 内大臣春宫大夫藤原朝臣、左卫门督源朝臣、右卫门督藤原朝臣、权中纳言藤原朝臣、右兵卫督藤原朝臣等定申云："件事大概相同右大辨源朝臣定申，但货物解文之中，注进佛像并文书等，而若被回却者，恐存不被用如此佛像书籍，后来商

---

① 〔日〕藤原行成：《权记》，东京：内外书籍株式会社，1929 年，第 291 页。

客永不贡进,仍被免安置,被纳方物,何事之有乎?"权守中纳言源朝臣、右大辨源朝臣等定申云:"件怀清等治历年虽参来,依相违起请年记,蒙回却符,去年归乡已毕。而今年重参来,已似忘朝宪,又副进公凭案文,先例若不进正文欤?大宰府不覆问此由,尤不当也。但如存问日记者,虽被回却,为慕皇化,远渡苍溟,重以参来者,就之言之,诚虽侵愆纪之过,殆盍怜大德之远情乎,况岁及腊月,寒限可畏,仍下知旨趣,被免安置,殊有何事乎?凡商客参来,想定年纪之后,不必依起请之期,有被免安置之时,时奉为公家,无指事妨之故也,抑至于贡进货物等者,若被安置者,可被捡纳欤。"

延久二年(一〇七〇)十二月七日①

如上所述,"年纪制"出台于 10 世纪初,此时已是 11 世纪晚期,官员对于"年纪制"也不像以前那样严格遵守。在 1070 年 12 月的这次阵定中,潘怀清至少是第二次来到日本,并且是 1069 年回却,翌年就来了,违反了"年纪制",依法当在回却之列。但由于潘怀清船中有佛像书籍,这正是公卿们所热衷的唐物之一,所以公卿们不想将潘怀清之船回却,并且给自己"找台阶下"。理由之一,若回却恐今后宋商不再载佛像书籍而来;理由之二,岁及腊月不能回却,所以最后给予安置,并进行交易。"年纪制"的松弛,从 1085 年的另一次阵定也可以看出来,《朝野群载》卷五阵定又云:

> 大宰府言上 大宋国商客王瑞、柳公、丁载等参来事
> 春宫大夫藤原朝臣、民部卿源朝臣、左卫门督源朝臣、左京大夫藤原朝臣、右兵卫督源朝臣、通俊朝臣等定申云:异客来朝,本定年纪之后,虽不依其年限,或被安置,或被放畈。而近代府司乍瞻回却官符,殊优异客,任情量其意趣,似令出不被行者欤。如风闻者,如此商客,上古待二八月之顺风,所往反也。至于近代,不拘时节,往反不利。且喻此旨,早可被回却欤。但此事修补船筏,相待顺风之间,随其状□(脱一字),可令量行欤。自今以后,被告为他听稽留之由者,可□□诚之状(脱二字),可被下知欤,不然者,又为彼若无事烦者,暂被许安置,何难之有哉?但可经敕定。抑近代异客来着诸国,交开成市,填城溢廓云云。虽无指疑,

---

① 〔日〕三善为康:《史籍集览第十八册朝野群载》,东京:近藤出版部,1907 年,第 112—113 页。

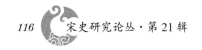

犹乖旧典者欤。①

不仅朝廷公卿因爱好唐物而法外安置宋商，地方官员也有违例安置宋商的。此例中，有的地方官员已经看到将宋商回却的官符，还对其优待，以至于令出不行。对于宋商王瑞等，朝廷官员阵定后，决定回却，但因修理船只、候风等原因，大宰府官员可量情而行。

有的宋商虽然被回却，但依旧逗留不走。这或许是由于带来的商品没有交关，或许是由于没有粮食。例如，1060 年（日康平三年）八月七日，"诸卿定申大宋商客林养、俊政等来着越前国事，赐粮食可令回却之由被定申"。"定"即阵定，也就是公卿阵定回却林养等人，但该条史料又注云，"后日赐安置符，长德仁聪例云云"，也就说后来又依长德年间（995—999 年）朱仁聪故事，给林养等安置符，没回却（朱仁聪事见第三节）。

由上可见，宋商入境后，由地方政府上报朝廷，朝廷公卿阵定决定宋商的去留。这反映了当时对宋外贸的主导权在朝廷。这是由于唐朝虽亡，宋商带来的货物依旧称为唐物，上层贵族对唐物有情有独钟，所以，宋商带来的唐物首先要满足他们的需要，因此，朝廷要"抓紧"唐物的交易权。

三、交　易

由于宋船往来日本，大多数着于大宰府，而大宰府本身是专管九州岛的政府机构，因此在与宋的贸易中有一定的自主权。首先，大宰府规定基本商品交易的价格。由于宋钱在日本广泛使用，所以这点容易实现。其次，由于大宰府和京都相去甚远，大宰府有专制方面之权。一线的警固所在宋商到来之所，从其上报大宰府解文中，时间具体到"刻"来看，他们有迅速上报之责。但大宰府的解文到朝廷，时间却以月来计算，因此大宰府有很大的"操作空间"。其一，在对宋商进行存问之后，若无异状，则可预先进行交易。其二，如上所述，即使朝廷经过阵定，将宋商回却，大宰府还是能以天气和船况不好为由，让宋商继续逗留。

宋商远涉鲸波，给日本贵族带来唐物，自然希望能利润最大化，因此在贸易中有议价的过程。1000 年（日长保二年）7 月之前，宋商曾令文来到日本，《权记》长保二年（1000 年）七月条云：

---

① 〔日〕三善为康:《史籍集览第十八册朝野群载》，东京：近藤出版部，1907 年，第 112—113 页。

十三日戊子……参御前奏，先日大宰大贰藤原朝臣申送云："商客曾令文所进和市并货物等直事，依有所申请，以管内所在官物，且可宛之由，令成所牒。但金直两别米一斛京之定也。商客申所宛三石之由，仍增彼京定，减此客定，相定一石五斗可宛结之由。虽令仰商客等，犹不甘心者。以一石五斗为定可给御牒之由，先日奉仰事了。而犹件数多减下。若宛二石令给如何？但给米一包，其数可及六千余石，若以绢令宛给如何？此事左大臣先日所知行也，先可触彼大臣欤。"仰云，依申。……十四日己巳，诣左府，申唐物直事，以二石为定者。

在此事例中，宋商曾令文与大宰府的交易是以金定价，然后再以米支付。但就金与米的比例，双方有个讨价还价的过程。日本京都金一两米一斛，曾令文主张金一两值米三石，大宰府先主张一石五斗，后主张二石。若以二石为标准，则总交易额为六千余石米。大宰府嫌米太多，向朝廷申请可否以绢交易。左大臣（左相）批准以金一两值米二石为标准交易，最终，曾令文载回六千余石米。

交易中除议价外，有时也会发生贸易纠纷。《权记》云：

（1000年，日长保二年八月）廿四日戊辰，皇后宫仰云，大宋商客仁聪在越前国之时，所令献之杂物代，以金下遣之间。仁聪自越前向大宰之后，令愁申公家，以未给所进物直之由云云。即遣仰大贰许之处，初虽相约可渡料物之由，后变约束不免行。仍令赍金于侍长孝道，下遣彼府商客之许，而大贰制止使者之遇商客，只检领料金。渡行之间，商客致量缺，所进请请文金数，减少从先日所遣之数，然而不论其事，重申可令下遣之由。但彼府有重所申上之事者，其府解何日所申哉？已下遣料物之后，重所申欤。奇思食无极，依此事，可被召明顺朝臣云云。其事亦如何，令启，已下给料物者，早可令明顺朝臣辨申其由欤。仁聪申词，日记之中，有未辨渡其料之旨，仍公家所被寻也。[①]

朱仁聪是经常往来日本的宋商。他曾于987年（日永延元年）十月到达日本（扶桑略记）。10年之后的997年（日长德三年）因凌砾若狭守兼隆被勘定罪名。（《百炼抄》日长德三年十一月十一日、小右记）依上文，1060年林养等人先被回却后被安置是依朱仁聪

---

① 〔日〕藤原行成：《权记》，东京：内外书籍株式会社，1929年，第152页。

故事，因此朱仁聪也是先被回却后被安置，而安置地是越前国，那有松原客馆。未知朱仁聪 987 年来日本后是回国又再来日本，还是一直待在日本，如果是后者，朱仁聪客居日本就有十多年了。朱仁聪在越前之时，曾向皇后宫（定子）进献物品，皇后宫已经赐金于他。不久，朱仁聪移往大宰府，向府司申述所赐之金比所进献物品便宜。于是命大宰大贰（大宰府副长官）与朱仁聪约定交付的物品，但后来又变更约定未交付。朝廷于是派使者赍金到大宰府，但大宰大贰不让使者与朱仁聪相见，只领了料金，朱仁聪也没得到预期的料金，大宰大贰从中克扣了料金。

上述 1085 年对宋商王瑞的阵定中提到，"近代异客来着诸国，交开成市，填城溢廓云云。虽无指疑，犹乖旧典者欤"，说明宋商的到来呈增加的趋势，以至于商品"填城溢廓"。早期宋商只能住在大宰府指定的宾馆，以利大宰府专买。后来日本政府放松对宋商的限制，颁给宋人田地，虽然免其年供，但要求缴纳相当于日本国产绢五倍价格的大唐绢。之后在九州岛沿岸，出现了很多叫"唐房"的地方，这就是日本早期的"唐人街"了。

宋商带来的商品主要有如下几类：

其一为纺织品。例如，象眼（带画的罗）、生绢、白绫、锦、绮等。

其二为瓷器、漆器和其他工艺品。例如，瓷碗、瓷碟、笼子、玛瑙、革带、琉璃壶、吹玉等。

其三为佛像书籍。

其四为宋钱。

其五为香料。例如，沉香、麝香、丁字、衣比、甘松、青木、龙脑、牛头、鸡舌、白檀、赤木、犀牛角等。

其六为药物、染料、矿物。例如，苏方、陶砂、红雪、紫雪、金益丹、银益丹、紫金膏、巴豆、雄黄、可梨勤、槟榔子、同黄、绿表、燕紫、空青、丹、胡粉等。

其七为动物及兽皮。例如，鹅、羊、孔雀、鹦鹉、竹豹、豹皮、虎皮等。

其八为植物。例如，吴竹、甘竹等。

日本输入宋朝的物品，《宋史·日本传》录有日本僧人奝然遣弟子喜因进贡的青木函，纳佛经；螺钿花形平函，纳琥珀、青红白水晶、红黑木槵子念珠；毛笼，纳螺杯；葛笼，纳法螺、染皮；金银莳绘筥，纳发鬘；金银莳绘砚筥，纳金砚、鹿毛笔、松烟墨、金铜水瓶、铁刀；金银莳绘扇筥，纳桧扇、蝙蝠扇；螺钿梳函，纳赤木梳、龙骨；金银莳绘平筥，纳白细布；鹿皮笼、纳貂裘；另有螺钿书案、螺钿书几、螺钿鞍辔、铜铁镫、红丝秋、泥障、倭画屏风、石流黄等。成寻来宋进献的有银香炉、木槵子、白琉璃、五香、水精、紫檀、琥珀所饰念珠、绫。后来日本朝廷又献絁和水银（是银，不是汞）①。

四、结　语

史书记载吴越与日本的来往在六次左右，且都是吴越船来，其中五次有吴越官方背景（商人赍官方文书而来）。由于吴越偏安于江南，并非是代表全国的政权，所以在与日本的交往中，并未以中原之国自居，而是采取比较务实的态度。吴越政权每次给日本书状的对象似乎不是天皇，而是左大臣（左相）或右大臣（右相）。这也说明吴越王与日本公卿之间似乎存在"私人友谊"。而日本报书的对象就是吴越王或公，具有私信的性质，似乎这两者处于一个平等的位置上。这说明吴越为了和日本开展贸易，并未刻意计较名分，而重实利。

降至宋朝，由于宋朝是代表中原王朝，她在面对日本自然是居高临下的态度。宋朝对外贸易很发达，但朝廷在对日贸易上，并未过多地关注。日本方面的态度是矛盾的，一方面，政府避免与宋朝发生正式官方联系；另一方面，日本公卿贵族对唐物的渴望，是宋商不断滔海东渡的原动力。

---

① 《宋史》，北京：中华书局，1977 年，第 14136—14137 页。

宋代思想史研究

吕祖谦的经学传承、诠释方法与思想探析

姜海军

（北京师范大学 历史学院，北京，100875）

摘　要： 吕祖谦是南宋时期最为重要的经学家、理学家之一。经学是其理学的基础与核心。吕祖谦重视经学，继承并发展家学兼采众长、"不名一家"的学术特征，他本人也博采众长，为其经学解释、思想建构奠定了重要基础。他在解释经典的时候，一方面注重"以理解经"，注重经学、史学之间的互释与会通；另一方面也不忽视章句注疏之学的基础意义。吕祖谦在借助经学诠释建构其思想的时候，强调兼收并蓄，并折中当时流行的朱学、陆学、浙学三家之学，从而建构了"广博"的学术体系。总之，吕祖谦的经学诠释理念、方法与所建构的思想对南宋后期经学、理学发展都产生了深远的影响。

关键词： 吕祖谦；南宋经学；金华学派；浙东学派；经学史

吕祖谦（1137—1181年），字伯恭，婺州（今浙江金华）人，学者称东莱先生。南宋重要的经学家、理学家、史学家，浙东金华学派的创立者、婺学之宗师。吕祖谦经学是其学说的重要组成部分，更是其理学的基础与核心，这在宋代经学史上占有重要地位。他曾撰有大量的经学著述，如《古周易》《书说》《吕氏家塾读诗记》《春秋左氏传说》《春秋左氏续说》《东莱博议》等多种，并有《东莱集》传世。

吕祖谦创立了浙东"婺学"，《宋元学案》有时亦称之为"吕学"，其实吕学的称法更适合，而将婺学作为一个以地域命名的学派并不准确。因为吕祖谦所处的婺州，在

当时还有唐仲友、陈亮，这三人都是婺学的代表，但三人学术各有特点，全祖望曾说："乾淳之际，婺学最盛。东莱兄弟以性命之学起，同甫以事功之学起，而说斋则为经制之学。"①其中，东莱兄弟即吕祖谦、吕祖俭，同甫即陈亮，说斋即唐仲友，他们彼此观点不通，故不能统称为"婺学"，因此，后世学者也一般将永康的陈亮称为"永康学派"，金华的吕祖谦称为"金华学派"或"吕学"。由于永康、金华地处浙东，后世学者有统称为浙东学派。吕祖谦作为浙东学派的代表人物，生时与朱熹、张栻齐名，号称"东南三贤"。在乾道、淳熙年间（1165—1189年），他以其独立的学派与朱熹、陆九渊鼎立而三，所谓"宋乾淳以后，学派分而为三：朱学也、吕学也、陆学也"②。可以说，吕祖谦是南宋中期最为重要的经学家与理学家之一，他对于浙学的形成与发展起到了重要的推动与促进作用。

尽管吕祖谦在南宋经学、理学发展史上扮演着重要角色，学者们对他的思想有一定的分析，但很少就其经学思想渊源、诠释方法与思想建构等问题作系统而深入的分析，本文希望在前贤时哲的基础上进一步研究，以就教于方家③。

一、经学传承强调"不名一家"，博采众长

吕祖谦的经学思想很有特点，他和朱熹理学、陆九渊心学不同，很注重兼容并包，这一特点的形成和他的家学渊源深厚有直接的关联。《宋史》本传称"祖谦之学本之家庭，有中原文献之传"④，吕氏家族，从北宋吕公著开始，"登《学案》（《宋元学案》）者七世十七人"⑤，对此，全祖望解释说：

> 考正献（吕公著）子希哲、希纯，为安定门人。而希哲自为荥阳学案，荥阳子

① （清）黄宗羲原著，全祖望补修：《宋元学案》卷60《说斋学案》，北京：中华书局，1986年，第1954页。

② （清）黄宗羲原著，全祖望补修：《宋元学案》卷51《东莱学案》，北京：中华书局，1986年，第1653页。

③ 黄灵庚：《经、史并重的吕学特色》，《浙江社会科学》2005年第5期；李之鉴：《吕祖谦〈易说〉浅论》，《河南师范大学学报》（哲学社会科学版）1997年第1期；孙旭红：《吕祖谦〈左传〉学中的王霸之辨》，《江汉大学学报》（人文科学版）2010年第2期；蔡方鹿、付春：《吕祖谦的〈诗经〉学探析》，《中共宁波市委党校学报》2008年第2期；蔡方鹿：《吕祖谦的经学思想及其方法论原则》，《中国哲学史》2008年第2期；肖永明、张长明：《吕祖谦的思想学术渊源与治学特点》，《湖南大学学报》（社会科学版）2003年第3期；刘玉敏：《吕祖谦学术渊源略考》，《中国哲学史》2007年第3期；朱仲玉：《试论金华学派的形成、学术特色及历史贡献》，《浙江师范大学学报》（社会科学版）1989年第4期。

④ 《宋史》卷434《吕祖谦传》，（清）永瑢、纪昀等：《景印文渊阁四库全书》，台北：台湾商务印书馆，1986年，第108页。

⑤ （清）黄宗羲原著，全祖望补修：《宋元学案》卷19《范吕诸儒学案》，北京：中华书局，1986年，第789页。

切问，亦见学案。又和问、广问及从子稽中、坚中、弸中，别见和靖学案。荥阳孙本中及从子大器、大伦、大猷、大同，为紫微学案。紫微之从孙孙祖谦、祖俭、祖泰，又别为东莱学案。共十七人，凡七世。①

可以看出，在有宋一代非常有名的吕氏家族，无论是在政治地位上还是在学术传承方面都有非常浓厚的家族氛围。作为吕氏家族中最为重要的先祖——吕公著，除了是北宋宰相之外，他在经学、儒学也是颇有造诣。他强调讲学"以治心养性为本"②，且很欣赏二程兄弟的学识，曾多次向朝廷举荐二程兄弟，后程颢出任太子中允，权监察御史里行，颇受神宗器重。后来，由于程颢不赞同王安石新法，被罢归，在洛阳与其弟程颐广收门徒，潜心学问。此时，吕公著与文彦博、司马光等人也退居到洛阳，与二程兄弟相与议论时政，讨论学问。后来，新法失败，朝廷起用吕公著、司马光等人，吕公著积极向朝廷推荐程颐，称说："臣尝与之语，洞明经术，通古今治乱之要，实有经世济物之才。"③受到吕公著、司马光等人的力荐，程颐出任西京国子监教授、宣德秘书省教书郎、崇政殿说书等要职，为二程洛学的兴盛奠定了重要的基础。

吕公著曾让自己儿子吕希哲拜程颐为师，是为程颐的开山弟子。吕希哲好学，曾与杨时经常论学，"连日夜不厌，所言皆经世大略"④。不过与杨时严守师说不同，吕希哲作为二程洛学的最早传承人，他"不私一说""不名一师"，注重兼容并包。《宋元学案》说他：

> 荥阳少年，不名一师，初学于焦千之，庐陵（欧阳修）之再传也。已而学于安定（胡瑗），学于泰山（孙复），学于康节（邵雍），亦尝学于介甫（王安石），而归宿于程氏（程颐），集益之功，至广且大。然晚年又学佛，则申公家学未醇之害也。要之，荥阳之可以为后世师者，终得力于儒。"⑤

---

① （清）黄宗羲原著，全祖望补修：《宋元学案》卷19《范吕诸儒学案》，北京：中华书局，1986年，第789页。

② （明）柯维骐：《宋史新编》卷112，明嘉靖四十三年（1564年）杜晴江刻本，第1175页。

③ （宋）程颢、程颐：《二程集》附录《伊川先生年谱》引，（清）永瑢、纪昀等：《景印文渊阁四库全书》，台北：台湾商务印书馆，1986年，第216页。

④ （宋）吕祖谦：《东莱集》卷14《东莱公家传》，（清）永瑢、纪昀等：《景印文渊阁四库全书》，台北：台湾商务印书馆，1986年，第123页。

⑤ （清）黄宗羲原著，全祖望补修：《宋元学案》卷23《荥阳学案》，北京：中华书局，1986年，第902页。

从这可以看出，吕希哲曾经和很多人学习过，包括焦千之、欧阳修、胡瑗、孙复、邵雍、王安石、程颐等多位学者，晚年又研习佛学，可谓是博学多识。但吕希哲最终"归宿于程氏"，遂以"道学为世宗"，他主张为学"不在于遍读杂书、多知小事，在于正心诚意""直造圣人"①。吕希哲所形成的这一"家风"对后来吕氏家族影响深远，家族中的很多人都是这样为学，即将二程之学为根底，不拘门户、正心修德视为家族治学的一个传统。

吕祖谦的曾祖父吕好问，早年从其父吕希哲学习二程之学，与当时的杨时并称天下，成为南渡前后传承二程之学的关键人物。对此吕祖谦在《家传》中曾说：

> 宣和之季，故老踵相蹑下世，独公（吕好问）与杨公中立（时）无恙，诸儒为之语曰："南有杨中立，北有吕舜徒。"盖天下倚以任此道者唯二公云。②

吕好问曾多次上书朝廷，罢黜王安石、蔡京新政之法，解除对元祐党人的禁锢，为二程洛学申冤。南渡过程中，吕好问还转移、保存了大量的历史文献，有学者称："故中原文献之独归吕氏，其余大儒非及也。"③为宋代学术南移作出了突出的贡献。

吕祖谦的祖父吕弸中，"少从游定夫（酢）、杨龟山（时）、尹和靖（焞）游，而于和靖尤久"，可以说得二程之学真传，因为尹焞"于洛学最为晚出，而守其师说最醇"，程颐在世时也曾高度评价尹焞之学，"我死而不失其正者，尹氏子也"④。而吕祖谦的伯祖父吕本中，被称为"大东莱先生"，其为学兼也是以二程之学为根底，采众家之长，《宋元学案》称："大东莱先生为荥阳冢嫡，其不名一师，亦家风也。自元祐后诸名宿，如元城（刘安世）、龟山（杨时）、鹰山（游酢）、了翁（陈瓘）、和靖（尹焞）以及王信伯（王苹）之徒，皆尝从游，多识前言往行以畜其德。"⑤这几位中，杨时、游酢、尹焞、王苹皆是二程弟子，可以看出吕本中之学基本上以传承二程之学为主，注重修身明德。

作为吕本中的从孙吕祖谦在学术研究上，继承了家学传统，曾多处求学，师从多家，

---

① （清）黄宗羲原著，全祖望补修：《宋元学案》卷 23《荥阳学案》，北京：中华书局，1986 年，第 908 页。

② （宋）吕祖谦：《东莱集》卷 14《东莱公家传》，（清）永瑢、纪昀等：《景印文渊阁四库全书》，台北：台湾商务印书馆，1986 年，第 123 页。

③ （清）黄宗羲原著，全祖望补修：《宋元学案》卷 36《紫微学案》，北京：中华书局，1986 年，第 1234 页。

④ （清）黄宗羲原著，全祖望补修：《宋元学案》卷 27《和靖学案》，北京：中华书局，1986 年，第 1004 页。

⑤ （清）黄宗羲原著，全祖望补修：《宋元学案》卷 36《紫微学案》，北京：中华书局，1986 年，第 1233 页。

如芮煜、汪应辰、林之奇、胡宪等人皆授其学，被《宋元学案》列为龟山再传，二程三传弟子。《宋史·吕祖谦传》称："祖谦之学本之家庭，有中原文献之传。长从林之奇、汪应辰、胡宪游，既又友张栻、朱熹，讲索益精。"①对吕祖谦影响最大的启蒙老师是林之奇（1112—1176 年），字少颖，福建侯官（今属福建闽侯）人，号拙斋，学者称三山先生。反对王安石新学，撰有《尚书全解》《拙斋集》《观澜集》等。林之奇本来是吕祖谦的伯祖吕本中和祖父吕弸中的弟子，吕祖谦受父亲吕大器之命师从林之奇，这样一来，吕祖谦所学实则是家学，只不过，林之奇为学在当时颇有声誉，他反对王安石新学，倡导伊洛之学，这对于吕祖谦学术根底的形成奠定了坚实的基础。总的来说，吕祖谦秉承家学传统，师从多门，不私一说，广泛吸收了多位学者的学说思想，从而形成了他学术上"博杂"的特点，成为南宋中原文献之学的杰出代表。

另外，对吕祖谦"博杂"学术特点产生影响的，还在于自己出任太学博士之后广泛的学术交游。吕祖谦"始予官太学，日从四方之士游"②，由于他待人诚恳，为人谦虚，能够接受不同学派的观点，由此当时不同学派的代表人物多与之有来往。例如，当时永嘉学派的薛季宣、郑伯熊、陈傅良、叶适、陈亮、徐元德等人皆与之有交游，并探讨学术，他还与湖湘学派的张栻、闽学的朱熹、心学的陆九龄、陆九渊等人都交往甚密，这种交往使得他本来"博杂"的学术特点更加显著。吕祖谦这种"博杂"的学术特色，尽管对于汲取百家之长有极大的好处，但是在吕祖谦有生之年并没有将诸家之学融会贯通，建构出一个新的思想体系，以至于朱熹曾批评他说"东莱博学多识则有矣，守约恐未也"③。"博杂极害事，伯恭日前只向博杂处用功，却于要约处不曾仔细研究"④。不仅吕祖谦之学遭到了朱熹的批驳，其家族学风"不名一师""不私一说"的特点也遭到了朱熹的批驳，"吕公家传，深有警悟人处，前辈涵养深厚及如此。但其论学殊有病，如云不主一门，不私一说，则博而杂矣"⑤。

吕氏家族之学虽为博杂之学，"不名一师"，但实际上，吕氏家族始终以儒家思想为宗，尤其是思孟学派《四书》的"格物穷理""治心养性""正心诚意"等说，且有宋一

---

① 《宋史》卷 434《吕祖谦传》，（清）永瑢、纪昀等：《景印文渊阁四库全书》，台北：台湾商务印书馆，1986 年，第 108 页。

② （宋）吕祖谦：《东莱集》卷 12《永康王君墓志铭》，（清）永瑢、纪昀等：《景印文渊阁四库全书》，台北：台湾商务印书馆，1986 年，第 106 页。

③ （宋）黎靖德编：《朱子语类》卷 122，（清）永瑢、纪昀等：《景印文渊阁四库全书》，台北：台湾商务印书馆，1986 年，第 492 页。

④ （清）黄宗羲原著，全祖望补修：《宋元学案》卷 51《东莱学案》，北京：中华书局，1986 年，第 1675 页。

⑤ （清）黄宗羲原著，全祖望补修：《宋元学案》卷 23《荥阳学案》，北京：中华书局，1986 年，第 908 页。

代始终以二程之学作为研习的重点。例如，吕公著为学便注重"治心养性"，并尊崇二程之学，让其子吕希哲拜二程为师。吕希哲为学也是"以《孝经》、《论语》、《中庸》、《大学》、《孟子》为本"①，后吕希哲之子吕好问、吕切问也都受业于程门高弟尹焞。而大东莱先生吕本中也"少从游定夫（游酢）、杨龟山（杨时）、尹和靖游，而于和靖尤久"②，他属于二程再传，所以黄宗羲将他归入《尹氏学案》中。全祖望也补充说："紫微之学，本之家庭，而遍叩游、杨、尹诸老之门，亦尝及见元城，多识前言往行以畜德。"③可以说，吕氏家族之学虽然遍采众长，但却是以二程洛学为根底。后吕祖谦受到家学与师承的影响，也以二程性命之学为宗，他对二程洛学颇为尊崇，他曾说："初学欲求义理，且看《上蔡语》、《阃范》、《伊川易传》，研究推索，自有所见。"④不仅如此，吕祖谦还在婺州刊行《伊川易传》，以传播二程学说。总的来看，从吕公著到吕祖谦，虽然博采众家之长，但始终以二程之学为宗，这不能不说吕氏家学重要的特点所在。

二、注重用理学解读经典，兼及考据之学

在经典诠释上，吕祖谦作为南宋时期的重要理学家，也继承了二程以来"以理解经"的原则与方法，他认为儒家经典都是圣人之道的载体，都是天理的具体体现，故强调"以理观经"，他说：

> 二帝三王之书，牺、文、孔子之《易》，《礼》之仪章，《乐》之节奏，《春秋》之褒贬，皆所以形天下之理者也。天下之人，不以理视经，而以经视经，刳剔离析，雕缋疏凿之变多，而天下无全经矣。圣人有忧之，泛观天壤之间，虫鸣于夏，鸟鸣于春，而匹夫匹妇欢愉劳佚、悲怒舒惨，动于天机不能。已而自泄其鸣于诗谣歌咏之间，于是释然喜曰：天理之未凿者，尚有此存。是固匹夫匹妇，胸中之全经也。遽取而列诸《书》、《易》、《礼》、《乐》、《春秋》之间，并数而谓之《六经》。羁臣贱妾之辞与尧舜禹汤文武之格言、大训并列，而无所轻重。圣人之意，盖将举匹夫匹妇胸中之全经，以救天下破裂不全之经，使学者知所谓《诗》者，本发乎闾巷草

① （清）黄宗羲原著，全祖望补修：《宋元学案》卷36《紫微学案》，北京：中华书局，1986年，第1234页。
② （清）黄宗羲原著，全祖望补修：《宋元学案》卷36《紫微学案》，北京：中华书局，1986年，第1234页。
③ （清）黄宗羲原著，全祖望补修：《宋元学案》卷36《紫微学案》，北京：中华书局，1986年，第1241页。
④ （宋）吕乔年：《丽泽论说集录》卷10《门人所记杂说》，（清）永瑢、纪昀等：《景印文渊阁四库全书》，台北：台湾商务印书馆，1986年，第445页。

野之间，冲口而发，举笔而成，非可格以义例而局以训诂也。义例、训诂之学，至《诗》而尽废。是学既废，则无研索，扰杂之私，以累其心，一吟一讽，声转机回，虚徐容与，至理自遇，片言有味，而五经皆冰释矣。是圣人欲以《诗》之平易，而救五经之支离也，孰知后世反以五经之支离而变《诗》之平易乎！盖尝观春秋之时，列国朝聘皆赋诗以相命，诗因于事，不迁事而就《诗》；事寓于《诗》，不迁《诗》而就事，意传于肯綮毫厘之中，迹异于牝牡骊黄之外，断章取义，可以神遇而不可以言求。区区陋儒之义例、训诂，至是皆败。春秋之时。善用《诗》，盖如此。当是时，先王之经浸坠于地，《易》降于卜筮，礼坠于僭，乐流于淫，史病于舛。虽多闻诸侯，如左史、倚相者，亦不过以诵说三坟、五典、八索、九丘为能，独赋诗尚未入于陋儒之学，是先王之教未经践蹋，岿然独全者，惟《风》、《雅》、《颂》而止耳。此孔子所以既论之《六经》，而又以首过庭之问也。火于秦，杂于汉，别之以齐、鲁，汩之以谶纬，乱之以五际，狭之以专门，铢铢而析之，寸寸而较之，岂复有诗？噫！安得春秋赋诗之说话之。[①]

吕祖谦受到二程儒经乃是天理的体现的思想影响，也认为《尚书》《周易》《礼》《乐》《春秋》等经典内容，也"皆所以形天下之理也"。所以，他希望学者要"以理视经"，这样才能真正体悟圣人之意。否则只是从经学的角度来分析经典，只会是寻章摘句、浮于言意之表。在吕祖谦看来，圣人作《五经》的目的就是在于从不同的角度来反映宇宙天地万物、匹夫匹妇之思想，来展现天地之理，故《五经》是一个整体，他们都是圣人之道的反映。但由于后人不明圣人本意，不"以理观经"，而"以经视经"，彼此割裂，局限于义例、训诂，使得《五经》支离，导致天下已经没有全经了。吕祖谦认为，《诗经》尽管反映的都是一些匹夫匹妇的生活场景、悲欢离合的个人情感，但他们却真实地展现了天理本然，故圣人以《诗经》之平易来"救《五经》之支离"，但是后儒依旧不明圣人之意，而"断章取义"、以言求之，用《五经》之支离的方式，使得平易之《诗经》亦败于支离。加上秦汉时期，经学研究中章句训诂、家法师法、谶纬迷信等方法的杂糅，《六经》之意更陷于支离破碎。可以看出，吕祖谦对先秦两汉时期的"以经视经""义例训诂之学"来研究《六经》的方法，使得《六经》支离，天理尽失，所以他倡导"以理视经"，从义理尤其是天理的高度来重新审视群经，从而真正体悟儒经中的圣人之

① （宋）吕祖谦：《左氏博议》卷 13，（清）永瑢、纪昀等：《景印文渊阁四库全书》，台北：台湾商务印书馆，1986 年，第 441 页。

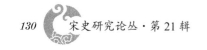

道、天地之理。

吕祖谦在经典诠释上，虽然强调"以理视经"、将明理作为经学旨归，但并没有忽略章句训诂之学，而是注重广泛博览，融众家之长，以求明理、行道。在群经之中，吕祖谦的《诗经》在当时颇有影响，朱熹早年的《诗集传》便是以其说为主，吕祖谦在《诗经》的解释便是注重汉宋兼采、训诂考据与义理性理并重的典范。例如，他解释《诗经·江有汜》"江有汜，之子归，不我以。不我以，其后也悔"时云：

> 毛氏（苌）曰："兴也，决复入为汜。"（小注：《尔雅疏》曰："凡水决之岐流，复还本水者曰汜。"）程氏（颐）曰："其嫡不使备嫔妾之数，以侍君也。汜水之分，渚水之歧，沱水之别，当使媵妾均承其泽。"郑氏（玄）曰："之子，谓嫡也。妇人谓嫁曰归。"范氏曰："以之为言用也。"董氏曰："汜，《石经》作'涘'。《说文》引《诗》作'涘'。盖古为涘，后世讹也。"

由上可以看出，吕祖谦在《诗经》的解释上注重博采众家之长，既吸收了汉代毛苌、郑玄，又有宋人程颐、范氏、董氏的观点，来解释诗句字词、章句，可以看出吕祖谦的解释不分汉宋，比较重视小学、训诂之学。吕祖谦解经注重章句训诂之学，是他经学最为重要的特色之一，在他看来，只有从字词入手，仔细体悟，才对儒经之意、圣人之道有所得，反对一味地废弃章句训诂、注疏之学，他说：

> 学者多举伊川语云："汉儒泥传注。"伊川亦未尝令学者废传注，近时多忽传注而求新说，此极害事。后生于传注中，须是字字考，始得。[①]

吕祖谦重视训诂、传注之学，认为即使是理学奠基人程颐也没有"令学者废传注"。况且，在南宋初年，学者多空言"性理"、习先儒《语录》，吕祖谦认为如此"忽传注而求新说"，对学问非常有害，所以他倡导为学要重视训诂、传注，读经"须是字字考""经须逐字看"[②]，不但对字词，也非常重视考据，兼采众家之长来分析经义思想，最终实

---

① （宋）吕祖谦：《东莱外集》卷 6《己亥秋所记》，（清）永瑢、纪昀等：《景印文渊阁四库全书》，台北：台湾商务印书馆，1986 年，第 436 页。

② （宋）吕祖谦：《东莱外集》卷 6《己亥秋所记》，（清）永瑢、纪昀等：《景印文渊阁四库全书》，台北：台湾商务印书馆，1986 年，第 436 页。

现对经学内容乃至圣人之道的体悟。

吕祖谦汉宋兼采、训诂与义理并重的解经方法，其实也是吕氏治经为学的基本方法，更是"不名一家""不主一说"家学传统的一个重要体现，其目的便是为了融会贯通，形成一家之言，这一点正如《吕氏家塾读诗记·序》中所评价的：

> 兼总众说，巨细不遗，挈领持纲，首尾该贯，既足以息夫同异之争。而其述作之体，则虽融会彻浑，然若出于一家之言。而一字之训，一事之义，亦未尝不谨其说之所自。及其断以己意，虽或超然出于前人意，虑之表而谦让退讬，未尝敢有轻议前人之心也。

吕祖谦这种"兼总众说，巨细不遗"的治经之法，使得所得出来的结论、归纳出来的思想都有所依据，即义理都是建立在扎实的字词训诂、文献考据的基础之上，如朱熹所谓"一字之训，一事之义，亦未尝不谨其说之所自"，然后融会贯通，形成一家之言。这种一家之言在思想倾向上依旧是与朱熹相近的理学，只不过它容纳了性理之学、经制之学、事功之学，无论是较理学派的朱熹、张栻，还是事功派的叶适、陈亮都更加综合、更加完备。

总的来说，在经典诠释上，吕祖谦非常重视文献之学，他希望将思想义理建立在扎实的训诂、考据的基础之上，而不是空言义理、追求新说。在经学思想上，虽然汉宋兼采，不过吕祖谦还是将重心放在宋学上，即注重经义、义理，尤其是将理看成儒家经典的核心观念，研究经学旨在明道、行道，他曾说："学者以讲求经旨、明理、躬行为本。"[1]后周子允所言："先生之释经，非释经也，皆以平日之所学，而借经以发之也。故往往附经以起意，或离经以广义，而不必附丽乎注疏，故训诂家多不采，盖单传之书也。"[2]是天地万物、人伦道德的根本所在，并认为"夫礼者，理也。理无物而不备，故礼亦无时而不足"[3]，他认为理是天地万物的本体，更是礼制的根本所在，希望人们将外在的经制、事功，转化为内在的道德自觉，从而实现儒家的"内圣外王之道"。

---

① （宋）吕祖谦：《东莱别集》卷5《乾道五年规约》，（清）永瑢、纪昀等：《景印文渊阁四库全书》，台北：台湾商务印书馆，1986年，第205页。

② （宋）吕祖谦：《吕东莱文集》卷首，《金华丛书》本。

③ （宋）吕祖谦：《东莱外集》卷6《杂说》，（清）永瑢、纪昀等：《景印文渊阁四库全书》，台北：台湾商务印书馆，1986年，第431页。

三、推重《左传》学，以史证经、经史合一

吕祖谦对《六经》颇为重视，认为《六经》都是圣人之道的载体，不过在《六经》之中，吕祖谦最为重视的是《左传》，他说："《左传》学者最不可不细看，此乃有用之书。"① "《左氏》一书接三代之末，流《五经》之余派，学者苟尽心于此，则有不尽之用矣"②。《左传》在吕祖谦看来乃是最为有用的经书，因为它不但以历史史实的形式展示圣人之道，更为主要的是，他通过具体的历史史实来说明治乱兴衰、人事变迁的历史境况，以为现实社会政治提供诸多借鉴，他说：

> 看《左传》，须看一代之所以升降，一国之所以盛衰，一君之所以治乱，一人之所以变迁。能如此看，则所谓先立乎其大者，然后看一书之所以得失。③

吕祖谦并没有完全将《左传》视为经书，还将是视为一部可以"观古今之变"的重要历史典籍，因此，他围绕着《左传》，撰有《左氏博议》(又称《东莱博议》)、《左氏传说》、《左氏传续说》和《东莱吕太公春秋左传类编》等书。

吕祖谦对于《左传》的研究方式，如《左氏博议》主要是通过标题选文、随事立义的形式，如列有《郑庄公公叔段》《颍考叔还武姜》《周郑交恶》《隐公辞宋使》《郑伯朝桓王》等各种史实，然后对《左传》中的历史人物、历史事件进行分析，总结其中所蕴含的盛衰成败之理。《左氏传说》亦是如此，不过它更注重通过多个相关的历史事件来进行比较分析，然后对其历史经验教训进行总结，如将齐桓霸中国、侵蔡伐楚、晋文退舍避子玉三个历史事件并提，来分析其中所具有的历史借鉴，他说：

> 看桓公之所以霸，须看得管仲规模。当时桓公之霸，盖将以尊内攘外为功也。楚之凭陵中国者非一日矣，如伐郑、伐蔡，而桓公皆不之问。桓公以庄之十五年霸

---

① （宋）吕祖谦：《左氏传续说》卷 3，（清）永瑢、纪昀等：《景印文渊阁四库全书》，台北：台湾商务印书馆，1986年，第 183 页。

② （宋）吕祖谦：《左氏传说》卷首，（清）永瑢、纪昀等：《景印文渊阁四库全书》，台北：台湾商务印书馆，1986年，第 7 页。

③ （宋）吕祖谦：《左氏传说》卷首，（清）永瑢、纪昀等：《景印文渊阁四库全书》，台北：台湾商务印书馆，1986年，第 4 页。

中国，而以僖之四年始伐楚，置楚于度外而不问，且二十年者，何故？仲之意，岂不以吾骤加兵于楚，万一不胜，则霸威屈矣。故遵养时晦，至于力强威盛，而后一举以临之，则楚无不服矣。夫以堂堂之楚，而不敢以兵抗齐，不过使人如师。及使屈完来盟，则齐之盛强盖可知。至于晋文公则不然，桓公以兵加楚，而楚不敢抗。文公退舍辟子玉，而子玉犯之，文公之规模小于管仲也明矣。文公盖数年，便欲服楚，虽力战而仅胜之，然伤威损重已多。仲之相桓，则迟楚以二十年之久，则文岂足以及桓哉？其服晋也，规模犹大于服楚。晋献公之灭耿、灭霍、灭魏，伐东山而齐皆不问者，何故？仲之意，岂不欲以晋之于齐，犹家也；楚之于齐，犹邻也。以至强之晋，吾骤临之以兵，万一不胜，为晋所败，则吾家人犹不能胜之，何以服其邻，故一切置而不问。逮夫诸侯尽服，外域皆从，光焰既大，声势既盛，故葵邱之会，晋侯不召而自至。服楚以兵，服晋以不召而自来，则以声势、光焰临之耳，其服晋过于服楚远矣。盖其迟速之不同，故其力有厚薄，威有轻重。论至于此，非惟王道不可，要近功而霸者亦然。齐桓迟之以二十余年，而晋文求之于六七年间，须要做尽许多事，故晋文之霸不及齐桓之盛。当时葵邱之会，晋侯欲往，而宰孔止之而不会，盖宰孔见得齐侯之骄故如此。于此，又须看得管仲之事桓公，专去事上做工夫，却不去君心上做工夫。惟其去事上做工夫，故铺排次叙，二三十年皆如其规模。惟其不去君心上做工夫，故訑訑之声音，颜色拒人于千里之外，管仲之事，盖积数十年而成；桓公之骄，止一日而坏，不能格君心之非，其祸盖如此也。①

吕祖谦将齐桓公与晋文公两位春秋霸主进行比较，他认为齐桓公之所以能够在春秋强国林立的时代脱颖而出，成为最早的霸主，就是因为能够审时度势，韬光养晦，以尊王攘夷为招牌，专心发展自己的实力，最终以强大的实力成为当时的霸主，而这与管仲的辅佐有直接的关系。相比而下，晋文公突出实力，虽然也成就了霸业，但是自身的实力也被消耗。虽然晋文公的霸业不及齐桓公，但是由于其臣子能够从"君心上做工夫"，所以叫齐桓的霸业更为持久，而管仲辅佐齐桓公，只注重事功，"专去事上做工夫"，虽然在"九合诸侯，一匡天下"，但是随着齐桓公晚年的骄纵、腐败，齐国霸业也由此衰败。故在吕祖谦看来，要想成就霸业，实现国家的强盛除了能够利用当时各种有利的形势之

---

①　（宋）吕祖谦：《左氏传说》卷2《庄公》，（清）永瑢、纪昀等：《景印文渊阁四库全书》，台北：台湾商务印书馆，1986年，第16页。

外，更为主要的是要"格君心之非"，从改变君主的道德境界入手，才能够实现长治久安的霸业。这不仅体现了吕祖谦对《春秋》的理解，更为主要的是也展现了吕祖谦的政治理念，表明他对"内圣"的重视，希望经由"内圣"达到"外王"，从而实现长久的王道政治。这既有别于当时过于强调"内圣"的朱熹、陆九渊，又有别于急功近利、追求"外王"事业的陈傅良、叶适、陈亮等人。另外，在《春秋》义理上，吕祖谦严明华夷之辨，旨在发明尊王攘夷之思想，"为了便于从学术探讨中谋求补益政治的实践"①。总的而言，这种以史证经的例子在吕祖谦的《春秋》解释中非常常见，表明吕祖谦以史学的形式来论证经义、思想的正确性与合理性，借助史学来弥补经义说理上的不足。另外，吕祖谦这种经史互证，注重现实社会问题的解决，对于当时宋王朝的强盛与稳定有非常现实的借鉴作用。

吕祖谦精通《春秋》，亦博通史学，故多用史学来论证性理之学，这一点四库馆臣亦云："当时讲学之家，惟祖谦博通史传，不专言性命。"②可以说，"经史并举"是吕祖谦经学又一个非常重要的特点所在：

> 观经史时，固知善之可为，若离师友释经史，此心不一，即流入于异端，异端既入其心，则虽视师友、观经史之时，其心已不在此矣。③
>
> 大抵看史，见治则以为治，见乱则以为乱，见一事则止知一事，何取观史？当如身在其中，见事之利害，时之祸患，必掩卷自思，使我遇此等事当作如何处之。如此观史，学问亦可以进，知识亦可以高，方为有益。④

吕祖谦希望注重经学的同时，对史学也应该给予高度的重视，他希望从历史典籍中探求治乱兴衰、经世济用的良策，以弥补学问、知识积累上的不足，这对于经学自然有诸多裨益。吕祖谦作为南宋初年重要的理学家，并不空言性理，而是在其经说之中，多援引历史史实为证，以此表明所言并非虚空，如：

---

① 孙旭红：《吕祖谦〈左传〉学中的王霸之辨》，《江汉大学学报》（人文科学版）2010 年第 2 期，第 89 页。
② （清）纪昀等：《四库全书总目》卷 47《大事记》提要，北京：中华书局，1997 年，第 657 页。
③ （宋）吕乔年：《丽泽论说集录》卷 7《门人辑录孟子说》，（清）永瑢、纪昀等：《景印文渊阁四库全书》，台北：台湾商务印书馆，1986 年，第 412 页。
④ （宋）吕乔年：《丽泽论说集录》卷 8《门人集录史说》，（清）永瑢、纪昀等：《景印文渊阁四库全书》，台北：台湾商务印书馆，1986 年，第 421 页。

九四，由豫大有得四，是大臣之位，又多惧之地也。今人处多惧之时，一向就危疑上猜防，自为疑阻。惟由豫之道，但推诚于上下，不复自为疑阻，所以大有得而志大行。周公当摄政之际，外则四国流言，内则王不知周公，只是推诚而已。不惟大臣如此，而朋友之道，亦只是推诚相与，自然勿疑。①

恒，亨，无咎利贞。久于其道也，大抵通天下万世，常行而无弊者，必正理也。若一时之所尚，一人之所行，则必不能久，故恒之亨利于贞。亦如汉文帝好黄老，至文帝之后，则黄老之道不行。梁武帝好浮图，至武帝之后则浮图之道不行。盖非正道，则必不能久也。天地之道，常久而不已也，不已两字，最要玩味。天穹然在上，使其无不已之道，则久而必坠；地颓然在下，使其无不已之道，则久而必陷。惟是有不已之道，方能久。②

吕祖谦在解释《周易》的《豫》《恒》两卦时，都援引了历史史实来阐明易理。为了解释《豫》中践行推诚之道的必要性，他引述了因成王年幼，周公摄政而遭到怀疑的故事，由于成王与周公"推诚"相见，并最终释疑。另外，在解释"恒久之道"时，吕祖谦强调为人只有行正道，即"不已之道"方可以长久，如汉文帝好黄老之术，但到了文帝之后黄老之术不行于世，为儒学所替代；南朝梁武帝喜好佛教，但其死后，佛教不行。所以只有遵从、信守正道，方可以长久，正如天"穹然在上"、地"颓然在下"，都是行"不已之道"的结果。可以看出，吕祖谦融经史为一体，这在一定程度上突破了单一经学、性理之学的束缚，从更为广阔的角度来探究进德修业、治国安邦之道，这对于人们理解理学有了更为具体而直观的依据，使其学说变得更加丰富而深刻，这与程颐《易传》颇为相似。

不仅如此，吕祖谦还将《四书》《五经》中有关人伦道德、性理之学的文字，与子部、史部中有关道德教化、治国安邦之内容，辑录一书，名曰《阃范》，张栻文集记载了此事，并对此书给予了高度评价，他说：

东莱吕祖谦伯恭父为严陵教官，与其友取《易》、《春秋》、《书》、《诗》、《礼传》、

① （宋）吕乔年：《丽泽论说集录》卷1《门人辑录易说上》，（清）永瑢、纪昀等：《景印文渊阁四库全书》，台北：台湾商务印书馆，1986年，第281页。

② （宋）吕乔年：《丽泽论说集录》卷2《门人辑录易说下》，（清）永瑢、纪昀等：《景印文渊阁四库全书》，台北：台湾商务印书馆，1986年，第311页。

《鲁论》、《孟子》圣贤所以发明人伦之道、见于父子兄弟夫妇之际者，悉笔之于编。又泛考子史诸书，上下二千余载间，凡可以示训者皆辑之。……未几而成，名以《闺范》。某谓此书行于世，家当藏之，而人当学之也。家庭闺阃之内，乡里族党之间，随其见之深浅、味之短长，笃敬力行，皆足以有补。①

吕祖谦所作《闺范》一书，主要是文献汇编性质的书籍，取材范围涉及儒家经典与诸史等多种，内容主要是择取从上古一直到宋代，有关人伦道德、纲常名教、治国安邦之道者，即"圣贤所以发明人伦之道，见于父子兄弟夫妇之际""凡可以示训"等内容皆收录其中，此书的编撰对于道德教化、治国理政颇为有益。正如张栻所言"笃敬力行，皆足以有补"，他甚至希望"家当藏之，而人当学之"。由于吕祖谦经学以现实社会政治问题的解决为归宿，故在经典诠释上，他强调经史并重，甚至将它们统一看成"治国安邦"的思想来源，并没有先后、轻重之分。他甚至以历史的眼观审视、解决儒家经典，如他解释《尚书·尧典》"曰若稽古，帝尧曰放勋"一句时云："'若稽古'者，史官之辞也。'曰放勋'以下，乃典文历说尧事也。当时史官谓我顺考于古，得尧之为君"②。又如解释《舜典》"舜曰咨四岳"时云："'舜曰者'，史官记事之法，于舜即位之初言'舜曰'，则自此以下凡称帝者，皆帝舜也。"③在解释《诗经》时，他说："看《诗》即是史，史乃是实事。"④这种以"史"论"经"的例子，在吕祖谦解释《尚书》《春秋》《诗经》等经典中，比比皆是。总而言之，吕祖谦将《尚书》《春秋》《诗经》《左传》等儒家经典看成是与《史记》《通鉴》《汉书》等性质相同的史书，这与当时胡宏、张栻、陈傅良、陈亮等人重视史学颇为近似。

除此之外，吕祖谦还专门撰写了大量的史学著述，如《大事记》《春秋左氏传说》《资治通鉴详节》《历代制度详说》等有关历史的著述，这些对于历代的田制、赋役、漕运、钱币、兵制、盐法、荒政等有关政治、经济、军事、教育等多个方面都进行了深入的考察，目的在于总结治乱兴衰之教训，探究古今典章制度的利弊得失，以为朝廷服务。吕祖谦注重历史研究，希望通过观史来为现实社会提供借鉴：

---

① （宋）张栻：《南轩集》卷14《闺范序》，明嘉靖元年（1522年）翠严堂慎思斋刻本，第100页。
② （宋）吕祖谦：《书说》卷1《尧典第一》，清通志堂经解本，第1页。
③ （宋）吕祖谦：《书说》卷2《舜典第二》，清通志堂经解本，第16页。
④ （宋）吕祖谦：《东莱外集》卷6《己亥秋所记》，（清）永瑢、纪昀等：《景印文渊阁四库全书》，台北：台湾商务印书馆，1986年，第436页。

> 看史须看一半便掩卷，料其后成败如何？其大要有六：择善、警戒、阃范、治体、议论、处事。①

> 大抵看史，见治则以为治，见乱则以为乱，见一事则止知一事，何取观史？当如身在其中，见事之利害，时之祸患，必掩卷自思，使我遇此等事，当作如何处之，如此观史，学问亦可以进，知识亦可以高，方为有益。②

吕祖谦强调观史，不能只看历史的兴衰之乱，而是总结历史经验，从史书中学到如何处理治乱、利害的方法，这才是观史的方法，只有这样才鞯"学问亦可以进，知识亦可以高"。可以看出，吕祖谦非常强调历史的致用功能，强调经史合一。而这也是对二程史学观的继承，二程就曾说："读史须见圣贤所存治乱之机，贤人君子出处进退。"③实际上，不仅是吕祖谦如此，到了南宋时期，经史互证、经史合一的观念非常盛行，当时张栻、朱熹、陈傅良等大儒也都注重史学经学化，以史证经、经史合一，此可谓是当时学术发展的一重要特征。

尽管吕祖谦非常重视历史，注重以史证经、经史合一，不过在经史关系上，吕祖谦优先注重经学，而次及史学，如他说：

> 一部《左传》都不曾载一件闲事，盖此书是有用底书。学者看得《左传》熟时以下诸史条例，亦不过如此。④

> 观史先自《书》始，然后次及《左氏》、《通鉴》，欲其体统源流相承接耳。⑤

吕祖谦认为儒经是史书的根源所在，由经观史，在他看来，儒经本身蕴含着圣人之道，而历史则通过具体的历史史实展现圣人之道，从经到史，一脉相承。吕祖谦注重历史的目的在于以古鉴今，服务于当下的社会政治，即注重事功，这一点除了深受自己的家学

① （宋）吕乔年：《丽泽论说集录》卷 10《门人所记杂说》，（清）永瑢、纪昀等：《景印文渊阁四库全书》，台北：台湾商务印书馆，1986 年，第 447 页。

② （宋）吕乔年：《丽泽论说集录》卷 8《门人辑录史说》，（清）永瑢、纪昀等：《景印文渊阁四库全书》，台北：台湾商务印书馆，1986 年，第 421 页。

③ 《程氏遗书》卷 19，（清）永瑢、纪昀等：《景印文渊阁四库全书》，台北：台湾商务印书馆，1986 年，第 166 页。

④ （宋）吕祖谦：《左氏传续说·纲领》，（清）永瑢、纪昀等：《景印文渊阁四库全书》，台北：台湾商务印书馆，1986 年，第 144 页。

⑤ （宋）吕祖谦：《东莱别集》卷 7，（清）永瑢、纪昀等：《景印文渊阁四库全书》，台北：台湾商务印书馆，1986 年，第 227 页。

影响之外，更为主要的是也受到了当时薛季宣、陈傅良、陈亮等人影响，以至于朱熹多次对其学提出批评，将它与永嘉、永康事功之学相提并论：

> 其学合陈君举（傅良）、陈同父（亮）二人之学问而一之。永嘉之学，理会制度，偏考究其小小者。惟君举为有所长，若正则（叶适）则涣然统纪，同父则谈论古今，说王说霸，伯恭则兼君举、同父之所长。①

由此可以说，吕祖谦研习性理之学的同时，兼治经制、事功之学，基本上涵盖了永嘉陈傅良经制之学、永康陈亮事功之学。不仅如此，吕祖谦受到永嘉、永康学者的影响，他对于经学重视的同时，对史学也非常推崇，不过始终将经学、理学作为研究的重点与基础。这与后来浙东学者将治史看成治学的重点有所不同，如清代龚自珍不仅强调"六经皆史"，还将治史看成是为学的重心所在，"出乎史，入乎道，欲入大道，必先为史"。尽管这样，却遭到了朱熹的误解与批评："看史，只如看人相打，相打有甚好看处。陈同甫一生被史坏了……东莱教学者看史，亦被史坏了。"②"伯恭于史分外子细，于经却不甚理会"③。朱熹此言，并非他对史学有成见，只是在朱熹看来，吕祖谦并没有从理学的角度来读史，重史过于重经。史学在朱熹看来，它只不过是"格物穷理"的一个手段而已，而吕祖谦、叶适、陈亮等人读史主要是出于社会政治问题的解决，而非单纯为了明理，故朱熹此说，无非是为了维护理学的纯洁性与正统地位。

吕祖谦的经学思想以广博著称，其为学注重兼容并包，除了以史证经，通经致用之外，他还注重理学自身的丰富与完善，如欲以鹅湖之会的形式消弭朱熹理学与陆九渊心学之间的缝隙。另外，吕祖谦还曾与永嘉薛季宣、陈傅良、叶适，永康陈亮等事功学者相互论学切磋，彼此颇为契合，正如陈亮所云："四海相知，惟伯恭一人。"这对吕祖谦注重事功之学起到了直接的影响作用。可以说，吕祖谦之学兼有性理之学、经制之学、事功之学，经史子集兼习，集当时学术之大成。就此，如全祖望所云：

---

① （宋）李幼武：《宋名臣言行录·外集》卷 13《吕祖谦》，（清）永瑢、纪昀等：《景印文渊阁四库全书》，台北：台湾商务印书馆，1986 年，第 800 页。

② （宋）黎靖德编：《朱子语类》卷 123，（清）永瑢、纪昀等：《景印文渊阁四库全书》，台北：台湾商务印书馆，1986 年，第 506 页。

③ （宋）李幼武：《宋名臣言行录·外集》卷 13《吕祖谦》，（清）永瑢、纪昀等：《景印文渊阁四库全书》，台北：台湾商务印书馆，1986 年，第 800 页。

乾淳之际，婺学最盛。东莱兄弟以性命之学起，同甫（陈亮）以事功之学起，而说斋（唐仲友）则为经制之学。考当时之为经制者，无若永嘉诸子，其于东莱、同甫，皆互相讨论，臭味契合，东莱尤能并包一切。①

吕祖谦之学所兴起的婺州，陈亮、唐仲友皆注重事功，而当时注重事功者还有永嘉诸子，而吕祖谦与他们交友甚密，故吕祖谦之学既言性命道德之学，又兼言经制、事功之学，所谓"东莱尤能并包一切"。例如，吕祖谦在研究《春秋左氏传》时，用力最多、研究最详尽的莫过于"诸侯制度"一门，其内容涉及礼乐、祭祀、地理、丧仪、婚姻、朝聘、官制、兵制等多个方面，吕祖谦重视经制，其目的便是要弘扬古三代之礼，以此来规范现实社会中不合礼的现象。正因为如此，朱熹曾说吕祖谦之学，"其学合陈君举、陈同甫二人之学问而一之。永嘉之学，理会制度，偏考究其小小者。惟君举为有所长，若正则则涣无统纪，同甫则谈论古今，说王说霸，伯恭则兼君举、同甫之所长"②。朱熹对吕祖谦兼通经制、事功之学，并非褒义，而是贬斥之，认为"博杂极害事"③，如此则有损于理学的纯正。实际上，吕祖谦之学的"博杂"，"不名一家"，乃是根源于他的治学旨趣，吕祖谦治学注重"经世济用"，如其所云：

凡与此学者以讲求经旨，明理躬行为本。④

盖为始学者，设所载皆职分之所当知，非事杂博求新奇、出于人之所不知也。至于畜德致用、浅深大小，则存乎其人焉。⑤

今人为学多尚虚文，不于着实处下工夫，到临事之际，种种不晓学者，须当为有用之学。⑥

正是由于吕祖谦为学强调"明理躬行"，为学"须当为有用之学"，这个治学宗旨决定了

---

① （清）黄宗羲原著，全祖望补修：《宋元学案》卷 60《说斋学案》，北京：中华书局，1986 年，第 1954 页。

② （清）黄宗羲原著，全祖望补修：《宋元学案》卷 51《东莱学案·附录》，北京：中华书局，1986 年，第 1676 页。

③ （宋）朱熹：《晦庵集》卷 31《与张敬夫》，（清）永瑢、纪昀等：《景印文渊阁四库全书》，台北：台湾商务印书馆，1986 年，第 680 页。

④ （宋）吕祖谦：《东莱别集》卷 5《乾道五年规约》，（清）永瑢、纪昀等：《景印文渊阁四库全书》，台北：台湾商务印书馆，1986 年，第 205 页。

⑤ （宋）马廷鸾：《碧梧玩芳集》卷 11《读史旬编·自序》引，民国胡氏豫章丛书本，第 116 页。

⑥ （宋）吕祖谦：《左氏传说》卷 5，（清）永瑢、纪昀等：《景印文渊阁四库全书》，台北：台湾商务印书馆，1986 年，第 47 页。

吕祖谦在学问内容的选择上自然趋于实用，而非"虚文"。他反对空言性理，不求实用，主张通经以致用，他说："今人读书全不作有用看。且如二三十年读圣人书，及一旦遇事便与闾巷无异。或有一听老成人语，便能终身服行，岂老成人之言过于《六经》哉？只缘读书不作有用看故也。"[1] 所以，吕祖谦在为学上，一方面继续家学传统，以二程性理之学为宗，折中朱、陆，明德致用；另一方面，也与永嘉、永康等言事功的学者交游问学，并针对现实的社会、政治、治国、君臣、伦理、经济、军事等问题，通过经学、史学诠释的形式，以更加生动具体的历史史实作为依据，来表达自己的观点、发表自己的见解，使得抽象的理论得以通过具体的人事来传达，希望为统治上层提供一定的治国借鉴。

四、兼收并蓄，折中朱、陆、浙三家之说

吕祖谦经学以二程为理学根底，作为二程的三传弟子，即二程一传至尹焞，尹焞再传至其伯祖吕本中、祖父吕弸中，吕本中三传至吕祖谦。吕祖谦对二程的承传相对完整、全面，他的理学思想与二程的"天理论"一脉相承，没有出现顾此失彼、互相矛盾的情况。在吕祖谦的学说中，"理"或"天理"是宇宙万物的本体与道德伦理的最高准则，如他在《左氏博弈》中解释《颍考叔争车》一事中就发挥说：

> 理之在天下，犹元气之在万物也。一气之春，播于品物。其根、其茎、其枝、其叶、其华、其色、其芬、其臭，虽有万而不同，然曷尝有二气哉？理之在天下，遇亲则为孝，遇君则为忠，遇兄弟则为友，遇朋友则为义，遇宗庙则为敬，遇军旅则为肃。随一事而得一名，名虽至于千万，而理未尝不一也。[2]

理是天地万物的根本，其通过阴阳二气的氤氲变化而成万物。理遍布天下万事，人伦道德之忠孝节义、祭祀军旅之诚敬整肃等，皆天理在人间之展现，名虽不同，形状各异，但都归之于天理。可以说，吕祖谦强调"天理"之至高地位，这与二程如出一辙。

吕祖谦将"天理"视为宇宙万物的根本与最高范畴，但也同时强调"心"的本体地

---

① （宋）吕乔年：《丽泽论说集论》卷 10《门人所记杂说》，宋刻元明递修本，第 136 页。
② （宋）吕祖谦：《东莱先生左氏博议》卷 3，明刻本，第 25 页。

位及其功用，他提出了心具有本体意义的观点，如他说："圣人之心，即天之心；圣人之所推，即天所命也。故舜之命禹，天之历数已在汝躬矣。舜谓禹德之懋如此，绩之丕如此，此心此理，盖纯乎天也。"① "心外有道非心也，道外有心非道也"② "心即天也，未尝有心外之天；心即神也，未尝有心外之神"③，等等。吕祖谦将心与理、道、天、神等同，将心视为具有"理"一样的本体意义，这在一定程度上与陆九渊所言"心本论"颇为近似，陆九渊曾说："道，未有外乎其心者。"④不仅如此，吕祖谦还接受了"气本论"的思想，认为"理"之偏全决定于"气"，他说："物得气之偏，故其理亦偏；人得气之全，故其理亦全。"⑤这些与关学张载、永嘉叶适的观点颇为近似，由此可以看出，吕祖谦在宇宙本体论的认识上，兼采众家之长，旨在将各家学说融贯为一体，由此反映出了其学"广博"，"不名一师"的特色。

吕祖谦所创建的"婺学"，在宋代乾道、淳熙年间（1165—1189 年），虽然与朱熹理学、陆九渊心学并立为三，都是当时理学中最为重要的学派，但由于彼此旨趣、方法不同，彼此分立，对此《宋元学案》称：

> 三家同时，皆不甚合。朱学以格物致知，陆学以明心，吕学则兼取其长，而复以中原文献之统润色之。门庭径路虽别，要其归宿于圣人则一也。⑥

朱学、吕学、陆学三家彼此之间的不同，在本根上皆为理学，都是成就圣人之学，但是在具体的道德修养工夫上"皆不甚合"，其中朱学注重《大学》"格物致知"之法，而陆学则注重"明心"，体悟本心，而吕学兼取两家之长，既有《大学》"格物穷理"，又强调《孟子》致良知，存心、求放心之法，如：

> 所谓理虽无穷，然有本有原、有伦有要者，既得穷理之大旨矣。窃意惇典庸礼，秩然而不可废者，此其伦欤？致知格物，瞭然而不可掩者，此其要欤？未有不知其

---

① （宋）吕祖谦：《增修东莱书说》卷 3，（清）永瑢、纪昀等：《景印文渊阁四库全书》，台北：台湾商务印书馆，1986 年，第 171 页。

② （宋）吕祖谦：《东莱先生左氏博议》卷 10，明刻本，第 110 页。

③ （宋）吕祖谦：《东莱先生左氏博议》卷 5，明刻本，第 50 页。

④ （宋）陆九渊：《象山先生文集》卷 19《敬斋记》，明正德（1506—1521 年）刊本，第 141 页。

⑤ （宋）吕祖谦：《东莱先生左氏博议》卷 3，明刻本，第 25 页。

⑥ （清）黄宗羲原著，全祖望补修：《宋元学案》卷 51《东莱学案》，北京：中华书局，1986 年，第 1653 页。

伦要，而能造其本原者也。①

观书者不求其心之所在，何以见书之精微；欲求古人之心，必先尽吾心：读是书之纲领也。②

《大学》固是以致知为本，然人之根性有利钝，未能致知，要须有个栖泊处，敬之一字即是。

好学近乎知，力行近乎仁，知及之仁能守之，近知者莫如好学。万物皆备，初非外铄。惟其本心，故莫能行。苟本心存焉，则能力行矣。③

吕祖谦认为，天理无穷，但如果得其本原、"心之所在"，则可以得"穷理之大旨"与"书之精微"，他所言的"致知格物"之法，主要致德性之知，以此来自觉践履人伦道德，从而实现对天理的体认，即需要我们认识到天理内在于人之本心，如孟子所说的"良知良能"，如果能够体悟到本心，"存本心"，则能力行。他认为将外求、内求两者相结合，就可以成就圣人之德，他说："圣门之学，皆从自反中来……表里相应而后可。"④可以看出，吕祖谦这种体悟本心、反求诸己的方法，与陆九渊"体悟本心"之法基本一致。总的来看，吕祖谦道德修养之法，既有"主敬""格物穷理"，又有存养"本心"，反映了吕祖谦"兼取两家之长"的学术特色，可谓尊德性与道问学两者兼修并举。

从上可以看出，吕祖谦不但在宇宙本体论的认识上，兼采朱、陆等家之长；在道德修养工夫上也有兼采朱、陆两家的特点；在学术旨趣上以经世致用为标的，此目标与浙东之学颇为近似。由于吕祖谦能够吸收众家之长，更能深入地理解二程之学，这较朱熹、陆九渊、陈亮、陈傅良等人更加的全面，更为透彻，不会出现南宋诸派二程之学在理解上的顾此失彼。也正因为如此，当吕祖谦看到朱陆两家治学进路不同的现状，故创造机会，即"鹅湖之会"，希望朱陆两家通过探讨的形式来消弭彼此之间的分歧，这一点陆九渊弟子曾云："伯恭（吕祖谦）虑陆与朱议论犹有异同，欲会归于一，其意甚善。"⑤

---

① （宋）吕祖谦：《东莱别集》卷 9《答方教授》，（清）永瑢、纪昀等：《景印文渊阁四库全书》，台北：台湾商务印书馆，1986 年，第 268 页。

② （宋）吕祖谦：《增修东莱书说》卷 1，（清）永瑢、纪昀等：《景印文渊阁四库全书》，台北：台湾商务印书馆，1986 年，第 139 页。

③ （宋）吕乔年：《丽泽论说集录》卷 5《门人论说集录》，（清）永瑢、纪昀等：《景印文渊阁四库全书》，台北：台湾商务印书馆，1986 年，第 371 页。

④ （宋）吕乔年：《丽泽论说集录》卷 7《门人论说集录》，（清）永瑢、纪昀等：《景印文渊阁四库全书》，台北：台湾商务印书馆，1986 年，第 401 页。

⑤ （清）黄宗羲原著，全祖望补修：《宋元学案》卷 77《槐堂诸儒学案》，北京：中华书局，1986 年，第 2581 页。

其目的就是消除朱陆两家对二程之学理解上的偏失。吕祖谦曾说：

> 大抵论学之难，其高者，其病堕于玄虚，就平者，其末流于章句。校二者之
> 失，高者便入于异端，平者浸失其传，犹为勤训，故惇行义。轻重不同，然要皆
> 是偏耳。①

吕祖谦此言主要是针对当时的道学现状，向朱熹表明自己的立场，他虽然没有指明谁是"堕于玄虚"的高者，谁是"流于章句"的平者，但我们知道根据为学特点可知当为朱学、陆学两端。因为朱熹之学重在格物致知，希望通过章句训诂之学以求圣人之道，偏失在于流于章句注疏；而陆九渊为学注重体悟本心，容易"堕于玄虚"。朱陆两家代表两种治学的模式，虽然"轻重不同"，但"要皆是偏"。吕祖谦此意，希望朱陆两家能够消除彼此之间的分歧，通过交流，取长补短，实现对二程之学的真正理解。在这次论辩会上，朱陆两派意气用事，互相攻讦，分歧更加明显，尽管如此，两家在此会之后，都曾做过一定的反思，并对自己的理论作了一定程度上的修正，可以说，吕祖谦所倡导的"鹅湖之会"对于朱陆两派思想体系的丰富与完善起到了重要的促进作用。例如，朱熹先后写成了《论孟集注》《论语或问》《诗集传》《周易本义》等经典诠释之作，为理学体系的丰富与完善做出了更多的努力。同样，陆九渊也吸收了理学、佛禅中很多的本体、工夫理论论证，如"格物致知"的思想，由此进一步完善了心即理的思想体系，使其学说更加圆融。

五、结　语

总的来说，吕祖谦之学博大精深，在经史子集诸多方面都有非常卓越的成就，这正如四库馆臣所评价的：

> 祖谦于《诗》、《书》、《春秋》皆多究古义，于《十七史》皆有详节，故词多根
> 柢，不涉游谈。所撰《文章关键》，于体格源流，具有心解，故诸体虽豪迈骏发，

---

① （宋）吕祖谦：《东莱集・别集》卷 16《答朱侍讲所问》，（清）永瑢、纪昀等：《景印文渊阁四库全书》，台北：台湾商务印书馆，1986 年，第 355 页。

> 而不失作者典型。亦无《语录》为文之习，在南宋诸儒之中，可谓衔华佩实，又何
> 必吹求过甚，转为空疏者所藉口哉？①

吕祖谦在经典诠释上，追求诸经本义，注重将训诂义理兼备，在经义确凿的基础上建构
自己的思想体系，也注重发挥历史史实的借鉴、佐证功能，经史并重，以求为现实社会
政治提供有用的思想借鉴。为文章，也是追求形式与内容兼具，"衔华佩实"，所以，总
的来看，吕祖谦秉承"博采众长"的家学传统，在经史子集方面都有很大的成就，著述
颇丰，经学著述有《古周易》《古易音训》《周易传义音训》《书说》《读诗记》《少仪外
传》《春秋集解》《东莱博议》《左氏传说》《左氏传续说》《近思录》等，史学则有《大
事记》《十七史详节》《唐鉴注》《历代制度详说》《两汉精华》《通鉴详节》等；诸子学
则有《丽泽讲义》《皇朝文鉴》等，文学则有《古文关键》《诗律武库》《东莱文集》《观
鉴集注》等。吕祖谦之学的特点就在于以二程之学为根底，博采众家之长，融经史子集
于一"理"，宣扬性命道德之学。他与朱熹、张栻等同道最大的不同处，在于"他更
注重全国的政治问题，重视历史研究和经世之学，而这正是吕祖谦和其他浙东儒者的
共同点"②。

吕祖谦学问广博，与朱熹、张栻被号称为"东南三贤"。在乾道、淳熙年间（1165—
1189 年），他以独立的学派与朱熹、陆九渊鼎立而三：

> 宋乾、淳以后，学派分而为三：朱学也，吕学也，陆学也。三家同时，皆不甚
> 合。朱学以格物致知，陆学以明心，吕学则兼取其长，而复以中原文献之统润色之。
> 门庭径路虽别，要其归宿于圣人则一也。③

在三家之中，吕祖谦兼取朱学、陆学之长，在思想体系上，兼容理本论和心本论，并吸
收了众家之长，加上吕祖谦所具有的家学传统与社会政治地位，其学的社会影响力较朱、
陆更大，学术思想乃集浙学之大成，如董平先生也说："南宋时期的浙东学派，总其大
成者乃为以祖谦为代表的婺学。"④吕祖谦在当时以其学问的广博与为人和易，赢得了

---

① （清）纪昀等：《四库全书总目》卷 159《东莱集》提要，北京：中华书局，1997 年，第 2129 页。
② 〔美〕田浩：《朱熹的思维世界》（增订版），南京：江苏人民出版社，2009 年，第 84 页。
③ （清）黄宗羲原著，全祖望补修：《宋元学案》卷 51《东莱学案》，北京：中华书局，1986 年，第 1653 页。
④ 董平：《浙江思想学术史：从王充到王国维》，北京：中国社会科学出版社，2005 年，第 178 页。

不同学派、众多学者的尊敬。他的影响不仅仅局限于婺学，对当时的湖湘学、永嘉学、朱学、陆学、永康学等都一定的影响。另外，在经学思想上，吕祖谦也倡导事功之学，对同时代的叶适、陈傅良、陈亮等人皆有影响，由此成为浙东事功学派的先驱人物之一，四库馆臣对此曾云："宋人好持议论，亦一代之风尚，而要其大旨，不失醇正。永嘉之学倡自吕祖谦，和以叶适及傅良，遂于南宋诸儒别为一派。"① 在浙东学派中，吕祖谦对陈亮影响尤大，陈亮曾说："四海相知，惟伯恭一人，其次莫如君举，自余惟天民、道甫、正则耳。……伯恭规模宏阔，非复往时之比，敬夫、元晦已朗在下风矣，未可以寻常论也。"② 在陈亮眼中，吕祖谦对他的影响远远胜过陈傅良、叶适等人的影响，不仅如此，在陈亮看来，吕祖谦的思想"规模宏阔"，连张栻、朱熹等人所不及。吕祖谦笃实好学、博采众家之长的学风对当时与后来的学者都产生了重要的影响，南宋末年以文献见长的大儒王应麟便是吕祖谦之学的继承者，清人全祖望在《谢山同谷三先生书院记》中就曾说："王尚书深宁独得吕学之大宗，深宁论学，独亦兼取诸家。然其综罗文献、实师说东莱（吕祖谦）。"王应麟正是以吕学为师，博览群籍、汉宋兼采、精于稽考成为"中原文献之学"的继承者、当时文献之学之大宗。总而言之，吕祖谦在经史文献之学上，以经世致用为目标，言心性之学必究于史学，主张以史证经、经史合一，强调经学、史学、理学为一体，这对南宋浙东学术的理路有直接的影响，故清人钱仪吉就曾说："南宋以来，浙东儒者讲性命者，多攻史学，历有师承。"③ 在学术体系上，吕祖谦注重从系统的角度出发探究天道人事，这与同时代的张栻、朱熹、陆九渊、陈傅良等人而言，更加圆融、持平，成为当时传承中原文献之学的大家，当然他这种不主一家、兼采众家的学术理路，既不能有效地整合当时道德理性、心性理命、经制事功，又没有对自己的学说系统化、体系化，以至于庞杂无序。这对于吕学的传承与发展无疑不利，故在吕祖谦去世之后，其学减衰，当然这与他英年早逝也有直接的关系。

---

① （清）纪昀等：《四库全书总目》卷135《八面锋》提要，北京：中华书局，1997年，第1781页。

② （宋）陈亮：《龙川集》卷21《与吴益恭安抚》，（清）永瑢、纪昀等：《景印文渊阁四库全书》，台北：台湾商务印书馆，1986年，第718页。

③ （清）钱仪吉：《碑传集》卷50，清道光（1821—1850年）刻本，第50页。

宋代学规的兴起及其对生徒的身体规训

邱志诚

（温州大学　人文学院，浙江　温州，325035）

摘　要：宋代掀起了中国历史上最大规模的兴学运动，学校生徒激增。面对众多学生，管理问题便浮出水面，于是"学规"应运而生，并最终在私学影响、官方推动和理学家热衷创办书院的助力之下普及于全国各级各类学校。宋代学规的兴起、普及标志着管理式教育的建立。相对于传统的"礼乐造士"模式此可称之曰"学规训士"，即通过管控生徒学习生活的时间、空间，创生出与传统迥异的身体姿态和行为模式。学校组织也因此获得高校运转。换言之，中国传统教育对生徒身体的规训模式在宋代发生了"革命性"的变化，这是宋代兴学带来的学校教育规模化、制度化发展的必然。

关键词：宋代；学规；生徒；身体；规训

自晚清以降，在教育学界和历史学界学者轮番深耕之下，宋代学规研究已取得了极为丰硕的成果。除了一众史料汇编[①]之外，早期成果主要为对学规内容的简要介绍，如陈青之、陈东原二氏 20 世纪 30 年代出版的同名著作《中国教育史》，一略述宋代学规共分五等，一引录朱子学规之文。个中以刘真《宋代的学规和乡约》为详，搜录了安定

---

① 如（清）张伯行纂《学规类编》（上海：商务印书馆，1936 年），邓洪波主编《中国书院学规》（长沙：湖南大学出版社，2000 年）、《中国书院学规集成》（上海：中西书局，2011 年），李国钧主编《历代教育制度考》（修订版）（武汉：湖北教育出版社，2004 年），尹德新主编《历代教育笔记数据》（北京：中国劳动出版社，1991 年），陈谷嘉、邓洪波主编《中国书院史资料》（杭州：浙江教育出版社，1998 年）等书中的宋代部分。

学规、京兆府小学规、朱子学规、吕东莱学规、高氏学规、程董学则等文献材料①，然颇有"述而不作"之失，不称论文之体。其后朱重圣《宋代太学之取士及其组织》在《宋史·艺文志》所载二十四种官定学规文献基础上对宋代太学学规进行了考述②；朱荣贵《学规与书院教育》以白鹿、丽泽等著名学规为例讨论了书院教育的特色和精神③。大陆改革开放后虽然这方面专论仍仅时或一见④，但涉此者则指不胜屈，主要有诸教育通史中的宋代部分⑤及袁征、苗春德二氏的宋代教育专书⑥。然论述内容要不出前揭诸作，唯加详而已。进入 21 世纪以来，宋代学规研究不仅在传统课题方面有了更深入的探讨⑦，更重要的是开出了诸多新面向，如李宏祺、丁钢对书院学规与寺院清规的比较研究⑧，邓洪波将学规作为书院倡导的行为规范的论述⑨，陈雯怡以学规为中心探讨书院教育理念和传播的内容等⑩。本文在这些研究的基础上对宋代学规兴起、普及的社会途径和历史过程进行了细致地还原与重构，并进一步探究了宋代学规兴起后对生徒的身体规训及缘之而起的"管理教育"模式对传统"礼乐造士"教育模式的颠覆。我们知道，先秦礼乐教育（即所谓"礼乐造士"）是在实践中使国子受到熏陶浸染而自发养成人格，本质上是一种实践教育、养成式教育，故史称"长养国子"。春秋以后教育逐渐转为书本学习，此模式下如何培养士之德操的问题即汉唐学校中学礼制度建立的背景及所担负的历史任务。但象征化的、作为礼乐之教孑遗的学礼是不可能真正解决这一问题的，何况学礼垂至宋代更趋于形式了。此外，宋代统治者非常重视教育，大规模的兴学运动就有三次（庆历兴学、熙丰兴学、崇宁兴学）。通过历次兴学，宋代学校教育的普及化、制度化及学生总人数的巨大是前此任何朝代都无法比拟的。面对人数众多的学生——在宋代一个州县学有成百上千人是很普遍的⑪——如何才能保证大多数人"成才"，尤其

① 宋史座谈会编：《宋史研究集》第 1 辑，台北：文献馆中华丛书编审委员会，1958 年，第 367—391 页。

② 文献馆编：《宋史研究集》第 18 辑，台北：文献馆，1988 年，第 211—260 页。

③ 朱荣贵《全体大用之学：朱子学论文集》，台北：学生书局，2002 年，第 157—196 页。

④ 如任继愈：《论白鹿洞书院学规》，《任继愈学术论著自选集》，北京：北京师范学院出版社，1991 年，第 191—197 页。

⑤ 如毛礼锐、沈灌群主编：《中国教育通史》第 3 卷，济南：山东教育出版社，1987 年；乔卫平：《中国教育制度通史》第 3 卷，济南：山东教育出版社，1999 年。

⑥ 袁征：《宋代教育：中国古代教育的历史性转折》，广州：广东高等教育出版社，1991 年；苗春德主编：《宋代教育》，开封：河南大学出版社，1992 年。

⑦ 如顾宏义：《宋代学规考论》，朱汉民主编：《中国书院》第 4 辑，长沙：湖南教育出版社，2002 年。

⑧ 李弘祺：《传统中国的学礼：试论其社会性及角色》，高明士主编：《东亚传统教育与学礼学规》，上海：华东师范大学出版社，2008 年；丁钢：《中国佛教教育：儒佛道教育比较研究》，成都：四川教育出版社，2010 年。

⑨ 《中国书院史》（上海：东方出版中心，2004 年）及《圣化与规范：学规指导下的南宋书院教育制度》（高明士主编：《东亚传统教育与学礼学规》，上海：华东师范大学出版社，2008 年）。

⑩ 陈雯怡：《由官学到书院：从制度与理念的互动看宋代教育的演变》，台北：联经出版事业公司，2004 年。

⑪ 周愚文：《宋代的州县学》，台北：文献馆，1996 年，第 194—197、198—199 页。

是要成为符合国家意识形态的"人才",管理问题便浮出水面(这实际上是前一问题在新形势下的延续),"利用制度管人"自然是这一发展趋势的必然选择,于是"学规"应运而生,并最终在私学的影响、官方的推动和理学家热衷创办书院的助力之下普及于全国各级各类学校。宋代学规的兴起、普及标志着管理式教育的建立(对应于"礼乐造士",此可称之曰"学规训士"),从这个意义上讲,中国教育模式在宋代发生了一个堪称"革命性"的变化——这是宋代兴学带来的学校教育规模化、制度化发展的必然。

一、宋代学规的兴起

宋代学规的兴起有一个过程——由私学被援引入官学,又在历次兴学运动中发展完备,加上理学势力扩张的推动,遂形成了无论官学私学学必有规的新教育模式。这是宋代教育一个重要特点。时至今日,这一"新教育模式"虽已陈旧,但从根本上讲,当今教育仍不脱此模式,各大、中、小学之有校纪校规便由宋代学规直接发展而来①。兹对宋代学规兴起过程缕析如下。

(一)学规在宋初私学中的萌蘖

众所周知,宋代官学振起时间较迟,"士病无所于学"②,故宋初私学教育甚为发达。"国初,斯民新脱五季锋镝之厄,学者尚寡。海内向平,文风日起,儒先往往依山林、即闲旷以讲授"③,"总角之幼者,分徒裂居,或假观于佛宫,或开户于委巷"④描述的就是此时情形,故马端临云宋"未有州县之学,先有乡党之学"⑤。一些私学大师,如著名隐士种放于终南山"以讲习为业,从学者众"⑥,开封名儒王昭素"常聚徒教授

---

① 用李弘祺的话说,此乃"传统中国学规的最后命运"。《传统中国的学规:试论其社会性及角色》,高明士编:《东亚传统教育与学礼学规》,上海:华东师范大学出版社,2008 年,第 240 页。

② (宋)朱熹:《晦庵先生朱文公文集》卷 79《衡州石鼓书院记》,《朱子全书》第 24 册,上海、合肥:上海古籍出版社、安徽教育出版社,2002 年,第 3783 页。

③ (宋)吕祖谦:《东莱吕太史文集》卷 6《白鹿洞书院记》,黄灵庚、吴战垒等编:《吕祖谦全集》第 1 册,杭州:浙江古籍出版社,2008 年,第 99—100 页。

④ (清)王昶辑:《金石萃编》卷 139《泾阳县重修孔子庙记》,中国东方文化研究会历史文化分会编:《历代碑志丛书》第 7 册,南京:江苏古籍出版社,1998 年,第 251 页。

⑤ (元)马端临:《文献通考》卷 46《学校考七》,北京:中华书局,1986 年,第 431 页。

⑥ 《宋史》卷 457《种放传》,北京:中华书局,1977 年,第 13422 页。

以自给"①，太学宿儒王彻"以五经教授其徒数百人"②，宋州戚同文睢阳学舍"请益之人不远千里而至。登第者五六十人"③，齐州田诰"聚学徒数百人，举进士至显达者接踵"④。事实上，不仅这些"大师（生徒）多至数十百人"⑤，普通儒者有的学生人数也较多，如密州齐得一"善于教授，乡里士大夫子弟不远百里，皆就之肄业焉"⑥。

在宋初私学勃兴的潮头中，书院这种教学机构的发展尤为引人注目。书院之名唐代即有，据《新唐书》载，玄宗开元六年（718 年）将修书之所乾元殿更名为"丽正修书院"⑦，开元十一年（723 年）于"光顺门外亦置书院"，次年于明福门外"置丽正书院"⑧，开元十三年（725 年）"改集仙殿为集贤殿，丽正殿（疑'殿'字衍）书院改集贤殿书院⑨。但其功能主要在"刊缉古今之经籍"⑩，并非教育机构，故袁枚云"书院之名起唐玄宗时丽正书院、集贤书院，皆建于朝省，为修书之地，非士子肄业之所也"⑪。研究者多据此认之为书院之始⑫。然据近期研究，此前已有湖南攸县光石山书院、陕西蓝田瀛洲书院、山东临朐李公书院、河北满城张说书院等四所民间书院存在，这才是唐代最早的书院，才是中国书院的源头⑬。

唐代中期以后，民间书院建设更伙，据邓洪波最新统计，整个唐代各地民间书院达

---

① 《宋史》卷 431《王昭素传》，北京：中华书局，1977 年，第 12808 页。

② （宋）宋祁：《景文集》卷 61《孙仆射行状》，北京：中华书局，1985 年，第 819 页。按：王彻逝世后"门人数百皆从（孙）奭"（《宋史》卷 431《孙奭传》，北京：中华书局，1977 年，第 12801 页），奭亦彻弟子。

③ 《宋史》卷 457《戚同文传》，北京：中华书局，1977 年，第 13418 页。

④ 《宋史》卷 457《万适传》，北京：中华书局，1977 年，第 13428 页。

⑤ （宋）吕祖谦：《东莱吕太史文集》卷 6《白鹿洞书院记》，黄灵庚、吴战垒等编：《吕祖谦全集》第 1 册，杭州：浙江古籍出版社，2008 年，第 100 页。按：点校本将"大师"二字改为"大率"［参见黄灵庚、吴战垒等编：《吕祖谦全集》第 1 册，杭州：浙江古籍出版社，2008 年，第 109—110 页校勘记（四）］，笔者认为不当改。

⑥ 《宋史》卷 456《齐得一传》，北京：中华书局，1977 年，第 13388 页。

⑦ 《旧唐书》卷 43《职官志二》云"（开元五年）于乾元殿东廊下写四部书，以充内库"。北京：中华书局，1975 年，第 1851 页。

⑧ 《新唐书》卷 47《百官志二》，北京：中华书局，1975 年，第 1210 页。

⑨ 《旧唐书》卷 8《玄宗本纪上》，北京：中华书局，1975 年，第 188 页。

⑩ 《旧唐书》卷 43《职官志二》，北京：中华书局，1975 年，第 1852 页。

⑪ 袁枚：《随园随笔》卷 14《典礼类下》"书院"条，《袁枚全集》第 5 册，南京：江苏古籍出版社，1993 年，第 247 页。

⑫ 如李国钧云"书院之名……始于玄宗开元间……不少学者认为这是中国书院的开始"（《中国书院史》，长沙：湖南教育出版社，1994 年，第 3 页）；王炳照云"书院之名始于唐中叶（贞）［开］元年间官方设立的丽正书院和集贤殿书院"。《中国古代书院》（增订版），北京：商务印书馆，1998 年，第 2 页。

⑬ 邓洪波：《中国书院史》，上海：东方出版中心，2004 年，第 10—12 页。按：亦有人认为四川遂宁张九宗书院为唐代最早书院（陈元晖：《中国古代的书院制度》，上海：上海教育出版社，1981 年，第 7 页；张正藩：《中国书院制度考略》，南京：江苏教育出版社，1985 年，第 2 页），邓洪波已据他书所载及张九宗行年指出嘉庆《四川通志》卷 79 所记张九宗书院建于贞观年间的说法有误（《唐代地方书院考》，《教育评论》1990 年第 2 期，第 56 页），并请参见李国钧主编：《中国书院史》，武汉：湖北教育出版社，2004 年，第 18 页。

49 所，其中大多皆为此期所建①。在此基础上，极少数书院发展出了教学功能，初具学校性质②。但总的来说，唐代书院与宋代不同，绝大部分为士人个人读书游习之所③。经五代至宋初的演变发展，绝大多数书院始作为学校性质的教学机构而存在，步入黄金发展阶段。整个北宋可确考的新建书院总数达 73 所，另尚有 125 所书院不详于南、北宋何时所建，则北宋书院总数"当在百所左右"④。太祖、太宗、真宗、仁宗 4 朝可确考的书院总数有 29 所⑤，其中最著名的就是所谓宋初"四大书院"⑥。此外，东佳学堂、华林书院、雷塘书院"鼎峙于江东"⑦，也非常有名。可以说包括书院在内的私学机构一定程度上承担起了地方官学职能，生徒众多，这些私学机构惩于唐代学风之坏⑧——唐代学风之坏正是由于生徒人数的增长及礼乐之教传统对其德行熏陶规范功能的丧失却未建立起适应这一教育发展趋势的新规训体系造成的——又受到禅宗戒律，如《百丈清规》之类训诫体系的影响，遂多制定出各种条贯规程以维护教学秩序、促进教育目标的实现⑨。

（二）从私学到官学：学规传播的三条途径

宋初私学机构教育成就斐然，前揭"登第者五六十人""举进士至显达者接踵"之类即为显证，宋政府在振兴官学的过程吸取其办学经验、采用其教育制度就是自然而然

---

① 邓洪波：《中国书院史》，上海：东方出版中心，2004 年，第 22 页。按：唐代民间书院，陈元晖等在《中国古代的书院制度》中的统计是 27 所（上海：上海教育出版社，1981 年，第5—7页）；白新良在《中国书院发展史》中的统计是 33 所（天津：天津大学出版社，1995 年，第1—3页）——二氏统计中均包括官办洛阳丽正书院在内，已减去。

② 李国钧主编：《中国书院史》，武汉：湖北教育出版社，2004 年，第9—17页。

③ 邓洪波：《中国书院史》，上海：东方出版中心，2004 年，第17—18页《唐诗中的书院情况统计表》、第21—22页《方志所载唐代各书院情况一览表》。

④ 白新良：《中国书院发展史》，天津：天津大学出版社，1995 年，第4—6页。

⑤ 邓洪波：《中国书院史》，上海：东方出版中心，2004 年，第43—44页《北宋书院分朝统计表》。

⑥ 四大书院诸说不一：（元）马端临：《文献通考》卷46《学校考》记为白鹿洞、石鼓、应天府、岳麓书院（北京：中华书局，1986 年，第431页），卷63《职官考十七》记为白鹿洞、嵩阳、岳麓、应天府书院（第571页）；王应麟、吕祖谦云为嵩阳、岳麓、睢阳、白鹿洞书院〔（宋）王应麟：《玉海》卷167《书院上》，南京、上海：江苏古籍出版社、上海书店，1987 年，第3074页；（宋）吕祖谦：《东莱吕太史文集》卷6《白鹿洞书院记》，黄灵庚、吴战垒等编：《吕祖谦全集》第1册，杭州：浙江古籍出版社，2008 年，第100页〕；范成大云为徂徕、金山、岳麓、石鼓书院〔（宋）范成大：《骖鸾录》，孔凡礼点校：《范成大笔记六种》，北京：中华书局，2002 年，第55页〕。按：乔卫平《中国教育制度通史》（第3卷）第226—227页云"光绪六年刻本《国朝石鼓志》……称四大书院为：徂徕、金山、岳麓、石鼓……此说不知所本"——即本乎范成大《骖鸾录》也。济南：山东教育出版社，1999 年。

⑦ （宋）杨亿：《武夷新集》卷6《南康军建昌县义居洪氏雷塘书院记》，福州：福建人民出版社，2007 年，第100页。

⑧ 邱志诚：《国家、身体、社会：宋代身体史研究》，北京：首都师范大学博士学位论文，2012 年，第93页。

⑨ 李弘祺：《传统中国的学规：试论其社会性及角色》，高明士编：《东亚传统教育与学礼学规》，上海：华东师范大学出版社，第210—214页。

的了。例如，戚同文睢阳书院"制为学规，凡课试讲肄、劝督惩赏莫不有法；宁亲归沐、与亲戚还往莫不有时。而皆曲尽人情，故士尤乐从焉"①，戚同文逝世后书院停废，大中祥符二年（1009年）富户曹诚于其址捐建屋"舍百五十间，聚书千余卷，博延生徒，讲习甚盛"。事闻，真宗"诏赐额曰'应天府书院'"，并命戚同文孙奉礼郎戚舜宾主之②。戚同文所定学规"后传于时，及建太学，诏取以参定学制"③。张方平甚至说"今四方学校，其规模条制，悉权舆于宋（指宋州，即应天府）也"④，虽不免溢美，但也可见出戚同文私学学规的影响。后南京留守晏殊延请丁母忧返家的范仲淹主持书院，"训督学者皆有法度，勤劳恭谨以身先之。夜课诸生读书，寝、食皆立时刻……由是四方从学者辐辏。其后宋人以文学有声名于场屋、朝廷者，多其所教也"⑤。故《宋史》云"自五代以来，天下学校废，兴学自殊始"⑥，意指应天府学的影响"带动了全国地方学校的兴起"⑦，亦即张方平"天下庠序由兹始"⑧的含义。明道二年（1033年），范雍知京兆府⑨，对应天府学的办学规制、成就极为钦慕，故向晏殊写信"取经"⑩，次年即景祐元年（1034年）京兆府学建成⑪，景祐二年（1035年）范雍上奏"乞特降

---

① （宋）徐度：《却扫编》卷上，北京：中华书局，1985年，第22页。

② （宋）李焘：《续资治通鉴长编》卷71，大中祥符二年（1009年）二月，北京：中华书局，2004年，第1597页。

③ （宋）徐度：《却扫编》卷上，北京：中华书局，1985年，第23页。

④ （宋）张方著，郑涵点校：《张方平集》卷39《赠运事中太原王公墓志铭并序》，郑州：中州古籍出版社，2000年，第688页。按：这里的"宋"意为宋州即应天府，指代应天府书院。

⑤ （宋）司马光著，邓广铭、张希清点校：《涑水记闻》卷10"晏丞相荐范仲淹"条，北京：中华书局，1989年，第182页。

⑥ 《宋史》卷311《晏殊传》，北京：中华书局，1977年，第10196页。

⑦ 程民生：《宋代地域文化》，开封：河南大学出版社，1997年，第166页。

⑧ （宋）张方著，郑涵点校：《张方平集》卷39《朝奉郎守太子中舍骑都尉韦君墓志铭并序》，郑州：中州古籍出版社，2000年，第720页。

⑨ 《宋史》卷288《范雍传》记明道二年（1033年）"（章献）太后崩，（范雍）罢为户部侍郎、知陕州，改永兴军"（北京：中华书局，1977年，第9678页），这里的永兴军非指永兴军路——此路熙宁五年（1072年）始置——乃京兆府节镇军名，故范仲淹《资政殿大学士礼部尚书赠太子太师谥忠献范公墓志铭》云"明道二年，（范雍）以户部侍郎知陕州。踰月，移京兆府"。（宋）范仲淹著，李勇先、王蓉贵校点：《范仲淹全集·范文正公文集》卷13，成都：四川大学出版社，2002年，第350页。

⑩ 李弘祺：《范仲淹与北宋书院的传统》，《范仲淹一千年诞辰国际学术研讨会论文集》，台湾大学文学院，台北，1990年6月，第1399—1426页。按：李氏系此事于天圣七年（1029年），误。范雍任陕西转运使职在天禧末至天圣三年（1025年）（《宋会要辑稿》食货39之9记"乾兴元年三月，陕西转运使范雍言"事、《宋会要辑稿》兵4之1记"天圣二年九月，陕府西路转运使范雍言"事、范仲淹《资政殿大学士礼部尚书赠太子太师谥忠献范公墓志铭》[（宋）范仲淹著，李勇先、王蓉贵校点：《范仲淹全集·范文正公文集》卷13，成都：四川大学出版社，2002年，第349页]记其"逾年"即被"召还"）。此后他一直在京任职，六年升枢密副使[（宋）李焘：《续资治通鉴长编》卷106，北京：中华书局，2004年，第2469页]，至明道二年（1033年）始自此任"罢为户部侍郎、知荆南府，寻改扬州，又改陕州"[（宋）李焘：《续资治通鉴长编》卷112，北京：中华书局，2004年，第2612页]。且京兆府学建于景祐元年（1034年）（明道二年之次年）亦可为证。

⑪ （清）王昶：《金石萃编》卷132《永兴军牒》，中国东方文化研究会历史文化分会编：《历代碑志丛书》第7册，南京：江苏古籍出版社，1998年，第114—115页。

敕命指挥下本府管勾官员，令常切遵守所立规绳，不得隳废"[①]。则京兆府学"所立规绳"对应天府学规当多所取法。但遗憾的是，这些学规具体内容皆已不存。二十年后的仁宗至和元年（1054 年），权京兆府学教授蒲宗孟、说书兼教授裴湸等制定的《京兆府小学规》因勒石于孔庙而流传下来，这是"学规"一词在历史上第一次出现，也是现存最早的一份学规，其内容如下：

府学牓：准使帖指挥于宣圣庙内置立小学，所有合行事件，须专指挥。

一、应生徒入小学，并须先见教授，投家状并本家尊属保状其保状内须声说情愿令男或弟侄之类入小学听读，委得令某甲一依学内规矩施行。申学官押署后上簿拘管。

一、于生徒内选差学长二人至四人，传授诸生艺业及点检过犯。

一、教授每日讲说经书三两纸，授诸生所诵经书文句、音义，题所学书字样，出所课诗赋题目，撰所对属诗句，择所记故事。

一、诸生学课分为三等：

第一等

每日抽签问所听经义三道，念书一二百字，学书十行，吟五、七言古、律诗一首；三日试赋一首或四韵，看赋一道，看史三五纸内记故事三条。

第二等

每日念书约一百字，学书十行，吟诗一绝，对属一联，念赋二韵，记故事一件。

第三等

每日念书五七十字，学书十行，念诗一首。

一、应生徒有过犯，并量事大小行罚。年十五以下，行扑挞之法；年十五以上，罚钱充学内公用。仍令学长上簿学官、教授通押。行止踰违，盗博斗讼，不告出入，毁弃书籍，画书窗壁，损坏器物，互相往来，课试不了，戏玩喧哗。

一、应生徒依府学规，岁时给假，各有日限。如妄求假告及请假违限，并关报本家尊属，仍依例行罚。

---

① （清）王昶编：《金石萃编》卷 132《永兴军中书札子》，中国东方文化研究会历史文化分会编：《历代碑志丛书》第 7 册，南京：江苏古籍出版社，1998 年，第 116 页。

右事须给榜小学，告示各令知委。①

此学规既系府学教授所撰，文中又有"应生徒依府学规"语，如果说其承袭有范雍时京兆府学"所立规绳"的内容应不算凿空无据，故李弘祺视之为"范雍办学成绩的反映"②。换言之，即可视为宋初兴起于私学的学规传播及于地方官学的一个例证。

私学学规衍入官学而大张的途径除了上述官学主动取则私学外，一些从事私学教育的"名师"被延入官学从而将私学学规带入官学是其又一个重要途径。例如，宋代著名教育家胡瑗早年自励勤学，学成后"以经术教授吴中"③，在私学教育中积累了丰富的教学管理经验。景祐中知苏州范仲淹创办了苏州州学，延聘胡瑗为师④，次年更复长校⑤。胡瑗"立学规良密"，于是为诸郡所倡行⑥。宝元三年（1040年），知湖州滕宗谅建湖州州学成，"挖"胡瑗前往主持。然次年胡瑗即随范仲淹到陕西任职，后丁父忧去职，起复后"迁保宁军节度推官，治湖州州学"⑦，这一次他在湖州州学任教直至皇祐四年（1052年）调任国子监直讲。在此期间，他创立了分斋教学之法，与其此前在苏州州学定立的教学制度合称"苏湖教法"。胡瑗在湖州州学更重学规，"科条纤悉备具"⑧，对弟子"严跳跃"⑨。山阳人徐积初次见他，"头容少偏，安定（即胡瑗）忽厉声云：'头容直'"。对徐积触动非常大，"因自思不独头容直，心亦要直也"，并云"自此不敢有邪心"，乃至居家"晨夕具公裳揖母"⑩。胡瑗在苏、湖两学制定的学规当然有他在彼时教学实践中的创造，但与其早年就学应天府书院私学时所受的影响及其入地方官学前的私学教育经历中的探索、积累显然也有传承关系，不过是更加发扬光大了。此外，如与种放相过从的"南山三友"之一高怿，范雍建京兆府学乃召其"授

---

① （清）王昶编：《金石萃编》卷134《京兆府小学规》，中国东方文化研究会历史文化分会编：《历代碑志丛书》第7册，南京：江苏古籍出版社，1998年，第158—159页。

② 李弘祺：《传统中国的学规：试论其社会性及角色》，高明士编：《东亚传统教育与学礼学规》，上海：华东师范大学出版社，2008年，第214页。

③ 《宋史》卷432《胡瑗传》，北京：中华书局，1977年，第12837页。

④ （宋）朱长文著，金菊林校点：《吴郡图经续记》卷下"学校"条，南京：江苏古籍出版社，1999年，第12—13页。

⑤ （宋）李觏著，王国轩校点：《李觏集》外集卷2《范文正公三书》，北京：中华书局，1981年，第472页。按：此文范集不载。

⑥ （宋）范纯仁：《宋将仕郎将作监主簿天成公传》，《范忠宣集·补编》，（清）永瑢、纪昀等：《景印文渊阁四库全书》第1104册，台北：台湾商务印书馆，1986年，第828页。

⑦ （宋）蔡襄：《蔡襄集·蔡忠惠公文集》卷37《太常博士致仕胡君墓志》，第674页。

⑧ 《宋史》卷432《胡瑗传》，北京：中华书局，1977年，第12837页。

⑨ （宋）蔡襄：《蔡襄集·蔡忠惠公文集》卷37《太常博士致仕胡君墓志》，第675页。

⑩ （宋）吕本中：《童蒙训》卷上，王云五主编：《万有文库》第1066册，上海：商务印书馆，1937年，第5页。

诸生经,从之者数百人"①;著名私学学者孙奭幼从王彻学,彻死乃接掌其师私学,后"为国子监直讲"②;著名学者李觏早年亦为私学"名师",嘉祐中"召为海门主簿、太学说书"③。包括庆历兴学时著名私学学者石介、孙复及胡瑗入主太学,他们必然将其原在私学时的教学方法和对生徒的规训方法带入官学。

另外,随着历次兴学运动中的书院官学化——如应天府书院成为应天府学、石鼓书院成为衡州州学、岳麓书院成为潭州州学一部分④,及"庆历中,诏诸路州郡皆立学,设官教授,则所谓书院者尝合而为一"⑤,熙宁七年(1074 年)再次强调"州学已差教授处,管下有书院并县学旧有钱粮者,并拨入本学"⑥——其原有学规也被承袭下来。

(三)学规由国家推动发展的新阶段

1. 庆历兴学时期学规进入国家最高学府

胡瑗入主太学之前的庆历四年(1044 年),范仲淹发动了庆历兴学,将太学自国子监划出单列,即史所称"兴太学",仁宗诸"下湖州取其法"并"着为令"⑦,标志着最初诞生于私学的学规被地方官学采纳并加以发展之后进入了国家最高学府。这是宋代学规兴起的一个重要转折,从此进入新的发展阶段即由国家推动发展的阶段。太学的"取先生(胡瑗)之法以为太学法"⑧除了袭用其成法,如分斋教学之制;也有改作与新创,且欲在全国官学中实行统一的学规,庆历四年(1044 年)三月诏"其学规宜令国子监详定其制颁行"⑨,胡瑗此时撰有《学政条约》《武学规矩》各一卷进呈仁宗,或即应诏之作——二书均佚,无法索考其具体内容,但足见胡瑗在古代中央和地方学校规范化、制度化进程中所作的巨大贡献,因此他被认为是"学校学规和办学章程的最早创议者"⑩——但不久新政失败,统一学规之事遂寝。尽管如此,太学本身的榜样力量

① (宋)王称:《东都事略》卷 118,(清)永瑢、纪昀等:《景印文渊阁四库全书》第 382 册,台北:台湾商务印书馆,1986 年,第 773 页。

② 《宋史》卷 431《孙奭传》,北京:中华书局,1977 年,第 12801 页。

③ 《宋史》卷 432《李觏传》,北京:中华书局,1977 年,第 12842 页。

④ 袁征:《宋代教育:中国古代教育的历史性转折》,广州:广东高等教育出版社,1991 年,第 306—308 页;邓洪波:《中国书院史》,上海:东方出版中心,2004 年,第 61 页。

⑤ (宋)洪迈:《容斋随笔·三笔》卷 5"州郡书院"条,上海:上海古籍出版社,1978 年,第 477—478 页。

⑥ (宋)李焘:《续资治通鉴长编》卷 252,熙宁七年(1074 年)四月己巳,北京:中华书局,2004 年,第 6148 页。

⑦ (宋)李焘:《续资治通鉴长编》卷 184,北京:中华书局,2004 年,第 4461 页。

⑧ (宋)欧阳修著,李逸安点校,《欧阳修全集·居士集》卷 25《胡先生墓表》,北京:中华书局,2001 年,第 389 页。

⑨ (清)徐松辑,刘琳、刁忠民、舒大刚等校点:《宋会要辑稿》崇儒 2 之 4,上海:上海古籍出版社,2014 年。

⑩ 郭齐家等主编:《中国教育思想通史》第 3 卷,长沙:湖南教育出版社,1994 年,第页 21 页。

是巨大的，各地官学仍多有主动效法太学而制定学规者，换言之，学规仍在一定程度上向更广范围传播。例如，知并州韩琦扩建州学，乃"取法于大（即太）学及河南、大名、京兆府、苏州，除苛补漏，以为新规"，不过该学规虽经继任者庞籍"刻着于石"①，今仍亡佚，无法比较其与太学学规异同。又如《越州新学记》云州学"学鼓之南书大榜，条其篇目，皆学中规，为之法也。诸生服膺无哗，望之肃如也"②，《雷州新修郡学记》云"劝勤黜惰，则号令不可不肃也。将俾其稽古力行，以孝显其亲，以道致其君，不徒习威仪、考声病而已矣"③，《郴州学记》云"夫惟圣人者，人道之规矩；学者，王化之本原。人道非规矩不成，王化非本原不立……庙学既成兮不愆旧仪，生徒既集分率（角）[用]新规"④，可见三州州学亦有学规。有的县学也定有学规，如邛州蒲江县学要求生徒"毋甘浮淫，毋生夸骄，毋轻语议，毋妄施设，毋尚亵狎，毋念荒逸，毋听谗嫉，毋起怨背"⑤。扶风县学学规则更加全面：

规孔子之堂曰：王如公如，榱桷之煌如，人心兮何如？

讲会之规曰：得之在口，传之在口，施用在心。君子曰："非口之口吉。"

食舍之规曰：己食足，思天下之食未足；己食不足，思天下之食足。是古之饱者，饱圣心而已。

射次之规曰：与其不正而中，不若正而不中。射乎射乎，其弓矢乎？

规学舍曰：彼儒而得者非，此儒而失者是。失者探其要，得者为后世笑。如曰不然，胡为乎孔子之庙？

规门曰：既入矣，出则骇；既辟矣，阖则邈。奔犀憧憧，谁梏其角？

规器用曰：不以古礼而没今礼，不以今礼而忽古礼。便者今之，厚者古之。浅人之侮，蠢人之嗤。大夫知儒，则儒师来；大夫不知儒，则庸师来。

师不敢规，其师哲，则其徒哲；其师愚，则其徒愚。

① （宋）司马光著，李文泽、霞绍晖校点：《司马光集》卷64《并州学规后序》，成都：四川大学出版社，2010年，第1338页。

② （宋）张伯玉：《越州新学记》，曾枣庄、刘琳主编：《全宋文》第23册，上海、合肥：上海辞书出版社，安徽教育出版社，2006年，第45页。

③ （宋）余靖：《武溪集》卷6《雷州新修郡学记》，上海书店编：《丛书集成续编》第101册，上海：上海书店，1994年，第70页。

④ （宋）祖无择：《洛阳九老祖龙学文集》卷7《郴州学记》，四川大学古籍整理研究所编：《宋集珍本丛刊》第7册，北京：线装书局，2004年，第694页。

⑤ （宋）文同：《新刻石室先生丹渊集·拾遗》卷下《移蒲江县学诸生文》，四川大学古籍整理研究所编：《宋集珍本丛刊》第9册，北京：线装书局，2004年，第328页。

　　　　徒不敢规，王扶风（指知扶风县王宗元）之立是学，隆冬不言寒，盛暑不言燠；
　　上抑之益坚，下从之亦勤。①

作者姚嗣宗虽为示谦退而云"师不敢规""徒不敢规"，但通过评论和赞誉的方式仍对
老师和学生提出了要求。但比较此学规与前揭京兆府小学规、苏湖学规显然旨趣大异，
南宋学规之有《白鹿洞揭示》与《明道书院规程》的分野于此已可见端倪。

　　2. 熙丰兴学时期学规的系统化

　　庆历中央官学采纳分斋教学模式之后，熙丰兴学时又实行了三舍法，这是世界上创
立最早的分年级教育模式和升级制度，西方直到宗教改革时期的 16 世纪初叶在才在新
教会学校中产生此种制度②。三舍法与前揭《京兆府小学规》中将学生分为三等教授的
做法和胡瑗分斋教学之法有着明显的渊源关系。分斋教学和三舍法不仅是教学制度，也
是针对生徒的一种管理制度。舍、斋的设立划小了管理单位，提高了管理的可操作性和
有效性。故此时的学规既有"学规"，还有"斋规"，具为五等：

　　　　学规五等。轻者关暇几月不许出入，此前廊所判也。重则前廊关暇，监中所行
　　也。又重则迁斋，或其人果不肖，则所选之斋亦不受，又迁别斋，必须委曲人情方
　　可，直须本斋同舍力告公堂，方许放还本斋，此则比之徒罪。又重则下自讼斋，则
　　比之黥罪，自宿自处，同舍亦不敢过而问焉。又重则夏楚、屏斥，则比之死罪。③

斋规五等据《上庠录》云即庆历四兴学取湖学法"著为令"者④。笔者颇疑非是，由学
规到斋规，符合学规由疏到密的逻辑发展过程，且元丰二年（1079 年）尚有"增严太
学规"⑤之举，焉得谓宋代第一次兴学学规体系即已臻如此之密？但斋规之具体内容已
无考，故献疑于此俟证。熙丰兴学不仅太学有学规，律学、武学等专科学校也有学规，
此由熙宁六年（1073 年）国子监言"律学除以假在外，遇直讲并须回避……余依太学

　　① （宋）姚嗣宗：《修扶风县庙学记》，（清）黄树谷：《扶风县石刻记》，《涵芬楼秘籍》第 5 集，上海：商务印书馆，
1918 年，原书无页码。
　　② 〔英〕威廉·博伊德（William Boyd）、埃德蒙·金（Edmund King）著，任室祥、吴元训主译：《西方教育史》，
北京：人民教育出版社，1985 年，第 189—205 页。
　　③ （宋）周密著，吴企明点校：《癸辛杂识·后集》"学规"条，北京：中华书局，1988 年，第 64 页。
　　④ （宋）胡仔著，廖德明校点：《苕溪渔隐丛话·后集》卷 35《本朝杂记上》引，北京：人民文学出版社，1962 年，
第 271 页。
　　⑤ （宋）李焘：《续资治通鉴长编》卷 300，元丰二年（1079 年）九月庚寅，北京：中华书局，2004 年，第 7303 页。

规矩施行"①、元丰八年（1085 年）"诏武举人犯学规或贡举法被罪，听依进士量罪等级叙理"②可知，不仅在京系籍学生要受到学规的约束，进京应考者亦要受到学规的约束，此由熙宁八年（1075 年）底诏"诸路举人集京师，并令国子监觉察，有违进士检者，依学规行罚，或申中书量轻重殿举，及勒出科场。违法重者送开封府施行"③及元丰七年（1084 年）八月诏依权国子司业朱服言"将来礼部试，虑诸路举人群集京师，自以不在学籍，无纠禁稽察之法，循缘旧习，浮纵寡耻，兼本学生交杂相为掩蔽，难以办究。乞应举人到京，或有显过亏损行义，若博奕、斗讼、酗酒不检、造为飞语、谤讪朝政，委本监检察闻奏，比附学规殿举"可知。另外，由朱服"自以不在学籍，无纠禁稽察之法"的话还可推知其时大多州县学也有学规。熙丰时期（1068—1085 年）严格的学规对学生的规训取得了很好地管理效果："方三舍之法行，士子无敢以秃巾短后之服行道上者；遇长、上无敢不避道拱揖者；茶肆、酒垆无敢辄游者，市人不逞者、醉者或凌嫚之，士子皆避去，无与较者。"④

3. 北宋晚期全国统一学规的确立及普及化发展

元祐更化，学规也以"纠偏"的形式不再严格执行，元祐元年（1086 年）四月国子监言"太学生员犯屏出学，情轻满三年，及告假踰限除籍者，自来并合依条补试入学。今来该登极大赦，其犯学规未得入学人，情理可矜者，取朝廷指挥，依旧入学"⑤，诏从之。这样做的结果是仅仅半年之后，就已有人慨言"自朝廷兴建三舍以来，学规弛废，取舍失平，未有如今日者也"⑥。但很快又有哲宗绍述之政，复行严规，凡元祐时赞同更化的太学生，"在籍者皆入自讼斋，非自陈改过不许预舍选……又学规以讪谤朝政为第一等罚之首"⑦。随之而来的崇宁兴学，更实现了庆历时"一天下学规"的宏愿，不仅在中央官学全面严格执行神宗时制定的各项严密学规，政和三年（1113 年）还制定了《政和学规》作为全国各州县学统一的学规：

---

① （清）徐松辑，刘琳、刁忠民、舒大刚等校点：《宋会要辑稿》崇儒 3 之 9，上海：上海古籍出版社，2014 年。

② （宋）李焘：《续资治通鉴长编》卷 361 元丰八年（1085 年）十一月，北京：中华书局，2004 年，第 8647 页。

③ （宋）李焘：《续资治通鉴长编》卷 271，熙宁八年（1075 年）十二月庚寅，北京：中华书局，2004 年，第 6635 页。

④ （宋）施宿等纂：《嘉泰会稽志》卷 1，"学校"条，中华书局编辑部编：《宋元方志丛刊》，北京：中华书局，1990 年，第 6726 页。

⑤ （宋）李焘：《续资治通鉴长编》卷 375 元祐元年（1086 年）四月甲辰，北京：中华书局，2004 年，第 9098 页。

⑥ （宋）李焘：《续资治通鉴长编》卷 390 元祐元年（1086 年）十月癸丑，北京：中华书局，2004 年，第 9499 页。

⑦ （宋）施宿等纂：《嘉泰会稽志》卷 1，"学校"条，中华书局编辑部编：《宋元方志丛刊》，北京：中华书局，1990 年，第 6726 页。按：郭宝林认为此为徽宗时的规定。《宋代的州县学生》，《历史研究》1988 年第 2 期，第 90 页。

尚书省言："学校养士……俗吏则以学为不急，不加察治，纵其犯法。庸吏则废法容奸，漫不加省，有罪不治。以故，学生近来在学殴斗争讼，至或杀人，盖令佐不加治训，州县不切举察，提举官失于提按，以致如此。不惟士失其行，亦官废其职，今具下项：

一、州县学生有犯，在学，杖以下从学规。徒以上，若在外有犯，并依法断罪。

一、州县学生有犯，教授、令佐、职事人不纠举，与同罪；知（州、县）、通（判）失按，减一等；提举官，又减一等。若故纵并加二等。欲令转运、提举（学事）司契勘诸县官，对移上、内舍登科人随资序到任。二年以下充令佐，于学事司钱内支食钱三贯。如不足，吏部注人替满两考人，其被替人理一任、减一考（政）[改]官。"①

显然，这是一个"修正案"，即并未改变神宗学规五等、斋规五等的具体内容，只是补充了一条解释性条款——严格区分了学规和法律的适用分界线，即"在学"且犯"杖以下（含杖）"才按学规处罚、一条附加性条款——对学校管理人员失职行为作了处罚规定。实际执行中的蔡州州学学规也可为证，据出自著名史学家、知蔡州刘攽之手的《晓示州学榜》知，蔡州学规最重的处罚是"榎楚"（即鞭挞）、"寄斋"（即开除），与五等学规最重者为"夏楚、屏斥"正相吻合：

据州学教授状，诸生不遵规矩及侮玩师长、毁坏晓示者。

盖闻入孝出弟，乡党之常节；恭业乐群，庠序之要道。诸生秀才，结发从学，屈首受书，大则希扬名而显亲，次亦将干禄而筮仕。何乃甘心佻达、极意慢游，以侮玩老成为高、以抹摋箴规为达？负固不服，过涉至凶，不足成名，只其败德。古者大学之教，严师为先，或收榎楚之威，或重寄斋之谪。非不能道德而齐礼，盖将纠缪而绳愆。兴言及兹，良弗获已；为学至此，不亦恧哉！然而朝过夕改，君子所予；先迷后得，大易攸尚。畏罪可以强仁，克己而后复礼。特愿勉亲弦诵，恪居朝夕；勿重前咎，以贻后悔。告示各令知悉者。②

① （清）徐松辑，刘琳、刁忠民、舒大刚等校点：《宋会要辑稿》崇儒 2 之 20—21，上海：上海古籍出版社，2014 年。
② （宋）刘攽：《彭城集》卷 40《晓示州学榜》，上海：商务印书馆，1937 年，第 528 页。

不仅蔡州州学如此，其时学校大抵如此，所以"议者以谓学制太严"①。不仅大学有学规，小学也有学规，"崇宁五年，参在京小学规约颁之州县小学"②。至此，可以说学规在国家行政力量的推动下在全国各级各类学校得到了普及——说北宋后期"学必有规"绝非什么夸张。

（四）南宋时期书院复兴热潮对学规普及的推动

南宋学校制度多承神、徽创造，学规亦祖述之。淳熙三年（1176年）八月诏"进士增改父母年甲以冒封爵者，坐以学规一等之罚。限一月自首改正"③可证——既云"学规一等之罚"，则其显为北宋五等学规之制。南宋人所作《嘉泰会稽志》"学规、斋规行罚各五等，今尚有遵行者"的记载亦可旁证。但南宋官学学规执行似不如北宋之严，如绍兴十四年（1144年）礼部奏宗学"学规、斋规并小学规，并系增损大学之制，今来合行申严遵守施行"④、淳熙十五年（1145年）臣僚言"窃见太学礼义之所，教化所自出，诸生渐磨其间，正宜勉励术业，重惜名检，以为保国荣亲之举。近闻有冒同宗之服制，肆非所之燕游，若内舍生何寅者，死于非命，岂不负明时之教养。欲望戒敕太学师儒之官，谨生员之教，振举学规，勿容非礼之动传播四方，有玷京师首善之化"⑤。反复奏请"申严"学规、"振举学规"，反过来在一定程度上说明了其时学规执行方面的懈弛。

南宋教育还有一个重大现象就是"书院复兴"。如前所述，书院在宋初就已普遍作为新形式的学校而兴起，且声名着于天下。然而随着北宋中后期官学渐次普及，加之很多书院被纳入官学系列，按一般讲法，书院发展遂告衰落⑥。从声势和影响上看，的确如此，但书院发展事实上并未中断，甚至从兴建书院数量上看还超过宋初，则此看法并不准确：前揭整个北宋新建可确考的书院总数为73所，前4朝可确考的书院总数有29

---

① （宋）施宿等纂：《嘉泰会稽志》卷1，"学校"条，中华书局编辑部编：《宋元方志丛刊》，北京：中华书局，1990年，第6727页。

② （清）徐松辑，刘琳、刁忠民、舒大刚等校点：《宋会要辑稿》选举9之25，上海：上海古籍出版社，2014年。

③ （清）徐松辑，刘琳、刁忠民、舒大刚等校点：《宋会要辑稿》职官9之14，上海：上海古籍出版社，2014年。

④ （清）徐松辑，刘琳、刁忠民、舒大刚等校点：《宋会要辑稿》崇儒1之8，上海：上海古籍出版社，2014年。

⑤ （清）徐松辑，刘琳、刁忠民、舒大刚等校点：《宋会要辑稿》崇儒1之45，上海：上海古籍出版社，2014年。

⑥ 陈东原：《中国教育史》，台北：台湾商务印书馆，1980年，第278页；毛礼锐、沈灌群主编：《中国教育通史》第3卷，济南：山东教育出版社，1987年，第66～68页；乔卫平：《中国教育制度通史》第3卷，济南：山东教育出版社，1999年，第224～226页。按：宋人即持此说，如朱熹云："逮至本朝庆历、熙宁之盛，学校之官遂遍天下，而前日处士之庐无所用，则其旧迹之芜废亦其势然也。"（宋）朱熹：《晦庵先生朱文公文集》卷79《衡州石鼓书院记》，《朱子全书》第24册，上海、合肥：上海古籍出版社、安徽教育出版社，2002年，第3783页。

所，而神、哲、徽、钦 4 朝可确考的新建书院总数亦达 28 所①。不过政府对此期民间创办的书院不再像宋初那样大力赐书、赐额、赐学田予以褒扬，加之其规模、成就也不如宋初书院，故显得寂寂无闻。这说明兴学运动不但没有完全扼杀民间力量办学，官方的兴学热情还在一定程度上激发了民间的办学热情②。在北宋中、后期这股兴办书院的潜流中，有一种现象尤为值得注意，那就是理学家非常热衷于创办书院。例如，理学开山周敦颐长期在江南西路为官讲学，于江州创办濂溪书堂；又于分宁、芦溪建书院，后人分别名之景濂书院、宗濂书院；其在虔州，与赵抃共讲于赣县书院，后人名之清溪书院③。周敦颐学生二程亦建书院讲学，程颢在开封府扶沟县所建书院后人名之明道书院，又称大程书院④；程颐在洛阳创办名皋书院，后又创建伊皋书院⑤，长期于此讲学，"士之从学者不绝于馆，有不远千里而至者"⑥，洛学由此而起。张载于关中眉县横渠镇崇寿院兴馆设教后人名之横渠书院，从学者亦盛，当时目为"张、程"⑦，关学遂由此兴。程门"四先生"之一杨时在无锡建东林书院，又名龟山书院，在此讲学达 18 年之久⑧，是理学南传最重要的转折点之一⑨。

南宋书院复兴的原因主要是当时官学虽仍称盛，但从教育宗旨上看已彻底沦为科举附庸，故时人咸谓"太学者，但为声利之场，而掌其教事者，不过取其善为科举之文，而尝得隽于场屋者耳。士之有志于义理者，既无所求于学，其奔趋辐凑而来者，不过为解额之滥、舍选之私而已。师生相视，漠然如行路之人；向相与言，亦未尝开之德行道义之实。而月书季考者，又只以促其嗜利苟得、冒昧无耻之心，殊非国家之所以立学教人之本意也"⑩，州县学也是"文具胜（，）而利禄之意多"⑪，士子"习熟见闻，因仍

① 邓洪波：《中国书院史》，上海：东方出版中心，2004 年，第 43—44 页《北宋书院分朝统计表》。
② 邓洪波：《中国书院史》，上海：东方出版中心，2004 年，第 47—48 页。
③ 李才栋：《周敦颐的教育思想和各地的濂溪书院》，《中国书院研究》，南昌：江西高校出版社，2005 年，第 209—211 页。
④ 郝万章：《程颢与大程书院》，郑州：中州古籍出版社，1993 年，第 63—68 页。
⑤ 苗春德主编：《宋代教育》，开封：河南大学出版社，1992 年，第 93 页。
⑥ （宋）范祖禹：《门人朋友叙述》，（宋）程颢、程颐：《二程集·附录》，北京：中华书局，1981 年，第 333 页。
⑦ （宋）吴曾：《能改斋漫录》卷 12《记事》"张程学"条，北京：中华书局，1960 年，第 348 页。
⑧ 李国钧主编：《中国书院史》，长沙：湖南教育出版社，1994 年，第 721 页。
⑨ "二程之学，龟山（杨时）得之而南，传之豫章罗氏（罗从彦），罗氏传之延平李氏（李侗），李氏传之朱氏（朱熹），此其一派也。上蔡（谢良佐）传之武夷胡氏（胡安国），胡氏传其子五峰（胡宏），五峰传之南轩张氏（张栻），此又一派也"。（宋）真德秀《西山读书记》卷 31，（清）永瑢、纪昀等：《景印文渊阁四库全书》第 706 册，台北：台湾商务印书馆，1986 年，第 106 页。并请参见乔卫平：《中国教育制度通史》第 3 卷，济南：山东教育出版社，1999 年，第 282 页。
⑩ （宋）朱熹：《晦庵先生朱文公文集》卷 69《学校贡举私议》，《朱子全书》第 23 册，上海、合肥：上海古籍出版社、安徽教育出版社，2002 年，第 3363 页。
⑪ （宋）陈傅良：《陈傅良先生文集》卷 39《潭州重修岳麓书院记》，杭州：浙江大学出版社，1999 年，第 499 页。

浅陋，知有科举而不知有学问"①，"干禄仕以盈庭，鬻词章而塞路"②。总之，"今日学校科举之教，其害将有不可胜言者"，因此有识者便欲"别求燕闲清旷之地以共讲其所闻"，以俟"四方之士有志于学，而不屑于课试之业者"③居之，一起"寻绎五典之精微，决绝三乘之流遁"④，达到"成就人才，以传斯道而济斯民也"⑤的目的。另一个重要原因就是南宋理学家在继承前辈学术的同时，也继承了其积极兴办书院的做法，南宋时期书院总数达 442 所，是北宋的 6 倍⑥。这些书院中有很多都是理学家及其门人或所建，如胡安国在衡山建碧泉书堂，后由其子胡宏扩建为碧泉书院；吕祖谦在金华建丽泽书院；陆九渊在贵溪建象山精舍；张栻在潭州即其父张浚旧居建城南书院；魏了翁历官各地，于蒲江、靖州、泸州、苏州诸处建鹤山书院；朱熹女婿黄榦在福州建鳌峰精舍（又名螺峰书院）、高峰书院；陈傅良在仙岩建仙岩书院……朱熹一人就创建了 4 所书院，修复 3 所，曾讲学其中的达 20 所⑦。为纪念理学名家而修建的书院更多，如江西大余道源书院（纪念周、程）、江宁明道书院（纪念程颢）、江西铅山县鹅湖书院（纪念朱、吕、二陆）、福建将乐龟山书院（纪念杨时）、河南上蔡书院（纪念谢良佐）等。在这些理学家所创办和为纪念理学家而创办的书院中，所传学术自然也以理学为宗，呈现出理学与书院一体化的形态⑧。因此之故，有学者将南宋书院复兴运动称作是"理学家掀起的书院运动"⑨。

　　正是由于理学家的这种"书院情结"⑩使理学在不被官方认可时在民间仍保留着自己的宣传、发展阵地，历经哲宗时的"禁元祐学术"、徽宗时的崇宁党禁、宁宗时的

　　① （宋）朱熹：《晦庵集》卷 80《信州州学大成殿记》，《朱子全书》第 24 册，上海、合肥：上海古籍出版社、安徽教育出版社，2002 年，第 3805 页。

　　② （宋）胡宏著，吴仁华点校：《碧泉书院上梁文》，《胡宏集》，北京：中华书局，1987 年，第 201 页。

　　③ （宋）朱熹：《晦庵先生朱文公文集》卷 79《衡州石鼓书院记》，《朱子全书》第 24 册，上海、合肥：上海古籍出版社、安徽教育出版社，2002 年，第 3783、3782 页。

　　④ （宋）胡宏著，吴仁华点校：《碧泉书院上梁文》，《胡宏集》，北京：中华书局，1987 年，第 201 页。

　　⑤ （宋）张栻著，邓洪波校点：《张栻集·南轩先生文集》卷 10《潭州重修岳麓书院记》，长沙：岳麓书社，2009 年，第 571—572 页。

　　⑥ 邓洪波：《中国书院史》，上海：东方出版中心，2004 年，第 57 页。按：据白新良估计，南宋新建书院 299 所，不详于建于何时但在南宋有教学活动的书院有 125 所，复建唐五代、北宋书院 18 所。《中国书院发展史》，天津：天津大学出版社，1995 年，第 10—16 页。

　　⑦ 方彦寿：《朱熹书院考》，《朱熹书院与门人考》，上海：华东师范大学出版社，2000 年，第 1—35 页。按：朱门弟子及再传弟子除上述黄榦、魏了翁外，创办书院或在书院讲学者甚伙。吴万居：《宋代书院与宋代学术的关系》，台北：文史哲出版社，1991 年，第 247—250 页。

　　⑧ 邓洪波：《中国书院史》，上海：东方出版中心，2004 年，第 72—81 页。

　　⑨ 邓洪波：《中国书院史》，上海：东方出版中心，2004 年，第 66 页。

　　⑩ 邓洪波语，《中国书院史》，上海：东方出版中心，2004 年，第 75 页。

庆元党禁而不灭，终于在理宗时被确立为官学正宗，进而作为国家意识形态大昌于世。事实上，据以上分析可知，理学经过南宋的迅猛发展已为广大士人所尚，不仅是其时最大的学术流派，也已成为一股社会力量。理宗要获得知识分子的认同，积聚民心，更有利地维护国家的稳定与统治，不得不纳之入国家体制。也正因为此，国家必不会允许书院/士人团体长久外在于国家力量的笼罩，故南宋后期又掀起了宋代书院第二次官学化改造。办法一是政府在保持官学主导地位的前提下大力创建官办书院，以与民间书院相颉颃，如景定三年（1262 年）广西经略使朱禩孙在桂林建宣成书院①，淳祐十年（1250 年）知吉州江万里"创白鹭洲书院"②，咸淳四年（1268 年）度宗命知建康府命马光祖"建南轩书院，祠先儒张栻"③，咸淳间沿海制置使、知庆元府刘黻于杨简旧居"作慈湖书院"④。连偏僻的四川巴州"亦创置（书院）"，惹得洪迈大发"是为一邦而两学矣……于义为不然"⑤的议论；同时积极修复原有书院，如淳祐元年（1241 年）知袁州程公许"新周敦颐祠，茸张栻书院"⑥，淳祐九年（1249 年）知建康府吴渊重修明道书堂⑦，理宗时知金坛县孙子秀"访国初茅山书院故址，新之，以待远方游学之士"⑧。总之，"公立书院的数量从宁宗朝后期开始迅速增加。到理宗朝，每个州一般都有一所公立书院，有的州建了两三所，不少县和路也办了公立书院"⑨。故有学者把宁宗尤其是理宗以来的这次书院官学化运动视为继北宋三次兴学热潮之后的又一次"办学高潮"⑩。二是派官员到书院任山长等管理职务，把书院官学化。例如，宝庆三年（1227 年）敕"今后监潭州南岳庙兼岳市灯火，差有出身经任人，兼书院山长，令吏部使阙"⑪，明道书院山长则于"景定元年以后从吏部注差"⑫。次年，诏从御史孙附凤奏"书院山

---

① 夏雨雨、孙先英：《宣成书院始建人考辨》，《广西地方志》2009 年第 1 期。

② 《宋史》卷 418《江万里传》，北京：中华书局，1977 年，第 12523 页；卷 411《欧阳守道传》，第 12364 页。

③ 《宋史》卷 46《度宗本纪》，北京：中华书局，1977 年，第 901 页。

④ 《宋史》卷 407《杨简传》，北京：中华书局，1977 年，第 12292 页。

⑤ （宋）洪迈：《容斋随笔·三笔》卷 5，"州郡书院"条，上海：上海古籍出版社，1978 年，第 478 页。

⑥ 《宋史》卷 415《程公许传》，北京：中华书局，1977 年，第 12456 页。

⑦ （宋）周应合：《景定建康志》卷 29《儒学志二·置书院》"建明道书院"条，中华书局编辑部编：《宋元方志丛刊》，北京：中华书局，1977 年，第 1811 页。

⑧ 《宋史》卷 424《孙子秀传》，北京：中华书局，1977 年，第 12663 页。

⑨ 袁征：《宋代教育：中国古代教育的历史性转折》，广州：广东高等教育出版社，1991 年，第 307—308 页。

⑩ 袁征：《宋代教育：中国古代教育的历史性转折》，广州：广东高等教育出版社，1991 年，第 308—310 页。

⑪ （宋）朱胜非等：《吏部条法·差注门三》，刘笃才、黄时鉴点校：《中国珍稀法律典籍续编》第 2 册，哈尔滨：黑龙江人民出版社，2002 年，第 116 页。

⑫ （宋）周应合：《景定建康志》卷 29《儒学志二·置书院》"建明道书院"条，中华书局编辑部编：《宋元方志丛刊》，北京：中华书局，1990 年，第 1820 页。

长阙，凡有出身人许令之任"①，景定四年（1263年）复"诏吏部诸授书院山长者，并视州学教授……昔者山长之未为正员也，所在多以教授兼之，自前年创入部阙"②。这同时说明在此之前，各书院山长已普遍由州学教授担任了。淳祐十一年（1251年）知州赵汝历扩建钓台书院，"闻于朝，以州学教授兼山长"③即可佐证。这样，书院成为另一种形式的官立学校④。但这个时候程、朱上继孔孟道统业已建立起来，官学转成为理学的宣传阵地，"民间阵地"的丧失已经无所谓了⑤。理学在宋代的发展轨迹和（荆公）新学比较起来，一走下层路线，注重自身阵地和学术队伍建设，故可历经打压而不绝如缕，时机一到即可再次振起；一走上层路线，虽得君之时天下只知有斯学，但一旦失去官方支持，便一蹶不可复振。换言之，理学在宋代的"终成正果"从根本上说，并非是有理宗赏识——理宗的赏识也是被动式的——而是有其组织基础和人员基础的。

南宋前期理学家因不满官学沦为科举附庸大力倡办书院，自然也就不满意于官学学规，因此各为创制，其诉求与主旨可由著名的《白鹿洞揭示》得其大概。《白鹿洞揭示》为大家所熟知，这里就不引述了。当学规愈益繁密，从管理者角度言，管理效果便愈显著；而从生徒的角度来说，其所受"强迫"自然更甚，实极不利于造作人才。故识者便欲改作学规以为学子"松绑"，是乃以《白鹿洞揭示》为代表的南宋民间书院学规与官学学规诉求的对立之由，陆九渊"教人不用学规"⑥亦值此之故——此种对立在北宋官学学规内部即已暗暗滋生，前揭扶风县学学规可谓《白鹿洞揭示》之嚆矢——南宋民间书院学规虽然不像官学那样整齐划一而是个个不同，但每个书院都有学则是可以肯定的；且理宗时期民间书院又经历了宋代第二次官学化改造，至此书院和官学复臻于一，又没有什么区别了，学规也随之与官学趋同。综上所述，宋代学规在其兴起过程中经过第二阶段三次兴学运动官方的推动、南宋书院复兴运动中的展拓，"学必有规"成为一种社会共识。

① （宋）朱胜非等：《吏部条法·差注门二》，刘笃才、黄时鉴点校：《中国珍稀法律典籍续编》第2册，哈尔滨：黑龙江人民出版社，2002年，第58页。

② （宋）欧阳守道：《巽斋文集》卷14《白鹭洲书院山长厅记》，（清）永瑢、纪昀等：《景印文渊阁四库全书》第1183册，台北：台湾商务印书馆，1986年，第620页。

③ （宋）郑瑶、方仁荣：《景定严州续志》卷3"钓台书院"条，中华书局编辑部编：《宋元方志丛刊》，北京：中华书局，1990年，第4369页。

④ 陈雯怡：《由官学到书院：从制度与理念的互动看宋代教育的演变》，台北：联经出版事业公司，2004年，第130—131页。

⑤ 〔美〕刘子健：《宋末所谓道统的成立》，《两宋史研究汇编》，台北：联经出版事业公司，1987年，第249—282页；并请参见氏著《中国转向内在》（赵冬梅译，南京：江苏人民出版社，2001年）第120—135相关内容。

⑥ 《宋史》卷434《陆九渊传》，北京：中华书局，1977年，第12880页。

二、宋代学规对生徒身体的规训

学规不同于先秦礼乐之教,礼乐之教的本质是生徒在实践教育中接受熏陶浸染自发养成人格,可谓"己格",故曰"掌养国子";学规的本质是管理,是使生徒在"强迫"中被动形成统治者认可的人格,可谓"他格"——当然从最基础、最核心的层面讲,两种教育模式都是生物人"文化"为社会人的途径(正因为此,以学规为标识的管理式教育可以取代以礼乐为标识的养成式教育),所以"己格"养成也含有被动的成分,"他格"形成中也含有主动成分——学规是一种新的身体规训技术,"其目标不是增加人体的技能,也不是强化对人体的征服,而是要建立一种关系,要通过这种机制本身来使人体在变得更有用时也变得更顺从,或者因更顺从而变得更有用"①。学规标志着权力技术的新发展。和法律比较起来,法律是一种宏观权力技术,学规是一种微观权力技术。学规不像法律那样把人看作一个整体,它关注的是生徒身体的活动、姿势、态度并分别进行训练和操控。所以,宋代学规的兴起、普及揭示出传统教育对生徒的规训模式在此时发生了革命性的变化,但这种革命性并不表现为轰轰烈烈的声势,而是表现为对原有教育模式的暗中颠覆上,是生徒身体规训方式的"潜移"。这种革命性变化之所以可以悄无声息地发生,乃是由于宋代兴学带来的学校教育规模化、制度化发展使然。故这个"悄无声息"实际上是宋代兴学的"轰轰烈烈"的另一个声部。

(一)空间与身体:学规对生徒学习空间的规定

纪律的执行需要一个"封闭的空间"②,学规对生徒的身体规训,首先是规定、分配其学习、生活空间。宋初中央官学没有多少学生,且因京师火禁制度③,晚上也不准学生住宿,至庆历兴学初,太学学生仍然是"至暮出归,不许宿"④。嘉祐中,孙复、胡瑗"领教事,乞弛太学火禁,准小三馆〔、〕秘阁(。)令〔。〕脱有不职,愿以身任

---

① 〔法〕福柯(Michel Foucault)著,刘北成、杨远婴译:《规训与惩罚:监狱的诞生》,北京:生活·读书·新知三联书店,1999 年,第 156 页。

② 〔法〕福柯(Michel Foucault)著,刘北成、杨远婴译:《规训与惩罚:监狱的诞生》,北京:生活·读书·新知三联书店,1999 年,第 160 页。

③ (宋)魏泰:《东轩笔录》卷 10 云"京师火禁甚严,将夜分,即灭烛,故士庶家凡有醮祭者,必先关白厢使,以其焚楮币在中夕之后也"。李裕民点校,北京:中华书局,1983 年,第 117 页。

④ (宋)张舜民:《画墁录》,朱易安、傅璇琮、周常林等编:《全宋笔记》第 2 编第 1 册,郑州:大象出版社,2006 年,第 201 页。

之"①。此后太学等中央官学即实行寄宿制。宋前期私学、书院中既有"不远千里而至"②的学生，则其行寄宿制当比太学早得多。范仲淹主持应天府书院（尚非府学）时"寝、食皆立时刻，往往潜至斋舍询之，见有先寝者，诘之，其人绐云：'适疲倦，暂就枕耳。'仲淹问：'未寝之时，观何书？'其人亦妄对。仲淹即取书问之，其人不能对，乃罚之"③亦可佐证。北宋兴学运动之后，太学之外的其他中央官学、各州县学皆行太学制度，也都是寄宿制学校，洪迈《夷坚志》关于蔡州州学的一条记载可证：

> 吕安老（吕祉）尚书少时入蔡州学，同舍生七八人黄昏潜出游，中夕乃还。忽骤雨倾注，而无雨具。是时学制崇严，又未尝谒告，不敢外宿。旋于酒家假单布衾，以竹揭其四角，负之而趋。将及学墙，东望巡逻者持火炬传呼而来，大恐，相距二十余步，未敢前，逻卒忽反走，不复回顾，于是得逾墙而入。终昔（夕）惝惝，以为必彰露，且获谴屏斥矣。④

在学校中，校门启闭有时，"以昕鼓启，昏鼓合"⑤，无故不得外出，"如遇私故出入，或疾告、归宁，并于判监官处具状乞假"⑥。即便小学也是如此，"应生徒依府学规，岁时给假，各有日限。如妄求假告及请假违限，并关报本家尊属，仍依例行罚"⑦。这就给生徒的活动划出了一个固定的、明确的范围。

更重要的是，宋代学校实行三舍法和分斋教学之制，如崇宁时仅辟雍外学就有 100 斋，每斋 30 人，每斋都有不同的斋号⑧。南宋后期太学有 20 斋、宗学 6 斋、临安府学 10 斋、仁和县学 4 斋、钱塘县学 6 斋⑨。分舍尤其是分斋、每斋 30 人的定员安置是对空间的进一步分割，并使空间与生徒个体发生对应关系。也就是说，每一名生徒在学校

---

① （宋）张舜民：《画墁录》，朱易安、傅璇琮、周常林等编：《全宋笔记》第 2 编第 1 册，郑州：大象出版社，2006 年，第 201 页。

② 《宋史》卷 457《戚同文传》，北京：中华书局，1977 年，第 13418 页。

③ （宋）司马光著，邓广铭、张希清点校：《涑水记闻》卷 10"晏丞相荐范仲淹"条，北京：中华书局，1989 年，第 182 页。

④ （宋）洪迈著，何卓点校：《夷坚志·丙志》卷 13"蔡州禳灾"条，北京：中华书局，1981 年，第 480 页。

⑤ （宋）施宿等纂：《嘉泰会稽志》卷 1"学校"条，中华书局编辑部编：《宋元方志丛刊》，北京：中华书局，1990 年，第 6726 页。

⑥ （清）徐松辑，刘琳、刁忠民、舒大刚等校点：《宋会要辑稿》崇儒 1 之 29，上海：上海古籍出版社，2014 年。

⑦ （清）王昶：《金石萃编》卷 134《京兆府小学规》，中国东方文化研究会历史文化分会编：《历代碑志丛书》第 7 册，南京：江苏古籍出版社，1998 年，第 159 页。

⑧ 《宋史》卷 157《选举志三·学校试》，北京：中华书局，1977 年，第 3663 页。

⑨ （宋）吴自牧：《梦粱录》卷 15"学校"条，杭州：浙江人民出版社，1980 年，第 132—134 页。

都有一个的确定的位置,每一个位置都代表着一名确定的生徒。这是一种精细的空间利用策略,可以非常容易地分辨谁在场、谁缺席,谁的表现好、谁的表现差,从而使对学生的管控更容易、更方便、更到位。

(二)学规对生徒身体活动的控制

1. 时间与身体:学规对生徒学习时间的管控

学规对生徒身体实现规训的核心内容是对其活动的控制,或者说规训过程本身就是对生徒身体活动的控制过程。这一过程首先是对学生生活时间进行分割,为他们制定出统一的作息时间表,如宋代官学作息应"鼓之节:昕三,昏四,讲五,食六,升堂七,还斋八,集九"①。又如程端蒙、董铢所定《程董二先生学则》:

> 凡学于此者,必严朔望之期:其日昧爽,直日一人主击板。始击,咸起盥漱,总栉衣冠。再击,皆着深衣或凉衫升堂……
>
> 谨晨昏之令:常日击板如前。再击,诸生升堂序立,候师长出户立定,皆揖。次分两序,相揖而退。至夜将寝,击板,会揖如朝礼。会讲、会食、会茶亦击板如前……
>
> ……
>
> 堂室必洁净:逐日直日再击板如前,以水洒堂室,良久,以帚扫去尘埃,以巾拭几案,其余悉令斋仆扫拭之。别有秽污,悉令扫除,不拘早晚。②

再如绍定中知南剑州徐元杰为延平书院所立日习例程:

> 一、早上文公《四书》,轮日自为常程,先《大学》,次《论语》,次《孟子》,次《中庸》。六经之书,随其所已,取训释与经解参看。
>
> 一、早饭后编类文字,或聚会讲贯。
>
> 一、午后本经、论、策,轮日自为常程。
>
> 一、晚读《通鉴纲目》,须每日为课程,记其所读起止。前书皆然。

---

① (宋)施宿等纂:《嘉泰会稽志》卷1"学校"条,中华书局编辑部编:《宋元方志丛刊》,北京:中华书局,1990年,第6726页。

② (宋)程端蒙、董铢:《程董二先生学则》,北京:中华书局,1985年,第1—3页。

一、每月三课，上旬本经，中旬论，下旬策。课册待索上看，佳者供赏。

一、学职与堂职升黜，必关守倅。①

但仅有作息时间表并不能保证生徒在规定的时间段聚精会神地投入到学习活动之中，为此，宋代学规还制定了确保时间使用质量的规定，一是对学习行为做出明确要求："读书必专一：必正心肃容，计遍数。遍数已足而未成诵，必须成诵；遍数未足虽已成诵，必满遍数。一书已熟，方读一书……写字必楷敬：勿草、勿敬倾"②，"凡读书……正身体，对书册，详缓看字，子细分明。读之，须要读得字字响亮，不可误一字，不可少一字，不可多一字，不可倒一字，不可牵强暗记。只是要多诵遍数，自然上口，久远不忘"，读书要"三到：谓心到、眼到、口到"；"凡写字，未问写得工拙如何，且要一笔一画，严正分明，不可潦草。凡写文字，须要子细看本，不可差讹"③。二是设置"课业完成情况登记簿"，如赣州安湖书院"置进学日记，令躬课其凡，督以无怠"④；丽泽书院规定"肄业当有常，日纪所习于簿，多寡随意。如遇有干辍业，亦书于簿，一岁无过百日，过百日者同志共摈之"⑤；明道书院规定"诸生德业修否，置簿书之，掌于直学，参考黜陟"，如"凡谒祠、听讲、供课，若无故而不至者书于簿，及三罢职住供"⑥。这种做法颇类于后世道教和民间流行的功过格。元初程端礼《读书分年日程》将一个人从"八岁未入学之前"到"自十五志学之年"之后应读哪些书、每天读多少、习何字、作何文，隔多少天复习哪些书等学习任务分年逐日编排，形成一个庞大而详密的"一生教育安排计划表"就是上述学校、书院作息表和"课业完成情况登记簿"的"升级版"⑦。这样所有学生课业任务的完成情况就变一目了然，从而有利于推动所有生徒的学习进度。所以，学规的目的不仅是对单个生徒进行管控，也是使集合变得有序以获得

① （宋）徐元杰：《梅野集》卷11《延平郡学及书院诸学榜》，四川大学古籍整理研究所编：《宋集珍本丛刊》第84册，北京：线装书局，2004年，第32页。

② （宋）程端蒙、董铢：《程董二先生学则》，北京：中华书局，1985年，第2—3页。

③ （宋）朱熹：《童蒙须知》，《朱子全书》第13册，上海、合肥：上海古籍出版社、安徽教育出版社，2002年，第373—374页。

④ （宋）文天祥著，熊飞等校点：《文天祥全集》卷12《赣州兴国县安湖书院记》，南昌：江西人民出版社，1987年，第342页。

⑤ （宋）吕祖谦著，黄灵庚、吴战垒等编：《吕祖谦全集·东莱吕大史别集》卷5《乾道五年规约》，杭州：浙江古籍出版社，2008年，第360—361页。

⑥ （宋）周应合：《景定建康志》卷29《儒学志二·置书院》"建明道书院"条，中华书局编辑部编：《宋元方志丛刊》，北京：中华书局，1990年，第1813页。

⑦ （元）程端礼著，姜汉椿校注：《程氏家塾读书分年日程》卷1，合肥：黄山书社，1992年，第28页。

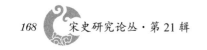

更高效率的一种机制。

2. 学规对生徒身体姿态和行为模式的创生

在分割管控生徒学习、生活时间的同时，学规进一步规定了生徒身体在日常生活中应有的标准姿态和行为模式，并强制其反复操练，以创生生徒身体与特定姿势之间的内在联结，如吕祖谦为丽泽书院制定的《乾道四年九月规约》规定：

> 会讲之容，端而肃；群居之容，和而庄箕踞、跛倚、喧哗、拥并，谓之不肃；
> 狎侮、戏谑，谓之不庄。
>
> 旧所从师，岁时往来，道路相遇，无废旧礼。
>
> 毋得品藻长上优劣、訾毁外人文字。
>
> 郡邑正事，乡间人物，称善不称恶。
>
> 毋得干谒、投献、请托。
>
> 毋得互相品题，高自标置，妄分清浊。
>
> 语毋亵，毋谍，毋妄，毋杂妄语，非特以虚为实，如期约不信、出言不情、增加张大之类皆是。杂语，凡无益之谈皆是。
>
> 毋狎非类亲戚故旧或非士类，情礼自不可废，但不当狎昵。
>
> 毋亲鄙事如赌博、斗殴、蹴踘、笼养扑鹑、酣饮酒肆、赴试代笔及自投两副卷、阅非僻文字之类，其余自可类推。①

《程董二先生学则》规定：

> 居处必恭：居有常处，序坐以齿。凡坐必直身正体，毋箕踞倾倚，交胫摇足。
> 寝必后长者。既寝勿言，当昼勿寝。
>
> 步立必正：行必徐，立必拱，必后长者，毋背所尊，毋践阈，毋跛倚。
>
> 视听必端：毋淫视，毋倾听。
>
> 言语必谨：致详审，重然诺，肃声气，毋轻毋诞，毋戏谑喧哗，毋及乡里人物长短，及市井鄙理无益之谈。

---

① （宋）吕祖谦著，黄灵庚、吴战垒等编：《吕祖谦全集·东莱吕太史别集》卷 5《乾道四年九月规约》，杭州：浙江古籍出版社，2008 年，第 359—360 页。

容貌必庄：必端严凝重，勿轻易放肆，勿粗豪狠傲，勿轻有喜怒。

衣冠必整：勿为诡异华靡，毋致垢弊简率。虽燕处，不得裸袒露顶；虽盛暑，不得辄去鞋袜。

饮食必节：毋求饱，毋贪味，食必以时，毋耻恶食。非节假及尊命不得饮，饮不过三爵，勿至醉。

出入必省：非尊长呼唤、师长使令及己有急干，不得辄出学门。出必告，反必面，出不易方，入不逾期。

……

接见必有定：凡客请见，师坐定，值日击板，诸生如其服，升堂序揖，立侍师长，命之退则退。若客于诸生中有自欲相见者，则见师长既毕，就其位见之，非其类者，勿与亲狎。①

朱熹《童蒙须知》（又名《训学斋规》）更是对小学生一切起居及学习活动作出了详尽的规定，虽其文颇长，但正可具见宋代学规对生徒身体全面形塑的企图，故不避繁冗引录于后：

衣服冠履第一

大抵为人，先要身体端整。自冠巾、衣服、鞋袜，皆须收拾爱护，常令洁净整齐。我先人常训子弟云："男子有三紧，谓头紧、腰紧、脚紧。"头谓头巾，未冠者总髻；腰谓以条或带束腰；脚谓鞋袜。此三者要紧束，不可宽慢……

凡着衣服，必先提整衿领，结两衽纽、带，不可令有阙落。饮食照管，勿令污坏；行路看顾，勿令泥渍。

凡脱衣服，必齐整折迭箱箧中，勿散乱顿放，则不为尘埃杂秽所污，仍易于寻取，不致散失。着衣既久，则不免垢腻，须要勤勤洗澣。破绽则补缀之，尽补缀无害，只要完洁。

凡盥面，必以巾帨遮护衣领，卷束两袖，勿令有所湿。

凡就劳役，必去上笼衣服，只着短便，爱护勿使损污。

凡日中所著衣服，夜卧必更，则不藏蚤虱，不即敝坏。苟能如此，则不但威仪

① （宋）程端蒙、董铢：《程董二先生学则》，北京：中华书局，1985 年，第 1—3 页。

可法，又可不费衣服……

语言步趋第二

凡为人子弟，须是常低声下气，语言详缓，不可高言喧哄，浮言戏笑。父兄长上有所教督，但当低首听受，不可妄自议论。长上检责，或有过误，不可便自分解，姑且隐默，久却徐徐细意条陈，云此事恐是如此，向者当是偶尔遗忘，或曰当是偶然思省未至……

凡行步趋跄，须是端正，不可疾走跳踯。若父母长上有所唤召，却当疾走而前，不可舒缓。

……

杂细事宜第五

凡子弟须要早起晏眠。

凡喧哄争斗之处，不可近，无益之事不可为谓赌博、笼养、打球、踢球、放风禽等事。

凡饮食，有则食之，无则不可思索，但粥饭充饥不可阙。

凡向火，勿迫近火旁，不惟举止不佳，且防焚爇衣服。

凡相揖，必折腰。

……

凡出外及归，必于长上前作揖，虽暂出亦然。

凡饮食于长上之前，必轻嚼缓咽，不可闻饮食之声。

凡饮食之物，勿争较多少美恶。

凡侍长者之侧，必正立拱手，有所问，则必诚实对，言不可妄。

凡开门揭帘，须徐徐轻手，不可令震惊声响。

凡众坐，必敛身，勿广占坐席。

凡侍长上出行，必居路之右。住必居左。

凡饮酒，不可令至醉。

凡入厕，必却外衣，下必盥手。

凡夜行，必以灯烛，无烛则止。

凡待婢仆，必端严，勿得与之戏笑。执器皿必端严，惟恐有失。

凡道路遇长者，必正立拱手，疾趋而揖。

凡夜卧，必用枕，勿以寝衣覆首。

　　凡饮食，举匙必置箸，举箸必置匙。食已，则置匙箸于案。　①

经过这种全面规训，一种新的群体形象逐渐形成——文弱的白面书生形象，此在汗牛充栋的才子佳人小说中有典范表现。正如胡瑗的学生"衣服容止，往往相类，人遇之虽不识，皆知其瑗弟子也"②。其高足程颐也说"凡从安定先生学者，其醇厚和易之气一望可知"③。这时生徒身体"是一种被权威操纵的肉体，而不是洋溢着动物精神的肉体，是一种受到有益训练的肉体，而不是理性机器的肉体"④，或者说成为规训权力造就的一种工具。

（三）惩罚与奖赏：学规运作的动力机制

　　学规以细密科条对宋代生徒进行全面规训，力图塑造出符合国家与社会主流意识的"圣化身体"，这当然不是士人们一下子就可以接受的，如前揭学规兴起之初胡瑗在苏州所立学规号称"良密"，学生们就不愿遵守，"多不率教"。于是知苏州范仲淹将年未及冠的长子范纯祐送入学中，其虽"齿诸生之末"然"尽行其规"。知州之子尚且如此，诸生始"不敢犯"⑤。又如太学诸生多冒请病假，故其时之请假簿乃得名"感风簿"⑥。可见学规总是与惩罚相联系的，或者说为了保证其实施学规都包含有惩罚性条款，如前文所述中央及地方官学都有五等罚规。民间书院也多有"规之不可，责之；责之不可，告于众而共勉之；终不悛者，除其籍"⑦"怠惰苟且，虽漫应课程而全疏略无叙者，同志共摈之。不修士检，乡论不齿者，同志共摈之"⑧"在籍人如有不遵士检，玷辱斋舍，同籍人规责不悛者，仰连名具书报知堂上，当行除籍。如共为隐蔽，异时恶

　　① （宋）朱熹：《童蒙须知》，《朱子全书》第 13 册，上海、合肥：上海古籍出版社、安徽教育出版社，2002 年，第371—376 页。

　　② 《宋史》卷 432《胡瑗传》，北京：中华书局，1977 年，第 12837 页。

　　③ （清）黄宗羲著，（清）全祖望补修，陈金生、梁运华点校：《宋元学案》卷 1《安定学案》，北京：中华书局，1986年，第 26 页。

　　④ 〔法〕福柯（Michel Foucault）著，刘北成、杨远婴译：《规训与惩罚：监狱的诞生》，北京：生活·读书·新知三联书店，1999 年，第 175 页。

　　⑤ （宋）范纯仁：《宋将仕郎将作监主簿天成公传》，《范忠宣集·补编》，（清）永瑢、纪昀等：《景印文渊阁四库全书》第 1104 册，台北：台湾商务印书馆，1986 年，第 828 页。

　　⑥ （宋）陈鹄著，郑世刚点校：《西塘集耆旧续闻》卷 10"感风簿与害肚历"条，上海：上海古籍出版社，1993 年，第 75—76 页。

　　⑦ （宋）吕祖谦著，黄灵庚、吴成垄等编：《吕祖谦全集·东莱吕太史别集》卷 5《乾道四年九月规约》，杭州：浙江古籍出版社，2008 年，第 359 页。

　　⑧ （宋）吕祖谦著，黄灵庚、吴成垄等编：《吕祖谦全集·东莱吕太史别集》卷 5《乾道五年规约》，杭州：浙江古籍出版社，2008 年，第 361 页。

声彰闻，或冒犯刑法，同州同县人并受隐蔽之罚"① "凡职事生员犯规矩而出者，不许再参"②等规定。即如请假一事，从太学到州县学、书院、小学，也都有严格的规定：太学生"如遇私故出入，或疾告、归宁，并于判监官处具状乞假，候回日于名簿开记请假日数。若满一周年已上不来参假者，除落名籍"③，后修订为"请长假满百日之人并依条检举填阙"④。小学生"如妄求假告及请假违限"，则"关报本家尊属，仍依例行罚"⑤。

熙丰兴学和崇宁兴学之时，由于牵涉到朝廷政治路线斗争和对各方对舆论阵地的争夺、控制，对违规生徒更是厉行惩处，士子"转身举足，辄蹈宪网，束缚愈于治狱，条目多于防盗，上下疑贰，求于苟免"⑥。例如，元丰元年（1078 年）太学生虞蕃讼有的学生违背了"博士、诸生禁不相见"⑦的规定向学官行贿、学官因缘为奸一案，蔡确治其狱，"上自朝廷侍从，下及州县举子，远至闽、吴，皆被追逮。根株证佐，无虑数百千人"⑧，逮捕械系"令狱卒与同寝处（，）[、]饮食 [，] 旋溷共为一室（，）[。]设大盆于前，凡羹饭饼蔬举投其中，以杓混搅，分饲之如犬豕"⑨，"无罪之人例遭棰楚，号呼之声外皆股栗"而其所坐赃"大率师弟子挚见之礼，茶药纸笔好用之物，皆从来学校常事"⑩。不久更规定"学生入学，乞令同县五人以上为保。如犯第一等罚，不觉举者与同罪。许人告赏，钱三百。若未入学以前违碍，亦准贡举法"⑪。又如崇宁二年（1103年）诏"元符末上书进士，类多诋讪，令州郡遣入新学，依太学自讼斋法，候及一年，能革心自新者许将来应举，其不变者当屏之远方"⑫。成都转运使李孝广"点检邛州士

---

① （宋）吕祖谦著，黄灵庚、吴成垄等编：《吕祖谦全集·东莱吕大史别集》卷 5《乾道五年十月关诸州在籍人》，杭州：浙江古籍出版社，2008 年，第 362 页。

② （宋）周应合：《景定建康志》卷 29《儒学志二·置书院》"建明道书院"条，中华书局编辑部编：《宋元方志丛刊》，北京：中华书局，1990 年，第 1813 页。

③ （清）徐松辑，刘琳、刁忠民、舒大刚等校点：《宋会要辑稿》崇儒 1 之 29，上海：上海古籍出版社，2014 年。

④ （宋）李心传：《建炎以来系年要录》卷 173，绍兴二十六年（1156 年）六月辛卯，北京：中华书局，1988 年，第 2849 页。

⑤ （清）王昶：《金石萃编》卷 134《京兆府小学规》，中国东方文化研究会历史文化分会编：《历代碑志丛书》第 7 册，南京：江苏古籍出版社，1998 年，第 159 页。

⑥ （宋）李焘：《续资治通鉴长编》卷 377，元祐元年（1086 年）五月，北京：中华书局，2004 年，第 9169 页。

⑦ （宋）李焘：《续资治通鉴长编》卷 377，元祐元年（1086 年）五月，北京：中华书局，2004 年，第 9169 页。按：崇宁时规定为"令学生实非咨问辄见师长，因而干请，用学规极等罚之"。（宋）马端临：《文献通考》卷 42《学校考三》，北京：中华书局，1986 年，第 397 页。

⑧ （宋）刘挚著，裴汝诚、陈晓平点校：《忠肃集》卷 4《论太学狱奏》，北京：中华书局，2002 年，第 90 页。

⑨ 《宋史》卷 471《蔡确传》，北京：中华书局，1977 年，第 13699 页。

⑩ （宋）刘挚著，裴汝诚、阮晓平点校：《忠肃集》卷 4《论太学狱奏》，北京：中华书局，2002 年，第 90 页。

⑪ （清）徐松辑，刘琳、刁忠民、舒大刚等点校：《宋会要辑稿》职官 28 之 10，北京：中华书局，2002 年。

⑫ 《宋史》卷 19《徽宗本纪一》，北京：中华书局，1977 年，第 367 页。

人费义、韦直方私试试卷，词理谤讪"，"三人并窜广南"①。荆湖南路转运判官元书亦言"澧州醴陵县学生季邦彦试卷言涉谤讪，辛酉诏邦彦特送五百里外编管，其考校长、谕屏出学"②。

即便是正常时期的惩罚，规训权力的仪式性展示亦足以使生徒服从，如"夏楚、屏斥，则比之死罪。凡行罚之际，学官穿秉序立堂上，鸣鼓九通，二十斋长［、］（渝）［谕］并襕幞各随东西廊序立，再拜谢恩，罪人亦谢恩。用一新参集正宣读弹文，又一集正权司罚，以黑竹篦量决数下。大门甲头以手对众，将有罪者执下堂，毁裂襕衫押去，自此不与士齿矣"③。前揭吕祉因为并不严重的违规就"终昔（通'夕'）惴惴，以为必彰露，且获谴屏斥矣"④的紧张心情即可为证。

有的学规虽无明显罚则，如对官学学规大表不满的《白鹿洞揭示》，认为"近世于学有规，其待学者为已浅矣，而其为法，又未必古人之意也。故今不复以施于此堂"。但在结尾部分朱熹仍然对生徒威慑道："其有不然，而或出于此言之所弃，则彼所谓规者，必将取之，固不得而略也。诸君其亦念之哉！"⑤这等于保留了惩罚权。朱熹同时支持弟子程端蒙、董铢制定了"范其体"⑥的《程董二先生学则》并于其"有取焉者"⑦，后来更亲自制定出上引堪称科条繁密的《童蒙须知》。比朱熹更"激进"的陆九渊虽然"教人不用学规"⑧，即便对朱熹《白鹿洞书院揭示》一类的学规，他也批评说"月令人一观，固好，然亦未是"——这固是其学术思想在教育理念上的贯彻——但实际上陆氏也没有完全否定学规对生徒的规训作用，只是认为无需预立学规："某平时未尝立学规，但常就本上理会，有本自然有末……既于本上有所知，可略略地顺风吹火，随时建立，但莫去起炉作灶。"⑨同属心学的其兄陆九龄"某尝思欲做一小学规，使人自小教

① （宋）李心传著，崔文印点校：《旧闻证误》卷3，北京：中华书局，1981年，第42页。
② 此见于清徐乾学《资治通鉴后编》卷96［（清）永瑢、纪昀等：《景印文渊阁四库全书》第344册，台北：台湾商务印书馆，1986年，第758—759页］，不知其据何书。
③ （宋）周密著，吴企明点校：《癸辛杂识·后集》"学规"条，北京：中华书局，1988年，第64—65页。
④ （宋）洪迈著，何卓点校：《夷坚志·丙志》卷13"蔡州禳灾"条，北京：中华书局，1981年，第480页。
⑤ （宋）朱熹：《晦庵先生朱文公文集》卷74《白鹿洞书院揭示》，《朱子全书》第24册，上海、合肥：上海古籍出版社、安徽教育出版社，2002年，第3587页。
⑥ （宋）魏了翁：《鹤山集》卷61《跋朱吕学规》，（清）永瑢、纪昀等：《景印文渊阁四库全书》第1173册，台北：台湾商务印书馆，1986年，第232页。
⑦ （宋）饶鲁：《程董二先生学则跋》，（宋）程端蒙、董铢：《程董二先生学则》附，北京：中华书局，1985年，第5页。
⑧ 《宋史》卷434《陆九渊传》，北京：中华书局，1977年，第12880页。
⑨ （宋）陆九渊著，钟哲点校：《陆九渊集》卷35《语录下》，北京：中华书局，1980年，第457页。

之便有法"①的说法也可参证。此是因小学生比"大"学生的自我约束能力要差，故必须以规范之；"大"学生既已成人，则莫如激发其自我约束能力。朱熹虽"不复以（学规）施于此堂（白鹿洞书院）"而又作《童蒙须知》亦属此理。这既说明了学规是宋代学校教育规模化发展之后的必然选择，即刘挚所谓"群居众聚，帅而齐之，则诚不可以无法"②；也说明南宋时学规必已普遍而又烦苛，朱、陆不过是深具洞见的一流学者对其过分管控生徒所造成的后果的担心和纠偏而已。

在对违规生徒予以惩罚的同时，政府又对遵守学规操行良好的生徒在考选方面予以优待。元祐元年（1086 年）七月诏"武学上舍生补中及一年，公试弓马、策义两次皆入优等，不曾犯五等罚，令保明闻奏，量材录用"并令"看详国子监、太府条制所立法"③。此处所言"国子监、太府条制"当是神宗时所定学法，则不惟哲宗初武学如此，此前太学亦如此。崇宁兴学规定"凡县学生隶学已及三月，不犯上二等罚，听次年试补州学外舍，是名'岁升'……若（太学）上舍已该释褐恩，而贡入在廷试前一年者，须在学又及半年，不犯上二等罚，乃得注官。凡贡士入辟雍外舍，三经试不与升补，两经试不入等，仍犯上三等罚者，削籍再赴本州岛岁升试，是名'退送'。即内舍已降舍，而又一试不与，或两犯上四等罚者，亦如外舍法退送"④。大观元年（1107 年）又诏各地将士有孝、悌、睦、姻、任、恤、忠、和八行者分等免试贡入州学或太学，"（县学）上舍贡入（州学）内舍，在州学半年不犯第二等罚升为上舍；外舍一年不犯第三等罚升内舍"。贡入太学者"上等在学半年不犯第三等罚，司成以下考验行实闻奏，依太学贡士释褐法取旨推恩；中等依太学上等法待殿试推恩；下等依太学中等法"推恩。其中贡入太学上舍的，"上等其家依官户法，中下等免户下支移、折变、身丁，内舍免支移、身丁"⑤。荫补入官人也须"隶学及一年，不犯上三等罚，方许就铨试"⑥。

此外，熙丰兴学还创立了"学生干部制度"，"其正、录、学谕，以上舍生为之"⑦，学正、学录"掌举行学规，凡诸生之戾规矩者，待以五等之罚，考校训导如博士之职。职事学录……掌与正、录通掌学规……斋置长、谕各一人，掌表率斋生，凡戾规矩者，

① （宋）黎靖德编：《朱子语类》卷 7《学一》"小学"条引，（宋）朱熹：《朱子全书》第 14—18 册，上海、合肥：上海古籍出版社、安徽教育出版社，2002 年，第 270 页。

② （宋）李焘：《续资治通鉴长编》卷 377，元祐元年（1086 年）五月，北京：中华书局，1986 年，第 9169 页。

③ （宋）李焘：《续资治通鉴长编》卷 383，元祐元年（1086 年）七月甲申，北京：中华书局，1986 年，第 9340 页。

④ 《宋史》卷 157《选举志三·学校试》，北京：中华书局，1977 年，第 3664—3665 页。

⑤ （清）徐松辑，刘琳、刁忠民、舒大刚等校点：《宋会要辑稿》选举 12 之 34，上海：上海古籍出版社，2014 年。

⑥ （元）马端临：《文献通考》卷 42《学校考三》，北京：中华书局，1986 年，第 397 页。

⑦ （元）马端临：《文献通考》卷 42《学校考三》，北京：中华书局，1986 年，第 395 页。

纠以斋规五等之罚，仍月考斋生行艺，著于籍"①。这种学生管理学生的制度延伸了学规对生徒规训的时间、空间领域。在上述诸种措施合力作用之下，学规得到顺利推行和遵守。质言之，规训权力在使学校高效运转的同时，也实现了它改造、控制生徒的目的。

---

① 《宋史》卷165《职官志五·国子监》，北京：中华书局，1977年，第3911页。

感格通天：两宋时期道教祈雨的变迁*

谢一峰

（湖南大学　岳麓书院，长沙，410082）

摘　要：道教祈雨在中央和地方的祈祷仪式中占据了重要的地位。存世至今的大量祈雨青词，为我们了解这一时期皇室和士绅官僚对于道教祈雨的认同提供了最为直接的证据。然而，在士人代皇帝拟写的祈雨青词和其自撰的青词之间，却存在着明显的差异。这种差异，固然有其身份、地位悬殊，对话对象不同等方面的因素，也在一定程度上体现出道教祈雨青词在地方层面严重的泛化现象和"去道教化"倾向。随着儒学复兴，尤其是理宗以后理学主流地位的确立，南宋时期的士人，特别是"道学"型士大夫，越来越多、越来越尖锐和直接地对道教祈雨提出质疑和批评；然道教本身则并非一成不变，而是在两种论述的相互模仿和竞争之中，实现其祈祷观念的蜕变和革新。

关键词：道教；祈雨；青词；国家祀典

一、绪　　论

在唐代的国家礼典中，"祈祷"是一个专有名词，专指京师和地方的祈雨、祈晴活

---

* 本文的研究受中央高校基本科研业务费资助。

动①。而在雷闻看来："对于古代中国这样一个典型的农业社会而言，气候因素实具有举足轻重的作用，而降雨更是关乎国计民生的大事。在一个科学并不昌明的时代，人们认为风雨为神灵所掌，于是祈雨就成为必不可少的活动，也成为国家祭祀的重要组成部分。"②

有宋一代，祈雨仍是国家祭祀中至关重要的组成部分。在制度规定层面，据《宋会要辑稿》礼一八"祈雨"条的记载：

> 国朝凡水旱灾异，有祈报之礼。祈用酒、脯、醢，报如常祀。（宫观寺院以香茶、素馔。）京城玉清昭应宫、上清宫、（今废。）、景灵宫、太一宫、太清观、（今建隆观。）、会灵观、（今集禧观。）、祥原［源］观、（今醴泉观。）大相国寺、封禅寺、（今开宝寺。）太平兴国寺、天清寺、天寿寺、（今景德寺。）启圣院、普安院，以上乘舆亲祷。或分遣近臣雩祀昊天上帝于南郊，皇地祇于北郊或南郊（望祭）；［祈］太庙、社稷，［望祭］诸方岳镇海渎。（于南郊望祭。）天齐仁圣帝庙、五龙堂、城隍庙、祆祠、报慈寺、崇夏寺、报先寺、（今乾明寺。）九龙堂、浚沟庙、子张、子夏庙、信陵君庙、段干木庙、扁鹊庙、张仪庙、吴起庙、单雄信庙，以上并敕建，遣官。（九龙堂以下旧只令开封府遣官，后皆敕差官。）仍令诸寺院宫观开启道场。（今水旱亦令依古法祈求。）五岳四渎庙、河中府后土、亳州太清宫、兖州会真宫、河中府太宁宫、凤翔府太平宫、舒州灵仙观、江州太平观、亳州明道观、泗洲延祥观、兖州景灵宫、太极观，以上并敕差朝臣或内侍，自京赍香合、祝板，驰驿就祈。五岳真君观、泗洲普照寺、西京无畏三藏塔，以上并遣内臣诣建道场。③

由是可见，宋代进行祈雨仪式的宗教场所中，佛、道、传统祀典和民间神祇都占有一席之地。而以宫观的数量和位次而论，道教在整个祈雨祭祀体系中的重要性则不容忽视。仅以皇帝亲祷的宫观而论，即有玉清昭应宫、上清宫、景灵宫、太一宫、太清观（建隆观）、会灵观（集禧观）、祥原观（醴泉观）七座，与亲祷之佛寺数量相等，且位次居先。而在开启祈雨道场的诸地方寺观中，道观的数量也达到了十座之数，明显多于寺院。

---

① （唐）萧嵩等：《大唐开元礼》卷3《序例》下"祈祷"条，北京：民族出版社，2000年，第32页。

② 雷闻：《郊庙之外——隋唐国家祭祀与宗教》，北京：生活·读书·新知三联书店，2009年，第293页。

③ （清）徐松辑，刘琳、刁忠民、舒大刚等校点：《宋会要辑稿》第2册，礼18，上海：上海古籍出版社，2014年，第949页下—950页上。

又及于祈雨的实践层面，据皮庆生的研究：宋代"九位皇帝[1]34 次外出祈雨的地方
共 68 处，除了有四次是大雩于圜丘，其他都是到寺观烧香，这说明两宋皇帝祈雨主要
场所应该是佛道寺观，而且二者数字基本相当，寺院 30 次，道观 34 次，其中最频繁的
依次是：大相国寺（12 次）、太一宫（10 次）、集禧观（7 次）、天清寺（5 次）"[2]。由
是而论，宋代帝王实际亲祈的寺观数量和次数基本相当，可谓平分秋色。

综上所述，如果说两宋的祈雨仪式是一块巨大的"宗教市场蛋糕"[3]的话，道教无
疑占据了其中极为重要的份额。而在有关宋代祈雨的学术性研究方面，中村治兵卫的综
合性研究可谓首开先河[4]。石本道明、吹野安等日本学者也随即跟进，对苏轼和朱熹的
祈雨活动和祈雨文进行了个案层面的深入解析[5]。

中文学界方面，较早关注道教祈雨的是贺圣迪，然其主要是从科学史视角分析道教
风雨术对气象和天文科学发展的推动及其局限，而未对宋代祈雨予以专门论述[6]。首先
对宋代祈雨活动进行研究的是王利华，在其所撰《唐宋以来江南地区的农业巫术述论》
的第三部分中，对祈雨求晴的巫术进行了简要的解析[7]。然而，真正将祈雨同国家祀典，
以至中国古代之政治文化与社会联系起来进行深入讨论的学者，则首推雷闻[8]。其后，
沈宗宪和皮庆生将这一问题的讨论下延至宋代，对祈雨仪式与宋代政治文化和社会之间

---

① 此处指太祖、太宗、真宗、仁宗、英宗、神宗、哲宗、孝宗、宁宗，统计表格参见皮庆生：《宋代民众祠神信仰研究》，上海：上海古籍出版社，2008 年，第 348 页。

② 皮庆生：《宋代民众祠神信仰研究》，上海：上海古籍出版社，2008 年，第 174 页。而据赵嗣胤的研究，南宋皇帝外驾出祈雨的记录还应包括理宗，其在明庆寺祈雨两次。赵嗣胤：《南宋临安研究》，上海：复旦大学硕士学位论文，2011 年，第 57 页。

③ 韩明士（Robert Hymes）指出："我必须将宋代道士纳入一个不断成长的全国性宗教服务市场中来考虑。我谨慎地用了'市场'这个词。它是理解宋代宗教特征的关键，对于中国宗教的大部分时期也是如此。"〔美〕韩明士著，皮庆生译：《道与庶道：宋代以来的道教、民间信仰和神灵模式》，南京：江苏人民出版社，2007 年，第 217 页。

④〔日〕中村治兵衛：《宋朝の祈雨について》，《中国シャーマニズムの研究》，东京：刀水书房，1992 年，第 139—156 页（原载〔日〕磯辺武雄编：《アジアの教育と社會——多賀秋五郎博士古稀記念論文集》，东京：不昧堂，1983 年）。而在西方学界方面，有关中国古代祈雨的研究则以薛爱华（Edward H. Schafer）和柯保安（Alvin K. Cohen）为代表，分别对"曝巫"和强制神灵降雨的现象进行了系统地梳理和分析，然聚焦于上古、中古时期，几未及于宋代（Edward H. Schafer. "Ritual Exposure in Ancient China," *Harvard Journal of Asiatic Studies*, vol. 14, no. 1-2（1951），pp. 130-184; Alvin K. Cohen. "Coercing the Rain Deities in Ancient China," *History of Religion*, , vol. 17, no. 3-4（1978），pp. 244-265）。另西方汉学家对于中国祈雨仪式的记录和研究，可参考叶蕾蕾：《西方汉学家的中国祈雨仪式研究》，《南京工程学院学报》（社会科学版）2016 年第 1 期，第 30—33 页。

⑤〔日〕石本道明：《蘇軾の磻溪祷雨について》，《漢文學會會报》第 31 辑，1986 年，第 212—230 页；〔日〕吹野安：《朱熹〈祈雨文〉発想考》，《漢文學會會报》第 36 辑，1990 年，第 124—142 页。

⑥ 贺圣迪：《道教风雨术》，《世界宗教研究》1991 年第 1 期，第 49—57 页。

⑦ 王利华：《唐宋以来江南地区的农业巫术述论》，《中国农史》1996 年第 4 期，第 47—60 页。重点参考第 53—55 页。

⑧ 雷闻：《祈雨与唐代社会研究》，袁行霈主编：《国学研究》第 8 卷，北京：北京大学出版社，2001 年，第 245—289 页；后收入氏著：《郊庙之外——隋唐国家祭祀与宗教》，北京：生活·读书·新知三联书店，2009 年，第 293—340 页。

的关系进行了深入的解析；而在宋代祈雨习俗的地域差异、北宋皇帝祈雨的灵验现象和宋代地方官对于祈雨过程中所遭遇之困境和突发状况的应对方面，则以林涓、杨计国和韦彦的研究为代表，进一步拓展和加深了我们对于宋代祈雨活动的认识和理解[①]。而在宋代文人祈雨思想和心态的研究方面，则以缪方明、王果和曹庆榕为代表，分别对陆九渊、朱熹和宋代文人的整体心态进行了颇为细致的剖析[②]。尤其是王果的《诱捕众神：朱熹祈雨的思想与实践——兼及中国近世生活风格的开始》一文，虽是以朱熹为立足点，却将其祈雨思想和实践纳入唐宋之际儒家思想的转型，及其与释道二教和民间信仰的互动中加以分析和探讨，在很大程度上丰富了我们对于宋儒，尤其是理学型士人对于祈雨仪式之认识和改造的理解，具有鲜明的问题意识。再及于文学维度方面的探索，则以刘欢萍、杨晓霭、肖玉霞、周倩如、宋昀其等人为代表，对宋代的祈雨文、祈雨诗等进行了主题特征、文体类别、文学价值和仪式意涵等方面颇为系统的解析[③]。

令人稍感遗憾的是，上述研究对于道教祈雨的关注则较为有限，且多分散于其他主题的讨论之中，而未予以专门论述。这一现状，显然是与道教在宋代祈雨仪式和其他国家祀典中的显著地位不相符合的。值是之故，从道教与宋代中央和地方祈雨仪式的互动着眼，兼及官僚、士人对于道教祈雨之态度和看法的解析，仍是一个亟待推进的课题。此间国家（或地方行政官僚）、士人与道士的三方互动，则成为我们理解此一时期道教

---

① 沈宗宪：《国家祀典与左道妖异——宋代信仰与政治关系之研究》，台北：台湾师范大学博士学位论文，2000 年，第 169—183 页；林涓：《祈雨习俗及其地域差异——以传统社会后期的江南地区为中心》，《中国历史地理论丛》2003 年第 1 辑，第 67—75 页；皮庆生：《祈雨与宋代社会初探》，饶宗颐主编：《华学》第 6 辑，北京：紫禁城出版社，2003 年，第 322—343 页；皮庆生：《宋代民众祠神信仰研究》，上海：上海古籍出版社，2008 年，第 143—203 页；杨计国：《北宋皇帝祈雨灵验现象研究》，《石河子大学学报》（哲学社会科学版）2013 年第 3 期，第 106—111 页；夏广兴：《密教传持与宋代民俗风情——以宋代祈雨习俗为中心》，《民俗研究》2015 年第 1 期，第 104—111 页；韦彦：《天人岂相契？——宋代地方官祈雨的一个侧面》，《史学集刊》2016 年第 2 期，第 109—117 页。而在考述性的研究方面，另可参考王楠：《宋代祈雨考》，《河南广播电视大学学报》2010 年第 3 期，第 75—77 页；郭宏珍：《古代官方祈雨考述》，《广西大学学报》（哲学社会科学版）2012 年第 1 期，第 70—77 页；王翚：《中国古代祈雨活动初探——以宋代官方祈雨主体为中心》，《贺州学院学报》2012 年第 4 期，第 20—23 页。其他断代之祈雨与政治文化和国家祭祀的研究成果，则可参考陈学霖：《金朝的旱灾、祈雨与政治文化》，《漆侠先生纪念文集》编委会编：《漆侠先生纪念文集》，保定：河北大学出版社，2002 年，第 542—561 页；马晓林：《元代国家祭祀研究》，天津：南开大学博士学位论文，2012 年，第 531—563 页。

② 缪方明：《与天的“对话”：陆九渊晚年祈雨思想探微》，《宗教哲学》2005 年第 3 期，第 35—47 页；王果：《诱捕众神：朱熹祈雨的思想与实践——兼及中国近世生活风格的开始》，成都：四川大学硕士学位论文，2006 年；曹庆榕：《祈天忧人——祈雨与宋代文人心态研究》，福州：福建师范大学硕士学位论文，2009 年。

③ 刘欢萍：《试论中国古代祈雨文的主题特征及其文化内蕴》，《文化遗产》2012 年第 3 期，第 68—76 页；杨晓霭、肖玉霞：《宋代祈谢雨文的文体类别及其所映现的仪式意涵》，《西北师大学报》（社会科学版）2012 年第 4 期，第 18—23 页；肖玉霞：《宋代祈雨文研究》，兰州：西北师范大学硕士学位论文，2013 年；宋昀其：《苏轼祈禳诗文研究》，兰州：西北师范大学硕士学位论文，2014 年；周倩如：《宋代祈雨诗研究》，沈阳：沈阳师范大学硕士学位论文，2016 年。相关研究综述可参考郗迪：《中国古代祈雨习俗及祈雨文学研究综述》，《上饶师范学院学报》2014 年第 2 期，第 38—42、46 页。

与政治文化的关键之所在。

二、皇家与士绅：道教祈雨青词的二元性格

大体而言，祈雨仪式中的道教因素，可以分解为两个相互联系，而又有所区别的层面。一者是道教空间中的祈雨，如前述中央层面在玉清昭应宫、太一宫、集禧观等的祈雨仪式，也包括地方层面天庆观、神霄殿中的祈雨活动[①]。在此过程中，祈雨的场域是道教的，仪式的主角则未必是道士，而是以皇帝和各级地方官员为中心的。二者是与祈雨相关的道教斋醮仪式，尤其是宋代以降广泛流行的雷法[②]。而在此类道教科仪中，祈祷的场所虽未必是官方认可的道观，道士却成为整个仪式过程中拥有支配性地位的主导者。

在国家祀典层面，正如雷闻所言："无论是作为国家祭祀基础的儒家理论，还是自成体系的道教与佛教，他们都试图取得国家的支持，希望在国家的宗教生活中占有一席之地。"[③]有鉴于此，我们此处对于道教祈雨的探讨，仍以上文中所述的第一个层面，即道教空间中的祈雨为主要论域。在此过程中，整个仪式的主导者显然并非道士，而是皇帝和官僚、士绅群体。道教祈雨也只是中央和地方祈雨活动中的一个重要选项，而并非具有垄断性的地位。

然而，在大多数情形下，一旦皇帝和官员在祈雨过程中进入了道教的空间场域，便须遵循道教的仪轨，并用与道教斋醮仪式相适应的文体向上天和诸神求告[④]。而在此类与道教斋醮仪式相适应的文体之中，最为重要的则是青词。

据唐宪宗元和年间（806—820 年）翰林学士李肇的说法："凡太清宫道观荐告词

---

① 刘才邵《天庆观开元寺冬祈雨疏》《天庆观开元寺春祈雨疏》、王炎《天庆观祈雨疏》、翟汝文《神霄殿祈雨文》、沈与求《三清殿神霄殿祈雨疏》，载（宋）刘才邵：《橘溪居士集》卷 11，（清）永瑢、纪昀等：《景印文渊阁四库全书》第 1130 册，台北：台湾商务印书馆，1986 年，第 564 页上；（宋）王炎：《双溪类稿》卷 27，（清）永瑢、纪昀等：《景印文渊阁四库全书》第 1155 册，台北：台湾商务印书馆，1986 年，第 755 页上；（宋）翟汝文：《忠惠集》卷 10，（清）永瑢、纪昀等：《景印文渊阁四库全书》第 1129 册，台北：台湾商务印书馆，1986 年，第 302 页上；（宋）沈与求：《沈忠敏公龟溪集》卷 11，张元济主编：《四部丛刊》续编，上海：商务印书馆，1934 年，第 15b—16a 页。

② 有关雷法之研究现状的评述，可参考谢一峰：《南宋道教研究述评》，傅飞岚（Franciscus Verellen）、黎志添主编：《道教研究学报：宗教、历史与社会》第 6 期，香港：中文大学出版社，2014 年，第 349—351 页。

③ 雷闻：《郊庙之外——隋唐国家祭祀与宗教》，北京：生活·读书·新知三联书店，2009 年，第 343 页。

④ 需要注意的是：在某些情况下，仪式本身也并非局限于道教。据曾巩《题祷雨文后》一文可知，他在祭龙过程中，举行了咒蜥蜴的仪式，地点却是道教系统的紫极宫。（宋）曾巩撰，陈杏珍、晁继周点校：《曾巩集》卷 40，北京：中华书局，1984 年，第 553—554 页。详细分析可参考皮庆生：《宋代民众祠神信仰研究》，上海：上海古籍出版社，2008 年，第 187—190 页。

文，用青藤纸朱字，谓之青词。凡诸陵荐告上表，内道观叹道文，并用白麻纸。"① 又依《重修亳州太清宫太极殿碑》所记，唐玄宗天宝四载（745 年），"易祝板为青词，御署则曰嗣皇帝臣某，仍敕有司，著为定式"②。由是可见，青词作为祭祀文书，虽自有其道教经法之根据，然其真正得以成立，拥有较为固定的格式和体例，则应不早于玄宗时期③。

而在青词的体例和书写要求方面，依照唐杨钜《道门青词例》的说法，应作：

> 维某年月岁次某月朔某日辰，嗣皇帝署谨差某衔威仪某大师赐紫，某处奉依科仪，修建某道场几日。谨稽首上启虚无自然元始天尊、太上道君、太上老君、三清众圣、十极灵仙、天地水三官、五岳众官、三十六部众经、三界官属、宫中大法师、一切众灵，臣闻云云。尾云谨词。④

又据张泽洪所言："《上清灵宝大法》《灵宝玉鉴》《道门定制》《无上黄箓大斋立成仪》、《天皇至道太清玉册》等道经，都有关于书青词式的仪格规定，青词词文的具体书写要求称之为词格。"⑤ 而在文风方面，则依元代道经《清微斋法》所论："律曰：章词之体，欲实而不文，拙而不工，朴而不华，实而不伪，直而不曲，辩而不繁，弱而不秽，清而不浊，正而不邪，简要而输诚。则可以动天地、感鬼神，径上天曹，报应立至也。"⑥ 又"道教科仪文书的仪格，要根据神灵地位而使用不同的文种，这与世俗社会的公文发送颇相类似。"⑦ 由是而论，道教青词具有明显的体例特征和格式规定，绝非随意为之；亦以情真意切为准则，而并不崇尚华丽的辞藻。

在宋初李昉等人所编纂的《文苑英华》中，即收录了唐代封敖的《祈雨青词》。全文如下：

---

① （唐）李肇《翰林志》，（宋）洪遵辑：《翰苑群书》上，（清）鲍廷博编：《知不足斋丛书》，清乾隆道光间（1821—1850 年），第 4a 页。

② 陈垣编纂，陈智超、曾庆瑛校补：《道家金石略》，北京：文物出版社，1988 年，第 847 页。此外，尚可参考（宋）谢守灏编：《混元圣纪》卷 9 和（宋）吕元素《道门定制》卷 6 中的说法，《道藏》第 17 册，北京、上海、天津：文物出版社、上海书店、天津古籍出版社，1988 年，第 867 页中；《道藏》第 31 册，第 715 页上。

③ 张泽洪：《道教斋醮史上的青词》，《世界宗教研究》2005 年第 2 期，第 113 页。

④ （唐）杨钜：《翰林学士院旧规》，（宋）洪遵辑：《翰苑群书》上，第 32a—b 页。

⑤ 张泽洪：《道教斋醮史上的青词》，《世界宗教研究》2005 年第 2 期，第 117 页。

⑥ 《清微斋法》卷上，《道藏》第 4 册，北京、上海、天津：文物出版社、上海书店、天津古籍出版社，1988 年，第 294 页中。

⑦ 张泽洪：《道教斋醮史上的青词》，《世界宗教研究》2005 年第 2 期，第 117 页。

维年月日嗣皇帝臣稽首大圣祖高上大道金阙玄元天皇大帝：臣猥奉顾托，获临宇宙，四海之宁晏，万物之生成，必系厥躬，敢忘其道。是用虔恭大业，寅畏上玄，励无怠无荒之忧勤，期一风一雨之调顺，苟或愆候，常多愧心。今三伏之时，五稼方茂，稍渴膏润，未为愆阳，而忧劳所牵，念虑已及。恭持丹恳，上渎玄功，冀弘清净之源，溥施沾濡之泽，粢盛必遂，烦燠可消。将展敬于精诚，俟降灵于霶霈，谨遣吏部侍郎韦湛启告以闻，谨词。①

由是可见，在封敖代皇帝拟写的祈雨青词中，他严格遵循了《重修亳州太清宫太极殿碑》所言"御署则曰嗣皇帝臣某"的做法。其文辞结构方面，则与宗教学者麦基（Magee J.）对于祈祷仪式的结构甚为吻合：首先是对天皇大帝的赞颂，其次则是自身的忏悔和反思，再次则是说明祈祷的主要目的和代祷之人②。据此而论，此类祈雨青词的仪式性特征显著，具有非常明确的道教性格和实用功能。

下及于有宋一代，在苏辙代皇帝所撰的《中太一宫祈雨青词》中，上述体例也得到了基本的延续。即如其所撰：

维元祐五年岁次庚午二月丙申朔二日丁酉，嗣天子臣（名）谨遣入内内侍省内东头供奉官李永言，请道士三七人，于中太一宫真室殿开启祈雨道场，谨上启元始天尊、太上道君、太上老君混元上德皇帝：伏以冬雪不效，春雨过期，云族屡兴，风灾辄至。牟麦既病，秋种未入。嗟民何罪，吁天不闻？惟侧身念咎之诚，不敢自赦；而洁斋祈福之旧，亦莫少惩。庶见膏泽之滂流，尚俾饥民之粒食。恳祷斯极，真圣所临。无任恳倒之至。谨词。③

显而易见，苏辙青词中"嗣天子臣"一类的表述，仍与唐时无异；而在全文结构方面，则依旧延续了反躬自省和祈请目的的部分，将遣使代祷的部分从文末移至全文的开头部

---

① （宋）李昉等编：《文苑英华》卷 472，北京：中华书局，1966 年，第 2413 页下。

② 即如麦基所言："事实上，祈祷仪式的开始部分是带有崇拜的祈祷，明显是赞颂的语言。第二部分则是忏悔，暴露自己灵魂，并且表明真正需要上帝的帮助。接着就是选择祈祷的主要目的：通常是乞求，但是也有其他的需要，例如代祷。"（Magee, J. *Reality and Prayer: A Guide to the Meaning and Practice of Prayer*, New York: Harper & Brothers，1957）此处译文转引自 Bernard Spilka 著，梁恒豪译：《宗教实践、仪式和祈祷》，陈进国主编：《宗教人类学》第 6 辑，北京：社会科学文献出版社，2015 年，第 127 页。

③ （宋）苏辙著，曾枣庄、马德富校点：《栾城集》卷 34，上海：上海古籍出版社，1987 年，第 754—755 页。另一首于此体例相同而内容稍异，参见同书第 755 页。

分。需要稍加注意的是，苏文中祈请的对象是道教三清之全部（元始天尊、太上道君和太上老君），而非唐代所特别尊崇的王朝始祖——大圣祖高上大道金阙玄元天皇大帝，即我们一般所称的太上老君。①

而在同为苏辙所自撰的《齐州祈雨青辞》中，上述代皇帝所拟青词中明显的结构性特征则在很大程度上被弱化了。即如其所云：

> 呜呼！民愚无知，吏怠弗教。鬼神不享，积衅成疹。旱气充塞，五种失藝。饥馑既至，疾疫将起。祷求百神，寂寥无闻。民既穷瘁，吏亦震恐。各知咎殃，将自洗濯。而神怒未怠，膏泽不至。栗栗危惧，无所归命。敢因旧仪，只荐诚悃。惟皇天后土，靡不覆帱。日月宿焕，靡不临照。山川岳渎，靡不容载。哀矜无辜，纵舍有罪。并包含养，与道为一。祓除妖孽，布导和气。时播甘雨，以救民命。亦俾我守臣，间蒙大赐，以宽忧责。②

从总体上来看，较之于体例严整而稍显沉闷的皇家青词，苏辙作为地方官员祈雨时所撰写的青词显得更为自然灵动，富有文学色彩。其祈请对象，已不再局限于道教三清，而是遍及于皇天后土、日月山川；而在文辞结构方面，此类青词也不再拘于成例，体现出更大的灵活性。

值得注意的是，苏辙《齐州祈雨青辞》中的基本特点，也在其同时代和此后官僚士绅所撰写的祈雨青词得到了进一步的印证。权以苏轼《徐州祈雨青词》为例：

> 河失故道，遗患及于东方；徐居下流，受害甲与他郡。田庐漂荡，父子流离饥寒顿仆与沟坑。盗贼充盈于犴狱，人穷计迫，理极词危。望二麦之一登，救饥民于垂死。而天未悔祸，岁仍大荒。水未落而旱已成，冬无雪而春不雨，烟尘蓬勃，草木焦枯。今者麦已过期，获不偿种；禾未入土，忧及明年。臣等恭循旧章，并走群望。意水旱之有数，非鬼神之得专。是用稽首告哀，吁天请命。若其赋政多辟，以谪见于阴阳；事神不恭，以获戾于上下，臣实有罪，罚其敢辞。小民无知，大命近

① 根据《道门定制》的说法："青词止上三清玉帝，或专上玉帝为善。"（宋）吕元素：《道门定制》卷1，《道藏》第31册，北京、上海、天津：文物出版社、上海书店、天津古籍出版社，1988年，第655页上。这一规定，显与杨钜《道门青词例》中的青词范例存在一定出入，更加明晰地体现出宋代青词的特点。

② （宋）苏辙著，曾枣庄、马德富校点：《栾城集》卷26，上海：上海古籍出版社，1987年，第556页。此外，尚可参考同书同卷所载之《筠州祈雨青辞》，第557页。

止。愿下雷霆之诏，分敕山川之神。朝阶齐寸云，暮洽千里。使岁得中熟，则民犹小康。①

在此青词中，苏轼作为地方官僚，面对"烟尘蓬勃，草木焦枯"的严重旱情，"稽首告哀，吁天请命"，也一再申言其自身的罪责；却并未向某位具体的道教尊神祈请，也与前述道教文献中所示青词之体例存在显著的差别。

上述特点，还较为明显地体现在范祖禹、黄庭坚、傅察、陆游、熊克、周必大、陈造、周孚、林亦之、杨简、陈宓、刘克庄、戴翼、李曾伯、牟巘等北宋中后期至南宋末年的官僚士绅所撰写的地方祈雨青词中②。据此而论，北宋官僚、士人所撰祈雨青词中不同于皇家青词的特点，显然绝非孤例，而是当时较为普遍的文体特征。

在两宋时期的士人中，现存祈雨青词数量最多者当属真德秀。其所撰《江东祈雨青词》、《茅山祈雨青词》、《下元水府祈雨青词》、《太乙醮祈雨青词》（二首）、《天庆观祈雨青词》、《清源洞祈雨青词》、《清源洞设醮祈雨青词》、《云榭祈雨青词》、《祈雨建醮青

---

① （宋）苏轼：《东坡全集》卷98，（清）永瑢、纪昀等：《景印文渊阁四库全书》第1108册，台北：台湾商务印书馆，1986年，第564页。

② （宋）范祖禹：《西岳开启祈雨道场青词》，《范太史集》卷28，（清）永瑢、纪昀等：《景印文渊阁四库全书》第1100册，台北：台湾商务印书馆，1986年，第322页上；（宋）黄庭坚：《祈雨青词》，刘琳、李勇先、王蓉贵点校：《黄庭坚全集·宋黄文节公全集·外集》卷24，成都：四川大学出版社，2001年，第1420页；（宋）傅察：《代鲍钦止祈雨青词》《又祈雨青词》《祈雨青词》，《忠肃集》卷下，（清）永瑢、纪昀等：《景印文渊阁四库全书》第1124册，台北：台湾商务印书馆，1986年，第780页；（宋）胡铨：《祈雨青词》（二首），《胡澹庵先生文集》卷22，曾枣庄、刘琳主编：《全宋文》第196册，卷4333，第196—197页；（宋）陆游：《江西祈雨青词》《严州祈雨青词》，涂小马校注：《渭南文集校注》卷23，钱仲联、马亚中主编：《陆游全集校注》10，第56—58页；（宋）熊克：《祈雨设醮青词》，（宋）魏齐贤、叶棻编：《五百家播芳大全文粹》卷74，（清）永瑢、纪昀等：《景印文渊阁四库全书》第1353册，台北：台湾商务印书馆，1986年，第341页下；（宋）周必大：《潭州祈雨设醮青词》《金陵府治祈雨青词》，《文忠集》卷37、83，（清）永瑢、纪昀等：《景印文渊阁四库全书》第1147册，台北：台湾商务印书馆，1986年，第397页下、850页下—851页上；（宋）陈造：《祈雨青词》（二首），《江湖长翁集》卷39，（清）永瑢、纪昀等：《景印文渊阁四库全书》第1166册，台北：台湾商务印书馆，1986年，第504、505页上；（宋）周孚：《祈雨青词》，《蠹斋铅刀编》卷27，（清）永瑢、纪昀等：《景印文渊阁四库全书》第1154册，台北：台湾商务印书馆，1986年，第669页上；（宋）林亦之：《祈雨青词》，《纲山集》卷8，（清）永瑢、纪昀等：《景印文渊阁四库全书》第1149册，台北：台湾商务印书馆，1986年，第909页下—910页上；（宋）杨简：《祈雨青词》（二首）、《永嘉季春祈雨碧玉醮青词后雨作改用》，《慈湖遗书》卷18，（清）永瑢、纪昀等：《景印文渊阁四库全书》第1156册，台北：台湾商务印书馆，1986年，第907页；（宋）陈宓《南康祈雨青词》《又祈雨青词》，《复斋先生龙图陈文公集》卷19，《续修四库全书》编纂委员会：《续修四库全书》第1319册，第509页下—510页上；（宋）刘克庄：《茅山祈雨青词》《袁州祈雨青词》《江东祈雨青词》，《后村先生大全集》卷50、172，成都：四川大学出版社，2008年，第1324、4377—4378页；（宋）戴翼：《祈雨青词》（二首），佚名：《翰苑新书》别集卷9，（清）永瑢、纪昀等：《景印文渊阁四库全书》第950册，台北：台湾商务印书馆，1986年，第93页；（宋）李曾伯：《代合肥祈雨青词》、《江东漕祈雨青词》、《采石水府庙祈雨青词》、《寿国祈雨青词》、《静江祈雨青词》，《可斋杂稿》卷24、《可斋续藁后》卷12，（清）永瑢、纪昀等：《景印文渊阁四库全书》第1179册，台北：台湾商务印书馆，1986年，第426页上、428页上—429页上、827页下—828页上；（宋）牟巘：《祈雨青词》（二首），《陵阳先生集》卷22，成都：四川大学古籍整理研究所编：《宋集珍本丛刊》第87册，北京：线装书局，2004年，第645页上。

词》（二首）、《祈雨青词》、《玉皇三清殿祈雨青词》和《北斗真武殿祈雨青词》，涉及茅山、天庆观、清源洞、玉皇三清殿、北斗真武殿等极具道教色彩的空间场域，还在部分青词的题名中明言其与道教之斋醮（如太乙醮）仪式相关①。然纵观其文，虽或有"敬凭法醮，冀达危诚"②一类颇具道教色彩的词句；而在总体特征上则与前述黄庭坚等人并无本质区别，而道教性格甚为明确的皇家祈雨青词有着明显的差异。

耐人寻味的是，南宋末年的僧人释道璨竟也效法这些官僚士大夫，撰写了三首祈雨青词③。其一有云："十日不雨，忍看南亩之无成；四山起云，奈此西风之作恶。民之祷也久矣，天其谓之何哉。重绹大部而叫阍，奉为群生而请命。伏愿神龙效职，决九天不尽之恩波；旱魃收威，回万物无穷之生意。"④在此首青词中，道璨悲悯群生、慈爱万物的情怀展露无遗；青词这一原本专属于道教之沟通人神的方式，也超越了佛道的边界，而与普度众生之佛法圆融无碍。至此，至少在文人士大夫的层面（甚至包括某些佛教徒），青词已经只剩下一个道教文体的外壳，而与真正意义上的斋醮仪式无甚关联。又依我们所悉两宋时期的道教祈雨青词而论，南宋时期的青词虽然在数量上远胜北宋，却几乎未见与苏辙代皇帝拟写之青词一般完全符合道教科仪规范，而具明确之道教性格的个案了。

不难看出，南宋时期的祈雨青词已经呈现出明显的二元性格。一方面，士人祈雨青词中已经出现了明显的泛化现象，逐渐从文体、格式和立意方面与其固有的道教属性脱离。尽管如此，采用青词这一典型的道教文类本身，仍旧无可置疑地体现出宋代地方祀典中对于道教的认可。而在另一方面，即皇家的祈雨仪式中，青词的道教性格则依旧明显，体现出对唐制的因循与承续。

三、从认可到批判：两宋士人对于道教祈雨之态度的变迁

北宋吕南公在其所撰写的《黄箓祈雨记》中，对包含道教斋醮仪式的祈雨方术的效

---

① （宋）真德秀：《西山文集》卷48、49，（清）永瑢、纪昀等：《景印文渊阁四库全书》第1174册，台北：台湾商务印书馆，1986年，第766页下—767页上、768页下—769页下、771页上、773页、777页上、778页下—779页上、789页下—790页上、794页。

② （宋）真德秀：《江东祈雨青词》，《西山文集》卷48，（清）永瑢、纪昀等：《景印文渊阁四库全书》第1174册，台北：台湾商务印书馆，1986年，第766页下。

③ 道璨（1213—1271年），字无文，俗姓陶，豫章（今江西南昌）人。其小传参见曾枣庄、刘琳主编：《全宋文》第349册，卷8073，第200页。

④ （宋）释道璨：《无文印》卷11，四川大学古籍整理研究所编：《宋集珍本丛刊》第85册，北京：线装书局，2004年，第630页上。另两首参见同书第630页。又此版本中并未明言其为青词，此据《全宋文》将其定为"祈雨青词"。曾枣庄、刘琳主编：《全宋文》第349册，卷8087，第457页。

验表现出高度的认可。所谓"天下之方术,有见者能为,唯谨者能传,克诚者能用"①。而在接下来的论述中,他一再强调了专心诚意对于方术之重要性。在吕氏看来,"今世之论或鄙方术,如弃绝之晚,即或用之,而不能诚,是皆未足以言至理。盖古之所谓克诚,岂草草之云?固有以尊其德性矣。不然,匹夫媪孺叩颡而喋喟,亦可以蒙君子之感格矣"②。而在其所记临邛令李侯的祈雨过程中,道士所作的黄箓道场发挥了至关重要的作用。雨降之后,李侯对其言道:"识戒执,作戒伪,未克乎戒,不足以言学。苟为克之,焉往而不善?皆知道无所不在,而方术之择;皆知方术之可存,而黄箓之忽,其未之思乎!为我记之,以告能用者,以慰能传者。亦将有博达者雍容而评裁乎。其知之乎?"③由是观之:无论是吕南公本人,还是地方官李侯,对于道教的黄箓祈雨之法都是相当认可的;而在此种认可的背后,则仍是儒家君子"正心诚意"的"感格"之道④。

吕南公、李侯等人在祈雨问题上对于道教的态度,却并不为程颐所认可。在他看来,名山大川之所以能够兴云致雨,乃"气之蒸成耳","只气便是神也。今人不知此理,才有水旱,便去庙中祈祷"⑤。而在朱熹看来,道教祈雨仪式中直接求助于皇天上帝(即道教之玉帝)的做法,则有同越诉,更是全无道理。据其所言:"某在南康祈雨,每日去天庆观烧香。某说,且谩去(一作"且慢"。)今若有个人不经州县,便去天子那里下状时,你嫌他不嫌他?你须捉来打,不合越诉。而今祈雨,却如何不祭境内山川?如何更去告上帝?"⑥由是而论,朱熹对于儒家经典中所谓"祭不越望"⑦的说法,仍是十分坚持的。道教仪式中直接诉诸上帝的做法,在他看来显然是一种"僭越"之举。活跃于南宋后期的王柏,则在其《祷雨札子》中进一步强调了社稷祈雨的重要性,对道教徒

---

① (宋)吕南公:《灌园集》卷9,(清)永瑢、纪昀等:《景印文渊阁四库全书》第1123册,台北:台湾商务印书馆,1986年,第98页下。

② (宋)吕南公:《灌园集》卷9,(清)永瑢、纪昀等:《景印文渊阁四库全书》第1123册,台北:台湾商务印书馆,1986年,第98页下—99页上。

③ (宋)吕南公:《灌园集》卷9,(清)永瑢、纪昀等:《景印文渊阁四库全书》第1123册,台北:台湾商务印书馆,1986年,第99页。

④ 朱熹对此亦深表认同,即如其言:"祈雨之类,亦是以诚感其气。如祈神佛之类,亦是其所居山川之气可感。今之神佛所居,皆是山川之胜而灵者。"(宋)黎靖德编:《朱子语类》卷90,朱杰人、严佐之、刘永翔主编:《朱子全书》(修订本)第17册,上海、合肥:上海古籍出版社、安徽教育出版社,2010年,第3024页。

⑤ (宋)程灏、程颐:《二程集》卷22下,北京:中华书局,1981年,第288页。

⑥ (宋)黎靖德编:《朱子语类》卷90,朱杰人、严佐之、刘永翔主编:《朱子全书》(修订本)第17册,上海、合肥:上海古籍出版社、安徽教育出版社,2010年,第3023—3024页。

⑦ 此说法出自《左传·哀公六年》之"三代命祀,祭不越望",载(春秋)左丘明传,(晋)杜预注,(唐)孔颖达正义:《春秋左传正义》卷58,北京:北京大学出版社,2000年,第1636页。有关"祭不越望"之解析,可参考李凯《"祭不越望"探析》,《云南社会科学》2008年第4期,第128—132页;又宋人对于神灵越界现象的回应,可参考皮庆生《宋代民众祠神信仰研究》,上海:上海古籍出版社,2008年,第255—271页。

在祈雨仪式中崇奉皇天上帝的做法予以批评。诚所谓"天子祭天地，诸侯祭其境内之山川。今用黄冠之教，而上供其皇天上帝，是礼之僭也。又以髡缁夷族旋绕厕秽于宣布教化之庭，是礼之乱也"①。

在黄震所撰写的《戊辰轮对札子》中，对佛道二教的批评则更进一步，视其为邪伪者之架空，予以根本性的否定②。而在祈雨的问题上，他也不再纠结于"祭不越望"之类的"僭越"问题，而是直接对其可信性加以断然否定。据其所言："如祷晴而益雨，祷雨而益晴，则讳之而不言。及晴久而自雨，雨久而自晴，即贪之以为功。"③然而，这种观念层面的批评却并非意味着身为地方官员的黄震，在其具体的祈雨实践中可以完全弃佛道于不顾。例如，其在《麻源真君祈雨》一文中所言：

> 古者诸侯祭境内山川，以山川能兴云致雨，泽吾民也。后世以来，古礼不存，邪说诬民，长吏亦陷其说而不自知，祷雨往往不于山川，而他指土木偶以为神也。痛念抚州已三岁连歉，今又亢阳，巫问名山大川合祷者谓何，吏民惘不知其所因也。郡有半刺史，是为寺簿吕侯，谓昔颜鲁公守抚州，尝言谷口有神，祷雨辄应，其灵至今，千载犹新也。谷口即麻源，今虽分以属建昌，实我山川之旧，不可自外，视以为邻也。顷岁分教建昌，亦尝诣谷祷雨，其应固频频也。某方祷雨，窘于无方，因远介鲁公之说，近受吕侯之教，敬就俾吕侯不远百里告虔。惟神念吾抚州之民亦犹前日之亲也，瓣香朝遣，雷雨夕至，变戚戚为忻忻也。事莫笃于念旧，情莫哀于远诉，惟神之监此殷勤也。④

据文可悉，黄震一开始仍是强调古代诸侯祭祀境内山川的古礼，对后世之地方官不知祷告山川，而以释道木偶为神的做法予以批评。这一理路，与前述朱熹、王柏等人是一脉相承的。然而，在麻姑（即麻源真君）祷雨的问题上，黄氏却搬出了颜真卿为其祈祷提

---

① （宋）王柏：《鲁斋集》卷10，（清）永瑢、纪昀等：《景印文渊阁四库全书》第1186册，台北：台湾商务印书馆，1986年，第163页下。

② 如其所言："是天下真未尝有道教，道亦初未尝立教；真未尝有佛教，佛亦初未尝立教。皆起于邪伪者架空，而讹以传讹，愈降愈下，竟不计源始之何如也。"（宋）黄震：《黄氏日钞》卷69，（清）永瑢、纪昀等：《景印文渊阁四库全书》第708册，台北：台湾商务印书馆，1986年，第676页下。

③ （宋）黄震：《黄氏日钞》卷69，（清）永瑢、纪昀等：《景印文渊阁四库全书》第708册，台北：台湾商务印书馆，1986年，第676页下。

④ （宋）黄震：《黄氏日钞》卷94，（清）永瑢、纪昀等：《景印文渊阁四库全书》第708册，台北：台湾商务印书馆，1986年，第1009页下—1010页上。

供合理性的依据。据清代黄本骥编订的《颜真卿集》所录,颜氏抚州为官时,曾撰《麻姑仙坛记》①。由是观之,黄震虽然在总体上对佛、道二教的祈雨之法不甚赞同,但在麻姑信仰的问题上却是颇为认可的。又依其文所论,麻姑山虽在建昌之境,"实我山川之旧",故与古礼相宜。既然如此,在严重的旱情面前向本地神祇麻姑真君祷雨,便是顺理成章的事情了。

四、以诚感格,出入自然:南宋以降道教祈雨原则的新变

值得注意的是,北宋末年至南宋时期,随着神霄、天心、净明、清微等新道派的诞生和发展,道教内部对于祈雨的认识也发生了一些重要的变化。权以清微派为例。在《道法会元》卷四《清微宗旨》中,便对执着于报应,而不修心法的做法进行了严厉的批评②。如其所论:"凡祈雨告讫符章经道之类,心不顾矣,即入静室静坐,或澄默,或守道,或持经,皆可。切不可念念欲其报应,又是执着了。盖道法无为自然,不言而应,出于无意,其应甚验。若执着之,返为妄矣。一应行移皆须如此。"③这一点,非常明确地体现出后文中所谓"清微祈祷,本无登坛,出入自然,安有法用"④的教法理念。

同书卷八的《祈祷说》,则进一步阐释了清微派的祈祷理念:

> 清微祈祷,本无登坛,何也?夫天地不和,人事乖戾,致阳怒阴伏,晴雨不时。法师行持,当哀怜民庶,为忏罪尤,斋肃身心,升降水火。盖以斡旋造化,调燮阴阳,则天机可回,自然应感。所谓天地大天地,人身小天地。我之心正,则天地之心亦正。我之气顺,则天地之气亦顺矣。故清微祈祷之妙,造化在吾身中,而不在乎登坛作用之繁琐也。倘平居能加修德辩惑之功,身中之造化明了,静里之工夫又

---

① 相关之材料辑录,参见(唐)颜真卿著,(清)黄本骥编订,凌家民点校、简注、重订:《颜真卿集》,哈尔滨:黑龙江人民出版社,1993 年,第 429—436 页。又有关麻姑信仰,可参考(清)黄家驹编撰,曹国庆、胡长春校注:《麻姑山志》,南昌:江西人民出版社,1998 年。

② 据《道藏提要》可知《道法会元》是一部大型道法汇编,共 268 卷,当编于元末明初,为研究宋元道教之重要资料。任继愈主编,钟肇鹏副主编:《道藏提要》,北京:中国社会科学出版社,1991 年,第 961—962 页。另可参考 Kristofer Schipper and Franciscus Verellen eds. *The Taoist Canon: A Historical Companion to the Daozang*,Vol. 2,Chicago & London: The University of Chicago Press,2004,pp. 1105-1113.

③ 《道法会元》卷 4,《道藏》第 28 册,北京、上海、天津:文物出版社、上海书店、天津古籍出版社,1988 年,第 690 页中。

④ 《道法会元》卷 4,《道藏》第 28 册,北京、上海、天津:文物出版社、上海书店、天津古籍出版社,1988 年,第 690 页下。

到，至行坛之际、发号施令，倒取横拈，莫非妙用。然又须得天地气候相符，而后发挥，其感通之理可必矣。若德之不修，学之不讲，不明身中造化，不行静里工夫，不察天地气候，惟以登坛咒祝叱咤为务，其于祖师之心法既违，天人之机缄胥失。如是而求应感，万无此理。岂不闻白真人云：内惶造化外无恧，令牌打折空雷霆，政谓此也。或者苟得一雨，此不过自家命达而天运适回，实相邂逅耳。乃敢贪天之功以为己力，夸耀世俗，掯取利名。人事可诬，天心难掩。此宜真固所耻之，而亦不愿效之也。凡我同志，当共加存养之功，以求感通之实。万一旱数不解，天机不回，亦尽吾济众之意；请祷之诚，庶几俯仰之间，期无愧怍矣。然天地绝物，道不负人，顾力行何如尔。①

此段伊始，仍是对清微祈祷"道法自然"理念的强调。又"所谓天地大天地，人身小天地。我之心正，则天地之心亦正。我之气顺，则天地之气亦顺矣"。这种将人身与天地视为一体的理念，既与道教内丹养炼之术的基本理念相合，也与朱熹所谓"天只在我，更祷个甚么？一身之中，凡所思虑运动，无非是天"②的看法有着异曲同工之妙。若循此理，所谓清微祈祷的奥妙，便不止在于行坛法令，而须内外兼修，又同天地气候相符了。此间关键，则仍旧是以诚感通之道。

接下来的论述，遂从反面立论，申言若是不能修德讲学，"不明身中造化，不行静里工夫，不察天地气候，惟以登坛咒祝叱咤为务"，即便"苟得一雨"，也不过是巧合而已，不过"贪天之功以为己力"。颇为令人玩味的是，作为被指责和批判的对象，此番论述的根本宗旨，竟与黄震所谓"如祷晴而益雨，祷雨而益晴，则讳之而不言。及晴久而自雨，雨久而自晴，即贪之以为功"③的说法正相契合。而在文末的收束部分中，《祈祷说》则再次强调了"请祷之诚"的极端重要性。这一基本理念，在此段落中被不断地强调，也与儒家"感格之道"的基本理念相伴，即如李纲《应诏条陈七事奏状》中所言："应天以实不以文，天人一道，初无殊致，唯以至诚可相感格。"④

---

① 《道法会元》卷8，《道藏》第28册，北京、上海、天津：文物出版社、上海书店、天津古籍出版社，1988年，第715页下—716页上。
② （宋）黎靖德：《朱子语类》卷90，朱杰人、严佐之、刘永翔主编：《朱子全书》（修订版）第17册，上海、合肥：上海古籍出版社、安徽教育出版社，2010年，第3023页。
③ （宋）黄震《黄氏日钞》卷69，（清）永瑢、纪昀等：《景印文渊阁四库全书》第708册，台北：台湾商务印书馆，1986年，第676页下。
④ （宋）李纲：《梁谿集》卷89，《李纲全集》中册，长沙：岳麓书社，2004年，第876页。

综上所述，南宋以降的士人和道士在祈雨的实践和观念层面，确实存在着明显的差异。道教的祈雨之术，或因"僭越"，或贪天之功，屡屡为南宋士人所诟病，而视其为异端。活跃于南宋中期的李之彦，便在其《东谷随笔》"异端"条中倡言："士君子莫不知崇尚正学，排斥异端。然朝廷及州县间，遇旱涝凶荒，非黄冠设醮，则浮屠礼忏。平日排斥异端，岂吾儒乏感格之道耶？切所未喻。"①颇为吊诡的是，李氏在对道教"异端"进行攻杀挞伐的同时，却在祈雨的问题上采用了同道教相同的逻辑，即所谓"感格之道"；而在前文所论清微祈雨之法的理念阐述过程中，这种以诚感通、天人一道的思维，也获得了一些道教法派的高度认可。诚如王汎森所言，在模仿和竞争的过程中，"每个竞争者都号称要'区隔化'，但最后却是激烈的竞争使得一个时代的思想愈来愈相像"②。

五、结　语

从总的情势来看，道教祈雨仪式在中央与地方的显著地位都是无可置疑的。存世至今的大量祈雨青词，便为我们了解这一时期皇室和士绅官僚对于道教祈雨的认同提供了最为直接的证据。值得注意的是，在士人代皇帝拟写的祈雨青词和其自撰的青词之间，存在着明显的差异。这种差异，固然有其身份、地位悬殊，对话对象不同等方面的因素，也在一定程度上体现出道教祈雨青词在地方层面严重的泛化倾向。无论是从其体例、文风，抑或撰者的身份（甚至包括僧人）来看，此类青词的道教意味已经大为削弱了；而其对于以诚感格之道的重视，也在相当程度上体现出儒家思想中"正心诚意"的核心要旨。及至南宋，尤其是理宗时期道学居于正统地位以后，官僚士绅，特别是"道学"型士大夫，则越来越多、越来越尖锐和直接地对道教祈雨提出质疑和批评③；然道教本身，也非一成不变，而是在两种论述的相互模仿和竞争之中，实现其祈祷观念的蜕变和革新。

（本文在构思过程中得到学友杨瑞之建议，谨此致谢）

① （宋）李之彦：《东谷随笔》，（清）曹溶辑：《学海类编》第 3 册，扬州：广陵书社，2007 年，第 1630 页下。
② 王汎森：《权力的毛细管作用：清代的思想、学术与心态》北京：北京大学出版社，2015 年，"序论"第 19 页。
③ 此处采用余英时所谓"道学"型士大夫的提法。余英时：《朱熹的历史世界——宋代士大夫政治文化的研究》，北京：生活·读书·新知三联书店，2011 年，第 346—348 页。

宋代对张仲景《伤寒论》的彰显及理论诠释

杨智文

（中山大学 历史学系，广东 广州，510275）

摘　要：宋人对张仲景伤寒学说的彰显与诠释，是张仲景被圣化的关键环节。他们对《伤寒论》的诠释，以《黄帝内经》中的理论作为基础，一方面将张仲景的伤寒学说与"六经"体系相结合，另一方面则以运气学说对之进行解读。宋人之所以推崇张仲景的伤寒学说，原因在于他的学说为那些以文本阅读介入医学的习医士人提供了有效的文本知识，以对抗"难治"之伤寒病。

关键词：张仲景；《伤寒论》；宋代医学

汉末名医张仲景被后人奉为"医圣"，在中国医学史中拥有崇高的地位。过往医学界有关张仲景及其著作的研究，主要集中在考订张仲景生平事迹、探讨《伤寒论》中的医理、梳理《伤寒论》的流传版本状况等方面[①]。这些研究都将张仲景的"医圣"地位作为前提。但从历史的角度来看，张仲景的"医圣"地位绝非如医学界所认为的那样理所当然的，余新忠撰有《医圣的层累造成》一文，将张仲景"医圣"地位的形成视作为历史构建的过程，认为张仲景的被圣化经历了三个历史阶段，分别是12—13世纪的初步兴起、15世纪中期到18世纪中期医界独尊地位的确立、1930年的重新确认。余新忠的探讨，是从"医圣"名号的形成与强化、张仲景生平事迹的构建以及张仲景祠祭的出

[①] 钱超尘、温长路主编：《张仲景研究集成》，北京：中医古籍出版社，2004年，第1—2370页。

现与演变等三个方面展开的①。

如果仅着眼于"医圣"名号的流变、生平事迹构建与祠祭出现等三个方面，宋代不是张仲景被圣化的关键时期。然而，当我们将目光转移到医学理论的层面，则不难发现，张仲景的医学理论在宋代经历了被诠释的过程，而此次理论诠释，在张仲景被圣化进程中至为关键。本文拟对此再作探讨。

一、宋人对张仲景医学著作的整理

根据今人的考证，我们对张仲景的生平可以有一个大致的了解。张仲景，名机，字仲景，东汉末年南阳人，曾举孝廉，官至长沙太守，师从同郡张伯祖学习医术，曾经为建安七子之一的王粲诊断疾病②。他因为撰写《伤寒杂病论》一书，在中国医学史上获得不朽的盛名。该书在魏晋至隋唐时期，流传着不止一个传本。今天可考的首先有西晋太医令王叔和撰集的本子，《太平御览》称他"编次张仲景方论，编为三十六卷，大行于世"③。其次则是《隋书·经籍志》中也搜录有十五卷本的《张仲景方》④。王叔和撰集的本子与《隋志》搜录的本子今天均已散失。两者卷数不一，显然是两个不同的传本。在这两个本子之外，我们可知的还有唐中期王焘在编撰《外台秘要方》时所引用的某个《伤寒杂病论》传本。王焘参考的这个传本，据考证卷数为十八卷，内容不仅仅局限于对伤寒病的论述，而是涉及多种疾病⑤。

除了以上提及的三部搜录张仲景方论较为完备的传本之外，晋、唐时期也有一些专门搜录张仲景对某类疾病所作的论述，如《隋书·经籍志》中著录的"《张仲景辨伤寒》十卷、《张仲景评病要方》一卷、《张仲景疗妇人方》二卷"⑥等，就属于这一类著作。唐初的名医孙思邈就曾经得到了一个专门搜录张仲景伤寒理论的传本。这个传本的内容被他搜入到自己晚年编撰的《千金翼方》卷九和卷十，成为所谓的"唐本《伤寒论》"⑦。

---

① 余新忠：《医圣的层累造成（1065—1949 年）——"仲景"与现代中医知识建构系列研究之一》，《历史教学》2014 年第 14 期，第 3—13 页。

② 郑建民：《张仲景评传》，南京：南京大学出版社，2001 年，第 1—21 页。

③ （宋）李昉：《太平御览》卷 722，北京：中华书局，1966 年，第 3198 页。

④ 《隋书》卷 33，北京：中华书局，1973 年，第 1041 页。

⑤ 王凤兰：《魏晋南北朝方书辑佚与研究》，北京：中国中医研究院中国医史文献研究所博士学位论文，2004 年，第 37—38 页。

⑥ 《隋书》卷 34《经籍志》，北京：中华书局，1973 年，第 1045 页。

⑦ 钱超尘：《伤寒论文献通考》，北京：学苑出版社，1993 年，第 123—407 页。

以上提及的这些张仲景著作的传本，相互之间可能不存在必然的关联。这种传本众多的现象之所以会出现，与当时医学知识传承的模式密切相关。在魏晋南北朝时期，医学知识被垄断在那些医学世家特别是南朝的医学世家手中①。张仲景的医学著作受这一传承模式的影响，同样也在医学世家内部被传承。孙思邈就曾经发出过"江南诸师秘仲景要方不传"②的慨叹。不同的医学世家拥有的张仲景著作应属不同传本，且相互之间因"秘"而"不传"而缺乏交流。张仲景医学著作在晋、唐时期的流传，因此呈现出一种多元化的特点。

到了宋代，官方的力量开始介入到张仲景著作的整理与传播之中。早在北宋初年，宋政府即已致力于搜集张仲景的医学著作。根据《崇文总目》，我们可以知道北宋初期的馆阁之中藏有"《金匮玉函要略》3卷、《五脏荣卫论》1卷、《五脏论》1卷、《伤寒论》10卷、《张仲景口齿论》1卷"③等与张仲景有关的医学著作。这几部著作中，10卷本的《伤寒论》专门搜录张仲景有关伤寒病的讨论，或许就是校正医书局官员所说的"开宝中，节度使高继冲曾编录（《伤寒论》）进上"④的本子。这个本子后来也被编入《太平圣惠方》之中，被称作"淳化本《伤寒论》"⑤。至于《金匮玉函要略方》，校正医书局为《金匮要略》撰写的校正序中提及：

> 翰林学士王洙在馆阁日，于蠹简中得仲景《金匮玉函要略方》三卷；上则辨伤寒，中则论杂病，下则载其方，并疗妇人。乃录而传之士流，才数家耳。尝以对方证对者，施之于人，其效若神，然而或有证而无方，或有方而无证，救疾治病，其有未备。⑥

由此可知，《金匮玉函要略方》有两个显著的特点，一是该书所搜内容不仅仅是伤寒，还包括各种"杂病"以及妇人方；二是"方""证"不对应，即对疾病证候的描述与方

① 范家伟：《六朝隋唐医学之传承与整合》，香港：中文大学出版社，2004年，第91—123页。
② （唐）孙思邈著，李景荣校释：《备急千金要方》卷9《伤寒上》，北京：中华书局，1998年，第225页。
③ （宋）王尧臣著，（清）钱侗辑，《崇文总目》卷3，北京：中华书局，1985年，第195—228页。这几部著作中，《五脏论》并非张仲景所撰，而是从印度传入的托名张仲景的医著。范家伟：《张仲景与张仲景〈五藏论〉研究》，《中古时期的医者与病者》，上海：复旦大学出版社，2010年，第22—50页。
④ （宋）孙奇、林亿：《伤寒论校正序》，刘渡舟主编：《伤寒论校注》，北京：人民卫生出版社，1991年，"前言"，第17页。
⑤ 钱超尘：《伤寒论文献通考》，北京：学苑出版社，1993年，第477—487页。
⑥ （宋）高保衡、孙奇、林亿：《金匮要略方论序》，何任主编：《金匮要略校注》，北京：人民卫生出版社，1990年，"前言"，第13页。

剂未能一一对应，所以"救疾治病，其有未备"。

从北宋仁宗嘉祐二年（1057 年）到神宗熙宁二年（1069 年），北宋政府设立校正医书局对包括张仲景医著在内的一系列前代医籍进行校正整理。经过了这一次整理，张仲景的医著被整理成了三本，分别是《伤寒论》、《金匮要略》与《金匮玉函经》。这三部著作一直流传到今天，其中《伤寒论》有 10 卷，专门搜录张仲景有关伤寒病的论述。《金匮要略》则是以北宋馆阁所收藏的《金匮玉函要略方》为基础，因为校正医书局的官员认为《金匮玉函要略方》所载的伤寒条文"多节略"，所以就将该书原有的伤寒病内容全部删去，使其成为专论"杂病"的著作，又对"方""证"进行调整使其一一对应①。至于《金匮玉函经》，据校正医书局官员的校正序称，"《金匮玉函经》与《伤寒论》同体而别名，欲人互相检阅而为表里，以防后世之亡逸"②。据钱超尘考证，《金匮玉函经》与《千金翼方》中所搜录的《伤寒论》文本颇有重合之处，由此确定《金匮玉函经》的历史最迟可以追溯到唐初③。既然已经有了一部《伤寒论》了，宋臣何以还要整理出一部《金匮玉函经》呢？校正医书局的官员解释称：

> 《金匮玉函经》与《伤寒论》同体而别名，欲人互相检阅而为表里，以防后世之亡逸。其济人之心，不已深乎？……国家诏儒臣校正医书，臣等先校定《伤寒论》，次校成此经，其文理或有与《伤寒论》不同者。然其意义，皆通圣贤之法，不敢臆断，故并两存之。④

《金匮玉函经》存在的意义，就是用来与《伤寒论》作对比阅读的。宋臣不仅将张仲景的伤寒学说从其他"杂病"内容中完全分离开来，使其独立成篇，还校订了两部典籍专门搜录张仲景的伤寒学说，其对张仲景伤寒学说的重视程度可见一斑。

宋臣校定的这三部医著作，成了宋代以后张仲景医著的主要传本。当然，这三部著作关注的程度是不一样的。其中，《伤寒论》受关注的程度最深。北宋名医庞安时、朱肱分别撰有《伤寒总病论》与《南阳类证活人书》，均是对《伤寒论》进行诠释的著作，对后世医学发展影响深远。进入金代，医者成无己撰成了历史上第一个《伤寒论》的注

---

① （宋）高保衡、孙奇、林亿：《金匮要略方论序》，何任主编：《金匮要略校注》，北京：人民卫生出版社，1990 年，"前言"，第 13 页。

② （宋）高保衡、孙奇、林亿：《校正金匮玉函经疏》，《金匮玉函经》，北京：中华书局，1955 年，第 6 页。

③ 钱超尘：《伤寒论文献通考》，北京：学苑出版社，1993 年，第 75 页。

④ （宋）高保衡、孙奇、林亿：《校正金匮玉函经疏》《金匮玉函经》，北京：中华书局，1955 年。

本；而刘完素、李杲等被誉为"金、元四大家"的名医，也撰有诠释《伤寒论》的著作。在这些名医带动下，对《伤寒论》的研究可谓蔚然成风。但与《伤寒论》"同体而别名"的《金匮玉函经》，则不受重视。南宋时期的晁公武就将《金匮玉函经》与《金匮要略》两书混淆在一起①。据钱超尘的分析，这是因为《金匮玉函经》"方""证"分离，难于检索②。《金匮要略》也因内容庞杂，研究难度较高而鲜人问津③。可以说，宋臣校正的张仲景医著中，以《伤寒论》最引人注目，而时人对张仲景医学理论的重塑，也主要围绕着《伤寒论》展开。

二、宋人以《内经》理论为基础对张仲景伤寒学说的整合与诠释

在宋代以前，人们主要运用本草学的知识来理解张仲景的医学。西晋时的皇甫谧说："上古神农始尝草木而知百药……伊尹以亚圣之才，撰用神农本草，以为汤液……仲景论广伊尹汤液为十数卷，用之多验。"④南朝陶弘景称"张仲景一部，最为众方之祖宗，又悉依本草"⑤，说明在皇甫谧、陶弘景这些魏晋南北朝时期的名医心目中，张仲景最为人看重的还是他在本草学上的造诣。张仲景以本草学为根基，最显著的证据就是《伤寒杂病论》与本草学著作《汤液经法》之间的关系。这部《汤液经法》，就是皇甫谧所说的"伊尹汤液"，在《汉书·艺文志》中有著录⑥。《汤液经法》被搜录在"经方"之中，而"经方"又是以"本草石之寒温"为特点的⑦。《汤液经法》久已失传。直到20世纪80年代，马继兴将发现于敦煌的《辅行诀脏腑用药法要》收入了他的《敦煌古医籍考释》之中，引起了学者对《汤液经法》一书的关注⑧。根据考证，《伤寒论》与《辅行诀》所载之医方，均源出于《汤液经法》⑨。不论是魏晋南北朝时人的言论，还是今人的研究，都显示了本草之学与张仲景医学理论之间的密切关系。

① （宋）晁公武撰，孙猛校证：《直斋书录解题校证》卷13，上海：上海古籍出版社，1990年，第706页。
② 钱超尘：《伤寒论文献通考》，北京：学苑出版社，1993年，第78页。
③ 傅延龄：《张仲景医学源流》，北京：中国医药科技出版社，2012年，第122页。
④ （晋）皇甫谧：《黄帝三部针灸甲乙经序》，山东中医学院校释：《针灸甲乙经校释》，北京：人民卫生出版社，1980年，第13—14页。
⑤ （南朝·梁）陶弘景：《本草经集注》卷1，北京：人民卫生出版社，1994年，第24页。
⑥ 《汉书》卷30《艺文志》，北京：中华书局，1962年，第1777页。
⑦ 《汉书》卷30《艺文志》，北京：中华书局，1962年，第1778页。
⑧ 马继兴：《敦煌古医籍考释》，南昌：江西科学技术出版社，1988年，第115—136页。
⑨ 张灿玾：《张仲景医方与〈汤液经法〉考》，佘靖：《碥石集第3辑——十七位著名中医学家经验传薪》，上海：上海中医药大学出版社，2002年，第357—367页。

到了宋代，张仲景学说以本草学为根基的说法，依然得到时人的认同。校正医书局的官员在《伤寒论》的校正序中称：

> 夫《伤寒论》，盖祖述大圣人之意，诸家莫其伦拟。故晋皇甫谧序《甲乙针经》云：伊尹以元圣之才，撰用《神农本草》以为《汤液》，汉张仲景论广《汤液》为十数卷，用之多验。近世太医令王叔和，撰次仲景遗论甚精，皆可施用。是仲景本伊尹之法，伊尹本神农之经，得不谓祖述大圣人之意乎？①

虽然认同张仲景学说与本草之学间的关联，但校正医书局官员也开始强化张仲景学说与《黄帝内经》之间的关系。在他们校正的《伤寒论》中，搜有一篇题为张仲景自序的文字，其中称：

> 余宗族素多，向余二百，建安纪年以来，犹未十稔，其死亡者三分有二，伤寒十居其七。感往昔之沦丧，伤横夭之莫救，乃勤求古训，博采众方，撰用《素问》《九卷》《八十一难》《阴阳大论》《胎胪药录》并《平脉辨证》，为《伤寒杂病论》，合十六卷。虽未能尽愈诸病，庶可以见病知源。若能寻余所集，思过半矣。②

"撰用……《平脉辩证》"一句中提及的《素问》《九卷》合在一起就是《黄帝内经》的全本③。这一句话历来被视作为张仲景以《内经》理论为基础撰述《伤寒论》的证据。然而，在未经校正医书局校正的康平本《伤寒论》中，这一句话只是作为注文而存在④。这就说明张仲景以《内经》为基础撰述《伤寒论》可能只是后人的认知而不一定是事实。校正医书局将这句注文变成正文，反映了宋人对这种认知的认同与接受。他们运用《黄帝内经》的理论对张仲景伤寒学说进行诠释，在某种程度上也是受这种认知影响的结果。宋人的诠释从以下两个方面展开。

① （宋）孙奇、林亿：《伤寒论校正序》，刘渡舟主编：《伤寒论校注》，北京：人民卫生出版社，1991年，第17页。
② （东汉）张仲景：《伤寒论自序》，刘渡舟主编：《伤寒论校注》，北京：人民卫生出版社，1991年，第20页。
③ 《九卷》在历史上曾有《黄帝针经》《九灵》《九墟》等名字。宋代以后统一称《灵枢》。张灿玾、徐春波、张增敏：《黄帝内经文献研究》，上海：上海中医药大学出版社，2005年，第1—387页。
④ 详见《康平本伤寒论》，〔日·康平〕丹波雅忠抄录，日本修琴堂藏1858年抄本。康平本《伤寒论》最早抄录于日本康平三年（1060年），问世时间比北宋校正医书局校正的《伤寒论》还要早五年。

1.《内经》"六经"体系与张仲景伤寒学说的结合

医书中的"六经"，指的是太阳、阳明、少阳、太阴、少阴、厥阴六种伤寒疾病的名目。最早用"六经"来对伤寒病进行划分的做法，见于《素问·热论》。其文称：

> 伤寒一日，巨阳受之；……二日，阳明受之；……三日，少阳受之。……三阳经络皆受其病而未入于藏者，故可汗而已。四日，太阴受之；……五日，少阴受之；……六日，厥阴受之。……三阴三阳、五藏六府皆受其病，荣卫不行，五藏不通，则死矣。①

这段文字是今天可考的最早用"六经"来对伤寒疾病进行分类的文献。"六经"在这段文字中被诠释为六条经络，代指伤寒疾病在人体传变的六条路线。到了隋代的《诸病源候论》中，《热论》中的"六经"分别与《灵枢》"经脉篇"中的足太阳膀胱经、足阳明胃经、足少阳胆经、足太阴脾经、足少阴肾经、足厥阴肝经一一对应②。

今天中医学界的主流，认为张仲景遵循着《素问·热论》对伤寒病的划分方法，以"六经"来概述伤寒病的演变过程③。但如果我们对宋代以前的医学典籍进行考察的话，则发现这个结论实在难以成立。王焘在《外台秘要》中所搜录的张仲景伤寒条文，明显是以日数来概括伤寒病的演变过程，如"伤寒一二日，心中悸而烦者""伤寒四五日，身热恶风，颈项强，胁下满，手足温而渴者""疗伤寒不大便六七日，头痛有热"④等。

至于孙思邈，虽然以"太阳病""阳明病""少阳病""太阴病""少阴病""厥阴病"等"六经"名目来划分张仲景的伤寒条文，但他并没有像《素问·热论》那样，将"六经"解释为经络，而是更加倾向于用具体的治疗方法来对张仲景伤寒条文进行划分，如"太阳病"下又细分出"桂枝汤法""麻黄汤法""柴胡汤法"等类目⑤。所以，孙思邈对张仲景伤寒条文的划分，只是在表面上承袭了"六经"的名目，却并没有接受《内经》为这些名目所赋予的经络内涵。

---

① （宋）林亿等补注：《重广补注黄帝内经素问》卷9《热论》，北京：中医古籍出版社，2003年，第69页。
② （隋）巢元方著，南京中医学院校释：《诸病源候论》卷7《伤寒病诸候上》，北京：人民卫生出版社，1980年，第238—241页；南京中医学院编：《黄帝内经灵枢译释》卷10《经脉》，上海：上海科学技术出版社，1986年，第96—124页。
③ 甄志亚：《中国医学史》，上海：上海科学技术出版社，1997年，第43页。
④ （唐）王焘著，高文柱校注：《外台秘要方》卷1《论伤寒日数病源并方》，北京：学苑出版社，2011年，第7—10页。
⑤ （唐）孙思邈：《千金翼方》卷9—10《伤寒上》《伤寒下》，北京：人民卫生出版社，1998年，第127—154页。

以"六经"来诠释张仲景的伤寒学说,似乎是在校正医书局校正的《伤寒论》问世之后才逐渐普遍起来。校正医书局官员在整理所谓的"仲景旧论"之时,搜录了以下一段文字:

> 尺寸俱浮者,太阳受病也,当一二日发。以其脉上连风府,故头项痛,腰脊强。尺寸俱长者,阳明受病也,当二三日发。以其脉夹鼻络于目,故身热头痛鼻干,不得卧。尺寸俱弦者,少阳受病也,当三四日发。以其脉循胁络于耳,故胸胁痛而耳聋。……尺寸俱沉细者,太阴受病也,当四五日发。以其脉布胃中、络于嗌,故腹满而嗌干。尺寸俱沉者,少阴受病也,当五六日发。以其脉贯肾络于肺,系舌本,故口燥舌干而渴。尺寸俱微缓者,厥阴受病也,当六七日发。以其脉循阴器络于肝,故烦满而囊缩。①

将这一段文字与《热论》对"六经"的描述作比较,即可发现两者之间的对应之处。校正医书局官员所搜录文字,一方面补充了如何通过脉象把握伤寒病的传变位置,另一方面也对《热论》中"日传一经"的说法作了修改。根据康平本《伤寒论》,我们可以知道,这一段文字并非张仲景伤寒学说的固有内容,而只是后人研习张仲景伤寒学说时增入的②。校正医书局将形成于不同时期的文字以同一形式进行搜录,使原来不出自张仲景的内容也被整合到张仲景的名下。

在校正医书局校正《伤寒论》以后,"六经"体系成了医学研习者解读张仲景伤寒学说的主要视角。例如,庞安常论伤寒病之传变,也认为足太阳先受病,继而传足阳明、足少阳、足太阴、足少阴及足厥阴,与校正医书局所论完全一致③。北宋时期著名的通医士人朱肱,继承了前人对"六经"的诠释,并进一步强调识别经络的作用,称:"治伤寒先须识经络。不识经络,触途冥行,不知邪气之所在,往往病在太阳,反攻少阴,乃和少阳,寒邪未除,真气受毙。"④张仲景伤寒学说与"六经"理论的结合,对于张

---

① 刘渡舟主编:《伤寒论校注》卷2,北京:人民卫生出版社,1991年,第35页。
② 康平本《伤寒论》保留了原始的简牍书写模式。其正文的书写格式有三种,分别是一列十五字、一列十四字与一列十三字。按照内容来看,一列十五字的内容基本见于孙思邈所搜录的《伤寒论》传本,当为张仲景伤寒学说的固有内容;一列十三字的内容完全没有注文,应该是最晚被增添的内容;而上文所引有关"六经"的文字,以一列十四字的形式呈现,应该也是后人增添的内容,但其形成早于一列十三字的内容。对不同内容形成时间的考证,可参见吴晓锋:《康平本〈伤寒论〉初步研究》,昆明:云南中医学院硕士学位论文,2016年。
③ (宋)庞安常:《伤寒总病论》卷1,北京:人民卫生出版社,1989年,第2页。
④ (宋)朱肱:《类证活人书》卷1,北京:人民卫生出版社,1993年,第1页。

仲景伤寒学说地位提升起到至为关键的作用。南宋时的郭雍称：

> 元化（华佗）之术，指日期为候。仲景虽指日，而要在察阴阳六经之证，此其
> 所以若少异也。要之仲景规矩明备，足为百世之师；元化自得神术，惟可自用。①

郭雍比较张仲景与华佗两人的伤寒学说，认为张仲景的伤寒学说，以"阴阳六经"为纲
要，"规矩明备"；而华佗的伤寒学说，"指日期为候"，千变万化"惟可自用"。当"六
经"理论与张仲景的伤寒学说结合在一起，张仲景的伤寒学说也就成了宋代习医士人眼
中的"百世之师"了。

2. 以五运六气学说诠释《伤寒论》

所谓五运六气学说，是一套以天干地支推算环境与疾病关系的理论。今本《素问》
中有七篇大论——《天元纪大论》《五运行大论》《六微旨大论》《气交变大论》《五常政
大论》《六元正纪大论》《至真要大论》，为专门阐释这一理论的篇章，占全书内容的三
分之一②。医学界认为，这七篇大论是由唐代太仆令王冰在注解《素问》时增入的。该
学说在五代末北宋初开始被推广，经校正医书局的校正整理，到宋徽宗编撰《圣济经》
对其进行阐释后走向全面的兴盛③。

作为一种后起的医学思想，运气学说在张仲景生活的年代还没有形成，张仲景在撰
述《伤寒论》的时候，自然不可能参考这一学说。在宋代，虽然不是所有人都认同《伤
寒论》与运气学说之间存在关联，但宋廷却有意要将两者联系在一起④。校正医书局在
考证《素问》七篇大论的出处时称：

> 仍观《天元纪大论》、《五运行论》、《六微旨论》、《气交变论》、《五常政论》、
> 《六元正纪论》、《至真要论》七篇，居今《素问》四卷，篇卷浩大，不与《素问》
> 前后篇卷等，且有所载之事与《素问》余篇略不相通，窃疑此七篇乃《阴阳大论》
> 之文，王氏（王冰）取以补所亡之卷，犹《周官》亡《冬官》，以《考工记》补之

---

① （宋）郭雍著，牛宝生、周利、谢剑鹏校注：《伤寒补亡论校注》卷1，郑州：河南科学技术出版社，2014年，第
10页。

② 方药中：《黄帝内经素问运气七篇讲解》，北京：人民卫生出版社，1984年，第3页。

③ 廖育群：《中国科学技术史·医学卷》，北京：北京科学出版社，1998年，第317—319页。

④ （宋）黄庭坚：《杨子建通神论》，刘琳、李勇先、王蓉贵点校：《黄山谷全集》别集卷2，成都：四川大学出版社，
2001年，第1486—1487页。

之类。又按汉张仲景《伤寒论》序云："撰用《素问》、《九卷》、《八十一难经》、《阴阳大论》。"是《素问》与《阴阳大论》两书甚明，乃王氏并《阴阳大论》于《素问》中也。要之《阴阳大论》亦古医经，终非《素问》第七矣。①

《阴阳大论》是张仲景"勤求古训，博采众方"的过程中主要参考的书籍之一，校正医书局的官员又将这部《阴阳大论》视作为运气七篇大论。这样，张仲景的《伤寒论》与运气学说之间就有了明确的关联了。

校正医书局官员对《伤寒论》与运气学说之间关系进行构建的证据，体现在卷二搜录的一篇题为《伤寒例》的文章。这篇《伤寒例》首先引用《阴阳大论》的文字，论述四时之"异气"如何导致各种疾病的发生，同时提出了以"斗历"占候"时行疫气"的方法②。这种对疾病进行预测的方法，与五运六气学说有着内在的关联性。

假如这一篇与运气学说相通的《伤寒例》是由张仲景所写的话，那么它就可以证明张仲景在撰述《伤寒杂病论》时，有参考运气学说的内容。但问题在于，这一篇文字并不完全代表张仲景的医学思想。因为这篇文字的作者在叙述完与运气学说相关的内容后，又写了一句"今搜采仲景旧论，录其证候、诊脉、声色、对病真方有神验者，拟防世急也"③。在"今搜采仲景旧论"一句前的内容显然都不是出自于张仲景的。校正医书局官员将与运气学说相关的内容收入到自己整理的《伤寒论》文本之中，反映的是他们对张仲景伤寒学说与运气学说之间关系的看法。

在校正医书局之后，医家们开始以五运六气学说来诠释《伤寒论》。生活在北宋、金交替之际的医者成无己所撰写的《注解伤寒论》，是历史上第一部注释《伤寒论》的著作。这一部著作最显著的特点，就是以五运六气学说来诠释张仲景的伤寒理论。他在篇首即加入《图解运气图》，罗列各种与运气学说相关的图表，显示出他对运气学说的高度重视。他认为"夫五运六气，主病阴阳虚实无越此"④，也就是说，运气学说最主要的作用是辨别"病之阴阳"。而在宋人看来，伤寒病之治疗，首要之处在于阴阳之辨析，朱肱就曾经提出"治伤寒须识阴阳二证"⑤。运气学说之所以能被运用到对《伤寒论》的诠释中，与这种辨析伤寒之阴阳的需求之间自有内在的关联。

① （宋）林亿等补注：《重广补注黄帝内经素问》，北京：中医古籍出版社，2003 年，第 4 页。
② 刘渡舟主编：《伤寒论校注》卷 2，北京：人民卫生出版社，1991 年，第 29—33 页。
③ 刘渡舟主编：《伤寒论校注》卷 2，北京：人民卫生出版社，1991 年，第 32—33 页。
④ （金）成无己：《注解伤寒论·运图》，北京：商务印书馆，1955 年，第 21 页。
⑤ （宋）朱肱：《类证活人书》卷 4，北京：人民卫生出版社，1933 年，第 45 页。

　　根据考证，成无己为山东聊摄人，生于北宋仁宗时期，靖康之变时被金人掳掠到临潢府①。他的大半生都是在北宋度过的，他以运气学说诠释张仲景伤寒学说，是在北宋医学文化的影响下进行的。在成无己的基础上，被后人誉为"金元四大家"之一的刘完素，将运气学说与张仲景的《伤寒论》更为紧密地结合在一起。他自述自己研习医学的套路，正是以五运六气学说来诠释张仲景的医方：

　　　　仆虽不敏，以其志慕兹道，而究之已久，略得其意。惜乎天下尚有未若仆之知者。据乎所见，而辄伸短识，本乎三坟之圣经，兼以众贤之妙论，编集运气要妙之说，十万余言，九篇三部，勒成一部，命曰《内经运气要旨论》，备见圣贤之妙用。然妙则妙矣，以其妙道，乃为对病临时处方之法，犹恐后学未精贯者，或难施用。复宗仲景之书，率参圣贤之说，推夫运气造化自然之理，以集伤寒杂病脉证方论之文，一部散卷，十万余言，目曰《医方精要宣明论》。②

　　简单来说，刘完素之学，以五运六气为宗，他撰集了《内经运气要旨论》一书来阐释运气学说，犹感"难施用"，于是就以仲景"脉证方论之文"为基础，"推夫运气造化自然之理"，形成了《医方精要宣明论》一书。

　　成无己、刘完素以后，以运气学说来诠释《伤寒论》的做法，成为一个历久不衰的医学传统。例如，金代的张子和、明代的张介宾、清代的张志聪、张志韶、陈修园等，都是这个传统的追随者③。这些后世的医家，有的用五运六气学说来探讨对张仲景医方的运用，有的则用五运六气学说来解释张仲景的"六经"体系。尽管在诠释张仲景《伤寒论》的过程中，他们对运气学说运用的深度与广度，都远远超出了宋代的医家，但追本溯源，他们研究《伤寒论》的路子，在宋代已经被奠定了。

　　总的来说，张仲景《伤寒论》在宋人的建构下，与《内经》有了密切的关联。这种建构是从两个方面展开的：一是以《内经》所提出的"六经"体系，对张仲景的伤寒学说进行重新整合；二是将当时盛行的运气学说运用到对张仲景医学理论的阐发之中。宋人的建构，为《伤寒论》的解读提供了一套全新的话语，这一套话语，以"六经"和"运

---

　　① 李玉清：《成无己生平及〈注解伤寒论〉撰注年代考》，《中华医史杂志》1997 年第 4 期，第 249—251 页。
　　② （金）刘完素：《素问玄机原病式·序》，宋乃光主编：《刘完素医学全书》，北京：中国中医药出版社，2006 年，第 81—85 页。
　　③ 田合禄：《五运六气解读〈伤寒论〉》，北京：中国中医药出版社，2014 年，第 12 页。

气"为骨干，赋予了张仲景的伤寒学说以全新的气象。宋人提供的这一套话语，也为后世医家所继承，主导着宋以后人们对张仲景伤寒学说的认识。宋以后研究《伤寒论》的著作层出不穷，学派之间的差异让人眼花缭乱，但也未见有任何一家的伤寒学说能越出宋人所设定的框架和范围。

三、宋人以《内经》诠释张仲景《伤寒论》的原因

上文探讨了宋人如何运用《黄帝内经》的理论对张仲景的伤寒学说进行诠释，但我们仍然要思考，宋人为什么要用《内经》理论来诠释张仲景的《伤寒论》。

宋廷对《黄帝内经》的重视是毋庸置疑的。根据学者考证，从仁宗天圣四年（1026年）开始，到徽宗政和八年（1118 年），宋廷曾先后五次对《黄帝内经》进行校勘整理[①]。宋人对所谓的"圣王之道"，有着持续的追求[②]。而这种追求，也反映在对医学知识的整理之中。校正医书局官员在《黄帝内经》的校正序中称：

> 殊不知三坟之余，帝王之高致，圣贤之能事，唐尧之授四时，虞舜之齐七政，神禹修六府以兴帝功，文王推六子以叙卦气，伊尹调五味以致君，箕子陈五行以佐世，其致一也。奈何以至精至微之道，传之以至下至浅之人，其不废绝，为已幸矣。[③]

《内经》体现了"帝王之高致""圣贤之能事"，蕴含"至精至微之道"。因此，儒者校正《内经》，讲论的不是医学，而是"圣王之道"。同样的话语，也可见于徽宗御撰的《圣济经》序文中：

> 昔者黄帝氏，盖体神而明乎道者也。……叹世德之下衰，悯斯民之散朴，上悖日月之明，下铄山川之精，中堕四时之施。至于逐妄耗真，曾不终其天年，而中道以夭。乃询歧伯，作为《内经》，通神明之德，类万物之情，其言与典坟相为表里。而世莫得其传，至号为医者流，此与谓易为卜筮者何异。朕甚悼之。[④]

---

① 李玉清：《北宋官方校勘整理〈黄帝内经〉情况考》，《中华中医药杂志》2009 年第 9 期，第 1128—1130 页。
② 对"圣王之道"的追求，是宋代政治思想的一个重要主题。余英时：《朱熹的历史世界——宋代士大夫政治文化的研究》，北京：生活·读书·新知三联书店，2011 年，第 184—197 页。
③ （宋）林亿：《重广补注黄帝内经素问序》，《重广补注黄帝内经素问》，北京：中医古籍出版社，2003 年，第 5 页。
④ （宋）赵佶：《御制圣济经序》，《圣济经》，北京：人民卫生出版社，1990 年，"前言"，第 8、9 页。

医道乃圣王之道的话语,在徽宗笔下也被使用。从仁宗朝校正医书到徽宗编撰《圣济经》,《黄帝内经》都被视作为"圣王之道"的载体,显示出宋廷对《内经》持续的重视与推崇。

而《内经》承载的"圣王之道"的核心内涵,正是五运六气学说。尽管校正医书局官员并不认为运气七篇大论是《素问》的原文,但随着时间的推移,运气七篇与《内经》的关系日渐密切。哲宗元符年间(1098—1100年),任朝散郎、太医学司业的刘温舒撰有《素问入式运气论奥》一书,称"黄帝论疾苦成《素问》。因知其道奥妙,不易穷研,自非留心可以,岂达玄机。且以其间气运最为补泻之要,虽备见黄帝与岐伯、鬼臾区问对,分糅篇章,卒无入法,稍难施用"①。"气运"成了黄帝、岐伯君臣问对的内容。在宋徽宗打着"务法上古"的旗号,对运气学说进行阐述,形成了《圣济经》一书后,运气学说与《黄帝内经》之间的关联更趋于稳定②。

宋人以《黄帝内经》来诠释张仲景的《伤寒论》,反映了《黄帝内经》在宋代所具有的影响力。但是,为什么张仲景的《伤寒论》能得到宋人青睐,成为宋人研习诠释的对象呢?要解答这个问题,必须要从宋人对张仲景《伤寒论》的看法入手。在宋代以前,存在着众多的伤寒学理论,根据唐代王焘在《外台秘要》中所列,在张仲景之外,还有华佗、陈延之、深师、姚法卫、甄权、宋侠、崔知悌、张文仲等各家伤寒学派③。可以说,伤寒学在宋代以前其实是处于"百家争鸣"的局面的,张仲景伤寒学说的地位并不十分突出。但到了宋代,这种情况开始发生根本性逆转,朱肱在《类证活人书》的自序中称:

> 伤寒诸家方论不一,独伊尹、仲景之书,犹六经也。其余诸子百家,时有一得,要之不可为法。④

"仲景之书"被视作为"六经",而其他的伤寒学派被视作为"诸子百家"。张仲景伤寒学说的地位由此凸显。那么,在宋人眼中,张仲景伤寒学说的优越性表现在哪一方面,何以能被视作为医书中的"六经"呢?

---

① (宋)刘温舒:《素问运气论奥校注序》,《素问运气论奥校注》,北京:学苑出版社,2008年,"前言",第3页。

② (宋)赵佶:《御制圣济经序》,《圣济经》,北京:人民卫生出版社,1990年,"前言",第9页。

③ (唐)王焘撰,高文柱校注:《外台秘要方校注》卷1《诸伤寒八家合一十六首》,北京:学苑出版社,2011年,第1—32页。

④ (宋)朱肱:《类证活人书自序》,《类证活人书》,北京:人民卫生出版社,1933年,"前言",第19页。

　　在宋人的认知之中，伤寒病的治疗难度极高，且须谨慎从事。苏轼曾说："自古论病，唯伤寒为最急，表里虚实，日数证候，应汗应下之类，差之毫厘，辄至不救。"①朱肱称："古人治伤寒有法，非杂病之比。五种不同，六经各异，阴阳传受，日数浅深，药剂温凉，用有先后，差之毫厘，轻者危殆，况不识法者乎。"②南宋叶梦得也称："疾之厘毫不可差，无甚于伤寒，用药一失其度则立死者皆是。"③伤寒病在宋人心目中具有极强的杀伤力，用药稍有错失即可致命。伤寒病治疗失当而造成大量死亡的事例，在宋代是存在的，最典型的就是对圣散子方的误用。这一事件的缘起，在于苏轼对以圣散子方治疗伤寒病的推崇，认为"用圣散子者，一切不问阴阳二感，或男子女人相易，状至危笃，连饮数剂而汗出气通，饮食渐进，神宇完复，更不用诸药，连服数瘥"④。正是由于苏轼的推崇，人们对圣散子方治疗伤寒的功效也深信不疑，造成了极大的医疗事故⑤。

　　圣散子方误用所造成的恶果，无疑警醒着宋人，伤寒病的治疗不能寄希望于找寻一条"不问阴阳二证"的"神方"，而是必须准确把握伤寒病的传变规律，在此基础上选用对症的疗法。宋代士人习医，主要通过文本阅读的方式进行⑥。对于这些士人来说，寻找有效的文本经验以实现对伤寒疾病的掌握，就成了他们最理想的选择。而张仲景的伤寒学说，满足了宋代习医士人在这一方面的需求。南宋时期的通医士人郭雍称：

　　　　惟其（伤寒）最为难治，故自张长沙（张仲景）以来，特为注意，辨析毫厘，动辄十数万言以训后世。今医方论说，复无详于伤寒者。昔云难治之病，今反为晓然易见之疾。患在常人苟且，不诵其书耳。则书之为后人利，岂不溥哉？是以陶隐居称仲景之书为众方之祖，孙真人叹其特有神功，良有以也。⑦

郭雍出身儒学世家，其父亲师事程颐，精通易学，郭雍本人也传承了父亲的学术⑧。他

---

　　① （宋）苏轼、沈括：《苏沈良方》卷 3《论圣散子》，上海：上海科学技术出版社，2003 年，第 21 页。
　　② （宋）朱肱：《类证活人书》卷 5，北京：人民卫生出版社，1933 年，第 60 页。
　　③ （宋）叶梦得：《避暑录话》卷上，北京：中华书局，1985 年，第 12—13 页。
　　④ （宋）苏轼、沈括：《苏沈良方》卷 3《论圣散子》，上海：上海科学技术出版社，2003 年，第 21 页。
　　⑤ 牛亚华：《〈圣散子方〉考》，《文献季刊》2008 年第 4 期，第 114—119 页。
　　⑥ 祝平一：《宋、明之际的医史与儒医》，《"中央研究院"历史语言研究所集刊》2006 年第 3 期，第 401—449 页。
　　⑦ （宋）郭雍：《仲景〈伤寒补亡论〉自序》，牛宝生、周利、谢剑鹏校注：《伤寒补亡论校注》，郑州：河南科学技术出版社，2014 年，"前言"，第 21 页。
　　⑧ 脱脱：《宋史》卷 459，北京：中华书局，1977 年，第 13465 页。

之所以对医学感兴趣，是由于他那位自幼体弱多病、喜欢研习医学的"仲兄"的影响①。郭雍自身缺乏足够的临床经验，他所编撰的《伤寒补亡论》，按照朱熹的说法，是"一出古经，而无所损益"②。但临床经验的缺失并没有为郭雍造成任何心理障碍，他反而信心十足，将宋人普遍认为难治之伤寒称作为"晓然易见之疾"。他的信心来源就在于以张仲景《伤寒论》为核心的一系列文本知识了。

按照郭雍的论述，张仲景的《伤寒论》有两大优势。一是张仲景的伤寒之学，是通过"学识"而得的。通过"学识"而得的伤寒学说可为"百世之楷模"，与"上圣之精微"契合③。张仲景伤寒学说是通过"学识"而得的证据，就在于张仲景本人在自序中所说的"勤求古训，博采众方"。这种对医学进行研习的方式，与宋代士人研习医学的方式完全一致。且张仲景撰述《伤寒论》所参考的"古训"，如《素问》《九卷》《八十一难》等在宋代仍有流传。连郭雍这样缺乏医疗经验的士人也可以通过文本之间的对比阅读来掌握伤寒疾病。

另一个优势在于张仲景的伤寒学理论"规矩明备"④，为习医士人提供了一个可以被揣摩、掌握的规范。宋代以前虽然存在多种伤寒学说，但就《外台秘要方》所搜录的资料来看，对伤寒病传变过程作完整描述的只有华佗和张仲景两家。尽管华佗的伤寒理论也有较为完备的体系，但其疗法却难以为习医士人所实践，原因在于华佗所采用的方子，如神丹丸、藜芦散、六物青散等均具有毒性，与张仲景所采用的麻黄汤、桂枝汤等无毒汤方形成鲜明对比⑤。对于这一点，宋人是有意识的，郭雍对华佗的药方就有所批评，称："藜芦丸近用损人……则知后人不能学也。"⑥使用毒药进行治疗的华佗伤寒学既然不能为后人所学，则既具有完整理论体系，又能为后人实践的伤寒学说，就只有张仲景一家了。

简而言之，宋代的习医士人之所以会推崇张仲景的伤寒学说，首先是因为他们面对着伤寒病的威胁。伤寒病具有极其巨大的杀伤力，在治疗的过程中稍有错失即可致人死命。在这样的背景下，依靠医书阅读研习医学的宋代习医士人，需要寻找有效的文本经

① （宋）郭雍：《仲景〈伤寒补亡论〉自序》，牛宝生、周利、谢剑鹏校注：《伤寒补亡论校注》，郑州：河南科学技术出版社，2014 年，"前言"，第 20 页。

② （宋）朱熹：《朱子跋郭长阳医书》，牛宝生、周利、谢剑鹏校注：《伤寒补亡论校注》，郑州：河南科学技术出版社，2014 年，"前言"，第 16 页。

③ （宋）郭雍著，牛宝生、周利、谢剑鹏校注：《伤寒补亡论校注》卷 1，郑州：河南科学技术出版社，2014 年，第 10 页。

④ （宋）郭雍著，牛宝生、周利、谢剑鹏校注：《伤寒补亡论校注》卷 1，郑州：河南科学技术出版社，2014 年，第 10 页。

⑤ 叶发正：《伤寒学术史》，武汉：华中师范大学出版社，1995 年，第 19 页。

⑥ （宋）郭雍著，牛宝生、周利、谢剑鹏校注：《伤寒补亡论校注》卷 1，郑州：河南科学技术出版社，2014 年，第 10 页。

验来掌握难治之伤寒。张仲景的伤寒学说，因为是通过"勤求古训"而形成的，士人们可以通过文本之间的对比来掌握；且张仲景的伤寒学说具备较为完整的理论体系，所采用的疗法风险也相对较小。这些因素都促成了宋代习医士人对张仲景伤寒学说的认同。

四、结　论

宋代是张仲景伤寒学说演变的一个关键时期，校正医书局对张仲景著述的整理，使张仲景的伤寒理论被凸显出来，成为宋以后人们认识、评价张仲景医术的主要依据。在宋代以前，多种流派的伤寒学说在社会上流传着，张仲景伤寒学说并未占据十分重要的地位。但到了宋代，张仲景的伤寒学说开始被人推崇，其在医学典籍中的地位开始等同于儒家之"六经"。张仲景伤寒学说被推崇的原因，必须放在宋代士人习医成风这一社会背景下来分析，宋代习医士人往往缺乏医学世家的背景，文本阅读是他们研习医学的主要途径，而张仲景的医学是通过"勤求古训，博采众方"而获得的，这无疑契合了宋代士人研习医学的模式。与得自"神悟"的医学相比，张仲景的医学可以通过"学识"而获得，让宋代士人在面对着变幻莫测的伤寒病时拥有了自信，这正是张仲景伤寒学说能被宋人选中并加以整合、诠释的原因。

宋人一方面是运用《黄帝内经》中的"六经"体系对张仲景的伤寒理论进行整合，另一方面以运气学说对之进行诠释。通过宋人的整合与诠释，《伤寒论》与《内经》理论之间的关系得到强化，而这一点，对于张仲景的圣化具有十分关键的意义，如刘完素称：

> 夫医教者，源自伏羲，流于神农，注于黄帝，行于万世，合于无穷，本乎大道，法乎自然理。……余之医教，自黄帝之后，二千五百有余年，汉末之魏，有南阳太守张机仲景，悯于生民多被伤寒之疾，损害横夭，因而辄考古经，以述《伤寒卒病方论》一十六卷，使后之学者，有可依据。……夫三坟之书者，大圣人之教也。法象天地，理合自然，本乎大道，仲景者，亚圣也。虽仲景之书，未备圣人之教，亦几于圣人。……易教体乎五行八卦，儒教体乎三纲五常，医教要乎五运六气，其门三，其道一，故相须以用而无相失，盖本教一也。[1]

---

① （金）刘完素：《素问玄机原病式·序》宋乃光主编：《刘完素医学全书》，北京：中国中医药出版社，2006 年。

以五运六气为核心的《内经》理论，成为"医教"的核心精华，代表的不是某位圣王而是全体圣王的智慧结晶。以五运六气为依据，医学被塑造成了"大圣人之教"，与儒学一道共同传承着圣人之道。作为"医教"的传承者，张仲景自身的形象，也不再单纯是一个医者，而是"圣人之道"的传承者。而这一形象的转变，使张仲景成为"亚圣"，开启了他被圣化的进程。可以说，张仲景的圣化与宋人对医学知识功能的重新界定有着密切的关系。

试论范仲淹的军事后勤思想[*]

试论范仲淹的军事后勤思想[*]

刘　涛　孙远方

（滨州学院 人文学院，山东 滨州，256600；滨州学院 孙子研究院，山东 滨州，256600）

摘　要： 在宋夏战争中，范仲淹"夙夜经画、措置兵骑财赋"，逐渐探索出一套行之有效的解决军事后勤问题的办法。范仲淹的军事后勤思想包括"立足后勤，制定用兵作战方略""多措并举，构建后勤补给体系""依托堡寨，建立后勤保护体系""完善制度，提高后勤保障能力"等四个方面。这一军事后勤思想，是对我国古代军事后勤理论的重要贡献。

关键词： 范仲淹；军事后勤；宋夏战争

"兵马未动，粮草先行"。行军打仗，后勤保障至关重要。范仲淹在经略西北之际，深刻懂得后勤保障对取得战争胜利的重要性。在宋夏战争时，他将经济与军事手段双管齐下来解决军事后勤问题。目前，学界对此关注不多，只是在个别文章中略有提及，很少有专门的论述。因此，笔者在汲取前人研究成果的基础上，对此作进一步的深入研究，以求教于方家。

一、立足后勤，制定用兵作战方略

在宋夏战争中，范仲淹高度重视后勤保障工作，善于从后勤角度来谋布军事斗争全

---

* 本文为山东省社会科学规划研究项目："范仲淹军事思想与实践研究"（16DLSJ04）阶段性成果。

局，制定用兵作战方略。

（一）着眼后勤，整军经武

宋夏战争爆发后，大量禁军涌入西北，自仁宗庆历年间（1041—1048 年）战争升级后，陕西招募禁军约 96 500 人，增长了 58.3%[①]。当时的陕西驻军一般保持在 20 余万，多至 30 万[②]。庆历三年（1043 年），时任陕西经略安抚使的范仲淹就言："陕西禁军、厢军不下二十万。"[③]其中，主要以禁军为主，包括数量不多的厢军。作为"天子之卫兵"的禁军，其后勤需要完全仰仗中央朝廷供给。宋廷按照"人日食两升"[④]的标准为禁军提供粮食补给。如此大规模的军力部署，必然对宋军后勤供应提出了考验。为了节省军费，减轻后勤负担，范仲淹出于精兵节财的考虑，裁汰冗员，精兵简政。在未出任边帅前，他就曾上书朝廷裁汰老弱之兵，说："今诸军老弱之兵，讵堪征伐！旋降等级，尚费资储。然国家至仁，旨在存活。若诏诸军年五十已上，有资产愿还乡里，一可听之，稍省军储。"[⑤]出任边帅后，范仲淹对于日益增多的新募禁军，主张"拣精锐"以"养赡"，而不"更占冗兵"[⑥]。庆历三年（1043 年），范仲淹接连上疏，请求朝廷仔细拣选送往边上屯驻之兵，并说："臣窃见去年以来，自京差拨禁军往陕西边上屯戍，内有小弱怯懦之人，道路指笑。及到边上，不堪披带教阅，虚破禁军诸般请受支赐。今来又差拨兵士五千人往秦州添屯，并续有诸军发往边上替换。欲乞指挥下殿前马步军司，应在京及畿内诸军今来并向去合起发往边上兵士，并须逐指挥依次勾来本司，子细拣选下小弱不堪被带之人，更不令发往边上。"[⑦]庆历四年（1044 年），范仲淹又上奏道："陕西新刺保捷，其中有孱弱不堪战者，宜少汰之，使归于田亩，既省军费，复增农力。"[⑧]可见，范仲淹在整兵经武时，一定程度上是基于精兵节财的考虑，这种精兵简政之举既增强了士兵的战斗力，又大大缓解了后勤的供给矛盾。

---

① 程龙：《北宋西北战区粮食补给地理》，北京：社会科学文献出版社，2006 年，第 90 页。

② 程民生：《宋代兵力部署考察》，《史学集刊》2009 年第 5 期，第 69 页。

③ （宋）范仲淹：《范文正公政府奏议》卷下《奏论陕西兵马利害》，《范仲淹全集》，成都：四川大学出版社，2007 年，第 600 页。

④ （宋）沈括著，胡道静校证：《梦溪笔谈》卷 11《官政一》，上海：上海古籍出版社，1987 年，第 43 页。

⑤ （宋）范仲淹：《范文正公文集》卷 9《上执政书》，《范仲淹全集》，成都：四川大学出版社，2007 年，第 217 页。

⑥ （宋）范仲淹：《范文正公政府奏议》卷下《边事·奏为陕西四路入中粮草及支移二税》，《范仲淹全集》，成都：四川大学出版社，2007 年，第 599 页。

⑦ （宋）范仲淹：《范文正公政府奏议》卷下《边事·奏乞拣选往边上屯驻兵士》，《范仲淹全集》，成都：四川大学出版社，2007 年，第 612 页。

⑧ （宋）李焘：《续资治通鉴长编》卷 149，庆历四年（1044 年）五月壬戌，北京：中华书局，2004 年，第 3597 页。

（二）基于后勤，制定方略

范仲淹认为行军打仗有"巧迟""拙速"之异①。其中，"巧迟"之策是他根据宋夏双方形势及宋军后勤状况所做出的积极应对。宋夏战争之初，宋军屡败，其中一个重要原因就是后勤保障能力的不足。面对这一境况以及国家承平日久造成的边无宿将、精兵的情形，范仲淹主张此时应持守策，着眼于边备建设，而不是力"求速效"。基于此，他最终确立了"以守为主、以攻为辅、攻守结合"的用兵作战方略。这一方略的确定很大一部分是基于后勤的考虑。在具体用兵作战时，范仲淹又往往以后勤为指导原则。例如，庆历元年（1041 年）正月，仁宗用韩琦所上攻策，戒范仲淹按期进讨，但是他坚决反对，上奏道："今须令正月内起兵，军马粮草，动逾万计，入山川险阻之地，塞外雨雪大寒，暴露僵仆，使贼乘之，所伤必众。"②后来，任福兵败，朝议准备"密收兵"以"深入进讨"。范仲淹对此又反对道："'胜兵先胜而后求战，败兵先战而后求胜。'今欲以重兵密行，军须粮草，动数万人，呼索百端，非一日可举。"③这种把后勤作为战争指导原则的态度，是与孙子所强调的后勤决定性地位观点是完全一致的。另外，范仲淹在边境广筑堡寨，建立了一套依托堡寨后勤支援开展的灵活多变用兵战术。他要求将领依托堡寨待敌而动，敌人"大至则守，小至则击，有间则攻"④"大至则明斥候，召援兵，坚壁清野以困之；小至则厄险设伏以待之；居常高估入中及置营田以助之"⑤。这种依托堡寨后勤的战术，在一定程度上打乱了敌人进攻的节奏。

二、多措并举，构建后勤补给体系

范仲淹采取了屯兵营田、官本回易、劝商入中、引兵就食以及创置榷场等诸多措施，来构建一套完整的后勤补给体系。

（一）屯兵营田，注重本地供给

屯兵营田，加强本地粮草的供给能力，是范仲淹解决边境粮草不足的重要举措。

① （宋）李焘：《续资治通鉴长编》卷 139，庆历三年（1043 年）二月乙卯，北京：中华书局，2004 年，第 3353 页。
② （宋）李焘：《续资治通鉴长编》卷 130，庆历元年（1041 年）正月丁巳，北京：中华书局，2004 年，第 3080 页。
③ （宋）李焘：《续资治通鉴长编》卷 131，庆历元年（1041 年）三月丙辰，北京：中华书局，2004 年，第 3110 页。
④ （宋）李焘：《续资治通鉴长编》卷 131，庆历元年（1041 年）三月丙辰，北京：中华书局，2004 年，第 3111 页。
⑤ （宋）李焘：《续资治通鉴长编》卷 134，庆历元年（1041 年）十一月乙亥，北京：中华书局，2004 年，第 3201 页。

早在天圣五年（1027 年），范仲淹就在他的"上执政书"中提出了于边塞"置本土之兵，劝营田之利"①的建议。出任边帅后，范仲淹进一步将其思想落到实处。康定元年（1040 年），身为陕西经略安抚副使的范仲淹在兼知延州后，便遣种世衡兴筑青涧城，以营田实边②。庆历元年（1041 年），在徙知庆州后，他又于当年十一月上攻守二议。其中，针对前线供给中存在的"春冬之衣、银、鞋，馈输满道不绝。国用民力，日以屈乏，军情愁怨，须务姑息"弊端，借鉴赵充国屯田、魏武屯田、唐天宝年间（742—755 年）屯田以及种世衡延州营田的经验，范仲淹决定"欲于本处渐兴田利，据亩定课；兵获余羡，中粜于官。人乐其勤，公收其利，则转输之患，久而自息矣"以及所谓"假土兵弓手之力，以置屯田为守之利也"③。范仲淹的建议很快得到了北宋朝廷的采纳和实施。十二月，仁宗"诏陕西四路部置及转运使并兼营田使，转运判官兼勾管营田事"④。从此，陕西的营田迅速发展起来，边境许多荒地被开垦，增强了边防的经济力量，减轻了边境粮草供给的压力，在一定程度上起到了助边、实边的作用。

（二）官本回易，增补军费之用

北宋初年承袭五代之风，沿边将帅普遍从事回易，回易作为一种营利性商业经营，是增补军费的重要手段。宋夏战争爆发后，沿边军费开支浩大，"约计天下财利出入之籍，知天下之所以困，本于兵"⑤，仅以河北、陕西边防所需而论，就已是"新旧兵所费，不啻千万缗"⑥。朝廷财政无力完全支持庞大的军队开支，不得不借助回易以助军费。范仲淹认为回易这种贸易活动，可以增息财利，"有助军费，少纾民力"，故倡议在加强管理的情况下于北宋沿边驻军中开展实施。在镇守庆州时，他便"借随军库钱回易，得利息二万余贯，充随军公用支使外，却纳足官本"⑦。庆历三年（1043 年）五月，他又与韩琦联名上奏道："臣等窃以西陲用兵以来，沿边所费钱帛，为数浩繁，官司屈乏，未能充用。其鄜延等四路帅臣虽有管勾本路粮草之名，然转运司终是本职，故不敢专行计置，若不委之经度，即边计常是不足。"因此请求准许鄜延、环庆、泾原、秦凤四路

---

① （宋）范仲淹：《范文正公文集》卷 9《上执政书》，《范仲淹全集》，成都：四川大学出版社，2007 年，第 223 页。
② 《宋史》卷 314《范仲淹列传》，北京：中华书局，1977 年，第 10270 页。
③ （宋）李焘：《续资治通鉴长编》卷 134，庆历元年（1041 年）十一月乙亥，北京：中华书局，2004 年，第 3202—3203 页。
④ 《宋史》卷 11《仁宗三》，北京：中华书局，1977 年，第 213 页。
⑤ （宋）张方平：《乐全集》卷 23《再上国计事》，郑州：中州古籍出版社，1992 年，第 98 页。
⑥ （宋）李焘：《续资治通鉴长编》卷 114，景祐元年（1034 年）四月丙寅，北京：中华书局，2004 年，第 2676 页。
⑦ （宋）范仲淹：《范文正公政府奏议》卷下《奏雪滕宗谅张亢》，《范仲淹全集》，成都：四川大学出版社，2007 年，第 627 页。

经略使司，"应本路州军所管钱帛，并许选差廉干使臣、公人等，任便回易，其收到利钱明入省帐收附。所有勾当人等，如能大段回易得利息，委本司具数报明闻奏，特与相度酬奖"①。同年，滕宗谅和部将张亢因动用公使钱回易生利而受到弹劾，范仲淹即据理予以驳斥，终使滕、张两人免于刑责。为此，仁宗帝还特降诏旨道："诞告边臣，依祖宗故事，使回图公用，一如平日"②。对于范仲淹来说，借官本回易营利，不仅可以补充公用，而且还可以纾解民力，是一举多得的事情。这种回易活动，也得到了朝廷钦许，收到了明显效益。

（三）劝商入中，解决军需不继

随着西北驻军增多和边费浩瀚，为了解决当地出产不足，招诱商人入中成为解决军需的重要方式。这与宋代商品经济的发展密切相关。军需粮草是西北入中的主要物品，此外茶、盐、布帛、瓦木铁器等亦是重要入中物。庆历三年（1043 年）六月，范仲淹从增强边备的考虑出发，主张朝廷推行劝商入中之策，上书奏言："今陕西百姓已虚，三军未振，或闻三税之法，可以备边。以臣所见，今榷货务商客才有一百来名，纵许于陕西、河东路以三税入中，即缘商客未多，且可少助粮草而已。若金银钱帛，则岁时之内，必难充足。臣所以请仿行南盐客旅，入纳粮草并金银钱帛。有逐处富实之家，不为商旅者，必须以利劝之。臣请逐处劝诱入纳上件物色，一件内得数及万，除给与南盐交钞外，更与恩泽。二万贯者与上佐官，三万者京官致仕。如曾应举到省，与本科出身，除家便官。愿班行安排，或不就差遣者亦听。所贵防秋之期，颇有边备。"③通过给予盐钞、恩泽及官职等利益劝商入中。此外，范仲淹又基于官贩茶盐的固护之弊以及存在的与民争利的情形，极力主张茶盐通商。庆历四年（1044 年），任参知政事的范仲淹曾上书仁宗帝："请诏天下茶盐之法，尽使行商，以去苛刻之刑，以息运置之劳，以取长久之利。"④

（四）引兵就食，节约人力物力

宋初为了供应军需，保障军队粮草的供应，在西北边郡尤其是宋与西夏的交界处实行支移输纳赋税的政策。"支移"政策向人民转嫁负担，给人民带来了沉重负担。另外，

① （宋）李焘：《续资治通鉴长编》卷 141，庆历三年（1043 年）五月乙未，北京：中华书局，2004 年，第 3385—3386 页。
② （宋）范仲淹：《范文正公文集》卷 7《答窃仪》，《范仲淹全集》，成都：四川大学出版社，2007 年，第 165—166 页。
③ （宋）李焘：《续资治通鉴长编》卷 141，庆历三年（1043 年）六月甲子，北京：中华书局，2004 年，第 3390 页。
④ （宋）范仲淹：《范文正公政府奏议》卷上《奏灾异后合行四事》，《范仲淹全集》，成都：四川大学出版社，2007 年，第 583 页。

宋廷所实行募商入中于极边之地的"物物交换"做法，日久生弊，造成了物价的高抬虚估，不仅不能解决边储之需，反而加剧了财政危机。面对这一问题，熟知边事的范仲淹主张于军情不太紧急、战场相对稳定的情况下，移兵于次边就食、节省入中之费的建议。康定元年（1040年）十二月，范仲淹上奏"请建鄜州之郭城县为军，以河中、同、华中下户税租就输之，春夏徙边兵就食，可省籴价什之三"①，这一建议得到朝廷的许可。庆历三年（1043年）二月，随着战事日渐平稳，敌情日益明朗，范仲淹建议可以于每年的夏秋之交，将一线军马"抽退于数百里间就食刍粮"。这样不仅可以"省入中之费"，还可以减轻人民的"馈运之劳"，从而使得"庶乎民不困而财不匮"②。后来，范仲淹又专门为此上疏朝廷"乞免关中支移二税却乞于次边入中斛斗"的奏札。在奏札中，范仲淹对宋夏战事以来，人民所受支移转输之苦深有体会，主张朝廷体量民力，在边储有备的情况下，酌情与免二税的支移。另外，对入中于边的斛斗，所造成的"大段价高出却京师见钱银绢，万数浩瀚"的情况，主张朝廷"亦令相度，权于次边州军入中，所贵减得官中贵价"③。范仲淹这种灵活的守边备边之策，不仅做到了"次边有备"，使得在战事"稍慢"的时候可以"退那军马于次边就食粮草"而不误军期，还做到了"稍苏民瘵"，减省入中之费的目的，可谓一举两得。

（五）创置榷场，加强诸蕃贸易

范仲淹出任边帅后，于边境广修堡寨。在堡寨中，范仲淹除了广置营田、利用土兵外，还创置了很多榷场以加强与缘边诸蕃的贸易，并据此做到有补军需的目的。庆历元年（1041年）二月四日，他上奏仁宗帝道："乞于诸寨置榷场，用疋帛等博买熟户将到青盐。只于庆、环二州添起一倍价钱出卖，收得一色见钱，籴买粮草，及支诸军请受。大段减得近里见钱应副边上。"④范仲淹所提出的通过与熟蕃贸易的方式，既可以将所得"见钱"，用来"籴买粮草，及支诸军请受"，又可以大量减轻"近里见钱应副边上"的问题。对于茶马贸易的主要通商口岸秦州和麟州，范仲淹从军需保障和粮草入中的角度更是主张创置榷场，不能任意关闭，中止博买。庆历五年（1045年）八月二十三日，

① （宋）李焘：《续资治通鉴长编》卷130，庆历元年（1041年）戊午，北京：中华书局，2004年，第3081页。

② （宋）李焘：《续资治通鉴长编》卷139，庆历三年（1043年）二月乙卯，北京：中华书局，2004年，第3348页。

③ （宋）范仲淹：《范文正公政府奏议》卷下《乞免关中支移二税却乞于次边入中斛斗》，《范仲淹全集》，成都：四川大学出版社，2007年，第608—609页。

④ （宋）范仲淹：《范文正公集续补》卷1《乞于沿边诸寨置榷场奏》，《范仲淹全集》，成都：四川大学出版社，2007年，第765页。

范仲淹上疏"禁秦州博易奏"道："体量得秦州自来客旅，收买川货物帛等入蕃博易券马，入官中买，兼贩蕃马回讫。百姓所买马钱，亦收买匹帛入蕃兴贩。今来若将秦州界西蕃博买一例止绝，必是一路蕃情怨望，兼大段隔却兴贩券马，及阻节客旅兴贩川货，则一路草粮少人入中，必是误事。伏乞朝廷下秦州，依旧降条贯施行。"[①]是年，九月四日，范仲淹又上"乞于麟州创置榷场奏"道："河西麟府田野空荒，城市困穷，使河东一路供馈粮草钱帛，未有休期。若置一榷务，一则招诱蕃部牛羊鞍马行货，供河东一路官税要用；二则麟府路收得客旅税钱，大段出得货利，就近供军；三则止绝得私下与外皆交易，免犯令。"[②]于此可见，范仲淹于缘边诸蕃创置榷场，不仅可以有效做到经营缘边诸蕃，经制西夏，还可以在一定程度补充边境军需。

三、依托堡寨，建立后勤保护体系

为了保护后勤补给不受夏军的打击，范仲淹建立一套完整的堡寨体系，通过堡寨这个军事设施来保障后勤补给的顺利进行。

（一）广筑堡寨，建立保护体系

范仲淹出任边帅之后，力主与边境险要之地广修堡寨，以建立巩固的前沿防御阵地。他认为堡寨既可"逼近蕃界"便于了解敌情，又可安存熟户、弓箭手、土兵，使之"各著农亩"有"经久之利，而无仓卒之患"[③]。在主持延州时，他"前后凡六奏，卒城承平等前后十二寨"，大大增强了边境的防御能力。在知庆州后，他继续修筑堡寨，其中最典型的例子是建筑大顺城。《宋史》载："庆之西北马铺砦，当后桥川口，在贼腹中。仲淹欲城之，度贼必争，密遣子纯祐与蕃将赵明先据其地，引兵随之。诸将不知所向，行至柔远，始号令之，版筑皆具，旬日而城成，即大顺城也。贼觉，以骑三万来战，伪北，仲淹戒勿追，已而果有伏。大顺既城，而白豹、金汤皆不敢犯，环庆自此寇益少。"[④]此后，范仲淹又修建或复筑了细腰城、葫芦砦等 29 个堡寨，成为捍卫环庆等地的重要屏障，

① （宋）范仲淹：《范文正公集续补》卷 1《禁秦州博易奏》，《范仲淹全集》，成都：四川大学出版社，2007 年，第 785 页。

② （宋）范仲淹：《范文正公集续补》卷 1《乞于麟州创置榷场奏》，《范仲淹全集》，成都：四川大学出版社，2007 年，第 785 页。

③ （宋）李焘：《续资治通鉴长编》卷 130，庆历元年（1041 年）正月戊午，北京：中华书局，2004 年，第 3082 页。

④ 《宋史》卷 314《范仲淹列传》，北京：中华书局，1977 年，第 10271 页。

有效地抵御了西夏军队的侵扰。围绕堡寨，范仲淹建立起一套完整的后勤供给和保护体系。首先，在堡寨周边推行营田，"以置屯田为守之利也"。范仲淹指出："观今之边寨，皆可使弓手、土兵以守之，因置营田，据亩定课，兵获羡余，中粜於官，人乐其勤，公收其利，则转输之患，久可息矣。"①范仲淹认为要想在沿边长期坚守，必须在堡寨周边推行营田。这一建议为朝廷采纳后，凡沿边进筑城寨，均在其周边屯田耕种，从而满足了堡寨军粮的基本供应。而弓手、土兵"入耕作战，递为防戍"②的做法，不仅可以减少募兵之费，而且也提高了士兵的战斗力。其次，在堡寨中安存熟户、弓箭手，既可以"遮障汉户，且为藩篱；堡寨周围可耕地广"，亦可以得向导之利，了解敌情，就近决策。再次，在诸寨中创置榷场，以加强与沿边熟蕃的贸易③。范仲淹所修筑的这些堡寨，不仅做到了以战养战的目的，还加强了与诸蕃的关系，成为蕃汉交流的纽带。

（二）依托堡寨，确保运输安全

为了解决后勤补给线的安全问题，范仲淹建议以堡寨接力运输的方式，减少运输的距离。依托堡寨的接力运输方式，不仅可以减少后勤运输距离，提高后勤供给的效益，还可以"居常高估入中及置营田以助之"，减轻百姓运输的负担。这种"居高阳以待敌"的方式，正合乎孙子所讲的"视生处高"、"好高而恶下，贵阳而贱阴，养生而处实"④的驻军思想。依托堡寨所实施的这种"以守为主、以攻为辅、攻守结合"的策略还可以有效打乱敌人的进攻计划，即如范仲淹所言：若元昊"举国而来，我则退守边寨，足以困彼之众；若遣偏师而来，我则据险以待之。蕃兵无粮，不能久聚，退散之後，我兵复进，使彼复集。每岁三五出，元昊诸厢之兵，多在河外，频来应敌，疲于奔命，则山界蕃部，势穷援弱，且近于我，自求内附，因选酋豪以镇之，足以断元昊之手足矣"⑤。这种战略的实施，不仅是依托于堡寨"各著农亩"而实有"其备"的后方支撑，而且还确保了己方后勤供给的安全。另外，也在某种程度上打乱了西夏用兵的作战计划，破坏

---

① （宋）李焘：《续资治通鉴长编》卷134，庆历元年（1041年）十一月乙亥，北京：中华书局，2004年，第3202页。

② （宋）李焘：《续资治通鉴长编》卷133，庆历元年（1041年）八月甲午，北京：中华书局，2004年，第3167页。

③ （宋）范仲淹：《范文正公集续补》卷1《乞于沿边诸寨置榷场奏》，《范仲淹全集》，成都：四川大学出版社，2007年，第765页。

④ （春秋）孙武撰，（三国）曹操等注，杨丙安校理：《十一家注孙子兵法校理》，北京：中华书局，1999年，第183、189页。

⑤ （宋）李焘：《续资治通鉴长编》卷139，庆历三年（1043年）二月乙卯，北京：中华书局，2004年，第3352页。

他们的后勤供应，可谓是一举多得。

四、完善制度，提高后勤保障能力

为了保证军需的稳定供应，减轻人民负担，范仲淹认为必须从"量入以出"的财政原则出发，加强对中央和地方的军需收支管理。在"答手诏五事"中，范仲淹奏议道："今须朝廷集议，从长改革，使天下之财通济无滞。又减省冗兵，量入以出，则富强之期，庶有望矣。"① 为了有效贯彻"量入以出"原则，范仲淹认为必须委派专官来管理中央和地方的军需财务。

（一）奏为置官，专管军需财物

宋夏战争以来，"天下科率，如牛皮、筋角、弓弩、材料、箭干、枪干、胶鳔、翎毛、漆蜡，一切之物，皆出于民，谓之和买。……一年之中，或至数四，官中虽给价值，岂能补其疮痍？ 盖是国家不能素备，祸及生民"②。而且，在和买之时，经常存在官吏需索百端的情况，使得人民苦不堪言。为了减轻人民负担，确保军需的有备供应，范仲淹主张设置专官管理每年的上供军需财物。范仲淹上奏仁宗帝道："伏望圣慈委三司选差官并有行止心力司属三五人，别置一司，专管天下科率应副，每年合要上供并军须杂物，先勘会诸处见在数目，置薄拘管。如朝廷取索并外处奏乞之时，即先点检见在物色，支拨应副外，将少数下诸处和买，亦大段减得分数。仍于土产处，许将二税沿纳钱并场务课利，依市价取人户情愿折纳，不得抑勒。据纳到数目，如尚少阙，亦只就土产处置场收买。"③ 通过对全国上供军需财务的统一管理，范仲淹力图做到财务的"量入以出"和"百物有备"。这样既可以有效保障军需财务的及时供应，又可以适当减轻人民负担，做到苏息民困。

（二）选差朝臣，专管本路税赋

作为中央计司的派出机构，诸路转运司在地方上负有征发地方财赋，督责地方财务以及掌管各路兵马军需物资的责任。但是，转运司在供应军需时却存在诸多问题。曾担

---

① （宋）范仲淹：《范文正公政府奏议》卷上《答手诏五事》，《范仲淹全集》，成都：四川大学出版社，2007 年，第549 页。

② （宋）范仲淹：《范文正公政府奏议》卷上《奏为置官专管每年上供军须杂物》，《范仲淹全集》，成都：四川大学出版社，2007 年，第554 页。

③ （宋）范仲淹：《范文正公政府奏议》卷下《奏为陕西四路入中粮草及支移二税》，《范仲淹全集》，成都：四川大学出版社，2007 年，第599 页。

任过陕西都转运使的范仲淹，对此问题十分知悉。在"奏为陕西四路入中粮草及支移二税"时，范仲淹上疏道："臣窃见陕西四路各屯重兵，所入中粮草，又无定数，并支却京师钱帛，久而行之，府库须竭。又支移关辅二税，往边上送纳，道路险阻，百姓劳费，亦已凋敝。至于转运司经画财利，应副边上，每年亦无定额。纵使元昊纳款，未能顿解，边兵悠久，何以支济？"①针对这种军需供应中存在的入中粮草及支却京师钱帛均"无定数"、每年应副边上财利亦"无定额"的问题，范仲淹奏请仁宗选差朝臣充任陕西四路计置判官，"专管本路税赋课利，及图回营田等事。仍令三司将逐路军马并见在粮草数目，约度今后每年各计入中若干石，于京师支给见钱，比旧日十分中减下三分，各令陕西转运司约度逐路税赋课利数目外，每年各令支助钱帛若干"②。范仲淹的这一建议，是从边防财务收支的角度出发来加强陕西四路军需的管理。这样做的话，既可以确定陕西四路军马每年的钱粮支应数目，又可以定出每年所应支助的钱帛数目，从而做到钱粮的定额分配。另外，这一措施的实施，也对促使沿边将帅设法节财、"量入以出"，起到一定的积极作用。

综上而论，范仲淹在奉调西北边陲之后，立足后勤保障，逐渐解决了宋军的后勤供给和保障问题，使得宋夏战争形势发生了根本改变。正是基于这种有效的后勤保障基础，范仲淹才实施了积极的防御策略，并最终迫使国力日渐困顿的西夏主动求和，换来了宋夏边境近二十年的和平。

---

① （宋）范仲淹：《范文正公政府奏议》卷下《奏为陕西四路入中粮草及支移二税》，《范仲淹全集》，成都：四川大学出版社，2007 年，第 599 页。

② （宋）范仲淹：《范文正公政府奏议》卷下《奏为陕西四路入中粮草及支移二税》，《范仲淹全集》，成都：四川大学出版社，2007 年，第 599 页。

宋代文献与考证

北宋杨畏夫妇墓志（记）发覆

张晨光

（北京大学　历史学系，北京，100871）

摘　要：杨畏是北宋后期的重要人物，其墓记与两位夫人的墓志仍有待研究。党争环境中，很多官员在去世后没有墓志铭，杨畏墓记则提供了作为墓志铭替代物的石刻资料实物，显得弥足珍贵。后妻墓志所载先人归国的事迹有渲染的成分，并非完全真实；杨临可能并非杨畏亲子，后妻墓志撰写者王纯与前妻之兄同名，不为同一人；前妻卒于元祐年间应无疑问，传世王尚恭墓志所载有误；杨畏在元丰末所任正式差遣应为权发遣提举夔州路刑狱公事而非提点夔州路刑狱，王宗望在元丰末很可能任夔州路转运副使而非转运使；杨畏续弦必在元祐五年（1090 年）或之后，而后妻在元祐五年（1090 年）时已 32 岁，显得年龄偏大。

关键词：杨畏；王尚恭；王宗望

2005 年，河南省洛阳市龙门张沟出土北宋杨畏与两位夫人的墓志（记）[1]。杨畏是北宋后期的重要人物，在党争环境中多次改变政治立场，"进于元丰，显于元祐，迁于绍圣"，史称"倾危反覆，周流不穷，虽仪、秦纵横，无以尚之"，天下目为"杨三变"[2]。前妻王氏，为王尚恭之女，墓志完整，但有漫漶不清的条形区域。后妻王氏，为王宗望

---

①　杨畏墓记据北京大学图书馆所藏拓片。两位夫人的墓志图版和录文分别据郭茂育、刘继保编著：《宋代墓志辑释》，郑州：中州古籍出版社，2016 年，第 380—381、492—494 页。

②　《宋史》卷 355《杨畏传》，北京：中华书局，1977 年，第 11184—11185 页。

之女，墓志较为清晰完整。因后妻墓志涉及先人王彦英在唐末出海任新罗相国之事，赵振华先生曾作《北宋杨畏妻王氏墓志与王彦英相国新罗》一文，分《墓志原文》《王彦英父子相国新罗的历史背景与王彬重返中国》《王氏与夫杨畏》《私宅园林、宗教信仰与葬地》四部分做了详细研究①。李伟国先生曾作《没有内容的"墓志铭"》一文介绍三方"墓志铭"的"特异之处及其背景"②。笔者查阅三人墓志（记），发现仍有待发之覆，故略陈浅见，以求教于方家。

一、杨畏墓记

墓志铭在宋代已经发展为一种成熟的文体，而宋代的党争环境亦对墓志铭的撰写产生了很大影响③。其影响之一就是党争时期很多官员后代不敢请铭，如曾在大观年间（1107—1110年）任监察御史的萧某得罪宰相，于政和二年（1112年）去世时"墓不敢碑"，直到高宗时，子孙才请人撰写墓志铭④。庆元二年（1196年），"党论方哗"，宋牲去世，因吕祖俭"书来告毋遽铭"，其子宋自适"不敢违"，三十三年后才请人撰写墓志铭⑤。可见党争时期墓志铭的缺失并非个例，尽管有子孙在数十年后重新请人撰写墓志铭的事例，但应该不会是全部。对于最为有名的变法官员王安石，邓广铭先生曾指出尽管他去世后被追赠太傅，但在传世文献中"找不出有关王安石的行状、墓志铭的任何蛛丝马迹"，墓中"只载有仅能证明其为王介甫墓的一段简单文字的刻石"⑥。这块刻石今不可见，上面的具体文字亦不可知。难得的是，杨畏墓记的出土为我们提供了这种作为墓志铭替代物的刻石的直观认识。

北京大学图书馆定名为杨畏墓记的拓片高56.5cm，广48.5cm，周刻花纹⑦。内容为隶书，共三十三字，大字三行、行六字，写到"宋故宝文阁待制赠太中大夫杨畏子安

---

① 赵振华：《北宋杨畏妻王氏墓志与王彦英相国新罗》，《东北史地》2006年第5期，第26—30页；收入赵振华：《洛阳古代铭刻文献研究》，西安：三秦出版社，2009年，第708—715页。

② 李伟国：《没有内容的"墓志铭"》，王水照、朱刚主编：《新宋学》第4辑，上海：上海人民出版社，2015年，第332—337页。

③ 刘成国：《北宋党争与碑志初探》，《文学评论》2008笔第3期，第35—42页。

④ （宋）胡铨：《澹庵文集》卷5《监察御史萧公墓志铭》，（清）永瑢、纪昀等：《景印文渊阁四库全书》第1137册，台北：商务印书馆，1986年，第43—44页。

⑤ （宋）真德秀：《西山先生真文忠公文集》卷42《宋文林郎志铭》，四部丛刊本，第22a页。

⑥ 邓广铭：《北宋政治改革家王安石》，《邓广铭全集》第1卷，石家庄：河北教育出版社，2003年，第297页。

⑦ 胡海帆、汤燕、陶诚编：《北京大学图书馆藏历代墓志拓片目录》，上海：上海古籍出版社，2013年，第867页。由下文可见，杨畏墓记之称未必十分确切，本文姑且沿用以指代之。

之墓"；小字一行十五字，写到"政和甲午三月戊辰朔廿八日癸卯葬"。仅此而已，而且"戊辰朔"与"廿八日癸卯"不合，政和甲午（四年，1114年）三月为丙子朔而非戊辰朔①，按丙子朔推算则廿八日恰为癸卯，朔日必写错，"镌之金石而误如此"②！

宋代简略的墓记目前所见主要有两类。一类是幼年夭折的宗室墓记，一般仅写家系、生卒年、葬时、葬地等内容，传世文献如《元宪集》卷三四、《华阳集》卷六〇均有记载。大臣家亦有，如韩琦安葬早亡的侄孙、侄孙女即撰《侄孙四殇墓记》《三侄孙女墓记》③。出土实物还有撰者、刻工等信息④。另一类是漏泽园墓记，宋制"贫而不葬则为之置漏泽园"⑤，这类墓记多刻在砖上，内容最少的只有葬时，大多还有编号、姓名、大致年龄、职业、死因、死亡地等某几项内容⑥。正常成年墓主的墓记一般稍详，包含家系、历任官职、子女等信息，近乎墓志⑦，但一般仍显简略，如朱熹撰《范直阁墓记》，"谨次公姓系、爵里、始终梗概纳诸圹中以识。若经术、行谊、出处之详，则将请于先生君子深知公者，刻辞墓左，以明示后世云"⑧。

即使与上述简略的墓记相比，杨畏墓记也显得更简单，只有墓主姓名、字、最后之"职"与赠"官"以及下葬日期，而家系、生卒年、葬地乃至刻工都一无所有。就连提倡碑志书写采取"极简主义"的司马光也认为"今既不能免俗，其志文但可直叙乡里、世家、官簿始终而已"⑨，仍多出籍贯、家系、初官。杨畏生前最高做到吏部侍郎，政和三年（1113年）十二月以朝奉大夫、宝文阁待制被赠太中大夫，但不仅无人为其撰

① 陈垣：《二十史朔闰表》，北京：中华书局，1962年，第133页；洪金富编著：《辽宋夏金元五朝日历》，台北："中央研究院"历史语言研究所，2004年，第216页。

② 此处借用洪迈对唐钟铭文朔、日不合之叹。（宋）洪迈：《容斋三笔》卷12《紫极观钟》，孔凡礼点校：《容斋随笔》，北京：中华书局，2005年，第570页。

③ （宋）韩琦：《安阳集》卷46，北京图书馆古籍出版社编辑组：《北京图书馆古籍珍本丛刊》第85册，影印明正德九年（1514年）张士隆刻本，北京：书目文献出版社，2000年，第477页。

④ 中国文物研究所、河南文物研究所：《新中国出土墓志·河南（一）》，北京：文物出版社，1994年，第348—349页。

⑤ 司义祖整理：《宋大诏令集》卷186《奉行居养等诏令诏》，北京：中华书局，1962年，第680页。

⑥ 胡海帆、汤燕编著：《中国古代砖刻铭文集》下册，北京：文物出版社，2008年，第231—245页。

⑦ 崔成实：《浙江衢县出土北宋铁铸张氏墓记》，《文物》1979年第8期，第95页；周金康：《宋蒋浚明墓记考》，《东方博物》2012年第4期，第79—83页；郭茂育、刘继保编著：《宋代墓志辑释》，郑州：中州古籍出版社，2016年，第488—489、502—505页。个别墓记还有简单的铭文，如政和七年（1117年）《宋故安定胡和叔墓记》，饶宗颐主编：《唐宋墓志：远东学院藏拓片图录》，香港：中文大学出版社，1981年，第477页。

⑧ （宋）朱熹：《晦庵先生朱文公文集》卷94，朱杰人、严佐之、刘永翔主编：《朱子全书》，上海、合肥：上海古籍出版社、安徽教育出版社，2002年，第4341页。

⑨ （宋）司马光：《司马氏书仪》卷7《丧礼三》，张焕君校点：《儒藏（精华编七三）》，北京：北京大学出版社，2012年，第1104页；赵冬梅：《试论北宋中后期的碑志书写——以司马光晚年改辙拒作碑志为中心》，王晴佳、李隆国主编：《断裂与转型：帝国之后的欧亚历史与史学》，上海：上海古籍出版社，2017年，第373—397页。

墓志铭，就连极为简略的墓志铭替代物仍有错误，这必然是党争环境的产物，由此也可略窥北宋后期党争环境中的政治生态①。

二、王 彬 归 国

后妻墓志载："祖讳彬，生有英气。年十八，闻艺祖定天下，慨然白其王曰：'中国有真人出，请归。'王伟其言，即贡于朝。登进士甲科，仕至太常少卿，历三路转运使，赠金紫光禄大夫，为时名卿。"

《宋史·王彬传》载"彬年十八，以宾贡入太学"②，似与墓志所言"年十八""即贡于朝"相合。然而，《宋史·高丽传》记雍熙三年（986 年）"十月，遣使朝贡，又遣本国学生崔罕、王彬诣国子监肄业"③，则王彬十八岁入太学时为雍熙三年（986 年），但此时艺祖（宋太祖）已去世十年！王彬恐怕不会在那一年才"闻艺祖定天下"，更不会在那一年说出因"真人出"而"请归"的话。《宋史·高丽传》又载"（淳化）三年，上亲试诸道贡举人，诏赐高丽宾贡进士王彬、崔罕等及第，既授以官，遣还本国"；而《宋史·太宗本纪》记淳化三年（992 年）三月"戊午，以高丽宾贡进士四十人并为秘书省秘书郎，遣还"④。可见，王彬在淳化三年（992 年）进士及第，但随即被遣还回国，一同被赐第、授官、遣还的多达四十人。高丽人康戬在开宝年间（968—975 年）即"随宾贡肄业国学。太平兴国五年，登进士第"⑤，后做到转运使。王彬再次归宋任官的具体时间不可考，尽管墓志着力突出他因"真人出"而归宋效力，但实际情况可能并非如此，其仕宦经历在高丽人中亦非孤例。墓志的这种书写可能是后人因年代久远而记错，更可能是为先人归国正名，渲染其顺应天时人道而归国效力的合理性、正当性。

三、亲 属 关 系

杨畏于绍圣四年（1097 年）葬前妻并撰墓志，记子女情况"曰鼎，莱州……西京

① （清）徐松辑：《宋会要辑稿·仪制》11 之 11，北京：中华书局，1957 年，第 2030 页。
② 《宋史》卷 304《王彬传》，北京：中华书局，1977 年，第 10076 页。
③ 《宋史》卷 487《高丽传》，北京：中华书局，1977 年，第 14039 页。
④ 《宋史》卷 487《高丽传》，北京：中华书局，1977 年，第 14041 页；卷 5《太宗本纪》，第 89 页。
⑤ 《宋史》卷 487《高丽传》，北京：中华书局，1977 年，第 14045 页。

左藏库，未赴，卒，是为子；曰朝奉郎、陇州通判王……未嫁者二，是为女"，虽有漫漶之处，仍可知有一男三女。然而，后妻墓志载"子男二：鼎，莱州防御推官、监西京左藏库，先硕人卒；临，承奉郎、监西京商税务。女三：长适朝奉郎、陇州通判王希声，次适通直郎、知唐州比阳县张伯淳，次许嫁而卒"，又言"硕人归杨氏，无所出，拊怜儿女，不啻如已出也。又以兄之女妻其子临。长女因丧夫，抱疾携幼子侄来归""其孤甥临，状其行来请铭"。可见，杨畏与前妻只有一个儿子杨鼎，但在绍圣四年（1097 年）时即已去世；后妻嫁给杨畏后未生子女，杨临可能并非杨畏亲子；后妻将兄之女嫁给杨临，去世后亦由杨临写行状请铭。

后妻墓志载"兄中奉大夫直龙图阁提举西京崇福宫文安县开国男食邑三百户赐紫金鱼袋纯撰并书"，即撰写者为王氏之兄王纯。然而元丰末年前妻之父王尚恭的墓志写到"一男：纯，河东节度推官、知孟州录事参军"①，即前妻的唯一兄弟亦名王纯。建中靖国元年（1101 年），王尚恭之子王纯去世，杨畏还为其撰写墓志，应该不会是同一个人，李伟国先生已指出此点②。

四、前妻卒年

杨畏所写前妻墓志虽有漫漶不清之处，但仍可见"嫁二十三年而卒，卒十一年而葬""其寿……元祐三年五月二十六日，其葬绍圣丁丑八月……门之原"。自元祐三年（1088 年）至绍圣丁丑（四年，1097 年）却为十年，前妻可能卒于元祐二年或元祐三年。然而，前述其父王尚恭墓志写到"五女：长适知秦州陇城县事张景观，次适永兴军节度推官刘唐陆，次适权夔州路提刑杨畏，次适进士尹焕，次适进席徽，皆先公而卒"，王尚恭卒于元丰七年（1084 年）八月九日③。前妻墓志仍载"元祐初，上即位，畏时出使夔州路"，"例得一命恩，而子鼎、侄泰皆未官"，前妻"请以授泰"。可见前妻断然不会卒于哲宗即位之前。王尚恭墓志的撰写者范纯仁自言"以门人所状公之行事来请铭于予，

---

① （宋）范纯仁：《范忠宣公文集》卷 14《朝议大夫王公墓铭》，四川大学古籍整理研究所编：《宋集珍本丛刊》影印元刻明修本，北京：线装书局，2004 年，第 474 页。

② 洛阳市第二文物工作队、乔栋等编著：《洛阳新获墓志续编》290《宋故承议郎王君（纯）墓志铭》，北京：科学出版社，2008 年，第 291 页；李伟国：《没有内容的"墓志铭"》，王水照、朱刚主编：《新宋学》第 4 辑，上海：上海人民出版社，2015 年，第 336 页。

③ （宋）范纯仁：《范忠宣公文集》卷 14《朝议大夫王公墓铭》，四川大学古籍整理研究所编：《宋集珍本丛刊》影印元刻明修本，北京：线装书局，2004 年，第 473—474 页。

予与公游既久，知公为详，义不得辞，遂铭其墓且以寓其哀焉"①，或许行状已误，或许墓志撰写时出错，抑或后世文本抄刻之误？总之，前妻卒于元祐年间应无疑问，可由此校证传世文献所载王尚恭墓志之误。

五、确切之差遣

后妻墓志写到"至元丰末，杨公初自御史出，提点夔州路刑狱。开府时领转运使"，其中开府为后妻之父王宗望，去世后被赠开府仪同三司。《宋史·杨畏传》亦载"宣罢，畏坐左转宗正丞，出提点夔州路刑狱"②。然而，前引王尚恭墓志写到"次适权夔州路提刑杨畏"，《东窗集》卷九则收有《宣德郎宗正丞杨畏可权发遣提举夔州路刑狱公事制》，可见杨畏在元丰末所任正式差遣应为权发遣提举夔州路刑狱公事而非提点夔州路刑狱，这与杨畏资序尚低有关，但为提点刑狱司的长官则无疑③。

《续资治通鉴长编》卷三四七记元丰七年（1084年）七月事亦言王宗望为夔州路转运使④。然而，《宋史·王宗望传》载"以荫累擢夔州路转运副使。哲宗即位，行赦赏军"，王宗望平定因赏军引发的风波，"朝廷嘉之"；《续资治通鉴长编》卷三九八记王宗望元祐二年（1087年）四月升任仓部郎中，回忆升迁原因即平定赏军风波时亦言夔州路转运副使⑤。之后，王宗望于元祐二年（1087年）八月，计置陕西路边籴；元祐三年（1088年）五月，任河东路转运副使；元祐六年十月，任司农少卿；元祐八年（1093年）二月，任淮南等路发运使⑥。绍圣三年（1096年）《王公仪碑铭》载"今上即位，加中散大夫，除知泾州，用大臣荐改除夔路转运使"⑦，苏轼草制有《王公仪夔州路转运使、程高夔州路转运判官》⑧，则王公仪曾任夔州

---

① （宋）范纯仁：《范忠宣公文集》卷14《朝议大夫王公墓铭》，四川大学古籍整理研究所编：《宋集珍本丛刊》影印元刻明修本，北京：线装书局，2004年，第473页。

② 《宋史》卷355《杨畏传》，北京：中华书局，1977年，第11183页。

③ （宋）张扩：《东窗集》卷9，（清）永瑢、纪昀等：《景印文渊阁四库全书》第1129册，台北：台湾商务印书馆，1986年，第91页。

④ （宋）李焘：《续资治通鉴长编》卷347，北京：中华书局，2004年，第8321页。

⑤ 《宋史》卷330《王宗望传》，北京：中华书局，1977年，第10636页；（宋）李焘：《续资治通鉴长编》卷398，北京：中华书局，2004年，第9698页。

⑥ （宋）李焘：《续资治通鉴长编》卷404，北京：中华书局，2004年，第9843页；卷410，第9987页；卷481，第11448页。

⑦ （清）王昶：《金石萃编》卷141，国家图书馆善本金石组编：《宋代石刻文献全编》第3册影印清嘉庆十年（1805年）经训堂刻本，北京：北京图书馆出版社，2003年，第358页。

⑧ （宋）苏轼著，（明）茅维编，孔凡礼点校：《苏轼文集》卷39，北京：中华书局，1986年，第1109页。

路转运使应无疑问，时间在元祐元年（1086 年）七月，而王宗望在元祐二年（1087年）四月才升任仓部郎中①。综合看来，王宗望在元丰末很可能任夔州路转运副使而非转运使。在王公仪之前几年的转运使不可考，不排除空缺的可能②。虽为副使，如转运使空缺，则王宗望亦为转运司的长官。墓志对二人官职的这种写法可能与当今中国社会以正职称呼副职的习惯有相似之处，今人在利用墓志研究古代官制时不可不审慎。

六、后妻之晚婚

由后妻墓志知其宣和六年（1124 年）去世，享年六十六，则生于嘉祐四年（1059年）。后妻墓志载杨畏"政和癸巳，朝廷亟召，方将大用而遽以疾不幸矣"，则卒于政和癸巳（三年，1113 年）③，"年六十九"④，应生于庆历五年（1045 年），比后妻年长十四岁。

后妻墓志载王宗望"为遴选其配久之"，"至元丰末，杨公初自御史出，提点夔州路刑狱。开府时领转运使，以杨公风度凝远、问学高妙，甚器之"，但是"逮元祐间，杨公再擢为御史，以太夫人年高，有再醮意"，才娶王宗望之女为继室。元祐五年（1090年）三月，"新永兴军路提点刑狱杨畏为监察御史"⑤，续弦必在元祐五年（1090 年）或之后。元祐二年，王宗望已离开夔州路。元祐五年（1090 年）时，后妻已 32 岁。据研究，宋代妇女的平均初婚年龄为 19.04 岁，王宗望在元丰、元祐年间（1078—1093 年）仕途顺利，其女竟拖延至 30 余岁才出嫁，过于偏大⑥。宋代官员不乏嫁女为继室者，如张子能原配郑氏去世，"后三年，张为大司成，邓洵仁右丞欲嫁以女"，甚至"取中旨令合昏"；亦不乏将丧夫的女儿再嫁者，如陈橐之女丧夫，"未几，其父帅广东，挈以俱往，怜其盛年，为择婿"⑦。只是限于史料，后妻王氏是否为二婚、杨临为王氏亲生还是过继而来尚不得而知。

① （宋）李焘：《续资治通鉴长编》卷 384，北京：中华书局，2004 年，第 9355 页。
② 李之亮：《宋代路分长官通考》，成都：巴蜀书社，2003 年，第 1292 页。
③ 又见（清）徐松辑：《宋会要辑稿·职官》77 之 60，北京：中华书局，1957 年，第 4162 页。
④ 《宋史》卷 355《杨畏传》，北京：中华书局，1977 年，第 11185 页。
⑤ （宋）李焘：《续资治通鉴长编》卷 439，北京：中华书局，2004 年，第 10582 页。
⑥ 郑丽萍：《宋代男女初婚年龄探析》，《华东师范大学学报》2010 年第 3 期，第 121 页。
⑦ （宋）洪迈著，何卓点校：《夷坚志》，北京：中华书局，1981 年，第 11、21 页。

正如学者指出，中古史研究在过去的二十余年"正经历一种突破性的进展"，其中"一个重要因素就是对于墓志材料的整理和研究"，然而"由于各种原因，宋史研究者对于出土墓志的研究热情还不是很高，相关的研究成果还比较少"①。尽管传世宋史文献相对丰富，但是利用墓志材料仍将是今后宋史研究向横纵两个方向发展的必然需要。与此同时，我们也要认识到墓志材料本身也是一种书写文本，并非完全客观的史实。我们既可以用墓志材料来校证传世文献，也可以结合传世文献来阅读墓志文字背后隐晦的信息。

（2016 年 8 月，笔者曾在贵阳孔学堂宋史读书班上报告此文，感谢海峡两岸各位老师和同学的意见）

---

① 陆扬：《从墓志的史料分析走向墓志的史学分析——以〈新出魏晋南北朝墓志疏证〉为中心》，《中华文史论丛》2006 年第 4 期，第 95 页；卜宪群：《新出资料与中国古代史研究》，《中国历史学年鉴（2002—2012）》，北京：社会科学文献出版社，2014 年，第 49 页。

北宋天禧元年三司使马元方离任始末考论[*]

——兼论内藏库与计司之间的矛盾冲突

崔玉谦

（保定学院 历史系，河北 保定，071000；河北师范大学 历史文化学院，河北 石家庄，050024）

摘　要：三司系北宋前期（熙丰变法前）最高财政机构，三司左藏库在北宋前期（熙丰变法前）系负担国家日常支出的国库，三司最高长官系三司使。马元方于太宗朝中进士，先后任主簿、知县，后为时任三司使陈恕的属官，于太宗、真宗朝之际任路级转运使。真宗大中祥符、天禧年间（1008—1021 年）马元方任职三司使，在其任内针对内藏库贮藏钱物的用途、内藏库（储备库）与三司左藏库（国库）的关系同真宗发生了直接冲突，间接卷入了朝臣之间的政争，马元方在此情况下离任三司使。马元方的仕宦经历多与财计有关，北宋前期多项涉及内藏库的政策均与马元方相关，如"和预买绢"政策；马元方被迫离任三司使折射出在内藏库作为国家储备财库在早期的发展进程中即已与计司国库产生了不可调和的矛盾，计司国库财赋的匮乏原因不全在于内藏库，但内藏库直属于皇帝的特殊性加重了计司国库财赋的匮乏亦是不容置疑的。国家储备财政与常备财政之间不正常的关系在北宋前期即已存在，此后长期影响整体财政的收支形式。

---

　　* 本文为保定学院转型发展研究博士基金项目"唐代中期以来内藏库制度转型及其储备财政地位形成的历史考察"、河北省社会科学发展研究课题（博士论坛专项）"宋理宗朝前期宰相李宗勉基层任职经历补论（课题编号：201708110325）"的成果之一。

关键词：北宋前期；内藏库；计司国库；三司使；马元方

三司系北宋熙丰变法前最高朝廷财政机构，其长官系三司使；内藏库经过了太祖、太宗两朝的初步建设，在真宗时期确立了系直属于帝王的财库，同时也成为国家的储备财库，具有隐秘性、独立性的特点。在熙丰变法前，内藏库与隶属于三司的左藏库（国库）均承担了部分国家财政职能，但由于内藏库特殊属性导致了其与三司左藏库（国库）的矛盾，尤其在计司国库财用支出紧张的情况下其矛盾更为突出，在此种背景下三司的最高长官三司使的角色便凸显出来①。本文的关注点即是太宗、真宗朝三司使马元方。马元方系北宋前期唯一一位因公开质疑内藏库（储备库）而去职的三司使，其去职凸显了国家储备财政与常备财政之间不正常的关系在北宋前期即已存在，此后长期影响整体财政的收支。

以往涉及宋代财政的相关研究成果中对于内藏库与三司——户部体系的财权博弈问题有所关注，但由于论述问题的重心不同，故对处于博弈中心的三司使关注不够②。在已有的关于三司的研究成果中多关注三司制度的演变，尤其关注由唐入宋的三司制度的变迁③。关于三司使的研究成果，代表性的如下：张小平先生的《陈恕年谱》从文献学的角度详细搜集了与陈恕相关的史实，经过考证，依时间编次，对于陈恕的家世及贡献等问题做了研究，尤其在编次文献的同时论述了陈恕久任三司使的原因④；王智勇先生的《论宋真宗朝“五鬼”》《陈彭年年谱》两文均涉及了真宗朝的部分三司使⑤；游彪先生的《由唐入宋：从钜鹿到婺源的魏氏家族》一文中探讨了在太宗朝长期任职三司的魏羽的经历，尤其探讨了淳化三年（992 年）陈恕与魏羽共同进行十道

① 本文采用“熙丰变法前”这一提法，内藏库在王安石变法之前的熙宁初年即已开始发生变化，而三司被逐步削权直至元丰改制时被裁撤，故本文采取“熙丰变法前”这一可以涵盖内藏库与计司国库的提法。

② 关于宋代内藏与左藏的财权博弈的相关研究成果如董春林的《宋代中央财权的分割及其变迁——以内藏财政为中心的考察》(《求索》2015 年第 4 期)、《财权转移：宋代内藏与左藏“博弈”的依归》[《中南大学学报》(社会科学版) 2014 年第 4 期]、《“量出制入”与宋代地方财政困境——以宋代内藏财政为线索》(《兰州学刊》2015 年第 2 期) 等。

③ 关于唐宋时期三司及三司使的相关研究成果，如何汝泉的《唐代度支使出现时间的探讨》[《西南师范大学学报》(人文社会科学版) 1988 年第 5 期]、《唐代度支、盐运二使关系试析》(《中国唐史学会论文集》，西安：三秦出版社，1993 年)、《唐代户部使的产生》(《历史研究》1995 年第 3 期)、《唐户部司职事由繁变简述略》(史念海主编：《唐史论丛》第 7 辑，西安：陕西师范大学出版社，1998 年)、《再论唐代度支使的产生》[《西南师范大学学报》(人文社会科学版) 1998 年第 4 期]，杨倩描的《北宋的财务行政管理》(《中国经济史研究》1988 年第 2 期)、《唐宋时期的三司体制述论》(《河北师范学院学报》1990 年第 4 期)、《宋初三司左右计体制初探》(《中国古史论丛》，石家庄：河北教育出版社，1995 年)、《唐宋时期的“公使钱”与“公用钱”》(《传统文化与河北地方史研究》，石家庄：花山文艺出版社，2008 年)、《北宋邢州的手工业和商业》(杨文山、翁振军编著：《邢台历史经济论丛》，北京：中国人事出版社，1994 年)。

④ 张小平：《陈恕年谱》，西安：陕西师范大学硕士学位论文，2001 年。

⑤ 王智勇：《论宋真宗朝“五鬼”》，《四川大学学报》(哲学社会科学版)，2002 年第 1 期；王智勇：《陈彭年年谱》，《宋代文化研究》第 11 辑，成都：四川大学出版社，2002 年。

制改革的问题①；范学辉先生的《三司使与宋初政治》一文论述了三司使与宋初政治的关系，尤其是部分三司使介入了宋初的政治斗争，对本文关注的问题有直接参考价值②。从部分关于三司使的研究成果来看，文献考证的居多，对于三司使处于内藏库与三司——户部体系的博弈中心的问题则少有提及。

除了关于部分三司使的研究成果之外，关于真宗朝朝臣的研究成果也值得关注，代表性的成果如汪圣铎、孟宪玉先生的《宋真宗的潜邸旧臣考论》③、孟宪玉先生的《宋真宗潜邸旧臣研究》④，这两篇文章对于真宗朝的重要政治力量潜邸旧臣进行了详细的考证。马元方于太宗朝后期中进士，先后任主簿、知县，后为时任三司使陈恕的重要幕僚，其于太宗、真宗朝之际任路级转运使，真宗朝大中祥符、天禧年间（1008—1021年）任职三司使，其主要的任职经历即是真宗朝，本文要重点探讨的天禧年间（1017—1021年）的内藏库与左藏库的博弈，马元方即是博弈的中心，由此可见，关于真宗朝的保守政治的部分研究成果对于本研究而言亦须参考③，代表性的如李华瑞⑤、王化雨⑥、文娟⑦的研究成果。

综上所述，本文所要探讨的重点问题即是马元方于三司使任内针对内藏库贮藏钱物的用途、内藏与三司左藏库的关系同保守势力集团之间的冲突，最终离职三司使，除此之外，涉及马元方的生平的部分问题也予以关注⑧。

一、马元方早年基层财经官员任职经历

马元方于真宗天禧年间（1017—1021年）任三司使，天禧已是真宗晚期的年号，

① 游彪：《由唐入宋：从钜鹿到婺源的魏氏家族》，北京大学中国古代史研究中心编：《邓广铭教授百年诞辰纪念论文集》，北京：中华书局，2008年。
② 范学辉：《三司使与宋初政治》，姜锡东主编：《宋史研究论丛》第5辑，保定：河北大学出版社，2005年。
③ 汪圣铎、孟宪玉：《宋真宗的潜邸旧臣考论》，《安徽师范大学学报》（人文社会科学版）2004年第6期。
④ 孟宪玉：《宋真宗潜邸旧臣研究》，保定：河北大学硕士学位论文，2005年。
⑤ 李华瑞：《宋初统治思想略论》，《西北师大学报》（社会科学版）1995年第6期；《宋初黄老思想三题》，《河北大学学报》（哲学社会科学版）1995年第5期。
⑥ 王化雨：《保守势力集团与北宋前期政治》，成都：四川大学硕士学位论文，2004年。
⑦ 文娟：《宋太宗太平兴国五年（980）"龙虎榜"进士研究》，广州：暨南大学博士学位论文，2008年；《略论北宋太平兴国五年"龙虎榜"状元苏易简》，《兰台世界》2012年第6期；《北宋初期太祖、太宗朝的科举改革》，《兰台世界》2011年第1期；《寇准与王旦的君子之交》，《兰台世界》2010年第13期；《北宋名相李沆生平及为政思想》，《甘肃联合大学学报》（社会科学版）2009年第3期。
⑧ 李伟国先生在《论宋代内库的地位和作用》（《宋辽金元史论丛》第1辑，北京：中华书局，1989年）对马元方离职一事有所提及："计司长官如果不知感恩，而试图支配内库，则或可因此失宠。如大中祥符九年……接下来开出了要求内库支降的巨额钱物数字，真宗甚为不快……第二年即有以李士衡代马元方之意……内库之财又成为了控制主财官僚的工具。"但限于篇幅及论述主题，文中并未对此时的前因后果做出分析。

在此之前马元方的任职经历亦值得关注，史料有载：

> 元方，淳化三年进士及第，为韦城县主簿，改大理寺评事、知万年县。诸将讨李继迁，关辅转饷逾瀚海，多失亡，独元方所部全十九。①

从《宋史·马元方传》的记载来看，马元方系太宗淳化三年（992 年）的进士，其最初的授官即是韦城县主簿，关于太宗朝进士授官情况，史料有载：

> 上命中使典领，供帐甚盛。第一、第二等进士并九经授将作监丞、大理评事，通判诸州，同出身进士及诸科并送吏部免选，优等注拟初资职事判司簿尉。②

这是太宗太平兴国三年（978 年）关于进士授官的规定，"优等注拟初资职事判司簿尉"同《宋史·马元方传》的记载正好对应，马元方初授韦城县主簿一职恰是最基层的财经事务官员，关于主簿一职，《宋史·职官志》有载：

> 主簿　开宝三年，诏诸县千户以上置令、簿、尉；四百户以上置令、尉，令知主簿事；四百户以下置簿、尉，以主簿兼知县事。……置簿掌出纳官物、销注簿书，凡县不置丞，则簿兼丞之事。凡批销必亲书押，不许用手记，仍不许差出，以防销注。③

从《宋史·职官志》的记载可知，马元方所任职的韦城县系千户以上的大县，在太祖、太宗朝只有千户以上的县才专门设置主簿一职，将《宋史·职官志》的记载同上文"优等注拟初资职事判司簿尉"对比，可以确定一点：马元方从中进士开始即是被重用，再看这则记载：

> 国朝赤县令一人正五品……簿一人从八品上……三京畿县簿一人正九品上……诸州上县……主簿一人正九品下。④

结合《职官分纪》的这则记载，马元方最初的官品应是正九品。韦城县主簿之后，马元

① 《宋史》卷 301《马元方传》，北京：中华书局，1985 年，第 9986 页。
② （宋）李焘：《续资治通鉴长编》卷 18，太平兴国二年（977 年）条，北京：中华书局，2004 年，第 394 页。
③ 《宋史》卷 167《职官志》，北京：中华书局，1985 年，第 3978 页。
④ （宋）孙逢吉：《职官分纪》，北京：中华书局，1988 年，第 789 页。

方历任大理寺评事、知万年县，大理寺评事在北宋前期仅是文官的迁转官阶，没有具体的职事，值得注意的是知万年县，关于万年县，史料有载：

> 京兆府，京兆郡，永兴军节度。本次府……县十三：长安，（次赤。）樊川，（次赤。旧万年县，宣和七年改。）①

从《宋史·地理志》的记载来看，北宋末期的樊川县即是前期的万年县，万年县的划分等级是次赤，且在京兆府的行政辖区内地位仅次于长安县。可以说马元方在初任韦城县主簿之后时间不长即任职知县，而且是次赤等级的县，马元方的行政能力应是被认可的。关于县级主官的官品，史料有载：

> 国朝赤县令一人正五品……三京畿县令各一人正六品上……诸州上县令各一人从六品上。②

结合这则记载，在任职万年县知县时马元方已是正六品官员。知县与县令虽同为县级行政主官，但其还是有区别的，史料有载：

> 庚戌，命大理正奚屿知馆陶县，监察御史王祜知魏县，杨应梦知永济县，屯田员外郎于继徽知临清县。常参官知县，自屿等始也。……诸书皆言朝官知县自奚屿等始。③

结合这则材料的记载可知，知县与县令的区别即是知县为京官、朝官所充任，这也是任万年县知县之后马元方被陈恕辟为幕僚的主要原因。太宗、真宗之际，爆发了第一次灵州之战，由于粮饷的运输不当，导致宋军以失败告终，上文所引《宋史·马元方传》的记载马元方所督运的部分粮饷则安全的运送到了前线，马元方应该是以万年县知县督运的粮饷，关于这一事件，史料也有载：

---

① 《宋史》卷87《地理志四》，北京：中华书局，1985年，第2144页。
② （宋）孙逢吉：《职官分纪》，北京：中华书局，1988年，第789页。
③ （宋）孙逢吉：《职官分纪》，北京：中华书局，1988年，第801—802页。

> 众溃，运馈尽为继迁所得……时朝议或云率轻骑三道捣平夏；或云暑涉旱海无
> 水泉，粮运艰辛，不如静以待之，帝不听。①

马元方督运粮饷得力，随后便回京任职，万年县知县本身也是京朝官，回京后依旧担任
了迁转官阶"以劳，迁本寺丞，为御史台推勘官，迁殿中丞"②，材料中提到的"御史
台推勘官"仅是一个具体的差遣，其设置时间始于太宗淳化元年（990年），史料有载：

> 五月辛卯，令刑部置详覆官六员，专阅天下所上案牍，勿复遣鞫狱。置御史台
> 推勘官二十人，并以京朝官充，若诸州有大狱，则乘传就鞫。③

结合这则材料，可知马元方是以大理寺丞的迁转官阶担任御史台推勘官的差遣，应是时
间不长即转任殿中丞，殿中丞全称为殿中省丞，在北宋前期为文官的寄禄官阶，《宋
史·职官志》对此有载：

> 大理寺丞（有出身转殿中丞，无出身转太子中舍。）④
> 殿中丞（有出身转太常博士，无出身转国子监博士。内带馆职同有出身。）⑤

结合《宋史·职官志》的记载，马元方在入职三司之前的任职经历已基本清楚：马元方
于太宗淳化三年（992年）中进士，先后任韦城县主簿、大理寺评事、万年县知县、大
理寺丞（御史台推勘官）、殿中省丞，其中大理寺评事为迁转官阶，殿中省丞为寄禄官
阶，至殿中省丞，马元方的官阶已是从五品。

厘清马元方入职三司之前的履历，有助于下文分析其任三司使时针对内藏库贮藏钱
物的用途、内藏与计司国库的关系等问题同真宗之间发生的直接冲突，在北宋前期近百
位三司使（三司有过分合，在已有的对于三司使的统计中，包括了三司分成三部分时对
三司盐铁、户部、度支使的集中统计）中，因内藏库与计司国库体系之间的财权博弈问
题而去职的仅有马元方一位。但从上文对马元方早年即是基层财经官员的履历分析来

---

① 《宋史》卷485《外国一》，北京：中华书局，1985年，第13987—13988页。
② 《宋史》卷301《马元方传》，北京：中华书局，1985年，第9986页。
③ 《宋史》卷162《职官志二》，北京：中华书局，1985年，第3809页。
④ 《宋史》卷169《职官志九》，北京：中华书局，1985年，第4023页。
⑤ 《宋史》卷169《职官志九》，北京：中华书局，1985年，第4024页。

看，这些基层的历练对于马元方日后任职三司使肯定是有帮助的。

二、马元方与"和预买绢"政策

上文已有说明马元方以大理寺丞的迁转官阶担任御史台推勘官的差遣后不久即转任殿中省丞的寄禄官阶，马元方任殿中省丞已是从五品官阶，若按《文臣京官至三师叙迁之制》的规定，马元方应转任太常博士，但实际情况并不是这样，《宋史·马元方传》载：

> 户部使陈恕奏为判官，元方言："方春民贫，请预贷库钱，至夏秋，令以绢输官。"行之，公私果便，因下其法诸路。[①]

从《宋史·马元方传》的记载来看，马元方在时任三司户部使陈恕的举荐下任职三司户部判官，在此需先对三司于太宗、真宗朝的分合情况作说明，《宋史·职官志》有载：

> 国初沿五代之制，置使以总国计，应四方贡赋之入，朝廷之预，一归三司。通管盐铁、度支、户部，号曰计省，位亚执政，目为计相。其恩数廪禄，与参、枢同。太平兴国八年，分置三使。淳化四年，复置使一员，总领三部。又分天下为十道……五年，罢十道左右计使，复置三部使。咸平六年，罢三部使，复置三司一员。[②]

从相关记载来看，三司在北宋前三朝先后有三次分合，主要集中于太宗朝，分别是：太平兴国八年（983年）分设三司盐铁、户部、度支使，淳化四年（993年）由于地方政区划分上由路变为道，故三司盐铁、户部、度支使合为三司使，但仅一年之后地方政区划分再次由道变为路，故三司使再次分为三司盐铁、户部、度支使，直至真宗朝前期再次合为三司使。结合马元方的前期基层任职经历，应是在太宗朝末期至道年间（995—997年）在时任三司户部使陈恕的举荐下任职三司户部判官，关于三司各部判官的任职条件，史料有载：

---

① 《宋史》卷301《马元方传》，北京：中华书局，1985年，第9986页。
② 《宋史》卷162《职官志二》，北京：中华书局，1985年，第3807页。

三部判官 各三人，分掌逐案之事。（旧以朝官充。国初承旧制，每部判官一人。乾德四年，三部各置推官一人。太平兴国三年，诸案置推官或巡官，以朝官充。四年，三司止置判官一人、推官三人。及分十道，二计各置判官一人。五年，废十道，三部各置判官二人。）①

从史料的记载可知，太宗朝末期至道年间（995—997 年）三司户部应设判官两名，户部判官的任职条件仅是朝官即可，从这一点判断，马元方的转任虽不符合《文臣京官至三师叙迁之制》的规定，但也是可以的。关于三司户部的执掌，史料也有载：

户部分掌五案：一曰户税案，（掌夏税。）二曰上供案，（掌诸州上供钱帛。）三曰修造案，（掌京城工作及陶瓦八作、排岸作坊、诸库簿帐，勾校诸州营垒、官廨、桥梁、竹木、排筏。）四曰曲案，（掌榷酤、官曲。）五曰衣粮案。（掌勾校百官诸军诸司奉料、春冬衣、禄粟、茶、盐、鞋、酱、傔粮等。）三部诸案，并与本部都孔目官以下分掌。②

从这则史料的记载看三司户部的主要执掌即是两税的征收及地方的上供，结合这一点即引出了上文的标题"和预买绢"，结合《宋史·马元方传》的记载，马元方在户部判官任上主要的事迹即是同时任三司户部使陈恕一同制定、推行了"和预买绢"政策。关于"和买预绢"政策已有部分研究成果予以关注，"和买预绢"也称"和买""和买绢""预买绢""和预买绸绢"，是关系到宋代纺织业和政府财政收支的一项重要制度，其涉及到官府对民户的借贷③。马元方与"和预买绢"政策除了系提出者之外，还涉及内藏库与左藏库之间的最初借贷问题。本文要厘清的有两个问题，首先即是"和预买绢"政策的推行时间问题，其次就是内藏库在其中的借贷问题，厘清时间问题对于探讨早期内藏库与左藏库的博弈是有帮助的。先看时间问题，《宋史·食货志》有载：

太宗太平兴国中，停湖州织绫务，女工五十八人悉纵之。诏川峡市买场、织造院，自今非供军布帛，其锦绮、鹿胎、透背、六铢、欹正、龟壳等段匹，不须买织，

---

① 《宋史》卷 162《职官志二》，北京：中华书局，1985 年，第 3808 页。
② 《宋史》卷 162《职官志二》，北京：中华书局，1985 年，第 3809 页。
③ 姜锡东：《宋代"和预买绢"制度的性质问题》，《河北学刊》1992 年第 5 期。

民间有织卖者勿禁。马元方为三司判官，建言："方春乏绝时，预给库钱贷民，至夏秋令输绢于官。"①

从《宋史·食货志》的记载来看，没有明确记载"和预买绢"政策的推行时间，再看《文献通考》的记载：

> 吴氏《能改斋漫录》曰："本朝预买绸绢，谓之和买绢。按：《玉壶清话》与《渑水燕谈》二书，皆以为始于祥符初。……然予按范蜀公《东斋记事》称是太宗时马元方为三司判官，建言方春乏绝时，预给库钱贷之，至夏秋令输绢於官。预买绸绢，盖始如此。以三书考之，当以范说为是，盖范尝为是官耳。"②

从《文献通考》的记载来看，从吴曾的《能改斋漫录》记载中可知：释文莹、王辟之、范镇三人对"和预买绢"政策的推行时间均有论述，释文莹、王辟之二人均认为是真宗大中祥符年间（1008—1016 年），而范镇则认为在太宗末期，两个时间前后相差近十年。但就吴曾来看，其更认同范镇的记载，对于《东斋记事》的具体记载：

> 太宗时马元方为三司判官，建言方春乏绝时，预给库钱贷之，至夏秋令输绢於官。预买绸绢，盖始如此。③

对比《东斋记事》与《能改斋漫录》的记载，吴曾应是全文收录了范镇的记载。除了吴曾之外，同是南宋前期的王明清在其《挥麈录》中也是全文收录了范镇的记载。《东斋记事》《能改斋漫录》《挥麈录》均系宋人笔记中记载翔实之作，关于"和预买绢"政策的推行时间，《续资治通鉴长编》也有记载，且在内容上更翔实：

> 马元方传：户部使陈恕奏元方为户部判官，元方言，方春民贫，请预贷库钱，至夏秋令以绢输官。行之，公私果便，因下其法诸道。按元方为户部判官，在咸平二年五月，后知徐州，景德元年十一月为梓州路转运使，本传、附传皆同。范镇东

---

① 《宋史》卷 175《食货志上三》，北京：中华书局，1985 年，第 4232 页。
② （元）马端临：《文献通考》卷 20《市籴考一》，北京：中华书局，2011 年，第 572—573 页。
③ （元）马端临：《文献通考》卷 20《市籴考一》，北京：中华书局，2011 年，第 572—573 页。

> 斋记事云：太宗时，马元方为三司判官，建言：方春民乏食时，预给库钱贷之，至夏秋令输绢于官。预买绢盖始于此。镇所记与元方传同，今从之。①
>
> 盖马元方任三司实创此议，虽布其法于诸道，有即奉行者，亦有未即奉行者。及李士衡在河北，复以为请，始行于河北，然诸道亦未遍行。其后左藏内藏库灾，又特行于京东、西。②

这是真宗景德四年（1007 年）的两则记载，在这两则记载中李焘对于"和预买绢"政策的推行时间也做了考证。李焘考证马元方在真宗咸平二年（999 年）五月即已离任三司判官，故"和买预绢"政策的推行时间不会是在此之后，释文莹、王辟之二人认为的真宗大中祥符年间（1008—1016 年）系在咸平二年（999 年）之后，故释文莹、王辟之二人的观点是有误的，马元方应是在太宗末至道年间（995—997 年）任职三司判官并建议施行"和预买绢"政策，并且在此时即已施行。厘清了"和预买绢"政策的推行时间，还有另一个问题：官府对民户的借贷问题，尤其是最初的借贷，关键是内藏库是否在太宗朝已与左藏库有借贷关系。

综合上文的论述，太宗末至道年间（995—997 年）"和预买绢"政策即已实施，其实质即是官府借钱给民户是生产、生活贷款，官府的贷款其主体是计司系统的国库，但是《续资治通鉴长编》真宗咸平四年（1001 年）的一则记载提供了重要信息：

> 甲子，三司都催欠司引对逋负官物人，上亲辨问，凡七日，释二千六百余人，蠲所逋负物二百六十余万，已经督纳而非理者，以内库钱还之，身没者给其家。③

材料中分别提到了"三司都催欠司"与"以内库钱还之"，关于三司都催欠司，该机构在《宋史·职官志》中并未有记载，但在《文献通考》中有一则记载：

> 真宗咸平元年，判三司催欠司王钦若上言："诸路所督逋负并十保人偿纳未尽者，请令保明闻奏；均在吏属科理者，请蠲放之。"诏可。④

① （宋）李焘：《续资治通鉴长编》卷 44，咸平二年（999 年）五月条，北京：中华书局，2004 年，第 944 页。
② （宋）李焘：《续资治通鉴长编》卷 44，咸平二年（999 年）五月条，北京：中华书局，2004 年，第 944—945 页。
③ （宋）李焘：《续资治通鉴长编》卷 48，咸平四年（1001 年）五月条，北京：中华书局，2004 年，第 1050 页。
④ （元）马端临：《文献通考》卷 27《国用考五》，北京：中华书局，2011 年，第 790 页。

结合这则记载来看，真宗咸平元年（998 年）之前三司都催欠司已设置，其主要职能即是清理地方拖欠计司国库的债务，结合咸平四年（1001 年）的材料来看清理债务的方式即是以内藏库钱物来替地方偿还所欠国库债务。王钦若在咸平元年（998 年）任职三司都催欠司，咸平系真宗第一个年号，关于这一点史料有载：

> （至道）三年三月，太宗崩，奉遗制即皇帝位于枢前。咸平元年春正月辛酉，诏改元。①

从《宋史·真宗本纪》记载可知，太宗至道三年（997 年）四月真宗即已继位，但并未改元，直至八个月后才改元咸平，结合上文《文献通考》的记载，王钦若在咸平元年（998 年）已任职三司都催欠司，故这一机构应是在太宗末年已设置。现有的材料中关于宋代蠲放最早的记载是至道二年（996 年）：

> 宋太宗皇帝至道二年，秘书丞高绅上言："受诏诣江南诸州，首至宣州，检责部内逋官物千二百四十八万。"即日诏太常丞黄梦锡乘传案其事，皆李煜日吏掌邮驿、盐铁、酒榷、供军槁秸等，以铁钱计，其数逮四十年，州郡不为削去其籍。梦锡检勘合理者才三四万，民贫无以偿。乃诏悉除逋籍。②

再结合几则史料的记载来看，在太宗、真宗之际三司与地方诸道、路即已存在债务，地方诸道、路无法偿还债务的情况下，内藏库便以库藏钱物偿还地方的债务。马元方在太宗末至道年间（995—997 年）任职三司判官并建议施行"和预买绢"政策，并且在此时即已施行，上文真宗咸平四年（1001 年）的材料中所记载的地方诸路所欠三司的二百六十余万债务应是包含"和预买绢"所产生的债务。关于"和预买绢"政策与内藏库的关系，有两则史料可以佐证，一则是范仲淹撰时任河北转运使李士衡神道碑的记载，另一则是真宗大中祥符九年（1016 年）内藏库突发火灾导致收入锐减的记载：

> 范仲淹作李士衡神道碑亦云：为河北转运使，建言民乏泉货，每春取绢直于豪

---

① （元）马端临：《文献通考》卷 27《国用考五》，北京：中华书局，2011 年，第 790 页。
② （元）马端临：《文献通考》卷 27《国用考五》，北京：中华书局，2011 年，第 790 页。

户，其息必倍。……及李士衡在河北，复以为请，始行于河北，然诸道亦未遍行。其后左藏内藏库灾，又特行于京东、西。①

　　发内藏钱二十万贯，令三司预市绸绢，以济京东、西路之乏。时青、齐间绢直八百，绸六百，官给绢直一千，绸八百，民极以为便。自是绸、绢之直日增，后数岁遂皆倍于昔时云。（此据王皞《百一编》云：祥符八年禁庭火，左藏库、内藏库皆然。来年降旨州郡，预支绸、绢之直，民间每岁蚕绩既登，青、齐间绢直八百文，绸又减二。时官中支钱一千，绸八百文。自此绸、绢价日增，数岁后皆倍于昔也。又《国老闲谈》云：王旦在中书，祥符末，内帑灾，缣帛几罄。时三司使林特请和市于河外，表三上，而旦悉抑之。）②

结合两则史料，李士衡神道碑的记载同时人王皞《百一编》《国老闲谈》的记载相一致，"和预买绢"的部分绸绢直接流向了内藏库，同时内藏库也承担了"和买"的贷款，太宗末至道年间"和预买绢"已开始实施，结合关于太宗、真宗之际蠲放的记载，内藏库与三司下属左藏库已发生了横向的联系，内藏库在提供部分"和买"贷款的同时也清偿了部分因此而导致的地方诸道、路所欠三司的债务。马元方作为"和预买绢"政策的提出及推行者，对于这一情况应是知晓的，这也为其在随后的三司使任内公开质疑内藏库而去职埋下了伏笔。

三、马元方任职三司使及其去职

　　关于马元方任职三司使的情况及其去职，《宋史·马元方传》有记载：

　　擢右谏议大夫、权三司使公事，众论不以为允。真宗谓宰臣曰："元方在三司，何多谤也？"王旦曰："元方尽心营职，然其性卞急，且不纳僚属议，而丑言诋之，所以贾怨。"帝曰："僚属顾不有贤俊邪！"岁余，以烦苛罢。③

从《宋史·马元方传》记载来看，真宗对于马元方任职三司使并不满意，且真宗认为马元方与三司的诸僚属均有嫌隙，但时任宰相王旦却对马元方理财予以肯定。《宋史·马

---

① （宋）李焘：《续资治通鉴长编》卷 44，咸平二年（999 年）五月条，北京：中华书局，2004 年，第 945 页。
② （宋）李焘：《续资治通鉴长编》卷 86，大中祥符九年（1016 年）五月条，北京：中华书局，2004 年，第 1969—1970 页。
③ 《宋史》卷 301《马元方传》，北京：中华书局，1985 年，第 9986 页。

元方传》并未说明马元方去职的原因，仅是笼统记载"岁余，以烦苛罢"。关于马元方的任职时间，史料有载：

> （大中祥符八年）乙未，以三司使、工部侍郎林特为户部侍郎、同玉清昭应宫副使，太常少卿马元方为右谏议大夫、权三司使事。[①]

可见马元方系于大中祥符八年（1015 年）任三司使，接替的是林特。前文已有述，太宗、真宗之际三司的内部机构调整频繁，结合已有的研究成果来看，直到景德年间（1004—1007 年），三司的调整才趋于稳定，三司使的任期也趋于稳定，马元方系此后第三位三司使，之前是除了林特还有丁谓。《续资治通鉴长编》对于马元方的去职经过有详细的记载：

> （大中祥符九年）乙酉，权三司使马元方，言来春大礼，于内藏库假赏赐物，准奉祀例，内有杂色匹帛。内藏库言：咸平、景德以来，南郊悉不支拨，虑他时为例。王旦曰："初降御札，令内藏给诸军赏赐，时元方言职司岂无经度，其赏赐且依旧借内藏金万两银三十万两，钱七十万贯，绸绢一百万匹，余则三司规划。"上曰："元方在三司，谤议甚多，何也？"旦等曰："元方尽心公家，然性下急而寡思虑，同僚异议，多以丑言诋之，此所以贾怨也。"上曰："副使、判官中，亦有英俊，岂宜轻待耶！"居岁余，卒以苛碎罢。[②]

结合史料，因为春季南郊大礼的经费问题，马元方同内藏库之间产生了直接的冲突，但宰相王旦赞同马元方的主张，并出示了真宗的御札。在此之后，真宗遂对马元方产生了不满，《宋史·马元方传》并未记载大中祥符九年（1016 年）春季南郊大礼的情况。结合两则材料来看，真宗对马元方不满的原因除了与三司的诸僚属有嫌隙，还有春季南郊大礼的经费问题，马元方认为内藏库应出部分经费，内藏库则认为真宗景德之后内藏库未再就南郊大礼相关事宜出经费，但在真宗与王旦的交流中并未提及南郊大礼经费事宜，仅提出了马元方与三司的僚属有嫌隙，随后不久马元方去职。仅就马元方与三司的

① （宋）李焘：《续资治通鉴长编》卷 84，大中祥符八年（1015 年）五月条，北京：中华书局，2004 年，第 1946 页。
② （宋）李焘：《续资治通鉴长编》卷 87，大中祥符九年（1016 年）六月条，北京：中华书局，2004 年，第 1995 页。

僚属有嫌隙一事，史料还有载：

> （大中祥符九年）先是，起居郎乐黄目判三司勾院，三司使马元方言其不称职，罢之。上谓王旦等曰："人言三司官不欲数易，盖吏人幸其更移，不能尽究曹事之弊尔。又勾院乃关防之局，官卑权轻，难举其职。"旦曰："三部勾院为一司，实为繁剧，纵使重官为之，徒益事势，于勾稽则愈疏矣。若复分三部设官，选才力俊敏者主之，庶乎分减簿领，稍得精意。"①

虽然在《续资治通鉴长编》中这则材料的记载在上文所引材料之后，但究其内容来看时间上应在上文所引材料之前，结合这则材料可知真宗确对马元方罢除三司勾院判官一事不满，史料中可以印证马元方与三司的僚属有嫌隙的记载也仅有这一条。关于南郊大礼，已有的研究成果已将其与宋代的三冗问题相结合②。关于这一事件，《续资治通鉴长编》还有其他的记载，相关的记载可以互相补充：

> （天禧元年）翰林学士、右谏议大夫李迪为给事中、参知政事，依前会灵观副使。迪尝独对内东门，上出三司使马元方所上岁出入财用数以示迪。时仍岁旱蝗，上忧不给，问何以济，迪曰："祖宗初置内藏库，欲办兵复西北故土及以支凶荒。今边鄙无他费，陛下用此以佐国用，则赋敛宽，民不劳矣。"上曰："朕欲用李士衡代元方，俟其至，当出金帛数百万借三司。"迪曰："天子于财无内外，愿诏赐三司以显示德泽，何必曰借？"上悦。迪又言："陛下东封时，敕所过无伐木除道，即驿舍或州治为行宫，才令加涂墍而已。及幸汾、亳，土木之役，过往时百倍。今旱蝗之灾，殆天意所以儆陛下也。"上曰："卿之言然，一二臣误朕为此。"（据李迪附传及正传，并以内东门对上语为在翰林时，且叙其事于策曹玮必胜前，盖误也。既云仍岁旱蝗，则其事必系今年乃可。又据明年三月士衡始罢河北都漕，知青州，马元方于七月乃罢三司使，恐此时不当先召士衡。附传盖无此语，独正传有之，不知何所据也。或此时上已有召士衡代元方之意，及明年乃决尔。今姑从之，且系其事

---

① （宋）李焘：《续资治通鉴长编》卷 87，大中祥符九年（1016 年）六月条，北京：中华书局，2004 年，第 1997 页。
② 张显运：《宋代三冗的再探讨：以郊祀冗费为中心》，《十至十三世纪中国史国际学术研讨会暨中国宋史研究会第十七届年会会议论文集》（打印稿），广州，2016 年。

于拜参政后，更俟考详。）①

天禧元年（1017 年）的这则记载可对上文大中祥符九年（1016 年）的记载做补充，马元方的去职绝不简单是与三司的僚属有嫌隙或春季南郊大礼的经费问题，"朕欲用李士衡代元方，俟其至，当出金帛数百万借三司"清楚地说明了问题。大中祥符九年（1016年）至天禧元年（1017 年），三司的经费遇到了困难，但真宗并未打算动用内藏库的经费以助三司，天禧元年（1017 年）的这则记载透露了一个信息：若马元方去职，新上任的三司使则可从内藏库获取金帛数百万以补充三司经费的不足。再看这则材料：

> （天禧二年）甲戌，以枢密直学士、刑部侍郎李士衡为三司使，代马元方也。士衡以足疾表求门谢，许之。上作宽财利论赐士衡，又出内藏钱二百万贯以助经费，士衡因请刻圣制于本厅，从之。②

这则记载恰好印证了马元方去职后新上任的三司使李士衡则可从内藏库获取金帛数百万以补充三司经费的不足。马元方应是于大中祥符九年（1016 年）以三司经费不足为由上奏真宗以拨内藏库的贮藏财赋以助三司，但真宗对于马元方所上奏的三司岁入表的真伪表示怀疑。"迪尝独对内东门，上出三司使马元方所上岁出入财用数以示迪"。真宗单独召见李迪显然是要证实三司岁入表的真伪，这也是为何真宗在与王旦的交流中并未提及这一事宜的原因，在此之前真宗也就马元方的事宜问询王旦，王旦一直对马元方是支持的，这也是为何真宗之后急召李迪赴内东门的原因。关于王旦对马元方的支持，史料中有一则关于二人关系的直接记载，出自王旦之子王素：

> 公动守典故。为仆射时，出为迎奉圣像大礼使、兖州朝修使，凡有御筵，皆令叙官。时知南京马元方任枢密直学士，为员外郎，监商税戚维为正官，在马元方上。京东转运使李湘为虞部员外郎，提点刑狱滕陟为度支员外郎，今在李湘上。近尚书省、两制不赴议事，有如此者引证之。公为兖州朝修使，上言宰臣出使，从职人多乞百物，并从官给，州县不得供送。如有辄取索，出纳之人并从违制罪。故所至肃

---

① （宋）李焘：《续资治通鉴长编》卷 90，天禧元年（1017 年）五月条，北京：中华书局，2004 年，第 2078—2079 页。
② （宋）李焘：《续资治通鉴长编》卷 90，天禧二年（1018 年）秋七月条，北京：中华书局，2004 年，第 2120 页。

然，略无搔扰。①

从王素的记载来看，王旦在任迎奉圣像大礼使出使兖州时与时任知南京的马元方是有交集的。除此之外，关于内藏库的贮藏财赋以助三司的名义也有争议，虽然相关的史料没有明确提及马元方是否质疑内藏库经费以"借"助三司，但从真宗的论述中可以看出，真宗还是倾向于"借"助三司，但最后也接受了李迪的建议，将"借"助三司改为了"赐"助三司。

通过对天禧元年（1017 年）这则材料的分析，马元方去职三司使的原因应是以三司岁入不足而上奏真宗以出内藏财赋助三司，但真宗并不认可马元方上奏的三司岁入表，与此同时对于内藏库经费是"借"助三司还是"赐"助三司上马元方与真宗也应同时产生了矛盾，"借"与"赐"是有本质区别的，在计司经费困难的前提下，再偿还内藏债务无疑是雪上加霜。关于真宗单独召见李迪一事，《宋史·李迪传》也有记载：

> 尝归沐，忽传诏对内东门，出三司使马元方所上岁出入材用数以示迪。时频岁蝗旱，问何以济，迪请发内藏库以佐国用，则赋敛宽，民不劳矣。帝曰："朕欲用李士衡代元方，俟其至，当出金帛数百万借三司。"迪曰："天子于财无内外，愿下诏赐三司，以示恩德，何必曰借。"帝悦。又言："陛下东封时，敕所过毋伐木除道，即驿舍或州治为行宫，裁令加涂塈而已。及幸汾、亳，土木之役，过往时几百倍。今蝗旱之灾，殆天意所以儆陛下也。"帝深然之。②

《宋史·李迪传》的记载大部分同《续资治通鉴长编》的记载一致，但也有少部分不同。"尝归沐，忽传诏对内东门"的记载同《续资治通鉴长编》的记载明显不一致，结合《宋史·李迪传》的记载来看，李迪是在沐浴时被真宗急传至内东门诏对的，由此可见真宗虽然对于马元方上奏的三司岁入表真伪有疑惑，但也很重视，所以才在李迪沐浴时急召其前往。除此之外，李迪亦是认可马元方的主张的，即是以内藏财赋以急助三司"时频岁蝗旱，问何以济，迪请发内藏库以佐国用"。结合这两点，《宋史·李迪传》亦可佐证马元方去职三司使的原因：主要原因即是马元方公开提出以内藏财赋以急助三司，而且是以"赐"助三司而不是"借"助三司。虽然李迪认可马元方的主张，但同王旦在对待

---

① （宋）王素：《文正王公遗事》，郑州：大象出版社，2006 年，第 189 页。
② 《宋史》卷 310《李迪传》，北京：中华书局，1985 年，第 10172 页。

马元方的问题上是有明显区别的，李迪对于真宗撤换马元方一事是支持的。

"赐"与"借"也印证了在内藏库早期发展进程中即已与外廷计司国库产生了尖锐的矛盾。马元方系因涉及内藏库的相关事宜而去职三司使，这在北宋熙丰变法前是仅有的，从太宗朝至元丰改制三司废罢，北宋三司使前后总共有一百三十余位，因涉及内藏库的相关事宜而去职仅有马元方一人，马元方确有性格上的缺陷"不纳僚属议，而丑言诋之"也可说明这一点，但真宗并非不认可马元方的理财能力，从真宗急召李迪入内东门以商议马元方所上三司岁入表即可印证，但马元方还是因此而去职[1]。

马元方缘何会因涉及内藏库的相关事宜而去职除了上文的分析之外，还有一个重要原因，即是内藏库在太宗朝并非是内臣管理为主，而是外朝官为主，在此情况下计司的官员对于内藏库的一些情况是知情的，上文在分析马元方于三司使之前的任职经历时已有论述。但到真宗朝，内藏库的日常管理已由宦官负责，外朝官已不再参与，可见在马元方之后的历任三司使已不可能对于内藏库的一些情况知晓，这也是在马元方之后不再有三司使公开质疑内藏库的原因。关于马元方去职之后的情况，史料也有记载：

（天禧五年八月）丙寅，枢密直学士、给事中、知并州马元方丁内艰，起复，给假半月，往潞州奔丧，以其任边寄，故不俟卒哭而夺情焉。[2]

（天圣元年二月）枢密直学士、刑部侍郎、知并州马元方乞除代，上以太原重镇，戊午，加元方兵部侍郎，留再任，赐白金五百两，谕以委属之意。[3]

可见在去职三司使之后马元方也依旧任要职，这也说明真宗对马元方的能力还是认可的，其去职即是由于公开质疑内藏库。内藏库自其于太宗朝初步完善至真宗朝已渐成规模，在两宋大多数时间其具有直属（皇帝）性、独立性、神秘性的特征，外廷对此并不能过问（"赐"与"借"的矛盾也是如此[4]），如此来看马元方所作所为显然是违背了这

① 李之亮：《宋代京朝官通考》，成都：巴蜀书社，2004 年。

② （宋）李焘：《续资治通鉴长编》卷 97，天禧五年（1021 年）八月条，北京：中华书局，2004 年，第 2252 页。

③ （宋）李焘：《续资治通鉴长编》卷 100，天圣元年（1023 年）二月条，北京：中华书局，2004 年，第 2316 页。

④ 范学辉先生在《三司使与宋初政治》一文中对此也有论述："随着封桩库的设立，宋太祖这位官家干脆是绕过了宰相、也绕过了三司，把国家最大的一部分收入以'小金库'、'私房钱'的形式由官家本人绝对控制。……不管封桩库创立的理由如何，也不管最后封桩库的金钱用途如何，都无法改变封桩库由官家个人绝对控制这个最根本的事实。北宋政府和三司也确实可以使用封桩库的钱物，但必须向官家'借'，尽管经常是有借无还，但既然双方是'借'的关系，从理论上说，那么官家可以借，也可以不借，决定权完全在官家个人。一个'借'字，真是一语破的，清晰地点名了封桩库属于官家个人'小金库'的本质。"姜锡东主编：《宋史研究论丛》第 5 辑，保定：河北大学出版社，2005 年，第 42—44 页。

一点。关于真宗对内藏库贮藏财赋的看法，史料有载：

> （大中祥符三年）乙亥，出内库钱五百万赎故宰相吕端居第赐其子藩。先是，
> 上谓王旦等曰："端诸子皆幼，长子藩病足，家事不理，旧第已质于人，兄弟有不
> 同处者。昨令中使视之，藩扶杖附奏，求赐差遣。朕思之，不若出内库钱赎还旧第，
> 令其聚居。又僦舍日得千钱，可以赡养。然藩颇懦，当谕旨，凡有支用，置簿，岁
> 上内侍省。"后六年，藩为弟蔚娶妻，又表献居第，求加赐予，且言负人息钱甚多。
> 旦曰："陛下恤孤念往，以劝人臣，而藩重烦圣念，不可听。"上曰："宜别出内库
> 金帛赐之，俾偿宿负。藩弟苟，仍与西京差遣，令藩同往。自今无得借使他财，命
> 有司为掌僦课给其家，复诏枢密院察其妄费。"旦曰："陛下推恩终始极矣。唐元和
> 中，还魏徵旧第，止降一诏，何尝委曲如是耶？"①

从大中祥符三年（1010 年）的这则记载来看，真宗先后两次直接动用内藏库贮藏的金
帛以帮助已故宰相吕端的长子吕藩赎回故居及偿还债务（同太宗时期替前朝故臣李谦浦
赎回故宅如出一辙），其做法显然同内藏库财赋的固有用途不一致。"军旅、饥馑当预为
之备，不可临事厚敛于民"，帮助吕端长子吕藩赎回故居及偿还债务显然是民间的财产、
债务纠纷，但从这则材料可以看出，真宗对于内藏财赋的看法已不同于太祖，在真宗看
来内藏财赋已是"皇帝的小金库"，其用途也就不仅仅是军需及赈灾。再看真宗末年的
一则材料：

> （天禧三年十二月）是月，内藏库言："奉诏与三司商量，旧例，逐年内藏库退
> 钱三十万贯与三司，今来三司每年更要三十万贯。本库将天禧二年饶、池、江等州
> 铸到钱七十万贯已来为约，若每退出钱六十万贯文与三司外，有一十万在库，每三
> 年却管认南郊大礼钱一百万贯，即侵本库钱七十万贯。如是饶、池、江等州铸钱及
> 得元额一百五万贯到库，即每年退出外，有四十五万贯文在库。每三年南郊大礼，
> 却支钱一百万贯外，三年内共有钱三十五万贯文在库。又缘年额诸州鼓铸送纳常是
> 数目不定，今欲与三司商量，若逐年通共退钱六十万贯文准备支用，即更不别作名
> 目申奏。乞降宣敕，披借内藏库钱帛。"诏："内藏库每年退钱六十万贯与三司，

---

① （宋）李焘：《续资治通鉴长编》卷 73，大中祥符三年（1019 年）五月条，北京：中华书局，2004 年，第 1668 页。

自今三司更不得申奏乞于内藏库指射拨借钱物。如稍有违，其三司于系官吏并行朝典。"①

天禧三年（1019年）距离马元方离职已有一年，但从内藏库主事宦官的上奏来看，针对南郊大礼的争议还未结束，甚至内藏库主事宦官还认为三司侵占了内库七十万贯"每三年却管认南郊大礼钱一百万贯，即侵本库钱七十万贯"。最终真宗在年末下诏，在优先保证内藏库收入的前提下，可以支援计司国库，并且对于内藏库能够支援计司国库的数额做了规定，但数额上的规定并未严格执行，真宗、仁宗两朝内藏库多次、频繁的支援计司的开支，但基本上是被动的支援②。

---

① （清）徐松辑：《宋会要辑稿》食货51，上海：上海古籍出版社，2014年，第7141页。
② 这也从侧面反映，宋代的常规财政支出在北宋前期即已出现困难，内藏库确是造成的原因之一，但绝不是唯一的原因，关于这一点，笔者在博士论文（《皇权与国运兴衰视角下的宋代内藏库研究》，保定：河北大学博士学位论文，2017年）中有分析，此处不再赘述。

佚文所见陈尧佐倅潮史事考论*

邹锦良　李秋香

（南昌大学 人文学院江右哲学研究中心、历史学系，江西 南昌，330031）

摘　要： 陈尧佐为北宋名臣，阆中世家。真宗时以言事切直贬倅潮州，《宋史》本传记载此事甚略，后世对此研究亦极不足。通过挖掘陈尧佐相关佚文及地方文献可知，陈尧佐通判潮州不仅修孔庙，建韩祠，戮鳄鱼，而且"惟韩是师"，积极鼓励士子就学，大力推动宋代潮州的"崇韩之风"，取得了卓著功绩。因此，潮州百姓崇祀陈尧佐之风俗传承千年而不坠。

关键词： 陈尧佐；潮州；崇韩

陈尧佐，字希元，自号知余子，端拱元年（988年）进士及第，四川阆中人，官至同中书门下平章事，以太子太师致仕，谥号"文惠"。史载陈尧佐"有集三十卷，又有潮阳编、野庐编、愚丘集、遣兴集等"[①]，惜多已散佚。陈氏家族为阆中世家，陈省华官至左谏议大夫，陈氏三兄弟则"同时贵显，时推为盛族"[②]，长子陈尧叟、幼子陈尧咨分别高中端拱二年（989年）和咸平三年（1000年）状元，次子即陈尧佐。陈家被誉

---

* 本文为2013年国家社科基金青年项目"南宋江西士人社群与地方社会研究"（项目编号：13CZS061）、江西高校哲学社会科学高水平创新团队"江西区域文化史研究团队"阶段性成果。

① 《宋史》卷284《陈尧佐传》，北京：中华书局，1985年，第9584页。

② 《宋史》卷284《陈尧咨传》，北京：中华书局，1985年，第9589页。

为"一门二相，四世六公，昆季双魁多士，伯仲继率百僚，文章德业，炳然史册"①。

《宋史》本传对陈尧佐记事甚略，后又因陈尧佐文献散佚，故相关研究亦少。目力所见，论文仅有蔡东洲《〈宋史·陈尧佐传〉补考》《阆中〈陈氏族谱〉考论》《〈陈省华神道碑〉与〈陈尧佐自制墓铭〉研究》三文以及程有为《陈尧佐家世事迹论述》、曦洲《宋代阆州陈氏研究》、张玉宝《宋代阆州陈氏研究的历史和现状》等文对陈尧佐家世予以论述，对其倅潮之事未见专论，仅在曾楚楠《韩愈之官风与潮州吏治》、庄义青《宋代潮州官民尊韩活动及其深远影响》等专著中对陈尧佐倅潮之事略有述及，均未展开。有鉴于此，本文通过挖掘陈尧佐相关佚文及地方文献，考论其通判潮州之事及其在潮州"惟韩是师"，积极推动潮州文风、学风发展，借以丰富陈尧佐形象和厘清宋代潮州的"崇韩风气"。

一、陈尧佐贬倅潮考

（一）历代贬潮州考

岭南因气候湿热，多瘴气，北方人至此多不习惯，极易染病。《隋书》记载："自岭已南二十余郡，大率土地下湿，皆多瘴疠，人尤夭折。"②唐代韩愈在赴任潮州时曾对其侄韩湘说："知汝远来应有意，好收吾骨瘴江边"③。宋人则说"岭外毒瘴，不必深广之地"④。可见岭南足以让北方官员为之胆寒。正因为此，唐宋之际，岭南成为政府安置流人谪宦的聚居地。据统计，唐代仅贬流广东有史籍可考者，流人近300人（次），左降官近200人，其中皇亲国戚37人（家），宰相49人（次），还有一批高官显贵名士高人等⑤。宋时北方官员赴任岭南即被认为是"丧躯"之举，史载"岭南诸州多瘴毒，岁闰尤甚。近年多选京朝官知州，及吏部选授三班使臣，生还者十无二三，虽幸而免死，亦多中岚气，容色变黑，数岁发作，颇难治疗。旧日小郡及州县官，率用士人，摄官莅之，习其水土。后言事者以为轻远任，朝廷重违其言，稍益俸入，加以赐赍，贪冒之徒，多亦愿往，虽丧躯不悔也"⑥。为此，苏轼南谪北还路过大庾岭时，曾感叹"问翁大庾

① 程瑞钊，史今律，郭万邦：《陈尧佐诗辑佚注析》，成都：巴蜀书社，1991年，第1页。
② 《隋书》卷31《地理下》，北京：中华书局，1997年，第887页。
③ （清）彭定求：《全唐诗》，北京：中华书局，1999年，第3867页。
④ 周去非著，杨武泉校注：《岭外代答校注》，北京：中华书局，1999年，第151页。
⑤ 方志钦、蒋祖缘：《广东通史》，广州：广东高等教育出版社，1996年，第597页。
⑥ （宋）江少虞：《宋朝事实类苑》，上海：上海古籍出版社，1981年，第806页。

岭头住，曾见南迁几个还"①。

潮州位于岭南东部，其情况更为恶劣。韩愈在《潮州刺史谢上表》中曾描绘当时潮州为"过海口，下恶水；涛泷壮猛，难计程期，飓风鳄鱼，患祸不测；州南近界，涨海连天；毒雾瘴氛，日夕发作"②。如此恶劣的环境也使得潮州成为唐宋时期官员的主要贬谪之所，唐代贬谪于此的官员数量不少，著名者如常衮、李宗闵、杨嗣复、李德裕，皆以宰相之高位被贬至此，贞元十二年（796 年），御史中丞李宿贬任潮州刺史，元和十四年（819 年），韩愈以刑部侍郎贬刺潮州。南谪潮州，对于官员而言无疑是人生灾难，但对于潮州地区的开发却起到了重要作用，因而学界对这些谪贬至此的官员进行相关研究，其中对韩愈研究最为集中，如曾楚楠《韩愈在潮州》一书系统论述韩愈刺潮近八个月的事迹，并收集、整理了相关诗文。

（二）陈尧佐贬潮考

陈尧佐端拱元年（988 年）"举进士及第"，后"累迁太常丞、知开封府录事参军。用理狱有能绩，迁府推官"。真宗咸平元年（998 年）"以言事切直，贬通判潮州"③。史籍对陈尧佐贬谪潮州之缘由，多只言其"言事切直"而未详述。例如，《隆平集》对此事记载："初，尧佐为开封府推官，以言事贬通判潮州。"④李焘《续资治通鉴长编》也记道："咸平初，太常丞陈尧佐为开封府推官，坐言事切直，贬潮州通判。"⑤

陈尧佐贬潮具体经过，通过考索史籍可以还原一二。真宗咸平元年（998 年）二月甲午日，宋真宗确曾"诏求直言，避殿减膳"⑥，而陈尧佐以为尽忠报国时机已至，上书针砭时弊，是年以"言事忤旨"罪倅潮。陈尧佐为人刚毅的性格，在《宋史》中记有一事，祥符知县陈诂因为治县严明，遭县吏陷害，大臣不敢为其辩解，只有陈尧佐敢挺身直言，陈诂才得以免罪⑦。对此，欧阳修亦言"公（陈尧佐）贬潮州，其所言事，盖人臣所难言者"⑧。

陈尧佐在潮为官近三年，积极为潮州百姓谋利，后世称其"通判潮州，有治绩"。

---

① （宋）曾敏行：《独醒杂志》，上海：商务印书馆，1937 年，第 14 页。

② （唐）韩愈著，马其昶校注，马茂元整理：《韩昌黎文集校注》，上海：上海古籍出版社，1986 年，第 618 页。

③ （宋）欧阳修：《欧阳永叔集》，上海：商务印书馆，1920 年，第 46 页。

④ （宋）曾巩撰，王瑞来校证：《隆平集校证》，北京：中华书局，2012 年，第 178 页。

⑤ （宋）李焘：《续资治通鉴长编》，北京：中华书局，1995 年，第 1069 页。

⑥ 《宋史》卷 6《真宗纪》，北京：中华书局，1985 年，第 107 页。

⑦ 《宋史》卷 284《陈尧佐传》，北京：中华书局，1985 年，第 9583 页。

⑧ （宋）欧阳修：《欧阳永叔集》，上海：商务印书馆，1920 年，第 48 页。

《宋史》本传记载陈尧佐通判潮州主要做三件事：修孔庙、建韩祠和戮鳄鱼①。考索文献可知，除上述三事之外，陈尧佐还积极鼓励潮州士子就学，推动当地文化教育事业的发展，并由此引领当地"崇韩之风"的兴盛。

二、陈尧佐潮州事迹考

（一）"修孔庙、建韩祠"

孔子为"至圣先师"，历来受国人崇祀，孔庙作为崇文传道的标志性建筑，历代地方州县多建之。在陈尧佐倅潮之前，潮州已建有孔庙，史载"先是陈文惠公咸平二年倅潮，其修学记曰：郡之西郊先有夫子庙，于侯九流徙于郡治之前"②。此中所记的于九流于咸平年间（998—1003 年）任知潮州军州事，与陈尧佐为同僚，故此言于九流徙孔庙于郡治前之事，实即是陈尧佐修孔庙之事。

陈尧佐南贬潮州，与韩愈有着极为相似的人生经历，故他希望像韩愈一样为潮州百姓做出一番政绩。欧阳修曾言"（陈尧佐）多慕韩愈为文"③。宋初潮州还没有祭祀韩愈的祠堂，故陈尧佐在韩山上修建韩公祠以祭祀韩愈，史籍对此事记载甚多。例如，《隆平集》记道："潮俗鄙陋，始至为修宣圣庙，作韩史部祠堂，人始知学。"④《东都事略》："（陈尧佐）修孔子庙，作韩公祠，潮人始知为学。"⑤李焘也记此二事："潮去京七千里，民俗鄙陋，尧佐至州，修孔子庙，作韩愈祠堂，率其民之秀者使就学。"⑥《元一统志》中的"古迹条目·昌黎伯庙"也载："韩愈，元和中贬为州刺史，至今庙食。宋元祐五年封昌黎伯。庙旧在州后，又移水南。东坡作碑。陈文惠尧佐守郡日，为韩公祠，为文以招之，名曰招韩祠。"⑦由此可见，陈尧佐建韩公祠目的就是要着力改变潮州当地落后文风，让潮州百姓崇文向学。陈尧佐还在韩公祠留下诗文："侍郎亭下草离离，春色相逢万事非。今日江山当日景，多情直疑问斜晖。"⑧当时陈尧佐身处于韩愈曾游览之

---

① 《宋史》卷 284《陈尧佐传》，北京：中华书局，1985 年，第 9582 页。

② （明）解缙：《永乐大典》，北京：中华书局，1986 年，第 2461 页。

③ （宋）欧阳修：《欧阳永叔集》，上海：商务印书馆，1920 年，第 48 页。

④ （宋）曾巩撰，王瑞来校证：《隆平集校证》，北京：中华书局，2012 年，第 178 页。

⑤ （宋）王称撰，孙言诚、崔国光点校：《东都事略》，济南：齐鲁书社，2000 年，第 345 页。

⑥ （宋）李焘：《续资治通鉴长编》，北京：中华书局，1995 年，第 1069 页。

⑦ （元）孛兰肹等撰，赵万里校辑：《元一统志》，北京：中华书局，1966 年，第 684 页。

⑧ 程瑞钊，史今律，郭万邦：《陈尧佐诗辑佚注析》，成都：巴蜀书社，1991 年，第 13 页。

故地，回想二人相似的人生经历，感受颇多，借此诗感叹物是人非。

在陈尧佐自撰的《招韩文公文》可以清晰地看到陈尧佐修孔庙、建韩祠确为"惟韩是师"。韩愈"至郡专以孔子之道教民。民悦其教，诵公之言，藏公之文，绵绵焉迨今知学者也"，故陈尧佐至潮即修孔庙，且当时"公（指韩愈）之祠弗立"，"会新夫子庙，乃辟正室之东厢，为公之祠焉"①。可见，陈尧佐在潮州首建韩文公祠，目的在于仿效韩愈在潮州传播孔孟之说，以此推崇韩愈之学。可喜的是，陈尧佐修孔庙、建韩祠，也确实使得潮州优秀学子积极向学，并极大地推动了潮州文教发展。

（二）"为民戮鳄"

古代潮州常有鳄鱼出没，韩江在唐时被称为"恶（鳄）溪"。韩愈至潮途中曾向泷头吏询问潮州相关情况，泷吏曾言"下此三千里，有州始名潮。恶溪瘴毒聚，雷电常汹汹。鳄鱼大于船，牙眼怖杀侬"②。韩愈到潮州后知有鳄鱼，且常伤人畜，恶溪两岸百姓深受其害，故首开治鳄活动。他命军事衙推秦济以一羊、一猪投入恶溪潭水中给鳄鱼吃，以祭祀鳄鱼，并作《鳄鱼文》告之，命鳄鱼："尽三日，其率丑类南徙于海，以避天子之命吏。三日不能至五日。五日不能至七日。七日不能，是终不肯徙也，是不有刺史，听从其言也；不然，则是鳄鱼冥顽不灵，刺史虽有言，不闻不知也。夫傲天子之命吏，不听其言，不徙以避之；与冥顽不灵而为民物害者：皆可杀。刺史则选材技吏民，操强弓毒矢，以与鳄鱼从事，必尽杀乃止。其无悔！"③韩愈治鳄方法主要是"祭鳄"，即利用当地百姓可以接受和理解的宗教方式以消弭民间百姓的恐慌情绪，进而达到鼓动百姓驱逐鳄鱼，解决鳄患之目的④。可以说，韩愈"因地制宜"的治鳄方式取得了较好的效果，《新唐书》对此载道："祝之夕，暴风震电起溪中，数日水尽涸，西徙六十里，自是潮无鳄鱼患。"⑤

实际上，唐代潮州鳄患并没有从根本上解决，以致陈尧佐通判潮州时鳄患仍现，故陈尧佐仿照韩愈，进行声势浩大的治鳄活动，不过陈尧佐采用的方法是有别于韩愈的"戮鳄"。据载陈尧佐曾作《鳄鱼图赞》，此赞称"感公（韩愈）之行事，乐鱼之迁善，且虑

---

① （明）解缙：《永乐大典》，北京：中华书局，1986年，第2471页。
② （清）彭定求：《全唐诗》，北京：中华书局，1999年，第3831页。
③ （唐）韩愈著，马其昶校注，马茂元整理：《韩昌黎文集校注》，上海：上海古籍出版社，1986年，第573—575页。
④ 曾楚楠：《韩愈在潮州》，广州：暨南大学出版社，2015年，第53页。
⑤ 《新唐书》卷176《韩愈传》，北京：中华书局，1975年，第5263页。

四方未之信也，乃图而赞之"①。陈尧佐自撰的《戮鳄鱼文》则详细讲述其戮鳄之缘由与经过。咸平三年（1000 年）夏天，在万江硫黄村有一位十六岁的张姓少年在江边洗衣时遇到了鳄鱼，被鳄鱼追随其后而衔走，他的母亲在溪边"号之弗能救"，最终，张氏子被拖到了江中吃掉而没有剩余。陈尧佐听到这个消息而"伤之"，想到自己身为命吏而不能救，甚感惭愧，因而"命县邑李公，诏郡吏杨口，拏小舟，操巨网，驰往捕之"。两个差役期初认为这鳄鱼不可以捕获，因为鳄鱼巢穴在深渊里，游行于骇浪之中，且鳄鱼异常凶猛，故单凭人力很难捕获，所以人们对捕鳄鱼心有余悸。但陈尧佐认为："方今普天率土，靡不臣妾。山川阴阳之神奉天子成命。晦明风雨弗敢逾也。鳄鱼恃远与险毒兹物。律：杀人者死。今鱼食人也，又何如焉？昔昌黎文公投之以文，则引而避，是则鳄鱼之有知也。若之河而逐之姑行焉，必有主之者矣。苟不能及，予当请于帝，躬与鳄鱼决。"两名差役去后，果网获巨鳄，由于巨鳄身形庞大，"伏不能举"，需要近百人才将其拖出。人们将这巨鳄"缄其吻，械其足，槛以巨舟，顺流而至"。百姓看到这一巨鳄，既惊骇又欢喜，惊骇是因为大家不相信能够捕获长数丈的巨鳄，欢喜是此巨鳄被捕获，百姓安全就有保障。陈尧佐有意效法韩愈，认为前有韩愈祭鳄以逐之，今有"小子"戮鳄在后，"不为过也"。因而"鸣鼓召吏，告之以罪，诛其首而烹之"②，希望从今之后，恶溪沿岸可以变得澄净，百姓出入能够有所保障。

陈尧佐在潮州的"戮鳄"之举，不仅取得了良好的效果，获得了潮州百姓称赞，欧阳修言道："潮人叹曰：'昔韩公谕鳄而听，今公戮鳄而怯，所为虽异，其能使异物丑类革化而利人，一也。吾潮间三百年而得二公，幸矣。'"③而且陈尧佐由此声名远播，为民戮鳄成为当时南北皆知的事迹。宋人对此记载颇多，"恶溪，有鳄鱼，韩退之作文逐之，陈文惠公尧佐网得为图记其状"④。又如"时张氏子年十六，与其母濯于恶溪，为鳄鱼所噬，尧佐以谓昔韩愈患鳄之害，以文投溪中，而鳄为远去，今复害人，不可不除。卒使捕得，更为文，鸣鼓于市而戮之，潮人以比韩愈"⑤。江少虞《宋朝事实类苑》对此记载更为详尽："咸平中，陈文惠公谪官潮州，时潮人张氏子濯于江边，为鳄鱼食之。公曰：'昔韩吏部以文投恶溪，鳄鱼为吏部远徙。今鳄鱼贼人，则不赦矣。'乃命吏督渔者，网而得之，鸣鼓告其罪，戮之于市。图其形，为之赞，至今人多传之。鳄

---

① （明）解缙：《永乐大典》，北京：中华书局，1986 年，第 2473 页。
② 程瑞钊，史今律，郭万邦：《陈尧佐诗辑佚注析》，成都：巴蜀书社，1991 年，第 124—125 页。
③ （宋）欧阳修：《欧阳永叔集》，上海：商务印书馆，1920 年，第 47 页。
④ （宋）王象之：《舆地纪胜》，扬州：江苏广陵古籍刻印社，1991 年，第 818 页。
⑤ （宋）李焘：《续资治通鉴长编》，北京：中华书局，1995 年，第 1069 页。

大者数丈，或玄黄，或苍白，似龙而无角，类蛇而有足，睅目利齿，见之骇人。卵化山谷间，大率为鳄者十二三焉，余或为鼋，或为龟也。喜食人畜，其食必以尾卷去，如象之任鼻也。"①

（三）"以风示潮人"

陈尧佐在潮修孔庙、建韩祠、为民戮鳄，治绩颇显，影响甚大。不唯如此，陈尧佐还"以风示潮人"，"率其州民之秀者就于学"，即积极鼓励潮人崇文向，使得宋时潮州学风得以显著提升。

在陈尧佐推动下，潮州学子积极向学。例如，潮州"前八贤"之一的许申即在其列。据嘉靖《潮州府志》记载，许申，字维之，潮阳人，大中祥符三年（1010 年）举贤良方正，授秘书省校书，后历任江西等路转运使，终于刑部侍郎之职。陈尧佐通判潮州时，许申"以布衣见，（尧佐）与语奇之，反观所为文，益加器重"②。此后，许申与陈尧佐交往渐多，并受陈尧佐影响较深。《舆地纪胜》载："申，字维之，未及第时，见知于文惠陈公。公自潮州倅以漕激摄惠州，要申偕行。中道艤舟，新月初出，舟人各登岸，才甲夜，俄有介胄百辈，乘骑数人，指甚明云：'今丞相漕使宿此，其或疏虞，毫发不赦。'申与文惠公惊喜，固不知孰相孰漕也。明日询其地，有姚娘庙存。文惠自惠还潮，亲以文祭，后居钧轴。申历广西、江西、湖南及本路转运，皆如向所言者。"③

陈尧佐在潮州积极鼓励学子就学，为潮州文化教育发展产生深远影响。自此以后，潮人中第者逐渐增多。陈尧佐离开潮州后自称"未尝一日忘潮也"④，故潮州士子王生中第归家时，陈尧佐得悉后以诗相送："休嗟城邑住天荒，已得仙枝耀故乡。从此方舆载人物，海边邹鲁是潮阳。"⑤诗中陈尧佐初用"天荒"一词代指潮州，但最后落笔则为"海边邹鲁"，通过"天荒"与"海边邹鲁"相对应，进而赞扬潮州所取得的文化发展与人才兴盛之况。自此以后，"海边邹鲁"四字就成为潮州人民的骄傲与追求，激励着潮州文化的发展、繁荣，影响之深以至于今。

---

①　（宋）江少虞：《宋朝事实类苑》，上海：上海古籍出版社，1981 年，第 794 页。

②　（明）郭春震：《潮州府志》卷 7，嘉靖影印本。

③　（宋）王象之：《舆地纪胜》，扬州：江苏广陵古籍刻印社，1991 年，第 820 页。

④　（宋）苏轼著，孔凡礼点校：《苏轼文集》，北京：中华书局，1986 年，第 1736 页。

⑤　程瑞钊，史今律，郭万邦：《陈尧佐诗辑佚注析》，成都：巴蜀书社，1991 年，第 85 页。

三、陈尧佐潮州影响考

（一）陈尧佐与潮州"崇韩之风"

陈尧佐通判潮州修孔庙、建韩祠，戮鳄鱼，鼓励士子读书向学，对潮州百姓的拳拳爱心，既是受韩愈的影响，又是对韩愈的崇敬。众所周知，韩、陈二人皆因直言而被贬潮州，韩愈在短短八个月内为潮州的开化、发展作出了诸多贡献，深深鼓舞着陈尧佐，陈亦想为潮州干出一番业绩。韩愈祭鳄揭开潮州治鳄活动，而陈尧佐戮鳄不仅使得潮州百姓人身安全得以保障，而且进一步缓解百姓对鳄鱼的恐惧心理，使潮州治鳄活动达到一个新的高度。翻阅陈尧佐自撰的《鳄鱼图赞》和《戮鳄鱼文》两文足征陈尧佐对韩愈的崇敬之情，如其《戮鳄鱼文》中的"躬与鳄鱼决"和韩愈《鳄鱼文》末"其无悔"三字所体现出的气势是那么的相近，皆是身为朝廷命吏，为维护一方百姓而欲与鳄鱼决一死战的决心的表现。

韩愈兴学育才，使得潮州文教得以发展，文明进一步开化，而陈尧佐在潮修孔庙，建韩祠，积极传播孔孟之道及韩学，使潮州优秀学子数量骤增，进而让潮州有"海边邹鲁"之美誉，其通判潮州之善政可以与韩昌黎比肩，陈尧佐也因之得到了时人诸多赞誉，如龚茂良《代潮州林守谢宰执》言道："惟潮阳之偏垒，实广右之兴区。千里秀民，久习韩昌黎之教。七朝故老，犹能言陈文惠之贤。""惟时岭表莫盛，潮阳儒雅相承，乃韩昌黎之旧治，风流未泯，有陈文惠之清规。"① 《方舆胜览》亦言道："文章政事，曾逢岭表之韩、陈；气习风声，今号海边之邹、鲁。"② 可见时人将陈尧佐与韩愈并举，称赞其通判潮州效法韩愈，不仅取得了很好的业绩，而且获得了良好的声誉。

潮州崇韩之风，自唐已有之，韩愈离潮之后，潮人赵德就甚推其学。陈尧佐倅潮，崇韩尊儒，政绩斐然，为后世潮州官员起表率作用，为宋代潮州韩学开一代先河，陈尧佐也被誉为"宋代第一位大力崇韩的潮州官员"③，为潮州尊韩行为的开端发轫者。陈尧佐之后，潮州官员也多沿其行，崇韩师韩，如王涤，"元祐五年，朝散郎王君涤来守是邦，凡所以养士治民者，一以公为师"④。此外还有薛利和、刘克庄等，皆甚推昌黎

---

① （宋）王象之：《舆地纪胜》，扬州：江苏广陵古籍刻印社，1991 年，第 821 页。
② （宋）祝穆：《方舆胜览》，北京：中华书局，2003 年，第 649 页。
③ 庄义青：《宋代潮州官民尊韩活动及其深远影响》，《韩山师专学报》1991 年第 1 期。
④ （宋）苏轼著，孔凡礼点校：《苏轼文集》，北京：中华书局，1986 年，第 509 页。

之学。正因为此，宋代潮州韩学甚是流行①。

（二）潮州人对陈尧佐之崇祀

陈尧佐离开潮州后仍心系潮州，时常牵挂着潮州的人和事，他曾给与之一起共事潮州的于九流写过一首诗，约定"相逢莫惜醉如泥"②，以表达对潮州友人的牵挂与怀念。

潮州百姓更没有忘记陈尧佐为潮州所做的一切，对于这样一位名宦与贤士，潮州百姓自宋以来皆有崇祀之举，以此表达对陈尧佐的感念之情。历代潮州祭祀陈尧佐的场所很多，明清方志中记载尤多。嘉靖《潮州府志》和顺治《潮州府志》中皆记载在潮州名宦祠中有祭祀陈尧佐③。顺治《潮州府志》及光绪《潮州府志》中言及在凤凰洲曾有十相祠，十相祠中祭祀贬潮的十位贤相，其中包括陈尧佐。光绪《潮州府志》中还记有十相留声坊一座，其中亦表有陈尧佐之名。韩山书院也将陈尧佐列入祭祀之先贤，史载"韩山书院，在府治西南隅，元郡守王翰建以祀唐韩愈、赵德，及宋陈尧佐，元吴澄记"④。

除了以上这些合祭的祠堂外，潮州还有专祭陈尧佐之地。《永乐大典》中记载潮州祠庙中就有"陈文惠公祠二"，且注释道："一在倅治之后，一在郡泮仰韩堂，与韩公并祀，今并废。"⑤《大明一统志》中记载潮州有文惠堂："在府治后，宋景定中，通判程应斗建，以祀陈尧佐。"⑥潮州不仅历代有诸多祭祀陈尧佐之祠庙，而且时至今日在龙湖古寨等地百姓依旧有祭祀陈尧佐之活动，可见陈尧佐为潮州百姓所做贡献之大及远，潮州百姓用崇祀的方式一直在纪念和感激他。

四、结　语

陈尧佐通判潮州，崇韩尊儒，"惟韩是师"，为潮州文化发展及百姓安居乐业作出了重大贡献。其修孔庙，建韩祠，让潮州"民之秀者"受到良好教育；为民戮鳄，作图赞，使潮州治鳄活动取得良效，百姓人身安全得以保障；"以风示潮人"，鼓励潮州士人读书，使潮州文教得以大幅提升。据道光《广东通志》记载，宋代潮州进士人数大量增加，登

① 饶宗颐：《宋代潮州之韩学》，《韩山师专学报》1989年第1期。
② 程瑞钊，史今律，郭万邦：《陈尧佐诗辑佚注析》，成都：巴蜀书社，1991年，第21页。
③ （明）郭春震：《潮州府志》卷4，嘉靖影印本。
④ （明）李贤、彭时等：《大明一统志》卷80，文渊阁四库全书本。
⑤ （清）解缙：《永乐大典》，北京：中华书局，1986年，第2466页。
⑥ （明）李贤、彭时等：《大明一统志》卷80，文渊阁四库全书本。

第者共 110 人，在岭南地区仅次于广州的 164 人①。可以说，陈尧佐师韩治潮，为后世潮州官员树立榜样，推动了宋代潮州韩学发展，为潮州"海边邹鲁"贡献卓著。

陈尧佐离潮后依旧怀念潮州，将其在潮州的经历编写成《潮阳编》一书，晚年作诗回忆潮州点滴："东西楼阁与云齐，天际孤烟认恶溪。记得幽人旧吟处，独游亭在野桥西。"②在此诗中，末句即回忆一座名曰"独游亭"的建筑。《永乐大典》对潮州独游亭作了详细介绍："（太守之厅）东而南向有堂曰明远，后更为思韩，为文公设也。由堂之东梯城以上有亭曰垒翠，其亭额陈文惠笔也。循亭而北有亭曰独游，文惠倅郡之日，实名之复记之。二亭相去咫尺，举目转盼，互有景物。今独游已废，垒翠屹立于其前，由是而往，则金山诸境，间见层出。"③独游亭虽已废弃，但潮州百姓不忘陈尧佐通判潮州之善政，将陈尧佐与韩愈并举，史称"千里秀民，己习韩昌黎之教；累朝故老，能言陈文惠之贤"，"文章政事，曾逢岭表之韩陈，气习风声，今号海边之邹鲁"④。陈尧佐也受到潮州百姓世代崇祀，至今不坠。

---

① （清）阮元修，陈昌济等纂：《广东通志》卷 66，上海：上海古籍出版社，1990 年。
② 程瑞钊，史今律，郭万邦：《陈尧佐诗辑佚注析》，成都：巴蜀书社，1991 年，第 104 页。
③ （明）解缙：《永乐大典》，北京：中华书局，1986 年，第 2459 页。
④ （宋）祝穆：《方舆胜览》，北京：中华书局，2003 年，第 6 页。

王象之书《南宋孙若蒙与郭氏夫妇墓志碑铭》考论[*]

曹 曦

（安徽大学 历史系，安徽 合肥，230039）

摘 要：2015 年 3 月 25 日，在中国宣纸发源地——皖南泾县丁家桥镇后山的一次施工中出土了由南宋王象之书《南宋孙若蒙与郭氏夫妇墓志碑铭》（以下简称《碑铭》）① 。《碑铭》学术内涵十分丰富。笔者据此分别对孙若蒙、郭氏的生平事迹，孙、郭夫妇被葬于后山的原因，碑记如何由王象之书写，《碑铭》的多方面史料价值等进行了初步探讨。

关键词：王象之；孙若蒙；郭氏；墓志碑铭

一、研究缘起

2015 年 3 月 25 日，安徽省泾县丁家桥镇后山村在四顾山下进行工程建设过程中，不经意间出土了一块石碑（图 1）。由于挖土机操作人员和在场其他人员均不知地下有石碑等物，故无意中将石碑上方碰损了部分。所幸的是，挖土机操作人员还算细心和敏感，在感知到地下可能有硬物时，便立即中止了作业，下机查看，见是一块石碑，便与在场众人一同将石碑小心移出，摆放到路道边，然后用清水冲洗，随即发现石碑上刻有

---

　* 本文为国家社科基金重大项目"中国宣纸传统制作技艺抢救性挖掘整理研究（10 & ZD084）"子课题"中国宣纸发源地文化背景研究"阶段性成果之一。

　① 出土石碑铭文原无标题，笔者根据碑铭文意自拟为《南宋孙若蒙与郭氏夫妇墓志碑铭》。

碑文，且十分清晰，除因顶部部分受损，造成碑文多字缺失外，整个石碑还算基本完好。对地方文物古迹有保护意识的村民为保护该石碑不再受到损害，于是便通力合作，将石碑移至附近一家宣纸厂仓库内保护起来。

图 1　《碑铭》出土地

注：2016 年 2 月 7 日（农历除夕），笔者在乡人的带领下到《碑铭》出土场地实地考察，根据工地看管人员介绍，《碑铭》出土地为笔者手指的地方。根据介绍，此地东向两米开外，尚有无字界碑一块，不知去向。《碑铭》出土处距离地表约 1 丈（1 丈≈3.33 米），当时未发现其他任何物件

不几日，地方历史文化研究者张有根先生闻讯赶往仓库内多番查看并抄录碑文，后又约人将该碑文用宣纸拓摹下来。因该碑体较重，又被放置于仓库拐角，光线不佳，不便于研究，后张有根先生干脆请 4 人将该碑借移至自己家中，在彻底清洗该碑后，又用上好的扎花宣纸重新进行拓摹。在前后几个月的过程中，张有根先生保持和笔者联系，通过网络发送照片，又面赠拓片，希望笔者能对该碑碑文等进行研究。

家乡出现王象之书写的墓志碑铭，引起了笔者极大兴趣，于是翻检资料，对之进行研究。一系列问题不断产生：该碑虽然不算是严重的残碑，但毕竟碑文已有多字失去或辨别不清，全文究竟是怎样的？《碑铭》中出现的孙若蒙、孙妻郭氏分别为谁，其生平事迹如何？郭氏夫妇并非泾县人，为何要葬在泾县丁家桥后山四顾山下？根据该墓志碑铭落款，始知碑记为南宋文学家、书法家王象之所书写，那么王象之与孙若蒙、孙自昌父子是什么关系，为何由王象之来书写这个碑记？王象之其人其事如何？关于王象之的卒年有多种记载，此碑发现后，能确认王象之的卒年吗？笔者经过一年多的反复查考研

究，对这些问题一一进行了初步解答。此外，还就一些相关问题提出了自己的思考。现就几个问题分述如下，以就教于读者。

二、《南宋孙若蒙与郭氏夫妇墓志碑铭》碑文及其识读

先将《碑铭》照片作一展示（图 2）：

图 2　《南宋孙若蒙与郭氏夫妇墓志碑铭》图

注：《碑铭》为张有根先生提供

经测，该碑高（残碑最高处）100 厘米，宽 96.5 厘米，厚 6.5 厘米；其中文字部分高 75.5 厘米，宽 83 厘米。材质为青石，重约 250 千克。文字与四周装饰纹均为阴刻。

以上碑文内容，经笔者整理点校，缺字处有的根据上下文文意和显示的残留笔画补全，并给予标记，用"［ ］"表示；无法辨别的缺字用"□"表示。碑文全文如下：

　　南宋孙若蒙与郭氏夫妇墓志碑铭

　　［故］公讳若蒙，字正叔，姓孙氏，宣州太平人。曾祖时发尝丞镇［江］丹徒，妣胡氏、盛氏。祖遂封至太中大夫，妣王氏、沈氏，皆封［恭］人。考梌中大夫、

秘阁修撰，太平县开国男，食邑三伯户，赐［紫］金鱼袋，累赠宣奉大夫，姚沈氏令人赠硕人，陈氏赠宜人。

［先］公生于隆兴癸未七月己亥，绍熙甲寅季秋大给，以秘撰□奏补通仕郎。明年中铨，授从事郎。初任饶州永平监，丁沈硕人艰，再调蕲州蕲口镇。寻摄蕲水县章，陈侯晦就辟本州［防］御推官，连丁秘撰、陈宜人艰。后历户部建康中酒库，扬州［防］御推官。荐考应格改秩，知江宁县，未上。工侍崔公与之镇□□，陛奏请与俱西，特改知成都县，崔既护全蜀，过益昌，□辟倅阆圻，以便参佐，迨替文辟，守长宁，继剖顺庆、广汉之符。至是西游，凡一纪，梦寐楸槚，吁呼祈闲，天朝闵劳从欲，□主管建宁府武夷山冲佑观，解组以归。至嘉定府道病，终于驿馆，实绍定壬辰夏五朔也。寿七十，积阶朝请大夫。

宜人郭氏先十八年卒。男三，自昌将仕郎，自昭遗泽，自升业进士。女一，自端，适朝奉郎程焘。孙女一。

先公少嗜学，文思流丽，裹粮千里，从名胜游，涤尽袴襦子弟气，与韦布争衡，三贡名一，冠选宝。先大父秘撰"公生明""廉生公""俭生廉"之训，居官律己，□立冰清，华皓一节，喜事功名。开禧用武，蕲水供亿，不扰宿□，诸公击节称奇才，笃为崔文昌器重，见同议合，跬步不蹇。□周旋淮蜀，出壮猷绪馀，言论在幕府，威惠在军民，勋绩在□□，风采在夷虏，樊蝇岂能类乎？自昌等负衅忍死，万里扶［柩。癸］巳春，妥奠两楹，卜是年十月癸酉奉葬泾县厚山之原。

□□乞铭，执友敬书其概于瘗石云，孤子自昌等泣血谨记。

□［王］朝奉郎知隆兴府分宁县事金华王象之书讳。

三、孙若蒙与妻郭氏生平

此《碑铭》是孙若蒙长子孙自昌等人为其父孙若蒙而立的。根据碑记，我们可以了解到孙氏家族简要世系沿革，特别是孙若蒙与妻郭氏的生平。

以孙自昌为世系坐标，我们根据《碑铭》碑文得知：

孙自昌的高祖父孙时发曾经在镇江丹徒县为官，娶胡氏、盛氏两房夫人。其曾祖父孙逵官位至太中大夫，娶王氏、沈氏两房夫人，这两房夫人都被封为恭人。其祖父孙楸为中大夫、秘阁修撰，是太平县开国男，食邑三伯户，赐紫金鱼袋，累赠宣奉大夫，其妻沈氏，令人赠硕人，陈氏赠宜人①。

孙自昌父亲孙若蒙，字正叔，宣州太平人，生于公元 1163 年 7 月。1194 年秋季大礿②时，因曾给皇帝上密折而补通仕郎一职，到第二年得到铨选，授以从事郎一职。起初在饶州任永平监③，其母沈硕人去世守孝后，再调至蕲州蕲口镇任职，不久代理蕲水县令，陈侯晦就任本州观察推官时，连续为其父亲和陈宜人守制。守孝结束后，他先后到户部建康中酒库、扬州观察推官任上就职，后又经历户部荐考应格改秩，任江宁知县，未到职；后改任成都知县；后守长宁，继而分执顺庆、广汉两府的符信；后来游历西地达 12 年，思乡情切，向朝廷要求告老回乡，皇帝怜惜，体恤批准，于是命他担任建宁府武夷山冲佑观主管一职，后在此任上辞官以归；后在去嘉定府途中得病，在驿馆去世，时间是绍定壬辰即 1232 年夏五月初。孙若蒙寿 70，最高官阶做到朝请大夫④。

《碑铭》中记载：孙若蒙自少年时期就喜爱学习，文思流丽，曾经携带干粮，行走数千里，游览名胜，一扫纨绔子弟气息，过着贫民百姓的生活，三贡名一，冠选宝。其祖父曾经秘写"公生明""廉生公""俭生廉"家训，居官律己，□立冰清，华皓一节，喜事功名。南宋宁宗朝开禧年间（1205—1207 年），在韩侂胄主持的北伐金朝的战争中发挥作用，在蕲水县任上做好后勤供给工作，不扰民宿，受到大家赞叹赏识，称他为奇才，因此深为工部侍郎崔文昌所器重，他们见解相同，议事相合，时常形影不离。孙若蒙辞官后往来于淮蜀之地，时常提出一些宏大的谋略。在出征时将军的府署，他时常提出一些独到的见解；在军队和老百姓中间，他有一定的声望和恩泽；他为朝廷建立了卓著功勋；他在少数民族中展示了风采。他不同于那些蝇营狗苟之辈。

孙若蒙妻郭氏，她先于丈夫"十八年卒"，亦即孙若蒙逝世年 1232 年前的 18 年，当为嘉定七年，即 1214 年。按照从宋代政和年间（1111—1118 年）开始实行的制度，文官自朝奉大夫以上至朝议大夫，其母或妻封宜人；武官官阶相当者同。从此，宜人就

---

① 孙楸，字德操，南宋太平县桂城乡西隅图（今黄山市甘棠镇）人。宋高宗绍兴二十四年（1154 年），孙楸 25 岁时中进士，被授为福建安福县令。其仕途多变迁，后历任绩溪县丞、池州通判、真州通判、郢州知府、太平知府、温州知府等职，并受到高宗皇帝召见。宋孝宗即位后，准备抗金北伐，召孙楸入京任秘书阁修撰，其因参与军国大事而召祸，被迫归里。具体参见陈朝曙先生《南宋进士孙楸》文，黄山市黄山区仙源镇人民政府、黄山市黄山区政协文史委编：《千年古城仙源》，合肥：安徽人民出版社，2011 年，第 79—80 页。陈朝曙先生在黄山市黄山区政协文史委担任《文史资料通讯》杂志，对太平历史文化有精深研究，对孙若蒙的父亲孙楸有专门研究，我们拜访他时，获赠诸多地方史料。关于孙楸之子孙若蒙的生平事迹，陈先生也告知未见当地史籍记载，泾县碑记的发现，可补县乘之不足。

② 大礿有多重解释：合祀先王的祭礼；遍祭五方天帝；谓天子宴饮诸侯来朝者；指上级以酒食慰劳下级。

③ 监：古代官署名称。其主管亦称"监"或"少监"，如牧马监、钦天监、国子监。

④ 文散官名。隋始置。唐为从五品上，文官第十二阶。宋从五品，第十三阶。元丰改制用以代前行郎中。后定为第十七阶。金从五品上，元升为从四品。明从四品初授朝列大夫，升授朝议大夫，加授朝请大夫。清废。

成为封建时代妇女因丈夫或子孙而得的一种封号。宋以后续有变化①。显然，夫贵妻荣，郭氏被封为宜人。

孙若蒙和妻郭氏生三男一女：长子孙自昌任仕郎②，次子孙自昭因祖德受遗泽③，三子孙自升考中进士。女儿孙自端，嫁给朝奉郎程焘。其时，还有一个孙女。

四、孙若蒙夫妇被葬后山原因分析

由《碑铭》碑文知道，孙若蒙的生卒年为 1163—1232 年，享年 70 岁。在人生七十古来稀的古代，算是很高寿的人了。孙若蒙丧妻较早，其妻先于他 18 年即在 1214 年去世。其妻逝于何处，丧葬如何处理，《碑记》并无记载。孙若蒙的大儿子孙自昌等人千辛万苦，运送棺柩数千里，于 1233 年秋，在经过占卜、挑选吉日后，于当年十月癸酉日葬于泾县厚山（即今后山）一块宽广平坦的地方。

那么，既然孙若蒙夫妇是太平人，太平距离泾县有近百里之遥，孙若蒙在外任官，为何要选择葬在泾县后山？

孙若蒙是在前往嘉定府道中得病而客死驿馆的。在中古时代，客死他乡虽然不是暴亡，但也算不上是正常的死亡。按照其时皖南习俗：凡客死他乡者，如果距离家乡较近，遗体则运回家乡，在村子附近旷外，至少是在户外设置灵堂，供亲友吊唁后下葬(土葬)。如果距离家乡较远，则要在当地选择火葬，或就地选择恰当地点下葬，一般三年后"检精"（骨骸）而回到家乡重新下葬；或在外地厝棺，三年后"检精"（骨骸）而回家乡重新下葬。孙自昌等人"负衅忍死，万里扶柩"。其"负衅忍死"是指，他父亲去世之时，正值嘉定之战开初之际。嘉定之战是公元 1231—1275 年间，在忽必烈灭宋之战中，元军攻破宋嘉定府（今四川乐山）的作战。嘉定之战于 1231 年开战后，四川就处在兵荒马乱之中，"万里扶柩"说明他们并未将孙若蒙的遗体就地火化处理，而是直接将遗体，

---

① 元代起七品官妻、母封宜人，明清五品官妻、母封宜人。宋蔡绦《铁围山丛谈》卷一："是后因又改郡县号为七等：郡君者，为淑人、硕人、令人、恭人；县君者，室人、安人、孺人。俄又避太室人之目，因又改曰宜人。其制今犹存。"明、清封赠五品官之母或祖母称太宜人。参阅《续通典·职官十六》《清通典·职官十八》。

② 仕郎，文散官名。隋始置，唐为文官第二十九阶，即最低一阶，从九品下。唐代自开府至将仕郎，为文散官，共二十九阶。见《新唐书·百官志一》。唐宋从九品下为将仕郎，金升为正九品，元升为正八品，明为正九品初授之阶。唐韩愈《与于襄阳书》："将仕郎守国子四门博士韩愈，谨奉书尚书阁下。"宋同。徽宗崇宁二年（1103 年）用以代军巡判官。司理、司法、司户参军，主簿，县尉。政和六年（1116 年）改迪功郎。改定为第三十七阶，仍为最低阶。南宋于迪功郎下，再增置通仕、登仕、将仕三郎，以奏补未出身官人。金正九品下。元升为正八品。明正九品下。元升为正八品。明为正九品初授之阶。金、元、明将仕郎下，尚有登仕佐郎、将仕佐郎两阶。

③ 遗泽，先人留下的教化德泽。此地指享受着先代的遗泽，受到分封。

同时还带着他们母亲郭氏的遗骸，冒着战事纷纭中的生命危险，经过数月的努力，终于运回皖南，最终葬于厚山。孙若蒙于 1232 年五月逝世，到 1233 年十月正式下葬，前后历经了 1 年又 5 个月的时间。

孙若蒙在去往嘉定府道上的驿馆去世。嘉定府该地处四川省中部偏南①。该地距离安徽泾县，以今天两地最便捷的里程也有近两千千米左右，可想在古代，交通极为不便，山川阻隔，江河纵横，道路崎岖，沿途险恶，扶棺而行十分不易。"万里"是泛指路途遥远，但五六千里的确不虚，其间艰难，难以尽知，碑记上"负衅忍死"四字，则是定言。

孙若蒙夫妇之墓选择厚山落葬，推测其原因如下：

一是迷信风水葬风水。众所周知，宋代之人，迷信风水。通常人家家里老人去世，都要选择山水、地势、墓圹之向和形象等下葬，是所谓葬风水。厚山之地，山势雄伟，山向极佳。前有青弋江，后有四顾山，孙氏夫妇落葬处平坦开阔。朝看旭日，暮披晚霞。远处更有泾县第二高峰承流峰和泾县盆地的广阔平原，是一个风光无限的所在。孙自昌等人为图葬得风水，将父母的遗体、遗骸葬于此地，坐北朝南，背靠四顾山，南瞻承流峰，山下有青弋江蜿蜒流过，绝美如同仙境，以求得后代子孙发达贤良，世代出众。但究竟如何看重这块地方，是路过看到，经人介绍，还是延请专门术士寻访到该地，这就不得而知了。正如有人指出的那样："宋代风水之术大行其道，从一个重要的侧面反映出当时人们对美好生活的追求与向往，至少是人们希望通过殡葬这种形式来求得实实在在的利益，虽然这些愿望仅仅是镜花水月，但却能使人得到莫大的心理安慰。"② 2016 年 2 月 7 日，笔者在张有根先生等人的带领下到墓碑出土之地考察，正值工地建设人员过春节回家，仅留看守人员 2 人。老先生们介绍当地风水时说，出土墓碑连片山体呈青牛形，孙若蒙夫妇葬青牛形之腰身处。我们站在远处眺望，该山体还真如青牛，不愧为一块风水宝地！

二是厚山省潭水路交通在当时极为便利。厚山，今称后山。后山该地青弋江南，是后山张姓村庄所在地；该地青弋江北，是后山张姓山场所在地。这后山的山场面积广大，历来既是后山村民的柴薪采伐之地，还是张姓宗族之祖坟山。穿过后山这一段的青弋江，

---

① 南宋以后的建制沿革：元升嘉定府为嘉定路，治龙游县。明太祖洪武元年（1368 年），改为直隶四川布政司嘉定州，撤龙游县。清雍正十二年（1734 年）复升为嘉定府，并改龙游县名乐山县为府治。辖乐山（县治在今四川省乐山市市中区，包括现在乐山市市中区、五通桥区、沙湾区）、峨眉（今四川省峨眉山市）、洪雅（今四川省洪雅县）、夹江（今四川省夹江县）、犍为（今四川省犍为县）、威远（今四川省威远县）、荣（今四川省荣县）共 7 县；峨边（厅治在今四川省峨边彝族自治县）1 散厅。1913 年嘉定府废。

② 游彪：《"礼""俗"之际——宋代丧葬礼俗及其特征》，《云南社会科学》2005 年第 1 期。

因是青弋江由北流遭后山山体阻挡而折向东的一段河流,一个急转弯在这儿形成了青弋江泾县境内最深的一段,后山"省潭"之名即由此而来。省潭原水深数丈,直到 20 世纪 70 年代安徽泾县陈村水库建成之前,一直是青弋江流域最重要的渔场和码头之一。后山两岸通行原先主要靠渡船摆渡,直至今日,虽然陆路交通发达,但在当地,摆渡仍是人们的辅助出行方式。但在昔时,省潭渡是泾县有名的渡口,除陆路外,凡走水路,上通太平、仙源,下通南陵、芜湖,而经芜湖则可通达长江全流域和全国各地。完全可以推测,孙自昌等人扶枢而行,走水路最为便捷,可先从陆路将灵枢从嘉定府地面运至长江上游某个渡口,然后租船直达芜湖,再从芜湖经青弋江直达后山省潭之地。这样,安葬就十分方便。

三是出于遵守太平当地习俗的考虑。有研究者指出旧时福建对于客死他乡逝者的处置:"民间认为客死者不属善终,身上带有某种'邪气',不许尸体抬入村内,更不能进厅堂,只能在村外空旷地搭棚停尸,再择时直接送上山下葬。俗谓'人死归土不归屋',即指客死而言。若有人悄悄将客死者尸体运入村内,往往要受到村人的斥责,甚至引起纠纷。"[1]笔者请教过太平和泾县的民俗研究专家,在这一点上,皖南和福建地区是基本相同的。皖南太平和泾县是邻近县份,人情风俗基本相同。孙氏夫妇虽然在当地属于显贵,也要遵守乡风民俗。通常,在乡里社会,"京官入里小三级","死者为大大几天,生人为贵贵一世"[2]。民俗必须人人遵守,乡风民俗在旧时往往就是乡里社会的无字大法。

四是出于墓葬安全考虑。孙氏后人将父母遗体、遗骸在远离太平县约百里之遥的泾县厚山安葬,还有出于墓葬的安全考虑。试想,如果将灵枢安葬进孙氏祖茔,由于孙若蒙有从五品官阶,远近十里八乡会以为棺内随葬品较多,就可能遭不肖之徒之测。为免遭遇不测,故在较为隐秘的情况下,将孙若蒙夫妇的遗体和遗骸葬在厚山,连同瘗石一同埋于地下,不立碑铭,确保孙氏夫妇在地下永久安宁。

实际上,孙若蒙是清官,也不可能厚葬,后人为运回灵枢必然倾其家资,如果在家乡祖茔之地安葬,过于简约会被人认为不孝而失体面,而且日久可能被盗,选择远离家乡的地方安葬,既可以葬风水,又可以节葬,还可以保得安全。连同瘗石埋下,了无痕迹,收避人耳目之效,实为一箭多雕。

---

[1] 福建省资料库:其他葬俗,www.fjsq.gov.cn/showte...index=62。

[2] 乡谚。前者意思是:在朝中为官者,回到老家就无法摆威风。后者意思是:人死为大,人去世后,要尊重逝去之人,尤其是在人死后,要给逝者尊严,处理好善后事宜;处理好死人的事,归根到底是为了生人,为了后代;生人和死人比较起来,还是为了生人、后人。

五、孙氏夫妇墓为何长期不为人知

孙氏夫妇之墓葬于此地，一直不为当地人所知。这就产生一个疑问：孙若蒙夫妇是化骨为土，还是深埋地下，还是被盗荒塌？这要先了解宋代时基本的葬俗。有学者研究认为，宋人埋葬逝者，在选定墓地后就开始挖墓穴，宋代大体上有两种办法。

"葬有二法，有穿地直下为圹，置枢，以土实之者，有先凿埏道，旁穿土室，揎枢于其中者，临时从宜，凡穿地，宜狭而深，圹中宜穿。"一种是垂直开挖，然后直接将棺材纳入其中；另一种是从坟墓侧面挖出一条巷道，然后挖墓室，最后将棺材推入墓穴。在下葬之前，还要准备好"碑志"、"明器"等物件。"志"要较为详细地叙述死者的生平、家族等内容。"志石刻文云：某官姓名（妇人云某姓名妻，某封某氏。），某州某县人，考讳某，某官某氏某封（无官封者但云姓名或某氏）。某年月日生，叙历官迁次（妇人云年若干，适某氏，叙因夫、子致封邑，无官封者皆不叙。）。某年月日终，某年月日葬（丈夫云娶某氏、某人之女、封某邑）。子男某某官女適某官某人。若直下穿圹，则置之便房，若旁穿为圹则置之圹门。"上述内容通常就是宋代史料中常见的墓志铭，刻写志文的石头的高度存在差别，一品官一丈八尺，按照官品递减二尺，如二品就是一丈六尺。另外在坟墓前立一块高二尺的碑，上大写死者姓名。所谓"明器"，简单说就是随葬物品，宋代通常是用木料雕刻成日常生活用品，或是人物形象，"刻木为车马、仆从、侍女，各执奉养之物，象平生而小，多少之数，依官品"。可知是按照官品的高低在墓室中放入数量不等的木雕随葬物品，使死者能在阴间享受到同人间一样的生活。[1]

根据后山碑记出土情况来看，经笔者后来现场查看和向当事人了解，在碑记出土之地及其周围地方的后续施工过程中，再无其他发现。笔者不相信这是疑冢，而且更进一步认为，我们的猜测应该是准确的——孙若蒙夫妇是清葬，孙若蒙生前是清官，其后人在孙若蒙去世后，为运回其遗体和夫人遗骸，耗尽家资，仅将遗体和遗骸就棺下葬，立碑一块，并埋于地下，无随葬品，更无疑冢。既然如此，也更不可能有被盗之说。随着时间的推移，夫妇在地下化为尘土，直到2015年碑铭在施工中被发现，才使后人知晓被隐

---

[1] 游彪：《"礼""俗"之际——宋代丧葬礼俗及其特征》，《云南社会科学》2005年第1期。

没在历史长河中的这段往事。

　　还要说明的是，笔者为查清孙若蒙在太平县的家世传承情况，多次到原太平县，现归辖于安徽省黄山市的黄山区，试图查找该地的孙氏族谱或家谱，从这个线索进一步查找相关更多材料，加深研究，惜无线索。又到黄山区档案馆，蒙区档案馆负责同志赠送嘉庆《太平县志》、民国《太平县志》等地方史料书籍，仔细查阅，也未见有关孙若蒙的只言片语。究其原因，可能是嘉庆年前所修县志"无传"的结果。查嘉庆《太平县志》点校本得知："太平县始建于唐天宝四载（745年），素有重视修志的传统。最早可上溯到北宋嘉祐年间（1056—1063年），时太平县令孙觉有'余既令之，明年易视事之堂新之。悉取前任名氏可考者列之屋壁，又为编次；其山川、物食、财用之可嘉，被服、风俗、喜好之所尚后之，君子得以览焉'（孙觉《县厅记》）的记载。由于当时志书体例尚未完备，故其条目较少，内容想是较简略的，惜后无传。现可考者，在本志之前有明代正德庚辰（1520年）《太平县志》（太平县令朱守为主修），但此志亦无传。后有明代万历庚辰（1580年）《太平县志》（太平县令张廷榜主修），'统之十卷，为图六，为纪一，为表二，为志八，为列传七，杂记一附焉'（太平县进士，户部山东清吏司主事陈宣《万历庚辰志序》）。清代则有'康熙乙巳（1665年）一修，甲子（1684年）再修，至乾隆乙亥（1755年）而三矣'（太平县知县曹梦鹤《嘉庆乙亥志序》）。"①据此看来，孙若蒙等的生平事迹极有可能在失传的县志中有载，但随着时间的推移，我们期望随着新史料的发现，这个"失传"的人物会有"复得"。

六、王象之其人其事与卒年考证

　　既然《碑铭》碑文由王象之书写，这就引出为何由王象之书写《碑记》的问题。我们有必要先了解一下王象之。对于王象之的生平，各家介绍，多有区别，现择几则于下：

　　　　王象之（1163—1230年），南宋婺州金华（今属浙江磐安）人，字仪父，一作肖父。庆元二年（1196年）登进士第，历长宁军文学、江西分宁、江苏江宁知县。志行高洁，无意于禄位，中年起隐居著述。他博学多识，尤精史地之学，约于宝庆

---

　　① 黄山区地方志办公室、黄山区档案局：《嘉庆〈太平县志〉提要》，见（清）曹梦鹤主修，孔传薪、陆仁虎总纂：嘉庆《太平县志》，合肥：黄山书社，2008年，第1页。

间，著成宋地理学名著《舆地纪胜》，具有很高的学术价值，"其论次积日而成，致力非浅浅者"（李埴）。①

王象之，字仪父，婺州金华人。从小随父宦游四方，江、淮、荆、闽，无所不到。绍熙初尝游庐山。王象之出自世宦之家，本人也起自科第，中庆元元年邹应龙榜进士。宝庆元年，"象之备员郡文学"，即任长宁军文学。绍定初过重庆，与宪使黎伯巽办重庆涂山禹庙之非，后又至涪州，见栾翁庙中有张飞遗物。绍定元年以后"出宰分宁"，即知隆兴府分宁县。后又经江西运判曾凤鸣"与大帅言之"，又率诸司荐扬于朝，或因此于嘉熙时得知江宁县，其终于何官不得而知。据雍正《浙江通志》卷一九三人物门隐逸下王象之条引《东阳县志》云："志行高洁，隐居不仕，尝著《舆地纪胜》，今人舆地诸书皆本此。"或如刘氏跋中所谓"象之以绍熙辛亥游庐山，即使其年至少亦当将近弱冠，至嘉熙庚子首尾正五十年，已及悬车之岁，此后即由迁擢，亦未必至显位矣"。由于史料不足，关于王象之的生平事迹有待作进一步的考订。②

王象之　宋婺州金华（今属浙江）人，字仪父。庆元进士。曾官长宁军文学、分宁知县。精史地之学，约于宝庆三年（1227 年）成《舆地纪胜》二百卷，以宝庆以前建置为标准，叙述南宋十六路所属府州县历史沿革、风俗形胜、景物古迹、人物诗文等。所载多南宋事，为宋代地理学名著。又有《舆地图》十六卷，编绘颇周密。③

王象之（约 1166—1236 年），金华（今浙江金华）人。庆元二年（1196 年）进士，官江宁知县。撰金石书目《舆地碑记目》四卷，此目之编撰体例，以天下天下碑刻地志之目，分郡编次，而各著年月姓氏大略于下，考订较为精确，对一些失实的碑刻记载则纠其谬误，而图经舆记亦较史志著录为详。其他著有《舆地纪胜》二百卷，《蜀碑记》十卷。④

根据以上几则文字，我们得知：王象之是浙江金华人，考中庆元元年（1195 年）进士，曾任官职有长宁军文学、分宁知县、江宁知县；精于史地，著有《舆地纪胜》等史地著作。但对于王象之的字、生卒年、《舆地纪胜》确切成书年份等都有大同小异的记述，

① 百度百科："王象之"条，http://baike.baidu.com/view/1583112.htm.
② 李勇先：《〈舆地纪胜〉研究》，成都：巴蜀书社，1998，第 10 页。
③ 钱玉林："王象之条"，《中国历史大辞典·宋史》，上海：上海辞书出版社，1984 年，第 56 页。
④ 申畅等编：《中国目录学辞典》，郑州：河南人民出版社，1988 年，第 65 页。

有待逐步考证。本文根据《碑铭》内容，仅就其生卒年问题提出探讨，这与王象之书写《碑铭》的年份有关系，与王象之卒年究竟在哪一年也有关系。

关于王象之的生卒年份历史上有不同记载，此碑发现后，有助于对卒年的确定。根据上引，王象之生年有两种说法，一是 1163 年，二是 1166 年。此笔者无法确定，暂不做研究。王象之卒年也有两种说法，一是 1230 年，二是 1236 年。碑记的出土，至少我们可以据此断定，王象之的卒年绝非 1230 年。

理由一：孙若蒙逝于 1232 年，逝后才有可能由家人请孙若蒙生前的挚友撰写墓志碑铭，然后请王象之书写，由石工或雕刻家刻出①。当然，历史上也可能有人在生前就做好自己的墓志碑铭，死后由家人请人镌刻碑上即成。既然碑记上明确记载了孙若蒙死于 1232 年夏 5 月，下葬于 1233 年 10 月，那么，王象之的书写时间应该在孙若蒙逝世后到下葬前这一段时间之内。如果再考虑到古时通讯落后等情况，最有可能是在孙若蒙逝世后 3 个月到下葬前 3 个月之间的时间段内。这样看来，王象之的卒年 1230 年的说法明显有误。

理由二：由"□〔王〕朝奉郎知隆兴府分宁县事金华王象之书讳"得知，王象之碑记中的职分是隆兴府分宁县知县，显然，此时王象之尚未到江宁县任上。这就说明，王象之知江宁县事是 1233 年以后到 1236 年间之事。

接下来要回答的问题是，《碑铭》碑文中语"□□乞铭，执友敬书其概于瘗石云，孤子自昌等泣血谨记""□〔王〕朝奉郎知隆兴府分宁县事金华王象之书讳"。那么，孙自昌是如何请到王象之来书写《碑记》的？这就不得不联想到孙自昌之父孙若蒙与王象之的交集。通过孙若蒙和王象之的生平，我们可以看到二人有多方面的交集：

第一，年龄相仿。王象之生卒年为 1163—1236 年或 1166—1236 年；孙若蒙生卒年为 1163—1232 年，二人生年相近、卒年相近，出生和生长在同一个时代。

第二，均出身官宦之家和文盛之区。孙若蒙曾祖尝丞丹徒，祖父任太中大夫，父亲任中大夫、秘阁修撰，历代为官；王象之自小从父宦游，也是官宦人家出身。官宦之家出身，耳濡目染，通常来说，易于受到封建时代的教育。孙若蒙的出生地为宣州太平，太平为徽州和池州的交界地区，是宋代北方世家大族南迁的聚集之地，崇文重教，还是古代文房四宝主产之区；王象之的出生地婺州金华，是南宋首都的辐射之区，自古人文

---

① 旧时，墓志碑铭可以由一人完成，既书又写，但通常是合作完成，请一名人写作墓志碑铭的文字，又请书家书写出来，然后再由石工在墓碑上刻出。

荟萃，文化兴盛。二人都在历史上的文盛之区出身，必然都受到当地文化的熏陶，为自己的人生发展走向自幼打下基础。

第三，皆聪颖过人。孙若蒙"少嗜学，文思流丽"，可谓聪明绝顶；王象之则"从小随父，宦游四方"，可谓见识过人。

第四，皆情趣相同。孙若蒙喜好游历，晚年辞官请闲，曾在西部地区游历十二年；王象之则"无意于禄位，中年起隐居著述"，以《舆地纪胜》等传世。二人均醉志于学术著述。

第五，都有从仕经历。孙若蒙"以秘撰□奏补通仕郎。明年中铨，授从事郎"，王象之则"中庆元元年邹应龙榜进士"；孙若蒙先后在饶州永平监、蕲水县、建康中酒库任职，王象之历任长宁军文学、江西省分宁县知县；孙若蒙为官官阶为从五品，王象之则为官至正七品，两人职官级别都不高，但都能揽尽官场险恶，阅尽人间万象。

第六，均涉江宁县职。孙若蒙"荐考应格改秩，知江宁县，未上"；王象之"任江宁知县的经历，仅见《直斋书录解题》，《四库全书总目提要》等书，《景定建康志》、《至正金陵新志》均未记载，详情不得而知。有观点认为，《景定建康志》中《江宁县壁记》述诸县令在任、去任皆相衔接，唯端平三年（1236 年）七月二十八日至十月十七日间数十日无人任，故疑王象之知江宁县即在此时，而为《壁记》失载"①。在笔者看来，孙若蒙知江宁县未到任，而王象之则很可能也是有命未履，二人与江宁县是有缘无分，十分巧合。

迄今为止，我们还没有孙若蒙与王象之生前究竟有无直接交往的证据，但根据现有材料推测，孙若蒙与王象之作为同时代人，尤其王象之于宝庆三年（1227 年）撰成《舆地纪胜》二百卷，想必定在学界引起关注，孙若蒙一定也会知晓。《舆地纪胜》一书所撰内容以南宋统治地区为限，而孙若蒙的任职和活动区域就是在南宋管辖范围的饶州、蕲州、建康、成都、长宁、顺庆、广汉、武夷山、嘉定府等地，尤其在南宋的西部地区曾游历十二年。而王象之"江、淮、荆、闽，无所不到"，还到过庐山、长宁、重庆、涪州、分宁等地。这二人都在南宋西部地区有较长时期的任职和游历，无疑也有机会交集。

《碑铭》中"执友敬书其概于瘗石"的"执友"有双重含义，一是父辈的朋友，二是知心好友。根据碑铭全文看来，最有可能的是：在孙若蒙去世后，由他的儿子孙自昌

---

① 吴德厚主编：《江宁历史文化大观》，南京：南京出版社，2008 年，第 243 页。

等人请孙若蒙的生前友好或者孙自昌的好友撰写碑铭，并由王象之审定和书写。因是多人之手成文，故未具名，"执友"二字皆可涵盖。"□［王］朝奉郎知隆兴府分宁县事金华王象之书"，则表明碑记为王象之手书后，由刻工镌刻于碑。

在皖南泾县丁家桥镇后山施工中出土的由南宋王象之所书《南宋孙若蒙与郭氏夫妇墓志碑铭》给我们留下了一条宝贵的史料，具有多方面的价值，其要者：第一，给我们留下了孙若蒙、郭氏夫妇以及家族传承的资料，可以丰富南宋人物与家族的研究；第二，给我们留下了南宋时期丧葬风俗特别是客死他乡者如何运回灵柩、选择吉地葬风水的案例；第三，我们通过碑文书写者落款，完全可以推断出王象之的卒年为1233年以后，从而否定了王象之卒于1230年的说法，为王象之卒年的确定向前迈出一大步；第四，给我们留下了南宋大书法家王象之的十分难得的书法碑刻实物资料，这对于丰富研究中国书法的研究，探讨书法与碑刻之间的关系也是具有重要意义的。关于王象之书写的《南宋孙若蒙与郭氏夫妇墓志碑铭》碑文书法价值以及丁家桥镇境内近年来发现的诸多历史文化遗迹，为我们探讨和研究中国宣纸为何产生在丁家桥镇境内的关系提供了相关线索，限于篇幅，笔者将在另文中探讨①。

（致谢：本文研究写作过程中，先后得到泾县丁家桥镇张有根先生、安徽省黄山市太平区政协陈朝曙先生的支持和帮助，在此表示衷心感谢）

---

① 如近年来，在丁家桥镇发现了"七星墩文化"，根据项目组初步研究，其历史最迟年代在新石器晚期。

关于邓广铭先生《悦斋唐仲友生卒年份考》及其他

——唐仲友生卒年问题再探讨[*]

——唐仲友生卒年问题再探讨[*]

赵瑶丹　方如金

（浙江师范大学 人文学院，浙江 金华，321004）

摘　要：朱唐交恶，以至于唐仲友的文章、德行和政事，一概受斥，散佚的著作虽经张作楠辑集，但百不存一。唐仲友的生卒年亦成为历史遗留问题，几百年来一直悬而未决。因为缺乏正面的史料记载，关于唐仲友的生卒年份众说纷纭，宗谱、方志以及学者考证的结果相互抵牾，矛盾丛生。为了解决这一难题，邓广铭先生经过缜密推论，但遗憾的是亦出现了偏误。经过对唐仲友三个年龄、两个生年、四个卒年诸多说法的比对、论证，最终认定唐仲友确切的生卒年为1136—1188年，享年五十三岁（虚龄）。

关键词：唐仲友；生卒年份；邓广铭

唐仲友，字与政，号说（悦）斋，南宋婺州金华人，学者称说斋先生。绍兴二十一年（1151年）进士，历任建康府通判、秘书省著作郎、知信州、知台州等职，有治绩。唐氏"天分绝人，书经目辄成诵，以词赋称于时"[①]，学术博洽，史学精绝，尤邃于经制之学，不专主一说，"自天文、地理、王霸、兵农、礼乐、刑政、阴阳、度数、郊庙、

---

　　* 本文系浙江省哲学社会科学重点研究基地江南文化研究中心成果、浙江师范大学人文学院中国语言文学一级学科博士后科研流动站成果。

　　① （清）张作楠：《补宋潜溪唐仲友补传》，金华西市街朱三余堂梓版，光绪二十四年（1898年）仲夏，第4页。

学校、井野、畿疆，莫不穷探，力索于遗编之中而会通其故，精粗本末兼该并举，遂以学行名天下"①。其一生著作达八百余卷之多，正如苏平仲云"东莱悦斋皆富著述，而唐所著过于吕，合不下八百余卷"②，成为南宋著作最称宏富的学者之一。但由于与朱熹相忤，唐仲友生前死后都受到朱熹及其门人打压、挤弄，并波及其学说，当今存世本除完本《帝王经世图谱》外，余皆残缺或遗失。虽经清人张作楠辑集，编《金华唐氏遗书》十卷，但总体而言零落不成系统，相对于原本宏富的学说而言仍百不存一。朱唐交恶，以至于唐氏的文章德行政事，一概受斥，宋史不为其立传，即使像吴正传作《敬乡录》之类的著作亦唯恐避之不及，不录唐氏其人其文。但是，后世有诸多学者为唐氏鸣不平，宋濂特为其补作一传，可惜《唐仲友补传》一卷今已不得见；清代全祖望于《宋元学案》中为其立《说斋学案》，偏重于替唐氏申雪台州冤案。唐氏著作的渐灭是我国学术文化史上一个很惨痛的悲剧，亦是一项无可挽回的重大损失。唐氏其人其事其文缺失了正面、系统的史料记载，加之其著作的散佚，为后人对唐仲友这样一位金华学派的创始人并开浙东学派之先声的大学者之其人其学说的认识与研究留下了诸多缺憾。且不言唐氏一生的行实座次、宏富学说，就唐氏的生卒年份这一问题就众说纷纭，如同一团迷雾，纷扰人眼。因缺乏明确、清晰的说法，学界论及朱唐交恶，阐释唐氏学术思想时，对其生卒年通常是含糊其辞，或一笔带过，或避而不谈。因此，考证唐氏的生卒年份是推动、深化唐氏研究的首要问题，亦是金华学派、婺学、南宋浙东学术乃至中国古代学术文化史研究中的重要问题，因而理清现存各类似是而非，莫衷一是的诸多说法，对其生卒年份进行重新考订、厘正，是势在必行、责无旁贷的历史使命。

一、关于唐仲友三个年龄、两个生年、四个卒年的矛盾记载

《金华市志》《金华县志》等市县志在论述唐仲友的生卒年时作如下介绍，"唐仲友（1135—1216），享年八十二岁③。《唐氏宗谱》指出④，唐仲友"卒于嘉定九年（1216）丙子，则实年八十有二"⑤。《唐氏宗谱》与《金华市志》《金华县志》对唐仲友年龄的

---

① （清）张作楠：《补宋潜溪唐仲友补传》，金华西市街朱三余堂梓版，光绪二十四年（1898年）仲夏，第4—5页。
② （清）张作楠：《补宋潜溪唐仲友补传》，金华西市街朱三余堂梓版，光绪二十四年（1898年）仲夏，第38页。
③ 《金华市志》第42编《人物》第2章《人物传》，杭州：浙江人民出版社，1992年，第1119页；《金华县志》第24编《人物》第1章《人物传略》，杭州：浙江人民出版社，1992年，第707页。
④ 全称《金华晋昌唐氏宗谱》。该宗谱历经乾隆、嘉庆、道光、咸丰、光绪年间（1736—1908年）续修，金华市婺城区唐宅村重修于民国二十八年（1939年）己卯。
⑤ 《金华晋昌唐氏宗谱》卷4《家传》，民国二十八年（1939年）本。

记载都是一致的，三者都把唐氏的生年定为 1135 年，卒年定为 1216 年，享年则有八十二岁。

在此需要说明的是，《金华县续志》把张作楠的《补宋潜溪唐仲友补传》（以下简称补补传）收录①，显然这是好事，因为原始版本的补补传实在难得一见，这就为后人更全面地了解唐仲友及朱唐交恶的真相提供了较为客观的历史资料。但遗憾的是，《金华县续志》在收入补补传时，由于工作上的粗疏，错漏之处不少，诸如该志第 1030 页记载："今唐氏谱乃云：唐仲友'卒于嘉泰元年（1201）。'"②真可谓半路上杀出个程咬金，唐仲友又出现了一个新的卒年，如果按其出生年份为 1135 年的说法，其享年又变成六十七岁了。这显然与《唐氏宗谱》《金华市志》《金华县志》记载不符，与补补传本身的前后记载矛盾。出现这一说法的原因在于，在转录张作楠的补补传时遗漏了"考周氏作于嘉泰元年"诸文字，将周必大撰写《〈帝王经世图谱〉序》的时间莫名地误记、误解成唐氏的卒年，致使唐仲友又多了一个卒年，很显然这是因疏漏或误解带来的严重讹误，其说法自然是不攻自破。

另外，《中国历史大辞典·宋史》③《浙江古今人物大辞典》④等辞书中，唐氏生卒年皆记为"唐仲友（1136—1188）"，周学武《唐仲友年谱》亦记载"唐仲友（1136—1188）"⑤。按此，唐氏的实足年龄为五十二周岁，虚龄则为五十三岁。这显然与金华市、县志以及《唐氏宗谱》中的记载存在较大出入。同一个唐仲友的生卒年竟相差二十九岁，岂不怪哉！

而《中国历代思想家传记汇诠》书中唐氏生卒年记为"唐仲友（1135—1187）"。⑥此记载注明引用《宋元学案·说斋学案》，经查此书并无唐氏生卒年的记载⑦，因此，这一生卒年应是编者所加，与邓广铭先生的考证结果是保持一致的，而且最大的可能是直接沿用了邓广铭先生的结论。邓先生曾于 1937 年作《悦斋唐仲友生卒年份考》一文，推断唐氏的生年当为高宗绍兴五年（1135 年）乙卯，卒年为淳熙十四年（1187 年）丁

① 《金华县续志》第 9 编《丛录》第 1 章《重要文献辑存》第 1 节《清张作楠〈补宋潜溪唐仲友补传〉》，北京：方志出版社，2005 年，第 1016 页。

② 《金华县续志》第 9 编《丛录》第 1 章《重要文献辑存》第 1 节《清张作楠〈补宋潜溪唐仲友补传〉》，北京：方志出版社，2005 年，第 1030 页。

③ 《中国历史大辞典》编纂委员会编：《中国历史大辞典·宋史卷》，上海：上海辞书出版社，1984 年，第 399 页。

④ 单锦珩主编：《浙江古今人物大辞典》上，南昌：江西人民出版社，1998 年，第 420 页。

⑤ 周学武编：《唐仲友年谱》，原载《国魂》第 310 期，转引自吴洪泽、尹波主编：《宋人年谱丛刊》，成都：四川大学出版社，2003 年，第 6244 页。

⑥ 王蘧常主编（宋元部分潘富恩主编）：《中国历代思想家传记汇诠》下，上海：复旦大学出版社，1993 年，第 357 页。

⑦ 黄宗羲著，全祖望补修，陈金生、梁运华点校：《宋元学案》卷 60《说斋学案》，北京：中华书局，1986 年，第 1955 页。

未①，那么唐氏的实足年龄为五十二岁，虚龄为五十三岁。

综上所述，关于唐仲友的生卒年竟然存在四种说法：1135—1216 年，1135—1201 年，1136—1188 年，1135—1187 年。一个唐仲友出现了三种年龄，从享年八十二岁、六十七岁到五十三岁，生年有两种，卒年有四个，而且相距甚远、逾记逾模糊。因为没有正史的直接、正面记载，可供唐氏研究的史料又缺失，对唐氏确切年龄的考证问题显然亟待学界解决。

二、造成唐氏出生年份两种不同说法的缘由

关于唐仲友的出生年份缺乏充分、直接的史料记载，而现存史料引用者在介绍人物生卒年时，在没有疑义和争论的情况下，一般就直接注明其生卒起讫年，很少说明其生卒年具体以什么史料为依据。这就为我们辨识唐氏多种生卒年说法的推断过程以及各类说法的由来形成了无形的障碍。从文献中记载的各类细碎史料看，关于唐氏生平有明确时间记载的，一是绍兴二十一年（1151 年）辛未登进士第，二是绍兴三十年（1160 年）庚辰中博学宏词科②。这两个时间点在唐氏生平中找不到可供推断的时间坐标，因而似乎对于推断唐氏的出生年份并没有直接的作用。

《金华市志》《金华县志》与《唐氏宗谱》对唐氏生卒年的记载一脉相承，史料依据应当来自《唐氏宗谱》。《补宋潜溪唐仲友补传》记载，唐仲友登绍兴二十一年（1151 年）进士第③，其依据为《金华县志·选举表》。张作楠作按语，指出其说法之依据来自于《唐氏宗谱》，悦斋以绍兴五年（1135 年）乙卯生，至是年辛未（1151 年）年十七④。这几处记载说明：一是，唐仲友生于绍兴五年（1135 年）乙卯；二是，唐仲友于绍兴辛未年（1151 年）进士及第，年十七。这里需要强调指出，古人年龄通常以虚龄计算，因此，唐氏从 1135 年出生至 1151 年进士及第正好是虚岁十七，从而有唐仲友的出生年份为绍兴五年（1135 年）之说。以上诸书对于唐氏生于绍兴五年（1135 年）的记载，归根结底最初的史源乃《唐氏宗谱》，因而得出了相同的结论。从《唐氏宗谱》的记载看，似乎唐仲友的出生年份是确凿的。既然如此，显然这与唐氏生于绍兴六年（1136

---

① 邓广铭：《悦斋唐仲友生卒年份考》，原载天津《益世报·读书周刊》，1937 年 7 月 1 日，转载于《邓广铭全集》第 8 卷《宋代人物·史事》，石家庄：河北教育出版社，2005 年，第 714—715 页。

② （清）张作楠：《补宋潜溪唐仲友补传》，金华西市街朱三余堂梓版，光绪二十四年（1898 年）仲夏，第 5 页。

③ （清）张作楠：《补宋潜溪唐仲友补传》，金华西市街朱三余堂梓版，光绪二十四年（1898 年）仲夏，第 5 页。

④ （清）张作楠：《补宋潜溪唐仲友补传》，金华西市街朱三余堂梓版，光绪二十四年（1898 年）仲夏，第 5 页。

年）之说存在分歧。

邓广铭先生将唐氏的生年定位于绍兴五年（1135 年）。邓先生没有直接依据《唐氏宗谱》之记载，其结论经过系列论证推断得出。唐仲友曾在《上四府书》中云："仲友不佞，蒙被国家长养作成之恩二十九年矣，再尘末科。"①也就是说，确知《上四府书》的时间便可断定唐氏的出生年份。

诸辞书中关于唐氏的生年定位于 1136 年，与周学武《唐仲友年谱》中的记载一致，即高宗绍兴六年（1136 年）丙辰，唐仲友一岁②。《唐仲友年谱》中关于唐氏的生年亦是以推断《上四府书》的确切时间为切入点，因而这一线索成为解开唐氏出生年份之谜团的钥匙所在，即成为判定唐氏出生年份是在绍兴五年（1135 年）还是绍兴六年（1136 年）的关键点。

邓广铭先生的推断与周学武先生的推导，两者的逻辑依据并无太大出入，考证的切入点都在于《悦斋文钞》中的记载，唐仲友云："蒙被国家长养作成之恩二十九年矣。"③明确断定其上书时当在唐氏二十九岁之时，因而只要查明上书的年份，便可推断唐氏的出生年份。该上书中继而述及对金和战之事，为上书时间的推断留下了系列线索："秦陇之师，吾之上驷；符离之役，吾之大举；确山之屯，忠义之巨擘也。二年之间，数与虏角，得未毫毛而丧逾邶山。"④"前日符离之举，与今两淮之郡邑，三军之事力，皆可覆按，固不掩众人之议而逃朝廷之鉴也"⑤。"虽然，仲友观朝廷二年之间，凡所设施不可谓不当矣"⑥。据《宋史》及《宋史纪事本末》记载，宋将李显忠兵溃符离（今安徽宿县）时为隆兴元年（1163 年）五月甲寅⑦。符离溃败之后，宋廷调整两淮守备，而根据《金史·仆散忠义传》的记载，金军犯淮，亦在"符离之役"以后⑧。唐氏上书中多次提到两淮的战备，因而断定上书时间必定不早于隆兴元年（1163 年）。

---

① （宋）唐仲友：《悦斋文钞》卷 3《上四府书》，胡宗楙校锓：《金华唐氏遗书》，续金华丛书本，胡氏梦选楼 1924 年版，第 12 页。

② 周学武编：《唐仲友年谱》，吴洪泽、尹波主编：《宋人年谱丛刊》，成都：四川大学出版社，2003 年，第 6246 页。

③ （宋）唐仲友：《悦斋文钞》卷 3《上四府书》，胡宗楙校锓：《金华唐氏遗书》，续金华丛书本，胡氏梦选楼 1924 年版，第 12 页。

④ （宋）唐仲友：《悦斋文钞》卷 3《上四府书》，胡宗楙校锓：《金华唐氏遗书》，续金华丛书本，胡氏梦选楼 1924 年版，第 13 页。

⑤ （宋）唐仲友：《悦斋文钞》卷 3《上四府书》，胡宗楙校锓：《金华唐氏遗书》，续金华丛书本，胡氏梦选楼 1924 年版，第 14 页。

⑥ （宋）唐仲友：《悦斋文钞》卷 3《上四府书》，胡宗楙校锓：《金华唐氏遗书》，续金华丛书本，胡氏梦选楼 1924 年版，第 15 页。

⑦ （宋）陈邦瞻：《宋史纪事本末》卷 77《隆兴和议》，北京：中华书局，1977 年，第 813 页。

⑧ 《金史》卷 87《仆散忠义传》，北京：中华书局，1975 年，第 1938 页。

周学武继而列举《宋史纪事本末》中的一段记载，孝宗隆兴元年（1163 年）夏四月戊辰，"张浚被命入见，帝锐意恢复……（浚）谓金人至秋必为边患，当及其未发攻之。帝然其言，乃议出师渡淮……会李显忠、邵宏渊亦献捣虹县、灵壁之策，帝命先图二城。浚乃遣显忠出濠州，趋灵壁；宏渊出泗州，趋虹县"①。从中可见，隆兴间的战斗实际上是宋廷主动，至隆兴二年（1164 年）年末，和议重开，以迄乾道元年（1165 年）二月和议之成，历时将近二载。因而可以证得唐仲友书中提及"二年之间"，"仲友观朝廷二年之间"之类的语句，系隆兴元年（1163 年）至隆兴二年（1164 年）之间，也就是在孝宗即位以后的两年之间，而不是绍兴三十一年（1161 年）绍兴至三十二年（1162 年）之间。孝宗于绍兴三十二年（1162 年）受禅，加之上书时间必定不早于隆兴元年（1163 年），因而推断唐氏上书时间必定在隆兴二年（1164 年）②。

邓先生又以唐氏上书中提及对金议和与作战之事为切入点进一步推导。唐氏《上四府书》有云："及至金陵，见王权之军，始信言者之不妄。"③邓先生根据《悦斋文钞·送同官黄教授序》所云推断唐仲友在金陵的年份："绍兴岁辛巳，北虏渝盟，天子震怒，命将进讨……时永嘉黄君坦老方为金陵泮宫师，仆始忝列同僚。……十二月，天子亲视师，正月至金陵……会君以荐员改京秩，解组趋朝。交游惜其别也，会于西园以饯之。"④由此，推断出唐仲友在金陵，是始于绍兴末年，那时唐氏在那里作学官。而《上四府书》亦提到唐氏那时仍然是"职在郡学"⑤，并谈及对建康仓储状况的观感，"仲友之始至建康也，闻计司仅有岁月之储，今闻其无旬月之积，公私物力困弊至此，议者尚欲妄以予人何哉"⑥。可见，唐氏《上四府书》时仍在金陵作学官，而且应当是在绍兴末年之后。继而邓先生又考证唐氏内迁为秘书省正字是在他父亲唐尧封被擢为侍御史之时，唐尧封去职又是因为弹劾钱端礼，其事在隆兴二年（1164 年）的冬季，当时悦斋已经为秘书省正字，推断出《上四府书》的时间至晚当在隆兴二年（1164 年）的冬

① （明）陈邦瞻：《宋史纪事本末》卷 77《隆兴和议》，北京：中华书局，1977 年，第 810—811 页。
② 周学武编：《唐仲友年谱》，吴洪泽、尹波主编：《宋人年谱丛刊》，成都：四川大学出版社，2003 年，第 6247 页。
③ （宋）唐仲友：《悦斋文钞》卷 3《上四府书》，胡宗楙校锓：《金华唐氏遗书》，续金华丛书本，胡氏梦选楼 1924 年版，第 12—13 页。
④ （宋）唐仲友：《悦斋文钞》卷 9《送同官黄教授序》，胡宗楙校锓：《金华唐氏遗书》，续金华丛书本，胡氏梦选楼 1924 年版，第 4—5 页。
⑤ （宋）唐仲友：《悦斋文钞》卷 3《上四府书》，胡宗楙校锓：《金华唐氏遗书》，续金华丛书本，胡氏梦选楼 1924 年版，第 12 页。
⑥ （宋）唐仲友：《悦斋文钞》卷 3《上四府书》，胡宗楙校锓：《金华唐氏遗书》，续金华丛书本，胡氏梦选楼 1924 年版，第 14 页。

季之前①。邓先生的推理环环相扣，层层推进，逻辑严密，功力深厚，着实令人叹服。

邓氏与周氏在考证《上四府书》的时间时，虽然在运用的具体史料上有一定差异，但殊途同归，得出唐仲友上书的时间是一致的，均在隆兴二年（1164 年）。

那么，为什么同样的切入点、同样的一条关键史料依据却得出不同的出生年份呢？两者的出入就在于对"蒙被国家长养作成之恩二十九年矣"的不同理解。周学武先生将其理解为唐氏上书之时乃他人生中的第二十九个年头，因而唐仲友上书时应当是周岁二十八，虚岁二十九，由此向上推断唐氏的出生年份为绍兴六年（1136 年）。而邓广铭先生则将其理解为唐氏是在二十九周岁时上书，言外之意是唐仲友上书之时已经度过了他人生的二十九个春秋，因而根据悦斋《上四府书》至早至晚均必不出隆兴二年（1164 年），推断其出生年份为绍兴五年（1135 年）。

笔者认为此句当理解为"第二十九年"，既然古人的习惯是以虚龄称，那么，唐氏上书时应该是称自己的虚龄，所谓"蒙被国家长养作成之恩二十九年矣"是指上书之时已经是唐氏的第二十九个春秋。邓广铭先生将悦斋《上四府书》的时间理解为实龄，这与古人的年龄认定习惯不符。邓先生并不是没有注意到古人实龄与虚龄的差别，只是在此处出现疏漏。因为他在推断其卒年时亦根据周必大在《帝王经世图谱》之《序》中提及的"不幸得年仅五十三"②一语，将"五十三"理解为唐氏的虚龄，实足年龄则为五十二。由此，邓先生由先前推断出唐氏生于 1135 年的结论，进而断定唐氏卒于 1187 年。既然如此，那么对古人年龄的认识与推断应当保持一致，唐氏上书时也应当是理解为虚龄，而不是唐氏的实足年龄。邓先生将唐氏上书年龄理解为实足年龄，而将周必大认定的唐氏年龄理解为虚龄，这显然在逻辑上产生了前后抵牾，互相矛盾。正因这一小误解导致最后的结论出现了一年的时间偏差。

邓广铭先生在 20 世纪中国史学史上具有举足轻重的地位，被誉为"宋史泰斗""一代宗师"，他的论点在史学界的影响不言而喻。受此影响，王蘧常、潘富恩诸先生编写《中国历代思想家传记汇诠》一书时，直接沿袭了邓先生的观点，记唐仲友的生卒年为 1135—1187 年。邓先生的观点一度影响了学界对唐仲友生卒年的认识和定论，因而也成为困扰考证唐仲友生卒年确切时间的最大迷惑点。唐仲友生于 1135 年的论断又恰恰与《唐氏宗谱》相吻合，并被金华市、县志沿用。因而邓先生《悦斋唐仲友生卒年份考》

① 邓广铭：《悦斋唐仲友生卒年份考》，《邓广铭全集》第 8 卷《宋代人物·史事》，石家庄：河北教育出版社，2005 年，第 712—713 页。
② （宋）周必大：《〈帝王经世图谱〉序》，（宋）唐仲友：《帝王经世图谱》，文渊阁四库全书本，第 922 册，第 386 页。

一文就成为揭开唐仲友确切生卒年之谜团的节点,成为统一学界对唐仲友生卒年份认识的关键点和难点。由分析邓先生《悦斋唐仲友生卒年份考》一文的讹误而断定唐氏出生年为 1135 这一说法显然是不能成立的,那么《唐氏宗谱》中关于唐仲友出生年为 1135 亦有误,关于其年龄记载的可信度显然亦大可怀疑。对于卒年问题的探讨将在本文第三部分进行论证。

从上文征引可见,周学武先生的推断是科学、严密、正确的,这也是邓先生的推断逻辑,遗憾的是邓先生只是因为理解的小偏差而与正确的结论擦肩而过。根据《上四府书》的时间在隆兴二年(1164 年),当时的唐仲友乃二十九岁(虚龄),因而向上可以推断唐仲友的确切出生年份当在绍兴六年(1136 年)。确定了唐仲友的出生年,这就为进一步推导唐氏的卒年找到了必要的、坚实的时间坐标。

三、关于唐氏四种卒年的抵牾说法

推断出唐氏的出生年份为 1136 年,那么其卒年问题则摆上案头。事实上,这亦是争议最大、出入最明显的问题。如果按《唐氏宗谱》记载,唐氏卒于 1216 年,享年八十二岁,那么就与其他史料记载出现了严重的矛盾。根据前文所证,《唐氏宗谱》中关于唐氏生卒年的记载是不足信的。

和唐仲友同时代的南宋著名学者周必大(1126—1204 年),应唐氏嫡系弟子金式之邀为唐氏大著《帝王经世图谱》作《序》,云:

> 金华唐仲友……始终条理如指诸掌,每一篇成,门人金式辄缮写藏弃积百二十有二篇,又得与政犹子别本相与校雠,厘为十卷。……孝宗深奇其才。不幸得年仅五十三,凡所蕴蓄百未究一,予每与士大夫共惜之,因序其书并告来者。嘉泰元年七月庚戌,前进士周必大书。[1]

序文中明白无误地指出唐仲友"不幸得年仅五十三",周必大撰序的时间为嘉泰元年(1201 年)。如果按《唐氏宗谱》中的记载,唐氏卒于 1216 年,那么按理 1201 年之时唐氏乃健在,这显然与序文所云"不幸得年仅五十三……予每与士大夫共惜之"大相径

---

① (宋)周必大:《〈帝王经世图谱〉序》,唐仲友:《帝王经世图谱》,文渊阁四库全书本,第 922 册,第 386 页。

庭，前后矛盾。唐氏如果健在，"年仅五十三"之说又从何而来？这显然是明显的讹误。周必大是应金式之邀为唐仲友之《帝王经世图谱》作序文，如果唐氏当时健在，一般情况下也就不必由门生出面相邀。另外金式乃唐仲友得意门生，和义乌傅寅、朱质，金华叶秀发四人皆为唐氏知名弟子，又系唐氏同邑，他对恩师的卒年当然是最清楚不过的。金式请周必大为其师作序文并将其刊于《帝王经世图谱》之前，周氏序文中提及的唐仲友之享年是可信、可靠的。清代唐仲友的同邑故里张作楠用反问的口气指出：

> （金式）岂不知其师之存亡？若如谱所记①，则刊图谱时②，悦斋尚在，纵平园或传闻未确，式刊此序于卷首，断无不一寓目，讹生为死之理。疑谱误也。③

生死乃人生之大事，绝不可能玩弄于文字之间。显然，张作楠的推断是符合逻辑的。他严正指出了《唐氏宗谱》中关于唐氏卒年的记载存在严重讹误的问题，唐氏卒于 1216 年的说法不能成立。

对于唐氏的卒年，张作楠在《补宋潜溪唐仲友补传》做出了合理的推理论证：

> 考周氏作于嘉泰元年（1201 年）时，悦斋门人金式，分教庐陵，将刊版请序于平园，其时去悦斋之卒已十三年矣。故有不幸得年五十三岁之语。
> 如序说，则悦斋当卒于淳熙十五年戊申（1188 年）。④

按张作楠的说法，周氏于 1201 年为其作序，离唐仲友去世已经过去十三年了，也就是说唐氏当卒于 1188 年。根据本文第二部分论断，如果说唐氏生于 1136 年无误，周必大言唐氏享年五十三虚岁，那么自然可以推断唐氏确切的卒年当为淳熙十五年（1188 年），这与张作楠的考证亦相契合。由此，关于唐氏确切生卒年的几种不同说法、各类记载亦可以得到统一，这一几百年来遗留的历史谜结迎刃而解。因而可以清晰地断定唐氏的确切生卒年份：唐仲友生于绍兴六年（1136 年），卒于淳熙十五年（1188 年）。

笔者在撰写《金华、永康市县志中有关陈亮交游人物生卒年纠错与补正》一文时，

---

① 此处"谱"指《唐氏宗谱》。
② 此处"图谱"指唐仲友《帝王经世图谱》。
③ （清）张作楠：《补宋潜溪唐仲友补传》，金华西市街朱三余堂梓版，光绪二十四年（1898 年）仲夏，第 36 页。
④ （清）张作楠：《补宋潜溪唐仲友补传》，金华西市街朱三余堂梓版，光绪二十四年（1898 年）仲夏，第 36 页。

对于《唐氏宗谱》以及根据宗谱史料记载唐仲友生卒年的《金华市志》《金华县志》,《中国历代思想家传记汇诠》中关于唐仲友生卒年的记载,各辞书对于唐氏生卒年记载的矛盾、讹误现象已经指出,但对于唐仲友的生卒年是 1135—1187 年还是 1136—1188 年的问题并没能清晰作答①。该文结合张作楠考周必大作《〈帝王经世图谱〉序》的时间断定唐氏的卒年当为 1188 年,无疑;但是对于其出生年份是在 1135 年还是 1136 年这一疑团并未解开。因而特撰此文试图理清现存各类相互矛盾记载的来龙去脉,还唐氏生卒年一个确切、清晰、合理的说法,以求方家批评指正。

① 赵瑶丹、方如金:《金华、永康市县志中有关陈亮交游人物生卒年纠错与补正》,《中国地方志》2009 年第 9 期,第 48—49 页。

赵甡之与《中兴遗史》

许起山　张其凡

（华东师范大学 古籍研究所，上海，200241；暨南大学 中国文化史籍研究所，广东 广州，510632）

摘　要：《中兴遗史》一书，共有六十卷，南宋初赵甡之撰，为编年体史书，主要记载了宋钦宗、宋高宗两朝的历史。该书约成书于宋孝宗朝中后期，亡佚于宋元之际，其内容被《三朝北盟会编》《建炎以来系年要录》《宋宰辅编年录》等史籍大量引用，幸可知其大概。赵甡之为南宋初年将领赵哲之子，一生声名不显，少有事迹流传，但其撰《中兴遗史》是一部史料价值极高的著作。著名史家李心传因乡情、家世等原因，对《中兴遗史》的评价有失公允。

关键词：《中兴遗史》；赵甡之；李心传

《中兴遗史》（以下简称《遗史》）共六十卷，赵甡之著，为编年体史书，所记内容，起宋钦宗靖康元年（1126 年）至宋高宗绍兴三十二年（1162 年），约三十七年史事①。陈乐素先生撰《三朝北盟会编考》，考察《三朝北盟会编》（以下简称《会编》）引用书目时，对《遗史》有数百字的论述，后人提及《遗史》，多以陈先生的研究为据②。但陈先生的研究稍嫌简略，值得我们对这部史籍及其作者赵甡之做更深刻、全面的研究。

---

① "甡"，一些书作"性""牲"等，皆是传抄之误。
② 陈乐素：《求是集》第 1 集，广州：广东人民出版社，1986 年，第 280—281 页。

一、《中兴遗史》作者考

（一）作者之疑

晁公武《郡斋读书志》没有著录《中兴遗史》。尤袤《遂初堂书目》虽有著录，但未提及作者。陈振孙《直斋书录解题》言：

> 《中兴遗史》六十卷。从义郎赵甡之撰。庆元中上进。其书大抵记军中事为详，而朝政则甚略，意必当时游士往来边陲、出入幕府者之所为。及观其记张浚攻濠州一段，自称姓名曰开府张鉴。然则此书鉴为之，而甡之窃为己有也。或曰鉴即甡之妇翁，未知信否？①

陈振孙怀疑此书可能为张鉴撰，赵甡之窃取了张鉴的成果。其言"观其记张浚攻濠州一段，自称姓名曰开府张鉴"，现存的《遗史》佚文中，已见不到这条记载。马端临《文献通考》照录了陈《录》的原语②。陈振孙的存疑，给后人研究《遗史》带来了不少困惑，明人毛晋即认为："俾赵甡之窃妇翁张鉴书以为己有者，闻之不惭惶无地耶？"③

元朝史臣所修《宋史》，其《艺文志》部分，多是照录宋人所编国史中的《艺文志》，在著录《遗史》时，直书其作者为赵甡之④。在引用《遗史》原文的诸书中，凡是涉及该书作者的，皆作赵甡之，未见一处提及张鉴的。《会编》与《建炎以来系年要录》（以下简称《要录》）引用《遗史》原文最多，史学名家徐梦莘、李心传，在引录时直书《遗史》作者为赵甡之，没有提出任何怀疑之语⑤。另外，《遗史》在叙述采石之战时，自

---

① （宋）陈振孙：《直斋书录解题》卷4，上海：上海古籍出版社，1987年，第119页。

② 点校本《直斋书录解题》作"开府张鉴"，未出校记。《文献通考》中华书局点校本作"开封张鉴"，亦未出校记。《中华再造善本》影印国家图书馆藏元泰定元年西湖书院刻本《文献通考》，作"开府张鉴"。此处张鉴事迹已不可考，疑"开封"当为"开府"。

③ 见清人毛晋为宋人王明清《挥麈后录》所作题跋，可参照《丛书集成初编》据津逮本影印之《挥麈后录》。汪圣铎《〈宋史全文〉插引史论文献研究》，将毛晋题跋当作王明清书中原语，显误。汪文载《宋史研究论丛》第15辑，保定：河北大学出版社，2014年，第492页。

④ 《宋史》卷202《艺文一》，北京：中华书局，1977年，第5033—5034页。

⑤ 汪圣铎《〈宋史全文〉插引史论文献研究》言"徐梦莘《三朝北盟会编》引录凡十一次"。陈乐素《三朝北盟会编考》有《全书引用材料索引》，统计出《会编》共引《遗史》144条，见《求是集》第1集，广州：广东人民出版社，1986年，第171—173页。笔者又进行了重新统计，所用《会编》版本与陈先生所用版本同。发现陈先生少统计2条，分别在许刻本《会编》卷71第1页、卷229第11页，同时误统计1条，即卷229第8页。所以，《会编》共引用《遗史》原文145条。

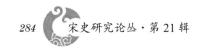

书"甡之尝试以允文二札论之"①，更能说明《遗史》作者为赵甡之。

（二）赵甡之事迹钩沉

赵甡之，《宋史》无传，宋人众多笔记杂谈之中，也罕见与此人有关的记载。根据现存史料，尽力钩沉，方才找到如下线索：

《要录》卷三八记述张浚斩赵哲时提到：

> 建炎四年冬十月庚午朔，张浚斩同州观察使、环庆路经略安抚使赵哲于邠州。

此段后李心传有小注云：

> 哲之诛，史及诸书不载，《日历》："绍兴四年八月二十一日，承节郎赵甡之进状，父哲建炎三年落阶官，除同州观察使，于当年十月一日，宣抚张浚挟私，辄从军法身死。"故系于此日。②

赵哲是南宋建炎年间（1127—1130 年）的重要将领，富平之败后，被张浚斩杀，时人认为张浚杀将卸罪。朝廷正式为赵哲平反，是在绍兴四年（1134 年）的七月十三日③。八月，赵甡之向朝廷进状，要求为其父恢复原官。可知，赵甡之之为将门之子，在绍兴四年（1134 年）八月的官职是承节郎，此官应是朝廷为赵哲平反后，对其后代的赏赐。

承节郎，属宋代武阶官中的小使臣八阶列，南宋绍兴年间（1131—1162 年）定为入品武阶五十二阶之第五十一阶，从九品。陈振孙还提到了赵甡之为"从义郎"，此官依然属于武阶小使臣之列，为武阶五十二阶之第四十五阶，从八品。时隔数十年，赵甡之才由从九品的承节郎上升到从八品的从义郎，并且始终未突破小使臣之阶，可谓升迁极慢，故其一生在政治、军事上不可能有大的作为，陈振孙等人对其生平经历显得十分陌生。

《要录》卷七八绍兴四年（1134 年）七月十三日又提到：

---

① （宋）徐梦莘：《三朝北盟会编》卷 239，绍兴三十一年（1161 年）十一月八日丙子条引《中兴遗史》，上海：上海古籍出版社，1987 年，第 1715 页。
② （宋）李心传：《建炎以来系年要录》卷 38，北京：中华书局，2013 年，第 847 页。
③ （清）徐松辑：《宋会要辑稿》职官 76 之 66，北京：中华书局，1957 年，第 4128 页。

诏故威武大将军、宣州观察使曲端，故亲卫大夫、明州观察使赵哲并追复旧官。

先是，言者数论张浚杀端、哲为非，是故皆复之。已而哲子承节郎洪讼于朝，乃锡哲同州观察使告身焉。赵哲换给告身在八月戊戌。[1]

据此可知，朝廷七月十三日为赵哲追复的官职是明州观察使。但赵洪"讼于朝"，应是诉说其父赵哲身前为同州观察使，朝廷应该按此追复。朝廷当天便改赐赵哲为同州观察使。仅根据这则史料来看，赵哲还有一位名叫赵洪的儿子，且在赵哲复官后，也为承节郎。由李心传所作小注可知，赵洪讼于朝及朝廷赐赵哲同州观察使的告身在八月戊戌（二十一日）。前引《日历》有关赵甡之的记载，甡之向朝廷进状，也是向朝廷说明其父赵哲应追复同州观察使的，进状时间也为八月二十一日（戊戌）。

前后所引两段文字所述史实基本一致。两则史料皆提到了有关赵哲之子的事迹，一则提到了赵甡之，另一则提到了赵洪。如此看来，赵哲应有两个儿子。果如是邪？若赵甡之与赵洪为兄弟，在朝廷追复其父官职后，不可能赐予二人同为承节郎的官职，二人也不可能在同一天为同一事先后向朝廷进状，要求追复其父为同州观察使。更何况，既为同胞兄弟，缘何一人名甡之，一人名洪呢？

进状时间同，当时官职同，上书方式同，上书缘由同，所得结果同，只有一种可能，赵甡之、赵洪当是一人。因为赵甡之一生不显，李心传对其较为陌生，在抄录材料时，又因一条放在卷三八，一条放在卷七八，相隔四十卷，一时疏忽，把一人之事放在了两个名字下面。诸家典籍引用《遗史》时，提到撰者皆作赵甡之，疑赵洪字甡之，以字行于世，久而久之，人们只提赵甡之，而不提赵洪了。

陈乐素先生又找到赵甡之为赵哲之子的另一佐证，现将陈先生的考证迻录于此：

惟《会编》卷一四二"建炎四年九月二十三日张浚军于富平，为娄宿所败"一条之下，有引文一段，记此役经过颇详，于张浚多作贬词。此尚未足为异。特文中诸人俱径称其名，而末乃云："诸军皆溃，惟环庆路经略赵都承先走到汾州，乃稍定。"赵都承者，赵哲也。何以于哲独称其官而不名？故余疑此段文采自《中兴遗史》，同时疑《中兴遗史》之撰者乃赵哲之子也。[2]

① （宋）李心传：《建炎以来系年要录》卷78，北京：中华书局，2013年，第847页。
② 陈乐素：《求是集》第1集，广州：广东人民出版社，1986年，第281页。

陈先生所用《会编》版本，乃光绪三十四年（1908 年）许刻本，当代学界认为此本是较好的本子。但细查《会编》其他版本，"诸军皆溃，惟环庆路经略赵都承先走到汾州，乃稍定"一句，光绪四年（1878 年）袁活字本、《四库全书》文津阁本、文渊阁本作"诸军皆溃，唯环庆路经略赵哲牌旗不及卷。众呼曰：'环庆路经略赵郡丞先走。'至汾州，乃稍定"。对比可知，许本缺"赵哲牌旗不及卷众呼曰环庆路经略"十五字。且只有许本作"赵都承"，其他本子皆作"赵郡丞"。当时赵哲为环庆路经略使，其官当为都承，即枢密都承旨，而不应为久已不设且地位较低的郡丞。在《景定建康志》中明言赵哲"建炎年，左武大夫、明州观察使、枢密都承旨，权主管侍卫马军司公事"①，许本作"赵都承"，是。但许本脱了较为关键的十五字，此段记载便不及他本了。因为许本之失，此处并没有出现陈先生所说的"于哲独称其官而不名"的情况。

另外，《会编》卷七〇引《遗史》原文，言："有保义郎吴琦者，为平南军兵马监押，与余同僚。"②可知赵甡之也在平南军中做过官。除以上内容，尚未找到有关赵甡之的其他方面的材料。

二、《中兴遗史》的成书与流传

自南渡以后，朝野上下面临"靖康之祸，古未有也"的国仇家恨，"伤时感事，忠愤所激，据所闻见，笔而为记录者无虑数百家"③。《遗史》即是其中之一种。

在现存《遗史》佚文中可见到"高宗""孝宗"字样，这种叙述方式，或是李心传等引用者根据自身所处环境所改，不可据之认为《遗史》成书于孝宗朝以后。陈振孙言《遗史》在"庆元中上进"，后世学者多据此认为《遗史》成书于庆元年间（1195—1200年）④。其实，陈振孙并未说明《遗史》成书于何时，只言上进于庆元中。

① （宋）周应合：《景定建康志》卷 26《官守志三·侍卫马军司》，王晓波、李勇先、张保见等点校：《宋元珍稀地方志丛刊》（甲编），成都：四川大学出版社，2007 年，第 1247 页。

② （宋）徐梦莘：《三朝北盟会编》卷 70，靖康元年（1126 年）闰十一月二十六日丁巳条引《中兴遗史》，上海：上海古籍出版社，1987 年，第 527 页。

③ （宋）徐梦莘：《三朝北盟会编·序》，上海：上海古籍出版社，1987 年，第 3 页。

④ 如刘兆祐：《宋史艺文志史部佚籍考》，台北：文献馆中华丛书编审委员会，1984 年，第 244—245 页；何勇强：《鲜于绰〈传信录〉真伪辨析》，《烟台师范学院学报》（哲学社会科学版）2002 年第 4 期；陈乐保：《姚平仲劫寨之战述论》，四川大学古籍整理研究所、四川大学宋代文化研究中心：《宋代文化研究》第 20 辑，成都：四川大学出版社，2013 年，第 130 页；杨翼骧编著，乔治忠、朱洪斌订补：《增订中国史学史资料编年》（宋辽金卷），北京：商务印书馆，2013 年，第 324 页；汪圣铎：《〈宋史全文〉插引史论文献研究》，姜锡东主编：《宋史研究论丛》第 15 辑，保定：河北大学出版社，2014 年，第 492 页。

现存《遗史》佚文，有这样一段叙述：

> 初，张浚谪永州居住，秦桧既死，已令逐便居住矣。至是，浚进书，乞勿信沈
> 该、万俟卨二相，宜修武备。或谓浚无此书，憸人伪撰而进之。又或以为金人令奸
> 细诈作浚进书。虽不可明，然该、卨大怒。①

据《张浚行状》所述，张浚确实向朝廷上过奏疏②。《张浚行状》是朱熹在乾道三年（1167年）所撰，洋洋数万言，对张浚生平叙述十分详细。张浚名声甚隆，此《行状》又为当时名流朱熹所撰，因此颇受重视，流传甚广。由上引《遗史》记载可知，赵甡之对张浚上书朝廷一事是不确定的，因此，他是没有见过《张浚行状》的。《遗史》当撰成于《张浚行状》未广泛流行之前。

赵甡之对虞允文指挥的采石之战功绩，经过反复考索，认为虞氏夸大战功，虚张声势，"允文藉此，盖有心望为宰相也"③。由"有心望为宰相"一语可知，赵甡之撰《遗史》时，虞允文已经做了或做过宰相。虞允文在乾道五年（1169年）拜相，而尤袤（1124—1194年）《遂初堂书目》既然著录了《遗史》，《遗史》成书应在尤氏去世之前。徐梦莘撰成《会编》时间是绍熙五年（1194年），其倾毕生精力，撰书二百五十卷，如此巨著，从开始撰写到完成，至少在十年以上。而《会编》前后引《遗史》一百多处。

据以上可以推测，《遗史》至晚完成于宋孝宗淳熙年间（1174—1189年）。成书之后，到了庆元年间（1195—1200年），才上进朝廷。

就目前所见，宋元时期著作引用《遗史》原文的大致有：《三朝北盟会编》《建炎以来系年要录》《建炎以来朝野杂记》《旧闻证误》《鄂国金佗稡编》《朱子语类》《舆地纪胜》《方舆胜览》《宋宰辅编年录》《宋史全文》等。又如《桯史》《齐东野语》《清容居士集》等书，虽也提到了《遗史》书名，但并没有直接引用其文，只是参考了其中内容。

一向究心于宋朝史实并对纂修《宋史》有极大热情的袁桷④，在其所撰《书冯将军

---

① （宋）徐梦莘：《三朝北盟会编》卷224，绍兴二十六年（1156年）十月二十九日丁酉条引《中兴遗史》，上海：上海古籍出版社，1987年，第1316页。
② （宋）徐梦莘：《三朝北盟会编》卷224，绍兴二十六年（1156年）十月二十九日丁酉条引《张浚行状》，上海：上海古籍出版社，1987年，第1316页。
③ （宋）徐梦莘：《三朝北盟会编》卷239，绍兴三十一年（1161年）十一月八日丙子条引《中兴遗史》，上海：上海古籍出版社，1987年，第1716页。
④ 关于袁桷纂修《宋史》的努力和热情，可参见许起山《略论袁桷〈延祐四明志〉》一文，《青海师范大学学报》（哲学社会科学版）2017年第2期。

翠峰诗后》一文中提到"惟赵氏《遗史》所记，号为详悉"①。此文撰于元成宗元贞三年（1297 年）。袁桷所提胶西之战事，在现存《遗史》佚文中已不能寻得。照此条记载，袁桷当是见过《遗史》原书的。但是，二十多年后，袁桷向朝廷建议搜寻有关野史、杂书以作修前朝史实所用，所列书目就有《遗史》②。显然，作为备员史馆近二十年的袁桷，在其主持修《宋史》时，已见不到《遗史》一书。

现存《永乐大典》残卷有两处引用了《遗史》，但《大典》内容皆是从他处抄来的，或是从宋人著作中转录而来，不能作为《遗史》在明代依旧存在的根据。焦竑所著《国史经籍志》，有"《中兴遗史》六十卷　赵甡之"的一条著录。焦氏在著书时，往往抄录前代目录之书，此条或抄自《直斋书录解题》。柯维骐所撰《宋史新编》，著录"赵甡《中兴遗史》二十卷"，与《宋志》同，应是从《宋志》中抄录的。迄今为止，尚未见有明人著作征引《遗史》原文。

在清人著作中，一些学者引用了《遗史》，如陈景云《韩集点勘》、厉鹗《宋诗纪事》、施国祁《金史详校》、孙诒让《温州经籍志》、胡宗楙《张宣公年谱》各引一条，彭元瑞《宋四六话》引六条，黄以周等辑注《续资治通鉴长编拾补》在小注部分共引十余条，李有堂《金史纪事本末》共引原文近二十条。但以上诸书所引《遗史》之文，已被《会编》《要录》等书引用，当是从《会编》《要录》转抄而得。

清人的一些目录书，如张金吾《爱日精庐藏书志》在著录《舆地纪胜》时说："其所引书如《国朝会要》、《中兴会要》、《高宗圣政》、《孝宗圣政》、《中兴遗史》等书，皆传本久绝，藉此得考见崖略。"③陆心源在《皕宋楼藏书志》中也照录了此条。孙诒让在《温州经籍志》中也言："至于（《宋宰辅编年录》）援引宋代史籍，若《遗史》、《日历》、《丁未录》、《拜罢录》诸书，今并不传，亦藉是存其崖略。"④张、陆、孙三人皆藏书丰富并精通目录之学，他们皆言《遗史》早已失传，也可知《遗史》在清代是不存在的。

要之，《遗史》在南宋时，流传还是比较广的。究竟有无刻本流传，现在已不可考知。从元代以后的公私目录中也可看出，《遗史》自宋亡以后，绝少被著录，即使有一两种著录者，亦是抄自《宋史》等书。清代一些善于考证的学者，径言此书失传已久。

① （元）袁桷：《清容居士集》卷 47，杨讷编：《元史研究资料汇编》，北京：中华书局，2014 年，第 545 页。
② （元）袁桷：《清容居士集》卷 41，杨讷编：《元史研究资料汇编》，北京：中华书局，2014 年，第 248—249 页。
③ （清）张金吾：《爱日精庐藏书志》卷 15，北京：中华书局，2012 年，第 199 页。
④ （清）孙诒让：《温州经籍志》卷 13，上海：上海社会科学出版社，2005 年，第 526—527 页。

故知《遗史》一书，当亡佚于宋末元初。

三、《中兴遗史》的史料价值

既然名之为《遗史》，顾名思义，自然记载了不少当时官方或通行著述中遗漏的史实。《会编》共引用《遗史》145处，在全书引用书目中，引用《遗史》次数最多。《要录》参阅《遗史》达317次，仅次于《高宗日历》和《中兴小历》①。足见当时史家对《遗史》的重视。

《遗史》内容为宋钦宗、宋高宗朝事，而赵甡之正好生活在这个时期，其所记录，多是亲眼所见、亲耳所闻，可谓当代人写当代史。这一点，要比出生较晚的徐梦莘、李心传等人更有优势。《要录》卷八引《遗史》：

〔陈〕东疏中有云，上不当即大位，将来渊圣皇帝来归，不知何以处此。

此条揭露了宋高宗斩陈东的重要原因。而陈东文集《少阳集》卷三保留了陈东死之前的三份奏疏，并无此条内容。李心传也只能说："东书本不传，今且附此。"②宋高宗与秦桧多次下令焚毁、删改对自身不利的各家著述，宋高宗为了隐瞒杀害陈东的真正原因，令人删去此段文字。而赵甡之能够见到这条关键性的文字，并大胆加以引用，足见其非凡的史识。

《会编》卷七〇叙述刘光世之父刘延庆事迹时，所引《遗史》内容提到了《朝野金言》一书，赵甡之注明，此书原载刘延庆事是十分详细可靠的，但因后来其子刘光世显贵，"好事者谄奉之，乃改"。赵甡之劝诫道："后人览《朝野金言》者，当求旧本，而改本失实，故不可以不详辩。"

《会编》卷八六引《遗史》叙述张邦昌事实，提到了《泣血录》。此书全称《孤臣泣血录》，太学生丁特起撰。赵甡之批评太学诸生，因为得到了张邦昌的恩惠，而"为邦昌粉饰其事"。赵甡之经过辨析，没有引用此书观点。

虽然《遗史》久佚，清代学者仍然从别处转录《遗史》原文来补充史实。由此可知，

① 聂乐和：《建炎以来系年要录的编撰和流传》，《史学史研究》1988年第2期，第59页。
② （宋）李心传：《建炎以来系年要录》卷8，北京：中华书局，2013年，第234页。

《遗史》的史料价值，得到了学者们的认可①。

四、南宋史家李心传对《中兴遗史》的态度

李心传字微之，又字伯微，号秀岩，南宋隆州井研（今四川井研县）人。

李心传撰《要录》，往往将《遗史》相关内容作为其考证的材料，但直接依据《遗史》内容修入《要录》正文的并不多。李心传对《遗史》的史料价值，整体上评价不高。在提到《遗史》的地方，往往会说"《遗史》小误""甡之不深考耳""得之于传闻""甡之误记"等。当然，李心传也有一些根据《遗史》修入或者直言《遗史》所述是正确的，此时李心传总会有补充说明，言此条不见于他书，只有《遗史》记载，"姑附此，待考"，"当求他书考之"，"传闻之词，恐不至是"等，显得勉强与不得已。

李心传对《遗史》的这种态度，固然源于他精于考证，对待史实的认真考辨。除此之外，疑尚有其他原因。

目前所见《遗史》佚文，虽然赵甡之在褒扬蜀人中正义之士时不吝笔墨，但他对蜀人中一些大众公认的优秀者，有时也会不以为然。杜莘老弹劾以医药获得宋高宗宠幸的医师王继先，世人皆称其敢言直谏，但赵甡之却说："惜乎莘老蜀人，去国稍远，不知继先出处。""其所言十事，盖继先之细过耳"②。虞允文亦为蜀人，然赵甡之更是对其谎报战功、另有所觊的作为大加批判，并且认为世人对虞允文的称颂是源于蜀人的推波助澜，"允文，蜀人也，首自蜀中传写之，众皆和之。于是，蜀人家家有传本矣"③。

赵甡之对蜀人的态度，综合观来，也没有刻意褒贬的成分在里面。但是，他在某些地方，特意强调一下某某人为蜀人，蜀人见此，未免有想法。赵甡之缘何有此书法，现在很难确知其因。但有一点还是要重复提起，其父赵哲是被蜀人张浚斩杀的。观《遗史》佚文，赵甡之对张浚的评价还算公允，亦不会因一人而蔑视全蜀。李心传对《遗史》的

---

① 近年来，《遗史》在宋研究中的史料价值，逐渐引起了学者们的重视，并用此解决了一些关键性问题。例如，何忠礼、徐吉军著《南宋史稿》（杭州：杭州大学出版社，1999 年），论及秦桧南归问题时，根据《遗史》及陆游的《老学庵笔记》，判断秦桧是逃归宋朝的（第 81—83 页）。顾宏义《宋金采石之战考》，《东北史地》2010 年第 3 期，主要运用《遗史》中的相关史料，对采石之战的规模、虞允文的功绩等，作了十分精准的论述。顾先生又用《遗史》等材料撰《"层累地造成"的宋金采石之战史发覆》一文，载辛薇主编：《南宋史及南宋都城临安研究》（续）上，北京：人民出版社，2013 年，第 521—550 页。

② （宋）徐梦莘：《三朝北盟会编》卷 230，绍兴三十一年（1161 年）八月十一日辛亥条引《中兴遗史》，上海：上海古籍出版社，1987 年，第 1659 页。

③ （宋）徐梦莘：《三朝北盟会编》卷 239，绍兴三十一年（1161 年）十一月八日丙子条引《中兴遗史》，上海：上海古籍出版社，1987 年，第 1718 页。

态度，或是受《遗史》对蜀人描写的影响，或者他考虑到赵甡之与张浚有杀父之仇，故而赵甡之对蜀人有成见。

《宋史·李心传传》中，虽然也说"心传有史才，通故实"，但又说他"志常重川蜀，而薄东南之士"①。《四库全书总目》认为《宋史》对李心传的评论欠公允，并举张浚等人的例子为其辩诬，认为李心传撰《要录》"未尝以乡曲之私，稍为回护"②。后人也多以此称颂李心传史笔公允。细读《要录》，李心传身为蜀人，确实有对家乡之人回护之处，甚至指斥不利于蜀人的记载，并专引利于蜀人者为据，对乡贤加以称颂。

另外，李心传的父亲李舜臣，《宋史》卷四〇四有传。传中有云："教授成都府。时虞允文抚师关上，辟寘幕府，用举者改宣教郎、知饶州德兴县，专尚风化。"③《遗史》对虞允文如何在采石之战后谎报战功、冒领厚赏、觊觎相位的做法叙述甚详，并对虞允文几封邀功奏疏一一给予反驳，论据充分，让人信服。赵甡之认为虞允文这种欺世之举，是因为"允文有门下士，昧于名教典礼，乃拾掇三札溢其虚美，作为记事之文，夸大允文之功"。而李心传的父亲李舜臣，恰好做过虞允文的幕僚。李心传在《要录》中没有全引赵甡之对采石之战规模的考证，只在小注中摘录了几句内容，随后作了长达四百八十余字的反驳，认为赵甡之深诋允文，"掩允文之功，尤非其实"④。对比赵甡之、李心传二人对采石之战的叙述，李心传未免有失公允。⑤李心传在《要录》中对《遗史》的态度，应是受乡贤、亲情的影响⑥。

赵甡之撰成《中兴遗史》，据实直书所经历过的宋钦宗朝、宋高宗朝史事，使忠臣义士之声名得以发扬，使奸臣小人之恶迹得以显露，激励士心，积极抗金，以图国家振兴。对了解北宋灭亡及南宋立国、宋金交战形势等，此书甚有价值。研究两宋之际和宋高宗朝的历史，《遗史》一书，不容忽视。

---

① 《宋史》卷438《李心传传》，北京：中华书局，1977年，第12985页。

② （清）永瑢等：《四库全书总目》卷47，北京：中华书局，1965年，第426页。

③ 《宋史》卷404《李舜臣传》，北京：中华书局，1977年，第12224页。

④ （宋）李心传：《建炎以来系年要录》卷194，北京：中华书局，2013年，第3798—3799页。

⑤ 顾宏义先生《"层累地造成"的宋金采石之战史发覆》一文，对李心传在《要录》中有关采石之战的失实记载，有详细考评，可供参考。辛薇主编：《南宋史及南宋都城临安研究》（续）上，北京：人民出版社，2013年，第521—550页。

⑥ 李心传对虞允文的袒护，不仅表现在对《遗史》的不合理斥责，在其他地方也有显露，如在采石之战中，水军统领盛新功劳卓著，但功最多而赏最轻。主要是虞允文向朝廷所进奏疏中，对盛新的战功有所隐瞒。王明清《挥麈三录》说"盛新功多而获赏最轻，抑郁而死"。而李心传在引《挥麈三录》时，却改作"自以功多而赏轻，抑郁而死"，似乎是盛新自我所致，与虞允文毫不相干。此处足见李心传为乡人回护之心态。可参见顾宏义先生《"层累地造成"的宋金采石之战史发覆》一文。辛薇主编：《南宋史及南宋都城临安研究》（续）上，北京：人民出版社，2013年，第521—550页。

宋元易代与宋季忠义人的历史书写

——以《宋史·陈炤传》立传始末为中心[*]

熊燕军

（韩山师范学院 历史文化学院，广东 潮州，521041）

摘　要： 常州之战是宋元战争中规模最大、影响最大的战役之一，涌现了许多以身殉国的忠义之士，通判陈炤即其一。至正重修三史时，余阙以史料问题为由拒绝了陈显曾为其先祖陈炤立传的请求。事实上，《陈炤墓志》《陈炤小传》此前已在社会流传，而陈显曾提供的家传材料真实性也很高。余阙始终以忠义自勉，这样处理的目的，主要是想掩饰元初重臣伯颜血腥的常州屠城之举，将伯颜塑造成为元朝的道德楷模，以激励元季士人报效国家。后来，余阙虽然勉强为陈炤立传，也参考了《陈炤墓志》《陈炤小传》的内容，却将文字大幅精简，删减了大部宋人殉节和全部元人屠城的细节描写。

关键词： 陈炤；《昭先录》；常州之战；陈显曾；历史书写

在中国历史上，每当新朝初创，总要着手编写前朝的历史，这不仅是为了鉴往知今、汲取历史的经验教训，也为了从历史上说明前朝灭亡的必然性，给新朝的建立提供合理合法的依据。作为官方意识形态建设的重要内容，此类史书的编修活动毫无疑问必须贯

---

　　[*]　本文系广东省哲学社会科学"十三五"规划2016年度一般项目"宋季忠义的历史书写研究（宋末——清初）"（项目编号：GD16CLS03）的阶段性成果。

彻"政治优先"原则,即史官(家)们一方面需要恪守中国史学"直书实录"传统,另一方面,在官方的干预或指导下,有时也出于史官(家)们的政治自觉,当历史书写涉及新朝政治利益的时候,轻描淡写、回避甚至歪曲史实。

要说明的是,在中国传统社会,王朝虽然不断更替,但新旧王朝的政治理念和思想基础却往往并无二致,这就使得新朝对前朝的历史书写绝不仅仅体现在所谓的"天命靡常"上,有时它们也会有共同的政治和道德诉求,但是在王朝更替的背景下,对前朝历史的弘扬和提倡难免会对新朝的"正统性"造成影响,如忠义人问题。从现实政治看,忠义人是前朝的英雄,是新朝的"敌人",需要斥责;但从伦理规范看,忠义精神又是中国传统社会一贯的道德追求,必须弘扬。在新朝旨在建构正统性的修史活动中,忠义人到底该如何评价,如何书写呢?

其实,在相当长时间里,忠义人都是作为新朝的"敌人"而载入"正史"。对此,唐代大史学家刘知几曾经感叹道:"霜雪交下,始见贞松之操;国家丧乱,方验忠臣之节。若汉末之董承、耿纪,晋初之诸葛、毋丘,齐兴而有刘秉、袁粲,周灭而有王谦、尉迥,斯皆破家殉国,视死犹生,而历代诸史皆书之曰逆,将何以激扬名教,以劝事君者乎?"①贞观年间(627—649年),唐修《晋书》,始置《忠义传》,忠义人的政治价值和伦理意义才得到普遍认可②。此后历代正史皆设置有《忠义传》,但忠义人的历史书写是否从此就可以"直书实录"了呢?

宋代是中国传统社会重要的转折时期,也是一个"忠义辈出"的时代。宋朝建国之初,承晚唐五代之弊,为防止王朝旋兴旋亡的局面重演,改行文治,大力进行忠义观建设,社会风气为之一变。《宋史·忠义传序》云:"士大夫忠义之气,至于五季,变化殆尽。宋之初兴……于是中外缙绅知以名节相高,廉耻相尚,尽去五季之陋矣。故靖康之变,志士投袂,起而勤王,临难不屈,所在有之。及宋之亡,忠节相望,班班可书。"③尤其是在宋末反抗蒙元的斗争中,在理学盛行的背景下,汉族士大夫激于夷夏之辨、君臣大义和文化使命感,纷纷挺身而出,为国捐躯尽节④。明人何乔新说:"宋之亡也,忠义之士何多乎?"⑤清人邵廷采《宋遗民所知传》云:"两汉而下,忠义之士至南宋

---

① (唐)刘知几著,(清)浦起龙释:《史通通释》卷7《曲笔》,上海:上海古籍出版社,1978年,第198页。

② 《隋书》有《诚节传》。隋朝由于避隋文帝之父杨忠的名讳,将"忠"改作"诚",故此《诚节传》实为《忠节传》。又,唐修《北史》《魏书》有《节义传》,所收亦为忠君报国之人。

③ 《宋史》卷446《忠义一》,北京:中华书局,1977年,第13149页。

④ 〔美〕田浩:《因'乱'而致的心理创伤:汉族士人对蒙古入侵回应之研究》,《台大文史哲学报》2003年第58期。

⑤ (明)何乔新:《椒邱文集》卷7《史论》,文渊阁四库本。

之季盛矣。"①赵翼《廿二史札记》也说:"历代以来,捐躯殉国者,惟宋末独多。"②

萧启庆先生指出,在任何重大历史变革的时代,都不免泥沙俱下,鱼龙同现。面对外在环境不可抗拒的变化,每个人都会根据其政治理念、道德信仰与实际利益的轻重而作出不同的反应,或以死报国,或高蹈远引,或改仕新朝。今人如此,宋季亦然③。越来越多的研究发现,所谓宋末忠义"辈出",其实是一个"虚像",宋代士人的忠君爱国意识并不会比其他朝代来得高④。

为什么会出现如此大的反差? 笔者以为,这与后人对宋代忠义的历史书写和形象塑造有关。这其中不得不提的是元人编修的《宋史》。至正三年(1343 年),元顺帝下诏重修三史。是时,农民战争的烽火已经燃遍大江南北,元朝统治处于风雨飘摇中,为了激励元季士人为国尽忠,元朝统治者对前朝忠义给予了特别关注,元顺帝甚至直接下诏,要求不须回避前朝忠节事迹⑤。结果元修《宋史·忠义传》用了十卷的篇幅,共记载了277 人(算上附传,共 283 人),其中 77 人为宋季忠义,篇幅之大,人数之多,远远超过前朝⑥。一时间,忠义成为宋代尤其是宋季最为瞩目的政治现象之一。

对待宋代忠义,元人看起来似乎真的做到了"直书实录",但是如此一来岂不有违前述之"政治优先"原则? 尤其是宋季忠义,这些人的所作所为直接关系到元朝的合法性,书写的时候不可能不有所回护。但相关"回护"具体表现在何处? 元代史臣当然不会明言,后世史家也很少注意,今人研究也少有涉及⑦。本文拟以《宋史·陈炤传》立传始末一事为线索,考察元代史官(家)历史书写的"标准"与"原则"以及影响历史书写的政治和文化要素,从而揭示宋季忠义人的历史书写与元朝政治建构的内在关系。

---

① (清)邵廷采:《思复堂文集》卷 3,杭州:浙江古籍出版社,1987 年,第 199 页。

② (清)赵翼著,王树民校证:《廿二史札记校证》卷 25《宋制禄之厚》,北京:中华书局,1984 年,第 534 页。

③ 萧启庆:《宋元之际的遗民与贰臣》,《历史月刊》1996 年第 99 期。

④ 陈得芝:《论宋元之际士人的思想与政治动向》,《南京大学学报》1997 年第 2 期。

⑤ 《辽史》附录《三史凡例》,北京:中华书局,1974 年,第 572 页。

⑥ 论者或以为,元修《宋史》系主要抄撮宋官修史籍(主要是国史和实录)而成,且宋代国史中即有忠义传这一类目,故元人对宋代忠义的历史书写极有可能来自宋人。揆诸史实,的确如是。但笔者要指出的是,抄录本身也是一种姿态,如果元人没有认识到忠义人的政治和伦理价值,它可以不抄录,选择销毁这些材料。特别是《宋史·忠义传》所录 277 人中,包括有宋季忠义 77 人,这些人都与宋蒙(元)战争有关。事实上,由于宋末局势动荡,史馆制度废弛,理宗后国史和实录均未修成,这些传记相当部分可能都是元代史臣所作。

⑦ 关于宋季忠义人的研究,目前学界已有一些成果,但主要集中在历史考证方面,从历史书写角度展开讨论的还比较少,主要有加拿大学者谢慧贤的《王朝更替:十三世纪中国的忠义主义》(Jennifer W. Jay, *A Chang in Dynasties: Loyalism in Thirteenth-Century China*, Bellingham: Center for East Studies, Western Washington University, 1991)、美国学者戴仁柱的《十三世纪中国政治与文化危机》(Richard L. Davis, *Wind Against the Mountain: The Crisis of Politics and Culture in Thirteenth-Century China*, Cambridge: Harvard University Press, 1996; 中文版由刘晓译,北京:中国广播电视出版社,2003 年)等。

粗陋不当之处，还望方家批评指正。

一

　　陈炤，字光伯，江苏常州人，咸淳元年（1265年）进士。初任丹阳县尉，淮东帅臣印应雷素知其人，辟为寿春教授，而留之幕府掌笺翰。炤以功业自许，乐仕边郡，举者满数，改官知朐山县。印应雷犹留之幕府，后丁母忧，归常州。

　　德祐元年（1275年）三月，元军攻占常州。宋廷以前参知政事姚希得之子姚訔为知州，以为恢复之谋①。五月，都统制刘师勇在姚訔、陈炤的协助下，成功收复常州。因陈炤知兵，辟陈炤通判常州；另派副都统王安节率军加强守城。晋陵人胡应炎率父兄及壮勇之民3000人，护国寺的万安、莫谦之长老，亦组织500和尚协助守城。

　　是年八月，元军统帅伯颜自上都南返，听闻常州失守，即遣元帅唆都领兵攻常。守将姚訔、陈炤、王安节、刘师勇等力战固守，元军久攻不克，逐渐增兵。姚訔遣人向朝廷求援。十月二十六日，宋援军至五牧、虞桥，遭元军阻击败退。常州孤立无援。十一月十六日，伯颜率军到常州，与唆都会兵围城。十八日，常州陷落，姚訔纵火自焚，陈炤、王安节、胡应炎等率兵与元军巷战，力战不屈，先后阵亡。刘师勇转战至北门，乘乱突围，仅带数骑逃往平江。元军破常州后，伯颜下令屠城，常州军民被杀几尽②。

　　常州之战是宋元战争史上具有决定性的重大战役。常州背靠运河，面临长江，扼运河襟要，是临安的重要屏障。常州的陷落，临安门户大开，南宋灭亡指日可待。在常州之战中，南宋守城将士不畏强敌，英勇战斗，壮烈牺牲，其忠义气概直可惊天地、泣鬼神。因此，不论是从战役意义，还是从弘扬忠义精神看，元修《宋史》都不应该遗忘这段历史及宋殉节诸臣③。

---

① 姚訔，字季和、号蒙泉，潼川人，寄籍宜兴。姚訔，《宋史》无传，其生平可参明叶夔《补宋知常州赠龙图阁待制谥忠毅姚公传》，载《毗陵忠义祠录》卷1，收入四库全书存目丛书编纂委员会编：《四库全书存目丛书》史部第90册，济南：齐鲁书社，1997年，第393—395页。又，姚文哲《姚訔誓死抗金（元）兵》提到姚訔原在福州任职，因母丧回乡，惜未提供材料出处。见《常州日报》，2013年7月13日B2版。

② 关于常州之战的详情，可参李天鸣：《宋元战史》，台北：食货出版社，1988年；陈世松等：《宋元战争史》，成都：四川社会科学出版社，1988年；胡昭曦：《宋蒙（元）关系史》，成都：四川大学出版社，1992年；顾宏义：《天平——十三世纪宋蒙（元）和战实录》，上海：上海书店出版社，2002年。

③ 元人其实就有这种观点。（元）佚名著、王瑞来笺证：《宋季三朝政要笺证》卷6《卫王本末》："史为直笔，安能为斯人隐。今大元混一，识天时而归附者，固皇帝之所嘉。尽臣道而死节者，亦皇帝之所重，岂可弃而不录哉！"北京：中华书局，2010年，第510页。

　　然而事实恰恰相反。陈垣先生曾指出："德祐元年，常州之守，《宋史》本纪及忠义传载其事甚著……惟当时殉节诸臣，《宋史》不载，而散见于《元史》，如《廿二史札记》所补；及散见于志乘，如《宋季忠义录》所采，类此者仍不乏人。"①实际上，常州之战意义重大，《宋史》本纪及忠义传等均有所提及，但叙事零落散漫，不成系统，难言"载其事甚著"；殉节诸臣，《宋史·忠义传》也有相当记载，然寥寥几句，极为简略，一些关键人物甚至都遗漏了，不及立传，如知州姚訔、节度判官胡应炎、武进知县包圭。

　　事情为何会这样，是出于忌讳，还是史料不足？明人高启曾著《胡应炎传》，以补《宋史》常州之战记叙缺失之弊，其文末有云："余为儿童时，常闻父老言元兵取常时事，甚悉。及壮观史，多所未载，岂搜采有失而致然欤？抑著作者有所讳避而弗录欤？或其事多缪悠，初皆无有，特好事者为之说欤？是皆不可知也，每窃恨焉。"②道出了同样的困惑。

　　其实，元修《宋史·忠义传》时，陈炤亦不在其中。关于《宋史·陈炤传》立传始末，危素《昭先小录序》一文有详细记载：

　　　　宋德祐元年十月乙卯，通判常州陈公炤死城守。后六十九年，为大元至正三年，皇帝诏修辽、金、宋史，其曾孙显曾以书告史馆翰林直学士王公沂师鲁、翰林修撰陈君祖仁子山、经筵检讨危素太朴，请录公死节事。陈君及素复书曰：史官修撰余君廷心实当纪公事，而慎重不轻信。于是显曾又亟以书告余君，反覆哀痛。余君虽爱其词，然犹难之。后从国史馆史库得《德祐日记》，载公授官岁月与夫复城、城守、两转官、城破死节、褒赠等事甚悉，始为立传。而显曾未知也，遂走京师，伏谒余君以请。今其传既上进矣，显曾退而辑次诸公为公所著文字，及其前后所与书问，题曰《昭先录》，使素叙其端。

　　陈显曾，字景忠，号昭先，陈炤曾孙。元至正元年（1341年）乡试乙科进士，累迁儒学提举，仕至翰林修撰③。陈炤殉节后，其子孙感念先人忠烈，大力购求陈炤遗文，立

　　① 陈垣：《通鉴胡注表微·臣节篇第十二》，刘梦溪主编，刘乃和编校：《中国现代学术经典》（陈垣卷），石家庄：河北教育出版社，1996年，第658页。

　　② （明）高启：《高太史凫藻集》卷4《胡应炎传》，四部丛刊初编本。

　　③ 陈显曾生平事迹可参明人莫息、潘继芳《锡山遗响》卷2，万历《无锡县志》卷16，《元诗选·癸集》已集上。

志昭显先祖德行，遂以"显曾""景忠""昭先"为名号①。至正三年（1343 年），当元顺帝下诏重修三史，明确忠义事迹无所忌讳时，陈显曾立即上书王沂、陈祖仁和危素三位史官，请求收录其曾祖陈炤死节事。当他得知由余阙负责陈炤的传记，而余阙因为史料问题，慎重不轻信，未为陈炤立传时，又给余阙写信，反复哀痛陈请。余阙后从史馆得《德祐日记》，载陈炤仕宦及守节诸事甚悉，始为立传。《宋史·陈炤传》上进后，陈显曾将诸公为陈炤所作文字及自己与几位史官就陈炤立传问题的往来信件汇编成《昭先录》，并请危素为之作序，即前文之《昭先小录序》。

《昭先录》今已不存，幸运的是，我们找到了余阙写给陈显曾的一封回信。《复陈景忠修撰书》：

> 阙启：子山修撰递至所寄书，承谕令先世死事，辞义恳至，此正仁人孝子之用心。比来遣使购求四方野史诸书，宋故家子孙少有送上者。岂历年既久，文字散亡？或子孙衰亡不能记忆，而下材者不知暴扬先烈，亦庸或有之也。仆朴陋无似，惟平生于人一言一行之善即喜称道，况宋之亡降者甚多，而死义者甚少，岂不以降则生且富贵，而死者人之所甚难也？夫能舍其生且富贵，而行人之所甚难，此非若一言一行之善，犹可勉而为者，而史者所以发潜德、诛奸谀，所宜急急暴著，以讽厉天下，而为名教劝，非特为宋氏计。令先世事，仆所以迟迟不可决，非敢少有他志，特以德祐时国家分崩灭亡，皆无著作，而枢密院故牍载常事特略，野史所纪姚王刘事，又皆纷纭失真，而陈通判无能知者。夫家传不敢尽信，先辈屡有是言。必参稽众论，有可征据而后定。……近书库中始得德祐日记数册，陈通判事始见。盖姚訔之常在三月廿五日，刘师勇复常在五月五日，陈通判之辟在十八日。时陈见摄西倅，复常之日，姚亦后至，见于刘师勇之奏。君家所纪，亦传闻之误也。谨以载入史中，不敢遗落。②

在信中，余阙再次强调史料问题是陈炤立传与否的关键因素。余阙指出，德祐时国家丧

---

① 《昭先小录序》："显曾之生，协（陈协，陈炤之孙，陈应鼍之子）禀命其父，以制名字，以'景忠'训之，曰：'显曾者，欲汝显其曾祖也；景忠者，欲汝景慕曾祖之忠烈也。汝其识之！'及病革，遗言曰：'汝毋忘重闻之养及名字之命。'显曾泣曰：'不敢。'已而目不瞑。显曾泣曰：'不敢忘遗训也。'乃瞑。"陈炤的后嗣情况，可参布焕有《赠朝奉大夫直宝章阁常州通判陈公墓志》，载《毗陵忠义祠记》卷 1，四库全书存目丛书编纂委员会编：《四库全书存目丛书》史部第 90 册，济南：齐鲁书社，1997 年，第 400 页。

② （元）余阙：《复陈景忠修撰书》，载《无锡金匮县志》卷 36、《常州府志》卷 33，转引自李修生：《全元文》第 49 册卷 1494，南京：凤凰出版社，2005 年，第 117—118 页。

乱，史馆废弛，国史及实录均未修成；枢密院档案记载常州之事特略，而野史既纷纭失真，且只记姚（訔）、王（安节）、刘（师勇）三公，陈炤未有提及。余阙认为，陈家虽编修有家状，但家传需有其他文献核实，否则不可尽信。后来因为在史馆书库中觅得《德祐日记》数册，其中有陈炤仕宦、城守及殉节的详细记载，故决定立传。为了说明家传不可尽信，余阙还详细列出了家传记载的失实之处。余阙的回信与危素《昭先小录序》的讲述完全一致，很明显，陈显曾将这封信也收入了《昭先录》。

要强调的是，余阙所述史料不足一定程度也是实情，传世文献所见常州之战的记载的确简略，有的甚至连人名都未提及。例如，《昭忠录》只有姚訔、王安节的传记，而《宋季三朝政要》也只提到姚、王二人；元政书《经世大典序录·政典·征伐》则只有战争经过的记载，并未提及姚、王、陈等死节事宜；而《平宋录》不仅没有姚、陈等人死节的记载，甚至连人名都没有提及。

以史料问题作为陈炤立传与否的说辞，余阙的理由看起来的确冠冕堂皇，但在其觅得《德祐日记》前，除家传外，果真没有其他可信的文字吗？又，家传虽不可尽信，但完全可以通过一些考据的功夫判定其来源及价值，何至于完全不信？从余阙所列比对结果看，家传与官方记载只在几处时间上存在差异，并不会影响陈炤殉节这一主题的展开。事实上，《宋史·忠义传》中忽略时间之处比比皆是。再者，谁对谁错还不一定呢？在没有其他文献佐证的情况下，凭什么就断言家传所记就是错的呢？

二

笔者发现，在余阙撰写《宋史·陈炤传》之前，已经有一篇影响颇大的传记在社会上流传，那就是虞集撰写的《陈炤小传》[①]。该传除记载陈炤仕宦及殉节诸事外，还提到了陈炤殉节诸事的史料来源：

> 炤死时，有仆杨立者守之不去。北兵见而义之，缚之以归。他日将以畀人，立曰："吾从子得生，愿终身焉。若以畀人，则死耳。"从之至燕，得不死。往来求常州人，得

---

① （元）虞集：《道园学古录》卷44，四部丛刊本。《陈炤小传》的写作时间不详，其文中有"某曾孙显曾，今为儒"语，而陈显曾至正元年乡试中第，则此文应作于至正元年前。又，（元）张铉：《至正金陵新志》卷 14《刘虎传》在介绍刘虎世系时，附录其从弟刘师勇与姚、陈常州之事，文后小注云"以上见冯去非所作神道碑，师勇事见《陈炤小传》"，亦见《陈炤小传》之流传及影响。

僧璘者，具以炤死时事告其子孙乃已。既罢兵，丞相军士管为炤孙曰："城破时，兵至天庆观，观主不肯降，曰：'吾为吾主死耳，不知其他'。遂屠其观。"一时节义所激如此。

则相关记载应出自于陈炤的仆人杨立以及当年参与常州之战的元军士兵管氏。但杨立和管氏将陈炤殉节诸事仅告知了陈氏后人，虞集又从何而知？虞集在文中提到了陈显曾，很明显这些材料应该来自陈显曾，具体应该就是陈家编修的家传材料。

杨立和管氏的故事，亦见陈显曾《昭先录后跋》，唯所载更为详细：

> 初，乡僧璘之母被虏北去。大德间，璘行四方求其母，得于京师，又见乡人杨立，以立书致问先大父。杨立者，宝章公仆也。德祐乙亥，宝章公通判常州。城始被围，立尝在左右，大父奉命归守坟墓，毁家以给军，率义士以补散亡。已而攻围益急，属文丞相出督，驻师于吴，大父奔恳请急，文遣张全、朱华来援，华战五牧。冬十一月，城南破，左右持马至塌下，请曰："城东北门缺围一角，有间道可从常熟塘驰至行在。"所议尽力，公曰："吾徒以单车扦御，援绝食尽，吾频日战城上，不留一矢，今死此矣。"因指其位曰："我若去此，便非死所。汝曹随所之，吾不责汝也。"时方晨食粥，屏去不复食。日中兵至堂上，公不屈，死于位，左右皆死。杨立书词云然。呜呜！痛哉。立书来时，大父多病，先君子尝奔走致养，辑其遗文，适在它所，未及记杨语，不幸先君子蚤亡。显曾尝自警曰："吾忘吾祖忠义，为非人子。"因不敢忘。延祐中，大父徙家城南。邻有管副使者，身长大，魁杰人也。自云尝从伯颜丞相军战城南，屡有胜负。一日丞相至城下，招城上人曰："城降，吾不杀一人也。"众皆曰："吾受宋厚恩，共守此土，死不从汝。"遂阻濠水而阵，城上矢尽，战者殪。明日，城破。其说与杨书语合。又有徐道明者，主天庆观。城破，军帅坐门外，呼曰："亟降，生汝观人。"其人辞病不起，众舆至军前，乃曰："吾知主恩，不知其它。"帅怒，骂曰："汝降否？"曰："我惟欲死，死不降也。"遂死，帅屠其观云。大父从璘问杨立事，璘曰："城破时，立侍宝章公侧，不去。有义之者，绁之出城，使人系归其营。它日将以畀人，立曰：'吾分必死，赖尔以生，吾当终身事尔以报。若以畀人，吾宁死。'欲自杀，获者义之，遂不以畀人。持至京数年，为立娶妻，出居为良人。立后为巫，年八十余以终。立未死时，璘岁一至京师，与立相见。其后立死，而璘母亦死，璘不复去。璘遂游方，不知所终，管终于城南云。显曾痛惟曾大父克勤大节，事当识录。而方外之士，犹能死事。杨

立仆夫，临难犹可观。是知吾乡为守礼之邦，因附书本末云。

陈显曾的这段记载出处明确、内容充实、线索清晰，逻辑合理，完全不像是凭空虚构，所以虽然材料来自于陈炤后人提供的家传，虞集仍然采信了。不仅如此，《陈炤小传》有些内容甚至直接照抄自陈显曾的材料，如"城且破，尝死之，炤犹调兵巷战。家人进粥，不复食。从者进马于庭曰：'城东北门围缺，可从常熟塘驰赴行在。'炤曰：'孤城力尽援绝而死，职分也。去此一步，无死所矣！'"一段即是。

虞集《陈炤小传》在介绍完陈炤生平及殉节事迹后，文末还附有时人牟巘（字献之）、邵焕有的评论：

> 陵阳牟献之曰："舍门户而守堂奥，势已甚蹙。而尝、炤死，殆无愧于巡、远。"
> 炤之友邵焕有曰："宋之亡，守藩方、擐甲胄而死国难者，百不一二；儒者知兵，小臣仓卒任郡吏而死，千百人中一二耳。若炤者，不亦悲乎！"

牟献之、邵焕有既有评论文字，兴许也撰有相关传记文字。

前述牟献之的评论文字，今已不能找到出处，其是否撰有相关传记不敢遽断。邵焕有的文字则出自其为陈炤所作墓志——《赠朝奉大夫直宝章阁常州通判陈公墓志》（以下简称《陈炤墓志》）①。邵焕有（1226—？），字尧章，小名衍木，小字大儿，常州人。善治赋，宝祐四年（1256年）进士②。邵焕有乃陈炤好友，故而这篇墓志对陈炤早期学习仕宦经历、居常丁忧领受朝命及后嗣等情况记载尤详。

事实上，《陈炤小传》中，陈炤早期生平一段即出自墓志。《陈炤墓志》："自龆龀入郡庠，月屡占前列，二十四岁以词赋预乡荐，连三荐上礼部，后擢乙丑科，调镇江丹徒尉。政事文学见知当路，关升小改就辟大军仓。值端明印公应雷开阃东淮，以君素出门下，奏辟寿春教授，留帅幕，兼典记室，骈文清丽，阃公奇之。甫三考，京刬足，外改奉议郎、朐山宰，仍兼帅机，丁母忧。"《陈炤小传》："陈炤，字光伯，毗陵人。少游郡庠有声，登咸淳乙丑进士第，年已四十六，调丹阳尉。淮东帅印应雷，素知其才，辟为寿春教，而留之幕府掌笺翰，有《进琼花表》，文甚清丽，人甚称之。炤以功业自许，乐仕边郡，举者满

① （元）邵焕有《赠朝奉大夫直宝章阁常州通判陈公墓志》，载《毗陵忠义祠记》卷1，四库全书存目丛书编纂委员会编：《四库全书存目丛书》史部第90册，济南：齐鲁书社，1997年。
② 昌彼得等：《宋人传记资料索引》，北京：中华书局，1988年，第1333页。

数改官，知朐山县。应雷犹留之幕府，丁母忧，归毗陵。"后者明显参考自前者。

虞集是元朝一代史学大家，历仕成宗、武宗、仁宗、英宗、泰定、文宗六朝，熟悉元初及所历各朝人事典故，主持修撰《经世大典》，总结一代典章史实。他供职于国子学、国史院、秘书监，于教育、文事多有贡献，对元修辽金宋三史提出过许多重要建议。虞集十分强调文献征实的功夫，他的史学撰述，无论是主编《经世大典》，还是独立撰写的人物碑铭行状，都以综罗文献，信而有征为前提①。因此，虞集《陈炤小传》在引用了陈炤家传相关材料后，也进行了文献征实的工作，"史官曰：'伯颜丞相之取江南，行军功簿大小具在官府，可以计日而考之也。国朝《经世大典》尝次第而书之，若炤之死事，可以参考其岁月矣！'"强调陈炤家传记载的真实性。

虞集的文字，大致在至正元年（1341 年）左右就已编成《道园学古录》，余阙没有理由看不到《陈炤小传》②。事实上，正如陈垣先生指出的那样，《宋史·陈炤传》"盖据《道园学古录》四四虞集所为陈炤传"。不仅如此，《宋史·陈炤传》还参考了邵焕有《陈炤墓志》。《陈炤墓志》："越明年春，郡人撒花出迎，境内骚动，君是年以母丧归。或谓："今此避难有辞矣。"曰："吁！乡邦沦没，可坐视乎？吾侪偷生苟全，不如死也。"遂衰经而出。"《宋史·陈炤传》："岂以炤久任知兵，辟为通判。或谓炤曰：'今辟难有辞矣。'炤曰：'乡邦沦没，何可坐视，与其偷生而苟全，不若死之愈也。'遂墨衰而出。"该材料内容不见于《陈炤小传》及他书，《宋史·陈炤传》定是参考自《陈炤墓志》。

余阙撰写《宋史·陈炤传》前，明明至少已有《陈炤墓志》《陈炤小传》二篇传记传世，余阙为什么要说"皆无著作""无人能知"？《陈炤小传》所录陈炤殉节材料虽出自家传，但虞集都认可其真实性，且《宋史·陈炤传》也引用了这段材料，余阙为什么还要说"家传不敢尽信"？看来，所谓史料问题，只不过是余阙不愿为陈炤立传的借口而已。

三

余阙为什么不愿意为陈炤立传，是个人恩怨还是其他原因？余阙出身"唐兀氏"，

---

① 周少川：《虞集的史学思想》，《史学史研究》1999 年第 2 期。

② （元）虞集：《道园学古录》卷 29《答李伯宗编文》："至元庚辰（六年，1340）冬，临川李伯宗、黄仲律来访山中，拾残稿于敝箧，得粗可属读者二百余篇而录之。"（四部丛刊本）又同书李本跋云："至正元年十有一月，闽宪公斡使文公五世孙炘来求记屏山书院，并征先生文稿以刻诸梓。"则顺帝至元六年（1269 年）冬，李本、黄仲律二人已开始进行抄录虞集诗文的工作。次年至正元年（1341 年）十一月，斡玉伦委托虞炘来征虞集诗文，准备辑刊文集。赵琦：《元虞道园文集的刊本与篇目辑佚》，《古今论衡》2008 年第 18 期。

先祖是西夏人，世代居于武威，西夏灭亡后，归顺蒙元统治，余阙的父亲也随蒙古族人主中原，被任命为合肥地方官，举家迁移至合肥。余阙自幼在合肥长大，在合肥城东南的青阳山读书。至正三年（1343 年），余阙被召入翰林为修撰，与危素共同负责《宋史》列传部分。在此之前，余阙主要生活在江淮地区，虽也曾在中央任职，然为时极短①。而陈炤后人世代居于常州，且陈显曾至正元年（1341 年）才进士中第，双方没什么接触，应该没有什么私人恩怨。事实上，两人文字及传世文献中也没有相关记载。

笔者以为，余阙之所以不愿意为陈炤立传，目的是为了替元初重臣伯颜掩饰。伯颜，蒙古八邻部人，元初著名的政治家、军事家。伯颜长于伊利汗国，元世祖至元初年奉使入朝，受忽必烈赏识，拜中书左丞相，后升任同知枢密院事。至元十一年（1274 年），统兵伐宋。两年后，陷临安，俘宋帝、太后等北还，宋亡。后出镇和林，数平诸王叛乱。后遭朝臣谗陷，囚居大同。至元三十一年（1294 年），忽必烈驾崩，伯颜受顾命拥戴铁穆耳即位，同年十二月病卒，年五十九②。

伯颜虽功勋卓著，然从不矜功自伐，即使遭人陷害，亦安之若素，赢得了后人的高度评价。《元史·伯颜传》："伯颜深略善断，将二十万众伐宋，若将一人，诸帅仰之若神明。毕事还朝，归装惟衣被而已，未尝言功也。"就连明人王世贞也说："吾尝谓元有三仁（耶律楚材、廉希宪、伯颜）焉。……伯颜之下宋都也，肃而谧；其居功也，廉而约；其处废也，恬而智；其应鼎革也，毅而裁。古社稷臣哉。"③元朝中期后，权臣迭现，伯颜之品格尤显珍贵。故其卒后，封赠不绝。大德八年（1304 年），特赠宣忠佐命开济功臣、太师、开府仪同三司，追封淮安王，谥忠武。至大四年（1311 年），应王约之请，元廷立伯颜祠于杭州④。英宗至治年间（1321—1323 年），立碑都城之郊，赐额

① （明）宋濂著，黄灵庚校点：《宋濂全集》卷 7《余左丞传》，北京：人民文学出版社，2014 年，第 323 页；《元史》卷 143《余阙传》，北京：中华书局，1976 年，第 3426—3429 页。

② 《元史》卷 127《伯颜传》，北京：中华书局，1976 年，第 3099—3166 页。

③ （明）王世贞：《读书后》卷 4《书廉希宪巴延（伯颜）书后》，《景印文渊阁四库全书》第 1285 册，台北：台湾商务印书馆，1986 年，第 51 页。

④ 杭州伯颜庙（祠）的建成时间，诸书有不同记载。一说在至大四年（1311 年）。（元）苏天爵《元朝名臣事略》卷 2 之 1《丞相淮安武王》："至大四年，敕建庙于临安。"《元史》卷 24《仁宗》："（至大四年二月）庚午，立淮安武王伯颜祠于杭州，仍给田以供祀事。"一说在至大二年（1309 年）。邓文原《巴西集》卷下《淮安忠武王庙田记》："至大己酉……建淮安忠武王庙于杭。"一说在元贞元年（1295 年）。《浙江通志》卷 217《祠祀》引《成化杭州府志》："（淮安忠武王祠）在前洋街，祀元丞相巴延，元贞元年建。"吴善元刊本《中庵集》序："载惟我朝武文大臣，莫盛于国初，淮安忠武王最为功崇业广。仁皇继统，赐王庙食于杭，仍诏词臣为撰碑勒石，记载功德。皇帝若曰：'其以命翰林学士承旨臣某（刘敏中，笔者注）为宜。'"至大四年（1311 年），武宗崩，仁宗继位。是年，征刘敏中为翰林学士承旨。综合来看，至大四年（1311 年）较为合适。

曰："开国元勋佐命大臣之碑。"①至正四年（1344 年），加赠宣忠佐命开济翊戴功臣，进封淮王。

那么，余阙要替伯颜掩饰什么呢？掩饰伯颜的常州屠城之举。蒙古崛起于荒漠，建国之初尚属奴隶制国家性质，扩张领土掠夺人口财物是其主要军事目的和光荣事业，所以对用兵当中的杀戮无辜、劫掠肆虐司空见惯②。随着蒙古社会经济的发展以及国家性质的改变，屠城慢慢变成对一种对拒绝投降的处罚，"旧制，凡攻城邑，敌以矢石相加者，即为拒命，既克，必杀之"③。但即便如此，在和社会发展程度较为先进的金人、宋人的长期交流中，特别是全面伐宋后，蒙古人也逐渐认识到不嗜杀人者能一天下以及古人一天下以德不以力的道理，屡下诏令禁止军队杀掠无辜殃及百姓。至元十一年（1274 年），伯颜统兵南征前，忽必烈面谕之曰："昔曹彬以不嗜杀平江南，汝其体朕心，为吾曹彬可也。"④

从德祐元年（1275 年）五月收复到十一月城破，宋人固守常州长达六月之久，其间战事一度胶着，昭文馆大学士姚枢言于元主曰："陛下降不杀人之诏。伯颜济江，兵不逾时，西起蜀川，东薄海隅，降城三十，户逾百万，自古平南，未有如此之神捷者。今自夏徂秋，一城不降，皆由军官不思国之大计，不体陛下之深仁，利财剽杀所致。扬州、焦山、淮安，人殊死战，我虽克胜，所伤亦多。宋之不能为国审矣，而临安未肯轻下，好生恶死，人之常情，盖不敢也，惟惧吾招徕止杀之信不坚耳。宜申止杀之诏，使赏罚必立，恩信必行，圣虑不劳，军力不费矣。"⑤认为战事的胶着与部分将官大开杀戮有关，要求重申止杀之诏。

虽然朝廷一再申戒，禁止杀掠，但伯颜愤恨于常州城内军民的长期抵抗，在城破之日，仍然进行了血腥的屠城。危素《昭先小录序》：

> 乙卯，伯颜亲率廿万众抵城下，急攻北门。将士力战，甫退，遽攻南门。属地

---

① 《开国元勋佐命大臣碑》作者为元明善。曾廉《元书》卷 52《伯颜传》："天历时立碑都城之郊，赐额曰：'开国元勋佐命大臣之碑'。"元明善《丞相淮安忠武王碑》："仁宗皇帝赐钞十万贯，畀江浙省臣庙祀临安。皇上敕建碑于都城之郊，赐额曰：'开国元勋佐命大臣之碑'，命臣明善制其刻文。"则该文应撰于天历年间（1328—1330 年）。但元明善卒于英宗至治二年（1322 年），元明善在行文时将"皇上（今上）"系于"仁宗皇帝"后，则此文应撰于英宗至治年间（1321—1323 年）。元明善著有《清河集》五十卷，久佚，清人虽有辑本，然此碑文已不存。黄溍《金华黄先生文集》卷 19《平宋录序》提到《平宋录》收录此碑，但今本《平宋录》无。《平宋录》的版本情况，可参拙著《〈平宋录〉的版本及作者》，《元代文献与文化研究》第 2 辑，北京：中华书局，2013 年。

② 潘修人：《元朝统一中国过程中的杀掠问题辨析》，《内蒙古民族师院学报》1993 年第 3 期。

③ 《元史》卷 146《耶律楚材传》，北京：中华书局，1976 年，第 3459 页。

④ 《元史》卷 127《伯颜传》，北京：中华书局，1976 年，第 3100 页。

⑤ 《元史》卷 158《姚枢传》，北京：中华书局，1976 年，第 3715—3716 页。

分将张超离所部，谒神祠，大兵自超所守处登城。军士不见主将，拒斗不力，城遂破。……安节善用双刀，率死士数人巷战，及左股断，犹手杀数十人。大兵胁之降，安节大诟曰："汝不知守合州王节使耶？乃吾父也。吾岂为降将军辱吾先人！"遂死之。尝纵火自焚。公调兵巷战，败归，坐厅事。左右牵马，请由小东门出。公曰："去此一步，非死所矣。"日中，兵至堂上，慷慨不屈，死于所居之位。是时，淮军死斗，又杀数人乃死。有妇人重伤，伏积尸下，见淮军六人为大兵所逐。六人反背相拄，且前且斗，杀数十百人乃毙。莫谦之者，宜兴浮屠，起兵战死。徐道明，天庆观道士，不降死。

事后，常州的天庆观道士收敛城内外的骸骨，多得无法胜计，水井、池塘和濠沟里面，全部都塞得满满的，只剩下四百名妇女和婴儿还活着。大军入江南，屠戮未有如此者①。

实际上，常州屠城中，可能根本没有四百妇孺存活下来。《胡应炎传》："兵入屠城……民匿沟中免者数人。"阳湖《摭遗志》："宋末时，毗陵兵祸最惨。今传有'十八家村'，盖城破后，士民无噍类，幸免者惟此数家。"②宋代的常州，便是现在的武进县。民国初年，县城内有一处叫作十八家邶的地方，父老相传，这便是当年逃过元军杀戮之劫的幸存者的后代。在东门里面，有一座土丘，高二丈余，面积大约三亩（1 亩≈666.7 平方米），往往可以从里面挖出枯骨来，这便是当年元军屠城后将尸体堆积起来的京观。城的南面，元军树立砲座的壁垒，直到民国初年，还是和城墙一样的高③。

毫无疑问，在民族对立的情况下，常州之屠是汉人心中永远的痛。文天祥曾写诗哀常州，诗前题记云："常州，宋睢阳也，北兵愤其坚守，杀戮无遗种，死者皆忠义之鬼。哀哉！哀哉！"诗曰："山河千里在，烟火一家无。壮甚睢阳守，冤哉马邑屠！苍天如可问，赤子果何辜？唇齿提封旧，抚膺三叹吁。"④尹廷高也写诗叹道："百万西来势莫撄，孤危甘死战尘腥，欲询往事无遗老，日暮城头鬼火青。"⑤

在元朝统一中国过程中，相较于他人，伯颜对于杀掠、屠城之类野蛮行径，表现得

---

① （元）危素：《危太朴文集》卷 7《昭先小录序》引邓光荐《续宋书》语，载《元人文集珍本丛刊》第 7 册，台北：新文丰出版公司，1985 年，第 443 页。

② （清）孙琬、王德茂修，李兆洛纂：道光《武进阳湖合志》卷 36《摭遗志》，转引自（清）褚邦庆：《常州赋》，南京：南京大学出版社，2011 年，第 86 页。

③ 屠寄：《蒙兀儿史记》卷 90《论》，北京：中国书店，1984 年，第 592 页。

④ （宋）文天祥：《指南录》卷 2《哀常州》，熊飞点校：《文天祥全集》，南昌：江西人民出版社，1987 年，第 492 页。

⑤ （元）尹廷高《玉井樵唱》卷上《常州》，文渊阁四库本。

还是相当克制，这也为他赢得了时人的尊重和赞誉。姚靖《西湖志》："方其统兵下临安，驻节皋亭，俟宋出降，不嗜杀戮，杭民德之，为建此祠。"杭人有感于临安的和平接收，建伯颜祠以为纪念。甚至连宋季遗民也不得不叹服。汪元量《醉歌其六》："衣冠不改只如先，关会通行满尘埃。北客南人成买卖，京师依旧使铜钱。……伯颜丞相吕将军，收了江南不杀人。昨日太皇请茶饭，满朝朱紫尽降臣。"①但常州屠城确系事实，且十分血腥、暴力，如果不加掩饰，难免影响到伯颜高大的历史形象，进而对民族关系、王朝合法性造成伤害。

事实上，后人对于伯颜常州屠城确实多有指责。明丘浚《世史正纲》："作《元史》者谓伯颜下江南，不杀一人。呜呼！常州非江南之地邪？伯颜前此潜兵渡汉，固已屠沙洋矣。至是攻常州，忿其久不下，城陷之日，尽屠戮之，止有七人伏桥坎获免。残忍至此，而中国人之秉史笔者，乃亦曲为之讳，至比之曹彬，岂其伦哉！或曰：所谓不杀，谓入临安之时也。呜呼！伯颜至皋亭，谢太后即遣使奉玺迎降，寂无一人敢出一语。当是之时，苟具人心者，皆不杀也，岂但伯颜哉！"②作为史官，余阙怎能毫无思虑，无动于衷？

可是，《宋史》记传不是都提到了常州屠城吗？常州之役中殉节的王安节、莫谦之、万安、徐道明等不也被收入《宋史·忠义传》了吗？揆诸史实，的确如是。但书写与如何书写完全是两码事。常州之战是宋元战争中规模最大、影响最大的战役之一，也是元人进军临安的关键战役，根本无法忽略，也不能忽略。但怎样书写，却极有讲究，需要技巧。所以那些文字虽然皆有涉及，然皆极简略，一笔带过，没有宋人殉节及元人屠城的细节描述。

陈炤传的撰写则不然。如果说王安节等传文字简略还可以用史料不足作为借口的话（也可能的确不足），陈炤传的撰写就不存在这样的问题。陈显曾所提供的陈炤的家传材料，内容翔实，出处明确，线索清晰，逻辑合理，就连虞集都认为是"信史""实录"，从而收入《陈炤小传》。如果要为陈炤立传，则势必要用到这些材料。如此一来，宋人不畏强敌、以死报国的忠义精神就会与元人大肆杀掠的屠城之举形成对比，笼罩在伯颜身上的光环也将光彩不再，元人伐宋的正义性也会遭受质疑。尤其是，至正重修三史时，元朝已步入晚年，政治腐败，经济凋敝，各地农民起义风起云涌，为劝效元季士人"忠

① （宋）汪元量著，胡才甫校注：《汪元量集校注》卷1，杭州：浙江古籍出版社，1999年，第22页。
② （明）陈邦瞻：《宋史纪事本末》卷106《蒙古陷襄阳》，北京：中华书局，1977年，第1156—1157页。

心报国"，元朝不仅需要对宋人的殉节行为给予肯定，更需要伯颜这样有功不矜、有冤能忍的当代道德模范。至正重修三史的意义即在于此。故余阙只好假装没看到过《陈炤墓志》《陈炤小传》，以家传"不敢尽信"为由，拒绝了陈显曾为其先祖立传的请求。后来，大约是受到了危素的压力（危素负责《忠义传》的编修①），才以发现《德祐日记》为借口，同意立传②。但在文字上，《宋史·陈炤传》仍然作了大幅精简，删减了部分陈炤殉节及全部元人屠城的细节描写。

事实上，笔者怀疑，与陈炤传一样，《宋史·忠义传》中王安节等人的传记也是后来补写的。因为只有这样，余阙才能以史料问题为由堵住陈显曾的口，也才能实现自己为伯颜掩饰的最终目的。在常州屠城的情况下，王安节等人的材料也应出自陈显曾所编家传材料。《昭先小录序》："安节善用双刀，率死士数人巷战，及左股断，犹手杀数十人。大兵胁之降，安节大诟曰：'汝不知守合州王节使耶？乃吾父也。吾岂为降将军辱吾先人！'遂死之。"《宋史·王安节传》："大元丞相伯颜自将攻之，屡遣使招降，亦不下。丞相怒，麾兵破其南门，安节挥双刀率死士巷战，臂伤被执。有求其姓名者，安节呼曰：'我王坚子安节也。'降之不得，乃杀之。"二段材料基本一致，且不见于他书，又《昭先小录序》对常州之战的描述出自陈显曾所编家传材料，《宋史·王安节传》应参考了陈显曾所编家传材料。

为什么危素一开始就主张为陈炤立传？或者说为什么危素会干预余阙的撰史工作呢？这就涉及两人的政治立场和道德追求。简单来说，危素更多是从史学家的角度看待这次修史活动，而余阙更多是以一个道德家的角度看待这次修史活动。在余阙看来，"忠义"不仅是元末重修三史的旨趣所在，更是自己的人生追求。其表现就是危素和余阙的人生结局截然不同。余阙始终以忠义自勉，终以身殉国，而危素则入明成为贰臣，后谪居和州，守余阙庙，幽恨而死③。

常州之战是宋元战争中规模最大、影响最大的战役之一，涌现了许多以身殉国的忠

---

① 《危太朴文集》卷 7《昭先小录序》："仰惟今皇帝示天下以至公，明诏史臣毋讳死节。素待罪史官，分修《忠义传》，网罗放失，夙夜兢兢。"要说明的是，宋史《忠义传》的内容并非全部出自危素之手。可参孔繁敏：《危素与〈宋史〉和纂修》，《燕京学报》1996 年第 2 期。

② 通常认为，《德祐日记》为邓光荐所著。《宋史·艺文志》：至元十三年（德祐二年，1276 年），元军攻破临安，董文炳谓"国可灭，史不可没"，收宋史馆诸国史、注记五千余册，归之国史院。其中有"《度宗时政记》七十八册，《德祐事迹日记》四十五册"。《德祐日记》疑即《德祐事迹日记》。详细论证可参拙著《邓光荐史学著述杂考》（待刊）。

③ 吴愫劼：《元明易代之际悲剧人物危素研究》，兰州：西北师范大学硕士论文，2013 年；孔繁敏：《危素与〈宋史〉的纂修》，《燕京学报》1996 年第 2 期；魏红梅：《余阙生平论考》，《潍坊学院学报》2006 年第 1 期；王颋、刘文飞：《唐兀人余阙的生平与作品》，《北方民族大学学报》（哲学社会科学版）2009 年第 5 期。

义之士，通判陈炤即其一。至正重修三史时，余阙以史料问题为由拒绝了陈显曾为其先祖陈炤立传的请求。事实上，《陈炤墓志》《陈炤小传》此前已在社会流传，而陈显曾提供的家传材料真实性也很高。余阙始终以忠义自勉，这样处理的目的，主要是想掩饰元初重臣伯颜血腥的常州屠城之举，将伯颜塑造成为元朝的道德楷模，以激励元季士人报效国家。后来，余阙虽然勉强为陈炤立传，也参考了《陈炤墓志》《陈炤小传》的内容，却将文字大幅精简，删减了大部宋人殉节和全部元人屠城的细节描写。

宋代史学与地方社会

论《册府元龟》对董仲舒刻板印象的塑造

王宏海

（三亚学院 跨文化研究中心，海南 三亚，572022）

摘　要： 以神道设教、春秋笔法为核心的中国古代历史叙事充满了意识形态，叙事者通过对历史事实进行刻意的利我解释，使某些语词成为特定时代的固定模式，这种模式所塑造的形象留给人们的就是刻板印象。董仲舒作为历史人物，在不同时代被多次塑造。宋真宗时期，由于澶渊之盟、泰山封禅、崇文抑武等系列政治行为的实施，宋真宗亟须得到充分的历史话语权力。由此，由王钦若等人编纂的《册府元龟》成为宋真宗一系列行为的注解和理论支持。他们通过对董仲舒《春秋》立言、经术治国，天人感应、以谶纬为说，勤学为文、对策为用，宠辱不惊、以教化俗，春秋折狱、公正为本等刻板印象的有意识的塑造，为其理政处事提供了合法性。有意识地对董仲舒"大一统"等思想的忽视，暴露了真宗朝的历史尴尬。

关键词：《册府元龟》；董仲舒；宋真宗；刻板印象

刻板印象（刻板效应）是心理学术语，一般指人们对某个事物或物体形成的一种概括的固定的看法。刻板印象源于人们对某个个体或群体直接经验或间接了解形成的固定化、程序化的特征标识。从中国的戏剧脸谱到个体形象都可以刻板印象的形式给人留下影响。在历史研究中，某些所谓圣人、英雄等杰出人物都可能因为历史文献的塑造而成为刻板印象，在特定的历史时空中，随着传统解释的累积，公（官修文献）私（个人私著）解释方式的使用以及信仰的作用，形成了特定时代政治话语、历史话语叙述的路径依赖，由此就形成了特定历史文本。该文本既是时代社会、政治、经济意识形态的呈现，又是对对象的刻板印象的再造，如被赋予汉武帝、董仲舒"罢黜百家、独尊儒术"这一刻板印象的特征，既非司马迁的《史记》也非班固之《汉书》，而是近代梁启超、邓实、翦伯赞等人之作①。董仲舒的形象在宋真宗时期通过《册府元龟》一书的解释使其具备宋真宗朝文人士大夫所认定的刻板印象。本文拟从刻板印象理论为逻辑起点，对《册府元龟》的政治背景及其对董仲舒塑造的刻板印象作些探讨。

一、《册府元龟》成书之政治语境

《册府元龟》是宋真宗时期王钦若、杨亿、孙奭等文官编撰的政治百科全书，涉及国家制度、官场惯例以及政治家个人修养等各方面的内容，篇幅宏富，历史长远，其政治思想以儒为宗，兼容诸家，是研究北宋以及宋以前不可多得的历史文献。至于《册府元龟》编纂的意蕴，周勋初在《册府元龟》校订本前言说："'元龟'者，大龟也。古时以龟为灵物，三代之时，有大事则以占卜定吉凶，求行事的指导，因此此书改名'册府元龟'，表明其着眼点已不仅放在纂辑历代君臣事迹上，而是注意提供可供借鉴的资料，以便从中汲取治国的经验教训。这样的一种'册府'，所包含的内涵，也就起到了治国指针的作用。"②

从宋真宗赵恒诏命王钦若、杨亿、孙奭等人编修"历代君臣事迹"的政治背景看，"澶渊之盟（景德元年，1004 年）"以"岁币"换来太平，由此出现了"咸平之治"。宋真宗在景德二年（1005 年）启动了"历代君臣事迹"的工程，历时八年完成，并由他改名为《册府元龟》。《册府元龟》的完成标志着宋真宗与王钦若等诸臣对社会治理的基本思考以及对历代君臣治理国家的历史经验和教训的总结。

为了重建政治秩序，避免重蹈唐王朝灭亡的覆辙③。宋太祖、宋太宗推动善待文人的政治，他们一方面强调"今之武臣，亦当使其读经书，欲其知为治之道也"（宋太祖语），另方面又强调"宰相须用读书人"（宋太祖语）。至宋太宗朝，则又利用文臣编纂了《太平御览》《太平广记》和《文苑英华》三大书。宋真宗进一步明确了文人政治的

---

① 王宏海：《论"罢黜百家，独尊儒术"的研究理路》，魏彦红主编：《董仲舒与儒学研究》第 4 辑，成都：巴蜀出版社，2015 年，第 333 页。

② （宋）王钦若等编撰，周勋初等校订：《册府元龟》，南京：凤凰出版社，2006 年，"前言"，第 2 页。

③ 邓小南：《谈宋初之"欲武臣读书"与"用读书人"》，《史学月刊》2005 年第 7 期，第 55 页。

方向，鼓励文人积极入世，以高官厚禄、功名美貌为实实在在的诱饵，把"学而优则仕，禄在其中"等箴言发挥到极致，引导天下士人为国家效力。据传其所做《劝学诗》：

> 富家不用买良田，书中自有千钟粟。
> 安居不用架高楼，书中自有黄金屋。
> 娶妻莫恨无良媒，书中自有颜如玉。
> 出门莫恨无人随，书中车马多如簇。
> 男儿欲遂平生志，五经勤向窗前读。①

可谓暗合儒家的政治导向，影响深远。

经历了"澶渊之盟"的宋真宗不仅没有责备在辽兵压境时动员他向南迁都的王钦若等人，还听信谗言追究寇准订下澶渊之盟的责任，罢了寇准的宰相之职。由这件事可见宋真宗对过分依赖武将的担心（尽管寇准不是武将，但是主战则意味着对武将的依赖），他要进一步崇文抑武，于是利用王钦若伪造天书，进行改元，并于大中祥符元年（1008年）十月封禅泰山。封禅泰山的政治意义是树立君主权威，为臣子立规矩，要臣子表忠心，甚至要臣代君受过。

在封禅泰山的第二年即大中祥符二年（1009年）十一月，宋真宗作"文武七条"，分别颁赐给外任文武官员，为文武官员立规矩。

其文臣七条为：

> 一曰清心，谓平心待物，不为喜怒爱憎之所迁，则庶事自正；二曰奉公，谓公直洁己，则民自畏服；三曰修德，谓以德化人，不必专尚威猛；四曰责实，谓专求实效，勿竞虚誉；五曰勤察，谓勤察民情，勿使赋役不平、刑罚不中；六曰劝课，谓劝谕下民，勤于孝弟之行、农桑之务；七曰革弊，谓求民疾苦而厘革之。以赐京朝官任转运使、提点刑狱、知州府军监、通判、知县者。

---

① 见《绘图解人颐》云溪胡澹庵定本，吴门钱慎斋重增订，吴门钱德苍沛恩氏重订，上海：上海海左书局印行，1914年。关于《劝学诗》出自何人何处不见正史，南宋王应麟《玉海》卷30《圣文御制诗歌》云：天禧三年（1019年）二月十九日，"内出皇太子所书御制诗示辅臣，帝作学书歌赐之。丙辰又作劝学吟赐太子。"今版《劝学诗》对象是天下学子、非太子。然民国时期各种流行版本《解人颐》均收入宋真宗劝学诗。金末元初戏剧家关汉卿之杂剧《山神庙裴度还带》第一折有言："圣人云：'富家不用买良田，书中自有千钟粟'。"裴度是唐代人，由唐入宋再到元代，元初不重科举，即使《劝学诗》非宋真宗所做，也足见宋科举制度对文人的重大影响及其在文人的集体记忆。

武臣七条是：

> 一曰修身，谓修饬其身，使士卒有所法则；二曰守职，谓不越其职，侵挠州县民政；三曰公平，谓均抚士卒，无有偏党；四曰训习，谓教训士卒，勤习武艺；五曰简阅，谓阅视士卒，识其勤惰勇怯；六曰存恤，谓安抚士卒，甘苦皆同，常使齐心，无令失所；七曰威严，谓制驭士卒，无使犯禁。以赐节度使以下至刺史，及诸司使以下任部署、铃辖、知州军县、监押、驻泊、巡抚者。①

综括文武七条，一是官德，二是实干，三是公正。文武七条的颁行表明了宋真宗施政理念的清晰化，认为社会治理的关键在于礼制和吏治，加上先前的泰山封禅、鼓励文人入仕等措施，形成了《册府元龟》编撰的政治语境。在这种政治语境下，宋真宗及其御用文臣急需的刻板印象就是历史上符合他们政治理念的文臣武将，明君贤达。显然，董仲舒符合这种政治预设或者心理需要。

二、董仲舒受宋代官员称颂

事实上，董仲舒作为汉代名臣，其政治思想、个人修养、为官之道以及行为举止颇受后世赞扬，也得到了宋代君臣的贤臣身份认同，被历代史家称颂。在遴选历史著名君臣时，汉武帝与董仲舒自然成为王钦若的嘉选。遍查《册府龟元》，以董仲舒为关键字，在 43 卷中出现了 52 次，如果再加上董生、仲舒等核心词，则出现的次数更多。

其实，不仅仅王钦若等人重视董仲舒，宋代其他学者都十分称颂他，如孔子第四十七代孙宋代清江三孔之孔文仲就说："圣策曰：仲舒之言，班固谓'切于当世，其可施于今者'何策？崔氏之论，范晔谓'明于政体，其有益于时者'何事？昔班固载仲舒汉廷之策于史，其间讲天下治乱之理，可谓详矣。举而行之，皆足以助治而最可施于今日之策，臣以为莫如天道先阳而后阴，王政先德而后刑之论也。范晔纪崔寔《政论》数十条于书，以为不足深论者也何者？寔之大概欲人主不能纯法上世，而宜参以伯政严刑峻法破奸究之胆，以之行于汉桓帝衰替之世可，尔安足为陛下深论哉？"②孔文仲认为董仲舒精通社会治理，讲究阴阳平衡，先阳后阴，阳主生、阴主杀，治理国家以生民之德

---

① 文彦博：《潞公文集》卷 30《奏赐儒行中庸篇并七条事》，文渊阁四库全书，上海：上海人民出版社，1999 年。
② （宋）孔文仲：《清江三孔集》卷 1《制科策》，文渊阁四库全书，上海：上海人民出版社，1999 年。

为主以刑罚为辅。而相比崔寔之论则不足以治世。可见董仲舒以阴阳五行论治理的理论对中国古代政治思想影响深远，"天-君-臣民"三位一体的政治互动模式造就了汉以后中国二千余年"大一统"的稳定政治结构，而董仲舒就是这种模式的倡导者和推动者。

孔平仲则作《平津侯》诗讥讽公孙弘，赞叹董仲舒：

> 待士声名画饼虚，天资多忌与人疏。
> 未闻东阁升贤者，已见胶西置仲舒。①

董仲舒尽管德才胜过公孙弘，却受公孙弘之害，不被汉武帝重用，只给了最令文士头疼的诸侯王刘端的国相位置。然而这并没有阻碍了董仲舒建功立业的行动。

宋代改革家王安石说："董仲舒有是才名，顾不获此宠。公孙季有此宠，不成此功。有此宠而成此功者，宜在执事，不宜在它。草鄙之人，不达大谊，辱奖训之厚，敢不尽愚。"②王安石的评价则同样表达了对董仲舒的感慨，然而其重点在于自我表白和对宋神宗的忠告，意味着贤人不被重用，不是皇帝之过，而是具体的宰相执事之过，今王安石为宰相一定会用象董仲舒这样的贤才的。

著名儒者陈淳则说："觊效，如先难后获，先事后得，皆是先尽其在我所当为而不计效。仁人明道不计功，正谊不谋利。自汉以来，无人似董仲舒看得如此分明。如揠苗助长，便是望效太速。太宗即位四年，外户不闭，斗米三钱，方是小康。便道行仁义既效，便有矜色。"③董仲舒的"明道不计功，正谊不谋利"深得宋代君主的赞誉，这样的以仁义、道义治理社会思想也正是赵氏王朝深许的。孔文仲、孔平仲兄弟，王安石、陈淳等人均晚于王钦若，他们之所以赞扬董仲舒不得不说与宋真宗时《册府元龟》对董仲舒刻板印象塑造有关。

三、《册府元龟》对董仲舒的定位

从编辑的视角看，《册府元龟》的编撰集众人之力（共十八人），属于国家重点文化工程，从立项到编辑过程都得到了宋真宗的关注和指导，所编材料、所撰文稿亦被宋真

---

① （宋）孔平仲：《清江三孔集》卷25《今体诗》，文渊阁四库全书，上海：上海人民出版社，1999年。
② （宋）王安石：《临川文集》卷76《上田正言书（二）》，北京：中华书局，1959年，第801页。
③ （宋）陈淳著，熊国祯、高流水点校：《北溪字义》卷下《义利》，北京：中华书局，1983年，第56页。

宗阅读，由此才有《册府元龟》之名。因此，该书之结构、细目、内容无不尽心编排，而各卷章节细目介绍也务求符合赵氏治理天下的立场。无论从作者的政治立场、史学观以及现实要求，它都有对编撰对象再塑造刻板印象的示范作用。

（一）《春秋》立言，经术治国

鲁国大夫叔孙豹言"大（泰）上有立德、其次有立功、其次有立言"①是儒家的"三不朽"，也是历代儒者追求的目标，泰上就是在高位者，如天子大臣这样的人，何以立德，往往要以德配位，以位征德，德命相合。何以立功则需要治灾平乱，有益于天下；立言则需神道设教，著书立说。自汉以降，解《经》立说已经成为士大夫入仕的共识和手段。在诸多的经典解释中，《易经》侧重于万物变化之道；《春秋》则侧重政治中的社会治理以及以古喻今之微言大义。董仲舒做《春秋繁露》以今文经学为质，发挥公羊学微言大义之长，有谶纬教化之道。从这点儿讲颇符合宋真宗的政治需要，由是，董仲舒的《春秋》标识便显得十分突出。在《册府元龟》中多次重复，其意义不在于编辑的啰唆或对宋真宗的体贴，而是要赋予《春秋》学以官方言说的方式，君臣对话委婉而又直接，形成朝廷的政治话语系统。把经与术结合起来，治理国家。

把经、术结合，言五经与儒术章节有十余处，如：

> 董仲舒，广川人，少治《春秋》。景帝时为博士，通五经，能持论，善属文。汉兴，至于五世之间，唯仲舒为明于春秋，其传公羊氏也。②
> 董仲舒，广川人。以治《春秋》，景帝时为博士。进退容止，非礼不行，学士皆师尊之。③

又云：

> 瑕邱江公受《谷梁春秋》及《诗》于鲁申公，传子至孙，为博士。武帝时，江公与董仲舒并。仲舒通五经、能持论、善属文。④

---

① （晋）杜预：《春秋经传集解》卷17，襄公二十四年（前549年），上海：上海古籍出版社，1988年，第1011页。
② （宋）王钦若等编撰，周勋初等校订：《册府元龟》卷767《儒学》，南京：凤凰出版社，2006年，第8867页。
③ （宋）王钦若等编撰，周勋初等校订：《册府元龟》卷597《选任》，南京：凤凰出版社，2006年，第6868页。
④ （宋）王钦若等编撰，周勋初等校订：《册府元龟》卷598《教授》，南京：凤凰出版社，2006年，第6892页；卷599《讲论》，第6913页。

董仲舒少治《春秋》，孝景时为博士。下帷讲诵，弟子传以久，次相授业，或莫见其面。盖三年不窥园，其精如此，位至胶西相。①

董仲舒为江都相。少治《春秋》，所著皆明经术之意。及上疏条教，凡百二十三篇，而说《春秋》事得失。《闻举》、《玉杯》、《繁露》、《清明》、《竹林》之属（皆其所著书名也），复数十篇，十余万言，皆传于后世（《隋志》载仲舒撰《春秋决事》十卷）。②

汉董仲舒，少治《春秋》。孝景时为博士。武帝即位，仲舒以贤良对策，对毕，天子以仲舒为江都相。③

董仲舒少治《春秋》。盖三年不窥园，其精如此。为江都相。后复相胶西。去位归居，终不问家产，以修学著书为事。④

再如：

汉董仲舒为江都相，治国以《春秋》灾异之变，推阴阳所以错行，故求雨闭诸阳，纵诸阴。祈止雨反是（若闭南门禁举火及开北门水洒人之类是也）。行之一国，未尝不得所欲。⑤

这些材料显现的董仲舒擅长讲《春秋》，《春秋》是董仲舒立论的基础，兼通五经，能以辩论服人，擅于做文章。

进一步说，宋初以《春秋》言事，不仅可以满足宋朝赵氏夺权上位的合法性，也可以通过春秋事迹言明君主决策的合理性。据张尚英、舒大刚考证："宋以来的《崇文总目》、《郡斋读书志》、《直斋书录解题》、《通志·艺文略》、《文献通考·经籍考》、《内阁

---

① （宋）王钦若等编撰，周勋初等校订：《册府元龟》卷598《教授》，南京：凤凰出版社，2006年，第6893页。

② （宋）王钦若等编撰，周勋初等校订：《册府元龟》卷605《注释第一》，南京：凤凰出版社，2006年，第6973—6974页。本文引文根据《汉书》《董仲舒传》中华书局1962年点校本第2525—2526页校订。周本《册府元龟》原文为："董仲舒为江都相。少治《春秋》，所著皆明经术之意。及上疏条教，凡百二十三篇，而说《春秋》事得失闻举［3］。《玉杯》、《繁露》、《清明》、《竹林》之属（皆其所著书名也），复数十篇，十余万言，皆传于后世（《隋志》载仲舒撰《春秋决事》十卷）。"点校者把闻举与得失连读，不符合古文文法。校勘记又说"闻"原误作"文"，据宋本改。

③ （宋）王钦若等编撰，周勋初等校订：《册府元龟》卷650《应举》，南京：凤凰出版社，2006年，第7495页。

④ 王钦若等编纂：《册府元龟》卷798《勤学》，文渊阁四库全书，上海：上海人民出版社，1999年。周勋初等校订《册府元龟》原文为："董仲舒少治《春秋》，盖三年不窥园，其精如此。为胶西相，去位归居，终不问家产，以修学著书为事。后为江都相。"按照《董仲舒年谱》，董仲舒先为江都相，后废为中大夫，再复江都相，后为胶西相。周本《册府元龟》没有该段校勘记，这是明显的失误。故本段以四库全书本为准。

⑤ （宋）王钦若等编撰，周勋初等校订：《册府元龟》卷906《禳厌》，南京：凤凰出版社，2006年，第10531页。

书目》《经义考》《中国丛书综录》等各种官私目录、各种正史艺文志（或经籍志）及补编、各种地方志、中外各大图书馆馆藏古籍书目及各种文集等几百种资料统计，宋代共有各种《春秋》学专著达602种。"而这602种也只是《春秋学》专著，不包括亡佚文献以及现存于五经总义、文集中的著作，如程颐《春秋传》、李石《左氏君子例》等，更不含外传及谶纬①。这充分证明了四库馆臣认为"说《春秋》者，莫多于两宋"的判断。按照牟润孙先生对《宋史·艺文志》的统计"宋人所着经部书，《春秋》类最多"②。按照张尚英、舒大刚的宋代《春秋》学分期，宋太祖、宋太宗以及宋真宗三朝，为宋代《春秋》学发展的第一期，属于承上启下，预示量变到质变的突破。

因此，宋代《春秋》学的兴起，不仅仅在于学术内在的演变规律，还在于政治语境的变化，这也是董仲舒被赋予的刻板印象的历史必然。事实上，宋人在赋予董仲舒《春秋》言事的刻板印象时，似乎有意识地忽略了他的"大一统"思想的言说方式。以《春秋》言事的刻板印象不仅给予皇帝行为的合法性解释，还给予文臣更大的议论国是的空间，这可能是宋代皇帝没有想到的，也是颇感头痛的。

（二）天人感应，以谶纬为说

宋代皇帝好慕神仙，宋真宗就是其一。神仙不仅仅是上天存在的神迹，还有人能成仙的示范意义。天人合一的原始意义就是人首先得适应环境而活着，而环境则最易被解释为宗教的圣神以及特定时空存在的神仙观念。在天人合一的生活语境中，作为完整的社会建构时，天被赋予了神圣的主观能动和善与正义，君权天授、谶纬预言就成了中国古代政治特色的重要组成部分③。在圣神不动的、阴阳和合的天地之间创造了家国同构的示范意义，构成了中国政治上的三才结构，三才配五行，赋予整个社会秩序道德属性。由此，人们就有了上下、平行沟通的可能，人们用道德言天，以天说人，以德服人。

例如，《册府元龟》在释"感应"时，说：

《书》曰："惟德动天"。又曰："至诚感神"，是知为善者降祥，好谦者受福。天人相与之际，交感欣合，如律之命吕，云之从龙，未尝斯须而不应也。故古者贤

---

① 张尚英、舒大刚：《宋代〈春秋〉学文献与宋代〈春秋〉学》，《求索》2007年第7期，第11页。
② 牟润孙：《两宋〈春秋〉学之主流》，《注史斋丛稿》，北京：中华书局，1987年，第140页。
③ 谶纬之学是两汉时期一种把经学神学化的儒家学说。"谶"是一种隐秘的语言，假托神仙圣人，预决吉凶，告人政事。谶书是占验书，"纬"是相对"经"而言的，《四库全书总目提要》说："谶者诡为隐语，预决吉凶"；"纬者经之支流，衍及旁义"。本文是从较为宽泛意义上使用谶纬一词的。

圣之君，莫不通三统之要，重万灵之命。思惟往古，穷极至治，兢兢业业，罔敢暇豫。德之盛也，合于天地；诚之至也，通于幽明。神以知来，聪以知远，善行无迹，有开必先，则感而应之，乃自然之理也。乃若商汤桑林之祷，大雨斯降；汉武竹宫之祀，神光屡烛。宣帝建祖庙而白鹤集，玄宗封泰山而劲风止。策书所纪，其流实繁。斯皆清衷玄感，灵贶昭答，高明听卑，若响之应也。董仲舒有言曰："王者修五常之道，故受天之祐，而享鬼神之灵。德施于方外，延及群生也"。岂不题与？①

宋真宗继位，天不显德；澶渊之盟，功不及国，言难服人。为君亟须立德立功立言，于是王钦若及时收集古代皇帝天人感应的事迹，引用商汤之祷，汉武之祀，汉宣帝建祖庙白鹤来朝，唐玄宗分封泰山等天人感应事件，以董仲舒的天人感应理论，塑造董子的刻板印象，用谶纬之术为宋真宗所作所为提供合法性。

《册府元龟》之《寇窃》转引晋干宝《搜神记》关于董仲舒上承孔子书的故事，该故事意属谶语，说：

> 张伯，鲁人。锺离意为鲁相，到官，出私钱万三千文，付户曹孔䜣，修夫子车。身入庙，拭机席剑履，使伯除堂下草。土中得玉璧七枚，伯怀其一，以六枚白意。意令主簿安置几前。孔子教授堂下床首有悬瓮，意召孔䜣问："此何瓮也？"对曰："夫子瓮也。背有丹书，人勿敢发也"。意曰："夫子圣人，所以遗瓮，欲以悬示后贤"。因发之，中得素书，文曰："后世修吾书，董仲舒。护吾车，拭吾履，发吾笥，会稽锺离意。璧有七，张伯藏其一。"意即召问，伯果服焉。②

干宝是东晋著名的文学家、史学家，好阴阳，专攻易学，博览全书，以志怪小说《搜神记》出名。《搜神记》所收故事全是民间神话传说，这些故事少有史学家写入正史，也不可能被采为政治文献。然而董仲舒修孔子书的谶纬之言却被记入该书，足见宋真宗与王钦若的编辑用心。更有甚者，有意混淆董蛮与董仲舒，可谓错乱时空，竟然说："董仲舒本名蛮，帝谓曰：'人名蛮，复何容得蕴藉？'乃改名为仲舒。谓曰：'今日仲舒如何昔日仲舒？'答曰：'昔日仲舒出自私庭，今日仲舒降自天地，以此言之，胜昔

---

① （宋）王钦若等编撰，周勋初等校订：《册府元龟》卷26《感应》，南京：凤凰出版社，2006年，第256页。
② （宋）王钦若等编撰，周勋初等校订：《册府元龟》卷930《寇窃》，南京：凤凰出版社，2006年，第10774页。

远矣！'"①。该段首见于唐代李延寿的《南史》列传卷四四，后见于南宋洪的《容斋随笔》，再见于明代《天中记》。故事是齐武帝时，有直合将军董蛮孔武有力，与武帝第四子子响同行开玩笑之语被武帝听说后，武帝不悦，于是有了董蛮改名董仲舒之故事。董仲舒本名蛮完全是无迹之说，而此处成了谶纬之言，似乎欲证明宋朝皇帝由武改文，崇文抑武颇合古道。

再有《册府元龟》卷二一引《汉书》卷七五《眭两夏侯京翼李传第四十五》直言谶纬，意味明显。其文如下：

> 初，昭帝元凤三年正月，泰山莱芜山南匈匈有数千人声。民视之，有大石自立，高丈五尺，大四十八围，入地深八尺，三石为足。石立后有白鸟数千下集其旁。是时（汉书有此两字），昌邑有枯社木卧复生，又上林苑中大柳树断枯卧地，亦自立生，有虫食树叶，成文字曰："公孙病已立"，时眭孟推《春秋》之意，以为"石柳皆阴类，下民之象，泰山者岱宗之岳，王者易姓告代之处。今大石自立，僵柳复起，非人力所为，此当有从匹夫为天子者。枯社木复生，故废之家复生。"明公孙氏当复兴者也。孟意亦不知其所在，即说曰："先师董仲舒有言，虽有继体守文之君，不害圣人之受命。汉家尧后，有传国之运。汉帝宜谁差天下，求索贤人（谁，问；差，择也。问择天下贤人），禅以帝位，而退自封百里，如殷周二王后，以承顺天命。"孟使友人内官长赐上此书（内官，署名。百官表云："内官长丞，初属少府，中属主爵，后属宗正。"赐者，其长之名也）。时，昭帝幼，大将军霍光秉政，恶之，下其书廷尉。奏眭孟妄设妖言惑众，大逆不道，皆伏诛。后五年，孝宣帝兴于民间，即位，征孟子为郎。（宣帝初名病已。）②

明显"眭孟事件"是典型的谶纬事件，谶纬之利弊完全取决于历代当政者的利害所在，言说者或被杀或被表彰，全凭时代的政治需要而定。眭孟"妖言惑众"被杀，并不会因为董仲舒的权威而得以幸免；而汉宣帝即位，其子被征为郎，又等到汉宣帝的肯定，其谶纬之说成为汉宣帝即位的天意表征。

再如：

---

① （宋）王钦若等编撰，周勋初等校订：《册府元龟》卷 824《名字》，南京：凤凰出版社，2006 年，第 9585 页。
② （宋）王钦若等编撰，周勋初等校订：《册府元龟》卷 21 征应》，南京：凤凰出版社，2006 年，第 206—207 页。

汉董仲舒为江都相，治国以《春秋》灾异之变，推阴阳所以错行，故求雨闭诸阳，纵诸阴，祈止雨反是（若闭南门，禁举火，及开北门水洒人之类是也）。行之一国，未尝不得所欲。①

《册府元龟》作者言之凿凿，判定董仲舒做江都相是以《春秋》为依据，运用阴阳原理治国理政的。尽管江都相的本职使命是辅佐江都王，可是这并不代表江都相有真正决策者的权力。本段一个"治国"，就把董仲舒提高到他人难以企及的地位，这种提法颇合宋代士大夫与君主"共商国是"的心理预期。《册府元龟》《谏诤》有唐代侍中于志宁之谏言，其中又引：

《汉书》董仲舒曰："王者欲有所为，宜求其端于天道。天道之大者（在）阴阳。阳为德，阴为刑；刑主杀，而德主生；阳尝居大夏，而以生育养长为事，阴尝居大冬，而积于空虚不用之处。以此见天之任德不任刑也。②

此处无论王者欲求其端在天还是在天道，或者说天之大道者阴阳还是在阴阳，除去点校者之误外，天道阴阳谶纬之术不仅仅是董仲舒提倡，且有于志宁的传承，《册府元龟》只不过进一步发挥。而这部鸿篇巨作摘编了这样"治国指针"以及和董仲舒有关的如此之多的谶纬之说，就不能不说这是宋真宗与王钦若等诸臣的合谋了，他们有意识地赋予董仲舒这样的刻板印象。

又引《后汉书》荀爽传之对策，曰："今臣借君服，下食上珍，所谓害于而家，凶于而国者也。宜略依古礼尊卑之差，及董仲舒制度之别，严督有司，必行其命，此则禁乱善俗足用之要。"③由此可见，宋真宗与王钦若君臣极力塑造董仲舒刻板印象的目的就以阴阳谶纬理论确定君臣上下的尊卑关系，确保皇权的至高无上。

（三）勤学为文，对策为用

做文章如做人，做人难，做好文章更难。一是作文的艺术，无定法，有规矩。文章

---

① （宋）王钦若等编撰，周勋初等校订：《册府元龟》卷906《襄厌》，南京：凤凰出版社，2006年，第10531页。
② （宋）王钦若等编撰，周勋初等校订：《册府元龟》卷327《谏诤》，南京：凤凰出版社，2006年，第3698页。中华书局点校本《汉书》第2502页《董仲舒传》原文为："然则王者欲有所为，宜求其端于天。天道之大者在阴阳。阳为德，阴为刑；刑主杀而德主生。是故阳尝居大夏，而以生育养长为事；阴尝居大冬，而积于空虚不用之处。以此见天之任德不任刑也。"四库全书本有"宜求其端于天"后无"道"字。且"天道之大者"后为"在阴阳"而非阴阳。
③ （宋）王钦若等编撰，周勋初等校订：《册府元龟》卷647《对策》，南京：凤凰出版社，2006年，第7471—7472页。

在人，却绝非私人之事。所以魏文帝曹丕说："盖文章，经国之大业，不朽之盛事。年寿有时而尽，荣乐止乎其身，二者必至之常期，未若文章之无穷。"①唐代诗圣杜甫说："文章天下事，得失寸心知。"②足见唐宋文人则务求"文以载道"。

《册府元龟》解释"文章"时说：

> 《易》曰："观乎人文，以化成天下。"仲尼曰："言之不文，行之不远。"盖斯文之作，其来尚矣。经艺之设，本于儒术；辞赋之起，原乎"六艺"；骚人之后，风流弥劲。③

> 韩愈幼孤，刻苦学儒，不俟奖励。大历、贞元之间，文士多尚古学，效扬雄、董仲舒之述作，而独孤及、梁肃最称渊奥，儒林推重"。④

《册府元龟》在"文章"中所选人物作文事迹众多，无论是引用《周易》之"文以化成"，还是孔子之斯文常经，均把"为文"作为个人修养、社会治理之长效手段。

何以为文？勤学是前提。《册府元龟》在解释"勤学"时说：

> 《书》曰："业广惟勤"。《传》曰："人生在勤，勤则不匮"。矧乃服膺素业，讲求善道，时习而悦，日知所亡。稽古之能，进以之干禄；多闻之益，居以之待问。自非研精覃思，探赜索隐，励拳拳之志，罄孜孜之力，又曷以睹圣人之奥？垂没世之名者哉？故尼丘立训，殆忘寝食。由兹以来，学者间出。乃有闭关刻意，阅市周览，刺肤以忘其痛，攻苦而安于贫，求师以涉远，遭难而不懈，在戎旅而无废，虽老耄而弥笃，莫不练达古今，该悉元本，磅礴经义，蔚为儒宗，以之莅事而无烦，以之诲人而不倦，上之则宣化而成俗，内之则怀宝而独善。是故大禹之圣，惜乎寸阴；闵子之戒，虑其将落者，此之谓乎？⑤

显然，"学而优则仕"的观念已经内化为士大夫修养立身成名的共识。勤学一途是苦差事，悬梁刺股，废寝忘食，遍访名师，老骥伏枥只为一个目的，就是"稽古之能，进以之干禄；多闻之益，居以之待问"。

---

① 魏宏灿：《典论·论文》《曹丕集注》，合肥：安徽工业大学出版社，2009年，第313页。
② （宋）郭知达：《九家集注杜诗》卷30《偶题》，文渊阁四库全书，上海：上海人民出版社，1999年。
③ （宋）王钦若等编撰，周勋初等校订：《册府元龟》卷837《文章》，南京：凤凰出版社，2006年，第9719页。
④ （宋）王钦若等编撰，周勋初等校订：《册府元龟》卷841《文章》，南京：凤凰出版社，2006年，第9769页。
⑤ （宋）王钦若等编撰，周勋初等校订：《册府元龟》卷798《勤学》，南京：凤凰出版社，2006年，第9259页。

北宋汪洙的《神童诗》"天子重英豪，文章教尔曹。万般皆下品，惟有读书高。少小须勤学，文章可立身。满朝朱紫贵，尽是读书人"。该诗与《劝学诗》相呼应。可见，无论是在春秋战国时代还是宋元时期，无论是在民间还是官场，"学好文武艺，货与帝王家"都是读书人的愿望。董仲舒"三年不窥园"的好学精神，更是儒家"达则兼善天下"的政治情怀的导向所致。事实上，先有汉武帝的求贤良策，后《劝学诗》，再有科举经义考，突出董仲舒的贤良对策的意义导向，这样既可显现皇帝求贤若渴的正面形象，也可树立文臣入仕的楷模。君清臣贤的刻板印象也就成了君臣的共同意欲。

由此，也可理解《册府元龟》对董仲舒"勤学"①刻板印象的刻意塑造了。这种勤学为文，居以待问，把自己的治国理政建议给予帝王家的路径就成了历代儒者的追求与梦想。并且董仲舒的所作所为也为史家和不同时代的政治家所尊崇。

> 自西汉之世，始诏有司详求俊茂，亲临策问，受其条对，故当时之论以晁、董为称首焉。其后羁孤并进，贤能间出，彬彬儒雅，见称前史，得人之盛，偕乎三代。观其奋发智虑，讲求理道，仰稽于前训，俯流乎嘉话，信魁伟博达之士哉。唐室全盛，豪杰迭奋，亦尝当户牖之法坐，躬旰昃而前席，故其谠言舆论，有可尚焉。若乃授经义以斥时病，贡忠规而箴王阙，吐发愤懑，倡导雍阏，诚哲王之所乐闻者焉。②
>
> 董仲舒，广川人。孝景时为博士。武帝即位，举贤良文学之士前后百数，仲舒以贤良对策③。

即使赋闲在家，董仲舒仍然是朝廷征求意见的对象，足见其为仕之重。

> 董仲舒为江都相，废在家。朝廷如有大议，使使者及廷尉张汤就其家而问之，其对皆有法。④

（四）宠辱不惊，以教化俗

董仲舒之所以受到宋真宗和王钦若诸臣的重视还在于其为臣的优秀品质，即宠辱不

---

① （宋）王钦若等编撰，周勋初等校订：《册府元龟》卷798《勤学》，南京：凤凰出版社，2006年，第9260页。《册府元龟》对董仲舒任江都相与胶西相时间有误，见（一）《春秋》立言，经术治国卷798注释。
② （宋）王钦若等编撰，周勋初等校订：《册府元龟》卷646《对策》，南京：凤凰出版社，2006年，第7451页。
③ （宋）王钦若等编撰，周勋初等校订：《册府元龟》卷646《对策》，南京：凤凰出版社，2006年，第7453页。
④ （宋）王钦若等编撰，周勋初等校订：《册府元龟》卷104《访问》，南京：凤凰出版社，2006年，第1130页。

惊,这也是契合宋真宗与王钦若需要的臣子形象。利用各种史料,突出董仲舒这样的刻板印象,更具有示范作用。

《册府元龟》引用《汉书·董仲舒传》:

> 汉主父偃,为中大夫。会辽东高庙长陵高园殿灾,董仲舒居家推说其意,中稾
> (稿)未上(中古草字,所作起草为稾也)。主父偃候仲舒私见,嫉之,窃其书而奏
> 焉。帝召视诸儒(视,读曰示)。仲舒弟子吕步舒,不知其师书,以为大愚。于是
> 下仲舒吏,当死,诏赦之。仲舒遂不敢复言灾异。[1]

《册府元龟》在解释"倾险"时,认为:"言伪行僻,色厉内荏,倾险之谓也。"倾险就是用心邪恶,用伪诈之术陷害人。该书接着说:"故不畏不义,著之于前闻;难养难近,垂之于往典。盖人禀五行之秀,最万物之灵,守正不回,去恶务本,斯可谓之君子矣。乃有疾贤务进,附势取容,乘隙以为奸,掠美以沽誉。或纵其关说之辩,或极其诡谀之态,或构之飞语以害忠良,或实之深文以报仇怨,以至翻覆靡定,计数叵测,为鬼为蜮,如溪如壑。历代而下,实繁有徒。非聪明睿哲之主,安能察而远之哉!"[2]倾险之人是奸臣小人,为人唯利是图,没有敬畏之心,也不讲信义。妒贤嫉能,敷衍趋势,残害忠良。尽管董仲舒深受主父偃之害,可是董仲舒能够反躬自省,通过智慧避免小人的阴谋设计。即使被人陷害,仍然保持宠辱不惊的生活态度。

《册府元龟》在描写其他人被人陷害,又得正名事迹时,多次引用董仲舒事迹以证明其先行示范的刻板道德印象。例如,转引《晋书·刘毅传》刘毅年老再仕的故事,说:"毅前为司隶,直法不挠,当朝之臣,多所按劾。谚曰:'受尧之诛,不能称尧。'直臣无党,古今所悉。是以汲黯死于淮阳,董仲舒裁为诸侯之相,而毅独遭圣明,不离辇毂,当世之士,咸以为荣。"[3]显然,以汲黯、董仲舒为直臣的代表,被人构陷,弹劾,以突出刘毅君臣的信义品质。

《册府元龟》又引刘向《使外亲上变事》说:"又董仲舒坐私为灾异书,主父偃取奏之,下吏,罪至不道,幸蒙不诛,复为太中大夫、胶东相,以老病免归。汉有所欲兴,

---

① (宋)王钦若等编撰,周勋初等校订:《册府元龟》卷924《倾险》,南京:凤凰出版社,2006年,第10710页。
② (宋)王钦若等编撰,周勋初等校订:《册府元龟》卷924《倾险》,南京:凤凰出版社,2006年,第10710页。
③ (宋)王钦若等编撰,周勋初等校订:《册府元龟》卷884《荐举》,南京:凤凰出版社,2006年,第10275页。
该本标点与中华书局本《刘毅传》标点有出入。

常有诏问（兴，谓改作宪章）。仲舒为世儒宗，定议有益天下。"①此段源自《汉书·楚元王传》，从班固到刘向、再到宋真宗君臣，逐步把董仲舒的人品与智慧提升为士人楷模。

《册府元龟》又引用以下《列传》，进一步突出了董仲舒道德人生的刻板印象。

《汉书》之《公孙弘传》：

> 汉公孙弘，武帝时为御史大夫，迁丞相。其性意忌，外宽内深，诸常与弘有隙，无近远，虽阳与善，后竟报其过。杀主父偃，徙董仲舒胶西，皆弘力也。②

《公孙弘传》：

> 汉公孙弘，武帝时为丞相。尝与公卿约议，至帝前皆背其约，以顺帝旨。主爵都尉汲黯庭诘曰："齐人多诈而无情，始与臣等建此议，乃今皆背约不忠。"帝问弘，弘谢曰："夫知臣者以臣为忠，不知臣者以臣为不忠。"帝然弘言。左右幸臣每毁弘，帝益厚遇之。（弘治《春秋》，不如董仲舒，而弘希世用事，位至公卿，仲舒以弘为从谀，弘嫉之。）③

《后汉书》之《冯衍传》冯衍之语：

> 臣伏念高祖之略，而陈平之谋，毁之则疏，誉之则亲。以文帝之明，而魏尚之忠，绳之以法，则为罪；施之以德，则为功。逮至晚世，董仲舒言道德，见妒于公孙弘；李广奋节于匈奴，见排于卫青。此忠臣之所为常流涕也。臣衍自惟微贱之臣，上无无知之荐，下无冯唐之说，乏董生之才，寡李广之执，而欲免谗口，挤怨嫌，岂不难哉！④

董仲舒因《对策》得宠，受江都相。后言灾异，引火烧身，被人落井下石，可谓受辱。然而，其既不消极，也无忌恨报复。他学有传承，有弟子"兰陵褚大、东平嬴公、

---

① （宋）王钦若等编撰，周勋初等校订：《册府元龟》卷287《忠谏》，南京：凤凰出版社，2006年，第3232页。据《汉书》之《楚元王传》此处应为"胶西相"而非"胶东相"，周点校《册府元龟》此处未出校勘记。

② （宋）王钦若等编撰，周勋初等校订：《册府元龟》卷339《忌害》，南京：凤凰出版社，2006年，第3818页。

③ （宋）王钦若等编撰，周勋初等校订：《册府元龟》卷339《邪佞》，南京：凤凰出版社，2006年，第3814页。（）中内容又见《董仲舒传》。

④ （宋）王钦若等编撰，周勋初等校订：《册府元龟》卷915《废滞》，南京：凤凰出版社，2006年，第10632页。

广川段仲、温吕步舒。大至梁相，步舒丞相长史，唯赢公守学不失师法，为昭帝谏大夫，授东海孟卿、鲁眭孟。孟为符节令，坐说灾异、诛"①。董仲舒秉性公正，以教化俗。

董仲舒辅佐江都易王刘非的故事就很好地说明董仲舒的感召力和教化能力，刘非是汉武帝刘彻的哥哥，司马迁说刘非"好气力，治宫馆，招四方豪杰，骄奢甚"（《史记·五宗世家·第二十九》）。《册府元龟》则详细地记述了董仲舒与易王的对话，突出董仲舒以德服人的印象：

> 董仲舒为江都易王相。易王帝兄，素骄好勇，仲舒以礼谊规正，王敬重焉。②
> 董仲舒为江都相，事易王久之。王问仲舒曰："粤王勾践与大夫泄庸、种、蠡谋伐吴（种，大夫种也，蠡，范蠡也。种，之勇切，蠡，音礼），遂灭之。孔子称殷有三仁，寡人亦以为越有三仁，（泄庸一也，大夫种二也，范蠡三也）。桓公决疑于管仲，寡人决疑于君。"仲舒对曰："臣愚，不足以奉大对（大对，谓大问也）。闻昔者鲁君问柳下惠：'吾欲伐齐，何如？'柳下惠曰：'不可。'归而有忧色。曰：'吾闻伐国不问仁人，此言何为至于我哉？'徒见问耳，且犹羞之，况设诈以伐吴乎？由此言之，越本无一仁。夫仁人者，正其谊不谋其利，明其道不计其功，是以仲尼之门，五尺之童，羞称五伯（伯读曰霸，此下亦同），为其先诈力而后仁谊也。苟为诈而已，故不足称于大君子之门也（仲尼之门，故称大也）。五伯比于他诸侯为贤，其比三王，犹碔砆之与美玉也（碔砆，石之似玉者也）。"王曰："善。"③

董仲舒在与易王对话中，巧妙地提出"正其谊不谋其利，明其道不计其功"的儒家社会治理理念。坚持形式正义与实体正义的统一。这就使得易王刘非不好以巧诈之术与人言治国为人之道。

另一个例子就是："汉瑕丘江公受《穀梁春秋》及《诗》于鲁申公，为博士。武帝时，江公与董仲舒并，仲舒通五经，能持论，善属文，江公纳于口，上使与仲舒议，不如仲舒，而丞相公孙弘本为《公羊》学，比辑其议，卒用董生。于是帝因尊《公羊》家，诏太子受《公羊春秋》。由是《公羊》大兴，太子既通，复私闻《穀梁》而善之。"④董

---

① （宋）王钦若等编撰，周勋初等校订：《册府元龟》卷 598《教授》，南京：凤凰出版社，2006 年，第 6891 页；《汉书》卷 88《儒林传》，北京：中华书局，1962 年，第 3616 页。

② （宋）王钦若等编撰，周勋初等校订：《册府元龟》卷 710《辅导》，南京：凤凰出版社，2006 年，第 8189 页。

③ （宋）王钦若等编撰，周勋初等校订：《册府元龟》卷 711《智识》，南京：凤凰出版社，2006 年，第 8198 页。

④ （宋）王钦若等编撰，周勋初等校订：《册府元龟》卷 710《讲习》，南京：凤凰出版社，2006 年，第 8192 页。

仲舒的成长不仅仅在于勤学为文，还在于擅长说理辩论，博学会通儒家经典，突出专长。太子学公羊为其学术治国提供了强大的政治支持和教化效果的力量。他为江都相时提出来的系列治理手段得到易王的肯定。

董仲舒善于理政的正面形象，也得到了后世的肯定，为宋真宗与王钦若塑造他的刻板印象提供了丰富的材料，如《册府元龟》引《后汉书·桓谭冯衍列传》："昔董仲舒言：'理国譬若琴瑟，其不调者则解而更张。'夫更张难行，而拂众者亡，是故贾谊以才逐，而晁错以智死。世虽有殊能而终莫敢谈者，惧于前事也。且设法禁者，非能尽塞天下之奸，皆合众人之所欲也，大抵取便国利事多者，则可矣。"①桓谭在《上疏陈时政所宜》中直接把董仲舒理政的比喻作为论据，提出改进执政，化解俗务的办法。

后世《汉书·礼乐志》以追述先贤的口气写道："汉承秦灭道之后，赖先帝圣德，博受兼听，修废官，立太学。河间献王聘求幽隐，修兴雅乐以助化。时大儒公孙弘、董仲舒等皆以为音中正雅，立之大乐。春秋乡射，作于学官，希阔不讲（讲，谓讲习也）。"②"董仲舒，广川人。以治《春秋》，景帝时为博士。进退容止，非礼不行，学士皆师尊之（《董仲舒传》）"③。

由此也可理解班固为董仲舒作传的用心，其语气行文无不透露出对董仲舒的尊敬与仰慕，它为《册府元龟》提供了重塑董仲舒刻板印象的坚实基础。

（五）春秋折狱，公正为本

社会治理关键在于司法理念清晰，律令明确，秉公执法。汉承秦制，经过苛刑峻法的实践，发现律法严苛并不能维持社会稳定，也非国泰民安的良方。经历黄老无为之术的调整，最终综合创生了"寓情于法"、法理人情高度统一的中华法系的基本模式。以春秋变化、阴阳平衡为理论支撑，以神道设教、五伦道义为基础、以《春秋》大义为标准，对讼词决疑辩嫌，可谓开启中华法系传统。董仲舒的贡献就在于在实践中对以往的案例进行总结，上升到理论的高度，被历代君臣所肯定与效法。宋代的发展进一步促进这种司法实践，也被宋真宗与王钦若等人赋予鲜明的政治标识。

《册府元龟》在解释"公正"时说："夫子曰：'苟正其身矣，于从政乎何有？'又曰：'子帅以正，孰敢不正？'晁错有言曰：'方直之士，奉法令，不容私。若夫执德不

---

① （宋）王钦若等编撰，周勋初等校订：《册府元龟》卷525《规谏》，南京：凤凰出版社，2006年，第5966页。
② （宋）王钦若等编撰，周勋初等校订：《册府元龟》卷565《作乐》，南京：凤凰出版社，2006年，第6484页。
③ （宋）王钦若等编撰，周勋初等校订：《册府元龟》卷597《选任》，南京：凤凰出版社，2006年，第6868页。

回，谨身率下，无党于物，直道而行，故政平而讼理，令行而禁止也。'汉制：郡守课最者，或入为公卿。宣帝曰：'使百姓无叹息愁恨之声者，其唯良二千石乎？'故有奉公不阿，守法见惮，抑强扶弱，而志在无私，以一警百，而威克厥爱。是以赏罚信而权宠莫能干，政令行而豪右不能犯，所以人从其化，而吏不敢欺也。诗曰：'刚亦不吐。'又曰：'好是正直。'其斯之谓欤？"①显然，这里的公正并非现代法学意义上的司法公正，而是强调教化与礼法的结合，从孔子到晁错都是强调执法者的道德示范以及对公正的内在信仰，由于"儒家公正"的实践被注入更多的家国一体的情感意志使得执法者凭一己之私德决策，就使得公正有不确定性。因此，《册府元龟》整理归纳了大量的公正无私的个体案例。董仲舒的"春秋决狱"和"以身示范"为古代政治清明留下一定的精神财富和司法公正的刻板印象，也存在明显的缺陷。

而中华法系的确定及其理念被广为接受，董仲舒起到了决定性的推动作用。班固评价说："汉董仲舒为江都相，后为胶西王相。凡相两国，辄事骄王，正身以率下，数上疏谏争，教令国中，所居而治（《董仲舒传》）。"②

房玄龄在《晋书》《荀崧传》中引荀崧之奏议，说："昔周之衰，下陵上替，上无天子，下无方伯，善者谁赏，恶者谁罚，孔子惧而作《春秋》，诸侯忌妒，惧犯时禁，是以微辞妙旨，义不显明。故曰'知我者其惟《春秋》，罪我者其惟《春秋》'。时左丘明、子夏造膝亲受，无不精究。孔子既没，微言将绝，于是丘明退撰所闻而为之传，其书善礼，多膏腴美辞，张本继末，以发明经义；信多奇伟，学者好之。称公羊高亲受子夏，立于汉朝，辞义清俊，断决明审，董仲舒之所善也。"③由汉入晋，再到唐宋，董仲舒之公羊学婉转传承，他推动的司法实践日渐浸入日用生活，以原心定罪的春秋决狱加深了人们对动机的认识与道德的形上学的内在反省。应劭订《汉仪》以《春秋折狱》为依据，也同样表现了董仲舒对中国公正司法的影响。

> 献帝建安元年，太山太守应劭删定律令，以为《汉仪》，表奏之，曰："夫国之大事，莫尚载籍者也。决嫌疑，明是非，赏刑之宜，允获厥中，俾后之人永有监焉。故胶东相董仲舒老病致仕，朝廷每有政议，数遣廷尉张汤亲至陋巷，问其得失。于

---

① （宋）王钦若等编撰，周勋初等校订：《册府元龟》卷 674《公正》，南京：凤凰出版社，2006 年，第 7759 页。
② （宋）王钦若等编撰，周勋初等校订：《册府元龟》卷 674《公正》，南京：凤凰出版社，2006 年，第 7759 页。
③ （宋）王钦若等编撰，周勋初等校订：《册府元龟》卷 602《奏议》，南京：凤凰出版社，2006 年，第 6947 页。

　　是作《春秋折狱》二百三十二事，动以经对，言之详矣。"①

概而言之，董仲舒的春秋公羊思想为宋代政治话语的形成准备了重要的思想语料。通过这样的话语、朝廷议事，使士大夫可以由此构建文章与皇帝共商国是，这种话语建构对于解决社会矛盾起到了不可替代的作用。

　　再结合司马迁的自序以及其对仲舒儒学的解释，即可见司马迁成一家之言的诉求，也可见宋王朝对意识形态的掌控。

　　　　上大夫壶遂曰："昔孔子为何作《春秋》哉？"太史公曰："余闻之董生（仲舒也）：'周道废，孔子为鲁司寇，诸侯害之，大夫壅之。孔子知时之不用，道之不行也，是非二百四十二年之中（是非，谓本其得失），以为天下仪表，贬诸侯，讨大夫，以达王事而已矣。'（时诸侯僭侈，大夫擅权，故贬讨之也。贬，退也。讨，治也）……故'臣弑君，子弑父，非一朝一夕之故，其渐久矣。'（《易·坤卦》文言之辞）有国者不可以不知《春秋》，前有谗而不见，后有贼而不知。为人臣者不可以不知《春秋》，守经事而不知其宜，遭变事而不知其权（经，常也）。为人君父者而不通于《春秋》之义者，必蒙首恶之名（蒙，犹被也）。为人臣子不通于《春秋》之义者，必陷篡弑诛死之罪。其实皆以善为之，而不知其义（其心虽善，以不知义理之故，则陷于恶也），被之空言不敢辞（赵盾不知讨贼，而不敢辞弑君之罪）。夫不通礼义之旨，至于君不君，臣不臣，父不父，子不子。夫君不君则犯（为臣下所干犯也。一曰违法礼义也），臣不臣则诛，父不父则无道，子不子则不孝。此四行者，天下之大过也。以天下大过予之，受而不敢辞。故《春秋》者，礼义之大宗也。夫礼禁未然之前，法施已然之后，法之所为禁者易见，而礼之所禁者难知。"②

《史记·太史公自序》说得实在，国家动乱不在一朝一夕，有个渐渐败坏的过程，君不君、臣不臣、父不夫、子不子，礼崩乐坏，社会失序，往往在于对已有价值的破坏。宋真宗君臣所做的就是极力避免社会的失序，即使君主有失，臣子也要理解，甚至为君主待罪。《册府元龟》对董仲舒形象的刻意雕刻就是塑造理想臣子的形象，维护君臣关系，

---

　　① （宋）王钦若等编撰，周勋初等校订：《册府元龟》卷610《定律令》，南京：凤凰出版社，2006年，第7042页。此处应为胶西相。
　　② （宋）王钦若等编撰，周勋初等校订：《册府元龟》卷558《论议》，南京：凤凰出版社，2006年，第6394—6395页。

永葆社会稳定。

由是,《册府元龟》所塑造的董仲舒形象,其本质仍然是唐宋变革时期礼法制度的重建,用礼法规范人、约束人,使人内修仁义,外畏法度,通过礼法结合宣教与制度设计以期达到稳定社会的作用。

刻板印象的一个主要特征就是建构传统,超越时空。传统是群体的共同生活方式、思维习惯、审美意识、言说方式、信仰基础,个体意识的成长取决于个体生活的家风,社区风气以及校风等因素的影响和思想塑造。个体成长受生存环境的限制和塑造,传承历史并赋予传承对象以特定的意义,累积的意义在特定的对象上以刻板印象存在,特定的符合特定语境创生的形象替代了具体个体的具体特征,由此刻板效应超越具体时空的限制。刻板印象成为二维平面的存在。这种二维平面意义的观念在传承中形成了观念谱系,如学统、政统、道统以及知识谱系等言说方式。

董仲舒继往圣开未来,综合诸家学说之长,留下了《春秋繁露》等著作,形成自己独特的政治思想。而司马迁、班固综合各种信息,根据自己的史观,结合时代政治话语需要,塑造了董仲舒这个特定的形象。这个形象成为历代董仲舒刻板印象的塑造基础。这个二维的观念原型,既有超越时空的普遍的共识,也有不同时代人们赋予董仲舒不同言说方式的刻板印象。

宋真宗与王钦若等诸臣通过《册府元龟》多次重复性的对董仲舒的塑造,构建了朝廷议事的春秋话语模式。这种模式到南宋后,由于理学话语的建构,才得以政治转化。

《资治通鉴》新莽叙事之得失考辨

——兼论司马光的历史编撰思想和政治理念

郭明明　杨倩如

（宁夏大学 西夏学研究院，宁夏 银川，750002）

摘　要：司马光编纂《资治通鉴》，以四卷的篇幅集中记述了新莽一朝史事，向来多认为其完全承袭自班固《汉书》，少有发明。本文通过史书对读的方式，考察了司马光在《资治通鉴》中关于王莽纪事部分的删改补编情况，揭示出司马光对王莽叙述存在的偏颇。结合文本的内外语境，笔者尝试从司马光的历史编撰思想和政治理念剖析其中原因，认为对司马光的改编得失应作辩证之分析，此举不仅有益于深化对于王莽其人及"新"朝史事的认识，也有益于总结《资治通鉴》的编撰成就和司马光历史观的现实价值。

关键词：《资治通鉴》；司马光；《汉书》；王莽

作为编年体史书的典范，《资治通鉴》向以"网罗宏富，体大思精"著称，其史料价值尤其为后人所称道。然而，《资治通鉴》对西汉末年王莽及其所建"新"朝史事的记载，却与记叙这一史事的基本史料《汉书·王莽传》不尽相同。这是司马光无心抑或有意为之？是否存在按照司马光主观意愿构建的成分？导致出现这一差异的原因又何在？这些都是值得深入研讨的问题。

目前尚未见到国内外学者对这一课题进行深入的研究，故本文拟以《资治通鉴》中的王莽叙事与《汉书·王莽传》等篇章中对于王莽的记载作为研究对象，在比较二者异同的基础上，探究其中原因。

一、《资治通鉴》新莽史事之考释辨析

《资治通鉴》一书征引史料丰富，除去正史，所引用的其他史书有数百种之多①。其中涉及王莽史事者，均出于《汉书》、《汉纪》和《后汉书》三种正史。而《汉纪》据《汉书》所改编，《后汉书》所载史实也多可与《汉书》相映证，故而《资治通鉴》有关新莽史事的记载基本取材于《汉书》，于他书采用不多。

具体而言，司马光在采用有关正史史料时，有一字不易直接抄录者，也有在保持原始史料史实基础上对史料在文字表述上的加工简化；同时，为适应编撰需要，对史料也做出了一定程度的删改补编。这种做法确有其必要性与正确性，但也造成《资治通鉴》与前史记载出现了许多差异，产生了一些遗漏与失误。因此，本节拟以《汉书·王莽传》为基础，通过史书对读互校的方式，比较《资治通鉴》与《汉书》等史料有关王莽史事记载，凡有异同之处均一一考证其史源，并做出解释。

1. 《资治通鉴》卷三二

> 莽既拔出同列，继四父而辅政，欲令名誉过前人，遂克己不倦。聘诸贤良以为掾、史，赏赐、邑钱悉以享士，愈为俭约。母病，公卿列侯遣夫人问疾，莽妻迎之，衣不曳地，布蔽膝，见之者以为僮使，问知其夫人。其饰名如此。②

按：此条史源出自《汉书》卷九九上《王莽传》上③，"问知其夫人"后有注云："此下，依《汉书》有"皆惊"二字，文意乃足。他本皆有此二字。"中华书局点校本后无"皆惊"二字，今查《四部丛刊》景宋刻本《资治通鉴》有此二字。"其饰名如此"五字

---

① 从北宋官修书目《崇文总目》中可考见，司马光编撰《资治通鉴》时所能参考到的正史之中有关新莽史料，有《汉书》《汉纪》《后汉书》三种。后宋人高似孙《史略》卷 4《通鉴参据书条》列举通鉴引书 222 种（周天游：《史略校笺》，北京：书目文献出版社，1987 年，第 128 页）；近人张煦统计《资治通鉴》参考书目为 301 种（张煦：《通鉴学》，合肥：安徽人民出版社，1981 年，第 63 页），宋史学者李裕民综合各家说法，认定《资治通鉴》引书数量为 355 种（李裕民：《四库提要订误》，北京：中华书局，2005 年，第 41 页）。在这些统计书目中，均未能发现有超出上述三书的史料来源。

② （宋）司马光：《资治通鉴》卷 32《补篇目或条目》，北京：中华书局，1956 年，第 1048 页。

③ 《汉书》卷 99 上《王莽传上》，北京：中华书局，1962 年，第 4041 页。

《汉书》未见，荀悦《汉纪》卷二七《孝成皇帝纪》有："见者以为僮使，使人问，乃知其夫人，其饰名如此。"①此句当系司马光采自《汉纪》，以示王莽虚伪之意。

2.《资治通鉴》卷三五

梅福知王莽必篡汉祚，一朝弃妻子去，不知所之。其后，人有见福于会稽者，变姓名为吴市门卒云。②

按：此条史源出自《汉书》卷六七《杨胡朱梅云传》，《王莽传》未载，《汉书》原文为："至元始中，王莽颛政，福一朝弃妻子，去九江，至今传以为仙。其后，人有见福于会稽者，变名姓，为吴市门卒云。"③"知王莽必篡汉祚"一句为司马光增补，史料无所本，当为司马光依据己意加入。梅福归隐事在汉平帝元始二年（2年），当时王莽虽为安汉公，但并未露出篡汉意图，而且《汉书》记载梅福归隐是因为有感王莽专政而去，并非因为王莽意图篡汉，与后来的龚胜等人有所不同。故而，可以推断《资治通鉴》加进这一句，也是为了彰显王莽篡汉之恶以及时人对于王莽的反对。

3.《资治通鉴》卷三六

夏，安汉公奏车服制度，吏民养生、送终、嫁娶，奴婢、田宅、器械之品，立官稷，及郡国、县邑、乡聚皆置学官。④

按：此条史源出自《汉书》卷一二《平帝纪》⑤。胡三省下注云："元始元年，莽号安汉公。至是始书以冠事，表其所以从来者渐矣。《通鉴》书权臣例始此。"盖王莽进位为安汉公在平帝元始元年（1年），事载《资治通鉴》卷三五平帝元始元年（1年）⑥。而此条记载为平帝元始三年（3年），其间凡称王莽行为皆直书其名，以安汉公冠事，则始见于此，故而胡三省在此下作注解释。由此也可以看出，司马光将王莽视为篡位权臣，在历史书写中予以贬抑。

① （汉）荀悦：《汉纪》卷27《孝成皇帝纪》，北京：中华书局，2002年，第469页。
② （宋）司马光：《资治通鉴》卷35，北京：中华书局，1956年，第1136页。
③ 《汉书》卷67《杨胡朱梅云传》，北京：中华书局，1962年，第2927页。
④ （宋）司马光：《资治通鉴》卷36，北京：中华书局，1956年，第1140页。
⑤ 《汉书》卷12《平帝纪》，北京：中华书局，1962年，第355页。
⑥ （宋）司马光：《资治通鉴》卷35，北京：中华书局，1956年，第1130页。

4. 《资治通鉴》卷三六

　　冬，十二月，莽因腊日上椒酒，置毒酒中；帝有疾。莽作策，请命于泰畤，愿以身代，藏策金縢，置于前殿，敕诸公勿敢言。丙午，帝崩于未央宫。大赦天下。①

　　按：此条史源出自《汉书》卷九九上《王莽传》上，莽传原文为："平帝疾，莽作策，请命于泰畤，戴璧秉圭，愿以身代。藏策金縢，置于前殿，敕诸公勿敢言。十二月平帝崩，大赦天下。"②《汉书》卷一二《平帝纪》记载为："冬十二月丙午，帝崩于未央宫。大赦天下。"③《汉纪》卷三〇《孝平皇帝纪》记载为："冬十有二月，长乐少为大司徒。丙子，帝崩于未央宫。"④均未指明平帝之死系王莽毒杀。司马光关于此事记载史源当为《汉书》卷九九上《王莽传》上："九月，东郡太守翟义都试，勒车骑，因发犇命，立严乡侯刘信为天子，移檄郡国，言莽'毒杀平帝，摄天子位，欲绝汉室，今共行天罚诛莽。'"⑤又《汉书》卷九九下《王莽传》下有："又闻汉兵言，莽鸩杀孝平帝。莽乃会公卿以下于王路堂，开所为平帝请命金縢之策，泣以视群臣。"⑥《后汉书》亦引隗嚣檄文云："故新都侯王莽，慢侮天地，悖道逆理。鸩杀孝平皇帝，篡夺其位。矫托天命，伪作符书，欺惑众庶，震怒上帝。"⑦有关此事《资治通鉴》卷三九也有记载⑧。

　　由此可见，王莽毒杀汉平帝并无直接依据，最早系出于王莽的政敌——翟义、隗嚣等人起事时的檄文，而班固并未认定为史实载入《王莽传》和《平帝纪》中，此后荀悦《汉纪》亦遵循《汉书》记载。至唐代颜师古注《汉书》曰："汉注云帝春秋益壮，以母卫大后故怨不悦。莽自知益疏，篡杀之谋由是生，因到（猎）〔腊〕日上椒酒，置药酒中。故翟义移书云'莽鸩弑孝平皇帝'。"后世凡持王莽弑平帝者，均援引颜注。但颜氏并未举出确证，说明史料来源，故此说仍存有疑点。然而，司马光对此并未本着"不虚美，不隐恶"的态度加以辨析，而是直接采用颜注和翟义、隗嚣等人的说法，认定平帝驾崩系王莽毒杀，以彰显其恶，确有不妥。北宋刘羲仲在《通鉴问疑》中，曾对司马光

①　（宋）司马光：《资治通鉴》卷 36，北京：中华书局，1956 年，第 1155—1156 页。
②　《汉书》卷 99 上《王莽传上》，北京：中华书局，1962 年，第 4078 页。
③　《汉书》卷 12《平帝纪》，北京：中华书局，1962 年，第 360 页。
④　《汉纪》卷 30《孝平皇帝纪》，北京：中华书局，1962 年，第 527 页。
⑤　《汉书》卷 99 上《王莽传上》，北京：中华书局，1962 年，第 4087 页。
⑥　《汉书》卷 99 下《王莽传下》，北京：中华书局，1962 年，第 4184 页。
⑦　《后汉书》卷 13《隗嚣公孙述列传》，北京：中华书局，1965 年，第 515 页。
⑧　（宋）司马光：《资治通鉴》卷 39，北京：中华书局，1956 年，第 1244 页。

记帝王遇害驾崩之事提出质疑：

> 《通历》及《大业记》称，炀帝弑文帝，《通鉴》书曰："上崩中外颇有异论"，《唐历》及《新唐书》称，武后杀太子宏，《通鉴》书曰："太子弘薨时人以为武后杀之"，《通鉴》疑以示疑。而宋元徽四年，书冯太后鸩显祖事，唯《天象志》云：献文暴崩实遇鸩毒。元行冲《国典》云："冯太后伏壮士，太上入谒，遂崩。"司马公言事若如此，安得不彰？然则司马公安知鸩显祖者，是冯太后与否也？此羲仲所疑八事也。①

由此可见，相较《资治通鉴》记载隋炀帝弑文帝、武则天鸩杀太子弘等事，司马光对于王莽鸩弑平帝的记载，显然与其一向在史书编撰、考辨上的精确、审慎态度有异。《资治通鉴》对于此事的记载对后世影响深远，此后南宋朱熹《资治通鉴纲目》直书："冬，十二月，安汉公莽弑帝。"②明人王祎《大事记续编》亦云："十二月丙午，安汉公莽弑帝，葬康陵，上谥曰孝平皇帝。"③至今学界对此仍有不同意见。

5. 《资治通鉴》卷三六王莽居摄元年（6年）

> 春，正月，王莽祀上帝于南郊，又行迎春、大射、养老之礼。④

按：此条史源出自《汉书》卷九九上《王莽传》上⑤，王莽传为"居摄元年正月"。胡三省下注云："上无天子，《通鉴》不得不以王莽系年。不书假皇帝而直书王莽者，不与其摄也。及其既篡也书莽，不与其篡也。吕后、武太后书'太后'其义亦然。"司马光本人在《答郭纯长官书》一文中也表达了对王莽政权的看法："王莽虽篡窃天下，尝尽为之臣者十八年，与秦颇类，非四夷群盗之比也。则天乃唐之母后，临朝称制与吕后无殊，但不当革命称周耳，其后子孙相继有天下，不得谓之不终其身。"⑥基于严正统、

---

① （宋）刘羲仲：《通鉴问疑》，《豫章丛书》本史部二，南昌：江西教育出版社，2002年，第15—16页。

② （宋）朱熹：《资治通鉴纲目》卷8，《朱子全书》本第8册，上海：上海古籍出版社，2002年，第488页。

③ （明）王祎：《大事记续编》卷6，（清）永瑢、纪昀等：《景印文渊阁四库全书》本第333册，台北：台湾商务印书馆，1986年，第100页。

④ （宋）司马光：《资治通鉴》卷36，北京：中华书局，1956年，第1158页

⑤ 《汉书》卷99上《王莽传上》，北京：中华书局，1962年，第4082页

⑥ （宋）司马光：《司马光集》卷61，成都：四川大学出版社，2010年，第1279页。

谨名分的思想，司马光认为王莽和武则天的皇位均是通过篡夺而得，因此对于他们所建立的"新""周"政权皆不予承认。故不称王莽为帝，而直书其名。

6.《资治通鉴》卷三七始建国元年（9 年）

春，正月，朔，莽帅公侯卿士奉皇太后玺韨上太皇太后，顺符命，去汉号焉。①

按：此条史源出自《汉书》卷九九中《王莽传》中②。胡三省在下注曰："去年十二月莽改元，以十二月为岁首。《通鉴》不书，不与其改正朔也。"王莽十二月改元事见《资治通鉴》卷三六："以十二月朔癸酉为始建国元年正月之朔；以鸡鸣为时。"③盖改元正朔之问题，乃古代王朝更替时之重大事件。《资治通鉴》前一卷明书王莽以十二月为正朔，而后一卷仍以正月为朔，于此似有微言大义存也。由此可推断《资治通鉴》不与王莽改正朔，仍是不承认王莽的"新"朝之意。

7.《资治通鉴》卷三七

莽为太子置师、友各四人，秩以大夫。……遣使者奉玺书、印绶、安车、驷马迎龚胜，即拜为师友祭酒。……胜称病笃，为床室中户西、南牖下，东首加朝服拖绅。……即谓晖等："吾受汉家厚恩，无以报；今年老矣，旦暮入地，谊岂以一身事二姓，下见故主哉！"胜因救以棺敛丧事："衣周于身，棺周于衣。勿随俗动吾冢、种柏、作祠堂！"语毕，遂不复开口饮食。积十四日死。死时，七十九矣。

班固赞曰：春秋列国卿大夫及至汉兴将相名臣，怀禄耽宠以失其世者多矣，是故清节之士，于是为贵；然大率多能自治而不能治人。王、贡之材，优于龚、鲍。守死善道，胜实蹈焉。贞而不谅，薛方近之。郭钦、蒋诩，好遁不污，绝纪、唐矣。④

按：此条史源当出自《汉书》卷九九中《王莽传》中，但王莽传记载龚胜事原文仅为："遣谒者持安车印绶，即拜楚国龚胜为太子师友祭酒，龚不应征，不食而死。"⑤《资治通鉴》在记载龚胜言行后，还附记了薛方、郭钦、蒋诩、陈咸等当时名士不仕莽朝、

---

① （宋）司马光：《资治通鉴》卷 37，北京：中华书局，1956 年，第 1170 页。
② 《汉书》卷 99 中《王莽传中》，北京：中华书局，1962 年，第 4099 页。
③ （宋）司马光：《资治通鉴》卷 36，北京：中华书局，1956 年，第 1168 页。
④ （宋）司马光：《资治通鉴》卷 37，北京：中华书局，1956 年，第 1193—1196 页。
⑤ 《汉书》卷 99 中《王莽传中》，北京：中华书局，1962 年，第 4127 页。

退休归里的事迹（文长不录，参见《资治通鉴》原文），这是采录了《汉书》卷七二《王贡两龚鲍传》中诸人的事迹以及传末班固的论赞①。胡三省在《资治通鉴》引用班固论末，注云："《通鉴》书龚胜之死，遂及一时人士，又书班固之论，其为监也，不亦昭乎！"可以看出，司马光如此纪事以及引论，是为了表示强烈反对王莽的人很多，并非龚胜一人，同时其中也表现出了司马光对王莽政权的批判与反对。

8. 《资治通鉴》卷三七

　　莽性躁扰，不能无为，每有所兴造，动欲慕古，不度时宜，制度又不定；吏缘为奸，天下警警，陷刑者众。莽知民愁怨，乃下诏："诸食王田，皆得卖之，勿拘以法。犯私买卖庶人者，且一切勿治。"然他政悖乱，刑罚深刻，赋敛重数，犹如故焉。②

按：此条史源出自《汉书》卷二四《食货志》，"制度又不定"前出自卷二四下《食货志》下③，其后出自卷二四上《食货志》上④。"赋敛重数，犹如故焉"八字不见于《汉书》，未知其史料来源，当为司马光依据己意增补，以显示王莽改制所带来的民生凋敝和社会动荡。

9. 《资治通鉴》卷三八

　　春，二月，乙酉，地震，大雨雪；关东尤甚，深者一丈，竹柏或枯。大司空王邑上书，以地震乞骸骨。莽不许，曰："夫地有动有震，震者有害，动者不害。《春秋》记地震，《易·系》坤动；动静辟翕，万物生焉。"其好自诬饰，皆此类也。⑤

按：此条史源出自《汉书》卷九九中《王莽传》中，引文略同，唯独"其好自诬饰，皆此类也"一句不见于《汉书》⑥。荀悦《汉纪》卷三〇《孝平皇帝纪》有："其八年春二月。大雨雪。深者二丈。柏竹咸枯死。地震。莽诏曰："地者有动有震。震者为

① 《汉书》卷72《王贡两龚鲍传》，北京：中华书局，1962年，第3085—3097页。
② （宋）司马光：《资治通鉴》卷37，北京：中华书局，1956年，第1197—1198页。
③ 《汉书》卷24下《食货志下》，北京：中华书局，1962年，第1179页。
④ 《汉书》卷24上《食货志上》，北京：中华书局，1962年，第1144页。
⑤ （宋）司马光：《资治通鉴》卷38，北京：中华书局，1956年，第1207页。
⑥ 《汉书》卷99中《王莽传中》，北京：中华书局，1962年，第4141—4142页。

害。动者不害。故易称曰坤动而静。辟脇万物。万物生焉。"其好自诬饰。皆此类也。"①
因此，此句系司马光采自《汉纪》，以示王莽虚伪之意。

　　10.《资治通鉴》卷三八

　　　莽又多遣大夫、谒者分教民煮草木为酪，酪不可食，重为烦费。②

　　按：此条史源出自《汉书》卷九九下《王莽传》下，原文为："莽又多遣大夫谒者
分教民煮草木为酪，酪不可食，重为烦费。莽下书曰：'惟民困乏，虽薄开诸仓以赈赡
之，犹恐未足。其且开天下山泽之防，诸能采取山泽之物而顺月令者，其恣听之，勿令
出税。'"③《资治通鉴》只引前段王莽教民众食酪事迹，以显示王莽的迂腐以及民众生
活的困苦。而漏载后半段王莽下书赈灾事，旨在凸显王莽改制给民众带来的苦难。

　　11.《资治通鉴》卷三八

　　　是岁，扬雄卒。初，成帝之世，雄为郎，给事黄门，与莽及刘秀并列；哀帝之
初，又与董贤同官。莽、贤为三公，权倾人主，所荐莫不拔擢，而雄三世不徙官。
及莽篡位，雄以耆老久次，转为大夫。恬于势利，好古乐道，欲以文章成名于后世，
乃作《太玄》以综天、地、人之道；又见诸子各以其智舛驰，大抵诋訾圣人，即为
怪迂，析辩诡辞以挠世事，虽小辩，终破大道而惑众，使溺于所闻而不自知其非也，
故人时有问雄者，常用法应之，号曰《法言》。④

　　按：此条史源出自《汉书》卷八七下《扬雄传》下⑤。司马光在记载王莽时大臣去
世皆用"死"字例，如卷三七书"大司马甄邯死"，卷三八书"太傅平晏死"等。司马
光在《通鉴释例》中有"书薨卒例"，确立了在统一时期诸王、三公、三师、宰相书薨，
余皆称卒的原则⑥。新莽时期，并无分裂，按例大臣去世皆应记为"薨"或"卒"，今
以"死"为例，体现出司马光对当时附莽之臣的贬斥之意。

　　① （汉）荀悦：《汉纪》卷 30《孝平皇帝纪》，北京：中华书局，2002 年，第 536 页。
　　② （宋）司马光：《资治通鉴》卷 38，北京：中华书局，1956 年，第 1231 页。
　　③ 《汉书》卷 99 下《王莽传下》，北京：中华书局，1962 年，第 4175—4176 页。
　　④ （宋）司马光：《资治通鉴》卷 38，北京：中华书局，1956 年，第 1216 页。
　　⑤ 《汉书》卷 87 下《扬雄传下》，北京：中华书局，1962 年，第 3583 页。
　　⑥ 邬国义：《〈通鉴释例〉三十六例的新发现》，《史林》1995 年第 4 期。

扬雄为有汉一代最著名的文学家、思想家之一，因青年时代与王莽的渊源，在王莽代汉自立之后，作《剧秦美新》一文，被后世视为"遗秽万世"的"谀文"，扬雄的身后评价亦因此"白圭之玷"而受到牵连。班固推崇扬雄之才、惋惜其生前身后之境遇，在《汉书·扬雄传》略去《剧秦美新》一文①。值得注意的是，司马光对王莽的记载和评价，虽较《汉书》更为严苛，但对扬雄的态度却与班固相同，对其事王莽多有恕语，记其去世也仅写"扬雄卒"三字。究其原因，在于司马光对扬雄一向敬仰，司马光曾上《乞印行〈荀子〉〈扬子法言〉状》，认为："独荀卿、扬雄排攘众说，张大正术，使后学者坦知去从。"②甚至推崇扬雄为孔子之后的一大圣人超过了孟子与荀子："扬子云真大儒者耶！孔子既殁，知圣人之道者，非子云而谁？孟与荀殆不足拟，况其余乎！"③对于扬雄的思想，司马光也多有继承，曾经为扬雄所著的《太玄》和《法言》作注释，是故在《资治通鉴》中对扬雄多有回护。

然而，司马光的做法却引起了朱熹的极大不满。在与友人书信中，朱熹说："《纲目》不敢动着，恐遂为千古之恨。蒙教扬雄、荀彧二事，按温公旧例，凡莽臣皆书"死"，如太师王舜之类。独于扬雄匿其所受莽朝官称而以"卒"书，似涉曲笔，不免却按本例书之曰"莽大夫扬雄死"，以为足以警夫畏死失节之流，而初亦未改温公直笔之正例也。"又云："区区鄙意正以其与王舜之徒所以事莽者虽异，而其为事莽则同，故窃取赵盾、许止之例而概以莽臣书之。所以著万世臣子之戒，明虽无臣贼之心，但畏死贪生而有其迹，则亦不免于诛绝之罪。此正春秋谨严之法。若温公之变例，则不知何所据依。晚学愚昧，实有所不敢从也。"④故而，在经其改编的《资治通鉴纲目》中，朱熹对扬雄去世的记载为："莽大夫扬雄死。"⑤史学在南宋的发展更趋道德化、理学化，亦由此可见一斑。

12.《资治通鉴》卷三九

班固赞曰：王莽始起外戚，折节力行以要名誉，及居位辅政，勤劳国家，直道

---

① 另外班固在《汉书》卷100下《叙传下》，自叙作《扬雄传》之意旨："渊哉若人！实好斯文。初拟相如，献赋黄门，辍而覃思，草法篡玄，斟酌六经，放易象论，潜于篇籍，以章厥身。"北京：中华书局，1962年，第4265页。

② （宋）司马光：《司马光集》卷16，成都：四川大学出版社，2010年，第493页。

③ （宋）司马光：《司马光集》卷68《说玄》，成都：四川大学出版社，2010年，第1404页。

④ （宋）朱熹：《晦庵朱先生文公文集》卷37《答尤延之》，《朱子全书》本第21册，上海：上海古籍出版社，2002年，第1631—1632页。

⑤ （宋）朱熹：《资治通鉴纲目》卷8，《朱子全书》本第8册，上海：上海古籍出版社，2002年，第508页。

而行，岂所谓"色取仁而行违"者邪！……昔秦燔《诗》《书》以立私议，莽诵《六艺》以文奸言，同归殊涂，俱用灭亡，皆圣王之驱除云尔。①

按：此条史源出自《汉书》卷九九下《王莽传》下②。司马光全文引用了班固此段对王莽的评价，也表明了司马光对于这一看法的认同，即否定王莽及其所建立的新朝。但《资治通鉴》此条引班固论赞，较原文少"炕龙绝气，非命之运，紫色蛙声，余分闰位"十六字。两汉之际盛行天道谶纬，五德终始之说，王莽宣扬西汉为"尧后火德"，而自居为土德，通过五德终始以土代火这一思想制造舆论，取代汉室。《汉书》中保存了很多这样的记述，如《汉书》卷九九中《王莽传》中"惟王氏，虞帝之后也，出自帝喾；刘氏，尧之后也，出自颛顼""予之皇始祖考虞帝受禅于唐，汉氏初祖唐帝，世有传国之象，予复亲受金策于汉高皇帝之灵""予前在大麓，至于摄假，深惟汉氏三七之厄，赤德气尽……皇天明威，黄德当兴，隆显大命，属予以天下。今百姓咸言皇天革汉而立新，废刘而兴王""武功丹石出于汉氏平帝末年，火德销尽，土德当代，皇天眷然，去汉与新，以丹石始命于皇帝。……受命之日，丁卯也。丁，火，汉氏之德也。卯，刘姓所以为字也。明汉刘火德尽，而传于新室也。"③另外，汉简当中也有"□室以土德代火家"④的记载。饶宗颐考订此处缺字应为"新"，表示新室以土德代汉家"尧后火德"，应当继位为天子⑤。由此可见谶纬思潮在当时的广泛影响。司马光对于《汉书》中的这些记载大多删去，不予采录，这从一个侧面反映出宋代儒家学者对于谶纬学说的反思与摒弃。

13.《资治通鉴》卷四二

司空掾陈元上疏曰："臣闻师臣者帝，宾臣者霸。故武王以太公为师，齐桓以夷吾为仲父，近则高帝优相国之礼，太宗假宰辅之权。及亡新王莽，遭汉中衰，专操国柄以偷天下，况己自喻，不信群臣，夺公辅之任，损宰相之威，以刺举为明，徼讦为直，至乃陪仆告其君长，子弟变其父兄，罔密法峻，大臣无所措手足；然不

① （宋）司马光：《资治通鉴》卷39，北京：中华书局，1956年，第1251页。
② 《汉书》卷99下《王莽传下》，北京：中华书局，1962年，第4194页。
③ 《汉书》卷99中《王莽传中》，北京：中华书局，1962年，第4105—4113页。
④ 中国社会科学院考古研究所编：《居延汉简甲乙编》下册，北京：中华书局，1980年，第155页225.32（乙168版）。
⑤ 饶宗颐、李均明编：《新莽简辑证》，台北：新文丰出版公司，1995年，第5页。

能禁董忠之谋，身为世戮。①

　　按：此条史源出自《后汉书》卷三六《郑范陈贾张列传》②。司马光在此全文引用陈元上疏，也有着借此表达对王莽篡汉的批判之意。

　　诚如钱穆所言："善读《通鉴》者，正贵能在其删去处添进处注意，细看他删与添之所以然，才能了解《通鉴》一书之大处与深处。"③日本学者三浦国雄将《资治通鉴》笔法总结为"用连续性把握事件""附加""插载""对照"等几种方式，并结合《资治通鉴》对于王莽的记载进行了论述，也认为司马光在历史书写中表达了王莽的批判反对之意④。因此，笔者认为，通过考察《资治通鉴》新莽纪事部分对史源的增删，探析这一书写背后的原因，可以加深我们对司马光历史编纂观的理解。通过以上诸条史料释证，可见司马光在记述新莽史事之时，对史料做出了一定程度的删改补充。就体例而言，《汉书》与《资治通鉴》一为纪传、一为编年，历史记载的方法必然有所不同。正是出于这一考虑，笔者在上述考证中只选取了《资治通鉴》与《汉书》对同一事件的书写以及司马光在引用《汉书》原文时所做的增删改编，以反映司马光的历史编纂理念。就内容而言，《资治通鉴》以 294 卷的篇幅，涵盖从东周到五代 1362 年的历史，这就决定了司马光必须对于记述的史事有所取舍并且做到文字精审。但如果说，司马光遗漏了《汉书》中许多关于新莽朝的重大措施以及一些对王莽有利的记载，是出于节省篇幅的需要；那么，我们又该如何看待司马光不避冗繁地引用《汉书·王莽传》以外的记载，来补充王莽的恶行哪？司马光对王莽其人、其行的批判，以及对新莽政权的反对，这一态度又缘何而来？以下笔者将对这一问题进行阐述。

二、《资治通鉴》新莽叙事之思想探源

　　司马光是一位优秀的史学家，同时也是一位卓越的政治家。《资治通鉴》的编纂，本身就是司马光一生为政、治学的具体实践，《资治通鉴》的文字记录本身以及司马光

① （宋）司马光：《资治通鉴》卷 42，北京：中华书局，1956 年，第 1353—1354 页。
② 《后汉书》卷 36《郑范陈贾张列传》，北京：中华书局，1965 年，第 1233 页。
③ 钱穆：《中国史学名著》，北京：生活·读书·新知三联书店，2004 年，第 177—179 页。
④ 〔日〕三浦国雄：《〈资治通鉴〉考》，载曹峰主编《日本学者论中国哲学史》，上海：华东师范大学出版社，2010 年，第 25—26 页。

本人的政治思想、立场，一同构成了《资治通鉴》文本的内外语境①。或言，《资治通鉴》两汉部分为刘攽所修，其中所涉新莽叙事亦非出于司马光之手；事实上，据司马光《答范梦得书》和刘羲仲《通鉴问疑》等文献可知，刘攽等人协助司马光编纂《资治通鉴》，主要工作是编撰丛目和长编，最后的增删润色、考证异同、决定取舍和形成定稿，均由司马光裁决，故而我们可以认定《资治通鉴》所反映的是司马光本人的意愿和立场②。因此，对于《资治通鉴》中的新莽叙事，除了对文本的分析、考证之外，还应从司马光的历史编撰思想和政治理念中去探究其根源。

（一）司马光的历史编撰思想

1. 司马光的"正统观"

自《春秋》创"褒贬之法"，《汉书》明"正闰之辨"，"正统观"遂成为历代统治者及史家学者最重视的政治理念，亦成为历史编撰的指导思想，至两宋时期臻于极致，以下试举几例和王莽有关的记载。宋太宗太平兴国九年（984 年），赵垂庆上书议论正统，其中提到王莽："即以梁比羿、浞、王莽之徒，不可以为正统也。"③这应是宋代最早有关新莽政权"正统性"的讨论。后王钦若等编纂《册府元龟》，其中《闰位部》中将新莽政权置于"闰位"，不认其为正统："若夫王莽桓玄之类，皆不终其身，自取其毙。"④

欧阳修是北宋"正统论"的集大成者，他对"正统"的解释是："夫居天下之正，合天下于一，斯正统矣。"⑤所谓"居天下之正"是指获得政权的方式具有合法性，非篡窃、攘夺而来；"合天下于一"则是指统一全国，而非割据、偏安之政权。在《原正统论》一文中，欧阳修认为："王莽得汉而天下一，莽不自终其身而汉复兴，论者曰伪，宜也。"⑥欧阳修视王莽篡汉为"正统"的中断，故提出汉亡即"绝统"这一观点，此为"正统论"在宋代的新发展。另外，与前代正统思想相比，随着新儒学的兴起，宋代士大夫的伦理道德观越发鲜明、严格，在他们看来，王莽阴谋篡汉，奸诈虚伪，在道德

① 姜鹏：《〈资治通鉴〉文本的内外语境》，《学术研究》2011 年第 12 期。
② 另有一例可佐证笔者观点：范祖禹曾协助司马光编修《资治通鉴》唐代部分，完成后，因未能全部反映自己对于唐代历史的研究和评价，于是另作《唐鉴》一书，这说明《资治通鉴》全书主要体现着司马光的政治理念和学术观点。当代学者对于这一问题也有深入的研究，如曹家琪：《〈资治通鉴〉编修考》中华书局编辑部编：《文史》第 5 辑，北京：中华书局，1978 年，第 63—91 页；仓修良：《〈通鉴〉编修分工及优良编纂方法》，刘乃和主编：《资治通鉴丛论》，郑州：河南人民出版社，1985 年，第 46—63 页。
③ （清）徐松辑：《宋会要辑稿》运历 1 之 1《五运》，上海：上海古籍出版社，2014 年，第 2679 页。
④ 见《册府元龟》卷 182，转引自饶宗颐：《中国史学上之正统论》，上海：上海远东出版社，1996 年，第 90 页。
⑤ （宋）欧阳修：《欧阳修全集》卷 16《明正统论》，北京：中华书局，2001 年，第 278 页。
⑥ （宋）欧阳修：《欧阳修全集》卷 16，北京：中华书局，2001 年，第 276 页。

上属于反面人物，其所建立的"新"朝自然不应该被承认为"正统"。

司马光在《资治通鉴》卷六九中，在欧阳修"居天下之正"与"合天下于一"的基础上，阐述了自己的"正统观"：

> 臣愚诚不足以识前代之正闰，窃以为苟不能使九州合为一统，皆有天子之名而无其实者也。虽华夏仁暴，大小强弱，或时不同，要皆与古之列国无异，岂得独尊奖一国谓之正统，而其馀皆为僭伪哉！……是以正闰之论，自古及今，未有能通其义，确然使人不可移夺者也。臣今所述，止欲叙国家之兴衰，著生民之休戚，使观者自择其善恶得失，以为劝戒，非若《春秋》立褒贬之法，拔乱世反诸正也。正闰之际，非所敢知，但据其功业之实而言之。……然天下离析之际，不可无岁、时、月、日以识事之先后。据汉传于魏而晋受之，晋传于宋以至于陈而隋取之，唐传于梁以至于周而大宋承之，故不得不取魏、宋、齐、梁、陈、后梁、后唐、后晋、后汉、后周年号，以纪诸国之事，非尊此而卑彼，有正闰之辨也。①

又，在《通鉴释例》中，司马光立"用天子例"："周、秦、汉、晋、隋、唐，皆尝混一九州，传祚于后，子孙虽微弱播迁，以四方争衡者皆其故臣，故全用天子之制以临之。"②在《答郭纯长官书》一文中，他自陈："光学疏识浅，于正闰之际，尤所未达，故于所修《通鉴》，叙前世帝王，但以授受相承，借其年以记事尔，亦非有所取舍抑扬也……夫统者，合于一之谓也……又凡不能一天下者，或在中国，或在方隅，所处虽不同，要之不得为真天子。"③相比自战国秦汉以来以"正闰德运"为标准的正统论，司马光这些关于"正统"的论述，有着明显的突破。

依据上述言论，后世学者多认为司马光著史是不讲正统的④。对此笔者有不同看法，事实上，司马光对于王莽其人和新莽政权，始终是持否定态度的。若以上文"正统论"的标准来看，王莽完整地继承了汉代基业，似应符合司马光"大一统"的标准，《资治通鉴》中应为王莽立《新纪》，在叙事中亦应纪"新"朝年号而不是直书其名。但《资

---

① （宋）司马光：《资治通鉴》卷69，北京：中华书局，1956年，第2187—2188页。
② 邬国义：《〈通鉴释例〉三十六例的新发现》，《史林》1995年第4期。
③ （宋）司马光：《司马光集》卷61，成都：四川大学出版社，2010年，第1277—1279页。
④ 关于对司马光正统论的研究分歧较大，认为司马光反对正统论的主要有张煦侯：《通鉴学》第4章《通鉴史学一斑》，张全明：《司马光在〈资治通鉴〉中的"非正统"史观》（《西南师范大学学报》1988年第2期），周春江、窦禄军：《司马光、王夫之与梁启超的反正统论思想》（《安徽史学》2013年第5期）等。

治通鉴》叙述新莽史事，完全取法《汉书》和《汉纪》，仅将其视为西汉历史的一部分，而未曾将"新"朝视为一个合法政权。

持司马光不以正统论记新莽政权者，依据多为《资治通鉴》据实书写"新"朝年号一事。事实上，年号是古代帝王神圣权位的象征，蕴涵着帝王君临天下、宣示正统的特殊意义，历朝历代都极为重视。东晋徐禅曰："事莫大于正位，礼莫盛于改元。"①故而，针对司马光的这一做法，后人提出过不少非议，如明人严衍即曰："《通鉴》于周之亡，即以秦纪年；于唐之亡，即以梁纪年，皆未能混一四海，而俱以正统归之。至于帝魏而黜汉、尊吕、武而黜少主、中宗，又如王莽之大书纪年，皆未协于公论。"②对此胡三省解释说："上无天子，《通鉴》不得不以王莽系年。不书假皇帝而直书王莽者，不与其摄也。及其既篡也书莽，不与其篡也。"③胡注从史书编撰的角度，说明《资治通鉴》为编年体史书，对于历史上所发生的事必须按年记载。王莽"新"朝实际统治了十五年，出于史书编年的技术性考虑，《资治通鉴》记载这一时期的历史，只能采用"新"朝纪年。是故《汉书》虽不承认新莽政权，不能为王莽立"本纪"，但在《王莽传》中，仍以"新"朝年号纪事。《资治通鉴》叙王莽事于《汉纪》之内，亦采其年号，但以直书其名以示否定之意。

至于对新莽史事的记载，欧阳修《明正统论》即明言："汉之中衰，王莽篡位十有五年而败，是汉之统尝绝十五年而复续，然为汉史者，载其行事，作《王莽传》。是则统之绝，何害于记事乎？"④同为史官的司马官，出于"据事直书"的史学传统，亦说明"借其年以记事尔"，"非尊此而卑彼，有正闰之辨也"。强调"据其功业之实而言之"，即从历史事实出发，关注"国家之兴衰，生民之休戚"，即叙述一朝功业，不以统治者一人之善恶来抹杀一个政权曾经存在过的事实。这说明《资治通鉴》中对于"新"朝年号的书写，只是出于技术性的考量，而非对其正统的认同。事实上，《资治通鉴》全文引用班固《汉书·王莽传赞》对王莽的评价，非常鲜明地表达了司马光对王莽其人和新莽政权的否定之意。

除《资治通鉴》外，司马光的其他著述也体现着他对王莽的评价。例如，《稽古录》卷一二《西汉论》，司马光认为西汉政权"陵夷至于孝平，以幼冲嗣位，王莽因之，遂

① （唐）杜佑：《通典》卷 55，北京：中华书局，1988 年，第 1542 页。
② （明）严衍：《资治通鉴补》凡例，《续四库全书》影印清光绪刊本，上海：上海古籍出版社，2007 年，第 516 页。
③ （宋）司马光：《资治通鉴》卷 36，北京：中华书局，1956 年，第 1158 页。
④ （宋）欧阳修：《欧阳修全集》卷 16，北京：中华书局，2001 年，第 279 页。

移汉祚。莽恃其诈匿，烦民玩兵，罪盈怨积，而天下叛之矣"①。卷一三《东汉论》亦云："新室之末，民心思汉，如渴之望饮，饥之待哺也。是以诸刘奋臂一呼而远近响应，曾未期年，而元凶授首。"②又，上引《答郭纯长官书》中，有"王莽虽篡窃天下，尝尽为之臣者十八年，与秦颇类，非四夷群盗之比也"③之说；在《谨习疏》中，司马光对王莽的"王田制"发表评论曰："昔秦废井田而民愁怨，王莽复井田而民亦愁怨。"④

从上述言论，结合司马光在《资治通鉴》中对于王莽的记载，可见司马光认为王莽其人奸匿狡诈，其代汉是篡夺盗窃而来，其为政则残暴害民，无一语肯定王莽之处，是绝不可能将其视为一个正统政权的。

2. 司马光的"资治观"

作为史官，为统治者提供一部有关治道、便于研读的历史教材，是司马光编纂《资治通鉴》的主要意图。在上呈《进资治通鉴表》中，司马光说明自己编纂这部书的目的在于："每患迁、固以来，文字繁多，自布衣之士，读之不遍，况于人主，日有万机，何暇周览？臣常不自揆，欲删削冗长，举撮机要，专取关国家兴衰、系生民休戚、善可为法、恶可为戒者，为《编年》一书，使先后有伦，精粗不杂。"为此，他希望君主可以通过阅读此书，达到"监前世之盛衰，考当今之得失，嘉善矜恶，取是舍非，足以懋稽古之盛德，跻无前之至治"⑤的目的。对于司马光的意图，当时的统治者有着充分的认识。因此，宋神宗为此书赐名为《资治通鉴》，也是取其"监于往事有资于治道"的意思。

正是出于这一目的，司马光才会在记述王莽史事之时，着力表现其为人虚伪狡诈、为政残暴不仁的一面，以期对统治者起到警示作用。对于这种做法，古今史家学者多持肯定、赞美态度，强调司马光采用史料广泛，取舍严谨、考证详尽，但却往往忽略其依据己意，任意裁剪史料、甚至杜撰史实的一面。

司马光曾著《史剟》一书，提出"愚观前世之史，有存之不如其亡者，故作《史剟》"⑥。以其叙汉史为例，可见其偏颇之处。例如，书中论及萧何为汉高祖营建未央宫，汉高祖因为天下未定却大兴土木修建雄伟的宫殿而发怒，丞相萧何以"天下方未定，

---

① （宋）司马光原著，〔美〕王亦令点校：《稽古录》卷 12，北京：中国友谊出版公司，1987 年，第 252 页。
② （宋）司马光原著，〔美〕王亦令点校：《稽古录》卷 13，北京：中国友谊出版公司，1987 年，第 309—310 页。
③ （宋）司马光：《司马光集》卷 61，成都：四川大学出版社，2010 年，第 1279 页。
④ （宋）司马光：《司马光集》卷 22，成都：四川大学出版社，2010 年，第 604 页。
⑤ （宋）司马光：《司马光集》补遗卷 2《进资治通鉴表》，成都：四川大学出版社，2010 年，第 1646—1647 页。
⑥ （宋）司马光：《司马光集》卷 74，成都：四川大学出版社，2010 年，第 1495 页。

故可因遂就宫室。且夫天子四海为家，非壮丽无以重威，且无今后世有加也"。此事明确记载于《汉书·高帝纪》之中，但司马光却认为："是必非萧何之言。审或有之，何恶得为贤相哉！……是皆庸人之所及，而谓萧相国肯为此言乎？"①在此，司马光并没有其他史料依据，仅凭己意推测就断定他心中的贤相萧何必然不会说出这样的话，实为不妥。

另外，在同友人的书信中，司马光也表达了自己对史料记载的态度："史有记录之害义者，不可不正。此则诚然，然须新义胜旧义，新理胜旧理，乃可夺耳。"②这就意味着，只要司马光认为自己所掌握的义理胜过前人，就可以对以往史书的记载做出改正。这种对待史料强烈的个人主观意愿，无疑会影响到司马光笔下的历史书写。对于这一点，无论是古人还是近人，都有所批评。南宋朱熹曰："温公修书，凡与己意不合者，即节去之，不知他人之意不如此，《通鉴》此类多矣。"③今人辛德勇通过详细考证，就《汉书》与《资治通鉴》所载汉武帝晚年政治发生重大转向的异同之处提出质疑，由此推断司马光编纂《资治通鉴》之时，基于自身的政治理念和编撰史书以"资治"的观念，改造了汉武帝晚年的政治形象④。这些都说明司马光在记事取材时，存在的失误。由此可以推想，《资治通鉴》中的新莽叙事，也极有可能存在着司马光以个人好恶增删史料的情况。

（二）司马光的政治理念

与以往的历史研究当中简单地把司马光认定为一个保守的反变法派不同，近年来，学术界开始更多地关注司马光政治理念中重视因革的一面⑤。在此，笔者拟从司马光政治理念的视角去解释司马光对于王莽的记载。另外，和王莽一样，王安石亦为身后评价存在极大分歧的人，且其变法常与王莽改制相提并论。故而有人认为，司马光既然反对王安石变法，那么对于王莽的改制也理所当然地予以反对，并且会在《资治通鉴》中有

---

① （宋）司马光：《司马光集》卷 74，成都：四川大学出版社，2010 年，第 1500 页。
② （宋）司马光：《司马光集》卷 63《答景仁书》，成都：四川大学出版社，2010 年，第 1305 页。
③ （宋）朱熹：《朱子语类》卷 134《历代》1，北京：中华书局，1994 年，第 3204—3205 页。
④ 辛德勇：《制造汉武帝：由汉武帝晚年政治形象的塑造看〈资治通鉴〉的历史构造》，北京：生活·读书·新知三联书店，2015 年。
⑤ 关于对司马光政治因革理念的研究可参看尹佳涛：《司马光政治因革思想探析》[《华北水利水电学报》（社会科学版）2009 年第 1 期]一文以及其博士论文《历史与现实之间的政治思考—司马光政治哲学研究》（天津：南开大学博士学位论文，2010 年）。另外方诚峰：《北宋晚期的政治体制与政治文化》第 1 章第 2 节《司马光的政治主张》也对司马光的政治理念和举措做出了最新的研究（北京：北京大学出版社，2015 年）。

所反映。事实上，司马光在编撰完成《通鉴·汉纪》之时为宋英宗治平四年（1067 年），而王安石变法却始于宋神宗熙宁二年（1069 年），这表明司马光完成《资治通鉴》新莽叙事部分与王安石变法无法①。

相比于王安石所推行的激烈变法，深受宋代"祖宗之法"影响的司马光，更多强调在既有政治体制之下，推行渐进稳健的改革。面对北宋时期国家出现的危机，司马光也曾一再上奏警示君主，疾呼"今陛下欲振举纪纲，一新治道，必当革去旧弊，一遵正法"②，并提出了很多具体的改进措施。这说明他并不是不加选择的盲目反对一切变法，而是反对王安石那种改变"祖宗之法"的激进方式。司马光对"祖宗之成法"的遵守，一贯体现在了其具体政治活动当中。宋仁宗朝，司马光担任同知谏院时期就向皇帝上奏，希望仁宗做到"保业""惜时"，提出："夫继体之君，谨守祖宗之成法，苟不隳之以逸欲望，败之以谗陷，则世世相承，无有穷期。"③熙宁二年（1069 年），司马光在迩英殿为宋神宗讲读《资治通鉴》，讲到曹参代萧何为相，遵守萧何旧法的时候，司马光趁机发表议论说："夫道者，万世无弊，夏、商、周之子孙，苟能常守禹、汤、文、武之法，何衰乱之有乎？"④并向宋神宗建议，治国在于求人不在立法。及至宋哲宗元祐年间司马光当政，更是实施更化，尽废新法，恢复旧制。此外，宋人笔记《邵氏闻见后录》还记载了一段宋神宗与司马光对王莽的评价。上曰："王莽取天下，本不以正。"光对曰："王莽取之虽不以正，然受汉家完富之业，向使不变法征利，结怨于民，犹或未亡也。"⑤

从这些记载中我们可以看出，司马光的政治因革理念中，"因"要大于"革"，他只认同在继承维护"祖宗之法"这一前提下做出局部的修正而拒绝根本性的变革。从这一角度出发，司马光更多的是强调对宋代自开国以来，历代君主制定的善政良法的维护，要求君主以本身的有为以及对于人才的重用去保持祖宗留下来的基业，而不是出于现状的困境去力求变法。司马光的这些主张遭到了变法派的强烈反击，以至于他们将司马光的政治态度概括为简单的"祖宗之法不可变"，虽然这句话并不能全面反映司马光关于政治因革的看法，但在一定程度上也体现出了司马光因循保守、追求稳定的政治理念。总体来看，司马光作为一个政治家，诚如漆侠先生所言，是颇为平庸和短视的，他对于

---

① 梁太济《从每卷结衔看〈资治通鉴〉各纪的撰进时间》，《内蒙古大学学报》（人文社会科学版）1997 年第 5 期；姜鹏《〈资治通鉴〉长编分修再探》，《复旦学报》（社会科学版）2006 年第 1 期。
② （宋）司马光：《司马光集》卷 37《王正中第一札子》，成都：四川大学出版社，2010 年，第 851 页。
③ （宋）司马光：《司马光集》卷 18《进五规状》，成都：四川大学出版社，2010 年，第 540 页。
④ 李裕民：《司马光日记校注》《手录》卷 1，北京：中国社会科学出版社，1994 年，第 98 页。
⑤ （宋）邵博：《邵氏闻见后录》卷 3，北京：中华书局，1983 年，第 23 页。

变法的激烈批判以及当政后的尽废新法也失于偏颇①。由此可以推断,司马光对于王莽改变汉政、托古改制的行为是很难认同的,因此在书写王莽这一段历史的时候,才会出现"只记其害,不记其利"(柏杨语)的现象,导致《资治通鉴》在对新莽朝很多重大改制措施的记载产生了遗漏,对此读史者不可不察。

三、结 论

综上所述,司马光在叙述新莽史事之时,不可避免地受到其所处的时代背景及其自身政治理念的影响。他根据个人主观意愿和现实政治需要,对史料做出一定程度的删改补正,这是可以理解的。至于其对《汉书》、《汉纪》和《后汉书》等正史所做的改编是否成功? 笔者以为,应从历史编撰和思想两个层面来考察。

一是从历史编撰的技术层面。笔者以为,《资治通鉴》新莽史事的改造和叙述总体而言是失败的。黄永年认为《资治通鉴》"从史料上讲多无特殊的价值,一般作研究工作的应该引用正史,此书只在去取正史、以及对正史记载分歧的考订上有价值"②,笔者亦以为是。《汉书》作为记莽新莽史的第一手史料,其史料价值和叙事成就诚如白寿彝所言:"尽道王莽的发迹,新朝的建立与败亡,曲折详尽,完为整部新莽专史。内容丰富,叙事极具条理。《王莽传》更是研究新朝史的最基本的史料"。③与之相比,《资治通鉴》显然有疏漏和偏颇之失。

仍以前文所述王莽弑平帝一事为例。有关平帝的真正死因,笔者以为,其事发于宫闱之中,即便真是王莽所为,必当秘密行事,外人如翟义、隗嚣等如何得知? 作为王莽的政敌,他们为了制造一个充足的起事理由,完全可能编造出平帝为王莽所鸩弑的故事,以使自己的行为更具号召力。那么,为什么这一说法如此盛行,包括颜师古、司马光等著名的史家学者都深信不疑呢? 据笔者管见,平帝之死必定事发突然,其死因确有可疑之处,加之王莽篡汉立新、倒行逆施,招来天怒人怨、举国上下一致讨伐,其人又极端残酷暴虐,连自己亲生的儿孙都毫不留情地予以诛杀,于是人们根据情势判断,认为王莽亦极有可能鸩杀平帝。但是班固并未根据自己对情势的推断和当时盛传的说法妄下结

---

① 漆侠:《王安石变法》第5章《新法的废除和反动的封建统治势力的高涨》,《漆侠全集》第2卷,保定:河北大学出版社,2009年,第197—208页。

② 黄永年:《唐史史料学》,上海:上海书店出版社,2002年,第56页。

③ 白寿彝、高敏、安作璋主编:《中国通史》第4卷《中古时代·秦汉时期》,上海:上海人民出版社,1995年,第6页。

论，而是采取"信则传信、疑则传疑"的方法来记载此事。依照班氏父子对王莽的态度，将其视为"颠覆之势险于桀、纣"的"乱臣贼子无道之人"，如果能够确认平帝死于王莽之手，史家怎会将如此重要的史实遗漏不写？最为合理的解释就是，作为一个负责任的史官，班固不想把难以证实的传闻之辞随便写进史书中。相较而言，《资治通鉴》中的王莽形象，显然是司马光在《汉书》记载基础上的改造，这既不完全是班固笔下的王莽，当然也不是历史上真实存在的王莽。

二是从史家的政治理念和学术思想层面。在厘清《资治通鉴》新莽叙事的史料价值之后，我们还应进一步探讨其作为史料形成过程。以往多以历史文本为史家的客观记录，如今却逐渐被视为看成是融入了史家有意识的书写。如果说从史料角度来看，我们固然无法将《资治通鉴》中的新莽叙事作为王莽研究的唯一史料来源，司马光对《汉书》相关部分的改编总体来看也是不成功的。但是，联系史家本人所置身的时代背景及其个人意识，司马光对于王莽的记述和评价，一定程度上体现出了其为现实政治服务的历史编撰思想和因循保守的政治理念，对此我们应作辨证之考察。

最后，笔者认为，通过进一步分析《资治通鉴》新莽叙事之得失考辨，不仅可以丰富我们对于王莽研究以及《汉书》在宋代的传播与接受之认识，更有益于深入理解《资治通鉴》的编撰成就和司马光历史观的思想价值。以是观之，《资治通鉴》的编撰确为后世进行史料批判及史源学研究，提供了一个极为有益的范本。

《续资治通鉴长编》校识最录

——《国朝册府画一元龟》研究之二[*]

尹　承

（山东师范大学　历史与社会发展学院，山东　济南，250358）

摘　要：国图藏南宋佚名纂《国朝册府画一元龟》（残本）引用了大量《续资治通鉴长编》的条文，取校今本《续资治通鉴长编》，可得若干有价值的异文，能够补正今本错讹脱误多处。

关键词：《国朝册府画一元龟》；《续资治通鉴长编》；孤本；校勘

国图所藏南宋佚名纂类书《国朝册府画一元龟》（以下简称《册府》），是一种海内外现存的孤本古籍。该书纂于南宋末，其命名与体例皆仿《册府元龟》，内容为北宋九朝的君臣事迹。原书规模当在二百数十卷以上，今仅存明钞残本三十卷，其中大量引用了《续资治通鉴长编》《丁未录》等宋代史书，具有较高的文献价值。今收入中国国家图书馆编《原国立北平图书馆甲库善本丛书》（第 423—424 册），笔者曾撰文予介绍①。《册府》残本中，引《续资治通鉴长编》达四百余条，笔者取校于通行的中华书局 2004 年版《续资治通鉴长编》，得到了一些颇有价值的异文，可以订正《永乐大典》系统传本《续资治通鉴长编》的不少讹脱舛误。按今本《续资治通鉴长编》系从明修《永

---

* 本文为山东省 2017 年度社会科学规划项目"唐宋变革期的宾礼与秩序"（项目号：17DLSJ04）阶段成果。

① 尹承：《国图藏〈国朝册府画一元龟〉考》，《文献》2015 年第 2 期。

乐大典》中录出，而《册府》则为南宋末修成的类书，今残本的抄成年代也当在明初，其所引的《续资治通鉴长编》，版本价值多有胜于今本相应部分之处①。故今特为一一指出如次。

1.《续资治通鉴长编》卷二七，雍熙三年（986 年）十月甲辰，第 624 页

以陈王元僖为开封尹、兼侍中，户部郎中张去华为开封府判官，殿中侍御史陈载为推官，并召见，谓曰：“卿等朝之端士，故兹选用，其善佐吾子。”

“并召见”至“吾子”，《册府》甲集卷三八（第 4b 页）作：“上召于便殿，谓曰：‘以卿等端士，是以选用，善相吾子。’又谓元僖曰：‘去华名士，当以师傅礼之。’”

2.《续资治通鉴长编》卷七六，大中祥符四年（1011 年）八月，第 1732 页

右谏议大夫、知广州杨覃勤于吏事……及卒，有洒泣者。

“有洒泣者”前，《册府》甲集卷四〇（第 2b 页）有“父老”二字，国图藏旧抄本《续资治通鉴长编》卷五二（第 6a 页）同，当从补②。

3.《续资治通鉴长编》卷八九，天禧元年（1017 年）四月乙酉，第 2056 页

时王曙治蜀……盗贼屏窜，蜀外户不闭。

“蜀”，《册府》甲集卷四二（第 2a 页）作“蜀民”，旧抄本《续资治通鉴长编》卷五八之一（第 8a 页）同，当从补“民”字。

4.《续资治通鉴长编》卷八九，天禧元年（1017 年）五月戊申，第 2059 页

太保、平章事王旦登柄用凡十八年，为相仅一纪，谦退周谨，每迁受赐，常有愧避之色。

---

① 尽管目前存在一批像《长编纪事本末》《太平治迹统类》之类改编自《续资治通鉴长编》的史籍，但其所引或非《续资治通鉴长编》原文。《册府》一书所录，尽管存在节录的情况，但是毕竟皆为《续资治通鉴长编》原文，此是其价值独特之处。

② 中国国家图书馆编：《原国立北平图书馆甲库善本丛书》，北京：国家图书馆出版社，2013 年，第 150—151 册。该书以下简称旧抄本《续资治通鉴长编》。

"迁",《册府》乙集卷二二（第 1a 页）作"迁官"，旧抄本《续资治通鉴长编》卷五八之一（第 8b 页）及徐自明《宋宰辅编年录》卷三引《续资治通鉴长编》同。①当从补。

5.《续资治通鉴长编》卷九〇，天禧元年（1017 年）九月癸卯，第 2078 页

> 癸卯，给事中、参知政事王曾罢为礼部侍郎。……会曾市贺皇后家旧第，其家未迁而曾令人辇土置其门，贺氏入诉禁中。明日，上以语钦若，遂罢政事。曾既罢，往谒王旦，旦疾甚，辞弗见。

"遂罢政事"，《册府》乙集卷二二（第 1b 页）作"遂罢曾政事"字，旧抄本《续资治通鉴长编》卷五八之二（第 5b 页）及杨仲良《皇朝资治通鉴长编纪事本末》卷二二同②。按有"曾"字文意始明，故当从补"曾"字。

6.《续资治通鉴长编》卷一三二，庆历元年（1041 年）五月，第 3125 页

> （孙）沔又奏："臣窃闻内侍别立主司，中官自通禁省。有唐四品不通于典制，五局兼著于令丞。"

"通"，《册府》甲集卷三九（第 2b 页）作"过"，旧抄本《续资治通鉴长编》卷八二之二（第 4b 页）及赵汝愚编《宋朝诸臣奏议》卷六一孙沔《上仁宗论都知押班不可升于阁门引进之上》同③。按"不通于典制"不辞，"通"盖"过（過）"形讹。又按《唐六典》卷一二叙内侍诸官，最高者为从四品，是所谓"四品不过于典制"。当从改为"过"。

7.《续资治通鉴长编》卷一三八，庆历二年（1042 年）十月戊辰，第 3317 页

> 乾德中，诏王全斌等伐蜀。是冬大雪，太祖皇帝着煖帽，被貂裘，御讲武殿毡幄，顾左右曰："今日此中寒不能御，况伐蜀将士乎？"却脱所服裘帽，遣中使驰骑往赐全斌。

"却"，《册府》甲集卷四三（第 4a 页）作"即"，旧抄本《续资治通鉴长编》卷八

---

① （宋）徐自明撰，王瑞来校补：《宋宰辅编年录校补》，北京：中华书局，1986 年。该书以下简称《宰辅录》。
② （宋）杨仲良：《皇朝通鉴长编纪事本末》，《宛委别藏》本。该书以下简称《本末》。
③ （宋）赵汝愚编：《宋朝诸臣奏议》，上海：上海古籍出版社，1999 年。该书以下简称《奏议》。

三之四（第 5b 页）、《奏议》卷一三三贾昌朝《上仁宗备边六事》、吕祖谦编《皇朝文鉴》卷四五贾昌朝《论边事》皆同，当从改①。

8.《续资治通鉴长编》卷一三九，庆历三年（1043 年）正月，第 3346 页

（吕夷简）欲使陛下知辅相之位非己不可，冀复思己而召用也。

该卷校记一四，"冀"原作"兼"，据文津阁本改。《册府》乙集卷二二（第 2b 页）及文渊阁《四库全书》本《续资治通鉴长编》、旧抄本《续资治通鉴长编》卷八四之一（第 6a 页）皆作"兼"，所改非是。

9.《续资治通鉴长编》卷一七三，皇祐四年（1052 年）十二月丁丑，第 4182 页

上谓宰相庞籍曰："朕择重任之臣以镇抚西南，莫如（程）戡者。"

"任"，《册府》甲集卷四二（第 2b 页）作"望"，旧抄本《续资治通鉴长编》卷九三之二（第 11b 页）同，当从改。

10.《续资治通鉴长编》卷一九二，嘉祐五年（1060 年）九月，第 4645 页

翰林侍读学士、给事中杨安国……讲说一以注疏为主，无他发明，引论鄙俚，世或传以为笑。

"论"，《册府》乙集卷二二（第 9a 页）作"谕"，《宋史·杨安国传》同。按"引谕"为宋人成辞，当从改。

11.《续资治通鉴长编》卷一九二，嘉祐五年（1060 年）十一月，第 4649—4650 页

殿中侍御史吕诲尝言……既留中不出。诲又言："……或因监都督功作一切小

---

① （宋）吕祖谦编：《皇朝文鉴》，黄灵庚、吴战垒主编：《吕祖谦全集》第 12—14 册，杭州：浙江古籍出版社，2008 年。该书以下简称《文鉴》。

劳，便理绩效。"

"既"，《册府》甲集卷三九（第 7b 页）作"疏"，旧抄本《续资治通鉴长编》卷一〇一之二（第 7a 页）同。按"既留中不出"不辞，当从改。监都督，《册府》作"监督"，旧抄本《续资治通鉴长编》及《奏议》卷六一吕诲《上仁宗乞罢内臣暗转官例》同。按"监都督"不辞，当从删"都"字。

12.《续资治通鉴长编》卷一九四，嘉祐六年（1061 年）七月壬寅，第 4695 页

> 同知谏院司马光以三札子上殿……其二论御臣，曰："……所以然者，其失在于国家求名不求实，诛文不诛意。"

该卷校记一三，"求"，宋本、宋撮要本、阁本及《宋史全文》卷九下、《永乐大典》卷一二四二八、《温国文正司马公文集》卷一八三皆作"采"。《册府》乙集卷二〇（第 5b 页）作"采"，文渊阁四库本《续资治通鉴长编》同。按"诛"即求意，前后文意重复，当从改①。

13.《续资治通鉴长编》卷一九六，嘉祐七年（1062 年）三月庚申，第 4744 页

> （钱象先）留侍经筵前后十五年，时被恩礼。……上曰："大夫行有日，可独彻所讲秩。"

"时"，《册府》乙集卷二二（第 9a 页）作"特"，旧抄本《续资治通鉴长编》卷一〇三之一（第 6b 页）及范祖禹《帝学》卷六②、《本末》卷二九、彭百川《太平治迹统类》卷二七③同，当从改。该卷校记二〇，"秩"，《宋史》卷三三〇《钱象先传》作"宜讲彻一编"，疑"秩"当作"帙"。《册府》及前引旧抄本、《帝学》等书皆作"秩"，按"秩""帙"古通，作"秩"不误④。

---

① 另可参佚名著，汪圣铎点校：《宋史全文》卷 9 下校证［三二］，北京：中华书局，2016 年，第 589 页。
② （宋）范祖禹：《帝学》，《孔子文化大全》影印南宋刻本，济南：山东友谊出版社，1992 年。
③ （宋）彭百川：《太平治迹统类》，扬州：江苏广陵古籍刻印社，1990 年。该书以下简称《统类》。
④ 汉语大字典编辑委员会编：《汉语大字典》（缩印本），武汉、成都：湖北辞书出版社、四川辞书出版社，1995 年，第 1087 页。

14.《续资治通鉴长编》卷一九八，嘉祐八年（1063 年）五月，第 4808 页

　　　　司马光言："……臣愚伏望陛下多置<u>皇子位</u>，与皇子居处燕游。"

　　此句显系不辞。"皇子位"后，《册府》甲集卷三八（第 36 页）及司马光《温国文正司马公文集》卷二六《乞令皇子伴读提举左右人札子》、《本末》卷五六、《宋史全文》卷九下等皆有"官属，博选天下有学行之士以充之，使每日在皇子位"。按《续资治通鉴长编》卷一九七嘉祐七年（1062 年）八月壬午条，"诏入内内侍省、皇城司，即内香药库之西偏，营建皇子位"，又王辟之《渑水燕谈录》卷六："王猎，酸枣人。……会英庙入继为皇子，近臣荐公为宫僚。赴皇子位，门阑守卫，宛如梦中；及升厅拜揖，则衣冠仪貌，亦与所梦无异。"则皇子位是英宗升皇子后所居宫室。故《续资治通鉴长编》此处当从补为"臣愚伏望陛下多置皇子位官属，博选天下有学行之士以充之，使每日在皇子位，与皇子居处燕游"。

15.《续资治通鉴长编》卷二二七，熙宁四年（1071 年）十月，第 5531 页

　　　　（王安国）对曰："王猛睚眦之忿必报，专教苻坚以峻刑法杀人为事，此必<u>小臣</u>刻薄有以误陛下者。"

　　该卷校记二六，"小臣"，《纪事本末》卷五九《王安石事迹》上、《续通鉴》卷六八均作"小人"。《册府》甲集卷六九（第 11b 页）作"小臣"，不误。该条校记可删。

16.《续资治通鉴长编》卷二三七，熙宁五年（1072 年）八月，第 5783 页

　　　　均税法，以县<u>租额</u>税数，毋以旧收羡零数均摊……众户殖利山林、陂塘、道路、沟河、坟墓荒地皆不<u>许税</u>。

　　该卷校记一三，"租额"，《纪事本末》卷七三《方田》、《宋史全文》卷一二上、《文献通考》卷四《田赋考》及《宋史》卷一七四《食货志》均同。《皇朝编年纲目备要》卷一九作"祖额"。按宋制赋税有祖额之规定，疑以"祖额"为是。《册府》甲集卷七〇（第 1a 页）作"祖额"。许，《册府》作"计"，《纪事本末》同，是，当从改。

17.《续资治通鉴长编》卷二五二，熙宁七年（1074 年）四月，第 6153 页

监安上门、光州司法参军郑侠言："……诸有司掊敛不道之政，一切罢去，庶几早召和气，上应天心。"

该卷校记三，"庶几早召和气"，《宋史》卷三二一《郑侠传》作"冀下召和气"。《册府》甲集卷六九（第 13b 页）作"庶几早召和气"，不误。该条校记可删。

18.《续资治通鉴长编》卷二八二，熙宁十年（1077 年）五月，第 6905 页

御史彭汝砺言："……自古人君，方其无事之时，未见其害，则士大夫之言为不足信，亦莫之听也，及其祸乱既作，本末颠倒，至于无可奈何而后已。"

"颠倒"，《册府》甲集卷三九（第 11a 页）作"颠沛"，文渊阁四库本《续资治通鉴长编》、《本末》卷六七、《奏议》卷六三彭汝砺《上神宗论遣李宪措置边事》皆同。按本末颠沛，出自《诗·大雅·荡》"文王曰咨，咨女殷商，人亦有言，颠沛之揭，枝叶未有害，本实先拨。殷鉴不远，在夏后之世"。彭氏此奏，论当慎付兵柄与宦官，"自古人君"前，即引《诗》曰：'商鉴不远，在夏后之世。'"则此用《诗》之语，作"颠沛"为是，当从改。

19.《续资治通鉴长编》卷三一三，元丰四年（1081 年）六月壬午，第 7593 页

诏："陕西路缘边诸路累报夏国大集兵至，须广为之备。"

"路"，《册府》甲集卷四三（第 8a 页）无，《宋史全文》卷一二下徐松辑《宋会要辑稿·兵》二八之二四同①，当从删。

20.《续资治通鉴长编》卷三二四，元丰五年（1082 年）三月，第 7800 页

然救今日之弊，岂有难哉？陛下鉴害法者悉更之，民享大利矣。

---

① （清）徐松辑：《宋会要辑稿》，北京：中华书局，1957 年。此书以下简称《会要》。

　　该卷校记四，"大"，《宋会要·食货》六五之二四、六六之四四作"十"。《册府》甲集卷八九（第16b页）作"十"。按此系刘谊奏疏语，疏中列举新法"害法者十"，故此言"悉更之"，则变十害为十利，是其本证。当从《册府》改为"十"。

　　21.《续资治通鉴长编》卷三四八，元丰七年（1084年）八月，第8343页

　　（吕希道）乃请开大吴口道河循西山北河，论者以为得禹之旧迹，自是曹村无水患矣。

　　"河"，《册府》甲集卷四〇（第9b页）作"流"，文渊阁四库本《续资治通鉴长编》同。按《续资治通鉴长编》本条自注云"此据范祖禹志希道墓"，考范祖禹《范太史集》卷四二《左中散大夫守少府监吕公墓志铭》正作"流"[①]。当从改。

　　22.《续资治通鉴长编》卷三五三，元丰八年（1085年）三月，第8465页

　　初，司马光四任提举崇福宫既满，不取赴阙……光乃上疏曰："……是故君降心以访问，臣竭诚以献者，则庶政修治……夫道犹岐路，近差跬步，远失千里。"

　　"取"，《册府》甲集卷七四（第2a页）作"敢"，文渊阁四库本《续资治通鉴长编》同。"取"盖"敢"形讹，当从改。该卷校记一五，《温国文正司马公文集》卷四六《乞开言路札子》"献者"作"献替"。《册府》甲集卷七四（第2a页）又乙集卷一七（第9a页）、文渊阁四库本《续资治通鉴长编》、《奏议》卷一八司马光《上哲宗乞下求言诏书》及《统类》卷一八皆作"献替"，是，当从改。犹，《册府》作"由"，《统类》同，是，当从改。

　　23.《续资治通鉴长编》卷三五四，元丰八年（1085年）四月，第8472页

　　又诏……京西令本路转运使沈希颜……点磨物数，计会当职官吏交割桩管，条析措置结绝事件以闻。

　　该卷校记八，阁本及《纪事本末》卷九四《变新法》"转运使"均作"转运副使"。

――――――――――――

　　① （宋）范祖禹：《范太史集》，文渊阁《四库全书》本。

《册府》甲集卷七四（第 4a 页）作"转运副使"，文渊阁四库本《续资治通鉴长编》及《会要·食货》五五之四二同。又按《续资治通鉴长编》卷三六〇，元丰八年（1085年）十月丙戌条，有"权发遣京西路转运副使沈希颜管勾太平观"事，故此当从补"副"字。

24.《续资治通鉴长编》卷三五四，元丰八年（1085 年）四月，第 8474 页

诏曰："……比闻有司奉行法令，往往失当……将恐朝廷成法，因以堕弛。"

"堕"，《册府》甲集卷七四（第 4b 页）作"隳"，文渊阁四库本《续资治通鉴长编》、《宋大诏令集》卷一九四《诫励中外奉承诏令称先帝更易法度惠安元元之心诏》①、《纪事本末》卷九四、《统类》卷一八皆同，是，当从改。

25.《续资治通鉴长编》卷三五四，元丰八年（1085 年）四月，第 8474 页小注

《新录》辩曰：……史官不推本神祖爱民之意，而饰（蔡）确之谋以欺后世，今合删去。

该卷校记一二，"去"原作"改"，据《纪事本末》卷九四《变新法》改。《册府》甲集卷七四（第 5a 页）作"删改"，按删改意即删去相关文字以改《旧录》，不误，点校本所改非是。

26.《续资治通鉴长编》卷三五四，元丰八年（1085 年）四月，第 8476 页小注

元祐二年二月十四日，（黄）履坐举（刘）次庄，自龙学降天制。

"二月"，《册府》甲集卷八九（第 1b 页）作"三月"。按《续资治通鉴长编》卷三九六，元祐二年三月丙寅条，"降龙图阁学士、知越州黄履为天章阁待制、知舒州"，三月丙寅即三月十四日。当从《册府》改。

---

① 佚名编，司义祖整理：《宋大诏令集》，北京：中华书局，1962 年。该书以下简称《诏令集》。

27.《续资治通鉴长编》卷三五五，元丰八年（1085 年）四月，第 8491—8493 页

　　司马光上疏曰："……乃蒙太皇太后陛下特降中使，访以得失……裕者，益饶之名也。……若朝廷不以为意，日复一日，万一遇千里之蝗旱。"

该卷校记八，"以"，文津阁本作"求"。《册府》甲集卷七四（第 5a 页）作"以"，《纪事本末》卷九四、《宋史全文》卷一二下、《温国文正司马公文集》卷四六、《奏议》卷一一七司马光《上哲宗论新法便民者存之病民者去之》皆同，该条校记可删。又校记一〇，"益饶"，《温国文正司马公文集》作"饶益"。《册府》卷七四（第 6b 页）作"饶益"，《奏议》卷一一七同，可从乙。又校记一三，《温国文正司马公文集》"千"上有"数"字。《册府》卷七四（第 7b 页）作"数千里"，《奏议》同，当从补"数"字。

28.《续资治通鉴长编》卷三五六，元丰八年（1085 年）五月，第 8508 页小注

　　臣等辨曰：……时用事之臣方持两端，而草诏者希望风旨，名曰求言，而实设六条以拒之。会光入觐，上以诏书示之。光上疏言："诏书求谏，而逆以六事防之，是诏书始于求谏而终于拒谏也，宜删去中间一节。"未几，果别下诏。

"会光"至"一节"，《册府》甲集卷七四（第 8b 页）作"光乞削去中间一节，使天下之人晓然知朝廷务在求谏，无拒谏之心，各尽所怀，不忧黜罚，如此则中外之事、远近之情，如指诸掌矣"，《纪事本末》卷九三同。

29.《续资治通鉴长编》卷三五六，元丰八年（1085 年）五月，第 8512 页

　　诏："……其见管官吏人等并京东西牧力胜残，并仰贾种民等一就相度、措置闻奏。"

该卷校记一一，"胜残"，《纪事本末》卷九四作"賸钱"。《册府》甲集卷七四（第 11a 页）作"胜分"，"分"系"分"之讹（"钱"俗字，《册府》"钱"字多作"分"）。賸、胜古通，作"胜钱"是，"残"系笔误。

30.《续资治通鉴长编》卷三五六，元丰八年（1085 年）五月，第 8521 页

（司马光）上疏曰："臣先乞下诏广开言路，不以有官无官之人，并许进实封状，<u>颁</u>下诸路州、军。"

该卷校记一五，《温国文正司马公文集》卷四七、《纪事本末》卷九三《求直言》、《治迹统类》卷一八"颁"上均有"仍"字。《册府》甲集卷七四（第 11b 页）有"仍"字，当从补。

31.《续资治通鉴长编》卷三五七，元丰八年（1085 年）六月庚寅，第 8550—8551 页

吕公著复上奏曰："……自王安石秉政，变易旧法，群臣有论其非<u>者，便</u>指以为沮坏法度，必加废斥。自是青苗、免役之法行而<u>夺</u>民之财尽……市易、茶盐之法行而夺民之利悉，若此之类甚众。……故臣<u>前</u>辄献愚诚，乞陛下广开言路。"

"者便"二字，《册府》甲集卷七四（第 18a 页）作"便者"，皆属前读，《纪事本末》卷九四、《奏议》卷一一七吕公著《上哲宗论更张新法当须有术》、《宋史全文》卷一二下皆同，当从乙。夺，《册府》作"取"，文渊阁四库本《续资治通鉴长编》及上引诸书皆同。按"夺民之财"与后文"夺民之利"重复，当从改。《册府》于"前"后有"日"字，《纪事本末》及《奏议》皆同，当从补。

32.《续资治通鉴长编》卷三五七，元丰八年（1085 年）六月，第 8555 页

知庆州范纯仁言："……然则郡邑之弊，守令知之；一路之弊，<u>监</u>司知之。"

该卷校记三三，"监"原作"职"，据《续通鉴》卷七八改。按《册府》甲集卷七四（第 20b 页）及《诸臣奏议》卷一九范纯仁《上哲宗乞诏内外百官条陈本职及所经历利害》、陈均《皇朝编年纲目备要》卷二一①、《宋史全文》卷一二下等皆作"职"。职司即监司，宋人多以"职司"指监司，如《续资治通鉴长编》卷一六一，庆历七年（1047 年）九

---

① （宋）陈均：《皇朝编年纲目备要》，北京：中华书局，2006 年。此书以下简称《编年备要》。

月已卯条，主客郎中王仪提点河北路刑狱，御史何郯言"（王仪）今既充本路职司"云云；同书卷四一五，元祐三年（1088年）十月，通判河南府韩玠为利州路转运判官，右正言刘安世言"今来（韩玠）遽复职司"云云。又《会要·选举》二四之二五，乾道七年（1171年）九月二十八日，中书门下省言："旧法称职司者，谓转运使副、提点刑狱及朝廷专差宣抚、安抚、察访。"是其本证。点校本改误。

33.《续资治通鉴长编》卷三六〇，元丰八年（1085年）十月，第8620页

知吉州安福县上官公颖奏："……臣先于六月初四日献书，言政令法度施之未得其宜，行之未至于备者，其弊有六，内一件为免役取民之制未完。……往日所募之钱，除承帖人及刑法司人役许用外，其余一旦封桩，若以为耆、壮、户长诚可以废罢，即所用之钱自当于百姓均减元额。"

"完"，《册府》甲集卷七五（第4b页）作"究"，《纪事本末》卷一〇八同，当从改。该卷校记二三，"人役"，文津阁本作"人吏"，疑是。《册府》作"人吏"，文渊阁四库本《续资治通鉴长编》、《纪事本末》、《编年备要》卷二一皆同，当从改。一旦，《册府》作"一切"，文渊阁四库本《续资治通鉴长编》、《纪事本末》、《编年备要》及马端临《文献通考》卷一二皆同，当从改①。于，《册府》作"与"，《纪事本末》《编年备要》《文献通考》皆同。又按后文云"臣愿陛下因其未降也，诏有司以耆、壮、户长封桩钱，一切与民间均减元额"，是其本证。当从改。

34.《续资治通鉴长编》卷三六〇，元丰八年（1085年）十月，第8621页

诏："……府界诸路合支雇钱，权于役钱宽剩内支给。其逐路所桩耆、户长、壮丁钱数。"

该卷校记二四，文津阁本"其"后有"馀"字。《册府》甲集卷七五（第5a页）有"馀"字，文渊阁四库本《续资治通鉴长编》《纪事本末》卷一〇八同，当从补。

35.《续资治通鉴长编》卷三六一，元丰八年（1085年）十一月，第8644页

（王）岩叟又言："……窃见新保甲法，尚存提举教阅一司。"

---

① （宋）马端临：《文献通考》，北京：中华书局，2011年。

《册府》甲集卷七五（第 6b 页）"新"后有"降"字,《纪事本末》卷一〇九及《奏议》卷一二四王岩叟《上哲宗乞废罢保甲一司》同,当从补。

36.《续资治通鉴长编》卷三六一,元丰八年（1085 年）十一月戊申,第 8647 页

兵部员外郎叶祖洽奏:"市易之道,一旦官中以法督促,近虽有宽期会、减分数之诏。"

该卷校记二二,"诏",阁本作"息",《纪事本末》卷一一〇作"惠"。《册府》甲集卷七五（第 6b 页）作"惠",《会要·食货》五五之四三同,当从改。

37.《续资治通鉴长编》卷三六三,元丰八年（1085 年）十二月,第 8689—8691 页

司马光言:"……于是置提举官,强配青苗,多收免役,以聚货帛。……又奏置保马……又令民封状增价以买坊场,致其子孙邻保,籍没货产,不能备偿。……陛下幸诏臣民,各言疾苦,其已至千有余章。"

"帛",《册府》甲集卷七五（第 8b 页）作"泉",文渊阁四库本《续资治通鉴长编》、《纪事本末》、《温国文正司马公文集》卷四九《上哲宗乞革弊札子》、《宰辅录》卷九、《奏议》卷一一八司马光《上哲宗乞议革新法之不便者》皆同。按"货帛"不辞,且免役法不收绢帛,"帛"盖"泉"形讹,当从改。货产,《册府》作"赀产",《纪事本末》、《司马文集》、《宰辅录》及《奏议》皆同。"货"盖"赀"形讹,当从改。该卷校记一九,《纪事本末》及《司马文集》"至"后有"者"字,《册府》亦同,当从补。

38.《续资治通鉴长编》卷三六三,元丰八年（1085 年）十二月,第 8692 页

侍御史刘挚言:"……滞事积前相顾而不发,故仁泽屯于上而不下,庶事壅于朝而不行,以至文书稽留,庶事隔塞。……则望圣明断自睿断。"

"庶事",《册府》甲集卷七五（第 11a 页）作"人情",文渊阁四库本《续资治通鉴

长编》、刘挚《忠肃集》卷四《论政事稽滞疏》①、《统类》卷一八、《奏议》卷四七刘挚《上哲宗论大臣情志不同事多壅滞》皆同，此"庶事"盖涉前文而误。当从改。该卷校记二二，断自，文津阁本《续资治通鉴长编》作"发自"，《册府》作"发自"，文渊阁四库本《续资治通鉴长编》同，当从改。

39.《续资治通鉴长编》卷三六四，元祐元年（1086年）正月，第8733页

（司马光）又移书三省曰："……为今之计，莫若预先将常平斛斗在州县者，十分中支拨一分，充<u>赡</u>贷米，委州县桩管。"

"赡"，《册府》甲集卷七六（第2a页）作"赈"，《温国文正司马公文集》卷六三《三省咨目》同，"赡贷"不辞，当从改。

40.《续资治通鉴长编》卷三六五，元祐元年（1086年）二月，第8747页

侍御史刘挚言："……盖前来保甲巡检，既有更不管勾指挥，则其意固<u>以</u>不在于捕盗。"

"以"，《册府》甲集卷七六（第4a页）作"已"，《忠肃集》卷六《论盗贼疏》同，当从改。

41.《续资治通鉴长编》卷三六五，元祐元年（1086年）二月，第8760页

先是，司马光言："……候奏到，委执政官再加详看，各随宜修改，别作一路一州一县敕施行，务要所在<u>设</u>法，曲尽其宜。"

该卷校记一九，"设法"《温国文正司马公文集》卷四九作"役法"。《册府》甲集卷七六（第6b页）作"役法"，《纪事本末》卷一〇八、《统类》卷二一、《会要·食货》一三之六并六五之三一、《奏议》卷一一八皆同，是，当从改。

42.《续资治通鉴长编》卷三六六，元祐元年（1086年）二月，第8790页

监察御史孙升言："……罔上贼民偷合苟容之徒，遗毒馀孽犹有存者，未能竭

---

① （宋）刘挚：《忠肃集》，北京：中华书局，2002年。

诚尽<u>忠</u>。"

"忠",《册府》甲集卷七六（第 9b 页）作"公"，文渊阁四库本《续资治通鉴长编》同。按后文云"务在协心尽公"，是其本证。当从改。

43.《续资治通鉴长编》卷三六七，元祐元年（1086 年）二月，第 8833—8834 页

> 右正言王觌言："伏睹今月七日敕行差役法……敕内止是备录门下侍郎司马光札子……看详诸色役人并依熙宁元年以前旧法人数，委本县令、佐亲自揭五等<u>丁产</u>定差。此一节，缘诸色役人，自熙宁<u>九年</u>后来，逐旋裁减却人数已多，差使不阙。……其官户、僧道、寺观、单丁、<u>女口户</u>免役钱数，即留助乡差之人。"

"丁产"，《册府》甲集卷七六（第 14b 页）作"丁产簿"，《会要·食货》一三之一三及六五之三九同，又按"委本县令、佐亲自定差"系出元祐元年（1086 年）二月敕书，该敕照录司马光《札子》，见《奏议》卷一一八司马光《上哲宗乞罢免役》，亦作"丁产簿"，当从补"簿"字。"熙宁九年"，《册府》作"熙宁元年"，前引《会要·食货》同。按裁减差役人数，虽非始自熙宁元年（1068 年），而谓为熙宁九年（1076 年）则实无据。盖王觌奏言系比照熙宁前旧法与熙宁役法，故举元年以概熙宁。此处当从改。"女口户"，《册府》（第 15b 页）作"女户"，按史籍所述免役法大都作"女户"，作"女口户"无旁证，"女口"亦非"女户"①，故当从改。

44.《续资治通鉴长编》卷三六七，元祐元年（1086 年）二月，第 8840 页

> （范纯仁）闻（司马）光议复行差役法……乃言于光，欲且缓议……光弗听。纯仁……复折简遗之……光<u>弗</u>听也。

《册府》甲集卷七六（第 18a 页）弗后有"亦"字，《纪事本末》卷一〇八、《宋史全文》卷一三上皆同，是，当从补。

45.《续资治通鉴长编》卷三八〇，元祐元年（1086 年）六月，第 9244 页

> 门下侍郎韩维固执不肯书。明日奏曰："种民<u>罪</u>恶，众所共知，奈何以吕公著

---

① 李德清：《宋代女口考辨》，《历史研究》1983 年第 5 期。

故屈朝廷公议！"公著复有请，乃有临江之命。

"罪"，《册府》甲集卷八五（第 5a 页）作"丑"；"有"，《册府》作"为"。按《续资治通鉴长编》此条注文云据《吕公著家传》，朱熹辑《三朝名臣言行录》卷八之一《丞相申国吕正献公》所引《家传》与《册府》同[1]。故二字皆当从《册府》改。

46.《续资治通鉴长编》卷三八〇，元祐元年（1086 年）六月，第 9245—9246 页

是日，内出手诏付三省枢密院，曰："搢绅之士……或讲事饰非，或多结权贵，或力举边事，残民蠹物。"

"讲事"，《册府》甲集卷八五（第 5a 页）作"搆事"；"力"，《册府》作"妄"。《诏令集》卷一九四《诫约搢绅诏》、《纪事本末》卷九八皆同。"讲（講）"盖"搆"形讹。《续资治通鉴长编》卷三八一，元祐元年（1086 年）六月甲寅条（第 9248 页）乃据此手诏所下之诏，亦作"妄举边事"。二字当从《册府》改。

47.《续资治通鉴长编》卷三八一，元祐元年（1086 年）六月甲寅，第 9248 页

下诏曰："……而搢绅之间，有不能推原朝廷本意，希旨掊克……不复究治，以累太和。……"（原注）《新录》辨曰："……下诏以六月二十八日甲寅，此据《旧录》。王觌奏议乃云六月八日。"

"旨"，《册府》甲集卷八五（第 5b 页）作"功"，《纪事本末》卷九八、《统类》卷一八、《宰辅录》卷九、《诏令集》卷一九四《诫约搢绅诏》、《奏议》卷二二刘挚《上哲宗论安反侧不必降诏》皆同，当从改。"不"，《册府》作"岂"，上引诸书皆同，当从改。"六"，《册府》作"七"，按此王觌奏议云者，系指《续资治通鉴长编》卷三八二，元祐元年（1086 年）七月"右正言王觌言"（第 9333 页），《续资治通鉴长编》自注云："觌自注云七月二十五日奏，臣伏觌今月八日诏书。今既以诏书系六月二十八日，故改称近

---

[1] （宋）朱熹辑：《三朝名臣言行录》，朱杰人等主编：《朱子全书》第 12 册，上海、合肥：上海古籍出版社、安徽教育出版社，2010 年，第 628 页。

日。"故此当从《册府》改。

48.《续资治通鉴长编》卷三八一，元祐元年（1086 年）六月，第 9249 页

（吕）公著曰："治道去太甚耳，文、景之世，网漏吞舟。且人才实难，宜使自新，岂<u>尽</u>使自弃耶！"

该卷校记一，"尽"，《本末》卷九八、《宋史全文》卷一三上均作"宜"。《册府》甲集卷八五（第 6b 页）作"宜"。按《续资治通鉴长编》本条自注云"此据《吕公著家传》"，《三朝名臣言行录》卷八引《家传》正作"宜"。当从改。

49.《续资治通鉴长编》卷三八一，元祐元年（1086 年）六月，第 9249 页

诏之未下也，言事官交章论其不可，御史中丞刘挚言："臣闻朝廷议欲降诏中外，慰安人情，传闻二三，臣不敢<u>言</u>。"

该卷校记一，"言"，《纪事本末》卷九八作"信"。《册府》甲集卷八五（第 7a 页）作"信"，《奏议》卷二二刘挚《上哲宗论安反侧不必降诏》、《忠肃集》卷四《论降诏疏》同。又按后文云"则中外将不待言而信矣"，是其本证。当从改。

50.《续资治通鉴长编》卷三八九，元祐元年（1086 年）十月，第 9451—9452 页

权中书舍人苏辙言："……若（梁）惟简别有出众功劳，即乞宣示其状，令有司核实，以<u>服</u>中外之言。……"（韩）维因面奏论内降，且言："仁宗宽仁，每<u>若</u>近习、贵戚倖求恩泽。"

"服"，《册府》甲集卷三九（第 12b 页）作"伏"，文渊阁四库本《续资治通鉴长编》同，当从改。"若"，《册府》作"苦"，按《续资治通鉴长编》本条自注云"此据《韩维传》"，杜大珪《名臣碑传琬琰集》下卷一七《实录·韩侍郎维传》作"苦"①。又《册府》甲集卷三九（第 21a 页）引《韩公维行状》载此事，字亦作"苦"。"若"盖"苦"形讹，当从改。

51.《续资治通鉴长编》卷四〇六，元祐二年（1087 年）十月丁亥，第 9882 页

　　臣僚上言："窃见朝廷自开边以来，罚罪不明，赏功太滥……以致朝廷金帛妄施于选懦之士，官爵猥加于<u>无知之人</u>。

"无知之人"，《册府》甲集卷四三（第 10b 页）作"无志之夫"，义胜。

52.《续资治通鉴长编》卷四二五，元祐四年（1089 年）四月，第 10270—10273 页。

　　先是，朝散郎、知汉阳军吴处厚言："……（郝）处俊谏曰：'天子治阳道，后治阴德，<u>然</u>帝与后犹日之与月、阴之与阳……'……太母<u>保</u>圣躬，莫非尽极慈爱……'喧豗六月浩无津，行见沙洲束两滨'……"处厚又奏："……又'沧海扬尘'，事出葛洪《神仙传》，此乃时运之大变，寻常诗中多不敢<u>即使</u>，不知确在迁谪中，因观涢河暴涨暴涸，吟诗托意如何？"

"然"，《册府》甲集卷八五（第 11b 页）作"然则"，《纲目备要》卷二三、《纪事本末》卷一〇七同。按"处俊谏曰"云云，出《新唐书》卷一一五《郝处俊传》，《新唐书》作"然则"。故当从补"则"字。"保"，《册府》作"保祐"，《宰辅录》卷九、《统类》卷二六作"保祐"，《纪事本末》作"保祐"，当从《册府》补"祐"字。"喧豗六月浩无津"前，《册府》有"又最后一篇云"，《统类》《纪事本末》同，今本《续资治通鉴长编》此六字在下文"处厚又奏"云云内，当从调正。即使，《册府》作"使即"，"即"属下读，文渊阁四库本《续资治通鉴长编》、《纪事本末》同，当从乙。

53.《续资治通鉴长编》卷四二五，元祐四年（1089 年）四月，第 10282 页

　　先是，左谏议大夫梁焘、右司谏吴安诗、右正言刘安世共奏："早来臣焘、臣安诗延和殿进对，具陈蔡确怨谤君亲，情理切害，因曾上禀言路更有何人论列，伏蒙<u>圣谕</u>：'唯卿等及刘安世外，别无章疏。'……"

"圣谕"，《册府》甲集卷八五（第 13a 页）作"宣谕"，文渊阁四库本《续资治通鉴长

编》、《纪事本末》卷一〇七、《统类》卷二六、刘安世《元城先生尽言集》卷九《论蔡确作诗讥讪事第三》皆同，当从改①。"别无章疏"前，《册府》有"它人"二字，《统类》《纪事本末》《尽言集》皆同，当从补。

54.《续资治通鉴长编》卷四二七，元祐四年（1089年）五月，第10314—10315页

> 左谏议大夫梁焘、右司谏吴安诗、右正言刘安世言："（彭）汝砺居侍从论思之列，不以君亲为念，沮格诏旨，奋力营救。"

"念"，《册府》甲集卷八五（第15b页）作"言"，《纪事本末》卷一〇七、刘安世《尽言集》卷九《论蔡确作诗讥讪事第九》同，当从改。

55.《续资治通鉴长编》卷四二七，元祐四年（1089年）五月，第10322页

> 又引《尚书》所谓"有人怨汝詈汝，则皇自敬德厥愆。"

"有人"，《册府》甲集卷八五（第16b页）作"小人"，文渊阁四库本《续资治通鉴长编》、《统类》卷二五、《纪事本末》卷一〇七皆同。按此引文句出《尚书·无逸》，作"小人"。当从改。

56.《续资治通鉴长编》卷四二七，元祐四年（1089年）五月，第10329页

> 中书舍人曾肇为宝文阁待制、知颍州。肇除给事中，辞不拜，请补外，从之。亦坐谏官不言也。

"不言"，《册府》甲集卷八五（第17a页）作"有言"，《宋史全文》卷一三中同。按《长编》本条自注云："谏官乃言汝砺实肇使之，诬以卖友。肇辞新命，请外，章四上，除宝文阁待制、知颍州。"又云："肇此出，亦缘吴安诗论肇不自言，而教汝砺使言，刘安世论肇附范纯仁故也。"是其本证。当从改。

57.《续资治通鉴长编》卷四二八，元祐四年（1089年）五月，第10344页

> 及（梁）焘等论（蔡）确、（邢）恕罪，亦指康分析，康乃悔之。

---

① 张元济主编：《四部丛刊续编》，影印明隆庆覆宋刻本。

"指康分析"，《册府》甲集卷八五（第 19b 页）作"指康书，诏令康分析"。《统类》卷二五、《纪事本末》卷一〇七、《宋史全文》卷一三中皆同。按"指康分析"不辞，当从补"书诏令康"四字。

58.《续资治通鉴长编》卷四四二，元祐五年（1090 年）五月，第 10644 页

运河失湖水之利，则取给于潮。……（苏）轼间至湖上，周视良久，曰："……若取葑田积之湖中，而行者便矣。"

"潮"，《册府》甲集卷四〇（第 10a 页）作"江潮"。按《续资治通鉴长编》本条自注云出苏辙撰《亡兄子瞻端明墓志铭》。苏辙《栾城后集》卷二二该《墓志铭》即作"江潮"[①]；《续资治通鉴长编》本条后文言"以茆山一河专受江潮"，亦是其本证。当从补。"而行者便矣"前，《册府》有"为堤以通南北，则葑田去"，《宋史全文》卷一三下作"为长堤以通南北，则葑田去"，与《栾城集》同，则《册府》亦脱一"长"字。又按《续资治通鉴长编》本条后文云"堤成"云云，是其本证。当从补为"为长堤以通南北，则葑田去而行者便矣"。

59.《续资治通鉴长编》卷四四三，元祐五年（1090 年）六月，第 10668—10669 页

御史中丞苏辙言："……臣愿陛下谨守元祐之初政，久而弥坚，择用左右之近臣，无杂邪正。至于在外臣子，一以恩意待之。"

该卷校记六，"一"字原脱，据《栾城集》卷四二《乞分别邪正札子》补。按所补非是。《册府》甲集卷八五（第 24b 页）无"一"字，《编年备要》卷二三、《统类》卷二三、《奏议》卷一六苏辙《上哲宗乞谨用左右近臣无杂邪正》、《文鉴》卷五七苏辙《请分别邪正》皆同。

60.《续资治通鉴长编》卷四四三，元祐五年（1090 年）六月，第 10669 页

时宰相吕大防、中书侍郎刘挚建言，欲引用元丰党人，以平旧怨，谓之"调停"。太皇太后颇惑之，故辙言此。退后，上疏曰……

---

① （宋）苏辙：《苏辙集》，北京：中华书局，1990 年，第 628 页。

"后",《册府》甲集卷八五（第 24b 页）作"复",《本末》卷九九、《宋史全文》卷一三下同，"后（後）"盖"复（復）"形讹；又按《续资治通鉴长编》此条前文自注云"辙于延和面论其非，退复以札子论之"，是其本证。故当从改为"退复上疏曰"。

61.《续资治通鉴长编》卷四六三，元祐六年（1091 年）八月戊子，第 11048 页

> 知开封府范百禄转对……"真宗皇帝诏有司录转对章疏一本留中，听言择善之<u>意</u>可谓勤矣。……臣虽甚愚，窃<u>惜</u>言路之未广，而惜人情之恬默，苟有所未闻，积为蔽塞。"

"意",《册府》乙集卷一八（第 3a 页）作"志",《奏议》卷七七范百禄《上哲宗乞审议转对之制》同。按《续资治通鉴长编》本条后文云"臣窃惟太皇太后陛下、皇帝陛下固常有太祖为民求治之心、真宗听言择善之志"，是其本证。当从改。"惜",《册府》作"恐",《奏议》同。按二"惜"字语义重复。当从改。

62.《续资治通鉴长编》卷四七六，元祐七年（1092 年）八月壬子，第 11336 页

> 中书舍人孔武仲言："……昨日陛下亲御经筵，<u>讲读官</u>进对，凡预讲读者不过五六人……轮流侍从官<u>一</u>人，以次进对。"

"讲读官"前，《册府》乙集卷一八（第 4a 页）有"许"字。《奏议》卷四九孔武仲《上哲宗乞轮侍从官进对》同。又孔奏后文言"伏望远稽唐太宗及仁祖、英宗勤求人言之义，近推经筵许侍臣进对之意"云云，是其本证。则当从《册府》等补"许"字。一，《册府》作"二",《奏议》等同。按《纲目备要》卷二三元祐五年（1090 年）四月，"诏自今讲读官经筵退，留二人奏对迩英阁"，即侍臣二员进对之制①。当从《册府》改为"二"。

---

① 按本条于前揭拙文中曾列出，而所考未谛。

山西贤将：折可适与府州折氏文武风气的转变*

高建国

（西北大学 中国史博士后流动站，陕西 西安，710069；

延安大学 陕北历史文化研究中心，陕西 延安，716000）

摘 要：岢岚折氏是府州折氏的分支，其代表人物折可适有“山西贤将”之美誉；他依靠自身武勇才干，成长为宋军西北路级将领。岢岚折氏保持了本支浓郁的武风，文风相较府州折氏则进步更为迅速。折可适是折氏家族文化发展的关键人物。

关键词：府州折氏；折可适；宋夏战争；折氏文化

折可适（1050—1110 年），字遵正，北宋河东路岢岚军人（今山西岢岚），西北名将。朝廷给他的制文有“具官河曲令门，山西贤将。不由附丽，自致功名。谋辟天都，戎妪弃帷而远塞；功成夜帐，泰陵受凯以临朝”①的赞誉。他曾用计策赚关，大败西夏国母梁太后；也曾因同袍推诿罪责，被连降十三级；天都山一战，折可适俘获西夏统军嵬名阿埋等部三千余人，并为北宋夺取了梦寐以求的战略高地。凭借着赫赫战功而非将门恩荫，折可适由一名部伍小卒，终获泾原路经略安抚使、兼马步军都总管、

* 本文为陕西省教育厅重点项目“《葆真居士集》辑校与府州折氏文化”（15JZ089）阶段成果之一、延安大学校级科研项目“北宋府州折氏家族墓志研究”（YDBK2014—02）阶段成果之一。

① （宋）胡寅：《斐然集》卷 14《折彦质赠父》，（清）永瑢、纪昀等：《景印文渊阁四库全书》第 1137 册，台北：台湾商务印书馆，1983 年，第 462 页。

兼知渭州军州事的实职，官拜淮康军节度使。在北宋繁琐严密的晋升制度下，折可适无疑是佼佼者。

折可适的成功离不开他所处的时代。他所生活的北宋中后期，正是北宋积极开边之际，故而他能在连降十三级后再获升迁，一战成名。然而在他人生中也夹杂着悲剧色彩。他因洞悉宋夏边情而反对贸然进攻，终遭罢用；他家世的蕃将身份更是影响了他一生发展。折可适文武兼备，是府州折氏将门转变中的典型代表。北宋著名文学家李之仪（1038—1117 年）曾与他为同僚，折可适去世后，李之仪曾撰挽联，并为其文集作序，又作《折渭州画像赞》，又应其子折彦质之邀撰《折可适墓志铭》，全称《淮康军节度蔡州营内观察处置等使持节蔡州诸军事蔡州刺史泾原路经略安抚使兼马步军都总管兼知渭州军州事兼管内劝农使西河郡国侯食邑一千四百户食实封四百户上柱国折公墓志铭》，为后世研究留下了珍贵的史料①。《东都事略》、《元一统志》及《宋史》中有关折可适的传记，即本此墓志铭。作为府州折氏分支，折可适在折氏家族文武风气的转变上占有重要地位，但目前专门就折可适相关问题的著述还很少。本文即据其志文，试对其中所反映的折可适几个问题作一探讨。

一、岢岚折氏与府州折氏的关系

河东路岢岚军（今山西岢岚）折氏与河西府州（今陕西府谷）折氏同源，并由府州迁居到岢岚军，即岢岚折氏是府州折氏的分支，其迁居世次《折可适墓志铭》中表露无遗：

> 公讳可适，字遵正，其先与后魏道武俱起云中，世以材武长雄一方，遂为代北著姓。后徙河西，有号太山公者，因其所居，人争附之。李克用为晋王，知太山公可付以事，收隶帐下。凡力所不能制者，悉命统之，而能辑睦招聚，横捍西北二房，封上柱国。以其地为府谷镇，又以为县、为州、为节镇。更五代，皆许之相传袭。其世次，至御卿入本朝，尤为大祖皇帝所信任，数下诏书奖慰，赐赉不赀。是生郑

---

① （宋）李之仪：《溪居士后集》卷 20《淮康军节度蔡州营内观察处置等使持节蔡州诸军事蔡州刺史泾原路经略安抚使兼马步军都总管兼知渭州军州事兼管内劝农使西河郡国侯食邑一千四百户食实封四百户上柱国折公墓志铭》，（清）永瑢、纪昀等：《景印文渊阁四库全书》第 1120 册，台北：台湾商务印书馆，1983 年，第 723—730 页。为行文方便，以下简称《折可适墓志铭》。

国公从阮，生礼宾副使德源，德源生惟让，赠左清道率府副率，则公之曾祖也。祖讳继长，内殿承制阁门祇候，左千牛卫上将军。考讳克僢，文思副使，赠左领军卫上将军。①

此段志文清晰地记载了折可适家世族源及其与府州折氏的关系。府州折氏的族源，历来有鲜卑说和党项说两种，笔者根据新出土的《折惟正墓志铭》《折克俭墓志铭》，结合文献记载，曾撰文进一步论证过折氏的族源为鲜卑族，在后来陕北民族面貌整体党项化的背景下，折氏也成为党项人②。

府州折氏在折宗本、折嗣伦、折从阮时期强势崛起于振武军所属的府谷镇，在河东节度使李克用南下逐鹿中原、辽王朝乘机攻破振武军治所（今内蒙古和林格尔）、对代北、河西地区构成严重军事威胁之际，已经党项化；洞悉蕃情、素有战斗力的折氏获得了李克用赏识，获任府州刺史，并最终升任永安军节度使（治今陕西府谷）。府州折氏成长为唐末、五代时期最年轻一支藩镇武装力量。

府州折氏依托中原王朝支持，在契丹军事威胁之下，地位日渐巩固。五代时期中原王朝政权更迭，但无论是后唐、后晋、后汉、后周，抑或是一统中原的北宋，都对守卫中原西北门户的府州折氏礼遇有加，并允许其世袭节度使之职。从阮之后，长子折德扆掌管了府州，其弟折德源也参与了府州的军政管理——折德源正是岢岚军折氏支系的先祖。折德源在史料中出现次数不多，但他同样具备父兄的武略。后周时期，德扆入朝觐见，德源暂代理知州。其间，北汉乘机兵犯府州，为德源击破于黄河东岸保德军沙谷寨（今山西保德）③。

按照府州折氏的世次，唐末麟州刺史折嗣伦是折从阮之父，从阮之后分别是德、御、惟、继、克、可字辈。志文错记、漏记了一代人。错记的是，误将折御卿当作折从阮之父；漏记了御字辈，即折德源之子、折惟让之父。所以折可适曾祖折惟让应该是折德源孙子辈，"德源生惟让"记载有误。府州折氏家族庞大，史料中只记述知州及有战功者事迹，志文记载折惟让获"赠左清道率府副率"，看来他并没有什么战功可言，故而在史料中没有踪影。折惟让之子折继长，曾任府州百胜寨寨主，名列欧阳修向朝廷推荐有

① （宋）李之仪：《姑溪居士后集》卷20《折可适墓志铭》，（清）永瑢、纪昀等：《景印文渊阁四库全书》第1120册，台北：台湾商务印书馆，1983年，第723页。

② 高建国：《府州折氏族源、改姓的新证据——介绍两方新墓志》，杜建录主编：《西夏学》第9辑，上海：上海古籍出版社，2014年，第110—115页。

③ 《宋史》卷253《折德扆传》，北京：中华书局，1977年，第8875页。

"材能"者的名单中①。折可适之父，名为折克儁，他的名讳也见于《续资治通鉴长编》中——只是，其活动地域不在麟府路，而在其南的鄜延路。另，《续资治通鉴长编》记其名字为折克隽，不过"隽"与"儁"字，均可与"俊"相通，当是一人无疑。据《续资治通鉴长编》，熙宁四年、熙宁五年（1071—1072年）时，折克隽为鄜延路新夺取的绥德城（今陕西绥德）知城②。折克儁在任时，与其他蕃将，如高永亨、曲珍等人积极修筑堡寨、设置把截，受到"各减磨勘三年"嘉奖。可惜的是，折克儁不久就去世了。志文记载折克儁官职文思副使，与《续资治通鉴长编》最后记载折克儁官名正相符合。

综合志文前后内容分析，岢岚军折氏应该是在折克儁时迁居河东的。因为折克儁去世并没有被安葬在府州折氏祖坟，而是葬在了岢岚军北安仁乡道生谷武家会之地。从折可适去世后被安葬于其父"领军墓之西"来看，武家会折氏坟墓应该是从折克儁开始的，因为志文并没有提到"祖茔"或"先茔"的字眼③。

折克儁为什么离开麟府路而任官鄜延路，并最终迁居河东岢岚军呢？志文和史料都没有明确记载，笔者以为，这可能与折克儁的父亲折继长有关。折继长本来只是麟府五寨之一百胜寨（今府谷县孤山镇南古城墕村遗址）寨主，论资历只是低级军官；但他遇到了一个机遇，即庆历五年（1045年）时朝廷曾派欧阳修查访麟府边境，欧阳修经过认真考察，向朝廷推荐了一批有才干的文武人员。史料中没有记载朝廷的录用情况，但从折继长之子折克儁离开麟府路祖居之地来看，折继长应该是得益于欧阳修的推荐④。从其官职"内殿承制、阁门祗候"分析，折继长最终似乎没有过人的军事表现，但是他的外任却给其子孙提供了建功立业的广阔舞台，这一支从此走出了麟府路，在岢岚军，特别是在宋夏冲突最前沿鄜延路、环庆路、泾原路等地有了突出表现，并最终获得了其本支才拥有的知州地位；若从战功和官职高低来分析，则分支的表现也超越了本支。

明确了折可适先祖迁居问题，也就明了了折可适及其后人籍贯问题。近来多有学者论及折可适及子折彦质——他在南宋时，官至宰辅。因为多数人并不清楚折可适这一支迁居情况，仍谓其为府州人，其实不确。一般而言，古人的籍贯与其坟茔所在密不可分。折可适去世后，朝廷曾"命本路走马承受问其家安葬之地"，并最终葬于岢岚军北，可

---

① （宋）欧阳修撰，李逸安点校：《欧阳修全集》卷116，北京：中华书局，2001年，第1765页。

② （宋）李焘：《续资治通鉴长编》卷223、230，熙宁四年（1071年）五月丙戌、熙宁五年（1072年）二月辛酉条，北京：中华书局，1992年，第5416、5591页。

③ （宋）李之仪：《溪居士后集》卷20《折可适墓志铭》，（清）永瑢、纪昀等：《景印文渊阁四库全书》第1120册，台北：台湾商务印书馆，1983年，第728页。

④ （宋）欧阳修撰，李逸安点校：《欧阳修全集》卷116，北京：中华书局，2001年，第1765页。

见从朝廷到其家族，均已认同了这一支为岢岚军人。再从志文看，折可适之弟折可通为岢岚军知军，其家族还有一些上了年纪的人物，也住在岢岚军。因此，岢岚折氏是府州折氏的分支，折克儁、折可适以及南渡的折彦质，他们应是河东路岢岚军人。

二、折可适与洪德城之战

折可适少年时，其父折克儁在鄜延路为将。折可适受鄜延经略使郭逵赏识，"充鄜延路经略司准备差使"。他年少有勇，随种谔出塞俘获众多而"有名行阵间"。其父折克儁受命为绥德城知城后，曾因划分地界与防守边境，与西夏方面反复争辩。据志文，可适作为父亲得力助手，做了大量工作。但折克儁随即去世，折可适失去了庇护，出仕为"乌波川堡把截"。此后近二十年间，折可适虽然也有多次战功，至如随郭逵南征安南，但他一直是最底层的军职。即使在元丰四年（1081年）宋军五路伐夏战斗中，折可适"战三角岭、收复米脂城，获级为多"的情况下，他也只于次年仅得以"权佳芦（今陕西佳县）寨主"①。这二十年间，折可适唯一较大的变化是，他和一批青年将官被从鄜延路调任到环庆路。在元丰七年（1084年）二月的记载中，折可适出现在环庆路经略司上功名单中，但仍然是普通的将官。

元祐六年（1091年），朝廷除授章楶为环庆路经略安抚使，宋朝对西夏的军事经营随之出现积极局面，折可适的武勇才干迅速得以展现。章楶与折可适帅、将之间的完美组合，在元祐七年（1092年）的洪德城（今甘肃环县北）战役中尽显无余。章楶提倡"大抵战兵在外，守军乃敢坚壁"的主张，强调野战军的角色。从元祐六年（1091年）至元祐七年（1092年），他多次派折可适等人出界袭扰西夏军。志文记折可适于此间破敌安州川、尾丁硙，从权第二副将迁第三将、改第七将，基本可与《续资治通鉴长编》互为参证②。只是，志文将折可适元祐七年（1092年）的成名之战错记为元祐六年（1091年）。

元祐七年（1092年），宋夏爆发洪德城战役。为报复宋军一年来多次袭扰，其年十月十二日，西夏梁太后大举亲征，沿白马川包围了环州城（今甘肃环县）及其西北的乌兰寨、肃远寨和洪德寨。"楶先用间知之，遣骁将折可适伏兵洪德城。夏师过之，伏兵

---

① （宋）李焘：《续资治通鉴长编》卷327，元丰五年（1082年）六月癸丑条，北京：中华书局，1992年，第7871页。

② （宋）李焘：《续资治通鉴长编》卷468、470、471，元祐六年（1091年）十一月己酉、元祐七年（1092年）二月庚辰、元祐七年（1092年）三月甲午条，北京：中华书局，1992年，第11175、11228、11244页。

识其母梁氏旗帜，鼓噪而出，斩获甚众。又预毒于牛圈潴水，夏人马饮者多死"①。《宋史》记载较为简单，且看《续资治通鉴长编》。折可适以第七将身份统领第二、第六将近万名兵力，受命提前四日出界控制沿途要塞。在马岭遇敌，并侦知西夏军已经推进到木波镇，两军即将正面交锋。折可适充分发挥了章楶的战略思想，避开西夏军主力，绕道迂回至西夏军背后，并秘密进入了洪德寨、肃远寨和乌兰寨，切断了西夏军的归路。十八日，西夏军前军、中军、后军陆续经过，当西夏梁太后的中军大帐经过折可适伏兵的洪德城时，宋军多路军马齐发，将西夏军截为几段、不得相顾②。此战中，折可适率领的八千余人苦战一昼夜，直捣西夏军中军指挥帐，致使西夏梁太后狼狈逃跑，但因宋军支援主力没有及时跟进，致使宋军战绩有限，仅获得了西夏军丢弃的大量驼、马辎重等物品。香港已故年青史学家曾瑞龙先生如此评价："这场不大的战术胜利，背后代表着不容低估的战略意义。……这一役的成功和府州折氏的后起之秀折可适杰出的指挥水平分不可，而路帅章楶对弹性防御所作出的鲜明精辟的演绎，更是功不可没。"③志文与《续资治通鉴长编》记载可互为参证，折可适于此一战成名，随即以环庆路第七将、皇城使、贺州刺史身份获"领遥郡团练使，带御器械、环庆路兵马都监"，一跃成为中高级军官④。

三、折可适与天都山之战

洪德城之战后四五年间，折可适坐镇宋夏前沿镇戎军（今宁夏固原）。但在绍圣四年（1097 年），因同袍将官、泾原路总管王文振推诿，折可适被朝廷连降十三官，以"权第十三将"身份守卫镇戎军辖下的荡羌寨（今宁夏海原东）。但也正是这次变故，为折可适迎来了更大的战绩——天都山之战。

绍圣四年（1097 年），章楶调任泾原路，迅速谋划对葫芦河川一带的军事进筑。折可适曾是章楶得力助手，章楶到任后特意紧急调用折可适。其后，章楶发动熙河、秦凤、环庆三路兵马大举出界牵制西夏军，乘机在石门峡和好水川进筑堡寨。其时，环庆路总管王文振为统制，折可适为同统制官，并作为前军出界。战斗过后，折可适一路兵马"失一百

① 《宋史》卷 328《章楶传》，北京：中华书局，1977 年，第 10589 页。
② （宋）李焘：《续资治通鉴长编》卷 479，元祐七年（1092 年）十二月壬申条，北京：中华书局，1992 年，第 11407—11409 页。
③ 曾瑞龙：《拓边西北——北宋中后期对夏战争研究》，香港：中华书局，2006 年，第 58—59 页。
④ （宋）李焘：《续资治通鉴长编》卷 479，元祐七年（1092 年）十二月壬申条，北京：中华书局，1992 年，第 11407 页。

三十三人，获级一百六十"，战绩平平但全军而返；相比之下，"兵骄而贪功"，"又昧于道路"的熙河一路援军意外覆没，多名将领阵亡；熙河主将苗履为推卸罪责，诬告折可适违反节制，"趣熙河人马接战，比贼兵众至，而可适军则遁归"。宋哲宗得报后，"只为丧失人命"愤恨曰"可适可斩"，宰相章惇亦欲军法处置折可适；幸得枢密使曾布据理力争、又得路帅章楶深为保护，并查实折可适并未违反节制，熙河路援军系统制官王文振遣行①。

志文作者李之仪其时身为通判，就在折可适军中。志文与《续资治通鉴长编》均记载调发熙河路援军的是统制官王文振，折可适并没有违制之罪。此后因为牵涉到泾原路总管王文振以及熙河路名将苗履，而据章楶奏议，此案实系苗履"移过可适"，故朝廷必欲处罚②。最终在路帅章楶保护下，可适被连降十三官，许继续效命。

折可适躲过一场浩劫，暂时"权第十三将，守荡羌寨"——荡羌寨为宋军新筑堡寨，紧靠战略高地天都山，是宋夏最前沿阵地。在路帅章楶的指挥下，折可适很快从前次打击中恢复，于次年即元符元年（1098年）的七月、八月间，三次出界，俘获颇多③。天都山周围是良好牧场，战略位置突出，西夏于此设置统军司镇守。志文和《续资治通鉴长编》均记载，折可适秘密侦查到西夏天都山统军司统军和监军驻地，率轻骑夜半袭击，一举将其包围，并降服其部众三千余人。消息传到朝廷，就连此前要军法处置折可适的宰相章惇也不得不说"此奇功也"，宋哲宗"屡称折可适"，命御前受贺④。

天都山一战是北宋中后期对夏战争一次重要胜利，宋军占据了天都山，极大地增强了泾原路防御力量。天都山突袭成功，折可适功不可没，但其实并非如墓志所述是折可适一人之功。这次突袭，是路帅章楶指挥，由可适与另外一位名将郭成——南宋郭氏将门开创者——密切配合而完成的。"夏统军嵬名阿埋、西寿监军妹勒都逋皆勇悍善战，楶谍其弛备，遣折可适、郭成轻骑夜袭，直入其帐执之，尽俘其家，虏馘三千余、牛羊十万，夏主震骇"⑤。而据《郭成行状》记载："公乃与荡羌寨将折可适议曰：贼新衄卭可乘，若轻兵捣其巢穴，可以大获。可适以为然，乃诣幕府白帅，帅以万骑与之。十二月辛巳，潜兵将萨川由纳木会，分六道以进，夜至锡斡井，诸酋方聚饮，不虞见袭，蕃官额芬、

① （宋）李焘：《续资治通鉴长编》卷491，绍圣四年（1097年）九月丁丑"条，北京：中华书局，1992年，第11662—11666页。

② （宋）李焘：《续资治通鉴长编》卷491，绍圣四年（1097年）九月丁丑条，北京：中华书局，1992年，第11665页。

③ （宋）李焘：《续资治通鉴长编》卷500，元符元年（1098年）七月癸酉、元符元年（1098年）八月戊寅、元符元年（1098年）八月庚寅条，北京：中华书局，1992年，第11925、11929、11930、11937页。

④ （宋）李焘：《续资治通鉴长编》卷504，元符元年（1098年）十一月壬辰条，北京：中华书局，1992年，第12017—12018页。

⑤ 《宋史》卷328《章楶传》，北京：中华书局，1977年，第10590页。

将佐张泽即帐中擒阿密都克布及其家属、伪公主、夫人首领等，俘馘三千余人，获牛马羊以十万计，振旅还平夏。"又："其获阿密都克布也，帅以军受俘，称公之绩，嘉叹再三。公曰：此折防御之功也。可适亦曰：我与郭君异道而出，郭君实获二酋，某何力之有？帅曰：诸将惟务争功，二君乃尔相推邪？遂俱被褒赏。"①折可适与郭成功成而不争，一时传为佳话。因故朝廷对二人共同加授，可适东上阁门使，洺州防御使，权泾原路钤辖，并管领天都山新降服蕃众；郭成，"转引进使、雄州防御使、泾原路兵马钤辖"。折可适与郭成，早在之前没烟峡战斗中就结下生死之情，此次相互配合突袭成功，俱立功受赏，二人感情更笃。之后，折可适更是与郭成约为婚姻，将一女嫁与郭成之子郭浩。

在折可适建议下，北宋于新近夺取土地上设置西安州（今宁夏海原西），以可适"知州事兼安抚使"②。至此，折可适仕途进入平稳期，"在治七年，止以所得部族丁壮为用，人人皆效死力亦捍边面。累迁引进客省使，正为和州防御使，进明州观察使，为泾原路副使、都总管"③。后起之秀折可适，此时与其叔父、府州知州折克行并列为名将。

徽宗朝以来继续对西夏进行积极的开边政策，久任边境的折可适历练的更为沉稳。崇宁四年（1105 年）到大观四年（1110 年），折可适一直是泾原路帅。其间，因与路转运使在设置粮草仓场问题上发生意见冲突，可适曾一度被罢职。折可适功勋卓著，徽宗特赐第京师，并将其子折彦质从武职换为文职——北宋崇文抑武，有"文不换武"之说，朝廷特命其子换文，算是优待。不久，朝廷起用折可适再帅泾原，"到镇四月，感痰，遂告老，未报，而以十月二十九日薨，享年六十一，乃大观四年也"。

四、折可适与折氏家族文武风气的转变

府州折氏原为鲜卑族裔，经党项化后又逐渐汉化；折氏家族世代为中原王朝守御河东边境，武风浓郁，子弟部伍多不习文。据笔者统计，有宋一代折氏家族男性成员带武职者，计有 62 名之多；在所知 28 名女婿身份中，有 24 名为武职，充分显示出折氏家族武风之浓郁④。

---

① （宋）王之望：《汉滨集》卷 15《故客省使雄州防御使泾原路兵马钤辖兼第十一将郭公行状》，（清）永瑢、纪昀等：《景印文渊阁四库全书》第 1139 册，台北：台湾商务印书馆，1983 年，第 874、875 页。
② （宋）李之仪：《姑溪居士后集》卷 20《折可适墓志铭》，（清）永瑢、纪昀等：《景印文渊阁四库全书》第 1120 册，台北：台湾商务印书馆，1983 年，第 726 页。
③ （宋）李之仪：《姑溪居士后集》卷 20《折可适墓志铭》，（清）永瑢、纪昀等：《景印文渊阁四库全书》第 1120 册，台北：台湾商务印书馆，1983 年，第 726 页。
④ 高建国：《鲜卑族裔府州折氏研究》，呼和浩特：内蒙古大学博士学位论文，2014 年，第 67 页。

宋代将门众多，"将家子"依靠恩荫，得以二世、三世为将。"需要指出的是，宋朝毕竟不存在固定的世袭及门阀制度，这就决定了将门现象仍具有相当大的不稳定性。如过度依赖家门功勋而缺乏战场锻炼，便不能不退化承担武将的能力，随着荫补资格的逐渐下降，纨绔子弟就很难保持重要的官爵，不免被排挤出武将队列。因此，北宋两世、三世为将者不少，而三代以上为将者就相当有限了"。陈峰先生也指出如折氏家族等例外情况，并指出折氏将门之盛，"主要依赖长期对夏战争中军功的维系"①。陈峰先生所论确实，折氏将门依靠频繁的战争中所获的军功，维系将门传承了十代之久，可称历史上传承最为悠久的将门世家。但正因如此，折氏浓郁的武风一直没有改观，限制了它在文化上的进步。

折氏家族文化的发展，至折继闵、折继祖任知州时才稍有变化。史载折继闵"及壮，喜读韬略，务通大义，论古今将帅，识其用兵意"②。折继祖主政府州时，"奏乞书籍，仁宗赐以《九经》"③。折继祖不仅主动向朝廷求赐经典，还搜集了"图史、器玩、琴博、弧矢之具"向宾客展示④。曾亲眼见过折继祖收藏的麟州通判夏倚感叹道："虽皇州缙绅家止于是尔。"同时还提到"其子弟亦粗知书"⑤。夏倚的话，其实并非虚溢之词，折继祖的侄子折克俭和折克臣，就是两个例子。

折克俭（1048—1098年），字仲礼，折继闵第四子。年少时"择士以交，行不由径，卓然异于流辈，真千里驹也"，又"嗜诗书，笃问学，躬延儒士，靡有惰容"⑥。折克俭好文，引起了家族长者"训导"：

> 我家居河外旧矣，奋卫御侮，世为长城。自郑公以来秉将，钺袭州麾，久被本朝异眷，虽百死何以报？今贺兰逋寇，擅窃跳梁，正抚剑抵掌，愿□□□□之秋。昔人慨然投笔，尚取封万里。矧山西世将，宜举族效节！尔迺释武事，独区区守笔砚，不亦右乎！⑦

此后，克俭"始习骑射、学军旅，凡战守之画、纪律□□，□深明而博究，以至蕃

① 陈峰：《北宋"将门"现象探析——对中国古代将门的断代史剖析》，《中国史研究》2004年第3期，第108页。
② 戴应新：《北宋〈折继闵神道碑〉疏证》，中国考古学会编：《中国考古学会第一次年会论文集》，北京：文物出版社，1980年，第457页。
③ 《宋史》卷253，北京：中华书局，1977年，第8865页。
④ （宋）释文莹著，郑世刚点校：《玉壶清话》，北京：中华书局，1984年，第27页。
⑤ （宋）释文莹著，郑世刚点校：《玉壶清话》，北京：中华书局，1984年，第27页。
⑥ 高建国：《鲜卑族裔府州折氏研究·折克俭墓志铭》，呼和浩特：内蒙古大学博士学位论文，2014年，第135页。
⑦ 高建国：《将门良驹：折克俭与宋夏战争》，姜锡东主编：《宋史研究论丛》第18辑，保定：河北大学出版社，2016年，第102页。

汉兵，亦熟察其情"。他后来戎马一生，但"莅官之余，虽术数奇技，皆泣所长。每闲暇，辄邀僚友造园亭把酒赋诗，怡然终日"①。可见，少年时好文的心理，影响到了后来的生活。

折克臣在文化上的造诣，足可证明折继祖时期的崇尚风雅，已经有了一定程度的积累。折克臣（1033—1070 年），字艰甫②。父亲折继宣，曾在 1034—1039 年担任府州知州，因为部落离散而被朝廷免职，由其弟弟折继闵继任。折克臣墓志记其"精于书学，深得义献法"③。"义献"，或指东晋大书法家王羲之、王献之父子，因为没有折克臣传世字帖，到底他书法如何，不能判断。墓志于此种情形下，多有谀笔，但克臣会书法这一点是毋庸置疑的。也许正因为折克臣雅好书法，所以他三个女儿中就有一个嫁给了进士谢绶④。

府州折氏文化能力不断提高，现存府谷县文物管理委员会的《曹夫人墓志铭》就是折彦文亲笔书写，这也是包括岢岚折氏在内的府州折氏家族现存唯一的书法作品（图 1）。

图 1　折彦文撰、书其妻曹氏墓志铭

岢岚折氏继续保持了浓郁的武风。折可适祖继长、父克儁均为武官；他本人在武职方面更是大放异彩，其武勇和官职，都在府州本支之上；其弟可通，亦官为皇城使、知

① 高建国：《鲜卑族裔府州折氏研究·折克俭墓志铭》，呼和浩特：内蒙古大学博士学位论文，2014 年，第 135、137 页。
② 高建国：《鲜卑族裔府州折氏研究·折克臣墓志铭》，呼和浩特：内蒙古大学博士学位论文，2014 年，第 143—144 页。
③ 高建国：《鲜卑族裔府州折氏研究·折克臣墓志铭》，呼和浩特：内蒙古大学博士学位论文，2014 年，第 44 页。
④ 高建国：《鲜卑族裔府州折氏研究·折克臣墓志铭》，呼和浩特：内蒙古大学博士学位论文，2014 年，第 144 页。

岢岚军；长子折彦野官为西染院使，秦凤路第一副将，殁于熙河开边之役①；女婿、从弟亦皆为武职。至于次子折彦质，出入文武之间，官至端明殿大学士、参知政事、签书枢密院事，成为折氏官职最高的一人。

岢岚折氏的发展，有两个明显特点。一是它的发展并非单纯地依靠家族恩荫，更多的是通过武勇才干获得，这一点在前述折可适与洪德城、天都山两次战役分析中充分得以显示；二是走出世居的府州后，它的文风发展更为迅速。折可适"好学乐善，喜读书，虽医药占卜无不通贯。议论滚滚，愈扣愈无穷"，"为文长于叙事，作诗有唐人风格"②。同僚李之仪难免有溢美之词，从他"有文集十卷、奏议三十卷、晚著边议十篇"③；及去世后，李之仪受其子之请，为他的文集作序等记载来看，可适读书、作诗、有文集的记录当不为虚。至其次子折彦质，"幼承庭训，笃于艺学，妙蕴英发，落笔不凡"，高宗赐其进士出身④；折彦质广交游而有《葆真居士集》《时政记》存世，可惜皆已散佚，只存所撰《种师道行状》及在贬途诗文若干。折彦质子折知常亦工诗文，惜不存，仅南宋人陈傅良《折子明提刑自湘中以诗问讯用韵酬之》有所反映。宋金之际，失去了世袭特权和武勇技能的折氏，散落四方，至金明昌四年（1193 年），终于出了一位真正的进士；而南方的折氏，文化程度也颇高。总体来看，折可适是府州折氏文化发展上的关键人物。大约在他之时，府州折氏在文化发展方面出现了极大的改观，有多人雅好诗文；在他之后，其子折彦质大放异彩，得赐进士出身，有文集传世。在折氏衰落后，武勇的才干消失了，却出现了以文化继续维持家族传承的分支。

五、余　论

如果从忠孝的观念和文风渐开的程度来看，岢岚折氏已经是汉人无疑了，况且折可适一生戎马，战功显赫，在宋夏边境最为吃紧的泾原路镇守多年。但宋朝还是有一些人将其当作边人、甚至蕃将看待，除曾布明确指出"如折可适、王瞻辈，皆蕃夷之人，何

---

　　① （宋）许翰：《襄陵文集》卷 3《折彦野等赠五资敕》，（清）永瑢、纪昀等：《景印文渊阁四库全书》第 1123 册，台北：台湾商务印书馆，1983 年，第 516 页。

　　② （宋）李之仪：《姑溪居士后集》卷 20《折可适墓志铭》，（清）永瑢、纪昀等：《景印文渊阁四库全书》第 1120 册，台北：台湾商务印书馆，1983 年，第 728 页。

　　③ （宋）李之仪：《姑溪居士后集》卷 20《折可适墓志铭》，（清）永瑢、纪昀等：《景印文渊阁四库全书》第 1120 册，台北：台湾商务印书馆，1983 年，第 729 页。

　　④ 韩荫晟：《补〈宋史·折彦质传〉》，《宁夏社会科学》1993 年第 5 期，第 80 页。

可与书"①外，另外两件事也表明了这样的歧视：一是宋哲宗明知折可适在没烟峡一战中并没有违反节制却深欲治罪；二是元符三年（1100 年），"诏枢密院具曾任管军及堪充管军人姓名以闻"，"又言刘安、张存、折可适等皆边人，不可用"②。北宋对折可适等边将的态度，也正如宋朝对府州折氏的利用，既笼络委以重用，又心存防范。这无疑是宋人的民族心理在作祟。时至于今，我们应该给予府州折氏、岢岚折氏在戍守宋朝西北边疆、团结所部各少数民族、促进民族融合方面的贡献给予积极评价。同时，我们也要对军功家族府州折氏在文化上的进步给予深入关注。

综上，岢岚折氏是府州折氏的分支，其远祖为折从阮次子折德源。这一支折氏的外迁，可能在文思副使、知绥德城折克僧时期；其迁徙原因，笔者推测可能与其父折继长受到欧阳修的举荐外任有关。折克僧去世被安葬于岢岚军北安仁乡道生谷武家会之地，成为岢岚折氏的始祖。外迁岢岚的折氏，获得了比府州折氏更为广阔的发展空间。虽然折可适在其父去世后近二十年间仕途一直没有起色，但在元丰时期调任环庆路后，依靠自身武勇和路帅章楶栽培，在洪德城、天都山战役中发挥出色，迅速成长为宋军镇抚一方的路级将领。岢岚折氏继续保持了府州折氏浓郁武风，父子兄弟、婚姻等辈皆为武职；而其文风相较府州本支，进步更快。折可适、折彦质父子文武兼备，均有文集留存，惜今不传，止留折彦质诗文若干。

---

① （宋）李焘：《续资治通鉴长编》卷 513，元符二年（1099 年）七月己巳条，北京：中华书局，1992 年，第 12206 页。

② （宋）李焘：《续资治通鉴长编》卷 520，元符三年（1100 年）正月戊子条，北京：中华书局，1992 年，第 12380 页。

定兴慈云阁作为城市历史景观的研究与反思[*]

刘祎绯　黄川壑

（北京林业大学　园林学院，北京，100083）

摘　要：作为全国重点文物保护单位，河北省定兴县古城中心的慈云阁是一座元代留存至今的重要官式建筑，其建筑单体木构做法的意义与价值已为古建筑学界所认知。从古城和建筑群的视角切入，考证其沿革与变迁历程，通过比较研究，归纳慈云阁不止作为建筑单体，而是补充作为城市历史景观的特色与价值，即庙宇居中的古城规划理念、普度众生的独特船形格局、原构完整的元代官式建筑。并反思以往其破坏与保护历程中对此类特色与价值的忽视，建议应以城市历史景观的视角和方法，最大限度的去认知、保护与传承古建筑、古城的特色与价值，挖掘、继承并发扬我国优秀的城市设计传统与思想。

关键词：慈云阁；城市历史景观；比较研究；文化遗产价值；文物保护单位

一、慈云阁的沿革与变迁历程

定兴古城位于中国河北省定兴县北部，地处平原，西临拒马河，金代（1169 年）

---

　　*　本文为国家自然科学基金"城市历史景观框架下古城意象的多尺度研究——以北京旧城为例"（51608035）、博士后科学基金一等资助"北京旧城内 15 块历史地段的'城市历史景观意象'研究"（2016M600050）、北京林业大学教育学研究一般项目"城市史学课程实景教学模式探索——'中外城市建设与规划史'中国部分实践环节设计（BJFU2017JY012）的阶段研究成果。

便已"始建县土城"于此，并取"大定兴盛"之意名为"定兴"①。古城平面是矩形，南北长约 900 米，东西长约 700 米，至今格局尚存。定兴古城中现有慈云阁 1 处为全国重点文物保护单位，此外还有 1 处省级文物保护单位和 3 处县级文物保护单位。

根据定兴县 3 本先后成书于康熙年间、乾隆年间、光绪年间（民国时重印）的县志以及若干当代的当地志书研究专著，归纳梳理慈云阁有史可考的沿革与变迁历程如下：慈云阁始建年代不详，但元代以前，慈云阁就已在邑之中央，史载其本名为"大悲阁"②。大德元年（1297 年），大悲阁毁于兵燹。大德十年（1306 年），僧人德宝在故址重建。亦有学者根据慈云阁落架修缮时在梁架东山面中平槫下皮发现的墨书题记文字中提及"大元国"的信息以及相关重要人物生平信息，通过考证推测有关线索，判断慈云阁始建年代应为公元 1273 年至 1286 年③。本文仅沿用古代县志中的相关记述，对此始建年代之争议不再赘述。万历七年（1579 年）重修庙宇，"大悲阁"此时已更名为"慈云阁"，其得名如《明李荩传修慈云阁碑记》中所释之意，"顾惟阁以'慈云'称者何哉？予以为，匪阁也，心也。心贵慈如云之下，而心之贪、嗔、痴如风之来，戒贪、戒嗔、戒痴是佛之本旨，所以镇风而集云也"④。康熙五十二年（1713 年），知县程楼曾做修葺。而后嘉庆二十四年（1819 年），知县高应元再做修葺。民国时期，我国学者对古代建筑的研究初步兴起，中国营造学社首先组织了若干次古建筑调查。1934 年和 1935 年，刘敦桢先生先后两次带队，与当时还是研究生的莫宗江和陈明达二位先生，到河北省西部进行古建筑调查。1934 年秋天，第一站便正是定兴县慈云阁。刘敦桢先生对慈云阁进行细致的考察和记述，并在原载于《中国营造学社汇刊》的《河北省细部古建筑调查纪略》一文中，发表了 6 张珍贵照片，测绘了慈云阁单体的平面图及斗栱侧样，照片中可见慈云阁外景、观音大士的造像、以及斗栱藻井等构件，几张外景中可看出些许寺院建筑群格局。后来梁思成先生在 20 世纪 40 年代编写《中国建筑史》时，也引用了刘敦桢先生对慈云阁的研究成果，将其作为元代木构古建筑的实例，肯定其斗栱"殆为

---

① 河北省定兴县地方志编纂委员会：《定兴县志》，北京：方志出版社，1997 年。

② （清）张其珍：《定兴县志》，清康熙十二年（1673 年）版；（清）王锡璁：《定兴县志》，清乾隆四十四年（1779 年）版；（清）严祖望：《定兴县志》，民国二十一年（1932 年）据清光绪十六至光绪十七年（1890—1891 年）刻本重印版；河北省定兴县地方志编纂委员会：《定兴县志》，北京：方志出版社，1997 年；李云峰、王振林：《范阳风》，保定：河北大学出版社，2000 年。

③ 崔金泽：《河北省中南部地区明以前寺庙建筑研究》，北海：北京大学硕士学位论文，2012 年，第 63 页。

④ （清）严祖望：《定兴县志》卷 14，民国二十一年（1932 年）据清光绪十六年至光绪十七年（1890—1891 年）刻本重印版，第 13 页。

元代通行做法"①。

20 世纪 50 年代时，北京文物整理委员会曾测绘慈云阁，绘制出其总平面图首次清晰的展现出寺院总体格局，即由三进院落组成的狭长船形格局。不久，由于其居于古城最重要十字街中心的核心位置，1957 年便因拓宽马路拆除寺院所有附属建筑，即仅剩慈云阁单体一座②。"文化大革命"时，阁内造像惨遭破坏。1982 年，慈云阁单体主殿成为河北省省级文物保护单位。1990 年，慈云阁被进行抢险加固。1996 年，慈云阁又被列为第四批全国重点文物保护单位。1997 年，对其进行专业勘察、测绘、修缮方案拟定和报批。1998 年，对慈云阁进行落架大修③。

如今，慈云阁保存状况良好，但原船形院落格局已不复存在，且其周边街道的空间形态也已有变迁。

二、基于比较研究的慈云阁特色与价值

目前关于慈云阁的研究文献不多，且均聚焦于其作为元代官式建筑的木构做法，及相应的建筑考古研究，尚未有关注慈云阁的变迁历程及其作为建筑群或古城地标性景观的特色与价值研究，本文拟对此做初步探索，以补充对慈云阁多重性的认知④。

（一）庙宇居中的古城规划理念

因位于平坦的华北平原上，定兴古城城池较为方正，从古代县志的舆图中可以清晰看出其十字型方城格局的设计意图。由于地理条件的影响，河北平原地区的省、府州、县城中，方形城市占有相当高的比例，还有不少基本是矩形的古城，只是局部城墙有不规则。县城尤以方形古城为多，这是因为一般县城的范围比较小，筑方形的城也比较容易的缘故。而在华北平原上的众多方形古县城中，定兴古城的规模属于中等类型⑤。从道路网格局来看，华北平原方形古城大致可以划分为十字型、南北偏十字型、东西偏十

① 梁思成：《中国建筑史》第 7 章第 2 节，天津：百花文艺出版社，1998 年。
② 崔金泽：《河北省中南部地区明以前寺庙建筑研究》，北京：北京大学硕士学位论文，2012 年，第 60 页。
③ 聂金鹿：《定兴慈云阁修缮记》，《文物春秋》2005 年第 3 期，第 43 页。
④ 崔金泽：《河北省中南部地区明以前寺庙建筑研究》，北京：北京大学硕士学位论文，2012 年；聂金鹿：《定兴慈云阁修缮记》，《文物春秋》2005 年第 3 期，第 37—43 页；建筑文化考察组等：《河北正定、保定等地古建筑考察纪略：写在刘敦桢先生诞辰 110 周年华诞之际》，《建筑创作》2006 年第 12 期，第 160—176 页；徐怡涛：《从斗栱形制探析 13 至 15 世纪中国北方官式建筑与江浙营造的渊源关系》，《故宫博物院院刊》2014 年第 6 期，第 25—31、157 页。
⑤ 侯崇智：《河北省平原地区明清古城初步研究》，保定：河北师范大学硕士学位论文，2010 年，第 37 页。

字型、单轴型、内环型、丁字型 6 种格局,其中十字型的道路网便是最普遍的一种类型。今天的定兴古城虽然城墙无存,但其方形城市和十字型格局等特点延续下来,堪为华北平原上十字型方形古县城的典型代表。

我国古城自西周开始最早具有城市规划的思想以来,中心放置重要建筑就历来是十分重要的规划传统与实践。西周时,营城建邑以前人经验为基础,结合理想,于《考工记》中,最早提出"匠人营国,方九里,旁三门,国中九经九纬,经涂九轨,左卒右社,面朝后市,市朝一夫"。并在后世越来越多的将之应用于城市规划实践,为我国古代的城市规划体系的建立奠定了思想基础,同时也确定了古代城市内部结构的基本格局。从这段话也可以看出,方形城市,宫城居中,乃是我国古人理想都城的规划格局。后世古城的规划设计多意图遵循于此,将城中心视为十分核心的位置,放置特定功能的重要建筑。

不过归纳可考资料,除古代的都城往往依《考工记》于正中放置宫城外,由于种种现实原因,能够真正落实这一点,即在正中规划设计建筑的实例,并不多见。而在这些少有的实例中,中心重要建筑的类型主要有军事功能、商业及社会功能、寺庙功能,分别列举和比较这些案例基本的变迁历程与保护现状情况如下,案例是尽量依照始建时间为序排列:

北京市元大都古城的中心台与中心阁:元大都时,城有中心台,坐落于城市的几何中心。中心台占地一亩,其旁有中心阁,《析津志》载:"中心台在中心阁西十五步。"① 则中心阁在中心台之东,正位于元大都的中轴线上。天津市蓟县古城的鼓楼:是一座明代汉族建筑风格的古建筑,始建于明洪武四年(1371 年)。山东省聊城县(今东昌府区)古城的光岳楼:位于正中的光岳楼,始建于明洪武七年(1374 年),为四重歇山十字脊过街式楼阁,由墩台和主楼两部分组成。陕西省西安古城的钟楼:古城钟楼现位于西安市城内四条大街的正交中心处,始建于明洪武十七年(1384 年),是我国古代留存至今的众多钟楼中形制最大、保存最完整的一座。云南省巍山古城的拱辰楼:巍山古城拱辰楼原为蒙化卫城的北门城楼,始建于明洪武二十三年(1390 年),是建于砖砌城墙上的木构城楼,楼下有城门洞。辽宁省兴城县古城的钟鼓楼:兴城始建于明宣德三年(1428 年),为宁远卫城,清代改称宁远州城。该古城为周长 3200 米的正方形,正中是钟鼓楼,建于明景泰五年(1454 年),战时做击鼓进军、平时做报晓更辰之用。河南省濮阳古

---

① (元)熊梦祥:《析津志辑佚》,北京:北京古籍出版社,1983 年,第 54 页。

城的中心阁（四牌楼）：其中心阁又名四牌楼，位于濮阳老城十字街正中，始建于明嘉靖二十六年（1547年），是一座方形的木石结构亭阁建筑。河北省乐亭古城的拱真阁：乐亭县是海隅的一座小县城，《乐亭县志》载："真武庙一名拱真阁，在县治正中。明嘉靖间建，马头营石碑庄皆有此庙。"[①]但如今拱真阁和乐亭古城均已无存。还有始建年代不详的山西省平遥古城的市楼：2700年历史的古城平遥，面积约2.25平方千米，平面布局形似龟状，古城以南大街为中轴线，有市楼位于中心，跨街而过，贯通南北，一日有三市，市楼亦由此得名，最早的记载是清康熙二十七年（1688年）曾有过重修。

就城市的总体保护现状情况来讲，北京、聊城、西安、巍山、濮阳、平遥均为国家历史文化名城，蓟县、兴城是省级的历史文化名城，而与慈云阁情况最为相似的，曾有寺庙居中的乐亭县古城则今已无存。就居中建筑本身的保护情况来讲，聊城光岳楼、西安钟楼、巍山拱辰楼（后2015年因起火被毁）、兴城钟鼓楼均为全国重点文物保护单位，蓟县鼓楼、濮阳中心阁、平遥市楼是省级重点文物保护单位，北京中心阁（自明代已无存）、乐亭拱真阁则现已无存。

综上所述，将重要建筑置于古城正中乃是我国古代城市自西周以来的理想规划传统，然而实践中往往并不能实现。归纳现有资料可知，除古代都城往往依《考工记》于正中放置宫城外，古城正中放置的重要建筑多是军事功能或社会功能辅助军事功能的建筑，这些案例主要集中在明代，尤其是洪武年间多有出现，建筑形式以位于有门洞的高台之上的楼阁为主，如今亦所存不多，如北京市元大都古城的中心台与中心阁、山东省聊城县（今东昌府区）古城的光岳楼、云南省巍山古城的拱辰楼、辽宁省兴城县古城的钟鼓楼、天津市蓟县古城的鼓楼、陕西省西安古城的钟楼等；也有一些是商业功能建筑，已比较罕见，通常是位于繁华商业古城的最中心地段，具有标识和休憩更能，同样以方便人流穿过的建筑形式为主，如山西省平遥古城的市楼、河南省濮阳古城的中心阁（四牌楼）等；仅有定兴与乐亭的古城两例正中建筑为寺庙功能，且乐亭古城与其正中的拱真阁今均已无迹可循。因此，慈云阁寺庙位于城中央的古城格局规划理念不但体现出对古人规划理想的延伸，更是目前仅存的重要实例，且经对比分析，其始建年代最为久远，价值极高。

（二）普度众生的独特船形格局

慈云阁寺庙初建年代与形式虽不详，但有清代记载其总体布局为船形，沿中轴线从

---

① （清）史香崖等：《乐亭县志》卷4，清光绪三年（1877年）版。

南到北依次布局有山门、前殿、慈云阁、后殿，东西两侧则分别布置配殿、配房，其中前殿、慈云阁、配殿、配房六座建筑的墙体紧密相连，又以曲折的院墙包围，组成了独特的船形布局形式，象征着佛教普度众生之意。可惜如今慈云阁寺庙的总体格局已遭破坏，仅存慈云阁一座单体建筑，立于定兴古城十字大街的中心，成为城中的标志性建筑。

船形元素的应用在古建筑中比较多见，尤其是在园林建筑中十分常见。比较著名的有北京颐和园的画舫，江苏省苏州拙政园的香洲等，都是以建筑模拟船形的佳作典型。这种船形建筑有时也在寺庙建筑单体中使用，如四川省青城山普照寺中的普同塔，湖北省鄂州市鄂城区的观音阁。

船形元素的应用在古代院落格局中，有时也有见到，通常是主人在设计时希望有所象征才选择船形，如江西省抚州市的洲湖船形屋，于清代道光年间建成，占地面积6000多平方米，整体鸟瞰呈完整船形，屋主人黄徽柔是一位与天地会有紧密联系的富商，天地会会簿里多次提到"洪船"，所指便是此屋，其寓意为同舟共济、反清复明；四川省乐山市罗城古镇船形街，东西长209米、南北宽9.5米，形态很像搁置在山顶的一只船，以清真西寺为船头，以梭形街面为船底，以两侧建筑为船舷，以中央的戏楼为船舱，又有东边灵官庙为尾篷，西边天柱为桅杆，灵官庙右侧过街楼为船舵，据传，其船形格局象征的乃是人民求水、求风调雨顺的心愿，也有认为象征了云集于罗城的四方商人们应当同舟共济。

船形元素的应用在寺庙布局中则极为珍稀，留存至今的更是难得一见，如福建省仙游县赖店镇山尾村鸣峰岩寺，始建于唐代，占地近2000平方米，寺庙格局呈船形，前后殿堂似船之首尾舱，中间两条长廊与其围合出的长方形天井似船身，两边的侧舍似船之左右舷，据传其采用船形格局的缘由是古代鸣峰山升浮时，曾有一古航船遗迹，故后人乃依其船址而建寺庙；四川省甘孜州雅江县麻郎错乡扎嘎寺，建于清末1835年，是文殊菩萨的道场，寺庙坐落在自然形成的一个船形的空地之上，寺庙立于船头，自然形成法船，所以未必是刻意而为之。

综上所述，船形元素在我国古代建筑文化中的应用并不少见，但多运用于建筑象形中，院落格局中的运用已较为罕见，至于寺庙布局中运用的更是凤毛麟角，且鲜有留存至今。佛家有"慈航""法船"等词语的用法，慈云阁寺庙的船形格局推测乃象征佛教普度众生之意，具有极高的价值。

（三）原构完整的元代官式建筑

这部分的价值是为学界广为认同的，占地150平方米的慈云阁单体建筑乃是元代建筑的典型作品，也是我国古代建筑从宋代风格向明清风格过渡的典型例证，这也是其被列为国保单位的最主要原因。

学界对其最主要的共识即，我国北方现存元代官式建筑的代表除了河北省曲阳德宁殿、山西省运城永乐宫，便是定兴慈云阁，而且由于建造慈云阁时，定兴是归大都路所管辖，故慈云阁是元大都路辖区内唯一留存至今的官式木构建筑[1]，其众多构件都体现了元代所特有的做法[2]，且结构整体形制较为统一，尤其斗栱及梁架的主要部分，少有干扰构件，年代纯度极高[3]。

三、慈云阁作为城市历史景观之遗憾与反思

遥想 1934 年 9 月下旬秋末冬初时节，刘敦桢先生等初到定兴，便曾记述道："凡旅行河北、山西二省的人，大抵知道旧时街道，往往在十字街口，建立四座牌楼，形成城内的市区的中心。或者在街道交叉点，建造一座钟楼或庙宇，使四方汇集而来的街道，到此而面临着一个巨大的建筑物，在外观上发生一种变化。后看性质，和近代都市计画学的'终点'不期而合，定兴县的慈云阁，就是一例。"虽然刘敦桢先生一行人等原是在做古建筑考察的旅行，却十分关注了古人在城市设计方面的思量，并与西方先进的理论相对照理解，得出后人因忽视而后湮没的古建筑价值的若干重要方面，在笔者今天看来，这正是国际上历史城市保护中涌现的新理论——"城市历史景观（Historic Urban Landscape）"所关注的视角之一[4]。

古建筑之于古城，具有除其单体本身之外更多层次下的价值，本文仅以慈云阁为例，论述了其不止在建筑单体层面具有作为原构完整的元代官式建筑的价值，更曾经在建筑群层面具有普度众生的独特船形格局的特色，还有古城层面代表了庙宇居中的古城规划理念的价值，长久以来人们对后两者的缺乏认知与轻视忽略使其建筑群遭到了无情的破坏，终至失去其曾经丰富完整的价值层次。

---

① 徐怡涛：《从斗栱形制探析 13 至 15 世纪中国北方官式建筑与江浙营造的渊源关系》，《故宫博物院院刊》2014 年第 6 期，第 25—31、157 页。

② 聂金鹿：《定兴慈云阁修缮记》，《文物春秋》2005 年第 3 期，第 37—43 页。

③ 崔金泽：《河北省中南部地区明以前寺庙建筑研究》，北京：北京大学硕士学位论文，2012 年，第 74 页。

④ UNESCO,*Recommendation on the Historic Urban Landscape*,2011,http://portal.unesco.org/en/ev.php — URL_ID=48857&URL_DO=DO_TOPIC&URL_SECTION=201.html；刘祎绯：《中国的城市历史景观研究 10 年综述——缅怀吴瑞梵先生》，《中国园林》2016 年第 2 期，第 74—77 页。

　　慈云阁附属建筑的拆除，不仅彻底湮没了其建筑群层面上的价值，其实也很大程度上影响了其古城层面上的价值。须知，如前文所对比分析的，虽然有为数不多的案例有重要建筑居于城市之中，却无一处与慈云阁一样，是以一组建筑群居于中心，且并不以可穿行的过街楼作为原型，而随着附属建筑的拆除，慈云阁看上去则与其他一般的过街楼类型的案例形式相仿了。另外，还有值得提起注意的一点是，附属建筑的拆除还影响了慈云阁单体建筑的欣赏视角和设计匠意，使其台基低矮不甚均衡的略显矮小的形象单独暴露在四街中心，有刘敦桢先生原文为证："在外观方面，慈云阁重檐九脊，上、下都是面阔三间，进深显三间，不能算为十分雄大，但各部比例，却能搭配匀当，不因矮小而减去它的价值。不过古建筑不全都是尽善尽美，可以容我们为它曲讳的，慈云阁就是其中一个。它的缺点，似乎只注意大木本身的权衡，而忘记下部台基过于低矮，不能和整个建筑物调和。此种缺点，在南、北二面，因为被许多小建筑包围起来，不容易看出，但从东、西两侧观察，便赤裸裸毫无遁形了。"[1]当一个建筑失去其文脉时，会同时失去很多珍贵的历史信息与特色价值，慈云阁便是如此，当其为一个建筑群时，矮小的附属建筑和较窄街道衬托出其高大雄伟的古城地标性景观形象，而当其孑然独立时，则略微显得比例失衡，有些难以镇住场面。如今周围街道的拓宽和沿街建筑格局的变化更是进一步加剧了这种视觉感受，曾经其"狭长如洲"[2]的地块已不复存在，十分遗憾和可惜。

　　《明李荩传修慈云阁碑记》曾有记曰："定兴之野四望平远，襟冈带河而邑其中。邑之官牙雁齿，伴宫铁市，叁如屏，绮如画也。而阁在其中，俯瞰六合，吞吐云日，葱葱郁郁，气象万千，亦震旦之一奇也。"[3]——古人对慈云阁的表述中，尚有层次丰富的周边环境及景观氛围描述，是极好的城市历史景观认知范例。今人在做历史城市与历史建筑的考证、研究、保护，甚至周边更新或开发时，更当以城市历史景观的视角和方法，最大限度的去认知、保护与传承古建筑、古城的特色与价值，挖掘、继承并发扬我国优秀的城市设计传统与思想理念。

---

　　① 刘敦桢：《刘敦桢文集》第 2 卷，北京：中国建筑工业出版社，1984 年，第 181 页。
　　② 刘敦桢：《刘敦桢文集》第 2 卷，北京：中国建筑工业出版社，1984 年，第 147 页。
　　③ （清）严祖望：《定兴县志》卷 14，民国二十一年（1932 年）据清光绪十六至光绪十七年（1890—1891 年）刻本重印版第 13 页。

金元史研究

黄榦书信所记金朝史料钩沉

李浩楠

（赤峰学院 历史文化学院，内蒙古 赤峰，024000）

摘　要： 在黄榦的文集《勉斋先生黄文肃公文集》中，共有涉金书信近40篇，这些涉金书信作于1206—1218年，黄榦本人或在前线，或在"极边"及"次边"，大多为耳闻目击之事。黄榦涉金书信记载了金朝的纸币、民变史料，对1206及1217—1218年的宋金战争，亦提供了一些与宋、金官史略有差异的史料，有一定数量的本人对金朝的思考。总的来看，黄榦涉金书信的史料价值较高。

关键词： 黄榦；勉斋先生黄文肃公文集；书信；金朝；史料

在金史研究中，宋代史料的重要性是不言而喻的。但是，与金代文献相比，宋代文献过于"卷帙浩繁"，学者们只能先将目光锁定在《三朝北盟会编》《松漠纪闻》《建炎以来系年要录》及宋人语录等文献。对于现存相当数量的宋人文集，学者们对其的利用是较零散的。在一部宋人文集中，有诗、词、奏疏、赋、传记、论说、序跋、书、启等多种文体。这些文体所载的金代史料，是否因写作对象、写作技巧、表达方式、夸张程度、人情关系之不同，而存在某种程度上的差异呢？为了初步回答这个问题，笔者选择了涉金书信相对较多且有一定研究基础的黄榦的书信，作为研究对象，并提出自己的一些看法，以求教于方家①。

---

① 根据粗略统计，黄榦所有书信中涉及金朝者约40篇。笔者之前在研究金宣宗时期的宋金战争中，多次征引黄榦涉金书信。李浩楠：《金末义军与晚金军事研究》，保定：河北大学博士学位论文，2013年，第70、71、77、80、81、82、87、89、90页。

一、黄榦其人及涉金书信

冯尔康先生认为："书信资料比较真实，官员对家属、友人通信，可以说一些体己话，所以它的真实性大于奏疏等公文。"①但是，对于黄榦书信中所记金朝及宋金战争诸事，由于较为特殊，则不可以以常理推定之。故黄榦其人的经历、个人品质等，实有考察的必要。

黄榦（1152—1221 年），字直卿，号勉斋，福州闽县人，是朱熹的弟子兼女婿。黄榦早年有志于学，长期追随朱熹左右，最得朱熹信任。嘉泰三年（1203 年）后，黄榦走向从政之路，陆续担任临川、新淦、安丰、汉阳、安庆等地的地方官②。其中事涉金朝者有：开禧二年（金泰和六年，1206 年），主管荆湖北路安抚司公事吴猎，"奏辟先生入幕"③。同年三月，黄榦任荆湖北路安抚司激赏酒库兼准备差遣。七月，"檄措置极边关隘"，总领、宣抚二司"就委提点八关，经历光、黄、德安、信阳四郡之间"，黄榦，"奔走穷山绝谷，往返三、四千里"④。嘉定六年（金贞祐元年，1213 年），黄榦"改差通判安丰军"⑤。嘉定七年九月（金贞祐二年，1214 年），黄榦任权发遣汉阳军、提举义勇民兵，在任内"增兵积粟，为城筑计"⑥。嘉定九年（金贞祐四年，1216 年）十二月，除"权发遣安庆府事"。嘉定十年（金兴定元年，1217 年）四月朔日到任⑦。同年，黄榦主持安庆修筑城墙事。嘉定十一年（金兴定二年，1218 年）正月，金军南下，黄榦"提督五关守御，督战光州，节制江、池三州戍兵，光、黄、蕲、安庆四州民兵"⑧。同年，黄榦结束了自己的任官生涯。从时间和地理上来看，1206 年及 1217—1218 年的宋

---

① 冯尔康：《清史史料学》，沈阳：沈阳出版社，2004 年，第 304 页。
② 关于黄榦的生平、学术思想、政治实践等，参见单晓娜：《理念与行止：黄榦研究》，北京：中国社会科学出版社，2014 年。
③ （宋）郑元肃录，陈义和编：《勉斋先生黄文肃公年谱》，（宋）黄榦：《勉斋先生黄文肃公文集》，四川大学古籍整理研究所编：《宋集珍本丛刊》第 68 册，北京：线装书局，2004 年，第 255 页。
④ （宋）郑元肃，陈义和编：《勉斋先生黄文肃公年谱》，（宋）黄榦：《勉斋先生黄文肃公文集》，四川大学古籍整理研究所编：《宋集珍本丛刊》第 68 册，北京：线装书局，2004 年，第 256 页。
⑤ （宋）郑元肃，陈义和编：《勉斋先生黄文肃公年谱》，（宋）黄榦：《勉斋先生黄文肃公文集》，四川大学古籍整理研究所编：《宋集珍本丛刊》第 68 册，北京：线装书局，2004 年，第 262 页。
⑥ （宋）郑元肃，陈义和编：《勉斋先生黄文肃公年谱》，（宋）黄榦：《勉斋先生黄文肃公文集》，四川大学古籍整理研究所编：《宋集珍本丛刊》第 68 册，北京：线装书局，2004 年，第 264 页。
⑦ （宋）郑元肃，陈义和编：《勉斋先生黄文肃公年谱》，（宋）黄榦：《勉斋先生黄文肃公文集》，四川大学古籍整理研究所编：《宋集珍本丛刊》第 68 册，北京：线装书局，2004 年，第 267 页。
⑧ （宋）郑元肃，陈义和编：《勉斋先生黄文肃公年谱》，（宋）黄榦：《勉斋先生黄文肃公文集》，四川大学古籍整理研究所编：《宋集珍本丛刊》第 68 册，北京：线装书局，2004 年，第 269 页。

金战争，黄榦乃亲身经历，所涉地点或为前线，或为次边（如安庆府），获得众多宋金战事的信息。1213—1217 年宋金休战期间，黄榦在安丰军及汉阳军任职，或为极边（安丰军），或为次边（汉阳军）。时值蒙金战争，金朝南迁，局势紧张，出于担心金朝南侵及筑城等因素，他也要随时关注金朝局势和极边一带的动态。在以上时间内，黄榦与友人、同僚多有书信往来，在书信中多提及金朝、金军的情况、动态。就经历而言，黄榦涉金书信的史料价值，远非事后回忆及远离前线者所撰文字可比。

单晓娜先生认为，黄榦为人，"个性踏实，行事严谨，做学问刻苦自励"①。这一特点，决定其涉金书信的史料价值，远非好为大言、虚张声势、听风就是雨者可比。黄榦有强烈的爱国忧君之心，一直反对和议和岁币，在为官的后期，主张修筑城墙，加强守备②。黄榦是典型的主守派，但绝不能说是主和派，这就排除其在涉金书信中，为了宣扬其主和、投降思想，刻意夸大、渲染金朝及金军力量的可能。

总之，从黄榦的经历、思想及行事风格来看，其书信中所记金朝诸事有较高的史料价值。

二、金朝政治与经济史料

黄榦致李燔（字敬子）的书信中写道："虏中官会谓之钞，旧直八百足，今只得百七十省。其狼狈又甚于吾国也。其所以出师连年屡败者，亦以钱币不行，军士乏食之故。"③中有"到此已两月"之句，后有小注"安丰"④。黄榦任通判安丰军在嘉定六年（金贞祐元年，1213 年）九月至嘉定七年（金贞祐二年，1214 年）二月⑤。故此信的具体写作时间应为嘉定六年（1213 年）十一月左右。

关于这段史料，王志峰先生认为，黄榦当时看出了金朝经济上的倒退⑥。而这段史料最重要的价值是明确指出了金朝交钞和铜钱的比价及贬值过程。黄榦人在安丰，他所

① 单晓娜：《理念与行止：黄榦研究》，北京：中国社会科学出版社，2014 年，第 45 页。

② 单晓娜：《理念与行止：黄榦研究》，北京：中国社会科学出版社，2014 年，第 125 页。

③ （宋）黄榦：《勉斋先生黄文肃公文集》卷 3《与李敬子司直书》，四川大学古籍整理研究所编：《宋集珍本丛刊》第 67 册，北京：线装书局，2004 年，第 569 页。

④ （宋）黄榦：《勉斋先生黄文肃公文集》卷 3《与李敬子司直书》，四川大学古籍整理研究所编：《宋集珍本丛刊》第 67 册，北京：线装书局，2004 年，第 570 页。

⑤ （宋）郑元肃录，陈义和编：《勉斋先生黄文肃公年谱》，（宋）黄榦：《勉斋先生黄文肃公文集》，四川大学古籍整理研究所编：《宋集珍本丛刊》第 68 册，北京：线装书局，2004 年，第 262—263 页。

⑥ 王志峰：《黄榦政法思想及其实践活动研究》，保定：河北大学硕士学位论文，2011 年，第 26 页。

闻知的只能是金代南京路地区的情况。按他的说法，过去金朝的交钞一贯折铜钱八百文足，"足"即足陌，即每贯交钞可以兑换铜钱八百文。嘉定六年（1213年）十一月左右，交钞一贯折铜钱百七十省，"省"即"省陌"，大定二十年（1180年），金朝规定"官私所用钱皆当以八十为陌，遂为定制"①。即每贯交钞可以兑换铜钱136文，贬值了488%，可谓十分严重的通货膨胀。这段史料长期以来不为治金史及治中国货币史的学者所注意，即使较新的几部论著亦未引用②。贞祐二年（1214年）七月，金朝迁都南京开封，金遗民刘祁言，"南渡之初，至有交钞一十贯不抵钱十文用者"③。交钞继续大幅度贬值，对于南京路的人民来说，不啻为一场灾难。黄幹此信对金朝交钞贬值的描述，数字精确，兼及宋、金两朝比较，并分析了货币政策在金朝军事失利中的作用。而大约同时期真德秀的奏议，则云金朝"交钞数万，仅博一餐"④。由于真德秀怀有对金朝强烈的复仇情绪，其对金观点"夸大了金朝内外危机，过于轻视金朝的抵御能力"⑤。所以他在奏议中用了相对夸张的描述方式，数字亦不十分精确。而且"一餐"究竟具体是什么，亦语焉不详，其史料价值较之黄幹此信，要稍逊一筹。

在同一封信中，黄幹又写道："北方弑逆之后，盗贼四起，淮北道梗不通，非百十人不可行，榷场北客绝少，两使不至，此其事可想也。"⑥安丰军隔淮河与金南京路相对，黄幹观察到，金至宁元年（1213年）八月，金卫绍王被弑后，由于金朝政局混乱，蒙古军深入金朝内地及红袄军起义等原因，金朝在黄河以北的统治陷入混乱、崩溃、失控的境地，但南京路地区北有黄河天险，南方的南宋未敢轻易北上，使得南京路相对其他地区，显得相对"平静"，尽管也出现了"盗贼"，在"道路"上"作梗"，但"百十人"一起团结为队，就可以起到"震慑"的作用，可见淮北地区乃至南京路的"盗贼"，无论是在规模、战斗力及破坏力上，都是在地方政府可控范围之内，与黄河以北地区河北、山东等地的"盗贼"不可同日而语。这种现状应为南京路军政长官所掌握，理应会

① 《金史》卷48《食货志三》，北京：中华书局，1975年，第1072页。

② 〔日〕高桥弘臣著，林松涛译：《宋金元货币史研究——元朝货币政策之形成过程》，上海：上海古籍出版社，2010年，第83—104页；裴铁军：《金代货币经济研究》，长春：吉林大学博士学位论文，2016年，第150—154页；张婧：《中国货币文化传承与发展——金代交钞视角》，北京：中国书籍出版社，2017年，第129—133页。

③ 〔金〕刘祁著，崔文印点校：《归潜志》卷10，北京：中华书局，1983年，第109页。

④ 〔宋〕真德秀：《西山先生真文忠公文集》卷5《江东奏论边事状》，四川大学古籍整理研究所编：《宋集珍本丛刊》第75册，北京：线装书局，2004年，第707页。该奏上于"丙子十二月十二日"，即宋嘉定九年（金贞祐四年，1216年）。

⑤ 〔韩〕朴志焄：《南宋末真德秀的对外认识和华夷观》，姜锡东等主编：《宋史研究论丛》第6辑，保定：河北大学出版社，2005年，第464页。

⑥ 〔宋〕黄幹：《勉斋先生黄文肃公文集》卷3《与李敬子司直书》，四川大学古籍整理研究所编：《宋集珍本丛刊》第67册，北京：线装书局，2004年，第569页。

在表请金宣宗南迁的奏状中加以表述①。

黄榦在安丰军任上，与李燔的信中，又细说了他在当地卷入的一场风波。其大意是，有李明兄弟数人，与黄榦数有往来，"忽有告其兄欲结集人过淮取寿州者"，黄榦经过仔细调查，发现首谋者乃是士人徐师点，徐师点与安丰守将郭绍彭关系密切，"尝以寿州人欲献城告太守（郭绍彭），太守答以待写书与庙堂，恐有可乘之机。徐得此语，遂以绐乡人，以为太守奉朝廷之意而为此事也"②。寿州与安丰军隔淮相对，至于州人欲献城的原因，黄榦在致李珏的信中说，"自虏人南迁，则酷用河南之民为尤甚。榦在安丰，见有士人徐师点欲结集淮民以取寿州，乃是寿州城中一富室先为此谋，以告吾境淮边百姓高德，已有定日矣，偶尔败获，事不果就。后来探知，不特寿州为然，汝、颍诸郡皆已愿从矣"③。后一封信系数年后回忆，难免出现偏差，如黄榦离职安丰时，金朝还未南迁。但其中心意思是明确的，就是在金朝黄河以北诸路相继陷落、残破、起义后，相对稳定的南京路地区对于金朝赋役、军需的重要性日益突出，金朝南迁后，河南地区的沉重赋役为朝廷所知，贞祐三年，御史田迥秀言："方今军国所需，一切责之河南。有司不惜民力，征调太急，促其期限，痛其棰楚。"④贞祐四年（1216年），邳州，"急征重役，悉出三县，官吏酷暴，擅括宿藏，以应一切之命"⑤。金代史料可与黄榦此信相互印证，更为难为可贵的是，黄榦此信揭露了金朝为了应付战争，不惜违反"为政不难，不得罪于巨室"（《孟子·离娄上》）的古训，将"富室"亦列入横征暴敛之列。同时，寿州部分人，特别是个别富人的表现，与泰和六年（1206年）年宋金寿州之战，州人积极协助金军守城的表现相比，可谓大相径庭。向我们揭示了当地国家认同"弹性"及"基于利益"

①　关于金朝南迁开封，金朝群臣议论者众。但宋、金史籍均承认，判南京留守仆散端等人的奏状，对金宣宗下达南迁的决心起到了极为重要的作用。"贞祐二年五月，判南京留守，与河南统军使长寿、按察转运使王质表请南迁，凡三奏，宣宗意乃决"，《金史》卷101《仆散端传》，北京：中华书局，1975年，第2232页。宋人亦载，"河南路统军蒲撒七斤者，奏乞徙都开封，珣从之"。（宋）李心传著，徐规点校：《建炎以来朝野杂记》乙集卷19《女真南徙》，下册，北京：中华书局，2000年，第844页。仆散端"本名七斤"，《金史》卷101《仆散端传》，北京：中华书局，1975年，第2230页。可知蒲撒七斤即仆散端。该奏内容，今已无从得知，但南京路相对其它地区的优势，如行政机构大体保存完整、北有黄河天险，境内"盗贼"在可控范围内，应在其中加以表述。

②　（宋）黄榦：《勉斋先生黄文肃公文集》卷3《与李敬子司直书》，四川大学古籍整理研究所编：《宋集珍本丛刊》第67册，北京：线装书局，2004年，第570页。

③　（宋）黄榦：《勉斋先生黄文肃公文集》卷8《与金陵制使李梦闻书（六）》，四川大学古籍整理研究所编：《宋集珍本丛刊》第67册，北京：线装书局，2004年，第623页。"金陵制使李梦闻"，《勉斋先生黄文肃公年谱》载为"江淮制置使李公珏"，（宋）黄榦：《勉斋先生黄文肃公文集》，四川大学古籍整理研究所编：《宋集珍本丛刊》第68册，北京：线装书局，2004年，第269页。可知李梦闻即李珏。李珏，嘉定十年（1217年）至嘉定十二年（1219年）任知建康府兼江淮制置大使。李昌宪：《宋代安抚使考》，济南：齐鲁书社，1997年，第430页。

④　《金史》卷47《食货志二》，北京：中华书局，1975年，第1060—1061页。

⑤　《金史》卷47《食货志二》，北京：中华书局，1975年，第1061页。

的一面①。

三、宋金战争史料

由于个人的经历，黄榦书信中有一定数量的关于开禧、嘉定年间宋金战争的史料。

关于开禧年间的宋金战争。黄榦在致权湖北京西宣抚使宇文绍节的信中，谈到"去冬（开禧二年）德安、襄阳之围"②，南宋诸援军不敢进，唯有魏友谅一军万五千人守荆门，但"二月十有四日，虏骑数千未至荆门数十里，友谅策马先遁，诸军从之，虏遂悍然据荆门以瞰荆南"③。李心传记，"（开禧二年十二月）十七日癸亥夜，魏友谅之军又溃于花泉，友谅走江陵"。④而次年除襄阳解围外，并无其他荆湖北路的作战记录。荆门军在江陵府北面，魏友谅之军在此败绩后，本人才能南逃江陵府，故"花泉"应在荆门军境内。但二者所记时间相差数月，或为"二月"前脱漏"十"字，或为误记月份。二者皆记魏友谅之败，可以相互补充，李心传指明溃败发生在夜晚，而黄榦此信则指出，魏友谅草木皆兵，率先逃跑，对宋军的溃败，负有不可推卸的责任。

在致宇文绍节的另一封信中，提到所谓"忠义军"聚而为"盗贼"的问题，"（黄）榦顷在信阳，闻董达者，其下有二千人，日遣其徒劫掠平民，至官司调发，则逃匿山谷，不肯为用。是时闻其欲俟虏人之至，便先焚烧应山，其后亦闻果如其言"⑤。无独有偶，开禧年间曾任湖北京西宣抚使司主管机宜文字，摄汉阳军事的曹彦约，嘉定元年（1208年）上奏，亦云："边民喜乱，失其良心。或假托忠义，肆为盗贼。"⑥曹彦约指出，这

---

① 泰和六年（1206年），宋军围寿州，"刺史徒单羲尽籍城中兵民及部曲厮役得三千余人，随机拒守坚甚。羲善抚御，得众情，虽妇人皆乐为用"，州人魏全亦为金朝殉节，见《金史》卷 121《魏全传》，北京：中华书局，1975 年，第 2640页。寿州人如此抵抗宋军，除了刺史徒单羲得人心外，宋人指出，"开禧冒昧用兵"时，"诸将素无纪律，纵杀戮以诧威武，肆剽掠以代赏犒。滥及降附，谬称巷战；诛及宝化，名曰搜山。两河之心，视官军有若寇盗"。见（宋）曹彦约：《昌谷集》卷 6《上庙堂书》，（清）永瑢、纪昀等：《文渊阁四库全书》第 1167 册，台北：台湾商务印书馆，1986 年，第 74 页。可能是使州人积极参与守城的原因。寿州人于泰和六年（1206年）积极协助金军守城，某些人欲于贞祐初年献城于宋，其出发点很大程度上是基于自身利益。

② 宇文绍节，开禧三年（1207年）四月至嘉定元年（1208年）八月任权湖北京西宣抚使。李昌宪：《宋代安抚使考》，济南：齐鲁书社，1997 年，第 483 页。

③ （宋）黄榦：《勉斋先生黄文肃公文集》卷 16《与宇文宣抚言荆襄事体》，四川大学古籍整理研究所编：《宋集珍本丛刊》第 67 册，北京：线装书局，2004 年，第 702、703 页。

④ （宋）李心传著，徐规点校：《建炎以来朝野杂记》乙集卷 18《丙寅淮汉蜀口用兵事目》，下册，北京：中华书局，2000 年，第 829 页。

⑤ （宋）黄榦：《勉斋先生黄文肃公文集》卷 16《与宇文宣抚画一六事》，四川大学古籍整理研究所编：《宋集珍本丛刊》第 67 册，北京：线装书局，2004 年，第 704 页。

⑥ （宋）曹彦约：《昌谷集》卷 5《应求言诏书上封事》，（清）永瑢、纪昀等：《文渊阁四库全书》第 1167 册，台北：台湾商务印书馆，1986 年，第 66 页。

些人平时多至金朝境内滋事，即所谓"边衅"。黄、曹二人所言重点不同，文风亦不同，但在"忠义军"或假托"忠义"者良莠不齐的问题上是一致的。这种类型的"忠义军"及假托者，在战争时，不但无法承担抵御敌人的责任，反为己方之累。相较曹彦约的总结性意见，黄榦此信以所闻个案为依据，在生动性和细节性上更胜一筹。

黄榦曾以亲身经历为例，见证南宋各地对于本次战争态度的不同：

> 榦自荆襄来，江北之地莽为夷狄、盗贼之区，江南之官吏、百姓皇皇凛凛，若不可以终日。入江西之竟，则不复知其为忧矣，然行路人犹有问征战之事者。入浙东之竟，则不复知有兵革之事矣。至中都，则安然如太平之时。①

黄榦此行的路线大体是从荆湖北路前线南下渡江后，一路东行，到达临安。据其一路所闻，有如下规律：离前线越近的地方，官吏、百姓越关心战争局势，惴惴不安；离前线越远的地方，官吏、百姓对这场战争态度越来越冷淡。诚如葛兆光先生所论，宋代是"中国"意识凸显的时期，而这种意识也是近世中国民族主义思想的远源之一②。但是，就黄榦一路闻见来看，值得注意者有：这场战争对于南宋官吏、百姓而言，竟然有相当数量的冷漠者和事不关己者，可见关于"中国"意识和华夷观念，仅仅考虑时人的文字是不够的，人们在现实中的表现也应纳入考察范畴；各地区对战争的关心程度与距前线距离成反比，这种价值取向，无疑是基于现实利益及敌人威胁自己可能性的大小。这种现象，无论是被称为"天下主义"的汉代③，还是另一民族矛盾十分尖锐的清初④，都或多或少出现过。它提示我们，在"中国"意识或华夷观念的研究中，地域上的差别似不可忽视。

① （宋）黄榦：《勉斋先生黄文肃公文集》卷4《与或人》，四川大学古籍整理研究所编：《宋集珍本丛刊》第67册，北京：线装书局，2004年，第585页。
② 葛兆光：《宋代"中国"意识的凸显——关于近世民族主义思想的一个远源》，《文史哲》2004年第1期，第5—12页。
③ 杨勇先生认为，西汉"盐铁会议"中，出自山东的贤良、文学因为"山东内地郡国未受过匈奴的直接侵扰"，对匈奴的侵害没有切身体验，并"耳濡目染山东民间大量因战争、徭役征发而发生的悲苦与不幸"等，对汉朝向匈奴用兵持否定态度。《盐铁会议汉匈战和之争若干问题发微》，《中央民族大学学报》（哲学社会科学版）2015年第1期，第89—94页。
④ 桂涛先生认为，明末的河南、河北士人，由于亲身经历明末农民战争及清军入关掳掠，这种经历"让他们产生一种明朝气数已尽的认识"，而江南士人由于长期的安逸生活，"根本无法体会到北方士人的感受"，这种经历之不同，造成了两地士人对清朝入关形成两种不同的认识。《以"甲申"为原点的明清之际——清初河南、河北士人与江南士人对清朝的认识差异》，《史林》2013年第2期，第84—93页。

关于嘉定年间的宋金战争。黄榦在书信中，对宋军的败绩并不掩饰。嘉定十年（1217年），浮光（光州）之战①，他在致陈宓的信中，谈到他抵达安庆上任五日后，即闻金军来进犯，"虏骑之来，亦不过数千人，此以数千人与之战，初亦小胜，已而大合，杀伤相当，有贪功轻进者，遂为所败，吾之所失遂多，度亦不敢以实闻也"②。他又在致陈韡的信中，提及"浮光一败，虽杀伤相当，吾之所失者，亦是三四千人及一二头首"③。在与李珏的信件中，他又写道，"前屡闻捷报，亦深以为喜，适闻二十七日三统制之败，极为寒心。大军自是不足用，但可张声势耳。今乃深入，以取败衄，是何轻率如此"，中亦有"暑气渐热，彼未敢深入，但秋高马肥"④云云。黄榦是嘉定十年（1217年）四月初一日至安庆府上任的，在对不同的三人的三封通信中，都提及了这场失败，可见他对此败的重视。从这三封信中，我们可以勾勒出宋军"光州之败"的大体情况：该役发生时间在当年夏季，可能在四月二十七日；该役初期，宋军占据一定优势，但随后乃犯轻敌的错误，及中金军诱敌深入之计，以致惨败；该役宋军的损失大概在三千至四千人，损失重要将领一、二员，且黄榦估计此役的败绩和相关损失，未必会被相应官员如实上报。金方史料，兴定元年（宋嘉定十年，1217年）四月，完颜赛不，"寻遣兵渡淮，略中渡店，拔光山、罗山、定城等县，破光州两关，斩首万余"⑤。宋方史料，嘉定十年（1217年）四月辛酉，"庐州钤辖王辛败金人于光山县之安昌砦，杀其统军完颜掩"⑥。将黄榦三信与宋、金正史相比较，可知《宋史》所载宋军先胜为实，但《宋史》对宋军后期的失败不置一词；《金史》则讳言前期之折将，而后期的反败为胜为实，但"斩首万余"可能夸大了宋军的损失。李锡厚先生曾以兴定五年（1221年），金朝唐州守将完颜讹论讳败为胜，掩盖己方战死七百余人的事实，认为金朝统治者"已经堕落

①　黄榦书信中，"浮光"地名出现次数较多。黄榦曾问及某人浮光之事，某人云："惟浮光之西如中渡最紧要。"（宋）黄榦：《勉斋先生黄文肃公文集》卷9《别幅》，四川大学古籍整理研究所编：《宋集珍本丛刊》第67册，北京：线装书局，2004年，第634页。而《宋史》载，嘉定十年（1217年）四月，"金人犯光州中渡镇"。《宋史》卷40《宁宗纪四》，北京：中华书局，1977年，第767页。可知"浮光"即"光州"。

②　（宋）黄榦：《勉斋先生黄文肃公文集》卷13《复陈师复寺丞书》，四川大学古籍整理研究所编：《宋集珍本丛刊》第67册，北京：线装书局，2004年，第666—667页。

③　（宋）黄榦：《勉斋先生黄文肃公文集》卷15《与陈子华书》，四川大学古籍整理研究所编：《宋集珍本丛刊》第67册，北京：线装书局，2004年，第687页。

④　（宋）黄榦：《勉斋先生黄文肃公文集》卷8《与金陵制使李梦闻书（五）》，四川大学古籍整理研究所编：《宋集珍本丛刊》第67册，北京：线装书局，2004年，第621页。

⑤　《金史》卷113《完颜赛不传》，北京：中华书局，1975年，第2480页。

⑥　《宋史》卷40《宁宗纪四》，北京：中华书局，1977年，第767页。光山县为光州属县，《宋史》卷88《地理志四》，第2184页。辛酉为四月十五日，见洪金富编著：《辽宋夏金元五朝日历》，台北："中央研究院"历史语言研究所，2004年，第1217页。

到了只能靠自欺欺人过日子的地步了"①。但是对照以上记载，南宋方面的讳败为胜的状况不比金朝为差，甚至还要过之。这一点，南宋皇帝本人亦不讳言②。

嘉定十一年（1218 年），宋军败绩于泗州。"制帅（李珏）请令先生（黄榦）赴司禀议"③，使得黄榦了解了一些泗州之败的情况。他在致李珏的信中，提及宋军轻信庸人之言"为泗上之役，丧师万人"，且"黄团老幼俘虏杀戮五六千人"④。李珏本人为制置使，密切关注前线战报，其信息来源众多。黄榦本人又对李珏的赏识十分感激⑤。故黄榦不大可能在信中故意夸大宋军损失，诓骗李珏。宋军此战大败亦可得到其他文献的佐证。"制司密遣刘琸等渡淮攻泗州，全军败覆"⑥。据主管淮东安抚司公事崔与之致宰相的信中，提及"与之乘鄣五年，子养士卒，今以万人之命，坏于一夫之手"⑦。关于宋军损失的数字与黄榦信中所写非常相近。嘉定十二年（1219 年），郑性之在轮对中言："京口一军自泗州失利之后，缺额极多，老弱大半。"⑧嘉定十三年（1220 年），刘克庄在一封书信中亦指出，"某初入幕，朝野盛言虏衰，及泗上一跌，始息进取之谋，以守易战"⑨。蒙古灭金后，吴潜在上奏中指出，"泗州之役，死者数万"⑩。综上所述，泗州之战无疑以宋军大败而告终，损失兵将达万人以上，参战的京口大军损失尤其惨重。此战还直接导致南宋对金战略的转变，由积极进取转为积极防御。而《宋史》本纪但记

① 李锡厚、白滨：《辽金西夏史》，上海：上海人民出版社，2003 年，第 272 页。

② 嘉定十二年（1219 年）闰三月，"柴中行亦言：'安丰受围甚久，初未尝出战，却称大捷十数。'上（宋宁宗）曰：'被围七十余日，乃敢欺罔如此。'"见（宋）刘克庄著，王蓉贵、向以鲜校点，刁忠民审订：《后村先生大全集》卷 83《玉牒初草》，第 4 册，成都：四川大学出版社，2008 年，第 2186 页。

③ （宋）郑元肃录，陈义和编：《勉斋先生黄文肃公年谱》，（宋）黄榦：《勉斋先生黄文肃公文集》，四川大学古籍整理研究所编：《宋集珍本丛刊》第 68 册，北京：线装书局，2004 年，第 270 页。

④ （宋）郑元肃录，陈义和编：《勉斋先生黄文肃公文集》卷 9《与金陵制使李梦闻书（十）》，四川大学古籍整理研究所编：《宋集珍本丛刊》第 67 册，北京：线装书局，2004 年，第 629 页。按"千"字原阙，据《勉斋先生黄文肃公年谱》补，四川大学古籍整理研究所编：《宋集珍本丛刊》第 68 册，北京：线装书局，2004 年，第 270 页。

⑤ 单晓娜：《理念与行止：黄榦研究》，北京：中国社会科学出版社，2014 年，第 137 页。

⑥ （宋）崔与之著，张其凡、孙志章点校：《宋丞相崔清献公全录》卷 2《言行录中》，广州：广东人民出版社，2008 年，第 11 页。

⑦ 《宋史》卷 406《崔与之传》，北京：中华书局，1977 年，第 12259 页。崔与之嘉定七年（1214 年）任主管淮东安抚司公事，见李昌宪：《宋代安抚使考》，济南：齐鲁书社，1997 年，第 457 页。"乘鄣五年"即至淮东就任的第五年，正是嘉定十一年（1218 年）。

⑧ （宋）刘克庄著，王蓉贵、向以鲜校点，刁忠民审订：《后村先生大全集》卷 147《毅斋郑观文神道碑》，第 7 册，成都：四川大学出版社，2008 年，第 3775 页。

⑨ （宋）刘克庄著，王蓉贵、向以鲜校点，刁忠民审订：《后村先生大全集》卷 128《庚辰与方子默金判书》，第 6 册，成都：四川大学出版社，2008 年，第 3348 页。

⑩ （宋）吴潜：《许国公奏议》卷 1《应诏上封事条陈国家大体治道要务凡九事》，中华书局编辑部编：《丛书集成初编》，北京：中华书局，1985 年，第 18 页。

当年三月，"镇江忠义统制彭惟诚等败于泗州"①，隐讳了刘琸及南宋大军参战的事实。黄榦、崔与之、刘克庄等身在"极边"及"次边"之人的书信，皆直接揭露了宋军此战大败的事实。与官方史籍对战争的扬胜讳败倾向相比，战争亲历者、参与者的书信，其真实性和可靠性要略胜一筹。黄榦的书信不但点明了宋军的损失，还列出了百姓、俘虏的损失数字，弥足珍贵。

黄榦亦指出了嘉定年间宋军部署过于分散的事实。早在金朝南迁之初，黄榦就在信中谈及，"沿江数千里屯戍之兵不过二十万，分成淮郡，多者二三千人，少者数百人，虽有守令，何所用力？虽有城壁，将谁与守"②，他又在与李珏的信中，指出五关"吾之守关不过五六百人"，难以抵御数量众多的金军③。这一论点，宋人亦有响应之处。刘宰在策问中，指出"大军削于分屯"④。张端义亦云，嘉定之后，南宋在两淮、京湖一带大兴筑城之风，但"城池日就，兵力日分"⑤。黄榦在书信中，以列举数字的形式，说明了宋军部署分散的情况，其说服力显略高其他史籍一筹。

黄榦除了注意宋军的战备之外，对金军的动向、攻略，亦较为留心。嘉定十一年（1218年），他给李珏写信，提到光州方面的情报，"虏人欲以十六县之众，以四月攻浮光，侵五关"，他估计，以一县五千人来计算，金军当有八万人，其中的兵力分配为"以二万人攻浮光，以万人刈吾麦，以五万人攻五关"⑥。黄榦指出，有相当数量的金军从事"刈麦"，即收割麦子。对照金朝史料，刘祁言，宣宗南伐"师还，乘夏，多刈熟麦，以归助军储"⑦。元光元年（宋嘉定十五年，1222年），金军南征，"五月，兵还，距淮二十里，诸军将渡，（时）全矫称密诏：'诸军且留收淮南麦'，遂下令人获麦三石以给军"⑧。金军在回师之时，收割南宋境内的麦子，目的在于获取粮食，解决己方军储之不足⑨。

---

① 《宋史》卷 40《宁宗纪四》，北京：中华书局，1977 年，第 769 页。

② （宋）黄榦：《勉斋先生黄文肃公文集》卷 16《代胡总领论保伍书》，四川大学古籍整理研究所编：《宋集珍本丛刊》第 67 册，北京：线装书局，2004 年，第 705 页。信中有金朝"狼狈迁徙"之语，可知作于嘉定七年（金贞祐二年，1214 年）之后。

③ （宋）黄榦：《勉斋先生黄文肃公文集》卷 9《与金陵制使李梦闻书（十）》，四川大学古籍整理研究所编：《宋集珍本丛刊》第 67 册，北京：线装书局，2004 年，第 630 页。

④ （宋）刘宰：《漫塘文集》卷 18《策问（五）》，四川大学古籍整理研究所编：《宋集珍本丛刊》第 72 册，北京：线装书局，2004 年，第 306 页。

⑤ （宋）张端义著，李保民点校：《贵耳集》卷上，上海古籍出版社：《宋元笔记小说大观》，第 4 册，上海：上海古籍出版社，2001 年，第 4270 页。

⑥ （宋）黄榦：《勉斋先生黄文肃公文集》卷 9《与金陵制使李梦闻书（十）》，四川大学古籍整理研究所编：《宋集珍本丛刊》第 67 册，北京：线装书局，2004 年，第 630 页。

⑦ （金）刘祁著，崔文印点校：《归潜志》卷 7，北京：中华书局，1983 年，第 71 页。

⑧ 《金史》卷 117《时青传》，北京：中华书局，1975 年，第 2567 页。

⑨ 李浩楠：《金末义军与晚金军事研究》，保定：河北大学博士学位论文，2013 年，第 72—78 页。

但似不存在如黄榦所言，在南征军队保留部分数量的军士，用于"刈麦"。"十六县之众"当系来源于光州方面的情报，但每县五千人的数字，黄榦没有解释为什么这么定的原因，且兴定二年（1218年）十二月，金军分数道南伐，"各将兵三万"，金末南渡后总兵力有 30—40 万①。攻打光州的兵力超过了一道兵力 2 倍以上，且占金末军队总兵力的20%—27%，显系不合常理。

嘉定十一年（1218 年），黄榦在致陈宓的信中，提及"虏固弱甚，然驱中原之百姓，尽括其家赀，帅以渡淮，使之抄掠，以取偿于我，浮光、信阳数百里之地，杀人如麻，室庐焚毁，至今未退"②。黄榦再次指出金军南下大肆掳掠的事实，且指出金军此举与"括其家赀"的政策有关。有众多金、宋史料为证，金末南渡诸"义军"，其本人和家属的供养，特别是粮食方面的供应，是由政府负责的③。"括其家赀"难以得到其他史料的佐证。但金朝南渡后，赋役沉重，前引邳州"官吏酷暴，擅括宿藏"的记载表明，此举已与"括其家赀"没有太大差别，不排除个别金朝官员，以掳掠所得为吸引，使沉重赋役"苛政"下的百姓参与军事行动。此举一来可以增加战争人力，二来可以减轻百姓对"苛政"的怨恨。

嘉定十一年（1218 年），黄榦在致赵汝说的信中，指出金军已非复昔日，"尝以两淮言之，残虏冲突，三方分攻，不攻都梁而攻招信，不攻安丰而攻霍丘，不攻浮光而攻光山，非不攻也，力不逮也"④。金军放弃了对盱眙军（即都梁）、安丰军、光州这种州、军级城市的进攻，而转攻招信、霍丘、光山这样的县一级的城市。查《宋史》本纪中嘉定十一年（1218 年）的记载，金军在当年九月黄榦辞官归家之前⑤，的确未对盱眙军、安丰军和光州，进行围城和攻城行动⑥。金军对光山、招信二县的进犯，无法得到其他宋、金史料的佐证。霍丘方面，除黄榦的另一封信外，亦可得到金方史料的证实⑦。

① 《金史》卷 102《仆散安贞传》，北京：中华书局，1975 年，第 2246 页。王曾瑜：《金朝军制》，保定：河北大学出版社，2004 年，第 74—75 页。
② （宋）黄榦：《勉斋先生黄文肃公文集》卷 13《复陈师复寺丞书》，四川大学古籍整理研究所编：《宋集珍本丛刊》第 67 册，北京：线装书局，2004 年，第 669 页。
③ 李浩楠：《金末义军与晚金军事研究》，保定：河北大学博士学位论文，2013 年，第 156—158 页。
④ （宋）黄榦：《勉斋先生黄文肃公文集》卷 13《复赵蹈中寺丞书》，四川大学古籍整理研究所编：《宋集珍本丛刊》第 67 册，北京：线装书局，2004 年，第 673 页。
⑤ （宋）郑元肃录，陈义和编：《勉斋先生黄文肃公年谱》，（宋）黄榦：《勉斋先生黄文肃公文集》，四川大学古籍整理研究所编：《宋集珍本丛刊》第 68 册，北京：线装书局，2004 年，第 272 页。
⑥ 《宋史》卷 40《宁宗纪四》，北京：中华书局，1977 年，第 769—770 页。兴定二年（1218 年）二月，纥石烈牙吾塔"破宋人于盱眙军"，《金史》卷 15《宣宗纪中》，北京：中华书局，1975 年，第 335 页。此战应系野战，故《宋史》并未用"攻""围""犯"等形容攻城、围城作战的词汇加以记载。
⑦ 黄榦在致陈宓的信中，提及"今又闻安丰亦已据霍丘矣"，（宋）黄榦：《勉斋先生黄文肃公文集》卷 13《复陈师复寺丞书》，四川大学古籍整理研究所编：《宋集珍本丛刊》第 67 册，北京：线装书局，2004 年，第 669 页。兴定二年（1218 年），术甲臣嘉，"驻霍丘楂冈村"，《金史》卷 103《术甲臣嘉传》，北京：中华书局，1975 年，第 2278 页。

金宣宗时的南伐，其攻略城市的选择标准是：章宗时"泰和南征"时攻破过的州、军，及州、军以下的县、山水寨及其他据点等①。故在当年进攻招信和光山两县的可能性是比较大的。

总的来看，由于在"次边"就任及数赴前线，黄榦在信中，对两次战争中宋军的优缺点、军政等，已有相当程度的了解。对于金军的动向、攻略等，有一定程度的了解，但亦有夸大、误解、武断之处。总的来看，是"知己优于知彼"。

四、对金思想史料

黄榦的涉金书信，除了对金朝及宋金战争的记载之外，还有黄榦个人对于金朝及宋金战争的认识、评估、思考等。这些认识、评估、思考的重要价值，并非什么真知灼见及"独门秘籍"，而是体现了黄榦在实践过程中，其思想的修正、反复、矛盾之处，反映了时人对金认识过程中存在着的主体与客体、主观与客观、实践与认识等一系列的矛盾。

对于金宣宗时，金朝发动侵宋战争的思考。关于此种原因的讨论，宋人形成了三种意见："岁币"说、"开疆拓土"说和"抄掠"说②。有趣的是，黄榦的书信对以上三说皆有涉及。嘉定十年（1217 年），他在致丰有俊的信中，坚决反对屈辱求和，"今吾既绝其币，又失河北幽燕之故壤，其势只得取偿于我"③，认为金朝南侵的目的是为了补偿所失岁币与土地的损失，对"岁币"说颇为赞成，对"开疆拓土"说亦较为重视。同年，他在致李珏的信中，提到"今既彼为鞑靼所驱，失其巢穴，岂肯甘心处河南数州之地哉？其垂涎两淮以广其境土者非一日也"④。又云，"残虏犯边亦既一年，彼其君臣上下日夜相与经营，必欲得吾两淮而后已。虽以岁币为名，而实不在乎岁币也"⑤。此时宋、金交战已一年有余，从黄榦的实践来看，他在安庆府任职，并曾至制置司及前线，宋军在光

---

① 李浩楠：《金末义军与晚金军事研究》，保定：河北大学博士学位论文，2013 年，第 85—90 页。
② 李浩楠：《金末义军与晚金军事研究》，保定：河北大学博士学位论文，2013 年，第 70—72 页。
③（宋）黄榦：《勉斋先生黄文肃公文集》卷 5《复丰宅之淮西帅书》，四川大学古籍整理研究所编：《宋集珍本丛刊》第 67 册，北京：线装书局，2004 年，第 593 页。
④（宋）黄榦：《勉斋先生黄文肃公文集》卷 8《与金陵制使李梦闻书（六）》，四川大学古籍整理研究所编：《宋集珍本丛刊》第 67 册，北京：线装书局，2004 年，第 622 页。
⑤（宋）黄榦：《勉斋先生黄文肃公文集》卷 9《与金陵制使李梦闻书（十）》，四川大学古籍整理研究所编：《宋集珍本丛刊》第 67 册，北京：线装书局，2004 年，第 629 页。

州、泗州等地的战败，使得黄榦感受到了金军攻势的猛烈，此时他已不再坚持并坚决反对"岁币"说，"开疆拓土"说在其思考中已占据上风。不久，随着阅历及实践的丰富，特别是两淮及京湖战场信息的汇总，他又对该说产生了动摇。他注意到金军"刈吾麦"①，且"尽括其家赀，帅以渡淮，使之抄掠，以取偿于我"②的现象，并指出"割麦在即，而边郡寂然"③。黄榦在实践中注意到了金军对两淮州县的不占领，而且抢劫粮食、麦子等现象，对"抄掠"说较为赞成。虽然思想有过激烈冲突及反复，但无疑是愈来愈接近历史事实了。

对金宣宗时，金军发动战争时间的思考。嘉定十年（1217年）四月，金军南侵，黄榦适遇光州之败，他写给李珏的信中，指出"今雨水如此，彼岂能为吾患，秋冬间必须大扰"④，"暑气渐热，彼未敢深入，但秋高马肥，诚为可虑"⑤。这种认识，无疑是基于历史经验的总结。但在一年之后，特别是嘉定十一年（1218年）"今春三月之中，三边冲突连亘数百里"的事实⑥，他在致友人信中，指出"向者之防秋，今反转移而为防春矣"⑦。实际上，金宣宗时"南伐"的开始时间，在兴定元年（1217年）后，皆在正月及二月⑧。即"春季"时。黄榦这一认识的转变，实践无疑起到了重要的作用。

对金宣宗时金朝国力、军力的评估。在金宣宗即位之初，黄榦在致刘爚的信中，就提及"今北方扰扰，内有骨肉之相残，外有强敌之相迫，山东、河北群盗蜂起，道路不通，此岂非诸葛孔明所谓存亡危急之秋耶"⑨。在他看来，金朝已至灭亡的边缘。金朝南

---

① （宋）黄榦：《勉斋先生黄文肃公文集》卷9《与金陵制使李梦闻书（十）》，四川大学古籍整理研究所编：《宋集珍本丛刊》第67册，北京：线装书局，2004年，第630页。

② （宋）黄榦：《勉斋先生黄文肃公文集》卷13《复陈师复寺丞书》，四川大学古籍整理研究所编：《宋集珍本丛刊》第67册，北京：线装书局，2004年，第669页。

③ （宋）黄榦：《勉斋先生黄文肃公文集》卷13《复赵蹈中寺丞书》，四川大学古籍整理研究所编：《宋集珍本丛刊》第67册，北京：线装书局，2004年，第673页。

④ （宋）黄榦：《勉斋先生黄文肃公文集》卷8《与金陵制使李梦闻书（三）》，四川大学古籍整理研究所编：《宋集珍本丛刊》第67册，北京：线装书局，2004年，第619页。

⑤ （宋）黄榦：《勉斋先生黄文肃公文集》卷8《与金陵制使李梦闻书（五）》，四川大学古籍整理研究所编：《宋集珍本丛刊》第67册，北京：线装书局，2004年，第621页。

⑥ （宋）黄榦：《勉斋先生黄文肃公文集》卷9《与金陵制使李梦闻书（十）》，四川大学古籍整理研究所编：《宋集珍本丛刊》第67册，北京：线装书局，2004年，第629页。

⑦ （宋）黄榦：《勉斋先生黄文肃公文集》卷13《与李子复书》，四川大学古籍整理研究所编：《宋集珍本丛刊》，第67册，北京：线装书局，2004年，第673页。

⑧ 李浩楠：《金末义军与晚金军事研究》，保定：河北大学博士学位论文，2013年，第78—79页。

⑨ （宋）黄榦：《勉斋先生黄文肃公文集》卷5《与刘晦伯侍郎书》，四川大学古籍整理研究所编：《宋集珍本丛刊》第67册，北京：线装书局，2004年，第590页。

迁之后，黄榦指出，"彼其离去巢穴，事力既弱，所恃者河南之郡县"①，版图已十失其八九，其弱不待人言。此时，黄榦和他人一样，以"残虏"称呼"金朝"②，"残"者，"残弱"也，对其蔑视，可想而见。但在嘉定十一年（1218年），这个思想略微动摇，他在致李珏的信中，指出"彼既能抗强盛之鞑靼，岂不能奋其余力以侵吾之疆场耶"③。黄榦经历光州、泗州等败后，一度对宋朝官军失去信心，加之当年"鞑靼既去"，使得黄榦对金朝的国势、军力多少有一些过高的估计。不久，这一结论即被自己所修正，他在致陈宓的书信中，已指出"虏之弱甚矣""虏至辄败衄而去""虏固弱甚"④。在致赵汝谠的信中，已着重指出金军专门攻击霍丘、光山等州军级以下的城市，是实力不足的体现，"围枣阳百有余日，而卒以自解，则势之弱可见矣"⑤。其对金朝国力、军力的认识经历了弱—强—弱的过程。

对金朝事物的学习态度。黄榦在致李珏的信中，以"武定军"作为典型，并指出：

> 不若便行下诸处，使之自行招集，结为部伍，择其头首人命之，以官使部辖之，但使之守护乡井，一旦有急则调发应援，一听官司之命，庶几稍从容者皆乐为吾用矣。如虏中所谓千户者，想亦如此也。⑥

黄榦着重指出民兵在战争中的作用，并将所设想者与金朝"千户"进行了对比。金朝"千户"能自行招募的性质，比较接近金末诸多政府官员和地方豪强招募的"义军"。从他的描述来看，他所设想的民兵，与金朝所谓"千户"招募的义军本质上，并无二致。但在金朝，"千户"已经较为普遍，这无疑是蕴含了积极吸收敌方的某些优点的思想。宋代文化，以"内敛"为特征，加之宋金世仇，对敌方某些优点的肯定无疑是"政治不正

---

① （宋）黄榦：《勉斋先生黄文肃公文集》卷5《复丰宅之淮西帅书》，四川大学古籍整理研究所编：《宋集珍本丛刊》第67册，北京：线装书局，2004年，第594页。

② （宋）黄榦：《勉斋先生黄文肃公文集》卷8《与金陵制使李梦闻书（三）》，四川大学古籍整理研究所编《：宋集珍本丛刊》第67册，北京：线装书局，2004年，第619页。

③ （宋）黄榦：《勉斋先生黄文肃公文集》卷9《与金陵制使李梦闻书（七）》，四川大学古籍整理研究所编《：宋集珍本丛刊》第67册，北京：线装书局，2004年，第625页。

④ （宋）黄榦：《勉斋先生黄文肃公文集》卷13《复陈师复寺丞书》，四川大学古籍整理研究所编：《宋集珍本丛刊》第67册，北京：线装书局，2004年，第668、669、669页。

⑤ （宋）黄榦：《勉斋先生黄文肃公文集》卷13《复赵蹈中寺丞书》，四川大学古籍整理研究所编：《宋集珍本丛刊》第67册，北京：线装书局，2004年，第673页。

⑥ （宋）黄榦：《勉斋先生黄文肃公文集》卷8《与金陵制使李梦闻书（六）》，四川大学古籍整理研究所编：《宋集珍本丛刊》第67册，北京：线装书局，2004年，第623页。

确"，但由于书信的私密的性质，使得这类观点能在私人性质较强的书信中加以表达，如薛季宣致张浚书，指出金世宗"朔漠之君，篡其宗国，虽名嗣统，其实建邦，威令已行，上下已睦，观衅之举，可后为图"①。可见宋人书信在涉金史料上，具有的独特的价值。

---

① （宋）薛季宣：《艮斋先生薛常州浪语集》卷 20《上张魏公书》，四川大学古籍整理研究所编：《宋集珍本丛刊》第 61 册，北京：线装书局，2004 年，第 313 页。"之君"原作"之之君"，一"之"当系衍文。

渤海遗民集团与金朝宫廷政治[*]

苗霖霖

（黑龙江省社会科学院 历史研究所，黑龙江 哈尔滨，150018）

摘　要：金朝渤海遗民集团是由出身于渤海遗民的后妃、官员以及社会上层共同构成的，主要包括后妃集团与官僚集团两个群体。为了维护这个集团的整体利益，后妃集团与渤海官僚集团内外联合，他们不仅保护渤海官僚免遭皇帝责罚、不断提升官位，甚至还积极协助有着渤海血统的皇子继位，从而对金朝的皇权传承和社会发展产生重要的影响。

关键词：渤海；遗民集团；金朝；政治

渤海国是活跃于我国东北地区的地方民族政权，后为契丹人建立的辽朝所灭，其居民（又称渤海遗民）先为契丹所统治后又进入金朝，并通过不懈努力成为金朝重要的一支政治力量，对金朝政治发展起到了重要的作用。关于渤海遗民学界同仁也有所关注并有相关学术论文发表，但这些论文多是对渤海遗民家族的考察，并未将家族势力发展与宫廷争斗相联系[①]。笔者不揣浅薄，试对渤海遗民集团与金朝皇权传承间的关系进行探寻。

---

[*]　本文为国家社科基金青年项目"金朝墓志整理与研究"阶段性成果（项目号：15CZS029）。

[①]　主要有王世莲《渤海遗民与金之勃兴》（《求是学刊》1983 年第 4 期）；苗霖霖《辽、金时期渤海遗民张氏家族考述》（《北华大学学报》2013 年第 3 期）；李智裕、苗霖霖《略论辽金时期东京渤海遗民张氏家族》（辽宁省辽金契丹女真史研究会编：《辽金历史与考古》第 4 辑，沈阳：辽宁教育出版社，2013 年）李智裕、苗霖霖《辽金时期渤海遗民佛教信仰浅谈》（辽宁省辽金契丹女真史研究会编：《辽金历史与考古》第 5 辑，沈阳：辽宁教育出版社，2014 年）。

一、渤海官僚集团的产生

渤海国是我国唐朝时期由粟末靺鞨建立地方民族政权，初称"震国"，唐中宗时期，该政权开始与唐朝建立联系，至唐睿宗时，其首领大祚荣被册封为渤海郡王，由是他们"去靺鞨号，专称渤海"①，"渤海国"之名由是产生。在长达二百余年的历史发展过程中，渤海国积极吸收和效仿中原文明，使国家的政治、经济、文化实力迅速增强，并赢得了"海东盛国"的美誉。唐朝灭亡后，渤海国又先后成为后梁、后唐统治下的地方羁縻政权，辽朝建国后，发动了对渤海国的战争，渤海国随即在内忧外患中灭亡，原渤海国疆域和臣民亦为辽朝所控制。

渤海国统治区内原本生活着靺鞨、高句丽、汉等多个民族，随着渤海统治的日益深入，他们逐渐了消除了民族隔阂，融合成为新的渤海人。渤海国灭亡后，他们作为渤海遗民为契丹人所控制。

辽朝统治者还将渤海遗民迁移到辽阳，由此，渤海遗民势力得以在辽阳保存下来，他们在王族大氏以及高、张、杨、窦、乌、李等右姓贵族的带领下，发动了数次复国起义。为了化解双方间的矛盾，辽朝统治者因势利导，以联姻、任官等方式对渤海遗民加以收服和利用。随着时间的推移，渤海遗民也逐渐接受辽朝的统治，部分渤海遗民甚至开始积极地与辽朝统治者合作，但由于受到辽朝统治者的猜忌和防范，最终造成仕辽的渤海遗民虽然励精图治，但仍不能跻身社会上层，通观整个辽代，除高模翰外再无渤海遗民获得过封爵，担任宰辅等高官者更少，而整个渤海遗民集团中仅王族大氏家族进入到辽朝皇室联姻，此时的渤海右姓家族中只有李雏讹只、张霸二人为官，渤海遗民的家族势力没有得以彰显，更不能形成家族间的互相联合，这也为他们日后的衰落埋下了伏笔。

辽朝末年，女真人掀起了轰轰烈烈的反抗契丹压迫的斗争，由于女真、渤海都源自肃慎族系靺鞨族，其中女真源自黑水部而渤海遗民则出自粟末部，为了争取拥有一定军事实力的渤海遗民的支持，女真族还提出了"女直、渤海本同一家"②的口号，由于二者族源相同，加之共同遭受契丹压迫的命运，最终使渤海遗民最终站在了女真人一方，成为女真反抗契丹的斗争的坚定同盟者和支持者。

① 《新唐书》卷219《北狄列传·渤海传》，北京：中华书局，1975年，第6180页。
② 《金史》卷2《太祖本纪》，北京：中华书局，1975年，第25页。

金朝建立后对渤海遗民极为优待，渤海皇族后裔大氏以及高氏、张氏、杨氏和李氏等右姓贵族家族也于此时兴起，他们不仅在金朝担任高官，甚至有的人还获得了封爵，如高帧出自渤海右姓家族的高桢，由于助金伐高永昌有功，而被金太祖完颜阿骨打任命为同知东京留守事、猛安；渤海遗民张浩也由于在辽末金初"以策干太祖"①之功而得到任用，又先后得到太宗、熙宗、海陵王的信任，不仅官位不断提高而且还得到了南阳郡王的封爵。不仅如此，由于张浩得宠于海陵王，使其子张汝霖于贞元二年（1154 年）得赐"吕忠翰榜下进士第"②，汝霖兄汝弼亦于同时进拜尚书左丞，张氏家族由此一跃成为除大氏外，渤海遗民中地位最高的一个家族。而以李石为代表的渤海李氏家族则由于发动辽阳渤海遗民势力，帮助世宗完颜雍推翻海陵统治、夺取中央政权之功而得到重用，李氏家族也随之兴起。

随着这些渤海遗民家族的兴起，家族势力也不断壮大，为了巩固和扩大家族既得利益，渤海遗民家族开始联合起来，他们也逐渐由单纯地追求官职、权力转向积极进入金朝皇室婚姻圈，势力庞大、对金朝政局有着重要影响的渤海遗民集团就此形成。金朝渤海遗民集团主要包括渤海后妃集团与渤海官僚集团两部分，他们互相依靠、互相配合，不仅多次保护了集团成员的安全和利益，更多次将出身该集团的皇子推上了皇位，对金朝历史产生重要的影响。

二、渤海后妃集团的形成

早在金朝建立前，为了赢得渤海遗民家族的支持，女真部帅家族开始与原渤海皇族大氏进行联姻，其中最早与大氏联姻的是女真宗室完颜昂。完颜昂为金景祖完颜乌古乃弟完颜孛黑之孙，与太祖完颜阿骨打同辈，"其妻大氏，海陵庶人从母姊也"③。与渤海大氏的联姻，无疑在女真、渤海的联盟中起到了重要的作用。

金朝建立后，太祖完颜阿骨打曾于"天辅间，选东京士族女子有姿德者赴上京"④，使之与女真宗室子弟联姻，阿骨打长子完颜宗干娶渤海大氏为侧妃，完颜宗辅则娶渤海李氏家族女子为侧妃。由是，渤海右姓家族也开始进入女真宗室婚姻圈。随着宗干与大

① 《金史》卷83《张浩列传》，北京：中华书局，1975 年，第 1862 页。
② 《金史》卷83《张浩列传附张汝霖传》，北京：中华书局，1975 年，第 1865 页。
③ 《金史》卷84《完颜昂列传》，北京：中华书局，1975 年，第 1888 页。
④ 《金史》卷64《后妃列传下·睿宗贞懿皇后李氏传》，北京：中华书局，1975 年，第 1518 页。

氏的儿子完颜亮、宗辅与李氏的儿子完颜雍相继出生并成长，这些有着女真血统的"渤海子"开始活跃于政治舞台，这也使渤海遗民看到了本民族发展的希望，他们开始积极的协助这些皇子发展自己的势力。

完颜亮、完颜雍长大后，作为金朝皇室子弟，他们在婚姻上必须延续"金代，后不娶庶族，甥舅之家有周姬、齐姜之义"①的传统，其正妻必定会选取出身女真贵族家族的女子，但由于他们母亲都出身于渤海遗民家族，渤海遗民也与他们有着"甥舅情谊"，加之他们母亲的从中协调，使他们的身边都出现了渤海女子的身影。其中，完颜亮曾娶大氏家族女子为侧妃，而完颜雍亦先后娶渤海张玄征、李石二人之女为侧室，而根据"（大定）二十八年九月，（元妃李氏）与贤妃石抹氏、德妃徒单氏、柔妃大氏俱陪葬于坤厚陵"②来看，完颜雍亦曾娶渤海大氏女子为侧室。此外，以宗弼子完颜亨为代表的女真宗室也与渤海大氏等家族保持了婚姻关系。

金太宗完颜晟死后，完颜亶以太祖嫡孙继位，宗干子完颜亮则在渤海遗民的帮助下成功夺取了皇权，是为海陵王。海陵继位后，将嫡母徒单氏、生母大氏俱尊为皇太后，正妻徒单氏封为皇后，次妃大氏封为元妃，大氏也成为除皇后徒单氏外，地位最高的嫔妃。在海陵生母和元妃的积极倡导下，渤海遗民积极与海陵合作，他们不仅主动投身国家建设，还积极与金朝皇室联姻，但继位后的海陵不仅拒绝纳谏，而且大肆杀戮宗室和异己，引发了金朝社会极大的动乱。海陵王完颜亮"欲为君则弑其君，欲伐国则弑其母，欲夺人之妻则使之杀其夫"③的行为也使对他抱有极大希望的渤海遗民极为失望，特别是随着海陵与元妃大氏儿子的崇王完颜元寿的逝世，使渤海遗民维护自身利益的希望也最终破灭，于是他们将目光投向了此时正处于成长期的另一"渤海子"——完颜雍。

完颜雍是完颜阿骨打之孙、完颜宗辅之子，其母出自渤海右姓李氏家族。完颜雍的正妻乌林答氏早亡，乌林答氏的三个儿子中只有长子完颜允恭（显祖）在世，完颜雍身边还有出自渤海遗民家族的三位侧妃：张氏、李氏和大氏，其中张氏育有完颜永中、完颜永功二子，李氏则有完颜永蹈、完颜永济、完颜永德三个儿子④。不仅如此，为了与加深与当地渤海遗民的关系，完颜雍还为嫡子完颜允恭纳出自渤海遗民家族的刘氏为侧妃，这无疑使渤海遗民看到了稳固集团利益的希望。于是，渤海遗民转而支持完颜雍推

---

①《金史》卷63《后妃列传上·序》，北京：中华书局，1975年，第1498页。
②《金史》卷64《后妃列传下·世宗元妃李氏传》，北京：中华书局，1975年，第1523页。
③《金史》卷5《海陵本纪》，北京：中华书局，1975年，第118页。
④ 章宗继位后，为避其父显宗完颜允恭讳，下诏将显宗诸兄弟名字中的"允"改为"永"。

翻完颜亮的统治继承帝位，是为金世宗。

世宗继位后，渤海遗民的权力和地位得到了极大的提升，他们不仅更积极地与金朝皇室合作，而且还不断选送家族女子进入金朝后宫。随着渤海后妃人数的不断增加，金朝皇室与渤海遗民的联系更为密切。在后宫中，渤海后妃以其与皇帝的夫妻或母子情义影响着皇帝；在朝堂上，渤海遗民又充当着国家的肱骨大臣。这样在内外的相互配合下，一次次化解了危机，不仅促进了金朝渤海遗民地位的迅速提升，还通过渤海遗民家族间的相互联合，实现了渤海对渤海遗民的保护，甚至有时候还能改变金朝皇位的传承，以致影响金朝政局的发展。

三、渤海遗民集团对金朝政局的影响

渤海遗民由于与女真同源，且在金朝建立过程中发挥过重要的作用因而为金朝统治者信任，并逐渐与女真皇室建立起了婚姻关系。随着二者关系的日益密切，特别是随着海陵王的继位，渤海遗民家族通过相互间的联合，不仅在朝廷内担任官职，而且还通过与海陵王的密切关系影响和保护着渤海遗民的整体利益，乃至主宰者金朝政治的走向。

金太宗完颜晟死后，熙宗完颜亶以太祖嫡孙继位，宗干子完颜亮则认为其父为太祖长子，他更以太祖孙身份觊觎皇位。熙宗继位后，面临着严重的内忧外患，朝堂上，宗翰、宗干、宗弼相继把持朝政；后宫中，皇后裴满氏又肆无忌惮的干涉他的生活，熙宗完全处于傀儡的境地。在内外交困之下，他时常"因无聊，纵酒酗怒，手刃杀人"①。熙宗的喜怒无常和无端猜忌，加速了完颜亮的谋取皇位的进程。皇统九年（1149 年），尚书左丞唐括辩与尚书右丞完颜亮联合了对熙宗仆散忽土、徒单阿里出虎、大兴国、李老僧等人，开始了政变的准备。在这些人中，唐括辩为熙宗女婿，但由于失职而受到杖责并一度被罢免了尚书左丞之职，他也由此对熙宗心生怨恨而投向了完颜亮；仆散忽土为熙宗内廷护卫十人长，由于曾受宗干恩惠而效忠宗干子完颜亮；徒单阿里出虎所出之徒单氏家族则一直与宗干家族有着密切关系，完颜宗干、完颜亮父子的嫡妻都出自该家族；大兴国则出自渤海大氏家族，完颜亮生母及次妻都出自该家族，徒单氏、大氏也由于姻亲关系支持而完颜亮；李老僧是通过大兴国的联络投靠了完颜亮，成为其骨干成员之一。由是，完颜亮集团最终集结成功。同年十二月，他们里应外合，弑杀熙宗于寝殿，

---

① 《金史》卷 63《后妃列传上·熙宗悼平皇后裴满氏传》，北京：中华书局，1975 年，第 1503 页。

完颜亮随机继任帝位，是为海陵王。

海陵王继位后，排除异己、大肆杀戮宗室，造成了朝廷内外的极大震动，一些渤海遗民家族成员也深受其害，如尚书省令使高德基出自渤海右姓高氏家族，"海陵为相，专愎自用，人莫敢拂其意，德基每与之详辨"①。由此二人交恶，海陵继位之初，高德基受到了打压，但由于得到同为渤海遗民的张浩的帮助，高德基的官职还是步步提升，随后，高德基又由于索取银牌、察廉治状不善以及上书乞免军须房税钱等问题三次遭到贬谪，却又由于种种机缘而得以保全性命、维护家族利益，并能使其子高锡由荫补入仕，而高锡在金朝的仕宦也并未受到其父高德基的影响，这似与海陵"欲为君则弑其君，欲伐国则弑其母，欲夺人之妻则使之杀其夫"②的做派并不相符，这中间必然有一定的潜在原因。通过史书的记载，我们或能看到点端倪。

根据《金史》所载可知，海陵王母大氏为渤海皇室后裔，海陵身边重要朝臣张浩亦为渤海遗民，由此可以推知，高德基在一次次的违背海陵之意后，必然是张浩和大氏暗中帮助，才使他仅仅被杖刑、降职，而无生命之忧，一旦找到机会，渤海遗民集团便会帮助高德基恢复乃至提升官职。但随着完颜亮暴虐统治的不断加剧、对渤海遗民集团利益伤害也日益加深，另一个与渤海遗民有着血缘关系的宗室子弟——完颜雍进入到了渤海遗民的视野。

完颜雍乃宗辅子，其母出自渤海右姓李氏家族，作为宗辅侧室的李氏十分注重"敦睦亲族，周给贫乏，宗室中甚敬之"③，并与宗辅的正室蒲察氏维持了较为良好的关系，这也为完颜雍创造了极为有利的成长环境。天会十三年（1135年），宗辅逝世，按照女真"旧俗，妇女寡居，宗族接续之"④，深受儒家文化影响的李氏随后"削发为比丘尼，依佛觉大禅师，受具戒"⑤。熙宗赐号通慧圆明大师，并允许其返回辽阳故里清安禅寺修行。但根据《通慧圆明大师塔铭》记载，李氏于正隆六年（1161年）逝世，此时她已经出家17年，据此可以推知她应于皇统五年（1145年）出家，此时距宗辅逝世已近10年，为何宗辅逝世之初没有人接续，而10年后又重提接续之事？这背后一定有着重要的事件发生。

事实上，完颜亮继位后的一系列行为使他失去了女真宗室和渤海遗民的支持，一向

① 《金史》卷90《高德基列传》，北京：中华书局，1975年，第1995—1996页。
② 《金史》卷5《海陵本纪》，北京：中华书局，1975年，第118页。
③ 《金史》卷64《后妃列传下·睿宗贞懿皇后李氏传》，北京：中华书局，1975年，第1518页。
④ 《金史》卷64《后妃列传下·睿宗贞懿皇后李氏传》，北京：中华书局，1975年，第1518页。
⑤ 王新英：《全金石刻文辑校》，《通慧圆明大师塔铭》，长春：吉林文史出版社，2012年，第112页。

与皇族中人交好的李氏对此自然了然于心，于是她开始为儿子取而代之进行积极的准备。但此时宗辅已死，侧室的地位也使她不能以宗辅之名为儿子集结女真皇室的力量，儿子可以依靠的力量只有她的母家——渤海遗民势力，但渤海遗民势力的重心远在辽阳，于是她便以出家之名返回辽阳，为儿子积极运作。在此之前，李氏已经为完颜雍娶渤海遗民张玄征、李石二人之女为侧室，张玄征之妻高氏亦出自渤海遗民家族，这样，完颜雍便与渤海右姓张氏、李氏、高氏三个家族紧密地联系在了一起。

此时的完颜雍也遇到了极大的困境。完颜雍在熙宗时期由于军功于"皇统间，以宗室子例授光禄大夫，封葛王，为兵部尚书"①。但海陵继位后，他备受压制。贞元三年（1155 年），完颜雍被任命为东京留守，这也使他有机会与渤海遗民进行近距离的接触，为了加深与当地渤海遗民的亲缘关系，他还为长子完颜允恭纳"最喜佛书"，"进退闲雅，无恣睢之色"②的渤海刘氏为侧妃。恰逢此时，时为景州刺史的完颜雍的母舅李石由于受到完颜亮的猜忌而遭到降职，李石也借此托病还乡，他不仅积极谋划完颜雍拥兵称帝于辽阳，还力主完颜雍进军中都燕京，夺取金国中央政权。由于助世宗夺取政权之功，渤海遗民在金朝的地位有了进一步的提升。世宗继位后，为了维持既有的利益，渤海遗民不断以舅氏的身份选送本族女子进入后宫。

随着渤海遗民势力的迅速增长，他们也逐渐对皇权的威严产生了巨大的威胁。事实上，海陵王也是在渤海遗民集团支持下取得的帝位，但其继位后的行为伤害了渤海遗民的势力，于是渤海遗民集团转而支持世宗，对此世宗也是明了于心的。为了防止此类事情再度上演，世宗继位后，一方面给予渤海遗民权力与尊荣，另一方面却限制渤海后妃在后宫的生长，最突出的表现是，世宗正妻乌林答氏逝世后不再册立皇后，他的这一行为与其说时对乌林答氏的思念，不如说是抑制渤海遗民集团的借口，因为此时乌林答氏的三个儿子显宗完颜允恭、赵王完颜执辇、越王完颜斜鲁都已逝世，后宫中地位最高的嫔妃便是地位仅低于皇后、出自渤海遗民集团的元妃张氏和元妃李氏，其中元妃张氏已亡，她有赵王完颜永中、越王完颜永功二子，元妃李氏则成为后宫中地位最高的嫔妃，她还有郑王完颜永蹈、卫绍王完颜永济、潞王完颜永德三个儿子，还有养子豫王完颜永成③。在这些皇子中，以元妃张氏的儿子永中最长，他也是皇位的最有力竞争者，但张氏早亡，而李氏尚在人世，一旦她成为皇后，她的儿子便可以以嫡子身份成为皇位的觊

① 《金史》卷 6《世宗本纪》，北京：中华书局，1975 年，第 121 页。
② 《金史》卷 64《后妃列传下·显宗昭圣皇后刘氏传》，北京：中华书局，1975 年，第 1526 页。
③ 章宗继位后，为避其父显宗讳，下诏将显宗诸兄弟名字中的"允"改为"永"。

觊者,世宗与海陵间的皇位争夺战将还会再度上演,于是世宗乃传位完颜允恭与正妻徒单氏之子完颜璟,是为金章宗。但世宗担心的事情最终还是发生了。

章宗继位后,定武军节度使、郑王完颜永蹈发动了夺权政变,但由于事先为章宗所获悉而失败,章宗"赐永蹈及妃卞玉,二子按春、阿辛,公主长乐自尽"①。关于完颜永蹈政变依靠的力量,史书没用明确记载,根据完颜永蹈政变失败后,张汝弼妻高陀斡便由于"以邪言怵永中,画元妃像,朝夕事之,觊望徼福,及挟左道"②被赐死,此事也牵连到了张汝弼及完颜永中来看,完颜永蹈政变,必然是得到了渤海遗民集团支持的,只是由于此时张汝弼已死,章宗并未追削其官爵,而永蹈的同母弟永中也由于章宗的猜忌而被赐死。永中、永蹈死后,章宗更对宗室子弟加以严密监控,这也引起了宗室的愤怒。

章宗晚年无子,遂将帝位传给"柔弱鲜智能"③的永中同母弟、"渤海子"——完颜永济,是为卫绍王。但继位后的卫绍王不仅没有维护渤海遗民的权益,而且还造成了"政乱于内,兵败于外"④的局面。渤海遗民便开始积极的谋划帮助世宗太子完颜允恭与渤海刘氏之子、章宗异母弟、"渤海子"完颜珣取而代之,是为宣宗。渤海遗民又一次改写了金朝的历史,也为集团争取到了更大的利益。

金朝渤海遗民集团由渤海后妃集团与渤海官僚集团两部分构成,为了维护整个渤海遗民群体的利益,他们内外联合,或以母子之情或以君臣之谊影响着皇帝的决策,并对集团成员的安危和升迁起到了积极的作用。特别是在皇位传承中,渤海遗民集团多次帮助有着渤海和女真双重血统的"渤海子"登上皇位,从而为遗民集团争取更大的权益,并多次改写了历史。可以说,渤海遗民集团对金朝政治的发展和社会走向有着至关重要的影响。

---

① 《金史》卷85《世宗诸子列传·完颜永蹈传》,北京:中华书局,1975年,第1902页。
② 《金史》卷64《后妃列传下·世宗元妃张氏传》,北京:中华书局,1975年,第1522页。
③ 《金史》卷13《卫绍王本纪》,北京:中华书局,1975年,第289页。
④ 《金史》卷13《卫绍王本纪》,北京:中华书局,1975年,第298页。

黑山威福军司与兀剌海地望辨析

石坚军

（内蒙古大学 历史与旅游文化学院，内蒙古 呼和浩特，010021）

摘　要：学界对西夏黑山威福军司与元代兀剌海地望众说纷纭，本文对前人研究成果进行了详细梳理与述评，并在前人研究基础上，对兀剌海词义、地望进行了详细探讨；进一步论证兀剌海基本词义为党项语"黑山"之意，其山即宋元史籍之午腊蒻山、卧啰娘山、兀郎海山，指今阴山山脉西段狼山；元代兀剌海路由西夏黑山威福军司改立而成，兀剌海路治新安州，其城址即今内蒙古巴彦淖尔市临河区古城乡高油房古城。

关键词：黑山；卧啰娘山；兀郎海山；兀剌海；新安州

关于西夏黑山威福军司之"黑山"所指与监军司驻地以及元代甘肃行省兀剌海（路）词义、治所，可谓困扰学界已久之历史地理问题，近百年来中外学者聚讼纷纭，迄无定论。前人对有关黑山威福军司、兀剌海史料记载已基本搜罗完备，但多没有详加考订辨析，且对二者位置的论述主观猜测成分相对较大，缺乏文献依据或逻辑推理，难以令人信服。笔者在梳理元代不同时期今后套地区屯田万户府营司、屯所、粮仓位置以及屯粮向漠北运输路线时，偶然发现几则与兀剌海地望有关的直接或间接史料，为确定黑山威福军之"黑山"与兀剌海城位置提供了重要线索。本文拟对前人有关黑山威福军司与兀剌海地望研究成果进行详细梳理辨析，并在前人研究基础上，结合考古发现与实地调查，对黑山威福军司与兀剌海关系，兀剌海地望、词义做一详细探讨。不当之处，敬请方家批评指正。

一、前人研究概况述评

中外学者有关黑山威福军司与兀剌海地望的论述，研究专文甚少，多散见于相关论著中，若按其写作或刊行时间顺序行文，可较直观反映此问题研究概况；因前人对二者地望存在约二十余种不同观点，为便于行文，权将有关观点分类概括，而选取主要观点予以述评。

1. Irghai（Egrigaia）与 Erghiuul 之说

19 世纪末，英国学者亨利·玉耳（Henry Yule）在法人颇节（M.Pauthier）所倡 Egrigaia 即 Ulahai 之说基础上，推测马可波罗所路经之 Erguiul 即 Egrigaia、Eyircai、Ulahai[①]。20 世纪初，日本学者那珂通世以为兀喇孩（斡罗孩、兀剌海）即波斯史家拉施特笔下额哩喀或额儿剌喀（哀德蛮译作"阿噜克奇"），但并非西夏国都亦儿该或亦儿喀牙；玉耳所言兀剌海即额固哩噶牙之说有误；克拉普罗特所言忽必烈时代亚细亚地图将"兀剌孩"标注于宁夏北河套黄河岸边，不知何据；施世杰、高宝铨所言兀剌孩即阿喇克鄂拉之说可从，兀喇孩与阿喇克、阿噜克奇读音相近[②]。

针对王国维先生《蒙古源流》校注本所言衣儿格依城 Irghai 即《蒙古秘史》"额里合牙"与"兀剌孩"，亦即《元史·太祖本纪》"斡罗孩"、《元史·地理志》"兀剌海"，陈寅恪先生言 Irghai 蒙古人称之 Ircaya，Irghai 即额里合牙，亦即中兴府，但 Irghai 与兀剌海绝非一地；斡罗孩与兀剌海对音适合，故史家皆以为一地，柯劭忞以为"斡罗孩"即"兀剌海"可从；屠寄所言兀剌孩即《元史·李恒传》"兀纳剌"或李恒家庙碑之"兀纳城"当出于推测，兀剌孩与兀纳剌对音殊不相近，如无他证，似不能合为一地[③]。此后伯希和先生亦简要指出玉耳书由于误读而将 Erγai、Ergiuul、Uraqai 三个唐古特国中不同地方相混淆[④]。

① Henry Yule, *The Book of Ser Marco Polo：the Venetian Concerning the Kingdoms and Marvels of the East*, London:John Murray Albemarle Street, 1929, p.282.

② 〔日〕那珂通世：《成吉思汗实录》，东京：筑摩书房，1943 年，第 497 页。

③ 陈寅恪：《灵州宁夏榆林三城译名考》，《金明馆丛稿二编》，北京：生活·读书·新知三联书店，2001 年，第 124—126 页。

④ Paul Pelliot. *Notes on Marco Polo*, Paris: Imprimerie Nationale Librairie Adrien-Maisonneuve, 1963, p.641.

需要指出的是，Egrigaia 即 Eyircai，元代译作额里合牙、也里合牙、也里海牙、也吉里海牙，指宁夏府（今宁夏银川），其地并非 Erguiul（额里折兀，即西凉，今甘肃武威）或 Ulahai（兀剌海）。兀剌海亦并非拉施特笔下额哩喀、额儿剌喀或哀德蛮所译之"阿噜克奇"，额哩喀、额儿剌喀、阿噜克奇、额固哩噶牙、亦儿该、亦儿喀牙、衣儿格依城实际均指宁夏府；而兀剌孩亦称兀良海牙，兀剌海与阿喇克、阿噜克奇读音并不相近。陈寅恪先生虽辨明兀剌海并非额里合牙，但未论及兀剌海位于今日何地，仅考定其译音，且其对"兀纳剌""兀纳城"即兀剌海之质疑并不可从。

2. 李文田喜峰口、古北口以北之说

19 世纪末，对《蒙古秘史》第 267 节成吉思汗自雪山（察速秃）启程攻打灵州城所路经之"兀剌孩"，学者李文田以为即《元史·地理志》"兀剌海路"、《元史·太祖本纪》"兀剌海城"、李恒家庙碑之"兀纳城"，亦即明初兀良哈部，进而据明初兀良哈三卫居地位于喜峰口、古北口东北数百里之事，推断兀剌孩位于喜峰口、古北口以北[①]。兀剌孩即兀剌海、兀纳城，但兀剌孩与明初兀良哈部并不可勘同，兀良哈三卫之地原为辽金辖境，并非西夏故土或元代甘肃行省辖区，兀剌孩显然并非位于喜峰口、古北口以北。

3. 施世杰阿喇克鄂拉（龙首山）之说

李文田《元秘史注》刊行后不久，学者施世杰不认可李文田兀剌孩位置之说，而以为《蒙古秘史》第 267 节雪山（察速秃）即《清一统志》甘州府张掖县南之雪山，成吉思汗由张掖县启程东攻灵州必经距甘州城三十里、山丹城三里之阿喇克鄂拉（又名龙首山），故兀剌孩当为阿喇克鄂拉对音；学者高宝铨采纳此说，并疑兀剌海城位于阿喇克鄂拉山口边关处所建夏口城[②]。此外，对《元史·太祖本纪》《圣武亲征录》所载 1207 年冬成吉思汗攻克西夏之"斡罗孩城"，学者屠寄以为即《元史·李恒传》"兀纳剌"、《元史·太祖本纪》"兀剌海城"，"故城在今蒙古阿拉善额鲁特旗西南之龙骨〔首〕山，此山与甘州之山丹县接界，蒙古名阿拉克鄂拉"[③]，而亦采纳了施世杰之说。

伯希和先生对《史集》贝勒津译本所载成吉思汗 1226 年出征合申（即西夏）经行之 Urūqǎi，注曰：其地即《史集》贝勒津译本卷 3 第 12 页 Urāqǎi（误译为 Iraqai）、《元

① （清）李文田：《元秘史注》卷 14，《元朝秘史：外四种》，上海：上海古籍出版社，2008 年，第 486 页。

② （清）施世杰：《元秘史山川地名考》卷 12；（清）高宝铨：《元秘史李注补正》卷 14；《元朝秘史：外四种》，上海：上海古籍出版社，2008 年，第 649 页、589 页。

③ 屠寄：《蒙兀儿史记》卷 1《成吉思可汗本纪》，《元史二种》（下），上海：上海古籍出版社，2012 年，第 44 页。

史·太祖本纪》与《元史·地理志》"兀剌海"、《圣武亲征录》"斡罗孩"、《蒙古秘史》第 267 节"兀剌孩";盖亦即《元史·李恒传》"兀纳剌城"或《元文类》姚燧所撰李恒家庙碑之"兀纳城";虽然尚不能确指其为今何地,但必位于甘肃(行省)境内黄河北岸;李文田《元秘史注》言其位于河北省古北口之北,高宝铨《元秘史李注补正》与屠寄《蒙兀儿史记》据发音相近以为其位于山丹县西 3 里、甘州东 30 里之阿喇克鄂拉,皆无价值可言①。兀剌孩为阿喇克鄂拉或龙首山之说主要建立在兀剌孩乃阿喇克鄂拉对音、《蒙古秘史》第 267 节察速秃(旁译为"雪山")乃张掖县南雪山基础上,但兀剌孩并非阿喇克鄂拉对音,且察速秃很可能为《经世大典·站赤》至元四年(1267 年)正月十四日条"茶速秃之地至燕乙里创立驿馆一十四处""茶速秃至燕乙里立十四站"②之"茶速秃",其地盖即成吉思汗 1227 年闰五月避暑之六盘山,《蒙古秘史》所载成吉思汗自察速秃经兀剌孩围攻灵州之事可能有误。

王北辰先生综合俄国传教士夏真特所言兀剌海词义为"长城中通道"以及屠寄所倡兀剌海位于阿拉善额鲁特旗西南龙骨〔首〕山(阿拉克鄂拉)北、察速秃雪山即《元史·太祖本纪》"浑垂山"而位于凉州南之说,进一步推测兀剌海城位于阿拉善右旗南境、河西走廊附近龙首山北、汉长城遗址的某段上,察速秃雪山或浑垂山即今甘肃武威市西南冷龙岭;并详细辨析《元史·地理志》"太祖四年(1209 年),由黑水城北兀剌海西关口入河西,获西夏将高令公,克兀剌海城",所谓兀剌海位于黑水城北的记载是混乱、错误的③。王北辰兀剌海位置之说建立在察速秃雪山位于成吉思汗进攻灵州的河西走廊沿途,上文已言察速秃雪山很可能为六盘山,且阿拉善右旗南境、河西走廊附近龙首山北、汉长城遗址一带元代当属甘州路或山丹州辖境,而并非兀剌海路辖境,故其说并不成立;可贵的是,其指出兀剌海城并非位于黑水镇燕军司之北。

4. 丁谦布尔哈苏台之说

学者丁谦以为《蒙古游牧记》阿拉善额鲁特牧地"自宁夏所属玉泉营山嘴后至贺兰山阴一带布尔哈苏台口"之"布尔哈"即兀剌孩(斡罗孩、兀剌海)转音,"布尔哈""苏台"分别为蒙古语"柳""多,有"之意;布尔哈苏台地处贺兰山阴,乃阿拉善至灵州必经之地,其地盖即鄂刻《皇舆图》宁夏府西北柳泉口④。然而,兀剌海当为党项语

① Paul Pelliot. *Notes on Marco Polo*, Paris: Imprimerie Nationale Librairie Adrien-Maisonneuve, 1959, p.315.
② (明)解缙:《永乐大典》卷 19417《站赤二》,北京:中华书局,1986 年,第 7196 页。
③ 王北辰:《成吉思汗征伐西夏地理考》,《内蒙古社会科学》1988 年第 6 期,第 50—53 页。
④ (清)丁谦:《元秘史地理考证》卷 14,浙江图书馆丛书第 2 集。

"黑山"之意，并非蒙古语"柳树"之意，兀剌海位于布尔哈苏台之说并不成立。

5.岑仲勉古高阙外狼山隘北口附近之说

岑仲勉先生以为斡罗孩、兀剌孩、兀剌海皆同名异译，盖亦即李文田所言李恒家庙碑之"兀纳城"，兀纳城与《元史·李恒传》"兀纳剌城"似为异地；蒙古征夏五役而斡罗孩城凡三见，其城必为西夏要隘；施世杰所谓兀剌海即阿喇克鄂拉之说，纯粹由张掖南雪山而推测；成吉思汗灭夏之役避暑之雪山（察速秃）应为《蒙古游牧记》乌喇特旗北九十里之雪山（察苏台）；《元史·地理志》"由黑水城北兀剌海西关口入河西"之"黑水城"当即滨近《蒙古游牧记》乌喇特旗北二百里黑水（哈喇木伦）之城，斡罗孩应位于黑水城北狼山山脉或其附近；夏真特（Hyacinthe）以为斡罗孩（Ouiraca）为党项语"长城中通道"之义，Oui"中"也，ra"壁"也，ca"通路"也；克拉普罗特（Klaproth）称元世祖时《亚细亚地图》将斡罗孩绘于宁夏北方河套之滨；以汉文音译分释，斡罗孩犹云斡罗路；《西夏纪》对1209年蒙古降兀剌海后所攻破克夷门之形势记载，与高阙或狼山西口很类似，则兀剌海应位于高阙塞外；李益赋诗"回乐烽前沙似雪，受降城外月如霜"，回纥元代翻译为畏兀儿，今人翻译斡罗孩（Ouiraca）为威喇哈、委剌哈，威、委、畏同音，则 Oui 可相当于"回"，唐代称 Tula 为独乐、毒乐，则 ra 可相当于"乐"；依此音转，斡罗孩犹如唐代回乐路，回乐烽设于三受降城之间，斡罗孩城应位于古高阙外狼山隘北口附近[①]。

需要指出，《元史·李恒传》主要史源为李恒家庙碑，故《元史·李恒传》"兀纳剌城"当即李恒家庙碑"兀纳城"；《元史·太祖本纪》"黑水城"当为黑水镇燕军司或亦集乃城（今内蒙古额济纳旗达来呼布镇黑城遗址），并非滨近哈喇木伦之汪古部黑水新城（今内蒙古达尔罕茂明安联合旗敖伦苏木古城）；克夷门并非高阙塞，而很可能即《混一疆理历代国都之图》宁夏路至西受降城之间所标注"乞夷"，且该图所标注相邻之"乞夷""门山"盖为"乞夷山门"之误；克夷门盖亦即《西夏地形图》之"克危山"；回乐烽亦作"回乐峰"，当并非位于三受降城之间，而盖为灵州回乐县境内某烽火台；高阙外今狼山隘北口以北地区并无大规模西夏或元朝古城遗址，兀剌海城当并非位于高阙外今狼山隘北口。

关于兀剌海方位，岑仲勉之说在学界影响最大，其后学者们多将黑山威福军司或兀剌海比定在今后套地区，并派生出多种类似观点。例如，谭其骧先生主编《中国历史地

---

① 岑仲勉：《元初西北五城之地理的考古》，《中外史地考证》，北京：中华书局，1962年，第530—539页。

图集》第六册"西夏"一图将黑山威福军司（兀剌海城）标注在后套狼山之北、潮格旗东南部一带，但第七册"甘肃行省"一图将兀剌海路（兀剌海城）标注在乌加河北岸、五原县北一带①。李范文先生《西夏通史》所附西夏疆域图将黑山威福军司（兀剌海城）、卧啰娘山分别标注于狼山北、乌拉山②。《内蒙古历史地理》以为兀剌海当位于岑仲勉所言河套北狼山口附近，并推测兀剌海路可能因兀郎海山而得名，兀郎海山为"黑山"的蒙古语称呼，兀剌海路建立在黑山威福军司基础之上③。然而，虽然兀剌海路得名于黑山威福军司之"黑山"或兀郎海山，但兀郎海山并非蒙古语"黑山"之意，兀郎海或兀剌海应为党项语。

吴天墀先生在其《西夏史稿》（增订本）再版后记中详谈西夏黑山、黑水两监军司设立问题，其言（原版"西夏前期疆域图"）黑水镇燕军司、黑山威福军司均设于今内蒙古阿拉善境弱水流域不合常理，旧说设于弱水中游、肃州（今甘肃酒泉）东北之黑水镇燕军司，应位于岑仲勉文中狼山山脉西北喀喇木伦之滨黑水城；黑山威福军司当位于《元史·地理志》所载居延城、亦集乃城，虽然今额济纳哈剌浩特遗址（即黑城遗址）附近无黑山，但《元史·地理志》甘州路条载有"黑山"，可知额济纳河流域一带存在黑山地名；黑山威福军之"福"当原作"胡"；关于兀剌海地望，其转而采纳了岑仲勉狼山山隘北口附近之说，故其《西夏史稿》"西夏后期形势图"将黑山威福军司、斡罗孩分别标注在今哈剌浩特遗址、狼山北部④。然而，黑水镇燕军司应位于居延城、亦集乃城，岑仲勉文中喀喇木伦之滨黑水城乃汪古部政治中心黑水新城，并非位于狼山山脉西北；《元史·地理志》甘州路条"黑山"隶属甘州路，而并非元代亦集乃路或西夏黑山威福军司；黑山威福军司未必称黑山威胡军司，且斡罗孩城实际即黑山威福军司。

杨蕤先生以为黑山威福军司位于狼山北缘，而午腊蒻山即牟那山，今内蒙古大桦背山（即乌拉山主峰）⑤。杨蕤此后探讨了《天盛律令·司序行文门》所反映西夏政区状况，其以为《天盛律令》中"官黑山"盖为黑山威福军司，驻地为内蒙古乌加河一带，具体地望无考，辖区为后套平原、狼山；北院则无考⑥；其专著《西夏地理研究》重申

① 谭其骧：《中国历史地图集》第6册，北京：中国地图出版社，1982年，第36—37页；《中国历史地图集》第7册，第21页。
② 李范文：《西夏通史》，银川：宁夏人民出版社，2005年，第656、662、666页。
③ 周清澍：《内蒙古历史地理》，呼和浩特：内蒙古大学出版社，1994年，第129页。
④ 吴天墀：《西夏史稿》，北京：商务印书馆，2010年，第338—341页。
⑤ 杨蕤：《历史上的夏辽边界考》，《内蒙古社会科学》2003年第6期，第29、30页。
⑥ 杨蕤：《〈天盛律令·司序行文门〉与西夏政区刍议》，《中国史研究》2007年第4期，第129页。

"官黑山"疑为黑山威福军司，具体地望无考，又注曰有的学者推测高油房古城为黑山威福军司故城①。然而，黑山威福军司之"黑山"即午腊蒻山，当为今狼山，并非乌拉山，不能据译音相近将午腊蒻山（卧啰娘山）与今乌拉山直接勘同；且黑山威福军司具体地望并非无考，若不确定其地望，则难以详考西夏东北部政区与夏辽东北边界。

6. 额济纳哈剌浩特或居延城之说

日本学者前田正名据《元史·地理志》亦集乃路"乃汉之西海郡居延故城，夏国尝立威福军"之错误记载，误以为黑山威福军司位于汉代居延城、科兹洛夫所调查之哈剌浩特，即今额济纳黑城遗址②。日本学者村上正二亦以为兀剌孩（斡罗孩、兀剌海）城为今额济纳河下游哈剌浩特遗址，即汉居延城③。1975 年版《中国历史地图集》盖参考《元史·地理志》亦集乃路条记载与施世杰龙首山之说，而将黑山威福军司、兀剌海城分别标注于额济纳黑城遗址、甘州东北龙首山一带④。

美国学者 R. 邓尼尔（邓茹萍）言 1975 年版《中国历史地图集》在西夏西北边境今额济纳弱水地区同时标注黑水、黑山两个监军司不合常理，黑山、黑水乃较普通地名，为各自所代表监军司所在提供可寻之线索；《宋史·夏国传》载"自河北至午腊蒻山七万人，以备契丹"，表明西夏东北境与辽金毗邻地区设有一监军司，午腊蒻山乃逶迤于黄河北岸呈东西走向的阴山山脉一个山嘴，向西延伸，亦称狼山，午腊蒻也许是当地语言（党项语？）名字；《元史·地理志》载黑山威福军司位于亦集乃，则黑水镇燕军司可能设在午腊蒻山或兀剌海；《元史·太祖本纪》、《元史·地理志》"兀剌海"即《元史·李恒传》"兀纳剌城"、《元史·谢仲温传》"兀剌城"、《元史·郭守敬传》"兀郎海"；谢仲温父亲谢睦欢自金朝丰州（今内蒙古呼和浩特市白塔古城）迁居兀剌城，说明兀剌海城、丰州两城距离不远；《元史·郭守敬传》所载"舟自中兴沿河四昼夜至东胜，可通漕运，及见查泊、兀郎海古渠甚多，宜加修理"，可证兀郎海靠近黄河岸边，似乎可确定在河套西北岸；兀剌海之"海"词义当如克恰诺夫所言，即唐古特语"圈定的居住地"，兀剌海位置当即岑仲勉所考河套北狼山山口；由于兀剌海、午腊蒻山、斡罗孩、兀剌特山（即今乌拉山）的同地异名，引起其研究兴趣，其所提出新结论主要为黑水镇燕军司设

① 杨蕤：《西夏地理研究》，北京：人民出版社，2008 年，第 156 页。

② 〔日〕前田正名著，陈俊谋译：《河西历史地理研究》，北京：中国藏学出版社，1993 年，第 528 页。

③ 〔日〕村上正二：《モンゴル秘史 3 チンギス·カン物語》，东京：平凡社，1976 年，第 269 页。

④ 中国历史地图集编辑组：《中国历史地图集》第 6 册，北京：中国地图学社，1975 年，第 36—37 页；《中国历史地图集》第 7 册，第 15—16 页。

于兀剌海①。

学者 R. 邓尼尔提出据黑山、黑水以寻威福军、镇燕军位置思路,并据《元史·郭守敬传》《元史·谢仲温传》将兀剌海比定在距丰州不远之河套地区黄河岸边,很有学术价值,可惜其说长期没有引起学界重视。需要指出的是,R. 邓尼尔没有弄清午腊蒻、兀剌海词义与位置,并将兀剌海城与黑水镇燕军司混淆为一;午腊蒻山并非兀剌特山或乌拉山,黑水镇燕军司、黑山威福军司分别设于亦集乃城、兀剌海城。

7. 高油房古城之说

内蒙古考古学家郑隆、陆思贤 1981 年在首届全国西夏研究学术讨论会上提交《临河县高油房西夏城址的调查》一文,此文与二人 1987 年合发《内蒙古临河县高油房出土的西夏金器》一文初步考察今内蒙古巴彦淖尔市临河区古城乡高油房古城平面略作方形,边长约 990 米,并据高油房古城所出土西夏文物,率先推测高油房古城应与史载"元昊河南曰盐州路,河北曰安北路"之河北安北路有关,或许即文献记载之斡罗孩城,暂且存疑,以待后证②。《中国文物地图集·内蒙古自治区分册》盖据此将高油房古城定为黑山威福军司故城③。

宋耀良先生据高油房古城军事特征十分明显,城墙边长比额济纳黑城遗址(434 米×384 米)大出一倍有余,且高油房古城、黑城遗址城墙外侧马面之间间距均为六十米,率先推测高油房古城可能为黑山威福军司驻地黑山城;其以为陈炳应所谓西夏十二监军司名称均以驻地地名、方位、山水命名之说甚是,故威福军可能驻黑山附近,其城为黑山城,黑山为阴山山脉中狼山、乌拉山、大青山何山不得而知;岑仲勉所言喀喇木伦之滨黑水新城之"喀喇木伦"即今内蒙古四子王旗塔布河,而塔布河西二百里艾不盖河畔敖伦苏木古城即黑水新城,该城于元初扩建而改称新城,黑水新城并非居延故城之"黑水城"或黑水镇燕军司,故"由黑水城北兀剌海西关口入河西"之"黑水城"当为今额济纳黑城遗址;兀剌海与斡罗孩未必为同一座城池,斡罗孩城不应位于河套,应在西夏右厢诸路辖地,学者陆思贤所言高油房城址为斡罗孩城,与《西夏书事》记载不符④。

宋耀良主要创新在于率先推断高油房古城可能为黑山城或黑山威福军司,并指出岑仲勉先生所引据"由黑水城北兀剌海西关口入河西"之"黑水城"并非喀喇木伦之滨黑

① 〔美〕R. 邓尼尔著,罗矛昆译:《兀剌海(斡罗孩)和西夏黑水镇燕军司》,《宁夏社会科学》1986 年第 6 期,第 68—71 页。
② 陆思贤、郑隆:《内蒙古临河县高油房出土的西夏金器》,《文物》1987 年第 11 期,第 68 页。
③ 国家文物局:《中国文物地图集·内蒙古自治区分册》(下),西安:西安地图出版社,2003 年,第 615 页。
④ 宋耀良:《西夏重镇黑山城址考》,《宁夏社会科学》1993 年第 5 期,第 67—70 页。

水新城，但其文亦存在若干错误。例如，未加考辨而直接引据《西夏书事》"蒙古兵驻斡罗孩城，四处侵掠，安全集右厢诸路兵以拒"之记载，否定岑仲勉斡罗孩位于狼山北隘口附近之说，而推断斡罗孩城当位于西夏西部，进而采纳施世杰、高宝铨斡罗孩城在甘州之北龙首山北口之说；《西夏书事》"安全集右厢诸路兵以拒"不见载于其他史籍，疑为清人吴广成增补而不足为据，且据"安全集右厢诸路兵以拒""驻斡罗孩城，四处侵掠"之"蒙古兵"一事，并不能完全肯定斡罗孩城位于中兴府右厢；斡罗孩城实际即兀剌海，亦即黑山威福军司；岑仲勉所言喀喇木伦之滨黑水新城之"喀喇木伦"为今艾不盖河，并非塔布河；黑水新城乃元初新建城池，并非由黑水旧城扩建而来。

宋耀良所倡黑山威福军司为高油房古城之说，虽为推测之辞，缺乏史料依据、详细论证过程，但较合情合理，故近年来此说广为学界认可，并有学者进一步推测高油房古城可能亦为西夏北院驻地。刘菊湘先生以为西夏东西南北四院为地方高级行政区划单位，北院只有今内蒙古河套地区最符合条件，并据前人所言高油房古城为黑山威福军驻地而猜测北院治所可能位于高油房古城，甚至可能即《天盛律令》卷十《司序行文门》中属于次等"中府州"所在地①。李学江先生据高油房城址比黑水镇燕军司规模大，出土金银器规格较高，反映其城历史地位非同寻常，而推测西夏北院治中府州，即黑山威福军司，中府州治所很可能为高油房城址，但没有论及〔官〕黑山地望②。此外，鲁人勇先生据内蒙古文物部门对高油房城址考察情况与高油房地近狼山口古要塞与黑山，亦以为黑山威福军司驻今高油房古城，并以为白马强镇军司西夏中期改称北院，约位于今内蒙古阿拉善左旗吉兰泰盐场东③。内蒙古文物考古研究所孙建华在介绍高油房古城出土西夏金器时简单言及高油房古城为西夏黑山威福军故城④；内蒙古自治区文物局刘兆和亦言以前学界曾以为额济纳黑城遗址亦为西夏黑山威福军司驻地，现在研究表明黑山威福军司驻地当在今高油房古城⑤，但二人均未谈及具体依据。

8. 王颋后套地区与唐代天德军旧城之说

王颋先生对岑仲勉狼山西口、施世杰龙首山之说提出简单质疑，其以为"回乐路"之"回乐"属灵州灵武郡，与狼山西口相距八百里而难以互拟，龙首山并非自张掖进攻灵州必经之地；《元史·地理志》亦集乃城曾置威福军记载并不足信，黑山威福军司当

① 刘菊湘：《西夏地理中几个问题的探讨》，《宁夏大学学报》1998 年第 3 期，第 26 页。
② 李学江：《〈天盛律令〉所反映的西夏政区》，《宁夏社会科学》1998 年第 4 期，第 95—96 页。
③ 鲁人勇：《西夏监军司考》，《宁夏社会科学》2001 年第 1 期，第 86—87 页。
④ 孙建华：《内蒙古地区出土的西夏金器》，《故宫博物院院刊》2007 年第 6 期，第 51 页。
⑤ 刘兆和：《日落黑城——大漠文明搜寻手记》，呼和浩特：内蒙古大学出版社，2009 年，第 62 页。

位于河北地区；自蒙古本部进攻西夏主要有两条道路，一自亦集乃至河西走廊，一经汪古部居地今艾不盖河流域入后套；兀剌海当得名于《元和郡县图志》"牟纳〔那〕山"，此山亦即《辽史·地理志》天德军条"牟那山"、《宋史》"午腊蒻山"、《明一统志》"木纳山"、《绥乘》引《归绥识略》之"穆尼乌拉"，"穆尼乌拉"之"乌拉"为蒙古语"山"之意，后省略"穆尼"，单称"乌拉"，其山即今内蒙古乌拉特前旗乌拉山；兀郎海山下新安州即西夏新安县，当位于今内蒙古五原县或乌拉特前旗境内；《郭守敬行状》之"兀郎海"位于中兴路、东胜州（今内蒙古托克托县东沙岗城圐圙古城）之间而"古渠甚多"，恰恰是后套地区特征；兀剌海确切地点，不敢妄断，唯希望内蒙古考古工作者能于阴山、乌拉山、后套平原左近西夏与元代诸古城遗址细加考察发掘[①]。

王颋据"兀郎海"古渠、"兀郎海山下旧新安州"等记载推断兀剌海位于西夏河北今后套地区，兀剌海或兀郎海山即午腊蒻山，十分富有创见，可谓不刊之论；可惜其没确定兀剌海具体城址，且兀剌海之名并非得自《元和郡县图志》"牟那山"，兀郎海山并非今乌拉山。

王颋先生后修订其旧说，再次分析岑仲勉、施世杰之说所存在问题，指出兀剌海译音应为 Araiqai 或 Oraghai，Araiqai 即《史集》中译本之"阿里孩"；据《元史·地理志》亦集乃城曾置威福军记载，首倡《宋史·夏国传》黑水镇燕军司、黑山威福军司当为"黑山镇燕军司""黑水威福军司"之误；《元史·地理志》"由黑水城北兀剌海西关口入河西"之"黑水城"可能为"黑山城"之误，"黑山威福军司"驻地当在"黑山"今乌拉特中旗（海流图镇）南阴山山脉中，即《魏书·阳平王传》《旧唐书·裴行俭传》《新唐书·回鹘传》《李元宾文编·古受降城铭》《辽史·耶律唐古传》中之"黑山"；兀剌海之"兀剌"或兀纳城之"兀纳"当得名于"黑山"支脉《元和郡县图志》与《辽史·地理志》"牟纳山"、《宋史·夏国传》"午腊蒻山"，即今乌拉特前旗乌拉山，兀剌当为"牟纳"、"午腊蒻"对音；兀郎海山下新安州即西夏新安县，"兀郎海山下"今乌拉山麓有唐代曾作为地方单位首府的天德军城（今内蒙古乌拉特前旗乌梁素海东南缘湖底），兀剌海城当即乌拉山西北麓天德军旧城；其所附"蒙古经略西夏示意图"将"黑水威福军司"标注于亦集乃城，将"黑山镇燕军司""兀剌海"标注于天德军，"新安县"标注于午腊蒻山或乌拉山南麓[②]。而此前王颋先生曾以为《元文类·经世大典序录·屯田》"甘

① 王颋：《兀剌海方位探索》，复旦大学历史地理研究中心：《历史地理研究》第 1 辑，上海：复旦大学出版社，1986 年，第 130—137 页。

② 王颋：《城觅一路——"兀剌海"方位与蒙古经略西夏诸役》，《西域南海史地研究》，上海：上海古籍出版社，2005 年，第 185—195 页。

肃"条"宁夏屯：西安州置司，塔塔里置屯"之"西安州"为"新安州"之误，治内蒙古五原县北①。

令人遗憾的是，王颋修订之说多不足取，阿里孩（Araiqai）为《史集》中译本较为蹩脚之音译（译作"额里合牙"较妥），且《史集》中译本已注阿里孩为蒙古语对宁夏府之称呼；《元史·地理志》亦集乃城曾置威福军记载应当有误，"黑山镇燕军司""黑水威福军司"之称并不符合史实，因为绘制于北宋时期《西夏地形图》西夏西北、东北边境明确标注有"黑水镇燕军""黑山威福军"；《旧唐书·裴行俭传》《新唐书·回鹘传》《李元宾文编·古受降城铭》《辽史·耶律唐古传》中之"黑山"（盖均指今大青山）均非黑山威福军司之"黑山"；午腊蒻山并非今乌拉山，因而兀剌海并非天德军旧城、新安县并非位于今乌拉山南麓，且将新安县比定在乌拉山南麓与史载新安州西距宁夏路七百里明显不符（因乌拉山南麓西距宁夏路一千余里）。

9. 陈炳应河套西北隅黑山地区之说

陈炳应先生对黑水镇燕军司、黑山威福军司驻地进行了较为全面分析，其以为《元史·地理志》黑山威福军司位于居延城或亦集乃城记载有误，今额济纳黑城遗址当为黑水镇燕军司驻地；《宋史·夏国传》"自河北至午腊蒻山七万人，以备契丹"记载表明黑山威福军司位于黄河以北；西夏十二监军司名称都是以驻地地名、方位、山水来命名，今黑城遗址并无黑山，而《宋史·党项传》"又以黑山北庄郎族龙移为安远大将军，昧克为怀化将军"之庄郎族"黑山"位于河套地区黄河北部，当为黑山威福军司名称来源，故黑山威福军司当位于河套西北隅黑山地区；今高油房古城据出土文物可确定为西夏时期古城，其城名与军政设置不详，但其城址面积大于额济纳黑城遗址，重要地位和繁荣程度当超过黑城，因而可能为更大的监军司或府州或大都督府所在地②。

陈炳应之说分析透彻，论证合理，故其说在学界影响亦较大。王天顺先生在陈炳应之说基础上，疑黑山威福军司为今高油房古城，并以为午腊蒻山即牟那山，今乌拉山，故其所绘"西夏疆域形势及交通路线略图"将"黑山威福军司"标注在"狼山""石兰计口"南部高油房古城，"午腊蒻山"标注在乌拉山一带③；而之前其黑山威福军司、兀剌海地望分别采用了陈炳应黄河北之黑山、岑仲勉河套北狼山隘口北附近之说④，甚

① 王颋：《元代屯田考》，朱东润、李俊民、罗竹风主编：《中华文史论丛》1983 年第 4 辑，第 233、245 页。
② 陈炳应：《西夏文物研究》，银川：宁夏人民出版社，1985 年，第 94—96、102 页。
③ 王天顺：《西夏地理研究》，兰州：甘肃文化出版社，2002 年，第 130—131 页、第 19 页。
④ 王天顺：《西夏战史》，银川：宁夏人民出版社，1993 年，第 72、268 页。

至不确定兀刺海是否位于黑山威福军司驻地①，而将黑山威福军司、兀刺海视为两个不同地方。李昌宪先生以为黑山威福军司治今内蒙古乌拉特中旗西部，具体地望采纳了陈炳应河套北狼山隘口附近兀刺海（斡罗孩）之说；其并以为《天盛律令》所载 17 监军司中无甘州，甘州位于南院凉州西北，故疑甘州即北院监军司②。

10. 汤开建宁夏中卫北黑山嘴与榆林南黑山之说

汤开建先生以为《元史·地理志》威福军位于亦集乃城、《西夏书事》黑水镇燕军司位于兀刺海记载有误，兀刺海城位置暂不拟讨论；其以为陈炳应所列举黑山威福军司位于河套东北边境与契丹接壤处三条理由有一定道理，西夏东北边境确实有监军司，例如文献失载灵州北一千里碛南弥娥川地区之弥娥州监军司，但仅凭黑山一名来确定威福军位置，亦并不完全妥当，西夏东北有数座黑山，陈炳应所引《宋史·党项传》"又以黑山北庄郎族龙移为安远大将军、眛克为怀化将军"之"黑山"应位于契丹境内，即《辽史·地理志》天德军辖境"黑山〔峪〕"，乃今内蒙古乌拉特中后旗境内阴山，西夏辖境从未超过黄河，河北地属契丹，西夏不可能在此置威福军，《西夏地形图》与《西夏国旧图》所标注威福军位置不足为据；其据《西夏书事》卷一四所引《续资治通鉴长编》"黑山威福军驻黄河西，泾原都监桑怿率兵袭之"以及《宋史·王珪传》、《类说》卷一所引《名臣传》、《西夏书事》卷 24 有关"黑山"记载，推断黑山威福军位于黄河西、距宋泾原路不远，具体方位似在宁夏中卫"城北二十五里许"黑山嘴，主要理由有三：黑山嘴在黄河西岸；宋泾原军队沿葫芦河谷（蔚茹路）即可至此；其地可控扼黄河九渡，防止西北、西南之吐蕃、回鹘、鞑靼进攻③。

此后汤开建先生专著《党项西夏史探微》重申陈炳应所引《宋史·党项传》河北"黑山"即《辽史·地理志》天德军境内"黑山〔峪〕"，当为辽朝西南路招讨司部族卫戍之地，西夏不可能在辽朝境内置威福军；鲁人勇所推测黑山威福军司之高油房古城，当即《辽史·营卫志》契丹迭剌迭达部之黑山戍守地，其地应属辽朝；《西夏书事》卷一四所引《续资治通鉴长编》卷一三一"黑山威福军驻黄河西"记载十分重要，今存《续资治通鉴长编》诸本均无此记载，吴广成所见《续资治通鉴长编》版本当详于今存之残本；其据雍正《陕西通志》卷一六"黑山营，在榆林西北十五里，今废。《县册》：康定元年，

① 王天顺：《西夏学概论》，兰州：甘肃文化出版社，1995 年，第 239 页。
② 李昌宪：《西夏疆域与政区考述》，中国地理学会历史地理专业委员会、《历史地理》编辑委员会编：《历史地理》第 19 辑，上海：上海人民出版社，2003 年，第 109—110 页。
③ 汤开建：《西夏监军司驻所辨析》，中国地理学会历史地理专业委员会、《历史地理》编辑委员会编：《历史地理》第 6 辑，上海：上海人民出版社，1988 年，第 144—146 页。

都监王珪至黑山"之"黑山营"位于西夏境内、黄河西岸，宋泾原军队东北行即可至此，而以为明人何景明《雍大记》"黑山在榆林城南三十里，俗名黑土扢䃶。其地水草茂，北房每内侵，必驻此以便水草"之"黑山"当即威福军驻地，从而修订了此前黑山威福军之"黑山"为宁夏中卫北黑山嘴之说；黑山威福军司乃西夏为防备北宋而在宋夏边境所增设监军司，其驻地应在北宋银州（今陕西省横山县党岔镇）北部、夏州（今陕西省靖边县白城子）东部今陕西榆林县南之黑山，与左厢神勇军驻地甚近；午腊蒻山词义当为聂鸿音所言西夏语"黑山"，但此山并非黄河北面阴山山脉某一段，"自河北至午腊蒻山"之"午腊蒻山"若位于河北，则文义不通，故午腊蒻山应为河套内榆林县南之黑山①。

汤开建所倡黑山威福军位置两说实际上皆不成立。《辽史·地理志》天德军"黑山峪"盖为唐代黑山呼延谷，今昆都仑沟；前人 20 世纪 80 年代已调查今内蒙古乌拉特前旗东约 40 千米乌拉山南麓黄河北岸宿亥古城、狼山隘口南狼山口古城、高油房古城均为西夏古城遗址，笔者以为夏辽东北边界似在唐天德军、今乌拉山嘴一线，夏金东北边界似在宿亥古城一带；"黑山北庄郎族"龙移、昧克，陈炳应文中已言《续资治通鉴长编》载"其地在黄河北，广袤数千里，族帐东接契丹，北邻鞑靼，南至河"，故《宋史·党项传》河北"黑山"并非位于辽朝境内；《宋史·夏国传》明载"自河北至午腊蒻山七万人，以备契丹"，"午腊蒻山"即黑山威福军司之"黑山"，可知黑山威福军司乃备契丹而设，并非防备宁夏中卫北黑山嘴西北、西南之吐蕃、回鹘、鞑靼或北宋银州、夏州；其没有将黑山威福军司与兀剌海结合起来探讨，宁夏中卫北黑山嘴、陕西榆林南黑山元代分别属宁夏路应理州、陕西行省延安路，而并非由黑山威福军司改立之甘肃行省兀剌海路，且宁夏中卫北黑山嘴、陕西榆林南黑山位置与史籍所载蒙古军经兀剌海南下中兴府进军路线不符。尤其需要指出的是，汤开建所引"黑山威福军驻黄河西"记载表面上为黑山威福军司位置最为详细记载，但此记载有误，不足为据，其立论之四则"黑山"史料实际均与威福军无关。理由如下：

首先，泾原都监桑怿率兵突袭西夏之事，发生于康定二年（1041 年）好水川之战前。《宋史·桑怿传》载"元昊反，参知政事宋庠荐其有勇略，迁内殿崇班、鄜延路兵马都监。逾月，徙泾原路，屯镇戎军（今宁夏固原），与任福遇敌于好水川，力战而死"②，而《长编》庆历元年（1041 年）二月条载"今边臣所共奖者，朱观、王珪、桑怿尔，

①　汤开建：《西夏监军司驻所辨析》，《党项西夏史探微》，北京：商务印书馆，2013 年，第 355—358 页。
②　《宋史》卷 325《桑怿传》，北京：中华书局，1977 年，第 10512 页。

近于镇戎军出界，刘璠（位于镇戎军西北）、定川（位于镇戎军西北二十五里）两路，西贼境中生聚牛羊，皆迁徙远去，惟空闲族帐守者二三百人，辄来抗敌，诸将奔走骇乱，几不自免，部队前后，不复整齐，兵甲械用，大为攘夺。今两路齐入，并当剧贼，若有不利，则边防莫守，别贻后患"，且"镇戎军接贼界天都山止百余里，西北则有三川（位于镇戎军西三十五里）、定川、刘璠等寨，与石门前后峡连接，皆汉萧关故地，最为贼马奔冲之路"①。《武经总要》载"定川砦：北控胡卢河大川，入西界天都山，正扼贼路"，"刘璠堡：缘胡卢河川路，北控贼界，从苇子湾至故萧关，萧关路自军北刘璠堡，缘胡卢河川，过古城，入苇子湾，出萧关，至鸣沙县界，入灵武，约至百余里，地势平敞。至道中，李继隆护送刍粮入灵武，由此路"②。据上述记载，可推知桑怿等人当自镇戎军辖境内刘璠、定川两堡寨出兵，其突袭西夏之地当并非《西夏书事》所载"驻黄河西"之"黑山威福军"或汤开建先生最初所考宁夏中卫北黑山嘴，而应位于镇戎军至天都山，或镇戎军至汉萧关一线，甚至很可能即天都山。

其次，《宋史·王珪传》载"是岁，改泾原路都监。明年（1041年），为本路行营都监，勒金字处置牌赐之，使得专诛杀。寻至黑山，焚敌族帐，获首级、马驼甚众"③，王珪"康定初"之明年（1041年）"至黑山，焚敌族帐，获首级、马驼甚众"之事，当即《西夏书事》所载"泾原都监桑怿率兵袭之，焚族帐，掠马驼甚众"一事，其时宋军统帅为王珪、桑怿、朱观三人。因此，《西夏书事》卷一四所引《续资治通鉴长编》卷131"黑山威福军驻黄河西"一语与随后桑怿率兵突袭西夏族帐一事并无关系，《西夏书事》此处所引《续资治通鉴长编》记载显然有误（"威福军"亦可能为吴广成增补），而大致可修订为"西贼驻黄河西黑山，泾原都监桑怿率兵袭之，焚族帐，掠马驼甚众"。

再次，《类说》卷一所引《名臣传》载"（郑戬）代范仲淹为四路，置府于泾。元昊拥众临黑山，戬勒兵巡边"，而郑戬庆历三年（1043年）四月任陕西四路马步军都部署、兼经略安抚招讨等使，驻军泾州（今甘肃省泾川县北）。《续资治通鉴长编》庆历三年（1043年）十月条载"（郑）戬行边至镇戎军，趣莲花堡（位于镇戎军西南，与德胜堡相连），天寒，与将佐置酒，元昊拥兵近塞。会暮尘起，有报贼骑至者，戬曰：'此必三川守将按边回，非贼骑也。'已而果然"④，《宋史·郑戬传》亦载此事。可知"元昊拥兵近塞"

① （宋）李焘：《续资治通鉴长编》卷131，仁宗庆历元年（1041年）二月条，北京：中华书局，1985年，第3096页；卷139，仁宗庆历三年（1043年）春正月条，第3338页。

② （宋）曾公亮：《武经总要》前集卷18，金陵富春堂刻本。

③ 《宋史》卷325《王珪传》，北京：中华书局，1977年，第10508页。

④ （宋）李焘：《续资治通鉴长编》卷144，仁宗庆历三年（1043年）十月条，第3487页。

之处即元昊拥众所临之"黑山",此黑山必然临近镇戎军西南莲花堡,而为"贼马奔冲之路",其山盖亦即"镇戎军接贼界天都山止百余里"之天都山。

最后,《宋史·刘昌祚传》载"迁(镇戎军)西路都巡检。使辽还,神宗临试驰射,授通事舍人。夏人寇刘沟堡,(刘)昌祚领骑二千出援。虏伏万骑于黑山而伪遁,卒遇之,战不解。薄暮,大酋突而前,昌祚抽矢,一发毙之,余众悉遁。帅李师中上其功曰:'西事以来,以寡抗众,未有如昌祚者'"①,引文"夏人寇刘沟堡,昌祚领骑二千出援。虏伏万骑于黑山而伪遁"之事当即《西夏书事》卷二四所载熙宁七年(1074 年)"梁乙埋伏万骑于黑山外,令部首千骑犯刘沟"之事,此"黑山"盖亦即西夏经常聚兵侵宋之天都山。

综上所述,王珪、桑怿、朱观自镇戎军突袭西夏之"黑山",元昊拥兵近塞之"黑山",梁乙埋伏万骑之"黑山",当为一山,此"黑山"与《西夏书事》所引《续资治通鉴长编》"黑山威福军驻黄河西,泾原都监桑怿率兵袭之"之"威福军"并无关系,故"黑山威福军驻黄河西"记载不足为据。汤开建对四则"黑山"史料没有详加考订辨析,其立论之四处"黑山"最可能位于镇戎军至天都山一线,甚至盖即镇戎军西北一百五十里天都山,而皆不能与黑山威福军之"黑山"相勘同,故其黑山威福军位于今宁夏中卫北黑山嘴或陕西省榆林县南黑山之说均不成立。

11. 鲍桐新忽热古城之说

鲍桐(按:包头、河套地区若干长城遗迹考察与研究民间学者集体笔名)据今内蒙古包头市东郊阿都赖村、土默特右旗水涧沟门乡马留村所出土成罐或散落西夏铁钱,推断夏辽边界约在包头市区东部;其以为唐代中受降城(今内蒙古包头市敖陶窑城址)正北稍东八十里呼延谷所在之黑山乃今昆都仑沟以东大青山、以北色尔腾山(阴山北支),而昆都仑沟以西乌拉山唐代称牟那山与纥那山、西夏称午腊蒻山;今狼山西北地区即巴彦淖尔高原,并无黑山,黑山威福军司之"黑山"应在黄河之北,大青山和乌拉山北部,正如《宋史》所载"自河北至午腊蒻山七万人",此一带今乌拉特中旗新忽热乡现存一古城,被巴彦淖尔文物部门认定为金元时代古城;新忽热古城坐落在色尔腾山之北,位于今包头正北略偏西 160 千米,乃成吉思汗自萨里川或黑林行宫南下西夏必经之地;新忽热古城南 30 多千米、北 20 千米各有秦、汉长城,正符合夏真特所谓兀剌海为"长城

① 《宋史》卷 349《刘昌祚传》,北京:中华书局,1977 年,第 11053 页。

中通道"之意，因而新忽热古城当即兀剌海城、黑山威福军驻地①。此后民间学者温琪宏亦以为唐代呼延谷所在之黑山即今阴山山脉西段色尔腾山，色尔腾山由哈达特山、查尔泰山、白云常合山三支构成，统称黑山，新忽热古城濒临发源于哈达特山系南麓之摩楞河，地处黑山，故新忽热古城即黑山威福军司驻地、兀剌海城②。

然而，阿都赖村、马留村所发现西夏铁钱并不足以证明夏辽边界位于包头市东郊一带；兀剌海并非意为"长城中通道"，兀剌海词义与新忽热古城南北秦、汉长城没有关系；新忽热古城并非成吉思汗自克鲁伦河萨里川哈老徒行宫、土剌河黑林行宫南下西夏必经之地；鲍桐、温琪宏有关成吉思汗征夏路线其他诸多错误观点，暂且不论，其新忽热古城为黑山威福军司驻地之说主要建立在呼延谷所在之黑山为色尔腾山前提之下，此说经不起推敲而无法成立。呼延谷学界基本公认今乌拉山与大青山分界线昆都仑沟，中受降城正北稍东八十里呼延谷所在之黑山当为今大青山，并非色尔腾山；鲍桐以为黑山威福军司之"黑山"位于大青山和乌拉山北部，黑山威福军司即色尔腾山北部新忽热古城，午腊蒻山即乌拉山，从而误将黑山威福军司之"黑山"与午腊蒻山视作不同两山，且忽视了乌拉山距新忽热古城二百余里；午腊蒻山与黑山威福军司之"黑山"当为同一山，黑山威福军司或兀剌海城应毗邻午腊蒻山或兀郎海山。

学者李逸友与贾作杰 1974 年曾共同调查新忽热古城，李逸友先生言城内地表未见有建筑遗址，地表散布的文化遗物甚少，这座元代城址的名称待考，但没有明言此城为元代城址依据，事实上据新忽热古城所发现少量遗物难以直接判断其为西夏或元代城址③。笔者 2017 年 7 月 23 日随内蒙古文物考古研究所张文平研究员、包头市文物管理处苗润华处长等一行五六人实地考察了新忽热古城以及城北两座烽燧遗址，张文平先生以为新忽热古城建筑形制为唐城风格（城墙夯层明显，平均厚约 15 厘米，墙体分布大量纴木孔洞），其城当即天德军西北二百里木剌山下可敦城所置横塞军遗址（新忽热古城位于天德军东北，但自天德军至新忽热古城需西北行至今摩楞河转而东北行），其说可从。新忽热古城北部小山上之烽燧可俯瞰全城，北部另一处烽燧侧边平地上发现突厥石圈墓，且此两处烽燧均发现唐代时期陶片，可肯定此两处烽燧为新忽热古城辅助防守设施。新忽热古城位于低山丘陵环抱盆地之中，西南距黄河北河乌加河直线距离为一百二十余

① 鲍桐：《兀剌海城地望和成吉思汗征西夏军事地理析》，《宁夏社会科学》1994 年第 6 期，第 65—66 页。
② 温琪宏：《试探成吉思汗灭夏的行军路线》，刘迎胜主编：《元史及民族与边疆研究集刊》第 27 辑，上海：上海古籍出版社，2014 年，第 143 页。
③ 李逸友：《内蒙古元代城址概说》，《内蒙古文物考古》1986 年第 6 期，第 97 页。

里，位置偏僻，不适宜立屯固守，与"天宝八载（749），木剌山始筑横塞军及安北都护府，诏即军为使，俄苦地偏，不可耕，徙筑永清，号天德军"①之"地偏，不可耕"记载相符。新忽热古城并非辽朝西南路招讨司经略西夏必经之地，其位置与《郭守敬行状》所载兀郎海距黄河较近、古渠众多而适合屯田记载亦明显不符。综合考虑以上因素，黑山威福军司、兀剌海城位于新忽热古城之说显然并不成立。

鲍桐之文可谓考证兀剌海城址位置唯一研究专文，故在学界或内蒙古影响最大，而贻误学界匪浅。曹永年先生主编《内蒙古通史》既采纳《内蒙古历史地理》兀剌海治所在狼山隘口附近之说，又同时以为其城址应为新忽热古城②；2011 年出版《内蒙古通史》亦以为兀剌海乃"通墙道"之意，位于今新忽热古城③。俄、蒙两位学者言黑山威福监军司行政中心应是兀剌海，黑山应位于今河套地区乌拉山和大青山一带，黑山威福军司驻地、元代兀剌海路中心很可能即鲍桐所考新忽热古城，兀剌海词义为前人所言唐古特语"长城中通道"④。内蒙古文化厅文化处王大方言 2007 年内蒙古自治区文物局应乌拉特中旗人民政府邀请，组织专家实地考察了新忽热古城，考证其城为汉代受降城、唐朝燕然都护府、西夏黑山威福军司、元朝兀剌海城⑤。实际上并无文献依据可证新忽热古城为黑山威福军司或兀剌海城；《中国历史地图集》第二册"并州、朔方刺史部"一图仅将新忽热古城标注为汉代受降城，且此说尚未成为定论；唐朝燕然都护府最初位于西受降城东北四十里，其地显然并非新忽热古城。

张多勇先生 2014 年 7 月 28 日考察了高油房古城，其不同意高油房古城为陆思贤、郑隆斡罗孩城或宋耀良黑山城之说，而径言其考得黑山威福军司驻地应在兀剌海城，即今新忽热古城，但未言依据何在；其以为高油房古城应为北院监军司驻地⑥。张多勇此说并无新意，其不明斡罗孩即兀剌海，在兀剌海地望上直接沿用了鲍桐新忽热古城之说，且刘菊湘、李学江 1998 年已推测高油房古城可能为北院监军司驻地。此后张多勇对西夏政区研究现状进行了简要评述，并以表格形式列举了陈炳应、汤开建、李昌宪、鲁人勇、杨蕤、宋耀良对黑山威福军司，鲁人勇、杨蕤、宋耀良对北院治所

①　《新唐书》卷 137《郭子仪传》，北京：中华书局，1975 年，第 4599 页。

②　曹永年：《内蒙古通史》第 2 册，呼和浩特：内蒙古大学出版社，2007 年，第 305 页。

③　郝维民、齐木德道尔吉：《内蒙古通史》第 3 卷，北京：人民出版社，2011 年，第 217 页。

④　（俄）А·А·科瓦列夫、（蒙）Д·额尔德涅巴特尔：《蒙古国南戈壁省西夏长城与汉受降城有关问题的再探讨》，《内蒙古文物考古》2008 年第 2 期，第 106 页。

⑤　王大方：《内蒙古文物局专家组考察乌拉特中旗新忽热古城》，《内蒙古文物考古》2008 年第 1 期，第 138 页。

⑥　张多勇、张志扬：《西夏京畿镇守体系蠡测》，《历史地理》第 31 辑，上海：上海人民出版社，2015 年，第 331—332 页。

的争议，但仍没有彻底弄清黑山威福军司、北院监军司驻地①。张多勇2016年7月中国历史地理学术研讨会上再次沿袭鲍桐所倡兀剌海或黑山威福军司即新忽热古城之说，并推测高油房古城为《西夏地形图》所标注"黑山威福军"西南之"委林"，乃西夏北院监军司驻地②；其2017年8月第五届西夏学国际学术论坛暨黑水城历史文化研讨会所提交《西夏黑山威福、北院监军司考察研究》一文重申黑山威福军司、北院监军司驻地分别为新忽热古城、高油房古城，并以为其2014年7月29日所考察新忽热古城乃西夏时期古城，黑山威福军司之"黑山"指"狼山-乌拉后山"山系。张多勇在兀剌海词义、位置上均沿袭了前人错误之说，其不明兀郎海山即午腊蒻山、兀郎海山即"黑山"之意，黑山威福军司之"黑山"当为狼山；新忽热古城并非西夏时期古城，且位置偏僻，在其地设立黑山威福军司并不能防备契丹西南路招讨司经天德军、西受降城溯黄河西进中兴府。

12. 杜玉兵兀剌海城即西勃图古城、黑山威福军司即宿亥古城之说

杜玉兵先生以为兀剌海位于狼山隘口或龙首山之说不合情理，其以为"太祖四年，由黑水城北兀剌海西关口入河西"之"北"为"东"之误，并据《西夏书事》"蒙古兵驻斡罗孩城，四处侵掠，安全集右厢诸路兵以拒"之错误记载，推断兀剌海城位于《西夏地形图》由黑水镇燕军司经贺兰山至中兴府之路沿途阿拉善盟吉兰泰附近，当即吉兰泰镇西勃图古城；其以为高油房古城、乌拉山南麓宿亥古城地理位置与《西夏地形图》所标注白马强镇军司、黑山威福军司方位大致相符，并结合高油房古城、宿亥古城城址规模与交通状况，推测两城当分别为白马强镇军司、黑山威福军司驻地；宿亥古城位于阴山山脉中部，阴山又名大青山，蒙古语称"谟喀喇"，汉译为"黑山"，阴山、大青山、黑山，其词义一脉相承，正如黑水城之称镇燕军一般，宿亥古城所设威福军与其所在地名黑山相符③。

杜玉兵将黑山威福军司与兀剌海城视作两处位置不同之地，并不可取；上文已言《西夏书事》有关斡罗孩城位于兴庆府右厢记载实际有误，不足为据；西勃图古城并不位于黄河沿途，而东距黄河近百公里之遥，显然并非兀剌海城；西勃图古城规模十分狭小（内城59×47米，外城30×30米），张多勇先生以为其显然并非监军司遗址，甚至并非西

① 张多勇：《西夏监军司的研究现状和尚待解决的问题》，《西夏研究》2015年第3期，第18—19页。
② 张多勇、李并成：《西夏交通道路考察研究》，《新时代的历史地理学暨东北历史地理研究——2016年中国历史地理学术研讨会论文集》（上），长春，2016年7月，第356页。
③ 杜玉冰：《西夏北部边防与古城》，李范文主编：《首届西夏学国际学术会议论文集》，银川：宁夏人民出版社，1998年，第378—380页。

夏时期古城遗址，其实地考察今阿拉善左旗境内最大西夏古城遗址察罕克日木古城（东西 260 米，南北 250 米）后，推断察罕克日木古城为白马强镇军司驻地，此说可从①；《西夏地形图》所标注诸监军司方位与今实际位置误差较大，据此图难以直接判读出白马强镇军司、黑山威福军司位置，宿亥古城地处西夏东北极边地区，不适宜为监军司驻地，且《契丹国志》载辽朝"正西与昊贼以黄河为界"②，故辽夏边界盖位于唐代天德军西侧、乌拉山嘴一带，宿亥古城可能辽代时期属辽朝辖境、金朝时期始归西夏控制；宿亥古城位于乌拉山南麓，但黑山威福军司之"黑山"或午腊蒻山并非乌拉山、大青山，而当为狼山。

13. 聂鸿音河套以北阴山山脉之说

聂鸿音先生受美国学者 R·邓尼尔（邓茹萍）上文启发，率先发现前人皆未曾注意黑山威福军司之"黑山"西夏文名称与汉文名称之间的对应形式，《宋史·夏国传》"自河北至午腊蒻山七万人，以备契丹"之"午腊蒻"可还原为西夏语 Oranya，此词亦见于《天盛律令》《圣立义海》，二者汉译本中"官黑山""〔卧〕黑山"应改为"午腊蒻"；"午腊蒻"意为"黑山"，即黑山威福军司之"黑山"，指黄河以北唯一山脉——阴山山脉某一段；虽然西夏西北、东北边陲各有一条"黑水"——额济纳河、喀喇木伦，但"黑山"仅西夏东北地区才有，故黑山威福军司驻地应在黄河河套以北阴山山脉附近，《元史·地理志》所载居延故城之"威福军"当为"镇燕军"之误；岑仲勉所引夏真特兀剌海为"长城中通道"之意，纯属没有根据的猜测，与党项语 Oranya 实际词义明显不符；兀剌海通行的蒙古语转写为 Uraqai，兀剌海又称"兀剌城"，暗示此词主要成分为兀剌 ura，很可能为西夏语午腊蒻之午腊 Ora 音译，-qai 为蒙古语中常用的形容词词尾；谭其骧《中国历史地图集》第六册"西夏"一图既将今乌拉山标注为"黑山"，此准确无疑，但此图又将"午腊蒻山"标注在乌梁素海之南，与"黑山"分为两处，并不妥当；该图同时将《辽史·地理志》天德军条"牟那山"视作午腊蒻山别称，但牟那山一般亦视作今乌拉山，牟那山之钳耳嘴则位于乌拉山西端与狼山交接处，所以牟那山实际位置应在《中国历史地图集》所标位置西北方向；宋代汉语西北方言中，"牟那"之"那"与"午腊蒻"之"蒻"同音，代表的应是西夏语 nya（黑）③。

---

① 张多勇：《西夏白马强镇监军司地望考察》，杜建录主编：《西夏学》第 11 辑，上海：上海古籍出版社，2015 年，第 153、154 页。

② （宋）叶隆礼撰，贾敬颜、林荣贵点校：《契丹国志》卷 22《四至邻国地理远近》，北京：中华书局，2014 年，第 239 页。

③ 聂鸿音：《黑山威福军司补证》，《宁夏师范学院学报》2008 年第 4 期，第 67—69 页。

聂鸿音指出"黑山威福军司"之"黑山"即午腊蒻山，兀剌海之"兀剌"盖为"午腊"音译，十分精辟，可惜其没有深入探讨兀剌海城址；唐均先生在聂鸿音所倡西夏文黑山汉字记音为午腊蒻之说基础上，亦以为黑山威福军司之"黑山"指狼山或阴山东〔西〕段[①]。需要补充说明的是，兀剌海之"兀剌"与牟那山之"牟那"、乌拉山之"乌拉"并不可据译音相近而直接勘同；兀剌海之"海"盖并非蒙古语中常用的形容词词尾。乌拉山为阴山支脉，东起昆都仑沟，西至乌拉特前旗西山嘴，虽然今乌拉山南、北分别有西夏时期宿亥古城、唐代天德军两座城池，但两城均位于西夏东北极边与辽朝边界一带，不适宜为监军司驻地。根据文献记载，亦可知元代兀郎海山（今狼山）与木纳山（今乌拉山）截然有别，且二者行政隶属亦不相同。至顺元年（1330年）十月"木纳火失温所居诸牧人三千户、濒黄河所居鹰坊五千户，各赈粮两月"[②]之"木纳"，当即《辽史·地理志》天德军条"牟那山"、《明史·瓦剌传》"也先复逼徙朵颜所部于黄河母纳地"之"黄河母纳地"、《明实录》"阿鲁台与失捏干止余人马万三千，徙居母纳山、察罕脑剌等处"之"母纳山"。"火失温"为蒙古语"山嘴"之意，学界基本公认木纳火失温即今乌拉山西山嘴。木纳火失温鹰坊五千户即明初东胜卫之昔宝赤千户所，则乌拉山嘴以东至东胜州治所元代时期当属中书省大同路东胜州辖区，乌拉山嘴以西后套地区属甘肃行省兀剌海路[③]。午腊蒻山当全部或大部位于黑山威福军司或兀剌海路辖境，故午腊蒻山或兀郎海山当并非东胜州辖境内"木纳"山或今乌拉山。

14. 周松兀剌海即新安州之说

周松先生在王颐《元文类·经世大典序录·屯田》"甘肃"条"宁夏屯：西安州置司，塔塔里置屯"之"西安州"为"新安州"之误一说基础上，推断元英宗时期塔塔里屯田万户府可与新安州相对应或位于新安州，新安州屯田的正式名称为塔塔里军民屯田万户府屯田；新安州应为西夏兀剌海城、元代兀剌海路，但其没有说明依据何在，且不赞同王颐兀剌海为兀剌城，位于今内蒙古五原县或乌拉特前旗境内之说，而在兀剌海词义上采纳了陶克涛所倡兀剌海为族名，即卧梁劲特族之错误观点，在兀剌海位置上采纳了鲍桐所倡新忽热古城一说[④]。

然而，周松文中所附地图将新安州之"新屯田府"标注在乌加河北岸附近，但此与

① 唐均：《西夏文记录的一水三山》，杜建录主编：《西夏学》第9辑，上海：上海古籍出版社，2013年，第355页。
② 《元史》卷34《文宗本纪三》，北京：中华书局，1976年，第768页。
③ 周松：《元代黄河漕运考》，《中国史研究》2011年第2期，第148—149页。
④ 周松：《元代黄河漕运考》，《中国史研究》2011年第2期，第147—148页。

新忽热古城（其以为即新安州）距乌加河一百余里之遥相矛盾，且新忽热古城处群山环绕盆地之中，并不适合设立屯田万户府；元代塔塔里军民屯田万户府并不位于新忽热古城，其营司或万户府公廨实际位于今高油房古城。周松之说主要学术价值在于其率先推测新安州即兀剌海，但令人遗憾的是，其误以为元代新安州为"方圆［围］七里，并无人烟"废城，未结合今后套西夏古城考古发现准确定位新安州位置，而沿袭了兀剌海即新忽热古城之说。

15. 杨浣兀剌海之"兀剌"即乌拉山之"乌拉"之说

杨浣、许伟伟两位先生以为牟那山即《宋史·夏国传》"午腊蒻山"、《续资治通鉴长编》"卧啰［娘］山"，今乌拉山，乃夏辽前沿阵线的据点；黑山威福军治所则列举了周清澍河套北部狼山口附近、聂鸿音河套以北阴山山脉附近之说①。此外，杨浣先生据《元史·地理志》"太祖四年，由黑水城北兀剌海西关口入河西，获西夏将高令公，克兀剌海城"记载，重申前人以下观点：此"黑水城"之"黑水"即耶律大石自天德军丰州"北行三日，过黑水，见白达达详稳床古儿"之"黑水"、《蒙古游牧记》乌喇特旗北二百里之喀喇木伦；此"黑水城"与《元史·太祖本纪》1226 年二月"取黑水等城"之"黑水（城）"应为一城，而濒临喀喇木伦，其城当即日本学者箭内亘所言"黑水新城"或靖安路；靖安路原名黑水新城，新城当得名于旧城（被蒙古军）残破后择地重建，或略有迁移而距旧城不远，新旧黑水城应均位于汪古部世居之地靖安路；其并提出以下主要观点：

兀剌海位于《元史·地理志》"黑水城"东北方向；此"黑水城"之"黑水"即箭内亘所拟黑水新城之"南流于乌剌忒部，涸于黄河之北之哈喇木伦（黑河）附近"之"哈喇木伦"，亦即《水道提纲》昆都仑河西北源头"喀喇木楞"，即今昆都仑河西北源头塔布河；此"黑水城"即黑水新城，今塔布河以西 200 千米达尔罕茂明安联合旗艾不盖河北岸敖伦苏木古城；自艾不盖河放眼周围，得名黑水的河流最近者即昆都仑河上游喀喇木伦，故真正之"黑水城"其实坐落在昆都仑河上游喀喇木伦之滨；兀剌海城所在即黑水城之北，并非阴山山脉西段狼山山隘北口，而应为中段乌拉山与大青山交界处；兀剌海城得名于今乌拉山，因兀剌海城又称作兀纳城，"兀纳"与"乌拉"读音上可以勘同，故乌拉山即"兀剌山"；兀剌山即《元和郡县图志》与《辽史·地理志》"牟那山"、《宋史·夏国传》"午腊蒻山"，兀剌海城即鲍桐所言新忽热古城②。

---

① 许伟伟、杨浣：《夏辽边界问题再讨论》，《西夏研究》2013 年第 1 期，第 67、69 页。
② 杨浣：《他者的视野：蒙藏史籍中的西夏》，银川：宁夏人民出版社，2013 年，第 85—91、105、113、126 页。

杨浣对兀剌海或黑山威福军司位置相关论述多沿袭前人旧说,甚至对新忽热古城建筑形制与出土文物二百余字介绍源自严重失实之网络报道,而其新创己见则多有讹误。箭内亘所言黑水新城之"哈喇木伦"确实为《水道提纲》昆都河西北源头"喀喇木楞",但此河并非今四子王旗塔布河,而当为今达尔罕茂明安联合旗艾不盖河,哈喇木伦即塔布河之说盖沿袭宋耀良之错误观点;陈得芝先生已详考黑水新城之"黑水"为爱毕哈河(艾不盖河),此己为学界定论,毋庸赘论[①];塔布河并非昆都仑河西北源头,昆都仑河西北源头"喀喇木楞"当为《大清一统舆图》八排西一"大同府、胡胡和屯"一图所标注"坤都伦必拉(今昆都仑河)"北部"喀拉穆伦必拉",该图同时将新忽热古城附近"色尔腾阿林(今色尔腾山)"山麓之河流标注为"锡拉穆伦必拉(当即今摩楞河)",今塔布河(其下游今称沙尔木伦高勒)标注为"锡拉穆伦必拉(今沙尔木伦高勒)"[②];塔布河西距艾不盖河仅 200 里,并非 200"公里",而艾不盖河(敖伦苏木古城)又西距摩楞河(新忽热古城)200 余里;兀剌海城并非得名于乌拉山,"兀纳"与"乌拉"并不可勘同,史籍并无乌拉山为"兀剌山"之记载;牟那山为今乌拉山,午腊蒻山为今狼山,故牟那山并非午腊蒻山;《元史》"黑水城"与"黑水等城"当为黑水镇燕军司或亦集乃城,并非黑水新城,因为汪古部 1204 年已归附蒙古,成吉思汗 1226 年征夏无需攻取汪古部政治中心黑水新城,且黑水新城始建于忽必烈时期。

杨浣对可以直接确定兀剌海方位之《郭守经行状》"兀郎海"、《永乐大典》"兀郎海山下旧新安州故城"之兀郎海山、新安州位置没有详考,却率先以今乌拉山之"乌拉(蒙古语"山"之意)"与元代兀剌海之"兀剌"相勘同,首倡兀剌海城得名于乌拉山之说,未免失之武断;其既不明昆都仑河、艾不盖河、塔布河、摩楞河之关系或方位,亦不明阴山山脉乌拉山、大青山、色尔腾山、狼山之区别,以致虽推断兀剌海位于"黑水城"东北方向,但其所考兀剌海城(新忽热古城)却位于其所考黑水城(喀喇木伦之滨敖伦苏木古城)西南,且既将黑山威福军司之黑山或兀剌海之兀剌山比定在乌拉山,又自相矛盾将兀剌海城比定在色尔腾山、摩楞河流域新忽热古城。总体而言,杨浣盖因不熟悉蒙古经略西夏军事地理、进军路线,故对黑山威福军司、黑水城、兀剌海地望的考述多不可从。

---

① 陈得芝:《耶律大石北行史地杂考》,中国地理学会历史地理专业委员会、《历史地理》编辑委员会主编:《历史地理》第 2 辑,上海:上海人民出版社,1982 年,第 55 页。

② 《大清一统舆图》,北京:全国图书馆文献缩微复制中心,2003 年,第 105—106 页。

二、兀剌海词义

　　欲明兀剌海地望，应先弄清其词义，以及兀剌海与黑山威福军司关系。关于兀剌海词义，俄国传教士夏真特所倡党项语"长城中通道"之说影响最大，其释斡罗孩（Ouiraca）之 Oui、ra、ca 分别为"中""壁""通路"。此外，学者马顺平以为《明实录》洪武五年（1372 年）六月戊寅条之"忽剌罕"系蒙古语"红色"之意，转写颇多，今内蒙古后套一带兀剌海（斡罗孩、兀剌孩、兀郎海）即其同名之一例①。学者李俊义、吴迪以为《辽史》所载辽之属国或部族"斡朗改"即王延德《高昌纪行》"卧梁劾特"部族、《元史》"兀剌海"②，此说与马顺平之说实乃牵强附会，不足为据。聂鸿音先生以为黑山威福军司之"黑山"即午腊蒻山，午腊蒻乃西夏语"黑山"o-ra-nja 音译（o 为专门表音字，无词汇意义，ra 意为山，nja 意为黑），午腊蒻可还原为西夏语 Oranya，其基本词义为"黑山"（ranya）；兀剌海（斡罗孩）Uraqai 又称"兀剌城"，暗示其主要成分为 ura，qai 为蒙古语中常用的形容词词尾，因 ura 在蒙古语中无解，故兀剌海之"兀剌"ura 可能为西夏语午腊蒻之"午腊"Ora 音译；无论如何，夏真特"长城中通道"之说与党项语 Oranya 实际词义明显不符③。

　　史籍所载兀剌海译音给人以颇为混乱之感，兀剌海、兀剌孩、斡罗孩、兀剌城、兀纳城（兀纳剌）、兀郎海、兀良海牙，宝音德力根先生告知笔者上述地名实际均可拟音为 Uraqai。笔者赞同聂鸿音所倡兀剌海源自西夏语午腊蒻、元代兀剌海城即西夏黑山威福军司之说。《宋史·夏国传》之"午腊蒻山"，《续资治通鉴长编》作"卧啰娘山"，此山亦即黑水城出土俄藏文献 Д x .2822《杂字》"地分部第十九"之"卧啰娘"。孙伯君先生告知笔者卧啰娘之"娘"读作 nya（汉语河西方音没有鼻韵尾），党项语意为"黑"，卧啰娘与午腊蒻在唐五代西夏河西方音一致。因此，卧啰娘与午腊蒻当均为西夏语"黑山"，元代称此山为"兀郎海山"。学者唐均以为午腊蒻 o-ra-nja 一词中心语素为 ra"山"，nja"黑"属性质形容词，o 具体语义与功能需进一步探索④。综合前人诸说，兀剌海、兀郎海似乎为午腊蒻（卧啰娘）被蒙古人修改后的西夏语形式。

---

　　① 马顺平：《洪武五年明蒙战争西路战役研究》，达力扎布主编：《中国边疆民族研究》第 3 辑，北京：中央民族大学出版社，2010 年，第 9 页。

　　② 李俊义、吴迪：《〈辽史〉中的"斡郎改"名称沿革考》，《赤峰学院学报》2016 年第 2 期，第 10 页。

　　③ 聂鸿音：《黑山威福军司补证》，《宁夏师范学院学报》2008 年第 4 期，第 68—69 页。

　　④ 唐均：《西夏文记录的一水三山》，杜建录主编：《西夏学》第 9 辑，上海：上海古籍出版社，2013 年，第 355 页。

需要指出的是，若兀剌海之"兀剌"ura 为西夏语午腊荔"午腊"Ora 音译、ra 意为山，则兀剌海一词似乎并不含有"黑"之意，且前人对兀剌海之"海"的解释存在较大分歧。例如，夏真特释为西夏语"通路"，聂鸿音释为蒙古语中形容词后缀，克恰诺夫释为西夏语"圈定的居住地"。此外，王静如先生以为西夏国都衣儿格依（Irgai）当为西夏语，王国维、陈寅恪尚未论其词义，衣儿格依之"格依"、朵儿蔑该之"该"、兀喇海（兀喇孩）之"海"、斡罗孩（可拟音为*Kharaghai，或即哈喇霍讬 Khara Khoto，"黑城"之意）之"孩"，加于地名之尾，作 gei 或 ghai 之音，或许意为城堡；西夏语"城"或"州"音为"嵬"，"嵬"古音 ηwai，西北方音可定为 ηwai 或 gwai 及 gai，似乎可将衣儿格依、兀喇孩、斡罗孩分别译为衣儿城、兀喇城、斡罗城①。

然而，兀喇海（兀喇孩）即斡罗孩，斡罗孩并非哈喇霍讬 Khara Khoto "黑城"之意。朵儿蔑该即《经世大典·站赤》至元二十五年（1288 年）正月条"朵儿灭"、《元史·世祖本纪》至元二十二年（1285 年）五月戊子条"朵里灭该"，其地即灵州。《蒙古秘史》第 267 节称灵州城为"朵儿蔑该巴剌合速（巴剌合速为蒙古语"城"之意）"，《蒙古秘史》第 276 节"朵儿蔑该"旁译为"下等"之意，故朵儿蔑该可能为灵州的蒙古语称呼，朵儿蔑该之"该"未必为西夏语"城""州"之意。

关于西夏国都，《史集》载其城西夏语称 Äriqai、蒙古语称 Eriqaya②。伯希和先生对《马可波罗游记》Egrigaia 注曰：毫无疑问其地即宁夏府，《蒙古秘史》作额里合牙（Äri-qaya）；拉施特《史集》载 Erqaya 乃宁夏府这一地名的蒙古语形式，但其唐古特（西夏）形式为 Irqai（=Irγai?），Irγai 在《蒙古源流》中出现五次；马可波罗所言宁夏府地名的蒙古语形式，似乎为蒙古人所修改后的西夏语形式，改以 qaya 收尾，即"rock（岩山）"之意；从《蒙古秘史》与《史集》来看，其译音应采用《马可波罗游记》FAt 本中 Erigaya 这一形式；《元史》中也里合牙、也吉里海牙*Ägri-qaya 当即马可波罗所言 Egrigaia（？＜*Egricaya），其形式未必为蒙古人修改之初的西夏语形式，也许为方言，因为其似乎暗示了一个较为常用的蒙古语词汇 Ärgi-qaya，"the steep rock（陡峭的岩山）"之意③。

元代史籍多称西夏国都中兴府为额里合牙（也里合牙、也里海牙、也吉里海牙），笔者以为《史集》所载此城的西夏语、蒙古语称呼在读音上区别不大，且词义应当一致。

---

① 王静如：《西夏研究·引论》第 1 辑，《民国丛书》编辑委员会编：《民国丛书》第 5 编 45 册，上海：上海书店，1996 年，第 6—7 页。

② 《史集》，W.M.Thackston 英译本，Cambridge：Harvard university, 1998, p.261.

③ Paul Pelliot. *Notes on Marco Polo*, Paris: Imprimerie Nationale Librairie Adrien-Maisonneuve, 1963, p.641.

无独有偶，兀剌海亦称兀郎海、兀良海牙，且兀良海牙似乎为较正规称呼。至正十七年（1357 年）九月，元廷"以（御史大夫）老的沙为中书省平章政事兼兀良海牙［都］指挥使"[1]；且国内目前已发现至正廿二年（1285 年）、至正廿三年（1286 年）"兀良海牙百户印"铜印各一方，其印面八思巴文汉译为"兀良海牙屯田百户印"，"兀良海牙"拉丁文转写为 u laŋ hay ya，印文八思巴字第二字系"浪"的译音 laŋ[2]。海牙、合牙元代常用于地名，如《蒙古秘史》第 148、151 节载成吉思汗一处冬营地名为"忽八合牙（《亲征录》作"忽八海牙山"、"忽八海牙儿"）"，伯希和以为 Quba-qaya 似乎为突厥语"Rocher fauve pâle"之意[3]，日本学者村上正二亦以为此词为突厥语"灰鼠色的岩山"之意[4]。此外，《金华黄先生文集》卷四三《太傅文安忠宪王家传》之"海牙里"即《元史·宪宗本纪》之"海押立"，海押立（Qayaliq）为突厥语，意为"有峭壁之地""有秃岭之地"[5]。因此，额里合牙之"合牙"有可能为伯希和所言"岩山"之意，而并非西夏语"城""州"之意。

《蒙古秘史》称兀剌海、西凉分别为"兀剌孩巴剌合速""额里折兀"，可知兀剌孩城全称为"兀剌孩巴剌合速"（亦称兀剌海城、斡罗孩城、兀剌城、兀纳城），且元代时期原西夏州城地名之尾并非皆附有 gei 或 ghai 之音。此外，西夏黑水镇燕军司或黑水城元代一般称亦集乃，《元史·世祖本纪三》亦称"亦即纳"，《圣武亲征录》称"亦即纳城"，《史集》中译本称"亦失黑-巴剌合孙"，可知"亦集乃"虽可代指黑水镇燕军司或黑水城，但其本身词义并不含有"城"。同理，兀剌海虽可代指黑山威福军司或黑山城，但其本身词义盖并不含有"城"，即兀剌海盖并非"黑山城"之意。

总体而言，朵儿蔑该之"该"、兀剌海之"海"、额里合牙之"合牙"或也里海牙之"海牙"、兀良海牙之"海牙"，其词义均尚无定论，仅可肯定兀剌海之"海"与兀良海牙之"海牙"同义；关于兀剌海之"海"与朵儿蔑该之"该"、也里海牙之"海牙"与兀良海牙之"海牙"关系，以及兀剌海之"海"词义，笔者不敢妄断，暂且存疑。兀剌海之"海"具体语义虽无定论，但笔者仍以为兀剌海基本词义为西夏语"黑山"，因为欲确定兀剌海一词词义，尚可自兀剌海与黑山威福军司关系、唐兀地面西夏与元朝时期行政区划角度予以探讨。

关于兀剌海与黑山威福军司关系，《西夏地形图》将"黑山威福军"标注于西夏东

① 《元史》卷 45《顺帝本纪八》，北京：中华书局，1976 年，第 939 页。
② 照斯那图、薛磊：《元国书官印汇释》，沈阳：辽宁民族出版社，2011 年，第 146 页。
③ Paul Pelliot. *Histoire Des Campagnes De Gengis Khan*, Leiden: E. J. Brill, 1951, p.418.
④ 〔日〕村上正二：《モンゴル秘史 2 チンギス・カン物语》，东京：平凡社，1972 年，第 6 页。
⑤ 刘迎胜：《察合台汗国史研究》，上海：上海古籍出版社，2006 年，第 606 页。

北边境黄河北岸阴山山脉一带，北邻鞑靼界、东邻契丹界；《郭守敬行状》反映"兀郎海"或兀剌海城位于中兴路、东胜州之间"古渠甚多"之今后套地区，且兀剌海位置与1209 年成吉思汗自漠北攻克兀剌海城后经克夷门直抵中兴府进军路线相符，可推知黑山威福军司与兀剌海路辖区均位于今后套地区，故前人所言兀剌海城即黑山威福军司或黑山城之说可从。元代甘肃等处行中书省下辖七路：甘州路、永昌路、肃州路、沙州路、亦集乃路、宁夏府路、兀剌海路，甘州、肃州、沙州（今甘肃敦煌）直接沿用西夏时期旧名；宁夏府路（又称中兴路）、亦集乃路名称分别源自西夏时期中兴府、黑水镇燕军司；永昌路乃在西夏时期西凉府（即凉州）基础上设立的，永昌（路）与宁夏（府路）均为汉语雅称。上述七路除亦集乃、兀剌海两路之外，其他五路均为汉语地名，且唯独兀剌海地理位置与地名词义迄无定论。聂历山（N.A.Nevskii）言亦集乃可能相当于西夏语*Rzie-niä，"黑水"之意，其说可从[①]。元代亦集乃城即西夏黑水城，亦集乃路、黑水镇燕军司均得名于辖境内之"黑水"，此"黑水"当即黑水城出土俄藏文献 Д x .2822《杂字》"地分部第十九"之"黑水"，今额济纳河。虽然唐兀地面西夏与元朝时期行政区划有军司与路的不同称谓，但从行政区划与地名沿革的双重角度考虑，亦集乃（路）与黑水（镇燕军司）辖区、词义在西夏-元朝时期应当一致。以此类推，既然元代兀剌海城即黑山威福军司或黑山城，兀剌海（路）与黑山（威福军司）行政辖区、地名词义亦应当一致。前人多不明或忽视元代甘肃行省行政区划，没有从行政区划与地名沿革角度考虑亦集乃路与黑水镇燕军司、兀剌海路与黑山威福军司之前后对应关系。

鉴于元代亦集乃路、兀剌海路分别得名于西夏黑水镇燕军司之黑水、黑山威福军司之黑山，且黑山威福军司之黑山即午腊蒻山（卧啰娘山）、兀郎海山，故兀郎海或兀剌海一词基本词义当与午腊蒻一致。总之，可以肯定兀郎海山即午腊蒻山，西夏语"黑山"之意，兀剌海、兀良海牙基本词义当亦为西夏语"黑山"，而兀剌海城以兀郎海山而得名，其城正规全称为"兀剌孩巴剌合速"。

三、兀剌海地望

1. 兀郎海山位置

有助于直接确定兀郎海山位置的史料主要为《永乐大典》所收《经世大典》"塔塔

---

① Paul Pelliot. *Notes on Marco Polo*, Paris: Imprimerie Nationale Librairie Adrien-Maisonneuve, 1963. p.638.

里仓"史料所载"屯田万户府仓敖廨宇,本府(即塔塔里军民屯田万户府)与所委官那怀等议,合于兀郎海山下旧新安州故城内建,四向立屯为便,据合用物料,照会河东宣慰司早为建造。相视兀郎海山下旧新安州故城,方围七里,并无人烟,黄河沿路别无村疃,西至宁夏路七百里。若修上项公廨,合用木植,令宁夏(路)计料收用买,顺流运至古城,或于纳怜平远仓募夫匠建立,诚便"①。引文之"兀郎海山下旧新安州故城"、"古城"与"塔塔里仓"整则史料他处所载"屯田故城""旧新安州""旧新安州古城",应均指新安州;其之所以称"屯田故城""旧新安州"当因其即忽必烈时期"宁夏等处新附军万户府屯田"或"宁夏屯:西安州置司,塔塔里置屯"②之"西〔新〕安州",而为宁夏等处新附军万户府营司;新安州亦即耶律楚材 1227 年随蒙古军班师途中至东胜州之前所路经之夏国新安县,其地元代不知何时升新安州。

《经世大典》"塔塔里仓"史料载新安州"西至宁夏路七百里(水陆不详,但距离大致相当)"、东胜州境内之忙安旧仓"陆地相距屯田故城七百余里",则新安州当位于宁夏路、东胜州两地之间今后套地区。新安州"方围七里",按元制,每里二百四十步,每步五尺,前人考证元代每尺约合今 34.81 厘米,元代每里约合今 417.7 米,新安州方围按元制约合今 2924 米③。今后套地区古城仅高油房古城、五份桥城址(今内蒙古五原县丰裕乡五份桥村东,属汉代古城,城墙东西约 1000 米,南北约 700 米)与"方围七里"大致相符,且两者距宁夏路、东胜州大致均约七百余里④。高油房古城为现知最大规模西夏古城遗址,曾出土过大量西夏文物,故高油房古城更可能为新安州遗址。

上文"兀郎海山下旧新安州故城"出现两次,说明新安州位于兀郎海山下。新安州"西至宁夏路七百里。若修上项公廨,合用木植,令宁夏计料收用买,顺流运至古城",可知新安州位于黄河之滨,故兀郎海山亦应濒临黄河。1265 年,都水少监郭守敬言"向自中兴还,特命舟顺河而下,四昼夜至东胜,可通漕运。及见查泊、兀郎海古渠甚多,可为修理"⑤,亦反映兀郎海或兀郎海山位于中兴路至东胜州沿途黄河岸边,"古渠甚

① (明)解缙:《永乐大典》卷 7511《仓》,北京:中华书局,1986 年,第 3399 页。
② (元)苏天爵:《元文类》卷 41《经世大典序录·屯田》,四部丛刊初编本。
③ 杨平:《从元代官印看元代的尺度》,《考古》1997 年第 8 期,第 89 页。
④ 前人对高油房古城规模有不同说法,据学者张多勇 2014 年 7 月调查,高油房古城城墙东西 811 米、南北 856 米,周长 3334 米,载张多勇、张志扬:《西夏京畿镇守体系蠡测》,中国地理学会历史地理专业委员会、《历史地理》编辑委员会编:《历史地理》第 31 辑,上海:上海人民出版社,2014 年。
⑤ (元)齐履谦:《知太史院事郭公行状》,(元)苏天爵:《元文类》卷 50,四部丛刊初编本。

多"而适宜屯田。元代后套地区黄河主流为北河（今乌加河），因而新安州、兀郎海山当均距乌加河不远。今高油房古城乃至五份桥城址周边之山仅有阴山山脉狼山，前者北距狼山石兰计沟南口约 15 千米，后者北距狼山约 30 千米。据笔者 2016 年 10 月 31 日对高油房古城、狼山口古城（今内蒙古乌拉特中旗石兰计乡石兰计沟南口南 2 千米，城墙东西宽约 110 米、南北长约 300 米，盖为唐代西受降城旧城）、石兰计沟、奋斗村古城（今内蒙古乌拉特中旗乌加河镇奋斗村南 500 米，城墙东西约 450 米，南北约 400 米，即唐代西受降城新城）实地调查，自高油房古城抬头北望即可见高耸之狼山阙口，且高油房古城、狼山口古城至奋斗村古城一线沿途山脉仅有狼山。因此，兀郎海山当即今高油房古城北之狼山。兀郎海山亦即午腊蒻山、卧啰娘山、黑山威福军司之"黑山"。兀郎海（兀刺海、兀良海牙）之所以基本词义为"黑山"，当主要因其山远望黝黑使然，事实上石兰计沟南口一带山石近观为红褐色。

前人所考黑山威福军司之"黑山"或兀郎海山位置，除阴山山脉之说大致准确外，其他诸说多不得要领。尤其是不能以山名相同，简单将黑山威福军司之"黑山"与史籍所载某黑山直接勘同，因古代文献中的黑山并不专指一处，而有多处。此外，今大青山、乌拉山、色尔腾山、狼山均为阴山山脉，虽然岑仲勉先生率先推测兀刺海位于今狼山隘口北附近，但其说论证过程存在较明显错误；其他学者亦多据读音相近误将午腊蒻山或兀郎海山比定为牟那山、母纳山、木纳山、穆尼乌拉、乌拉山，事实上兀刺海之"兀刺"与牟那山之"牟那"、乌拉山之"乌拉"并不存在对应关系。

需要补充说明的是，黑山威福军司之"黑山"，乃至兀郎海山（午腊蒻山、卧啰娘山）有可能为俗称或别称。因高油房古城正对狼山石兰计山口或两狼山口，即汉高阙塞遗址，高阙既为塞名，亦为山名，自高油房古城抬头北望即见两狼山两座高耸入云的山峰以及两峰之间阙口，疑兀郎海山原名高阙山，因远观山体发黑又称黑山。此外，天宝八载（749 年）天德军西北二百里、中受降城西北五百余里木刺山下可敦城所置横塞军遗址目前尚无定论，主要有狼山口古城、新忽热古城两说。横塞军所在之木刺山即《太白阴经·关塞四夷篇》"黄河北道"条"道历阴山、牟那山（今乌拉山）、龙门山、牛头山、铁勒山、北庭山、真檀山、木刺山、诺真山，涉黑沙道，入十姓部落故地"之"木刺山"，亦即王忠嗣神道碑"盛师临木刺"之"木刺"，乃唐代经略漠北之军事重地。若横塞军城址为狼山口古城，则木刺山为今狼山，午腊蒻山盖源自木刺山；若横塞军为今新忽热古城，则木刺山即今色尔腾山。因"诺真山"盖位于诺真水（今艾不盖河）一带，"黑沙道"盖即东受降城北七百里黑沙碛口入漠之路，故木刺山更可能即诺真山西南之今色尔腾山，因而午腊蒻山当并非源自木剌山。

2. 兀剌孩巴剌合速位置

弄清兀郎海山词义与位置后，可深入探讨兀剌海城位置。周松先生首倡新安州即兀剌海，虽系主观推测，缺乏具体论证，但笔者以为其说可从，具体理由如下：

其一，从甘肃行省行政区划来看。"甘肃等处行中书省，为路七、州二、属州五"[①]，即宁夏府路（领灵州、鸣沙州、应理州）、沙州路（领瓜州）、永昌路（领西凉州）、亦集乃路、肃州路、甘州路、兀剌海七路以及山丹州、西宁州二州，可见甘肃行省行政区划设置十分简单，主要为路、州两级（按：宁夏府路尚领怀远县、灵武县、河渠县），其全境所辖州甚少，且亦集乃路、肃州路、甘州路三路治所即州城。因此，兀剌海路亦可能仅辖一州。

关于新安州与兀剌海关系，新安州位于兀郎海山下，显然应属兀剌海路。兀剌海路所领州县不详，其治所按理为兀剌海城或兀剌孩巴剌合速。兀剌海城以兀郎海山得名，兀剌海城应邻近兀郎海山或亦位于兀郎海山下。今狼山之北并无大规模西夏古城遗址，既然新安州、兀剌海城均邻近兀郎海山或位于兀郎海山下，则新安州应邻近兀剌海城。新安州"方围七里，并无人烟"，当指城内无人居住，城外应居有百姓，故其并非废城。兀郎海山下新安州之高油房古城北距狼山 15 千米，乃现知城址规模最大西夏古城，故兀剌海路治所有可能为辖境内城址规模最大之新安州，而新安州当附郭。盖因新安州或新安县北邻午腊蒻山，故又称黑山城，西夏于其地立黑山威福军司，元代改称兀剌海。

其二，从兀剌海路境内屯田万户府营司与屯所来看。《经世大典》"塔塔里仓"整则史料中"本府""万户府""屯田万户府"，即仁宗延祐六年（1319 年）十二月己巳"河西塔塔剌（即塔塔里，蒙古语"水渠"之意）地置屯田，立军民万户府"[②]之"军民万户府"，此屯田万户府正式名称为"塔塔里军民万户府"或"塔塔里军民屯田万户府"[③]。笔者据 1337 年伯颜兼领置屯"宁夏"之宣镇侍卫屯田万户府（亦称宣镇侍卫亲军都指挥使司，其衙司或侍卫府设于京师）、1338 年唐兀氏卜兰台"观光京师"时被置屯"河西塔塔剌"之塔塔里军民屯田万户府剡辟为百户、1357 年老的沙兼任兀良海牙［都］指挥使以及今内蒙古准格尔旗沙圪堵镇纳林城所出土至正廿二年（1285 年）"兀良海牙

---

① 《元史》卷 60《地理志三》，北京：中华书局，1976 年，第 1449 页。

② 《元史》卷 26《仁宗本纪三》，北京：中华书局，1976 年，第 593 页。

③ 穆朝庆、任崇岳：《〈大元赠敦武校尉军民万户府百夫长唐兀公碑铭〉笺注》，《宁夏社会科学》1987 年第 1 期，第 89 页。

（屯田）百户印"而反映其时甘肃行省设有兀良海牙（屯田）万户（府），一系列与甘肃行省屯田相关之事，已考老的沙兀良海牙［都］指挥使官衔即兀良海牙（屯田）万户，顺帝时期宣镇侍卫屯田万户府由塔塔里军民屯田万户府改立而成，因其置屯或置司于兀良海牙（兀剌海路）又称兀良海牙（屯田）万户（府），故其时塔塔里军民屯田万户府、宣镇侍卫屯田万户府、兀良海牙（屯田）万户（府）实际为同一万户府；且忽必烈时期宁夏等处新附军万户府、仁宗与英宗时期塔塔里军民屯田万户府、顺帝时期宣镇侍卫屯田万户府或兀良海牙（屯田）万户（府）置屯、置司地区均一致，即元代不同时期兀剌海路屯田均为新安州置司、塔塔里置屯[1]。《经世大典》"塔塔里仓"整则史料载"塔塔里诸屯田"主要位于纳怜仓北，纳怜仓（纳怜平远仓）陆路距新安州七十里，且塔塔里军民屯田万户府议于兀郎海山下新安州故城建万户府公廨，并在新安州"四向立屯"，此反映新安州适宜屯田或设有屯田。因此，元代兀剌海路屯田主要分布在纳怜仓以及其西部七十里新安州一线。

郭守敬言"查泊、兀郎海古渠甚多，可为修理"，"查泊"当即《大元一统志》宁夏府路"古迹"条"茶泊屯：在宁夏路灵州东北境，大河之西""信嵬屯：在宁夏路灵州大河之东，与茶泊相对""枣园屯：在宁夏路灵州之北"[2]之"茶泊"。茶泊、信嵬、枣园三屯亦即《经世大典序录·屯田》甘肃行省"营〔宁〕夏营田司屯"所辖"枣园、纳怜站、唐来渠尾"三屯，因信嵬屯位于"大河之东"、茶泊屯位于"大河之西"，且唐来渠位于今黄河西岸，可知茶泊屯即"唐来渠尾"屯所。郭守敬所言"古渠甚多，可为修理"之"查泊"后于唐来渠尾设立茶泊屯，而"兀郎海"所在之兀剌海路元代亦曾设有屯田，故查泊、兀郎海两地屯田当均据郭守敬考察建议而设。郭守敬1265年所言"兀郎海"当指兀郎海山或兀剌海城，因其时兀郎海之地尚未设立兀剌海路，而隶属西夏中兴等处宣抚司。此外，"古渠甚多，可为修理"而适宜屯田，已暗示"兀郎海"之地水渠盖为西夏所开凿，故"兀郎海"很可能指分布有河渠、耕田百姓之兀剌海城。兀剌海城得名于兀郎海山，因而郭守敬所言"兀郎海"核心区域当位于"古渠甚多，可为修理"而适宜屯田之兀剌海路曾立屯田地区。进而言之，兀剌海城可于郭守敬所言"兀郎海"或兀剌海路屯田地区内寻之。

兀剌海路新安州至东部七十里纳怜仓一线屯田地区，其周边现存古城遗址主要为高

---

① 王社教、石坚军：《元代塔塔里屯田与粮仓新考》，《中国边疆史地研究》2017年第2期，第94—95页。

② （元）孛兰肹撰，赵万里校辑：《元一统志》卷6《甘肃等处行中书省》，北京：中华书局，1966年，第550页。

油房古城、狼山口古城、奋斗村古城、五份桥城址，其中高油房古城、狼山口古城为西夏时期城址。因新安州之高油房古城为现知最大规模西夏城址，且新安州为宁夏等处新附军万户府、塔塔里军民屯田万户府、兀良海牙（屯田）万户（府）营司或管理机构所在地，故兀剌海城若位于兀剌海路屯田地区，兀剌海城当即新安州。因此，兀良海牙（屯田）万户（府）盖得名于置司兀良海牙或兀剌海路。

其三，从高油房古城地理位置与周边交通来看。原内蒙古巴彦淖尔市文物工作站赵占魁先生据巴彦淖尔市临河区古城乡古城（即高油房古城）文化层与出土遗物，以为此城始建于汉代，唐宋金乃至明清均有沿用或改建现象，并推断其为汉临河县故理、张仁愿景龙二年（708 年）所筑（旧）西受降城；其言古城乡古城北约 30 里石兰计乡尚有一处石兰计古城（即狼山口古城），狼山口（即石兰计沟南口）一带山势格外险要，为整个阴山之冠，尤其是被称作两狼山的两座山峰尤为高峻，耸入云霄，两峰之间的狼山口为后套通往漠北最为捷近的一条故道，此狼山北口附近古城堡（即石兰计沟障址）即高阙戍[①]；其并告知笔者石兰计古城发现较多汉代陶片，西夏时期沿用了此城。赵占魁之说大致可从，需要补充说明的是，虽然《元和郡县图志》载西受降城"盖汉朔方郡地，临河县故理处"，但史载张仁愿筑三受降城于"河北"或"河外"以扼突厥南下之路，且《旧唐书·回纥传》载"西城，即汉之高阙塞也"，因汉高阙塞即今石兰计山口，故旧西受降城盖为石兰计山口南部之狼山口古城。

高油房古城北距黄河北河乌加河约 5 千米，北距狼山口古城约 13 千米，北距狼山最大通道石兰计山口约 15 千米，前人已言汉高阙塞位于今狼山石兰计山口，自石兰计山口去匈奴龙庭之路里程最为捷近，迄今仍有草原自然道路可以直达[②]。西汉高阙塞为自古出军之路，由（新）西受降城西北出高阙塞、自鸊鹈泉北入碛而至回鹘牙帐之回鹘西路，为唐代中原至漠北最主要交通路线[③]。敦煌本《驿程记》所载"至西受降城宿"之前所"至谷南口宿"之"谷南口"，很可能即高阙塞之今石兰计沟南口，而反映高阙塞在唐代之重要交通地位。《双溪醉隐集》卷二《高阙》《澜揲》两诗载阿里不哥之乱、昔里吉之乱时，元军曾分别"掩遗敌于高阙塞境"、取敌辎重于"河南地"澜揲（盖即库结沙），可知元初阿里不哥、昔里吉叛军皆曾自漠北取道回鹘西路经高阙塞南下今后

①　赵占魁：《内蒙古后套平原古城考——兼与王北辰先生商榷》，《内蒙古社会科学》1993 年第 4 期，第 62—64 页。
②　鲍桐：《高阙地望新探》，史念海主编：《中国历史地理论丛》1993 年第 2 辑，第 78 页。
③　严耕望：《唐代交通图考》第 1 卷，"中央研究院"历史语言研究所，1985 年，第 217、227 页。

套①。另外，元代兀剌海路纳兰不剌仓（即纳怜仓）向漠北四大军镇的军粮运输路线，亦沿用了出高阙塞之回鹘西路。高油房古城、狼山口古城可谓均控扼回鹘西路之要冲，且两城地处辽朝自漠北西北路招讨司经古回鹘城（即回鹘牙帐）南下、自西南路招讨司经（新）西受降城西进的两条进军路线的交叉路口。高油房古城地处乌加河之南，较狼山口古城更加易守难攻，故高油房古城汉唐西夏元朝时期当为后套交通枢纽与军事重镇。

《西夏地形图》标注有"黑水镇燕军""黑山威福军"，前者位于甘州祁连山北，毗邻鞑靼界、回鹘界，后者位于西夏东北黄河北岸山中，毗邻鞑靼界、契丹界。前人据今北京图书馆善本特藏部万历三十六年（1608年）《宋两名相集》初刻本所收录《西夏地形图》，彻底否定此图绘制于清代之说，并考证此图绘制于北宋时期，具体时间不迟于北宋大观二年（1108年）②。西夏黑水镇燕军司元朝改称亦集乃，而明代《混一疆理历代国都之图》明确将"亦集乃"标注在居延泽西南、甘州北。因此，《西夏地形图》所标注黑山威福军司位于后套阴山毗邻鞑靼界、契丹界应当可从。兀剌海城前身西夏黑山威福军司乃为防备辽朝而设，从控扼辽朝用兵西夏进军路线与兀剌海城地处蒙古军自漠北南下交通孔道来看，黑山威福军司或兀剌海城最可能为高油房古城。

综合考虑以上因素，若新安州"方围七里"记载属实，且其城墙未被黄河冲毁或人为拆毁，新安州城址当即今高油房古城。新安州即西夏新安县，元代升新安州。"新安"之城名盖为蒙古军自黑山威福军司退兵后西夏新取之雅称，而暗示其屡遭蒙古铁骑围攻。兀剌孩巴剌合速或兀剌海城很可能即新安州，而兀剌海路治新安州；兀剌海城亦即西夏黑山威福军司驻地，甚至可能为北院监军司驻地。

四、结　语

蒙古时代显赫武功霸业与丰富地理知识，与目前中外学界对元代军事史与历史地理的薄弱研究状况形成了较鲜明对比。尤其是蒙古与西夏战史学界较少关注，研究代表俨然以民间学者为主，且中外学者引据史料主要为错误迭出之《西夏书事》，不得不承认蒙夏战史研究实际上仍处于起步阶段，故蒙古与西夏屡次鏖战之兀剌海地望在学界有诸

① （元）耶律铸：《双溪醉隐集》卷2，国家图书馆藏吴长元钞本，典藏号08509。
② 黄盛璋、汪前进：《最早一幅西夏地图——〈西夏地形图〉新探》，《自然科学史研究》1992年第2期，第177—180页。

多歧说异辞。黑山威福军司或兀剌海地望可谓蒙夏战史中最为棘手的一个学术问题,以致中外诸多史学名家长期以来未弄清黑山威福军司与兀剌海之等同关系,以及兀剌海词义、地望。纵观前人一个多世纪来对黑山威福军司或兀剌海地望的研究概况,可知马可波罗学、西夏学、元史、历史地理、文物考古相关领域中外学者多有论及,并提出较多创新之见,但聚讼纷纭,令人莫衷一是。兀剌海地望之所以迄无定论,主要原因之一为中外学者相关研究成果没有得到详细梳理辨析,各领域学者多各陈己见,前人所提出若干重要的准确观点没有引起学界重视。

笔者在伯希和、R. 邓尼尔、王颋、陈炳应、聂鸿音、周松等中外学者研究基础上,结合实地考察,得以初步确定兀剌海地望与基本词义。事实上考订兀剌海地望并不十分烦琐复杂,首先需厘清其与黑山威福军司之等同或沿革关系,弄清其词义与兀剌海城以山命名之事,然后通过兀郎海山位置,结合考古发现以寻其城。诚然,兀剌海地望具体考证过程需充分利用宋元时期舆图、文献史料以及考古调查资料,综合参考国内外各领域学者相关成果,并熟悉后套地区西夏—元朝时期行政区划、古城遗址分布,元代几个屯田万户府建置沿革、营司、屯所、粮仓以及屯粮向漠北运输路线。上文主要为笔者对前人有关黑山威福军司、兀剌海地望研究成果的详细述评,进而提出若干个人浅见,暂抛砖引玉,希望学界日后加强对元朝时期唐兀地面史地研究,并从语言学角度深入探讨兀郎海与午腊蒻(卧啰娘)语源关系,以及兀剌海之"海"、朵儿灭该之"该"、额里合牙之"合牙"、兀良海牙之"海牙"音义异同。

吴澄之族谱序跋所见宗族与修谱

——以元初江西抚州及周边为中心

屈 斌 王晓薇

（中山大学 历史学系，广东 广州，510275；河北大学 宋史中心，河北 保定，071002）

摘 要： 元初著名理学家、抚州崇仁人吴澄（1249—1333 年）作有族谱序跋三十余篇，集中于家乡抚州及周边地区。吴澄所作族谱序跋的核心是自立论，认为宗族的发展在于后人能够立德、立功、立言，而非仰赖祖宗的福荫。元初抚州及周边宗族在王朝更替的过程中新旧隆替，与时俯仰。族谱之编修几与元初赋役制度在江西的推行同步，有证明儒户身份、规避徭役的潜在意图。吴澄叙谱不仅志在推行儒家仁义理念，且更着力探讨自立于宗族延续与发展的重要意义。

关键词： 元初；吴澄；宗族；族谱；修谱

吴澄（1249—1333 年），字幼清，晚字伯清，抚州崇仁（今属江西）人。自幼聪敏好学，曾于度宗咸淳六年（1270 年）中选乡贡。南宋亡后，隐居乡里，潜心著述。武宗至大元年（1308 年），被征召为国子监丞，历任司业、翰林学士、经筵讲官等职，卒谥文正。吴澄在元代理学中具有崇高地位，与许衡并称"南吴北许"。世传《吴文正集》由其孙吴当所编，"文集尚裒然盈百卷"，"片言只字，无不收拾"①。该书所收族谱序跋多达 38

---

① 《〈吴文正集〉提要》，（清）永瑢、纪昀等：《景印文渊阁四库全书》第 1197 册，台北：台湾商务印书馆，1986 年，第 2 页。

篇，在同时期的文人著述中尤为少见。同时，吴澄所序跋之族谱又多集中于其家乡抚州及其周边地区。宋代江西地区文化发达，抚州及其周边地区形成了以家族为主体的地方精英社会①。元初吴澄以著名理学家和朝廷官员的身份，为家乡各宗族写下众多族谱序跋，为我们深入分析他的宗族观念和认识当地的宗族状况，提供了极具价值的研究个案。宋末元初这一历史转折时期，地方宗族的实际状况如何？儒家士大夫的宗族观念究竟又有何变化？对宋元文集之族谱序跋研究，学人已有了较多关注②。然对《吴文正集》所收吴澄族谱序跋研究，似还未引起足够重视。笔者不揣浅陋，略加探讨。不妥之处，还请方家指正。

一、《吴文正集》所见抚州及周边的宗族与修谱

在《吴文正集》收录的族谱序跋中，约有 33 篇是吴澄为其家乡抚州及周边宗族之谱而作。为了对元初抚州及其周边地区的宗族与修谱情况有一个比较全面的了解，我们首先依据吴澄文集中所收族谱序跋制成表格如下（表 1）：

表 1　吴澄所作族谱序跋所见元初抚州及周边的宗族与修谱

序号	名称	迁居、世系	族况	修谱情况	居处	出处
1	清江皮氏世谱序	长沙醴陵→新淦、安国→清江崇学	有商，有农，有士，有预贡者，有擢科者，以至于有百里之宰，有千里之侯	南雄总管之子皮潜示予世谱	清江崇学	卷 32
2	井冈陈氏族谱序	自殿中丞始，中丞于晋公为伯兄	可谓著矣	丰城井冈陈思式谱其族	丰城井冈	卷 32
3	庐陵王氏世谱序	至河东迁江南廿有余世	名隶选举者众矣	中行述世谱以传	庐陵	卷 32
4	詹氏族谱序	乐安多詹姓，而崇仁簿一族文物尤盛	多文儒	贡士叔厚谱其族；子世忠示予	崇仁	卷 32
5	丰城县孙氏世谱序	丰城钜族；吴兴以后旷数百年失其系；五世以后亦阙，一二世莫详所自	代有科名；人人被服儒术；一族聚处彬彬，文物视昔无衰杀也	九世谱之，经十一世伯温、十二世沅增广，十四世求重修；其族兄用拙示予	丰城同造里	卷 32

---

① Robert P. Hymes. *Statesmen and Gentlemen: The Elite of Fu-Chou, Chiang-His, in Northern and Southern Sung*, London：Cambridge University Press, 1886；周鑫：《韩明士：〈官宦与绅士：两宋江西抚州的精英〉》，《中国社会历史评论》第 7 卷，天津：天津古籍出版社，2006 年，第 411—420 页。

② 相关研究成果可参见席永春：《元人文集家谱序中的元代宗族》，《中共宁波市委党校学报》2005 年第 3 期；《元代南部中国的宗族组织——读 251 篇元代谱序》，上海：复旦大学硕士学位论文，2005 年；常建华：《杨士奇之族谱序跋所见宗族与修谱——以明初江西泰和及吉安为中心》，张国刚：《中国社会历史评论》第 5 辑，北京：商务印书馆，2007 年；《罗钦顺的族论与谱论——以江西泰和及吉安为中心》，上海图书馆编：《中华族谱研究——中国族谱国际学术研讨会论文集》，上海：上海科学技术文献出版社，2000 年；《元人文集族谱序跋数量及反映的谱名与地区分布》，《史学集刊》2008 年第 6 期。黄超、王善军：《宋代族谱序跋所涉宗族的地域分布》，《大连大学学报》2012 年第 1 期等。

续表

序号	名称	迁居、世系	族况	修谱情况	居处	出处
6	邓氏族谱后序	金溪多著姓，为抚州五邑之甲，邓其一也。邓氏第六派尤盛	贡士、太学弟子、贡进士科及第出身者不一，仕于郡邑，为部使、朝官，俱有之；民皆习战	今通山主簿希颜与予素厚善，因观其族谱	金溪	卷32
7	罗山曾氏族谱序	武城子舆父子以学显于鲁，在汉为都乡侯→王莽时避地豫章；南城甘山、崇仁咸溪→唐末五代甘山支三分：水口、藤山、南丰；咸溪族迁于吉之松江；罗山、流坑	尚存诗书礼义之风	观南丰、松江二族所叙记	崇仁罗山	卷32
8	庐陵娄氏家谱序	今庐陵归仙之谱本谯郡第七子之系也	在宋擢科者几十，与贡者几三十人，然未有卓然名世者也	娄天章以其父止善所修家谱征序语予	庐陵	卷32
9	睢阳王氏族谱引	不知出自何系，用婺时氏、韦氏葬忠义村凤凰冈者为第一世，珪、赟、昕为第二世	王昕为杭州推官	杭州推官王昕	宜黄	卷32
10	青云吴氏族谱序	初建昌之吴主崇仁簿垍于青云乡之张而家焉，浸以繁衍；邑南之沧原、临川之彭泽，皆其分派	族之文声大振；治儒术，有恒产	视予者其十九世孙任字景尹	崇仁青云乡	卷32
11	横冈熊氏族谱后序	所从来远矣；豫章熊氏之族别奚翅数十族，同姓而不同谱，昭穆莫相通	—	熊氏原翁自叙其谱几千言	吉安	卷32
12	丰城徐氏族谱序	丰城富城乡之徐，自宋末资政公以宿学硕望在朝乡里，遂称为名族	今虽时异事殊，族之人犹有好习儒、耻作非者	资政族曾孙宗礼之子本以其族谱示予	丰城富城乡	卷32
13	珠溪余氏族谱序	自祖传四世，五世二干分五支，十世而五支之分，凡三十有一	二三百户六七百口；玉甫始为儒，族孙璲嗣为儒	外舅玉甫之族孙璲谱其族	建昌永丰	卷32
14	东川陈氏族谱序	乐安东川之陈自宋代号为著姓，既富且文	族之隆视昔未替；子孙皆肯学	庭芝名文秀，重修族谱	乐安	卷32
15	桐木韩氏族谱序	韩氏二族尤莫盛于桐木韩家，韩縡参政忠宪公亿始盛	其盛也，非但名位功业而已，皆知以礼义学问为事	卷首有韩涧公（元吉）序；炳正以其族谱示予	南宋寓居上饶	卷32
16	宜黄谭氏族谱序	宋末号为盛；盛大者一二支而已，衰弱者固多也，甚则绝族；十五世	其在国朝受朝命亦五六	有旧谱，十世孙观修新谱	宜黄	卷32
17	龚氏族谱序	乐安诸乡之族其久且著者，龚坊之龚其一也，盖出宋初至于今十六传	敦尚诗书，持循礼法，各务本实，以殖其生，依稀淳古之风焉	谱牒逸，一德字汝明追修，克昌字士龙者补之，任字希尹者及士龙俱叙其端	乐安	卷32

续表

序号	名称	迁居、世系	族况	修谱情况	居处	出处
18	宜黄吴氏族谱序	崇仁大姓；自朝散以来至于今殆将十世	正科者二、特科者二、贡者凡五、仕者凡七，富而贤者，振振如也，其族可谓盛也	京玉伯父修族谱；予与主簿君交游如亲兄弟；其从子京玉示予览之	宜黄	卷32
19	龙云李氏族谱序	谱自讳德昌字天德者始	—	八世孙慧孙字景能始谱之；九世孙济老字济可示余	永丰龙云	卷32
20	宜黄曹氏族谱序	曹监镇为初祖	宋季号宦族、儒族；宋祚已讫，其子孙能保守家产传习儒业	旧有谱。十三世理以其旧谱求予序	宜黄曹坊	卷32
21	巴塘黄氏族谱序	黄于宋祥符七年甲寅始自华容侨寓于此，止父子两人	代有科名；今虽稍衰替，而犹有人不坠世资，不废儒业	淳熙末旧谱；宝祐中重修；景定、至大间续；黄栝之孙复亨备其未备请予序	乐安巴塘	卷32
22	吕城刘氏族谱序	乐安忠义乡吕城之刘，云盖乡双龙之分派也	不甚蕃衍，心术皆良善，伦纪皆笃厚，习尚皆文雅	季行所述，有橄有序；季仁子祖衡、季说子润之示予	乐安忠义乡	卷32
23	金溪吴氏族谱序	以宋初讳词者为初祖，传至于今十有四代	其族赀产盛、文儒盛，宋之季以科名显者相踵，而宋亡矣，诗书礼义之习逮今犹前日，其盛未替也	不追补而强合；谱其所可知，不谱其所不可知	金溪	卷32
24	云盖乡董氏族谱序	宋南渡以前，董极盛之时隶求于吉，绍兴中年，抚增置乐安一县，始割吉之云盖乡隶抚。由是，董氏乃为抚之属民	自祥符八年至咸淳七年擢进士科近三十人；仕宦之众，莫之与伦，至于今从事辞章者不匮	董之裔有庆重修族谱；有庆弟天泰持以示予	乐安云盖	卷32
25	中山赵氏家谱序	齐秦康惠王之苗裔	以神明之胄于今为庶	赵德齐自叙家谱以述祖	永丰	卷32
26	沔阳尹氏家世跋	自京襄避地南迁，初寓豫章之吴城镇，继而居临川城中	居士君年老爱仙佛言不肯阿随，其子仲富浮湛州县从事几三十年，同时自京襄南来者，或至显官，俱其亲故	—	临川城中	卷54
27	跋乐氏族谱	以宋初少保公乐史为初祖	抚州登科记宋初自乐氏始；今时代已革，而乐氏子孙福泽犹未艾	十八世孙渊咸淳末与余同荐名于礼部	崇仁	卷55
28	题欧阳世谱后	（文忠）公之子孙留颖，而二百年后永丰之裔	—	旧谱，续谱。授余谱者惟梅山人吉翁	吉州永丰	卷55
29	题吴德昭世家谱	季子邑延陵为百世受氏之宗源，同流分曼，衍乎天下	—	鄱阳宗人以鄱君谱示予	饶州鄱阳	卷56
30	题澶渊孟氏族谱后	临川之孟其先自澶渊伏道村徙开封长垣县，南渡四传而中太公始居临川，临川之系且八九世矣	自端拱讫德祐垂三百年，仕宦不绝，与宋相始终，族亲雍，家庭礼法蔼然，圣贤遗风	中太公五世孙仕君所叙族谱；六世孙濬川寄示	临川	卷57

续表

序号	名称	迁居、世系	族况	修谱情况	居处	出处
31	题臧氏家谱后	臧氏自隋骠骑将军传七世，至工部尚书之父始居饶之浮梁，而尚书七子布濩流衍，	其世爵之延、家业之富、本支之蕃，遂为江东右族，七百年而未替，	—	饶州浮梁	卷58
32	题严氏四世家传后	四世	—	严凤阳为其曾大父、大父作传，为其父作铭；其友朱同孙铭其父传及其身后之传	庐陵	卷58
33	题唐西平王李氏族谱后	西平十五子，南土百年孙；节度开今派，将军著古源	缙绅从此盛，不是出寒门		抚州古源	卷93

通过表1可知，吴澄所序抚州及周边33个宗族分属皮、陈、王、詹、孙、邓、曾、娄、吴、熊、徐、余、韩、谭、龚、李、曹、黄、刘、董、赵、乐、欧阳、孟、尹、臧、严27姓，其中王氏2族、陈氏2族、吴氏4族。不过从谱序看，这些同一姓氏下的若干族是否属于同源支系，并非修谱者关注的重点。

从谱名看，世谱5例、族谱23例、家谱2例、世家谱1例、家传1例、家世1例。族谱、宗谱、家谱是宋代以来比较常见的谱名，在33篇谱中，"族谱"多达23例，可知元初抚州及周边的谱牒以"族谱"最为流行。而以"世谱"名谱，可能与欧阳修所创修谱式有关。他在《欧阳氏谱图序》中提出："谱图之法，断自可见之世，即为高祖，下至五世玄孙而别自为世。此法，记录人的世系及旁支分支以表格图式进行表述。"[1]欧阳修是永丰人，这种修谱的方式在其家乡周边地区被后人仿效不足为奇。永丰欧氏后裔也是以"世谱"命名其谱的。"家世"即宗族世系。"家传"则是叙述家人事迹以传示子孙的传记，严氏作四世家传，自曾大父至严凤阳，显然与撰修家谱有着同样的意图："欲文之传永久"[2]。吴澄笔下的抚州及周边宗族，谱名不同，其谱之体例和内容也或有所不同。

从迁居、世系看，上述宗族多系当地著姓，自外迁来者不多，仅1、3、7、21、26、30、31等计7例明确指出其族迁移有自，其中第7（王莽时）、21（祥符七年，1014年）、30（南渡）例比较明确指出了始迁的时代，没有明确记载始迁时代的，第3、26、31例可以根据谱序内容做出大致的推断：庐陵王氏"自河东迁江南至今廿有余世"[3]，

① （宋）欧阳修：《欧阳修全集》卷74《欧阳氏谱图序》，北京：中华书局，2001年，第1066页。
② （元）吴澄：《吴文正集》卷56《题严氏四世家传后》，（清）永瑢、纪昀等：《景印文渊阁四库全书》第1197册，台北：台湾商务印书馆，1986年，第574页。
③ （元）吴澄：《吴文正集》卷32《庐陵王氏世谱序》，（清）永瑢、纪昀等：《景印文渊阁四库全书》第1197册，台北：台湾商务印书馆，1986年，第338页。

大概当在唐宋之际迁于此；宋元京襄之战发生在南宋末嘉熙年间，尹氏约在此时避乱迁往江西吴城镇；臧氏"自隋骠骑将军传七世，至工部尚书之父始居饶之浮梁"①，迁移年代或在唐中期。值得注意的是，吴澄序跋中的本地宗族也大都以唐宋时期特别是宋代作为家谱之始，且初祖多系仕宦。出现此现象的可能原因有两种：一是这些宗族唐宋以前的世系难以追溯："自宗子法废而族无统，唐人重氏族，故谱牒家有，唐以后不能然，苟非世贵富多文儒族之派系，往往湮沦而莫考。"②二是他们在唐宋时期始迁该地。后者与常建华先生考述明初泰和及吉安宗族谱牒所得出的结论是一致的③。不过，吴澄所作族谱序跋却并未提到这些宗族的迁居情况及原因。

从族况看，抚州及周边唐宋以来多著族大姓。不少宗族诗书传家，文献不绝，仕宦显著，第 1、2、3、4、5、6、7、8、10、12、14、15、16、17、18、20、21、23、24、25、27、30、31、32 计 24 例均是。至于元初，这些宗族失了祖宗的荣光，仅第 16 例中所叙宜黄谭氏"在国朝受朝命亦五六"④，然而在他们的族谱以及吴澄所作序跋中，这些宗族中人却仍能"传习儒业"⑤，"不废儒业"⑥，此尤需注意。有的宗族前代不著，元初方显，如第 9、13 例。这些宗族在当地文化、经济和社会方面享有较高的地位与声誉。

上述族谱序跋中，有 12 例未记载修谱人，贡士（第 4 例）、推官（第 9 例）、应试举人（第 13 例）各 1 例，其余 18 例未记载身份，照情理说应当是族中地位较高有一定文化的人。修谱者多为士人。而除了地缘外，这些序跋中，明确反映"示予谱者"或其族人与吴澄关系的只占少数，同朝和同官有 4 例，朋友 4 例，同年 1 例，不过朋友中的第 6、18 例实际上也是同朝关系，同朝与朋友关系有相当大的重叠。第 13、22 例有姻亲关系，前者为其外舅之族，后者为其祖姑夫族。还有同姓宗人 1 例，地处与抚州不

---

① （元）吴澄：《吴文正集》卷 58《题臧氏家谱后》，（清）永瑢、纪昀等：《景印文渊阁四库全书》第 1197 册，台北：台湾商务印书馆，1986 年，第 577 页。

② （元）吴澄：《吴文正集》卷 32《庐陵王氏世谱序》，（清）永瑢、纪昀等：《景印文渊阁四库全书》第 1197 册，台北：台湾商务印书馆，1986 年，第 338 页。

③ 常建华：《杨士奇之族谱序跋所见宗族与修谱——以明初江西泰和及吉安为中心》，张国刚编：《中国社会历史评论》第 5 辑，北京：商务印书馆，2007 年。

④ （元）吴澄：《吴文正集》卷 32《宜黄谭氏族谱序》，（清）永瑢、纪昀等：《景印文渊阁四库全书》第 1197 册，台北：台湾商务印书馆，1986 年，第 343 页。

⑤ （元）吴澄：《吴文正集》卷 32《宜黄曹氏族谱序》，（清）永瑢、纪昀等：《景印文渊阁四库全书》第 1197 册，台北：台湾商务印书馆，1986 年，第 345 页。

⑥ （元）吴澄：《吴文正集》卷 32《巴塘黄氏族谱序》，（清）永瑢、纪昀等：《景印文渊阁四库全书》第 1197 册，台北：台湾商务印书馆，1986 年，第 346 页。

相邻近的饶州鄱阳县。关于修谱情况，其中第 20 例为旧谱，指出属于续修和重修的有第 5、14、15、16、17、21、24、28 计 8 例，属于创修的有 13 例，余 11 例未明确，从序跋内容推断，亦当属新修谱。显然，抚州及周边宗族在元代初期掀起了一股修谱热潮。

二、吴澄以自立为中心的族论与谱论

宋元易代，"微贱崛起，赫赫称雄者比肩接踵，旧家之能如昔者固间有之，而亦寡矣"[①]，其中有些宗族"盛大者一二支而已，衰微者固多也，甚则绝族"[②]。吴澄有感于此，在为抚州及周边宗族作族谱序跋时，每每谈到"自立"问题，这是他最重要的宗族观。他指出："有起自犁锄之公相，有降在皂隶之世家，从古以然。为人子孙者，思自立而已矣。族姓之或微或著何算焉。能自立欤，虽微而浸著；不能自立欤，虽著而浸微。盛衰兴替亦何常之有，惟自立之为贵。"[③]易言之，宗族的发展当在于后人的自修、自立，而非仰赖祖宗福荫。"族之显晦不专系乎富贵贫贱也。苟位极乎公卿，财雄乎乡里，一时固号显族矣，数代之后而消歇，则昔之赫赫以显者能保其不昧昧以晦耶"？对于世俗"以富贵而显"的看法，吴澄始终持批评态度，他在《庐陵娄氏族谱序》中更是疾声反问："世之谱其族者不知其几，至今人称欧谱、苏谱者何与，以永叔、明允之言立故也，是岂以富贵而显哉？"[④]吴澄提出宗族的"常显不晦"，"在乎德立、功立、言立也"[⑤]。

他在《云盖乡董氏族谱序》中，对董氏宗族与乐、曾、王、蔡、晏五族做了比较："乐安云盖乡之董，计科名多于曾、蔡与晏，校其爵位，亦在乐、蔡之上"，"抚之六族而论仕宦之众，莫与之伦"。族谱所叙董氏先辈富贵如斯，吴澄却不以为然，他坚持"超越五族，盖有在科名爵位之外者"，"保姓受世祀之不绝，不若立德、立功、立言之不朽"，"惟南丰曾氏、荆国王氏可以当言之立继，此董氏之子孙倘能立功、立德，

---

① （元）吴澄：《吴文正集》卷 32《东川陈氏族谱序》，（清）永瑢、纪昀等：《景印文渊阁四库全书》第 1197 册，台北：台湾商务印书馆，1986 年，第 342 页。

② （元）吴澄：《吴文正集》卷 32《宜黄谭氏族谱序》，（清）永瑢、纪昀等：《景印文渊阁四库全书》第 1197 册，台北：台湾商务印书馆，1986 年，第 343 页。

③ （元）吴澄：《吴文正集》卷 32《井冈陈氏族谱序》，（清）永瑢、纪昀等：《景印文渊阁四库全书》第 1197 册，台北：台湾商务印书馆，1986 年，第 337—338 页。

④ （元）吴澄：《吴文正集》卷 32《庐陵娄氏家谱序》，（清）永瑢、纪昀等：《景印文渊阁四库全书》第 1197 册，台北：台湾商务印书馆，1986 年，第 340 页。

⑤ （元）吴澄：《吴文正集》卷 32《庐陵娄氏家谱序》，（清）永瑢、纪昀等：《景印文渊阁四库全书》第 1197 册，台北：台湾商务印书馆，1986 年，第 340 页。

则其不朽之实将与孔门之颜闵、周室之太召、有商之伊傅、唐虞之皋契并，其德立，其功立，下视曾王二氏之言立，且不足贵"①。同样地，他在《清江皮氏世谱序》中也强调"夫德之立、功之立、言之立，三者有其一，则光其祖显其族莫大乎是，而非徒世宦之谓"②。足见立德、立功、立言于宗族延续之意义。不过，对"世宦"的态度并不表明吴澄否认科名、仕宦的重要性，相反他对以自身功业振兴宗族的个人尤为赞赏。如睢阳王氏家世不显，甚至"曾大父、大父无名讳而墓为河流所啮"，直到王昕才进入仕途，"吏治有声"，并自为第二世编修家谱。吴澄对此高度评价说："推官能吏治有声，绩宜足以昌其子孙。"③珠溪余氏自玉甫"始为儒"，其族孙余璲"嗣为儒"，"慎行循理，庶几乎学有根柢，谱其族"，吴澄遂"嘉之而序"④。

在吴澄看来，宗族"自立"以族人能善继祖先遗志为前提，如《詹氏族谱序》中的詹叔厚"尝仿欧阳氏世谱谱其族，所以孝夫本原、仁夫支派者，用意甚厚"，"至于家庭父子之告语，俾敦天秩隆学殖，贫贱者明义，富贵者好礼，则其言可为天下后世之丕训，非但可施之一族而已"⑤。《吕城刘氏族谱序》中季行"儒业行俱修，不忝其先拳拳用意于族谱之一事，既成，有檄檄其族，有序序其谱"，吴澄以韩子言嘉许之："仁义之人，其言蔼如也。"⑥立言即立德。族谱可以启后、警后，在于通过儒家仁义道德激励后人。仁义就是宗族承上启下的力量源泉。同时，诗书传家也是吴澄叙谱时明确强调的，如罗山曾氏"至于今尚存诗书礼义之风，将有复兴之渐"⑦；青云吴氏"此族之人治儒业、有恒产，视昔未替"，吴澄认为这是"先世之所积者厚、所遗者远"⑧；丰城徐氏"宋祚终今，虽时异事殊，然族之人犹有好习儒，耻作非者，其可期于复盛

① （元）吴澄：《吴文正集》卷32《云盖乡董氏族谱序》，（清）永瑢、纪昀等：《景印文渊阁四库全书》第1197册，台北：台湾商务印书馆，1986年，第347页。

② （元）吴澄：《吴文正集》卷32《清江皮氏世谱序》，（清）永瑢、纪昀等：《景印文渊阁四库全书》第1197册，台北：台湾商务印书馆，1986年，第337页。

③ （元）吴澄：《吴文正集》卷32《睢阳王氏家谱引》，（清）永瑢、纪昀等：《景印文渊阁四库全书》第1197册，台北：台湾商务印书馆，1986年，第341页。

④ （元）吴澄：《吴文正集》卷32《珠溪余氏族谱序》，（清）永瑢、纪昀等：《景印文渊阁四库全书》第1197册，台北：台湾商务印书馆，1986年，第342页。

⑤ （元）吴澄：《吴文正集》卷32《詹氏族谱序》，（清）永瑢、纪昀等：《景印文渊阁四库全书》第1197册，台北：台湾商务印书馆，1986年，第338页。

⑥ （元）吴澄：《吴文正集》卷32《吕城刘氏族谱序》，（清）永瑢、纪昀等：《景印文渊阁四库全书》第1197册，台北：台湾商务印书馆，1986年，第346页。

⑦ （元）吴澄：《吴文正集》卷32《罗山曾氏族谱序》，（清）永瑢、纪昀等：《景印文渊阁四库全书》第1197册，台北：台湾商务印书馆，1986年，第340页。

⑧ （元）吴澄：《吴文正集》卷32《青云吴氏族谱序》，（清）永瑢、纪昀等：《景印文渊阁四库全书》第1197册，台北：台湾商务印书馆，1986年，第341页。

也"①；等等。足见诗书之义对宗族兴盛的重要性。

吴澄还将宗族的兴衰与王朝的命运联系起来，认为王朝更替不应成为宗族发展的掣肘，从而进一步突出了宗族"自立"的重要性，如金溪邓氏在靖康之变中便与傅氏"起民兵翼卫有功"，终宋之世"不废民皆习战"，"邻寇无敢犯邑"，宋灭亡后，邓氏并没有"与国咸休"，子孙"犹有贵富者"②；青云吴氏，"时运既更，凡旧族鲜不陵替，独此族之人治儒业、有恒产，视昔未替"③；东川陈氏，"自宋代号为著姓，既富且文，入国朝五十年而族之隆视昔未替，它族鲜或能及也"④；桐木韩氏"自金人取中原，皇元一四海，更二大变，而韩氏至于今有子孙"，"宋之祚已终，韩之泽未泯"⑤；宜黄曹氏"在宋季所以号宦族、儒族，而望于其邑者也。宋祚已讫，其子孙能保守家产、传习儒业者尤有人"⑥；金溪吴氏，"宋之季，以科名显者相踵；而宋亡矣，诗书礼义之习逮今犹前日，其盛未替也"⑦；等等。这些宗族之所以没有随着王朝的衰亡而沦于湮灭，皆是因为其族子孙能够"自修""自立"。《宜黄吴氏族谱序》中所谓"觇国之兴者，以其人才之众；验家之兴者，以其子孙之贤"⑧，说的也是这个道理。

吴澄对宗族"自立"的期望，往往在谱序结尾的寄语中表现出来。他在《清江皮氏世谱序》最后说："故以穆叔之告范氏者告皮氏，皮氏勉诸。"此典故在该序中已作交代："范宣子言其虞夏以来保姓受氏之远，而叔孙穆叔以立德、立功、立言告。"⑨在《井冈陈氏族谱序》指出："余欲其知所警知所勉也，而为题其端，苟有省，于是则亢

---

① （元）吴澄：《吴文正集》卷32《丰城徐氏族谱序》，（清）永瑢、纪昀等：《景印文渊阁四库全书》第1197册，台北：台湾商务印书馆，1986年，第342页。
② （元）吴澄：《吴文正集》卷32《邓氏族谱后序》，（清）永瑢、纪昀等：《景印文渊阁四库全书》第1197册，台北：台湾商务印书馆，1986年，第339页。
③ （元）吴澄：《吴文正集》卷32《青云吴氏族谱序》，（清）永瑢、纪昀等：《景印文渊阁四库全书》第1197册，台北：台湾商务印书馆，1986年，第341页。
④ （元）吴澄：《吴文正集》卷32《东川陈氏族谱序》，（清）永瑢、纪昀等：《景印文渊阁四库全书》第1197册，台北：台湾商务印书馆，1986年，第342页。
⑤ （元）吴澄：《吴文正集》卷32《桐木韩氏族谱序》，（清）永瑢、纪昀等：《景印文渊阁四库全书》第1197册，台北：台湾商务印书馆，1986年，第343页。
⑥ （元）吴澄：《吴文正集》卷32《宜黄曹氏族谱序》，（清）永瑢、纪昀等：《景印文渊阁四库全书》第1197册，台北：台湾商务印书馆，1986年，第345页。
⑦ （元）吴澄：《吴文正集》卷32《金溪吴氏族谱序》，（清）永瑢、纪昀等：《景印文渊阁四库全书》第1197册，台北：台湾商务印书馆，1986年，第347页。
⑧ （元）吴澄：《吴文正集》卷32《宜黄吴氏族谱序》，（清）永瑢、纪昀等：《景印文渊阁四库全书》第1197册，台北：台湾商务印书馆，1986年，第344页。
⑨ （元）吴澄：《吴文正集》卷32《清江皮氏世谱序》，（清）永瑢、纪昀等：《景印文渊阁四库全书》第1197册，台北：台湾商务印书馆，1986年，第337页。

身亢宗其庶几乎？"所题正是"惟自立之为贵"句①。在《庐陵王氏世谱序》也写道："王氏子孙继此能自修以振于时，则此谱之传将愈久而愈光。"②强调自修的重要性。在《庐陵娄氏家谱序》末了，吴澄更是给了娄氏子孙以当头棒喝："功之立，则汉建信、唐谯郡其人也。继今娄氏之子孙能如先世之立功，斯亦汉唐之娄也。况或能立德，则又有过于二人者乎？娄氏子孙勉之，它人之序奚足恃？所以久存其谱者，盖不在是也。"③族兴当在"自立"。

基于自立论的宗族思想，吴澄阐述了族谱的重要性和对族谱功能的看法。他认为"族可不谱乎，上无以志本原之所自，中无以志枝条之所分，下无以志流派之所系，不谱不可也"，"苟亲族之谱不传，则数世之后，其枝条、流派亦将如旁族之不可考"④。"述世谱以传"即当为元初抚州及周边诸多宗族修谱之初衷，一者示己"不忘本"；二者期望宗族"愈久而愈光"⑤。如吴澄幼年便曾听闻众口夸谈巴塘黄氏"宗支之蕃衍，文物之光华，声誉之烜赫"，后稍有衰替，"黄族之盛虽不如昔"，但其苗裔仍希望通过"传其谱于久远"，而使其宗族复振，于是从淳熙末便一直致力于纂修家谱⑥。澶渊孟氏迁于临川后，"虽当更运之后，犹能自振拔以不陨坠，修其谱牒，明其世次，绳绳不紊，以有俟于方来"，用意亦可谓深远⑦。再如东川陈氏重修族谱，也是要"以示后人所期一族之子子孙孙殆未易涯涘也"⑧。修纂家谱是贤能子孙所致力愿为，反过来也彰显了宗族后继有人，如《丰城县孙氏世谱序》中提到孙氏家谱"重修已再而三，事迹之续编亦再而三"，"考据之审，纂述之勤"，以至吴澄大为感慨："于此不惟见孙族才人之盛，而旧家文献之足征，其可

① （元）吴澄：《吴文正集》卷 32《井冈陈氏族谱序》，（清）永瑢、纪昀等：《景印文渊阁四库全书》第 1197 册，台北：台湾商务印书馆，1986 年，第 338 页。
② （元）吴澄：《吴文正集》卷 32《庐陵王氏世谱序》，（清）永瑢、纪昀等：《景印文渊阁四库全书》第 1197 册，台北：台湾商务印书馆，1986 年，第 338 页。
③ （元）吴澄：《吴文正集》卷 32《庐陵娄氏家谱序》，（清）永瑢、纪昀等：《景印文渊阁四库全书》第 1197 册，台北：台湾商务印书馆，1986 年，第 340 页。
④ （元）吴澄：《吴文正集》卷 32《横冈熊氏族谱后序》，（清）永瑢、纪昀等：《景印文渊阁四库全书》第 1197 册，台北：台湾商务印书馆，1986 年，第 341 页。
⑤ （元）吴澄：《吴文正集》卷 32《庐陵王氏世谱序》，（清）永瑢、纪昀等：《景印文渊阁四库全书》第 1197 册，台北：台湾商务印书馆，1986 年，第 338 页。
⑥ （元）吴澄：《吴文正集》卷 32《巴塘黄氏族谱序》，（清）永瑢、纪昀等：《景印文渊阁四库全书》第 1197 册，台北：台湾商务印书馆，1986 年，第 345—346 页。
⑦ （元）吴澄：《吴文正集》卷 57《题澶渊孟氏族谱后》，（清）永瑢、纪昀等：《景印文渊阁四库全书》第 1197 册，台北：台湾商务印书馆，1986 年，第 564 页。
⑧ （元）吴澄：《吴文正集》卷 32《东川陈氏族谱序》，（清）永瑢、纪昀等：《景印文渊阁四库全书》第 1197 册，台北：台湾商务印书馆，1986 年，第 342 页。

无夫子之宋、之杞之叹也与。"①如此，自然也少了"久而失次不可稽"②"久而失其绪、紊其次"③的担忧，从而使得"去故里居于它所"的族人可以"寻究衰集，纪录罔遗，惇本厚伦之道"④。另一方面，对于祖先事迹的追述，在相当程度上也表达了崇拜祖先、承继先志的观念，修谱是祖先崇拜的反映。如吴澄初见鄱阳同宗所修世家谱，便"油然有尊祖敬宗之心"⑤。宗族贤良祠的建立是此观念的进一步发挥，如宁都州黎氏宗族"于州之东北隅即三江之会遂立祠祠之"，吴澄认为此举"志远既明，谱系、派别、支分有秩然不紊之义，复举祠祀，情亲意笃，有悠然不忘之仁，于义、于仁其两得之者夫"⑥。显然，族谱寓子孙尊祖敬宗、慎终追远之义，祠祀则仁其家，以维系其族。

　　然而，唐以后"苟非世贵富多文儒族之派系，往往湮沦而莫考"⑦，故除少数几个宗族外，该地区的众多宗族都属创修新谱。有些宗族修纂谱牒"或志在追远，或志在合异"，吴澄不赞同这种做法，认为其"不免涉于传疑"⑧。在《金溪吴氏族谱序》中，他对鄱阳吴氏世谱与金溪吴氏族谱的编修情况进行了比较。其中，鄱阳谱"推而上之以达于鄱君，又推而上以达于延陵季子，续续相承，罔有间断"，且"参合诸郡诸族之谱成"，是典型的追远、合异之谱。吴澄对此提出质疑："由周至今寥寥将二千载，果何所稽凭、何所证验，而一一皆欲谱其世，得其名哉？"相对地，金溪谱则"以宋初讳词者为初祖，传至于今十有四代"，"不载族分派而失其次者，不追补而强合谱"。总的来看，前者有"驾虚翼伪，自欺自诬"之嫌，后者"最为得其实"⑨。又如永丰龙云李氏族谱"谱其所可知"，吴澄认为"确乎其为传信之书，

　　① （元）吴澄：《吴文正集》卷32《丰城县孙氏世谱序》，（清）永瑢、纪昀等：《景印文渊阁四库全书》第1197册，台北：台湾商务印书馆，1986年，第339页。

　　② （元）吴澄：《吴文正集》卷32《睢阳王氏家谱序》，（清）永瑢、纪昀等：《景印文渊阁四库全书》第1197册，台北：台湾商务印书馆，1986年，第341页。

　　③ （元）吴澄：《吴文正集》卷32《宜黄谭氏族谱序》，（清）永瑢、纪昀等：《景印文渊阁四库全书》第1197册，台北：台湾商务印书馆，1986年，第343页。

　　④ （元）吴澄：《吴文正集》卷32《珠溪余氏族谱序》，（清）永瑢、纪昀等：《景印文渊阁四库全书》第1197册，台北：台湾商务印书馆，1986年，第342页。

　　⑤ （元）吴澄：《吴文正集》卷56《题吴德昭世家谱》，（清）永瑢、纪昀等：《景印文渊阁四库全书》第1197册，台北：台湾商务印书馆，1986年，第558页。

　　⑥ （元）吴澄：《吴文正集》卷41《黎氏贤良祠记》，（清）永瑢、纪昀等：《景印文渊阁四库全书》第1197册，台北：台湾商务印书馆，1986年，第438页。

　　⑦ （元）吴澄：《吴文正集》卷32《庐陵王氏世谱序》，（清）永瑢、纪昀等：《景印文渊阁四库全书》第1197册，台北：台湾商务印书馆，1986年，第338页。

　　⑧ （元）吴澄：《吴文正集》卷32《龙云李氏族谱序》，（清）永瑢、纪昀等：《景印文渊阁四库全书》第1197册，台北：台湾商务印书馆，1986年，第344页。

　　⑨ （元）吴澄：《吴文正集》卷32《金溪吴氏族谱序》，（清）永瑢、纪昀等：《景印文渊阁四库全书》第1197册，台北：台湾商务印书馆，1986年，第346—347页。

可以为修家谱者之法矣"①，给予了较高评价。而对于杭州推官王昕编修家谱，自为
第二世之举，吴澄更是推崇备至："睢阳之谱盖以俟方来，谱之者何俾三世至于百
世续续而书也。"②

三、元初抚州地区的社会环境与宗族修谱

前文提到，抚州及周边唐宋以来多世族大姓，这些宗族在当地文化、经济和社会
方面享有较高地位。"凡世之望族，莫不以仕宦科名而显"③，这些宗族的盛兴便与
族人科举仕宦的成功分不开。以抚州为例，"宋三百年间，一家一族儒宦之盛，乐、
曾、玉、蔡、晏五姓为首。称爵位之崇，王、曾、晏最，乐、蔡次之；科名之稠，曾、
蔡、晏最，王、乐次之"，再加上因建置变迁而于绍兴中划归乐安的云盖乡董氏，六
族并为"抚之世族"④。而在抚州下辖五邑中，还有着不少世族，虽不如此六族声名
烜赫，但也基本保持着诗书、仁义传家的传统，如"金溪之世族视他邑为盛，与宋祚
相为始终，奚啻数十"⑤，邓氏是其一⑥。"乐安一县四乡之富家大姓非一"，尤以"巴
塘之黄为盛"⑦；"乐安诸乡之族，其久且蕃者，龚坊之龚，其一也"⑧；东川陈氏，
"自宋代号为著姓，既富且文"⑨；"乐安多詹姓，而崇仁簿一族文物尤盛"⑩；宜黄

---

　　① （元）吴澄：《吴文正集》卷 32《龙云李氏族谱序》，（清）永瑢、纪昀等：《景印文渊阁四库全书》第 1197 册，
台北：台湾商务印书馆，1986 年，第 344 页。

　　② （元）吴澄：《吴文正集》卷 32《睢阳王氏家谱引》，（清）永瑢、纪昀等：《景印文渊阁四库全书》第 1197 册，
台北：台湾商务印书馆，1986 年，第 341 页。

　　③ （元）吴澄：《吴文正集》卷 32《宜黄曹氏族谱序》，（清）永瑢、纪昀等：《景印文渊阁四库全书》第 1197 册，
台北：台湾商务印书馆，1986 年，第 344 页。

　　④ （元）吴澄：《吴文正集》卷 32《云盖乡董氏族谱序》，（清）永瑢、纪昀等：《景印文渊阁四库全书》第 1197 册，
台北：台湾商务印书馆，1986 年，第 347 页。

　　⑤ （元）吴澄：《吴文正集》卷 46《灵杰祠堂记》，（清）永瑢、纪昀等：《景印文渊阁四库全书》第 1197 册，台北：
台湾商务印书馆，1986 年，第 485 页。

　　⑥ （元）吴澄：《吴文正集》卷 32《邓氏族谱后序》，（清）永瑢、纪昀等：《景印文渊阁四库全书》第 1197 册，
台北：台湾商务印书馆，1986 年，第 339 页。

　　⑦ （元）吴澄：《吴文正集》卷 32《巴塘黄氏族谱序》，（清）永瑢、纪昀等：《景印文渊阁四库全书》第 1197 册，
台北：台湾商务印书馆，1986 年，第 345 页。

　　⑧ （元）吴澄：《吴文正集》卷 32《龚氏族谱序》，（清）永瑢、纪昀等：《景印文渊阁四库全书》第 1197 册，台
北：台湾商务印书馆，1986 年，第 343 页。

　　⑨ （元）吴澄：《吴文正集》卷 32《东川陈氏族谱序》，（清）永瑢、纪昀等：《景印文渊阁四库全书》第 1197 册，
台北：台湾商务印书馆，1986 年，第 342 页。

　　⑩ （元）吴澄：《吴文正集》卷 32《詹氏族谱序》，（清）永瑢、纪昀等：《景印文渊阁四库全书》第 1197 册，台北：
台湾商务印书馆，1986 年，第 338 页。

谭氏之族，"宋末号为盛大，家富而有贵焉"①；宜黄、崇仁两邑吴氏旧均为大姓②；等等。然而宋元鼎革，"旧家之能如昔者固间有之，而亦寡矣"③，一些宗族尽管"尚存诗书礼义之风"④，在地方上的影响仍在，但已开始渐被"微贱崛起，赫赫称雄者"⑤所取代。其中巴塘黄氏最为典型，吴澄幼年稔闻众口夸谈其族之盛，可晚年"便道经由行人指示，诸黄兴隆之地，徒有蒿莱瓦砾，闃寂惨怆，为之伤心，然不独诸黄之居为然也"⑥。金溪各族的情况差不多，"至于国朝，而邑有王氏代兴焉"⑦。新兴宗族也多是通过科举在新王朝崛起。族谱强调文行振家，一个重要原因即在于此。

　　江西抚州及周边有着崇文尚儒的人文环境和历史传统，如欧阳修"开宋三百年文章之盛"⑧；"南丰曾子固兄弟以文显于宋"，"祖韩而禰欧阳，其声实殆将与天地日月相终"⑨；"南丰曾氏、荆国王氏可以当言之立继"⑩。欧阳修、曾巩兄弟以及王安石等人均是著名的文坛宗师，对当地的人文、风气影响很大。其中，欧阳修更是创为谱式，"自谱其族"⑪，"乡人宗之"⑫，如詹叔厚"仿欧阳氏世谱谱其族"⑬，孙约"于乾道

　　① （元）吴澄：《吴文正集》卷32《宜黄谭氏族谱序》，（清）永瑢、纪昀等：《景印文渊阁四库全书》第1197册，台北：台湾商务印书馆，1986年，第343页。
　　② （元）吴澄：《吴文正集》卷32《宜黄吴氏族谱序》，（清）永瑢、纪昀等：《景印文渊阁四库全书》第1197册，台北：台湾商务印书馆，1986年，第344页。
　　③ （元）吴澄：《吴文正集》卷32《东川陈氏族谱序》，（清）永瑢、纪昀等：《景印文渊阁四库全书》第1197册，台北：台湾商务印书馆，1986年，第342页。
　　④ （元）吴澄：《吴文正集》卷32《罗山曾氏族谱序》，（清）永瑢、纪昀等：《景印文渊阁四库全书》第1197册，台北：台湾商务印书馆，1986年，第340页。
　　⑤ （元）吴澄：《吴文正集》卷32《东川陈氏族谱序》，（清）永瑢、纪昀等：《景印文渊阁四库全书》第1197册，台北：台湾商务印书馆，1986年，第342页。
　　⑥ （元）吴澄：《吴文正集》卷32《巴塘黄氏族谱序》，（清）永瑢、纪昀等：《景印文渊阁四库全书》第1197册，台北：台湾商务印书馆，1986年，第345页。
　　⑦ （元）吴澄：《吴文正集》卷46《灵杰祠堂记》，（清）永瑢、纪昀等：《景印文渊阁四库全书》第1197册，台北：台湾商务印书馆，1986年，第485页。
　　⑧ 万历《吉安府志》卷11《风土志》，日本藏中国罕见地方志丛刊本，北京：书目文献出版社，1991年，第197页。
　　⑨ （元）吴澄：《吴文正集》卷32《罗山曾氏族谱序》，（清）永瑢、纪昀等：《景印文渊阁四库全书》第1197册，台北：台湾商务印书馆，1986年，第339页。
　　⑩ （元）吴澄：《吴文正集》卷32《云盖乡董氏族谱序》，（清）永瑢、纪昀等：《景印文渊阁四库全书》第1197册，台北：台湾商务印书馆，1986年，第347页。
　　⑪ （元）吴澄：《吴文正集》卷32《龙云李氏族谱序》，（清）永瑢、纪昀等：《景印文渊阁四库全书》第1197册，台北：台湾商务印书馆，1986年，第344页。
　　⑫ 郭子章：《蠙衣生传草》卷1《浣溪郭氏续谱序》，四库全书存目丛书本，集部第155册，济南：齐鲁书社，1997年，第586页。
　　⑬ （元）吴澄：《吴文正集》卷32《詹氏族谱序》，（清）永瑢、纪昀等：《景印文渊阁四库全书》第1197册，台北：台湾商务印书馆，第338页。

癸巳始仿欧阳谱谱其族"①。而横冈熊氏原翁"汲汲于谱横江之族与自叙其谱几千言，文辞博赡，如广薮深泽，群奇众怪层见叠出，观其文之浩瀚滂沛，不可羁束"②，显然有与前贤一样以"文"立言的意图。

此外，我们还注意到，当地众宗族修谱都尤为强调族人"业儒"，这与元初赋役制度在江南地区的推行几乎同步。"江南税户自归附以来，日益凋瘵"，元政府遂于至元二十四年（1287 年）规定："除水旱站赤、牧马、淘金、打捕、医、儒诸项占卜等户外，其余户计应当里正、主首、和买和雇一切杂泛差役。"③显然，元朝已将儒士划归诸色户计的一种，即儒户，萧启庆先生认为，元代儒户的权利总体上要大于义务，比起其他户计，大致与僧、道、也里可温等宗教户计相当④。陈高华先生亦指出，在元朝前期，民户之外的多数户计，如儒、医、僧道、答失蛮等户因承担着特殊的义务，都得到不同程度的赋役优免，一般只需承担地税和商税，不用负担杂泛差役⑤。儒户根据"手状"入籍⑥。至元二十六年（1289 年），江南有官员告发，"各路府州县学官、山长等人，不能尽心，致使豪富不文之人经营入籍，规避徭役"⑦。可见当时户计入儒籍以逃避赋役现象大量存在。抚州及周边诸宗族修谱，亦或有证明儒户身份，规避徭役的意图在内。吴澄作为著名学者与官员，他的证明更具信服力，当是同乡各宗族纷纷找其作序的重要原因。

吴澄提出以自立为中心的族论和谱论，既有抚州以及周边的社会环境的影响，也与他本人的经历有关。吴澄的家世并不显赫，据危素《吴文正公年谱》记载，其祖父吴铎"工进士诗赋，精通天文星历之学，宽厚不屑细务"⑧，父亲吴枢性格温纯，对人诚实谦让，与世无争，父、祖俱无功名。再者，古人婚姻重视门当户对，我们也可从吴澄妻

① （元）吴澄：《吴文正集》卷 32《丰城县孙氏世谱序》，（清）永瑢、纪昀等：《景印文渊阁四库全书》第 1197 册，台北：台湾商务印书馆，1986 年，第 339 页。

② （元）吴澄：《吴文正集》卷 32《横冈熊氏族谱后序》，（清）永瑢、纪昀等：《景印文渊阁四库全书》第 1197 册，台北：台湾商务印书馆，第 341—342 页。

③ 佚名《元典章》（影印元刊本）卷 21《户部七·押运·纠察运粮扰民》，北京：中国广播电视出版社，1998 年，第 837 页。

④ 萧启庆：《元代的儒户：儒士地位演进史上的一章》，《元代史新探》，台北：新文丰出版公司，1983 年，第 1—58 页。

⑤ 陈高华：《元代役法简论》，中华书局编辑部编：《文史》第 11 辑，见陈高华：《元史研究论稿》，北京：中华书局，1991 年，第 26 页。

⑥ 王颋点校：《庙学典礼》卷 3《儒户照抄户手收入籍》，杭州：浙江古籍出版社，1992 年，第 59—62 页。

⑦ 王颋点校：《庙学典礼》卷 2《分拣儒户不可轻易》，杭州：浙江古籍出版社，1992 年，第 51 页。

⑧ （元）吴澄：《吴文正集》附录《年谱》，（清）永瑢、纪昀等：《景印文渊阁四库全书》第 1197 册，台北：台湾商务印书馆，第 926 页。

族珠溪余氏的情况略窥其家世。余氏宗族"无甚富之家，亦无甚贫之人，皆有土田，或自食其力以给父母妻子之养"，自其外舅玉甫才"始为儒，应宋末进士举"[①]。可见吴澄的宗族只是一般的士人之家，且在当地影响有限。由于家境贫寒，他甚至只能"从粥书者借读"[②]。这无疑促使吴澄早年便树立起"自立"的意识。他于度宗咸淳六年（1270 年）中选乡贡，翌年春省试下第，乃归家讲学著书。大德末年除江西儒学副提举；至大年间授国子监丞，升司业；至治末年超拜翰林学士；泰定初年任经筵讲官，敕修《英宗实录》。他与当时经学大师许衡齐名，并称为"北许南吴"，其宗族亦得以振兴于时。

四、结　语

由《吴文正集》族谱序跋可见，吴澄在对宗族和修谱的论述中，有一个核心的内容，那就是他的自立论思想。他的族谱序跋以精简的文字，描写了元初抚州及周边宗族在王朝更替过程中的新旧隆替，与时俯仰，揭示了诗书之义、仁义之行对宗族传承的重要意义。元初抚州地区的宗族编修家谱活动，几与元初赋役制度在江西的推行同步，具有证明儒户身份、规避徭役的现实目的在内。吴澄身处宋元鼎革时期，闻见了家乡抚州及周边宗族的兴衰，看到过世族大姓的没落，也见到过新兴宗族的崛起、著姓望族的复兴。吴澄积极参与谱序修撰活动，推行儒家仁义理念，寄予乡人以立德、立功、立言的期望，也透露出自身振兴宗族的自信与骄傲。宗族发展与文化延续，吴澄所作序跋的意义即在于此。

① （元）吴澄：《吴文正集》卷 32《珠溪余氏族谱序》，（清）永瑢、纪昀等：《景印文渊阁四库全书》第 1197 册，台北：台湾商务印书馆，1986 年，第 342 页。

② （元）吴澄：《吴文正集》附录《年谱》，（清）永瑢、纪昀等：《景印文渊阁四库全书》第 1197 册，台北：台湾商务印书馆，1986 年，台北：台湾商务印书馆，1986 年，第 927 页。

综　述

近30年唐宋灾害应对的回顾与思考

李 殷

（复旦大学 历史学系，上海，200433）

灾害应对是关乎中国古代王朝政治、社会发展的重要议题。"荒政史"成为王朝体系下灾害应对被一以贯之的代名词。着眼于"唐宋"这个长时段，前辈学人从不同视角进行了整体研究、分类研究与专题研究，侧重探讨灾害发生的原因、规律、破坏程度、救灾机制、应对措施等问题[①]。沿着学术史发展的演进脉络考察，从"王朝"走向"社会"成为近年来灾害研究的主体趋势。一方面，学界如何深化传统"王朝政治运作"对灾害问题的深刻作用与影响作了更为细化的研究，另一方面，"地方与民众"又成为备受关注的学术增长点，灾害应对的"社会性"开始被广泛挖掘。如何更好地回应"帝国治理"与"基层社会"这一相互作用的两个维度对唐宋时期灾害应对研究的导向与影响，对近三十年该内容的学术史回顾便显得很有必要。有鉴于此，笔者将具有代表性的学术著作与论文梳理如下，以期作进一步探索。

一、整 体 研 究

（一）专著

对唐代社会灾害应对的通论性著作主要有阎守诚所著《危机与应对：自然灾害与唐

---

① 么振华：《唐代自然灾害及救灾史研究综述》，《中国史研究动态》2004年第4期。

代社会》①、闵祥鹏著《中国灾害通史·隋唐五代卷》②以及潘明娟的《汉唐关中自然灾害的政府应对策略研究》③。三部专著对唐代自然灾害发生的基本概况、社会背景、灾害影响及防灾救灾制度进行了不同程度的探讨。阎著全书共分、分为十章，四十余万字，书中首先总体概况述了唐代自然灾害存在状况，接着考察了自然灾害发生的社会要素与产生的社会危机。在此基础上，进一步讨论了唐代灾害应对的各项举措以及灾害对国家与社会的影响。后还附有唐代自然灾害年表（618—907 年）。此书框架严整，富有洞见。如对"弭灾"的探讨，指出："弭灾是自然进入历史的重要途径之一，也是灾害影响社会的重要途径，尤其是其政治内涵是丰富的。如祈禳：遇有水旱灾害，由皇帝亲自或遣使祈禳，天旱祈雨，久雨祈晴。从现代科学看，当然无助于缓解灾情，但在古代，祈禳有突显皇帝沟通天人、君权神授的强烈政治色彩，对安定灾民情绪、缓解灾后紧张心理也有一定作用。"④作者力图回到古代社会的历史情境中分析"弭灾"的政治文化意义，而不是站在历史的后见之明的以"封建迷信观"加以批驳，颇显作者睿智。值得一提的是，阎著第七章中讨论的《唐代防灾救灾制度》皆触及唐代不同时期的奏报制度，然而关于制度变迁背后的运行机制以及不同政治势力的博弈似乎只是蜻蜓点水，如何更深入挖掘其变迁表象背后的主导力量以及制度规定、政令颁布与实际运行之间的相互关系，似可进一步升华。

闵祥鹏所作《中国灾害通史·隋唐五代卷》以灾害发生的两个主体自然与人类的互动关系为依托，阐述了隋唐五代自然灾害的分布规律及演变特点。将灾变与统一（隋唐）、分裂（五代）独特时代背景下经济区域开发、政治运行模式及人文意识形态的相互影响，隋唐五代时期人类在应对灾害侵扰时的诸多举措以及对灾害的认识等都全面呈现出来。此书最大的特色在于翔实而丰富的唐代灾害史文献的整理与分类，在最大可能的将一代灾害图景进行了全面描摹，为嘉惠学林之事。潘明娟所著《汉唐关中自然灾害的政府应对策略研究》，侧重对汉唐时期关中的荒政史进行复原，并关注自然灾害与政府应对策略之互动关系研究，同时注意汉唐间王朝应对的比较研究。视角具有一定的创新性，但问题在于由汉至唐，虽然两个王朝具有统一的一致性，但是依托的历史背景则完全不同，政治策略与功能演进的过程中，进步与发展则在一定程度上表现为必然，如何通过灾害

① 阎守诚：《危机与应对：自然灾害与唐代社会》，北京：人民出版社，2008 年。
② 闵祥鹏：《中国灾害通史·隋唐五代卷》，郑州：郑州大学出版社，2008 年。
③ 潘明娟：《汉唐关中自然灾害政府应对策略研究》，北京：中国社会科学出版社，2013 年。
④ 详细评论可参看段伟：《灾害进入历史——〈危机与应对——自然灾害与唐代社会〉评介》，《中国经济史研究》2009 年第 9 期。

应对的研究回到不同时代的历史现场去发现王朝政治运作的特殊构造似乎更具意义。

2012 年北京大学张龙博士论文《唐代自然灾害应对研究》首次以问题统筹,谋篇布局,给人耳目一新的感觉①。第一章围绕灾害应对的高峰时期,以玄宗朝和文宗朝为中心,探讨应灾与政治的关系问题;第二章围绕王朝应灾的关注点,探讨应灾与城市建设与管理的关系问题;第三章围绕经济重心南移的问题,探讨国家应灾政策、关注区域的转变。地方的应灾能力在这一过程中出现了北弱南强的转变,这一研究有助于进一步深化对经济重心南移的认识,同时对唐代中央与地方关系问题的研究也提供了一个新的视角;第四章作者特别关注了民间社会的灾害应对,主要分为精神层面与物质层面两部分。精神层面的应灾以祈禳、占候为基本特征。值得一提的是,占候术正是在唐代逐渐走向民间,无疑对增加民众的应灾意识具有意义。作为关乎唐人宇宙观与实践行为的"占候术",究竟在多大程度上成为民众应灾的手段,如何影响唐人的社会生活?信仰背后到底追寻的是一己之福还是有其他因素,都值得我们进一步探索。

2014 年么振华《唐代自然灾害及其社会应对》一书出版②。此专著在先前研究的基础上提供了系统的解释框架,在具体问题中呈现出更为细化的探索与考察,可以说基本穷尽涉及唐代自然灾害应对的各种文献,尤其是利用了新近出土的各类石刻文献。欣喜的是,作者已经逐渐将视角拓展至基层社会,如第五章《唐代民间救济行为》关注了中古时代独具特色的释道并行色彩,那么宗教因素在灾害应对中充当了怎样的角色?起到了何种作用?地方大族与乡里社会又呈现出怎样的救灾景象,与唐廷如何互动?也许走向民间对中古史研究者来讲囿于材料的限制,很难呈现更为立体、多元的画面。但是作者的尝试,还是让我们更加真实地接近了地方社会与普通民众,一定程度上突破了王朝使命化与官僚脸谱化的单一应灾阐释模式。

而将视线转移到宋代,最具有代表性的专著当属李华瑞所著《宋代救荒史稿》③。全书的基本思路和内容主要分为三个部分:首先为灾情篇,对宋代自然灾害发生时间、程度和空间分布作出科学的统计。其次为救灾管理体制及对策篇,叙述荒政决策在两宋的发展与变化,包括北宋前中期对汉唐以来救荒措施的继承和恢复、王安石新法与北宋后期的救荒之政、南宋对荒政管理的加强等。最后为防灾管理体制及对策篇,涵盖北宋黄河的管理与河患防治、仓储制度的发展与变化、宋代社会救济机构的设置与发展以及

---

① 张龙:《唐代自然灾害应对研究》,北京:北京大学博士学位论文,2012 年。
② 么振华:《唐代自然灾害及其社会应对》,上海:上海古籍出版社,2014 年。
③ 李华瑞:《宋代救荒史稿》,天津:天津古籍出版社,2014 年。

两宋时期救灾防灾思想等。值得一提的是，本书的文献征引方面除了留意正史中的《五行志》记载外，充分利用《续资治通鉴长编》《宋会要辑稿》、宋代方志、宋人文集、宋代碑刻等资料，可以说基本穷尽两宋灾荒文献，尤其在国家救荒防灾政策和措施方面，做出来最为系统的全面讨论。

（二）单篇论文

潘孝伟《唐代救荒措施总体特征》一文的特点在于高度概括了有唐一代的各种应灾举措，并提出了唐代救荒措施的三大特征，分别为系统化、制度化、务实性。虽然潘作在讨论的过程中缺乏对唐代前后时期的区分研究，也有以偏概全之感。但作为通识性文章，为后辈学人探讨此类问题提供了很多具体的切入角度[①]。潘孝伟在《唐代减灾与当时经济政治之关系》中同样指出了灾害在国家政治经济生活中的特殊地位，并认为伴随着唐代政治局势的变化，减灾成效呈现递减趋势[②]。陈国生的《唐代自然灾害初步研究》一文是较早以单篇论文形式探讨唐代自然问题，在统计图表的基础上，为我们揭示出灾害发生具有明显的季节性、区域分布广泛、区域差异明显、灾害群发现象的特性[③]。靳强《唐代自然灾害问题述略——侧重于灾害资料的统计与分析》一文对唐代的灾荒史料作出通盘性统计，并在此基础上，分析各重要区域和某一时段灾害应对的具体特征[④]。李军《自然灾害与唐代农业危机》一文侧重讨论自然灾害对唐代农业社会的造成的严重损害与影响，基于灾荒的农民变乱，又进一步扩大了灾荒的范围[⑤]。于笛《唐代灾荒与荒政研究的几个重要问题的回顾》着重讨论了 20 世纪以来的国内学术界对唐代灾荒与荒政问题的主要研究成果，从唐代灾荒之统计与分析，灾荒救治措施及自然灾害背景下的精神活动世界等几个方面进行介绍[⑥]。

李华瑞《论宋代的自然灾害与荒政》，文章从四个维度即宋代的自然灾害、宋代荒政政策与制度、宋代荒政实效蠡测、荒政与宋朝社会，较为全面地总结和概括了宋代自然灾害与荒政的十五个特点[⑦]。李华瑞的另一篇论文《北宋荒政的发展与变化》从救灾

---

① 潘孝伟：《唐代救荒措施总体特征》，《安庆师范学院学报》（社会科学版）1993 年第 3 期。
② 潘孝伟：《唐代减灾与当时经济政治之关系》，《安庆师范学院学报》（社会科学版）1995 年第 4 期。
③ 陈国生：《唐代自然灾害初步研究》，《湖北大学学报》（哲学社会科学版）1995 年第 1 期。
④ 靳强《唐代自然灾害问题述略—侧重于灾害资料的统计与分析》，武汉大学中国三至九世纪研究所编：《魏晋南北朝隋唐史资料》第 20 辑，武汉：武汉大学出版社，2003 年，第 97—109 页。
⑤ 李军：《自然灾害与唐代农业危机》，杜文玉主编：《唐史论丛》第 9 辑，西安：三秦出版社，2006 年。
⑥ 于笛：《唐代灾荒与荒政研究的几个重要问题的回顾》，《中山大学研究生学刊》（社会科学版）2013 年第 4 期。
⑦ 李华瑞：《论宋代的自然灾害与荒政》，《首都师范大学学报》（社会科学版）2013 年第 2 期。

措施与仓廪制度着手，认为儒家荒政思想在北宋中期始得到朝野士人的重视和实践，王安石变法既是一场自上而下的社会变革运动，也是我国历史上统治阶级利用国家政权第一次全面推进荒政的有益尝试。北宋初期以来所实施的募饥民隶军籍、宽减饥民"强盗"死罪、推广"劝分"救荒，以及中后期不断改进的社会救济制度，对缓和当时的社会矛盾起了积极的作用，也是宋代文明进步的重要表现①。

二、分　类　研　究

（一）按灾害种类划分

刘俊文《唐代水害史论》从水害的严重性、水害成因略析以及统治者的水害对策和对政治的影响四个方面，全面阐述水害对唐代社会各个方面的影响②。这一分析路径也在很大程度上被后辈学人所继承。张有堂、徐银梅《唐朝水旱灾害对社会经济的影响》一文从水旱灾害与农业经济、唐朝政府的急救措施、水旱灾害与仓廪储蓄、水旱灾害与水利、漕运以及水旱灾害与社会危机。论文涉及了水旱所能造成影响的各个方面，但是作者更多的是对这些措施与表现做静态勾描，缺乏细致入微的讨论③。童圣江《唐代地震灾害时空分布初探》，从历史地理的角度为我们梳理出有唐一代地震的地域分布、发生时间、频率及空间分布情况④。阎守诚《唐代的蝗灾》一文通过史料分析总结蝗灾的发生区域，从自然灾害的严重程度和国家政权的救灾状况两个方面探讨蝗灾的救治与国家兴衰的密切关系⑤。袁野《唐代的洪涝灾害——两〈唐书·五行志〉有关记载研究》将历史学传统方法与现代科学理论相结合，力求更科学地研究唐代洪涝灾害的自然属性⑥。甄尽忠《论唐代的水灾与政府赈济》一文在第三部分论述了灾后赈济政策及措施，但十分遗憾的是，只是简单罗列，缺乏对史料细致的分析与研究⑦。

丁建军、郭志安《宋代依法治蝗述论》一文持这样的观点：尽管囿于灭蝗技术条件

① 李华瑞：《北宋荒政的发展与变化》，《文史哲》2010 年第 6 期。

② 刘俊文：《唐代水害史论》，《北京大学学报》（哲学社会科学版）1988 年第 2 期。

③ 张有堂、徐银梅：《唐朝水旱灾害对社会经济的影响》，《宁夏大学学报》（社会科学版）1997 年第 3 期。

④ 童圣江：《唐代地震灾害时空分布初探》，《中国历史地理论丛》2002 年第 4 期。

⑤ 阎守诚：《唐代的蝗灾》，《首都师范大学学报》（社会科学版）2003 年第 2 期。

⑥ 袁野：《唐代的洪涝灾害——两〈唐书·五行志〉有关记载研究》，《首都师范大学学报》（社会科学版）2006 年第 1 期。

⑦ 甄尽忠：《论唐代的水灾与政府赈济》，《农业考古》2012 年第 2 期。

落后的时代局限和对蝗灾的迷信认识仍没有完全清除，在宋代还难于根除蝗灾，人们面对蝗灾仍进行"酺祀"，但宋代几部捕蝗法的颁布实施，却将中国的蝗灾防治由过去的临时性的或个人自发性的上升为了强制性的国家法定行为，从而将中国的蝗灾防治推上了一个依法治蝗的新阶段，并为后人留下了许多宝贵的历史经验①。郭志安《北宋黄河治理弊病管窥》认为伴随着北宋黄河治理的实际开展，也不断暴露出一系列诸如政出多门、事权分散等管理、运行体制的弊端，从而构成影响黄河治理顺利进行的一大碍。同时，黄河治理活动的运行，也牵涉到漕运、军事、政治等诸多方面，并深受其影响与牵制②。李华瑞在《宋代的捕蝗和祭蝗》中认为宋代是中国古代救荒制度逐渐完善的时期，政府及百姓都认识到蝗灾给国计民生带来的巨大危害，对捕蝗予以高度的关注，并取得了较好的效果。通过细致的观察，了解蝗虫的生长周期、生活习性等，采取火烧、扑打、改变种植作物的种类等方法，进行灭蝗活动。制定律法，保障捕蝗的顺利进行。由于受到生产力水平的限制，宋代并依然试图通过祭祀、避正殿、减常膳、求直言等方法，达到消弭蝗灾的目的③。董煜宇《从〈天圣令〉看北宋政府水旱灾害应对管理》则以《天圣令》为依托，从政府管理的视角，结合田令、赋役令、营缮令、杂令中相关令条，探讨了北宋时期政府水旱灾害的预防管理、灾害的应急管理及灾后应对处置管理等相关措施④。

（二）按区域、时期划分

张学锋在《唐代江南灾荒研究》中指出了灾荒和自然灾害并不是同一概念，灾荒的演变往往充满很多人为影响，吏治的好坏与政府救助的实效性是关键因素⑤。张学锋对应灾过程中"官员"阶层的细微关注很有洞见，而由此延伸对江南赈济的研究也不仅仅局限历史文献的叙述，更关注救灾的执行和实效。薛平拴《唐代关中地区的自然灾害及其影响》，以关中地区为主要研究区域，分类指出诸种自然灾害的发生概况及其社会影响⑥。岳纯之在《唐太宗时期的自然灾害及其防治》介绍了太宗一朝的自然灾害、防治

---

① 丁建军、郭志安：《宋代依法治蝗述论》，《河北大学学报》（哲学社会科学版）2005 年第 5 期。
② 郭志安：《北宋黄河治理弊病管窥》，《中州学刊》2009 年第 1 期。
③ 李华瑞：《宋代的捕蝗与祭蝗》，《山西大学学报》（哲学社会科学版）2011 年第 11 期。
④ 董煜宇：《从〈天圣令〉看北宋政府水旱灾害应对管理》，《科学与管理》2012 年第 4 期。
⑤ 张学锋：《唐代江南灾荒研究》，《江苏社会科学》1990 年第 4 期。
⑥ 薛平拴：《唐代关中地区的自然灾害及其影响》，《陕西师范大学学报》（哲学社会科学版）1998 年第 4 期。

以及社会应对①。

庄华峰、谭书龙的《宋代江南地区慈善事业研究》一文认为宋代江南地区社会慈善事业的发达，集中体现在官方慈善事业的繁荣和民间慈善事业的勃兴两个方面。官方通过兴建慈善机构、设置慈善粮仓、实施应急救济等手段来推动慈善事业的发展。民间则通过成立慈善组织、实施族内济助、自发捐资行善等方式来促进慈善事业的进步。宋代江南地区的慈善事业具有机构设置早、规模大、设施全、济助对象多、慈善活动制度化等特点。政府高度重视、经济高度发达、古代慈善思想的影响以及社会各界人士的积极参与等，是宋代江南地区社会慈善事业迅速发展的主要原因②。徐小梅《宋朝江西地方官员与士人的救灾活动》将关注焦点指向江西地区的官僚群体与地方士人，认为江西在宋代获得大发展，但也不时遭遇自然灾害。江西地区的官员与士人是救灾的核心力量，主要通过赈给、赈粜、赈贷和办社仓来实施救济。官员与士人之所以积极参与救灾，既是因为地方财政的窘困和政府考核的压力，又受到了自身社会理想和赢得民心的双重驱动③。郭志安《论北宋河患对农业生产的破坏与政府应对——以黄河中下游地区为例》指出北宋时期，频繁的水患极易引发大量的人员伤亡、农田毁坏，并进而造成农业生产环境的恶化，这一状况在黄河中下游地区体现得最为明显。为此，北宋政府采取多种应对措施，借助于赐钱、赐粮、减免赋税等手段，积极开展人员救护和安辑灾民。加之若干农业生产恢复法令、措施的实施，从而对北宋农业生产的恢复、社会秩序的稳定，都发挥了积极作用④。

三、专题研究

（一）灾害与政治

阎守诚、李军《自然灾害与唐代宰相》一文从灾害与政治这一视角为我们诠释了唐代宰相的政治生涯与灾害发生两者间的微妙关系⑤。李军《论唐代帝王的因灾求言》从"禳灾"这一角度，为我们呈现君臣互动的生动细节，唐代拥有较为完善的"灾害天谴

① 岳纯之：《唐太宗时期的自然灾害及其防治》，《理论学刊》2011年第1期。
② 庄华峰、谭书龙：《宋代江南地区慈善事业研究》，《安徽史学》2006年第6期。
③ 徐小梅：《宋朝江西地方官员与士人的救灾活动》，《江西师范大学学报》（哲学社会科学版）2008年第5期。
④ 郭志安：《论北宋河患对农业生产的破坏与政府应对——以黄河中下游地区为例》，《中国农史》2009年第1期。
⑤ 阎守诚、李军：《自然灾害与唐代宰相》，《晋阳学刊》2004年第1期。

论"，因灾求言后的君臣互动对于政风的改善意义重大①。刘勇《唐代刺史与灾荒》一文从上报机制、积极御灾、处置权限、刺史救灾效果四个方面为我们揭示两者之间的关系②。张卫东《唐代刺史若干问题论稿》一书在"刺史与荒政"一节中着重讨论了"灾情"申报与"瞒报"现象，并认为唐代确实有一套较为完整的荒政措施，在抵御自然灾害的过程中发挥了一定的作用③。毛阳光《遣使与唐代地方救灾》注意到唐代灾害遣使的新特点以及前后时期不同的变化，并分析了唐后期遣使减少的社会原因和体制背景④。毛阳光《唐代奏报与监察制度略论》一文从奏报体制的变迁与运行及其相对应的监察制度进行考察，比较动态的呈现了唐代官方应灾的实际运作⑤。李帮儒《论唐代救灾机制》从灾前备灾、灾中减灾和灾后重建三个方面呈现唐代的救灾状况，不过每个部分皆有可以深入挖掘的空间⑥。

　　郭文佳《论宋代灾害救助程序》一文就制度层面进行分析，认为其救助行为有一套较为严密的救助程序，主要包括诉灾、检放和抄札三部分。诉灾是向官府报告灾情，检放是检查灾情状况并确定减免租税份额，抄札是登记受灾人口数量以备进行救助。宋朝通过这些灾害救助程序，较好地掌握了灾害的实际情况，为下一步的具体救助创造了条件，但在具体实施的过程中，也存在有种种弊端⑦。石涛在《北宋地方灾害评估系统》中认为灾害评估是灾害赈救管理的重要环节，北宋时期人们已经认识到灾害评估的重要作用，在许多环节上进行了尝试，并制定出了报荒、检覆、行政监督等一系列较为详尽的办法，为灾害管理提供了重要依据。文章从灾害学的角度，对北宋时地方灾害评估体系进行论述，勾勒出这一体系的运作流程，并对其效果进行探讨⑧。李瑾明则从居养院入手考察宋代的社会救济制度和国家权力运作，认为大部分居养院的财政基础极其脆弱，基本上无法提供长期维持居养院所需要的财源。居养院规模的零散性和财政基础的脆弱性与居养院收容者的性质有着密切的关系。不少居养院常常以短期的治安维持为目的而运营，从而呈现出其财政基础也极度脆弱的状况。正因为居养院制具有这样的性质，所以其盛衰与社会情势的变化有着密切的对应关系。宋代的居养院基本上是因政策的需

①　李军：《论唐代帝王的因灾求言》，《首都师范大学学报》（社会科学版）2006 年第 1 期。
②　刘勇：《唐代刺史与灾荒》，《江汉论坛》2011 年第 7 期。
③　张卫东：《唐代刺史若干问题论稿》，郑州：大象出版社，2013 年。
④　毛阳光：《遣使与唐代地方救灾》，《首都师范大学学报》（社会科学版）2003 年第 4 期。
⑤　毛阳光：《唐代灾害奏报与监察制度略论》，《唐都学刊》2006 年第 6 期。
⑥　李帮儒：《论唐代救灾机制》，《农业考古》2008 年第 6 期。
⑦　郭文佳：《论宋代灾害救助程序》，《求索》2004 年第 9 期。
⑧　石涛：《北宋地方灾害评估系统》，《山西大学学报》（哲学社会科学版）2005 年第 1 期。

要而被采用和运营的①。

（二）灾害与经济

潘孝伟《唐代义仓研究》从义仓的兴废、义仓的分布及制度健全和功效与历史影响三个方面对有唐一代的义仓的演变做了系统梳理②。张弓《唐代仓廪制度初探》一书中的第五、六章涉及与灾害应对相关的义仓、常平仓。他认为封建王朝所谓"荒政"的实质：它不是为了保证灾民的生存，而是为了封建王朝的生存保障劳动力③。这一观点的提出虽具时代特色，但颇具深度。张学锋《唐代水旱赈恤、蠲免的实效与实质》一文从赈恤与蠲免两方面剖析唐代灾害救助的实质，认为没有实效的赈恤、蠲免反过来促使水旱灾害向纵深发展，社会生产过程被打断的现象仍然周期性存在④。陈明光《略论唐朝的赋税"损免"》在制度方面探讨唐代前后不同时期财政体制下赋税"损免"制度的异同点，在实施方面则注意具体分析吏治和财政管理体制下赋税"损免"的实际执行状况⑤。么振华《唐朝的因灾蠲免程序及其实效》探讨了因灾蠲免制度，认为报灾检覆过程中出现的匿灾、妄报及相关的营私舞弊行为，与唐代文官考课制度有很大关系⑥。毛阳光《唐后期两税三分体制下的地方财政与救灾》指出地方财政参与救灾本身有中央政府与地方利益的冲突背景，但也在客观上提高了地方救灾的主动性与效率⑦。李锦绣的《唐代财政史稿》中认为，国家专设义仓，天宝时每年留617.4万石以供积贮，可见国家对赈贷支用的重视。但在实际赈贷中，真正无偿赈济很少，秋后照偿的借贷较多⑧。可见注意到了政务运行与历史叙述间的差别。毛阳光《唐代灾害救济实效再探讨》一文认为灾害救济作为复杂的系统工程，虽然受到社会局势以及唐代官吏个人因素等外部条件的局限，但是中央和各级政府都能够积极地投入到灾害救济中去，蠲免和赈贷得以很好贯彻⑨。

石涛《北宋地方减灾管理述略》一文从地方政府面对灾害所要解决的粮食问题、居

---

① 李瑾明：《宋代社会救济制度的运作和国家权力——以居养院制的变迁为中心》，《中国史研究》2005年第3期。
② 潘孝伟：《唐代义仓研究》，《中国农史》1984年第8期。
③ 张弓：《唐代仓廪制度初探》，北京：中华书局，1986年，第130页。
④ 张学锋：《唐代水旱赈恤、蠲免的实效与实质》，《中国农史》1993年第1期。
⑤ 陈明光：《略论唐朝的赋税"损免"》，《中国农史》1995年第1期。
⑥ 么振华：《唐朝的因灾蠲免程序及其实效》，《人文杂志》2005年第3期。
⑦ 毛阳光：《唐后期两税三分制下的地方财政与救灾》，《山西师大学报》（社会科学版）2007年第1期。
⑧ 李锦绣：《唐代财政史稿》，北京：社会科学文献出版社，2008年，第250页。
⑨ 毛阳光：《唐代灾害救济实效再探讨》，《中国经济史研究》2012年第1期。

住问题和灾后重建问题入手，将北宋地方减灾管理分为灾时赈救管理、灾后救济与重建管理以及赈灾辅助管理三个方面进行研究，认为北宋时期并没有改变仓储赈救的局面，也没有对仓储技术做出质的改进。因此，北宋政府并不能改变仓储自身的缺陷，在具体的常平、义仓的运作过程中，仓储的缺陷暴露无遗，也使得它们的救灾功能大打折扣[①]。石涛的另一篇专文《北宋政府减灾管理投入分析》运用计量经济学的方法，从北宋政府灾害管理投入的角度入手，对相关史料进行量化分析，尽可能考虑所有影响因子的作用，得出了北宋政府灾害管理投入的总量，为宋代经济史研究提供一个合理的、相对准确的数据[②]。李华瑞《劝分与宋代救荒》一文对宋代的社会救济现象"劝分"进行了系统全面的探讨，并对其历史渊源进行了考辨，对于深入了解宋代乃至古代的救荒颇有裨益。宋朝官府主导的劝分救荒的论述来看，至少在救荒赈济活动中，"公心好义之士"的作为不会有太大的空间和作用，为主动出钱出粮赈荒与被强制出钱出粮赈荒本质上没有太大的区别，都是在官府的主导之下[③]。杨芳《试论宋代义仓的设置与运营》一文认为宋代义仓作为一项重要的备荒救灾制度，其建立经历了反复的过程，最终于北宋后期得以确立，至南宋而相沿不改。义仓是专用于赈济的备荒仓廪，在宋代，其赈贷、赈粜的功能得到了很大的发展，并出现了与常平仓合流的趋势。义仓谷主要来源于上三等民户随二税按比例交纳的谷物，随着社会经济的发展及义仓职能的变化，南宋时，义仓谷通过籴买也越来越普遍。义仓在其发展中逐渐形成了较为完整的管理制度，同时随着时间的推移，也逐渐暴露出了诸多弊端，影响了其职能的发挥。然而，在宋朝的不断调整下，义仓制度得以保留与发展，并对后世产生了深远的影响[④]。

（三）灾害与思想意识

潘孝伟《唐代减灾思想和对策》，总结出唐代减灾思想和对策具有系统性、科学性与实用性三个基本特征[⑤]。么振华在《唐人对地震的认识与存恤》一文中认为唐人将地震与政事相联系，认为地震时阴阳失调的结果，应修政道以答天谴，进而采取措施赈济受灾百姓。朝廷对地震的措施与态度的不同，反映了唐朝国力的兴衰变迁[⑥]。靳强《唐

① 石涛：《北宋地方减灾管理述略》，《中国经济史研究》2006 第 4 期。
② 石涛：《北宋政府减灾管理投入分析》，《中国经济史研究》2008 年第 1 期。
③ 李华瑞：《劝分与宋代救荒》，《中国经济史研究》2010 年第 1 期。
④ 杨芳：《试论宋代义仓的设置与运营》，《中国农史》2012 年第 2 期。
⑤ 潘孝伟：《唐代减灾思想和对策》，《中国农史》1995 年第 1 期。
⑥ 么振华：《唐人对地震的认识与存恤》，《唐都学刊》2008 年第 6 期。

代社会灾荒观初探——以水旱、蝗灾为例》一文主要从灾害思想这一视角进行切入，回到唐人的思维世界中发现他们对于水旱、蝗灾的认识①。张福运《宋代荒政思想初探》，主要为我们分析了宋代有识之士的荒政思想，其中苏轼"救灾恤患，尤当在早"的观点和曾巩以借贷方式原地安置灾民的思路较有代表性。为适应商品经济发展的新形势，范仲淹等积极探索运用价格杠杆调剂丰歉与平抑粮价的新方法，南宋时期形成以税收优惠政策引导商人参与赈灾的新理念；在传统劝分思想的根基受到冲击的背景下，董煟提出"以不劝劝之"的新理论；为保障救灾物资的顺利募集与调运，李觏、汪刚中以制度化力量打破地方保护主义的思路抓住了问题的要害。然而，宋代资源的匮乏与政府支付能力的局限，制约了荒政思想的发挥②。

（四）灾害与地方社会

毛阳光《中古时期民间救灾综论》从社会救助的层面上讨论中古基层社会面对自然灾害的反映，具体表现在地方宗族大姓、宗教团体、市场都参与了救灾③。么振华《唐代民间的自助与互助救荒》则从"基层民众"的视角进行分析，指出百姓自助救荒包括灾钱的备荒及利用，一切可食之物充饥，宗族互助和乡里义举、佛教徒的慈善救助等是民间互助、他助救济的重要形式④。邵侃《唐代的灾荒与人口流迁》一文动态的呈现了唐代人口迁移与灾荒在各个时期的特点⑤。么振华《唐代因灾移民政策简论》分前后两个时期讨论因灾移民问题，从唐前期较为有组织和秩序的灾荒移民，到后来渐渐无序和自发的灾荒移民⑥。

谭景玉《宋代乡村行政组织在救灾中的作用》一文指出在宋代的救灾工作尤其是事关救灾成败的抄札和赈济环节中，乡村行政组织扮演了重要角色。它的参与既确保了救灾的顺利进行，又节约了救灾成本。乡村行政组织在救灾过程中发挥了联系官府与民众的中介环节的作用⑦。黎志刚《宋代民间借贷与灾荒救济》认为以富民为主体的民间借贷取代官方借贷，成为灾荒救济的主导性和关键性力量。虽然在灾荒的冲击下，民间借贷的影响呈

① 靳强：《唐代社会灾荒观初探——以水旱、蝗灾为例》，《湖北社会科学》2012年第4期。
② 张福运：《宋代荒政思想初探》，《江西财经大学学报》2010年第3期。
③ 毛阳光：《中古时期民间救灾综论》，《山西大学学报》（哲学社会科学版）2006年第2期。
④ 么振华：《唐代民间的自助与互助救荒》，《兰州学刊》2008年第11期。
⑤ 邵侃、商兆奎：《唐代的灾荒与人口流迁》，《北京理工大学学报》（社会科学版）2009年第12期。
⑥ 么振华：《唐代因灾移民政策简论》，《兰州学刊》2010年第9期。
⑦ 谭景玉：《宋代乡村行政组织在救灾中的作用》，《广西社会科学》2007年第1期。

现出鲜明的双重性，但其负面影响主要是因借贷关系的紧张而引起的，恰恰从反面反映了民间借贷对于社会稳定的不可或缺。在长期的救灾实践中，宋政府逐渐认识到民间借贷可疏不可堵，在限制其不利影响的同时进一步加强了对民间借贷的引导和鼓励，使其在灾荒救济中发挥了更重要的作用①。张文《中国宋代乡村社会保障模式的三层结构》一文则关注宋代乡村社会的保障模式，认为中国宋代对城市的重视程度远甚于乡村，由此造成社会保障模式呈现出明显的城乡差异。其中，无论是用于备荒的仓储，还是济贫的机构，大多位于城市，进而造成宋代救济资源的分布重城市而轻乡村的倾向。在这一格局影响下，宋代对乡村的社会保障思路也以救济重度饥荒为主，贫困问题以民间自我保障为主②。

四、简短的思考

综合上述梳理，细致征引材料的基础上侧重讨论"灾荒政治史"是唐宋灾害应对研究的主体格局。首先，讨论的重点从应灾制度本身兼及历史沿革、监督机制和社会功能等，在强调制度本身构造的同时越来越侧重制度的来源与运用。即关注唐宋间灾害应对制度规定层面与实际运行情况两者间的差异问题，可以称之为更为细化具体的灾荒政治史研究，在此取径下唐宋灾害应对问题将得到进一步探索，如何揭示唐宋时期应灾政策的同与不同，传承与发展的演进下如何更好地解释时代的特征与实质？不仅仅将一时代之灾害文献与政治权力、社会局势作简单勾连，细绎文本的内在逻辑与面貌及其不同语境，可以帮助我们理解灾害应对背后折射的国家形势、官僚群体与社会百态。其次，灾害文献本身的拓展，可以进一步活化应灾过程中不同阶层的态度、表现与社会作用，这当然要归功于近年来不断出土的石刻文献，突出"人"在历史活动中的实际表现，尤其以官僚阶层为主。不过，有一个问题仍旧不能忽视，石刻材料中对官僚阶层应灾的生动刻画，究竟对于正史中官僚群体记录是一种丰富的补充还是此阶层的形象更新？新史料的出现可以在多大程度上重新书写唐宋时期的应灾图景？仍旧值得我们反思。同时，不容忽视的是，官僚、士人、民众又在应灾过程中有着怎样的不同分工？宗教力量在唐宋历史进程中充当怎样的社会角色？走向民间的地方社会与王朝权力之间又会有怎样的力量博弈？是否可以进一步开拓地方史与区域史的研究宽度？似乎这些问题都有待我们去进一步思考。

---

① 黎志刚：《宋代民间借贷与灾荒救济》，《思想战线》2012 年第 3 期。
② 张文：《中国宋代乡村社会保障模式的三层结构》，《学术月刊》2012 年第 4 期。

征 稿 启 事

　　《宋史研究论丛》是已故著名历史学家漆侠先生创办的教育部省属高校人文社会科学重点研究基地——河北大学宋史研究中心主办的一份学术论文集刊，由科学出版社出版发行。为推动宋史研究，促进海内外学术交流，特向学界同仁发出征稿启事。

　　1. 征稿范围：有关辽宋西夏金元史的学术论文和与本阶段历史有关的通论性文章。

　　2. 来稿要求：来稿须是未经发表的学术论文，一般以不超过 15000 字为宜，要求政治观点正确，学术观点新颖，论据充足，论证严密，文字通达。

　　3. 标题要求：

　　① 中文标题、作者姓名、单位、通信地址、内容摘要、关键词；

　　② 英文标题、作者姓名、单位、通信地址、内容摘要、关键词。

　　4. 注释要求：一律采用脚注形式，编号采用"每页重新编号"方式，要求引文准确；并按照"[朝代或国籍]作者、译者、校注者：《书名》卷数，《篇名》，版本，页码"的顺序注明出处（其中，卷数，出版年代，页码均以阿拉伯数字表示，如"卷 126""1980 年版""第 100 页"）。

　　5. 正文要求：采用五号字，一倍行距，用 A4 纸打印。

　　6. 投稿要求：

　　在邮寄打印稿到《宋史研究论丛》编辑部的同时，并请将 Word 文本的电子稿发到《宋史研究论丛》电子信箱。《宋史研究论丛》采用匿名审稿制，来稿请寄编辑部，勿投个人，务必注明作者的详细通信地址、电话以及电子信箱。

　　7. 截稿日期：《宋史研究论丛》现为半年刊，上半年刊截稿日期为六月三十日，下半年刊截稿日期为十二月三十一日。

　　8. 其他：所有来稿编辑部有权作适当修改，如不同意者请予以注明。自投稿日起三个月内未接到用稿通知者，请自行处理。来稿一般不退，敬请谅解。署名应为稿件的撰写者，不得随意挂名。

　　9. 联系方式：

　　通信地址：中国河北省保定市莲池区五四东路 180 号河北大学宋史研究中心

　　　　　　　马萌收

　　邮政编码：071002

　　收件人：《宋史研究论丛》编辑部

　　电话：0312-5079415

　　电子信箱：songshiluncong@163.com